야훼의
밤

야훼의

밤

조성기 장편소설

홍성사

차례

1부

갈대바다 저편

우리는 국민학교 때부터 입시 공부를 하였다. 5학년 때 4·19가 터졌고 6학년 때 5·16이 터졌지만 우리는 흔들리지 않고 줄기차게 중학 입시 준비를 하였다.

특히 6학년 때 우리는, 서울에서 전학을 와 간지럽게 서울말을 쓰는 애 집에 모여서 밤늦도록 공부를 하였다. 그 애의 방은 이층이었는데, 그 아래로 양갈보들이 살고 있는 집들이 보였다. 우리는 밤 12시가 가까워지면, 방의 불을 끈 후 그 어두움 속에 몸을 감추고 창 너머로 아래 양갈보 집들을 내려다보곤 하였다. 우리는 서로 말하기를, 미국놈들의 그것은 너무 커서 비누칠을 해야 그 짓을 할 수 있을 것이라고 하였다. 그런데 비누칠을 하는 놈을 한 번도 본 적이 없었다. 연놈들이 벌거벗고 어쩌고 하다가 그쪽 방도 불이 탁 꺼지기가 일쑤였다. 불을 켜 놓고 그 짓을 하는 연놈들은 거의 없었다.

그렇게 미국놈들이 우리의 입시 공부를 방해하기도 했지만, 우리는 곧 다시 불을 켜고 12시가 넘도록 공부를 계속했다. 그래서 우리는 모두 부산중학교에 합격했다.

합격을 확인하고 난 후, 우리는 어깨동무를 하고 남포동과 광복동 거리를 활개 치며 다녔다. 용두산공원에 올라가 바다를 향하여 오줌을 싸기도 하였다. 그때 거리에는 곳곳마다 혁명 공약이 나붙어 있었다.

'반공을 국시의 제1위로 삼고 기아선상에 허덕이는 민생고를 시급히 해결한다.'

우리는 그때 아직 민생고가 무엇인지 그다지 실감할 수는 없었다. 어른들은 혁명에 대하여 수군거리고 있었지만 우리에게는 우리가 부산중학교에 합격한 것보다 더 큰 혁명은 없었다.

우리는 또 중학교에서 고등학교 입시 공부를 해야만 했다. 우리 중 대부분은 부산고등학교 시험에 응시해 붙기도 하고 떨어지기도 하였다. 나는 부산에 머물러 있기에는 너무도 아까운 자신임을 깨닫고 서울로 입학시험을 보러 올라왔다. 그것도 경기고등학교 수석 합격을 목표로 올라온 것이었다. 아버지와 내가 같이 기차를 타고 올라왔는데, 아버지는 어머니가 지시한 대로 소금 주머니를 들고 승강구 쪽으로 자주 나가 소금을 뿌려 대었다. 내 교복 어깨 안쪽에도 작은 소금 주머니가 달려 있었다.

그때 정말이지 맨 처음 서울에 올라온 것이었다. 늘 그림에서만 보던 남대문의 모습이 너무도 정답게 느껴졌다. 아버지와 나는 경기고등학교 근처 여관에 임시로 묵었는데, 아버지는 어디 나갔다가 얼근히 술에 취해 돌아와서 여관집 아주머니의 손을 슬쩍 잡아 보곤 하였다.

입시 전날 밤, 시험 준비해 온 것을 정리했다. 그런데 옆방에서 남자와 여자가 뭐라고 싸우는 소리가 계속 들려왔다. 그러다가 훌쩍거리는 소리가 나고 좀 있다가는 헐떡거리는 소리가 났다. 결국 어머니 소금 주머니 덕분으로 시험에 합격은 하였지만 그 여관의 분위기와 아버지의 술주정 등으로 인해 수석은 하지 못하였다.

그래도 경기고등학교 합격의 영광을 안고 부산으로 내려올 때 나는 세상을 다 소유한 것 같았다. 아버지는 세상을 다 소유한 나를 소유하고 어머니는 또 그러한 아버지를 소유하고 동생들은 그러한 어머니를 소유하여 우리 모든 식구는 세상을 다 소유하게 되었다.

이제는 대학 입시가 남았다. 대학 입시 때는 아버지뿐 아니라 어머니와 막내 남동생까지 올라왔다. 서울 법대 담벼락과 정문에는 엿가락들이 들러붙었다. 어머니는 부적(符籍) 한 장을 내 품속 안주머니에 넣어 주었다. 적어도 열 과목은 되는 그 지루한 시험을 이틀 동안이나 보았다.

그 무렵은 김신조 일당이 북한에서 내려와 세검정 자하문을 거쳐 청와대로 직행하려다 실패한 직후여서 온 거리 분위기가 으스스했다. 아버지의 표정이 특히 긴장되어 있었다. 시험이 끝난 후 아버지, 어머니, 막내 동생은 부산으로 내려갔다.

나는 그때 미아리고개 너머에서 외할머니와 자취를 하고 있었는데, 합격을 확인할 때까지 그곳에 남아 있기로 하였다. 외할머니와 자취를 하고 있었다지만 사실은 서로 다른 집에서 살고 있었다. 나는 외할머니가 전세를 얻어 살고 있는 그 집에서 한 집을 지나 골목길 건너편에 위치해 있는 집에서 역시 방 한 칸을 전세로 얻어 사용하고 있었다. 식사 때만 외할머니 방이 있는 그 집으로 가서 외할머니가 차려 놓은 밥을 먹었다. 외할머니는 삯바느질을 하고 있었기 때문에 나의 공부를 위해서 그렇게 따로 방을 얻은 것이었다.

내가 사는 그 집은 눈이 먼 봉사 할아버지가 40대 가까운 한 아낙네를 가정부로 데리고 사는 집이었다. 그 할아버지는 일제시대 때 높은 지위에 있었던 사람으로 광복과 함께 눈이 멀었다고 했다. 해방 직전에 어떤 일본 관리가 자기를 초대해서 그 집에 가서 목욕을 하게 되었는데 그 이후로 실명이 되었다고 하였다. 그래서 그 할아버지는 아무래도 그 일본놈이 목욕탕 물에다가 무슨 약을 탔을 것이라고 늘 말하였다.

그의 외동딸은 주로 월남을 중심으로 한 동남아시아에서 활약하는 가수요 무희로서 돈을 꽤 벌고 있었다. 나는 그 집의 부엌과 연결된 아래채를 전세로 얻고 있었는데 그 방에서 초조하게 합격 소식을 기다렸다. 그런데 또 합격이었다. 내 인생은 그렇게 입시의 연속이었고 합격의 연속이었다. 아버지는 부산에서 장거리 전화로 자꾸만 내가 수석을 하였느냐고 묻고 있었다. 여전히 술에 취해 혀 꼬부라진 소리였다. 수석은 하지 못하고 합격만 했다고 하니 아버지는 버럭 화를 내었다. 나도 은근히 화가 났다. 합격 축하는 해주지 않고 수석을 하지 않았다고 화를 내다니. 나는 그만 전화를 끊어 버렸다.

사실 대학 입시는 다른 입시 때와는 달리 그렇게 자신이 없었다. 고3 때 늘 휴학할 생각만 하고 산과 들로 혼자 쏘다니며 〈무녀도〉와 같은 소설을 구상하느라 제대로 공부를 하지 못하였다. 고1 때 전교 일등한 실력과 고2 때 반에서 일등한 실력이 고3 기간 동안을 겨우 유지해 주었을 뿐이었다. 아버지는 내가 이전의 나 같은 줄 알고 그런 터무니없는 기대를 하고 있었던 것이었다. 나는 전화를 끊고 그 주인집 거실을 나와 바깥으로 나갔다.

날은 이미 저물어 있었다. 저녁 먹을 시간인데도 나는 외할머니 있는 데로 가지 않고 미아리고개 쪽으로 올라갔다. 거기에 삼류 극장이 하나 있었다. 이본(異本) 동시 상영이었다. 나는 그 극장으로 들어갔다. 영화 제목 하나는 〈내일을 향하여 쏘아라〉든가 하는 것이었다. 극장 안은 남녀노소로 가득 차 있었다. 입추의 여지가 없다고 하면 좀 과장된 표현이지만 그 정도로 좌석과 주위 공간이 가득 차 있었다. 좌석이 없어 나는 서 있는 그 많은 사람들 속에 섞여 있었다. 그곳의 사람들은 아무도 나를 알아보지 못했다. 나는 그것이 좋았다. 다만 영사막에 비친 영화 장면에 따라 함께 웃고 소리 지르고 한숨을 쉬기만 하면 되는 것이었다. 그리고 운이 좋으면 아가씨가 곁에 서 있기도 하였다.

그렇게 나는 그 극장 안에서 나의 법대 합격을 고독하게 축하하였다. 물론 합격 소식을 부산에서 전화가 오기 전에 외할머니에게 먼저 알려서 외할머니의 축하를 받지 않은 것은 아니었지만, 아무튼 그것은 고독한 축하였다. 고독한 축하라고 해서 쓸쓸했다거나 하는 것은 아니었다. 혼자 축하하고 혼자 즐거워하고 혼자 울었던 것이었다. 아버지의 화가 마음에 조금 걸렸지만, 아버지도 곧 자기 욕심이 너무 지나쳤다는 것을 깨닫고 겸손히 기뻐할 것이 분명하였다.

우리 때부터 교양 과정부가 따로 생겨 각 단대 1학년으로 들어
가지 않고, 1학년은 대부분 전체적으로 모여 공대 쪽에 가서 배
우게 되었다. 공대는 태능 배밭 근처에서 상계동 쪽으로 한참을
들어가는 곳에 있었다.

　얼마나 교통이 불편했는지 버스를 타고 들어가고 나오는 것이
여간 고역이 아니었다. 주위 풍경이나 공기는 더할 데 없이 좋았
지만 버스 안에서 육신이 당하는 고통은 엄청난 것이었다. 그래
도 함께 모이면 괜히 즐겁고 뿌듯하기만 하였다. 음대, 미대 등 예
술계 학생은 공대 교양 과정부에 와서 공부하지 않고 자기들 단
대에서 공부하였다.

　공대, 의대, 간호대, 약대 등 기술 계통도 그렇게 하는 것 같았
다. 그러니까 주로 문리대, 법대, 상대가 중심이 되었다. 그리고 사

대도 함께 있었다. 그 공대 교정은 참으로 넓었다. 교양 과정부 건물은 공대의 본 건물과는 극과 극으로 떨어져 있었다. 버스에서 내려 정문으로 들어가 왼편 길을 따라 한참을 가면 큰 연병장 같은 운동장이 나오고, 그 운동장을 빙 둘러 들어가면 낡은 목조 건물들이 어느 숲 속에 숨겨진 고대 도시의 집들처럼 서 있었다. 학교 정문에서는 그런 건물이 교정 안에 있는지조차 제대로 눈치챌 수 없었다. 그런 곳에서 대학 공부가 시작되었는데, 대학 교수들이 가르치는 것은 고등학교 선생들과 별 다를 바 없었다.

어떻게 보면 반짝반짝하는 실력은 고등학교 선생들이 더 나은 것 같기도 했다. 우리는 적이 실망했다. 새로운 것은 아무것도 없었다. 다만 남녀 공학으로 다니는 것이 거의 유일한 새로운 변화였다. 교실에서 여대생들과 같이 수업을 들었고 휴게실이나 식당이나 잔디밭 같은 곳에 함께 앉기도 하였다. 그중에는 유난히 눈에 띄는 여대생들도 없지 않았다.

우리 고등학교 동창 몇은 함께 몰려다니면서 어떤 여대생에 대한 이야기를 중점 화제로 삼는 경우가 많았다. 그리고 지금 자기들이 사귀고 있는 여대생 내지는 여고생, 기타 여자들에 대하여 이야기하기를 좋아했다. 이야기하는 친구 녀석의 눈은 이미 환상에 젖어 있곤 하였다. 나도 제법 이야기를 많이 하였는데, 내가 하는 이야기는 벌써 마음속으로 수없이 되풀이해 본 것으로 구성면에서도 거의 완벽하였다. 완전한 거짓말은 아니었지만, 분위기를 좀 더 극적으로 하기 위해서 어쩔 수 없이 과장된 것이라든 지 거짓된 것이 섞이게 되었다. 그러나 그 이야기를 반복하게 되면서 그러한 거짓과 과장들이 어느새 진실인 것처럼 자리 잡아갔다.

내가 여자를 느끼기 시작한 것은 부산에 와서 국민학교 1학년에 다닐 때부터였다. 국민학교 교사였던 아버지는 내가 국민학교에 입학하기 직전에 경남 고성에서 부산으로 전근을 와서 문현동 쪽의 성동국민학교에서 4학년을 맡아 가르치게 되었는데, 그 학교에 내가 1학년으로 입학한 것이었다.

우리 반 담임은 여선생이었다. 얼굴에 여드름이 제법 나 있었고 머리는 부드러운 파마를 하고 있었다. 눈도 크고 입술도 두툼하고 얼굴도 넓었다. 내가 그렇게 느껴서 그런지 모르지만 담임선생은 반 애들 중에서 유독 나만을 좋아하는 것 같았다. 동료 교사의 아들이기 때문에 특별히 관심을 기울이는지도 모를 일이었다. 그 여선생이 나를 안아 주고 쓰다듬어 줄 때 나는 그 여선생의 냄새를 맡았다. 살며시 코를 파고들어와 나를 몽롱하게 하는 화장품 냄새를 참 좋아하였다. 등굣길에 멀리서 담임선생이 보이기만 하여도 나는 행복해졌다. 나를 보면 그 여선생은 반드시 함박꽃같이 웃어 주었는데, 그 웃음 속에 언제까지나 파묻혀 살고 싶었다.

그 여선생은 겨울방학 때 나에게 크리스마스카드를 우편으로 보내 주었다. 그 카드야말로 내 평생 처음 받아 본 카드였다. 빨간 배경에 하얀 초가 활활 타고 있는 그림이 그려져 있는 그 카드 안쪽에는 눈에 익은 여선생의 글씨가 곱게 적혀 있었다. 그 글을 읽으며 여선생이 나를 얼마나 생각하고 있는가를 느낄 수 있었다. 나는 밤잠을 자지 못한 채 그 카드를 이리저리 살펴보고 가슴에 안아 보고 하였다. 아버지도 기뻐하는 표정이었다.

그런데 나중에 나는 그 여선생이 나를 좋아한 것이라기보다 아버지를 좋아했다는 것을 알게 되었다. 그때까지 독신이었던 여선생은 남자답게 생긴 아버지를 좋아하게 되고, 아버지에게 주는 사랑으로 그토록 나를 생각해 주었던 것이었다. 그것을 1년이 지난 후에야 비로소 알게 되었다. 한번은 시골에서 외할머니가 올라왔다. 그때 어머니가 울면서 외할머니에게 여선생과 아버지의 관계에 대해 말하였다. 그것을 내가 몰래 엿들었는데 그 무렵에는 어머니의 눈물을 다 이해하지 못하고 이상야릇한 느낌만 가졌을 뿐이었다.

그리고 2학년 때는 다른 담임으로 바뀌고 3학년 때는 그 여선생이 갑자기 다른 곳으로 전근을 가 버렸다. 그 여선생이 보이지 않는 학교 교정이 한동안 허전하게만 느껴졌다.

그러다가 4학년이 되면서 나는 한 소녀를 발견하게 되었다. 그 소녀는 새로 오신 교장 선생의 딸이었다. 그때까지도 학교에 교장 사택이 없어서 교장 선생은 우리 집 근방의 어느 큰 집에 살게 되었다. 그 교장 선생의 딸은 나와 같은 4학년으로 대개 같은 시간에 학교를 가게 되었다.

그러나 나는 말을 걸 만큼 용기가 없었다. 그 소녀는 앞서 걸어가고 나는 뒤따라갈 뿐이었다. 소녀는 뒤돌아보는 법도 없었다. 깨끗하고 단정하게 차려 입은 옷매무새가 그렇게 고울 수 없었다. 머리는 단발이었고 눈은 그 여선생의 눈처럼 큼직하였다. 그 소녀의 뒷모습만 훔쳐보며 뒤따라가는 것도 나에게는 가슴 벅찬 일이었다.

하루는 그 소녀가 끈이 달린 잉크병을 달랑달랑 들고 걸어가고 있었다. 뒤에서 가만 보니 빨간 잉크병이었다. 끈이 그 잉크병 목에 묶여 있고 끈 끝에는 동그란 쇠고리가 있어 그 고리 속에 손가락을 끼워 들고 가고 있었다. 교장 선생이 책상 위에 두기 위해 잉크병을 들고 오도록 심부름을 시킨 모양이었다.

그런데 얼마 가다 그만 고리에서 손가락이 빠지면서 잉크병이 길가의 개울로 떨어져 버렸다. 소녀는 우뚝 멈춰 서서 어찌할 줄을 몰랐다. 내가 개울로 펄쩍 뛰어 내려가서 말없이 그 잉크병을 집어 주었다. 소녀의 그 큰 눈만 빼놓고 온 얼굴이 빨개졌다. 그러더니 소녀는 다시 고리에 손가락을 꼭 끼워 넣고는 잉크병을 달랑달랑 들고 갔다. 나는 그 뒤를 여전히 따라가면서 잉크병이 다시 떨어지기를 바랐으나 그런 일은 일어나지 않았다.

4학년 말쯤 아버지는 부산 시내 쪽에 있는 봉래국민학교로 전근을 가게 되었다. 나도 곧 뒤따라 전학을 하였다. 좀 있다 우리 집도 봉래국민학교가 있는 영주동으로 이사를 했다. 봉래국민학교에도 그 교장 선생의 딸과 같은 소녀가 하나 있었다. 눈이 얼마나 크고 예쁜지 멀리서 보아도 그 소녀는 금방 눈에 드러나 보였다.

그 소녀를 비로소 발견하게 된 것은 5학년 초였다. 그때 그 소녀는 친구들과 어울려 운동장에서 고무줄넘기를 열심히 하고 있었다. 우리는 다방구놀이를 하고 있었는데 내가 달아나다 그 소녀와 그만 부딪치고 말았다. 소녀는 화난 표정으로 나를 뚫어지게 쳐다보았다. 그 화난 얼굴과 눈이 그렇게 예쁠 수 없었다. 나는 이토록 예쁜 소녀가 이 학교에 있었는가 놀라지 않을 수 없었다. 그 이후로 나는 늘 학교에 가면 그 소녀를 찾게 되었다. 소녀가 놀고 있는 근방을 뛰어다니며 그 소녀의 눈에 띄려고 애를 썼다. 그러나 그 소녀는 나라는 존재에 대해서는 전혀 관심이 없는 것 같았다.

나는 아버지와 나란히 학교에 가는 날이 잦았는데, 그 소녀가 학교 선생님인 나의 아버지를 보고 공손히 절을 하는 때가 종종 있었다. 그때에도 아버지 곁에 서 있는 나에게는 눈길 한 번 주지 않았다. 그러면 나는 아버지에 대해서 은근히 시기심이 났다.

6학년이 되었을 때 그 소녀는 여학생 학급의 반장이 되고 나는 남학생 학급의 반장이 되었다. 봉래국민학교는 한 학년에 열개 가량의 학급이 있을 정도로 제법 큰 편이었다. 그 열 명 가량의 반장 중에 그 소녀와 나도 끼여 어린이회 모임 같은 데 함께 참석하기도 하였지만, 그 소녀와 이야기를 나눌 기회는 한 번도 가지지 못했다.

10월이 되어 부산 시내 전 국민학교 대표들이 모여 대신동 쪽에 있는 토성국민학교에서 한글날 백일장 대회를 가지게 되었다. 그 소녀와 나를 비롯하여 대여섯 명이 봉래국민학교 대표로 참가하였다. 그때 문예반 선생님 한 분과 대표들이 시발(始發)택시 한 대를 대절해서 타고 토성국민학교로 갔다. 그 소녀와 다른 여학생들은 자리에 앉고, 나와 또 다른 남학생은 좌석 사이의 빈자리에 허리를 구부린 자세로 서서 가게 되었다.

얼마쯤 가다 택시 운전사가, 순경이 있으니 납작하게 주저앉으라고 다급하게 재촉을 하였다. 나는 엉겁결에 주저앉는다는 것이 바로 그 소녀의 양무릎 위에 앉게 되었다. 여학생들이 쿡쿡 웃음을 터뜨렸다. 나는 가슴이 마구 뛰면서 숨이 막힐 지경이었다. 얼굴이 달아오르는 것을 어찌할 수 없었다.

그날 백일장 제목은 '글자'였다. 참 어려운 제목이었다. 우리는 글을 다 제출하고 운동장 철봉대 밑에 모여 앉아 결과를 기다렸다. 그 소녀가 쌩긋 웃으며 사탕 하나를 나에게 건네었다. 나는 엉거주춤 받았으나 그 사탕을 입에 넣을 용기가 없었다. 그래서 그 사탕을 들고 철봉대 밑에서 달음질쳐 빠져 나와 소녀가 안 보이는 저쪽 구석으로 가 사탕을 입에 넣었다. 이상하게 그 소녀 앞에 서는 말도 제대로 할 수 없고 몸놀림도 제대로 할 수 없었다.

드디어 백일장 결과가 발표되었다. 그런데 봉래국민학교 대표 들 중에서는 입선자가 한 명도 없었다. 우리는 좀 시무룩해져서 각자 버스를 타고 집으로 돌아왔다. 그 소녀는 국민학교 졸업 후 경남여중에 합격하여 다녔다. 나는 그 소녀의 집을 우연한 기회 에 알게 되었는데, 우리 집에서 부산중으로 가는 길목에 있었다. 나는 중학 시절 늘 그 집 앞을 오가며 그 소녀의 환상을 눈앞에 그려 보곤 하였으나 한 번도 길에서 만난 적이 없었다.

중학교 2학년 말쯤인가 하루는 학교에 가니 애들이 《학원》 잡 지의 어느 페이지를 펴들고 수군거리고 있었다. 나도 애들의 어 깨 너머로 그 페이지를 보았다. 거기에는 놀랍게도 그 소녀의 사 진이 가득 실려 있었다. 여중 교복을 입고 있어 더욱 아름답고 단 정하고 또렷해 보였다. 그 옆에는 시가 실려 있었다.

시의 제목은 〈비 온 후〉였고 그 시는 학원문학상 시 부문 특 선작이었다. 나는 그 순간 토성국민학교 백일장을 생각하고 함 께 낙선했던 일을 생각했다. 이제 그 소녀는 전국에서 이름을 날 리는 작은 시인이 되어 있었다. 그런데 그때까지 나는 공부 이외 에는 일체 다른 것을 모르고 시 한 편, 산문 한 줄 제대로 쓴 적이 없었다. 애들은 그 소녀의 사진을 오리고 편지를 써서 보내고 야 단들이었다. 그 소녀를 직접 만나 보려고 소녀의 집 앞에서 서성거리는 친구들도 있었다.

내가 고등학교 2학년 때부터 소설인가 뭔가를 쓰기 시작하면서 계속《학원》잡지의 문예란을 눈여겨보았는데, 종종 그 소녀의 이름과 시가 실리는 것을 보았다. 내 작품도 종종《학원》에 실린 적이 있었다. 그때 나는 그 소녀도 멀리 부산에서 내 작품을 읽고 있을지도 모른다는 생각에 느닷없이 행복해지곤 하였다. 그 소녀와의 관계는 그런 정도에 불과했지만 언젠가는 문학 안에서 서로 얼굴과 얼굴을 맞대어 보게 될 날이 오리라 막연하게나마 기대하고 있었다.

이제 그 소녀 이야기는 이 정도로 하고, 정말 중학 시절 아주 가까이서 내 마음을 사로잡았던 순임이라는 아이에 대한 이야기를 해야겠다. 나의 아버지는 5·16 군사 혁명이 터진 후 교직에서 쫓겨났다(그 이야기는 나중에 좀 더 자세히 언급하게 될 것이다). 결국 아버지는 국민학교 아이들을 얼마 모아 놓고 과외 수업을 해주며 생활비를 벌어야만 했다.

우리 방은 세 개가 있었는데, 제일 큰 방이 과외 공부방으로 쓰이게 되었다. 과외 공부 시간이 되면 집이 온통 떠나갈 듯이 시끄러웠다. 아버지가 그렇게 과외 수업을 시작한 때는 내가 중학교에 들어간 시기와 일치하였다. 과외 공부하러 오는 아이들은 대개 5학년 아이들이었다. 남자 애는 두세 명밖에 없고 여자 애들이 대여섯 명이나 되었다. 아이들 중에는 얼마 하다가 나오지 않는 아이도 있고, 1년이고 2년이고 꾸준히 다니는 아이도 있었다. 여자 애들은 한두 명을 제외하고는 다 얼굴이 귀엽고 예뻤다. 그중에 영란이란 애가 참 예뻤는데 그 애 어머니는 과부로서 조그만 판자 오두막 같은 데서 술을 팔았다.

아버지는 교직에서 쫓겨나기 전에도 그 술집에 자주 가 영란이 어머니를 누님이라고 부르면서 밤늦도록 술을 마시곤 하였다. 교직에서 쫓겨난 후에는 더욱 자주 가는 편이었다. 거기서 이전의 동료 교사들도 만날 수 있고 해서 그러는 것 같았다. 아버지는 영란이 어머니의 어려운 사정을 알고 영란이한테서는 과외비를 받지 않았다. 그래서 그런지 영란이 어머니도 아버지에게서 술값을 받는 일이 없었다. 결국 아버지는 술을 마시기 위해서 영란이를 가르치는 셈이었다.

나는 처음에 그 깜찍하고 예쁜 영란이를 좋아했다. 자나 깨나 영란이만을 생각하고 있었다. 영란이도 그 동그란 눈을 굴리며 나를 가까이 하였다. 영란이와 나는 서로 얼굴을 쳐다보는 것만으로도 마음이 통하고 즐거웠다. 내가 중학생이 되기 이전부터 영란이를 알고 있었기 때문에 더욱 가까워졌는지도 모를 일이었다. 국민학교 때도 종종 그 술집에 있는 아버지를 데리러 간 적이 있었는데, 그때 영란이를 보곤 했던 것이었다.

그런데 중학교 1학년 여름방학 무렵, 하루는 영란이 책가방 속에 있는 통신표를 내가 몰래 훔쳐보게 되었다. 온통 '미'투성이었다. 그날 이후로 나는 영란이가 점점 싫어졌다.

그 무렵 순임이라는 아이가 새로 과외 공부반에 오게 되었다. 그 눈이 얼마나 큰지 영란이의 눈보다 더 커서 앞으로 불거져 나올 정도였다. 그다지 균형 잡힌 얼굴은 아니었지만, 묘한 매력이 있는 얼굴이었다. 무엇보다도 순임이는 머리가 영리하고 공부를 잘하는 것 같았다. 아버지도 종종 순임이가 천재인 것 같다고 칭찬을 하곤 하였다. 그래서 점점 순임이에게로 내 마음이 기울어졌다.

그러자 그 조금 불거져 나온 눈망울조차 그렇게 아름다울 수 없어 보이고, 그 두툼한 입술과 고집이 가득 들어찬 것 같은 그 볼때기들이 다 예쁘기 그지없는 것들로 보였다. 그 당시 나는 괴도 루팡에 빠져 있었다. 특히 괴도 루팡과 아름다운 여인 사이의 그 감미로운 연애에 매혹되곤 하였다. 어느 동굴에 괴도 루팡과 한 여인이 함께 숨게 되었는데, 괴도 루팡이 얼마든지 그 여인을 껴안을 수 있었으면서도 대장부답게 참고 여인을 끝까지 깨끗하게 돕는 것을 보고 가슴 설레기도 하였다. 그러면 어느새 괴도 루팡은 나 자신이 되고 그 여인은 순임이가 되었다.

나는 순임이에게 은근히 괴도 루팡에 관한 책을 자랑했고 순임이는 그 책을 빌려 보곤 하였다. 순임이가 나에게서 그 책을 빌려 갈 때, 나는 괴도 루팡을 흉내 내어 책 맨 앞 페이지에다 '몇 페이지 몇 줄 왼편에서 몇 번째 글자들을 쭉 찾아보라'는 지시 사항들을 열거해 놓았다. 그 글자들을 열거하면 순임이에게 사랑을 고백하는 내용이 되는 것이었다.

그런데 순임이가 나에게 책을 돌려줄 때에는 나의 지시사항을 보았는지 안 보았는지 전혀 그런 눈치를 보이지 않았다. 그렇지만 계속 지시사항을 적어서 책을 빌려 주었다. 하루는 순임이가 책 맨 앞 페이지에 나와 같이 지시사항을 적어 놓았다. 나는 설레는 마음을 누를 길이 없었다. 순임이가 그런 지시사항을 적어 놓았다는 것은 그동안 순임이가 나의 지시사항을 따라 글자를 찾아 연결시켜 보았다는 것을 의미하였다. 그리고 지금 나에 대한 사랑을 전달하고 있음에 틀림없었다.

그래서 나는 공부방에서 밤중에 혼자 일어나 불을 켜고 순임이의 지시사항을 따라 글자들을 찾아보았다. 그 글자들은 이러하였다.

'다시는 이런 짓을 하지 마라.'

나는 크게 무안을 당한 느낌이었다. 그 이후로는 순임이가 책을 빌려 달라 하여도 지시사항 같은 것을 쓰지 않았다.

그런데 얼마 지나자 오히려 순임이 쪽에서 지시사항을 적어서 책을 돌려주었다. 그것을 맞추어 보면 '나는 너를 좋아한다'와 같은 지극히 간단한 문장들이 이루어지곤 하였다. 그것은 내가 전에 순임이에게 보냈던 지시사항의 내용보다는 가벼운 것이었지만, 순임이가 그렇게라도 나에 대한 어떤 마음을 표현해 준다는 것이 여간 기쁘지 않았다.

그 이후로는 나도 담대함을 가지고 지시사항들을 써 보내고 순임이도 거기에 응답해 주었다. 아무도 순임이와 나 사이의 암호 전달을 눈치채지 못하였다. 그러나 결국 영란이가 눈치를 채고 말았다. 영란이는 나만 보면 입을 삐죽이고 빈정거리기 일쑤였다. 그리고는 자기보다 한 학년 아래인 내 큰 여동생을 몰래 집 밖으로 데리고 나가 내가 마음이 변했다면서 하소연을 하고 울음보를 터뜨리기도 하였다. 그러면 여동생이 나에게 그 이야기를 전해 주면서 영란이 언니를 좋아해 달라고 부탁하였다. 그러면 그럴수록 영란이가 미워지고 순임이가 더욱 좋아졌다.

중학 입학시험을 치렀을 때, 순임이는 경남여중에 합격하고 영란이는 시험에 떨어졌다. 그 이후로는 순임이도 영란이도 과외 공부를 하러 오지 않았다. 다음 날부터 순임이가 우리 집에 오지 않는다는 것을 알았을 때 그날 밤을 나는 거의 뜬눈으로 지새웠다. 새벽녘에 잠시 잠이 들었다가 아침에 눈을 뜨려 하는데 정말 눈을 뜨기가 싫었다. 그동안 매일 아침에 눈을 뜬 것은, 오늘 하루도 순임이를 볼 수 있다는 희망을 가지고 그렇게 한 것이었다.

그러므로 순임이를 볼 수 없는 하루를 위해서는 눈을 뜰 수 없었다. 그 겨울날 아침의 말할 수 없는 절망은 내 인생에 있어 몇 번 경험한 절망들 중의 하나였다. 그날 아침 이불 속에 엎드린 자세로, 내가 굴러떨어져야 할 깊은 심연을 바라보고 있었다.

그 이후에도 순임이는 여중 교복을 입고 우리 집에 간혹 놀러 오기도 하였다. 그럴 때면 내가 오히려 부끄러워서 공부방에 그냥 처박힌 채 나와 보지도 않았다. 어머니가 겨우 나를 끄집어내어 놓으면 순임이 앞에서 얼굴만 붉힐 뿐이었다. 순임이는 아무렇지도 않은 듯, 앞으로 자기가 무엇이 되겠다는 둥 장래 희망들을 어머니에게 이야기하며 어머니 일을 도와주기도 하다가 인사를 하고 미련 없이 집 대문을 나갔다. 그렇게 순임이는 점점 밝아지고 명랑해지는 반면 나는 점점 침울해져 갔다.

그것은 순임이가 내 키만큼, 아니 그보다 더 자란 것을 보고 키가 작고 약한 내가 어떤 열등감을 느끼기 시작한 때문일 것이었다. 나는 순임이가 다녀가고 나면 그제야 비로소 순임이와 한없는 이야기를 주고받았다. 순임이가 이렇게 이야기할 때 나는 이렇게 대답해 주었어야 했는데, 하면서 밤새도록 뒤척였다.

길을 가다가도 종종 순임이랑 마주치는 때가 있었다. 그럴 때면 순임이는 조그만 나를 누나처럼 내려다보면서 웃으며 지나갔다. 나는 내가 좀 더 크고 남자답게 생기지 못한 것을 더욱 부끄러워하였다. 정말 순임이는 1년이 다르게 부쩍부쩍 자라나 벌써 여자의 모습을 갖추어 갔다.

나는 순임이와의 관계에서 그런 마음의 갈등을 겪다가 서울로 올라왔다. 서울에서는 세검정에 있는 외칠촌뻘 되는 아저씨 집에 기거하게 되었다. 거기서 어린 조카들을 과외 지도해 주면서 고등학교를 다닌 것이었다.

세검정은 공기와 물이 맑았다. 거기에다가 아저씨 집이 바로 산 밑에 위치해 있어서 새소리까지 청아하게 들려왔다. 나는 처음으로 부산 집을 떠나 장기간 객지에서 살게 되었으므로 외롭고 쓸쓸하기 그지없었다.

그런 중에 더욱 순임이가 그리워졌다. 하루는 순임이에게 편지를 썼다. 그런데 순임이 집 주소를 알지 못했으므로 그만 순임이 학교에다가 그 편지를 보냈다. 그 내용은 내가 서울에 혼자 올라와 외롭다는 것과 순임이가 보고 싶다는 것과 서울생활, 학교생활에 관한 것 등이었다. 편지를 보냈는데도 답장이 없었다. 중간시험을 보고 난 후에 다시 편지를 써서 보냈다. 중간시험에서 일등을 했다는 것과 앞으로 전교 일등을 목표로 공부할 계획이라는 것 등을 좀 으스대는 투로 써서 보냈다. 그래도 계속 답장이 없었다.

하루는 훈육 주임 선생이 나를 교무실로 불렀다. 훈육 주임은 책상 서랍에서 편지 한 통을 꺼내었다. 그것은 순임이 아버지가 우리 학교 교장에게 보낸 편지였다. 내가 순임이에게 학교로 연애편지를 보냈기 때문에 순임이가 학교에서 처벌을 당할 지경이 되고, 순임이가 창피하다고 학교에도 잘 가지 않으려 하니 나를 엄하게 다스려 달라는 내용이었다.

훈육 주임은 내게 어떤 내용의 편지를 썼느냐고 다그쳤다. 내가 어물어물하며 말을 잘 못하자 나의 뺨을 후려갈겼다. 훈육 주임은 내가 아주 불순한 내용을 쓴 줄로 생각하는 모양이었다. 결국 훈육 주임은 내가 불량 학생이 아니고 반에서 일등까지 하는 모범 학생이라는 것을 알게 되자 몇 가지 주의 사항을 주는 것으로 그쳤다. 이 사건에 관한 자초지종을 자세하게 언급한다면 많은 지면을 할애해야 할 것이다.

그러나 대강 이야기하면, 이 사건이 일어난 배후에는 아버지와 순임이 아버지 사이의 어떤 불화가 작용하고 있었다. 그 불화는 술좌석에서의 사소한 언쟁에서 비롯된 것이었다. 아버지는 술에 취하게 되면 괜히 심술을 부리는 성미가 있었다. 순임이 아버지가 우연히 그날 술좌석을 같이했다가 그 심술을 받아들이지 못하고 아버지를 모욕하는 말을 하였다. 그것은 아버지가 교직에서 쫓겨난 이유에 관한 것으로, 요점만 말하면 아버지는 빨갱이라는 것이었다. 이 말에 아버지도 발끈해져서 주먹질이 오가게 되었다.

그런데다 내 편지로 인해 순임이 학교에서 순임이 집으로 연락이 오고 하는 통에 순임이 아버지는 더욱 화가 나서 우리 학교 교장에게까지 편지를 보낸 것이었다. 그러나 결국 그이의 소원대로는 되지 못하였다. 내가 유기정학이라도 받았어야 화풀이가 되었을 텐데 훈육 주임에게 뺨 한 대 맞은 것으로 그 모든 것은 끝나 버렸다.

그런데 사실은 그것으로 끝난 것은 아니었다. 훈육 주임은 부산 우리 집에다가 나의 문제에 대해 편지를 내고는 집에서 나를 잘 감독해 달라는 부탁까지 하였다. 자존심이 강한 아버지는 그 편지를 받아 보고 마루에서 펄펄 뛰며 내가 있는 서울 쪽을 향해 내 욕을 바락바락 해대기 시작했다. 그러기를 밤낮 사흘을 계속했다. 보다 못해 어머니가 눈물 어린 편지를 나에게 써 보내었다.

어머니는 나를 어떻게 고생해 가며 키웠는가 하는 이야기부터 시작해서 서울에까지 공부시키러 보냈는데 정말 서운하다는 둥 아버지 성질 때문에 온 가족이 들볶이고 있다는 둥 신세 한탄을 늘어놓고 있었다. 그러면서 반에서 일등을 했다고 하니 일단은 안심이 되지만 헛된 생각하다가 나쁘게 되지 말라고 신신당부하는 말들을 덧붙였다. 나는 내가 순임이에게 보낸 그 편지들이 이렇게까지 파문을 일으킬 줄은 정말 미처 몰랐다. 나는 아버지와 어머니, 식구들을 안심시키는 편지를 집으로 써 보냈다. 그리하여 그 사건은 일단 잠잠하게 되었지만 알게 모르게 그 사건이 내 마음에 큰 충격을 준 모양이었다. 그 이후로 나는 혼자 있게 될 때 갑자기 히죽히죽 웃는 버릇이 생겼다. 그 웃음은 버스를 타고 갈 때라든지 호젓한 골목길을 걸어갈 때라든지 책상 앞에 앉아 있을 때라든지 어느 때든지 느닷없이 튀어나오곤 하였다. 그리고 그 웃음 이후에는 어떤 쓰라림이 내 가슴을 훑고 지나갔다. 이제 순임이를 생각하면 그리운 감정이 생기기보다는 어리석게 행동했던 나 자신에 대한 모멸감이 생기게 되었다. 그리고 내가 쓴 편지 내용이 그럴 수 없이 유치하게 여겨지면서 수치심으로 얼굴이 붉어지기까지 했다. 그 이후로 나는 순임이를 영영 만나 보지 못하였다.

그 편지 사건 이전에는 순임이가 우리 집에 종종 놀러 와서 서울에 있는 내 소식도 묻고 떠들다가 돌아가곤 했다는데 그 이후로는 일체 찾아오지 않는다고 했다. 방학 같은 때 부산에 내려가서 쌀가게를 하는 순임이 집 근방을 일부러 배회해 보아도 순임이의 그림자조차 만나 볼 수 없었다.

순임이에 대한 그리움은 내 의식에서 차츰 퇴색되어 갔다. 그 대신 그 외칠촌 아저씨의 맏딸 을희가 내 마음을 사로잡아 가기 시작했다. 그때 을희는 국민학교 5학년이었다. 서울 계집애들이 대개 그렇듯이 5학년인데도 꽤 숙성한 편이었다. 나의 마음을 사려고 눈에 띄게 이상스런 행동을 하기도 하였다. 같이 길을 걷게 될 때는 자연스럽게 내 팔짱을 끼기도 하였다.

을희는 국민학교에서 전교 일등을 하는, 여러 가지 면에서 영리한 아이였다. 어릴 때부터 익힌 피아노 실력도 대단한 편이었다. 나는 을희의 섬세하고 곱상한 용모뿐만 아니라 그 천재성을 좋아하게 되었다. 그 편지 사건 이후로는 더욱 내 마음이 을희에게로 쏠렸다.

하루는 내가 공부방에서 을희 남동생과, 나처럼 그 집 신세를 지고 있는 친척인 청년 한 사람과 잠을 자고 있는데, 새벽 두세 시쯤 되어 방문이 슬그머니 열리더니 을희가 잠옷바람으로 들어왔다. 나는 누워 자다가 인기척에 눈을 뜨고는 마루에서 비치는 불빛을 배경으로 을희의 모습을 보게 된 것이다. 을희는 소변을 보러 화장실에 들렀다가 잠결에 착각을 하여 옆방인 자기 방으로 가지 않고 방을 잘못 찾아 들어온 것 같았다.

을희는 바로 내 옆에 누워 다시 잠 속으로 빠져들어 갔다. 옆에 누가 있는지 전혀 모르는 모양이었다. 방 안은 문이 닫혀서 다시 캄캄해져 있었다. 을희 남동생들과 그 친척인 청년은 완전히 잠 속에 빠져들어 아무것도 눈치채지 못하였다. 나는 어둠 속에서 손을 뻗어 을희의 머리끝부터 발끝까지 그 애 몸을 샅샅이 더듬어 보았다. 그리고 살며시 껴안아 보고 입을 맞추어 보기도 하였다. 그러다가 나도 모르게 잠이 들었다.

눈을 떠 보니 다른 사람들은 계속 자고 있는데 을희는 보이지 않았다. 그래서 이상한 느낌이 들었다. 을희가 방을 잘못 찾아 들어왔던 것인지, 아니면 일부러 들어와서 내 옆에서 누워 자는 척하다가 나간 것인지 알 수가 없었다. 아침 밥상에 같이 앉았을 때에도 을희는 전혀 아무것도 모르는 것처럼 명랑하게 떠들고 있었다. 나는 제대로 머리를 들지 못한 채 밥을 먹는 둥 마는 둥 하고 학교로 갔다.

그 이후로 을희와 나는 종종 육체적인 접촉을 가지게 되었다.

하루는 그 집 아주머니가 나에게 돈을 주면서 을희와 을희 동생들을 데리고 만화영화를 보고 오라고 하였다. 나는 극장 안에서 을희를 옆 좌석에 앉혀 두고 다른 사람들 몰래 을희의 머리카락과 그 손과 다리를 만져 보았다. 그리고 집으로 돌아오는 길에 을희 동생들을 앞세워 보내고 을희와 함께 뒤처져 걷다가 나는 아무도 없는 골목길에서 을희에게 갑자기 입맞춤을 하였다. 을희 입에서는 저녁으로 중국집에서 짜장면을 먹을 때 함께 먹은 양파 냄새가 났다. 을희는 부끄러운 듯 앞으로 달려갔다. 을희가 깨어 있을 때 나에게 입맞춤을 당한 것은 그때가 처음이었다. 그 이후로는 을희에게 다시 입맞춤을 하지 않았다.

그런데 이제는 을희가 책상 앞에 가만히 앉아 있는 나에게 갑자기 달려들어 목덜미에다 자기 입술을 대기도 하고 내 팔을 이빨로 물기도 하였다. 을희는 기회만 있으면 자기 몸을 나에게 밀착시키려고 하였다. 나는 그런 을희가 싫지 않았다. 오히려 을희가 자주 그렇게 하기를 바라고 있었다. 이런 을희와 나의 관계를 을희 아버지와 어머니가 눈치챈 것 같았다.

내가 고등학교 2학년 될 무렵, 을희 아버지는 우리 아버지에게 연락하여 내가 따로 기거했으면 하는 의사를 표시하였다. 을희와 나의 관계에 대해서는 말하지 않고 자기 집안 사정들을 이유로 들어 그렇게 했으면 좋겠다고 하였다. 그리하여 2학년 때부터는 시골에 계시던 외할머니가 올라와서 미아리 쪽에 자취방을 전세로 얻어 함께 살게 되었다.

처음에는 미아리 대지극장 옆의 하천가 어느 판잣집 방 하나를 얻어 살게 되었는데 그 집은 여간 시끄러운 곳이 아니었다. 방들이 많아 여러 가구가 전세를 들어 살고 있고, 그 집 주인인 과부댁의 입이 얼마나 영악스러운지 그 입이 한번 벌어졌다 하면 욕설을 댓 바가지 토해 내지 않고는 결코 다물어질 줄 몰랐다. 또 술 취한 남정네들이 비실비실 열려진 대문으로 들어와 아가씨 있느냐고 묻기도 하였다. 창녀가 사는 집으로 착각을 한 모양이었다.

그런 환경 속에서 공부를 제대로 할 수 없어 나는 학교 선생이 소개해 주는 어느 집에 입주를 하여 중학생 남자애를 하나 가르치게 되었다. 그러다가 일요일 같은 때 혼자 있는 외할머니를 만나 보고 오곤 하였다. 고3이 되었을 때는 입시 준비 때문에 입주 아르바이트 같은 것을 할 수 없어 입주하던 데서 나왔다. 그리고 하월곡동 가까운 쪽으로 이사하여 외할머니와 내가 따로 전세 방을 얻었다. 그 동네 바로 뒤에는 월곡동으로 넘어가는 언덕이 있고 그 주위에 야산이 널려 있었다.

나는 일찍 학교에서 돌아오게 되면 동네 아이들을 그 야산으로 데리고 가서 저녁놀이 낄 때까지 쏘다니다 오곤 하였다. 저녁놀은 늘 세검정 쪽 하늘에 펼쳐졌다. 그 저녁놀을 바라보면 을희가 몹시 보고 싶어지고 눈에는 느닷없이 눈물이 괴어 줄줄 흘러

내리기도 하였다.

　내가 고3 때 을희는 경기여중에 합격하여 1학년에 다니고 있었다. 나는 두 달에 한 번 정도로 을희 집에 인사를 하러 갔다. 그러나 사실은 을희가 보고 싶어서 가는 것이었다. 내가 가면 이상하게도 을희는 자기 방에 틀어박혀 나오지 않았다. 마치 이전에 순임이가 우리 집에 놀러오곤 했을 때 내가 공부방에 처박혀 있던 것과 같았다.

　저녁 식사 시간이 되어도 을희는 자기 방에서 나오지 않았다. 가정부가 을희를 부르러 가면 을희는 밥상을 따로 차려 오라고 해서 자기 방에서 혼자 먹었다. 그때는 대개 을희 아버지가 직장에서 아직 돌아오지 않은 때여서 을희 어머니가 그 사태를 수습해야만 하였다. 그런데 을희 어머니는, "여중생이 되더니만 오빠 보기가 부끄러운 모양이지" 그 정도의 말만 하고 그저 빙그레 웃기만 할 뿐이었다. 그러면 나도 따라서 웃곤 하였지만 속으로는 슬픔이 전류처럼 찡하게 흘렀다.

　두 달 동안 저녁놀을 바라보며 세검정을 그리워하고 을희를 그리워했는데, 을희는 얼굴도 제대로 비치지 않는 것이었다. 나는 을희 아버지가 집에 올 즈음해서 그 집을 나와 미아리 쪽으로 버스를 타고 돌아왔다. 그런데 그 집 대문을 열고 나오다가 을희 방을 돌아보면 을희가 자기 창문 커튼 사이로 대문 쪽을 내다보고 있는 모습이 보이곤 하였다.

나는 그 집을 나와 어두운 골목길을 걸어 나오면서 울지 않은 적이 거의 한 번도 없었다. 그러면서 그 울음으로 말미암아 내 정신이 청아하게 맑아지는 것을 느꼈다. 바로 이런 이상한 카타르시스 현상이 있었기 때문에, 을희의 반응에도 불구하고 세검정에 들르는 일을 중단하지 않았는지도 몰랐다.

어떤 때는 을희가 예외적으로 자기 방에서 나와서 나를 향하여 묘한 미소를 짓다가 다시 자기 방에 들어가기도 하였다. 그런 때는 대개 을희가 치는 피아노 소리가 그 방에서 들려왔다. 그렇게 예외적인 일이 일어나든 일어나지 않든, 을희 집 대문만 나서면 그 야릇한 눈물이 잘 익었다 터지는 과일처럼 영락없이 흘러 나왔다. 그래서 을희를 보기 위해 두 달을 기다린 것이 아니라, 바로 그 울음을 울기 위해 두 달을 기다린 듯이 여겨지기도 했다.

그 당시 나에게 있어 그렇게 세검정에 다녀오는 길이야말로 바로 성지순례의 길이었다. 대학에 합격했을 때도 나는 곧 세검정 성지순례의 길을 떠났다. 그때는 을희가 자기의 율법을 파격적으로 깨뜨리고 자기 방에서 완전히 나와 기뻐해 주었다. 그리고 몇 마디 말까지 해주었는데, 그 몇 마디 말은 나에게 신탁(神託)과도 같이 여겨졌다. 나는 그 몇 마디 말을 받아 가지고 돌아와서 그 말을 묵상하고 암송하면서 내 기쁨의 원천으로 삼았다.

그런데 다시 그러한 신탁을 기대하며 갔을 때는, 을희도 다시 자기 율법의 세계로 들어가 버린 후였다. 을희는 정말 예측할 수 없는 불가사의한 작은 신(神)이었다. 아니, 나에게 있어서는 큰 신이요 거대한 우상이었다. 그 우상의 제단에 눈물로 제사를 드리기 위해 나는 거의 정기적으로 그 제단 앞에 나아가는 셈이었다. 대학 1학년 교양 과정부 기간에도 여전히 그러한 제사가 반복되었다.

그러므로 고등학교 동창들과 모여서 여자 이야기를 하게 될 때는 을희 이야기를 중점적으로 할 수밖에 없었다. 처음에는 동창들이 을희가 중학교 2학년밖에 되지 않은 사실에 대해 실망도 했고 또 나를 놀려 대기도 했지만, 나의 성지순례의 간증이 반복됨에 따라 차츰 진지하게 귀를 기울이게 되고 을희에 대한 무한한 동경을 표시하기에까지 이르렀다. 자기의 신을 미화시키는 인간의 본능이 있듯이 나는 을희를 점점 미화시켜 나의 친구들을 완전히 압도시켜 버렸다.

그 무렵 나는 을희와의 심령적인 교접을 시도하기 위해 최면술에 관한 책들을 사서 혼자 읽고 실습하면서 최면술을 익혔다. 그때는 부산에서 셋째 여동생이 올라와 외할머니와 한방에서 살며 국민학교 4학년에 다니고 있었는데, 그 여동생을 대상으로 최면술을 걸어 놀랍게 성공을 하였다.

여동생은 거의 한 시간 동안 최면 상태에 빠져 내가 암시한 대로 행동했다. 방 안인데도 바닷가라고 암시하고는 배가 몇 척 떠다니냐, 갈매기가 몇 마리 날아다니고 있느냐 물으면, 네 척이 떠다니고 세 마리가 날고 있다고 대답했다. 그리고 정원이라고 암시하고는 꽃을 꺾으라고 하니까, 열심히 방 이 구석 저 구석을 돌아다니며 꽃을 꺾는 흉내를 내었다. 어려운 그림을 그리게도 하고 몇 가지 엉뚱한 심부름을 시키기도 하였는데 다 그대로 해내었다.

나는 그 최면술의 효과에 스스로 놀라지 않을 수 없었다. 그리하여 얼마 있다 곧 여동생을 최면에서 깨어나게 했다. 여동생은 최면 상태에서 자기가 무엇을 하였는지 기억을 하지 못하고 있었다. 이렇게 최면술에 대해 어느 정도 자신을 얻은 나는 본격적으로 자기 최면술의 단계로 들어갔다. 나의 팔이 저절로 올라가게도 할 수 있게 되었다. 그리고 밤에 방에 누워서 나 자신에게 암시를 반복하여 을희가 방문을 열고 들어와 내 옆에 눕는 환각을 불러일으키게도 하였다.

정말 을희는 그날 밤처럼 방문을 열고 들어왔고 내 옆에 누웠다. 나는 그 을희의 몸을 더듬고 껴안으며 울었다. 그러다가 밝은 아침이 되어 버스를 두 번씩 갈아타고 학교로 가면, 어느새 지난밤의 그 우울과 허무감은 사라지고, 나는 친구들과 어울려 떠들게 되는 것이었다.

봄이 한창 무르익어 갈 즈음, 하루는 영철이가 나를 부르더니 따뜻한 햇볕이 괴어 있는 교사 뒤쪽 잔디밭으로 데려갔다. 거기서 영철은 클럽에 가입할 것을 권유하였다. 그 클럽은 명우회라는 이름으로 10년 정도의 전통을 가지고 있다고 하였다. 주로 경기고 출신과 사대부고 출신, 경기여고 출신들로 구성된다고 하였다.

클럽 활동 기간은 대학 1학년 기간이지만 계속 선후배 관계를 유지하며 종종 선후배 전체가 모이는 정기 총회 모임도 가진다고 하였다. 바로 작년에 명우회 회장을 지낸 선배가 영철에게 부탁하여 명우회를 조직하도록 한 것이었다. 명우회 1회 선배 중에는 한국에서 이름을 떨치고 있는 유명한 불문학자 한 분도 있고, 그 외 많은 선배들이 사회 각 분야에서 두각을 나타내고 있었다. 클럽 활동이라고는 고등학교 때 문예반 활동을 조금 한 것밖에 없는 나로서는 좋은 기회라고 생각되었다. 그래서 가입할 것을 쾌히 승낙했다.

1968년도 명우 회원 첫 모임이 문리대 건너편 가톨릭 학생회관에서 있었다. 나는 서울대 교복으로 정장을 하고 머리에 포마드 기름을 조금 바르고 나갔다. 한 스무 명 가량이 모였다. 여대생들은 서울대가 세 명뿐이고 나머지 예닐곱 명은 모두 이화여대생들이었다. 남학생들은 법대가 네 명이었고 상대가 대여섯 명되었는데, 법대생은 모두 경기고 출신이었고 상대생은 사대부고 출신이 대부분이었다.

경기고·경기여고 출신의 서울대생이 회원의 중심을 이룰 줄 예상했는데 좀 이상한 비율로 모였다는 것을 처음부터 느낄 수 있었다. 회장에는 영철이가 당선이 되고 각부 부장·부원들이 뽑혔다. 문예부, 미술부, 음악부로 세 부가 나누어졌는데 나는 문예부장을 맡게 되었다. 그날 거기에 명우회 선배들도 함께 참석하여 축하를 해주었다.

그 정기 모임이 끝난 후 선배들의 주선으로 무슨 회관인가 하는 홀에서 칵테일 파티 비슷한 것이 벌어졌다. 향기가 야릇한 술이 각자의 조그만 술잔에 부어졌다. 나는 그런 술을 처음 마셔 보았다. 사람들의 표정은 한결같이 밝았고 어떤 흥분에 들떠 있었다. 선배들은 거의 모두 양복·양장 차림이었다. 나의 친구들도 언제 양복을 맞추어 두었는지 거의 양복으로 말쑥하게 차려 입고 있었다.

그들의 모습은 보통 학교에서 보던 모습과는 사뭇 달랐다. 고등학생 티를 갓 벗어난 어린 학생의 모습으로 보이던 그들이 어엿한 남성으로 변모해 있었다. 특히 키가 훤칠하게 큰 영철이가 양복으로 정장 차림을 한 모습은 어디 외국 미남 배우가 와 있는 것 같은 착각이 들 정도였다. 교복을 입고 온 사람은 나랑 두세 사람밖에 없었는데, 거기다가 키도 형편없이 작고 몸도 약한 나의 모습은 스스로 생각하기에도 초라하기 그지없었다.

그러나 그런 자기의식 속에 빠져 있을 분위기가 아니었다. 얼큰히 취해 오는 술기운에 힘입어 그런 의식들은 떨쳐 버리고 사람들과 어울려 여러 가지 이야기를 나누었다.

새로 신입 회원이 된 여대생들은 작년에 여고생이었다고는 도저히 생각되지 않을 정도로 성숙한 모습들을 하고 있었다. 그중에 유난히 아름답게 돋보이는 얌전한 여대생이 하나 있었다. 그 여대생은 이화여대생이었다. 그 외에 특별히 돋보이는 다른 얼굴들은 없었다. 그렇지만 각자 독특한 매력을 가지고 있는 것을 알 수 있었다.

나는 그 첫 모임에서는 그 여대생들과 인사 정도 나누는 것으로 그쳤다. 서울대 여대생 셋 중에 하나는 독문과생이었고 둘은 다 같이 미술대 학생으로 각각 응용미술학과와 회화과에 다니고 있었다. 이대생들은 영문과를 비롯해서 주로 문과대생이 많았다.

그날 이후로 우리 명우 회원들은 일주일에 한 번씩 정기적으로 모였다. 주로 가톨릭 학생회관을 빌기도 하고 함께 모여 음악회나 미술전람회 등에 가 보기도 하였다. 한번은 명우 1회 선배인 유명한 불문학자를 초대해서 '동양과 서양의 사상적 차이'에 대해서 강의를 들은 적이 있었다. 그때 무언가 내 눈이 새로운 세계로 열리는 것을 체험했다. 내가 서양에 살고 있지 않고 동양에 살고 있다는 것을 새삼 확인하게 되었다.

무엇보다 마음에 충격을 준 것은 그 불문학자의 진지한 탐구 자세였다. 한 마디 한 마디 말들이 그냥 쉽게 나오는 것이 아니라 많은 독서와 깊은 연구와 사색에서 우러나오는 것임을 느낄 수 있었다. 그러한 것은 고등학교 선생들이나 지금까지 배워 본 대학 교수들에게서 받지 못한 인상이었다.

나는 무언가 새로운 세계 앞에 두근거리는 가슴으로 서 있는 기분이었다. 이전에 제대로 느껴 보지 못한 학문과 철학과 사상의 세계가 나를 기다리고 있었다. 그 무한한 가능성의 세계로 나는 달려 들어가 보고 싶었다. 그 불문학자의 강의를 듣고 난 우리는 갑자기 유식해진 기분이 되어 그분이 가고 난 후에도 오래 남아서 진지하게 토론을 벌였다.

그리고 또 한번은 나중에 동인문학상을 받은 이청준의 〈병신과 머저리〉에 대해서 독후감 발표 형식으로 토론을 한 것이 있었다. 나는 '사상계'(思想界)에서 그 작품을 읽었는데 그토록 감동을 준 작품은 일찍이 없었다. 6·25를 겪은 바 있는 병신의 세대는 그 고민과 방황의 원인이라도 있지만, 머저리 세대는 그 고민의 원인조차 찾을 수 없다는 것이 그 작품의 주제인 듯싶었다. 거기서 우리는 모두 자신들이 머저리라는 것을 알았다. 그런 머저리들이 모여 토론을 하니 결론이 뚜렷하게 날 리가 없었다. 갑론을박 을론갑박하다가 모임은 끝났다.

모임 이후에는 항상 2차가 있었다. 대개 중국집 같은 데 가서 저녁을 먹는 것이었는데, 여대생들을 보내 놓고 나서는 또 남학생들끼리 남아 이리저리 싸돌아다니며 술을 마시고 당구를 쳤다. 그런데 그 머저리 토론이 끝난 후에는 여대생들도 몇 명 그대로 남아 술자리에 함께하였다.

그날은 그 어느 때보다도 술들을 많이 마셨다. 봉섭이는 같은 고등학교 동창이고 함께 법대에 다니는 친구로 기독교인이었는데도 그날은 술을 제일 많이 마시는 것 같았다. 창호도 법대생으로 무척 착실하고 술을 잘 안 하는 친구였으나 그날은 엉엉 울기까지 하며 술을 마셔 대었다. 그러고는 봉섭이를 놀리고자 하는 말인지, 평소에 자기가 품고 있던 생각을 말하는 것인지, 아니면 금방 끝난 토론의 여파로 그러는 것인지 아무튼 이렇게 소리치고 있었다.

"만약 신이 있다면 그 신은 병——신일 것이다!"

그러면서 창호는 눈물을 손등으로 닦았다. 우리는 그 말을 듣고 그만 배꼽을 쥐고 웃어 버렸다. 창호는 계속해서 주먹을 불끈 쥐고 팔을 휘두르며 소리쳤다.

"우리의 신은 병——신, 우리의 신은 병——신!"

그것은 마치 창호가 병——신이라는 이름을 가진 신에게 찬양과 예배를 드리고 있는 모습 같았다.

그렇게 모임이 거듭됨에 따라 우리 중에는 서서히 짝이 이루어져 갔다. 영철이는 이대 영문과에 다니는 영숙이와 짝이 되고 창호는 서울 미대 회화과에 다니는 혜정이와 짝이 되고 봉섭이는 그 여대생 중에서 가장 아름답게 돋보이는 이대 국문과의 윤선이에게 관심이 많은 것 같았다. 나는 감히 짝을 이룰 용기가 없었다. 그런데 이대 영문과 영숙이와 함께 다니는 숙희가 나에게 관심을 기울이며 접근해 오는 것을 느낄 수 있었다. 그러나 나는 숙희의 성품과 용모가 마음에 거리낌을 주어 의도적으로 멀리하였다.

그러면 그럴수록 숙희는 방법을 새롭게 해서 접근해 왔다. 학교 숙제를 은근히 부탁한다든지 연극 구경을 함께 가자든지 하면서 내 마음을 끌려고 노력하였다. 차츰 내 마음도 흔들리지 않는 바가 아니었지만, 나는 사실 명우 회원 중에서는 영숙이에게 마음이 끌리고 있었다. 그렇다고 영숙이가 을희보다 내 마음을 더욱 사로잡는 건 아니었다. 명우회 모임을 가지고 함께 만나고 할 때마다 다른 여대생에게보다 영숙이에게 마음이 기울어짐을 막연하게 느끼는 정도였다. 그리고 나에게는 중학교 2학년밖에 되지 않는 을희를 통하여 얻을 수 없는 것들을 같은 학년인 여대생을 통하여 얻어야 할 필요성이 있었다.

그런데 영숙은 조금 오만한 데가 있는 듯이 보였다. 걸을 때도 그 오똑한 콧날을 중심으로 동그랗게 모여 있는 얼굴을 꼿꼿이 들고 마치 황녀나 되는 것처럼 걸었다. 나는 항상 영숙이 앞에 있으면 어떤 열등감에 사로잡히고 내가 스스로 동생이 된 것같이 여겨지기만 했다. 영숙은 한 번도 나에게 정감 어린 시선을 보내주지 않았다. 늘 거리감을 두고 대하며 자기 친구 숙희와 나를 연결시켜 주려고만 했다.

남학생끼리 모였을 때 영철은 영숙이와 개인적으로 데이트한 이야기를 하면서 그 영숙의 오만에 대해 언급하는 경우가 많았다. 그러면 나머지 친구들이 이구동성으로 영철이에게 그 영숙의 오만을 꺾어 놓아야 한다고 열을 올리며 충고하였다.

영철은 무언가 자신감이 없어 보이고 괴로운 것 같았다. 자기가 벌여 놓은 이야기를 주워 모아 삼키려는 듯 소주잔을 씁쓸하게 들이켜는 영철의 모습을 보고 있노라면 나는 괜히 기분이 좋아졌다.

제일 무난하게 진행되는 쪽은 창호와 혜정의 관계인 것 같이 보였다. 창호는 키가 그렇게 크지도 작지도 않고 아담한 편이었다. 얼굴도 희고 매끄러운 동안(童顔)으로 귀엽기 그지없었다. 안국동에서 골동품상을 크게 하는 집의 장남인 창호는 마치 자기 집의 고운 백자 항아리와 같은 분위기였고, 혜정은 전형적인 화가의 모습이었다. 마치 가는 붓으로 섬세하게 그려 놓은 것 같은 얼굴이었다. 거의 감겨 있는 듯한 작은 눈인데도 그 눈이 풍겨 내는 조용하고 행복한 분위기는 영숙이의 그 투박스럽게 큰 눈보다 더 감미로웠다. 입술도 보일 듯 말 듯하게 얇디얇았는데 그 얇은 부피 속에는 무한한 관능이 숨겨져 있음에 틀림없었다.

키는 언뜻 보기에 창호보다 커서 시원하게 뻗어 있는 편이었다. 창호는 키에 대해 좀 열등감이 있는 듯 혜정이 이야기를 하게 되면 반드시 키 문제를 언급하였다. 정확하게 재어 보면 자기가 크다고 하였다. 여자는 같은 키라도 하이힐을 신고 머리를 부풀리게 하고 해서 훨씬 크게 보인다는 것이었다.

창호와 혜정은 그렇게 골동품과 그림처럼 연애를 해서 우리 모두의 부러움의 대상이 되었다. 그리고 그들이 아름답게 연결되리라는 것을 믿어 의심치 않았다.

그리고 봉섭이가 침을 튀기며 곧잘 이야기하는 윤선은 모임에 와도 별 말이 없었다. 얌전하게 있으면서 얼굴을 몇 번 붉히고 살며시 미소 짓고 하다가 얌전히 사라졌다. 자기의 아름다움을 스스로 의식하고 그 아름다움이 저지를 어떤 위험을 늘 경계하는 듯이 보였다. 그렇게 아름다운 얼굴은 대학가에서 흔히 찾아볼 수 없었다.

윤선이의 아름다움에 대해서는 남학생이고 여학생이고 간에 언급하는 것을 꺼렸다. 여학생의 경우는 무슨 시기심 때문에 그런 것도 아니었다. 윤선의 아름다움은 우리에게 있어 신성 불가침적인 것이라고 할 수 있었다.

여호와의 이름을 망령되이 일컫지 않기 위하여 여호와란 이름조차 부르지 않고 그 대신 아도나이(主)라고 부른 유대인들처럼 그렇게 우리도 윤선의 아름다움에 대해서는 일체 언급을 회피하였다. 봉섭이도 윤선에 대해 이야기할 때 윤선이가 아름답다든지 하는 이야기는 일체 하지 않았다. 그 얌전한 성격에 마음이 끌린다든지 그 이상한 침묵에 매력이 있다든지 하는 이야기만을 하였다.

봉섭은 별명이 땅딸보로 작은 키에 살이 쪄서 별 볼품이 없었지만 그 얼굴 하나만은 흠잡을 데 없이 갖추어져 있었다. 안경 너머에서 구르고 있는 동그란 눈동자는 무엇이든지 설득시킬 수 있다는 확신으로 차 있었다.

그러나 봉섭이가 윤선이와 개인적으로 만남을 가진 적은 한 번도 없는 것 같았다. 봉섭이 혼자 몸이 달아서 윤선이, 윤선이 하고 있는 것이었다. 마치 윤선이는 자기 것으로 내정되었으니 다른 사람은 넘보지 말라는 그런 의도가 숨겨져 있는 듯하였다.

우리는 봉섭이의 그 얌체 심리를 간파하였지만 윤선이와 관계되는 일이었으므로 말을 함부로 할 수 없었다.

그런데 윤선은 얼마 있지 않아 우리 모임에 나오지 않았다. 이대 친구들을 통해 그 이유를 알아보아도 별로 신통치 않았다. 이대 친구들은, 윤선은 고등학교 때도 알 수 없는 아이였다고 하였다. 윤선은 영영 그 모습을 나타내지 않았다. 윤선이가 우리 모임에 와서 한 말이라고는 예, 저, 그, 글쎄요 하는 정도에 불과했다. 과연 윤선이가 누구였는지 아무도 알지 못했다. 말 재주꾼들이 대부분 모여 있는 우리 모임에서 어떻게 보면 윤선은 어울리지 않는 존재였다. 윤선은 우리의 그 요란한 말들에 짓눌리고 짓눌리다가 땅으로 꺼져 버렸는지도 모를 일이었다.

아무튼 윤선이의 불참은 우리에게 조용한 충격을 주었다. 우리는 그동안 우리끼리만 너무도 많은 말을 해버린 데 대해서 자중하는 마음이 되었다. 그리고 우리의 이야기에 조용히 미소지어 주던 윤선의 모습이 보이지 않는 사실에 대하여 무척 아쉬움을 느끼지 않을 수 없었다.

사실 그동안 남학생들은 자기가 말을 하면서 자기가 말을 잘하고 있는지를 확인하기 위해서 윤선의 표정을 살피곤 했는데, 윤선이가 미소를 짓고 있으면 자신을 얻어 더욱 열을 올렸던 것이었다. 그렇게 우리 말의 효과를 측정하는 바로미터가 되는 윤선이가 보이지 않았다. 마치 가톨릭 신자들에게 마리아의 현현이 잠시 머물렀다가 사라지는 것처럼, 그렇게 윤선이는 환영처럼 우리에게서 사라져 버렸다. 누구보다도 봉섭이가 타격을 받았지만 원래 성격이 느긋한 편이라 잘 견디어 내었다.

이제 여름방학이 다가오고 있었다. 방학 동안에도 시골에 내려가는 사람을 제외하고는 계속 모임을 갖기로 하였다. 나는 부산으로 내려가 방학 기간을 보내었다. 다시 2학기가 시작되어 서울로 올라왔을 때 명우회 모임은 파란을 겪고 있었다. 사대부고 출신들이 많이 떨어져 나갔다. 경기고 출신들이 모임의 주도권을 잡고 있는 데 대한 반발인 것 같았다. 물론 모임에 나오지 않는 이유를 그렇게 노골적으로 이야기한 것은 아니었다. 개인 사정들을 이유로 들었지만 그런 반발이 깔려 있음에 틀림없었다. 모임을 어떻게 해서든지 살려 보려는 사대부고 출신은 그대로 남아 있었는데, 그것도 두 명 정도에 불과했다.

그리고 무엇보다도 영철이와 영숙이, 창호와 혜정의 관계들이 깨어질 위험에 처해 있었다. 영철이와 영숙이의 관계는 처음부터 서걱서걱 소리가 나는 그런 것이었으므로 예상했던 바이지만, 창호와 혜정의 관계는 한참 무르녹아 가는 듯하다가 그렇게 되어 버려 의아하지 않을 수 없었다.

그 이유인즉 영숙이나 혜정이나 다 같이 고등학교 때부터 사귀어 오던 연상의 남자들이 있었다는 것이었다. 영숙의 남자는 어느 사업체의 젊은 사장으로 있었고, 혜정의 남자는 미국 유학

중에 있었다. 영숙과 혜정은 그동안 영철과 창호를 그 남자들과 비교하며 저울대에 올려놓았던 셈이었다. 그것을 영철과 창호는 모르고 있다가 방학 동안에야 뒤늦게 알게 되었다.

영숙의 남자가 여름휴가를 받아 영숙을 데리고 어디 동해안을 다녀왔다는데, 그 이후로 영철을 대하는 영숙의 태도가 이전보다 더욱 오만해졌다. 그리고 혜정의 남자도 방학을 이용하여 미국에서 잠시 돌아와 혜정을 만나면서 둘의 관계가 새롭게 뜨거워진 모양이었다. 창호를 대하는 혜정의 자세가 피카소의 그림처럼 점점 이상해졌다.

어떻게 영숙이와 혜정이가 그런 사실들을 영철이와 창호에게 각각 이야기해 주었는지 모르지만, 영철이와 창호는 그 사실들을 알고 나서는 그동안 자기들도 모르게 올라와 있었던 저울대에서 내려와 버렸다. 그 중늙은이들 같은 남자들과 겨루어 볼 심산은 생기지 않았던 모양이었다.

우리는 정말이지 대학 1학년 여대생들이 같은 학년의 남학생들을 하나의 남자로 생각하고 있는지조차 의심스러운 판국이라면서 흥분을 하며 떠들었다. 인형놀이를 하듯이 우리를 갖고 놀다가 버리는 것이라고, 여성의 심리에 꽤 정통하다고 늘 주장하는 봉섭이가 목소리를 높였다. 창호는 생전 처음 경험해 보는 연애였고 실연이었다. 여자의 마음은 갈대와 같다는, 너무도 상식적인 말을 현실적으로 체험하는 아픔을 겪은 것이었다.

영철이는 연애가 시작될 때부터 실연이 시작된 것과 같았으므로 그동안 마음의 준비가 되어 있었는데, 창호는 무방비 상태에서 당하고 말았다. 그래서 우리는 최대한 창호를 위로해 주려고 애를 썼다. 그를 위로해 준다는 것은 다른 것이 아니라 혜정의 그 착하게 보이는 얼굴의 위선을 폭로하면서 혜정의 인격을 형편없이 깎아내리는 것이었다. 그 붓으로 그린 듯한 실눈을 이제는 여우의 눈 같다고 악평을 하면서 여러 가지 약점을 늘어놓았다. 심지어는 미대에 다니는 것까지 트집을 잡아 그림쟁이가 어떻게 국가와 시대를 논하는 법대생과 짝할 수 있겠느냐고 기염을 토하기도 하였다.

그러나 그런 말들이 창호에게는 아무런 위로가 되지 않는 듯했다. 날이 갈수록 창호는 말이 적어지고 얼굴이 말라 갔다. 영숙과 혜정은 차츰 명우회 모임에 출석하는 횟수가 줄어 갔다. 이제는 전체적으로 열 명이 모이면 많이 모이는 편이 되었다. 영철이도 회장으로서 모임을 이끌어 나가는 데 지친 모습이었다. 모임의 분위기는 봄에 모일 때의 그 활기가 시들어 버린 지 오래였다.

우리는 다만 모임이 끝난 후에 밤거리를 헤매며 술을 마시기 위해 편의상 모이는 데 불과했다. 명우회의 그 밝을 '명'자는 의미를 상실하여 암우회로 전락해 가고 있었다. 모임을 새롭게 회복시키고자 하는 의욕을 가진 사람도, 가지려는 사람도 이제 없었다. 1968년도 말에 명우회가 자연 해체될 때까지 그냥 적당히

때워 버리고자 하는 심산들이었다.

사실 우리는 처음에 잔뜩 기대했던 대학생활에 대해 환멸을 느끼기 시작하면서 모든 것에 의욕을 상실하고 지쳐 버렸다고 할 수 있었다. 여대생들도 마찬가지인 것 같았다. 봄에는 복숭아 털이 보수수하게 보일 정도로 생기 있던 얼굴들이 배 껍질처럼 꺼칠꺼칠해졌다.

때마침 불기 시작한 가을바람이 휑하게 뚫린 우리 가슴속으로까지 불어 들어왔다. 우리 모임은 애초부터 어떤 뚜렷한 이념이나 목표를 가지고 모인 것이 아니라 이름 그대로 밝은 교제를 나누는 정도의 목적밖에 없었기 때문에 방향을 상실하기 쉬웠다. 무엇보다 우리는 그 밝은 교제를 나눌 수 있는 비결을 알지 못하고 있었다. 일주일 동안 각자 자기의 세계 속에 파묻혀 방황할 대로 방황하다가 그 후유증에 시달리는 가운데 지친 몸과 마음으로 모이는 우리들 사이에 그 밝은 교제가 이루어질 리가 없었다.

우리가 서로 주고받는 미소와 웃음은 슬픔과 우울의 우물에서 억지로 한 모금 길어 올린 것에 불과하였다. 그 무렵 나는 오래된 《자유문학》지에서 최인훈의 추천 데뷔 작품인 〈그레이 구락부의 전말기〉를 읽게 되었는데, 우리 모임도 이미 말기로 접어든 것을 느끼고 있던 터라 그 단편소설에 나는 크게 공감하였다. 그렇게 우리 모임은 시들어 가고 있었다.

나는 대학 1학년 동안 일주일마다 정기적으로 명우회 모임에
나가고 두 달 만에 한 번씩 세검정에 가 보고 하는 이외에 한 친
구를 일주일마다 만나는 것이 생활의 중심 리듬을 이루고 있었
다. 그 친구는 만현이라는 친구로 동국대 인도철학과에 다니고
있었다.

　경기고 출신이 동국대에 간다는 것은 그 당시 희귀한 일이었
는데, 그 친구는 동국대에 간 것이 아니라 인도철학과에 간 것이
었다. 만현은 고등학교 2학년 때부터 같은 반이었다. 키가 나보
다 1센티미터 정도 컸지만 자기가 스스로 작은 자가 되겠다면서
키 순서대로 반 번호를 매길 때 1번을 원하였다. 그래서 나는 2번
이 되었다. 책상도 번호순으로 앉기 때문에 한 책상에 나란히 앉
게 되었다.

만현은 학교 공부에는 거의 관심이 없는 것 같았다. 주로 어려운 한문들이 섞여 있는 불교 서적들을 읽고 있었다. 그 책의 저자들 중에 자주 눈에 띄는 이름이 이기영이었다. 나는 이기영이가 누군지 그 서적의 내용이 무엇인지 알 리가 없었다. 만현이가 거기에 대해 자세하게 설명해 준 적은 한 번도 없었다.

자기 혼자 몰두하여 빨간, 파란 색연필로 책에 줄을 그으며 은은히 미소를 짓고 고개를 끄덕이곤 할 뿐이었다. 얼굴도 동그랗고 눈도 동그랗고 안경도 동그란 만현은 주위에서 '동처'라는 별명으로 불리어졌다. 그 '동'은 동그랗다는 의미도 되고 어리다는 의미도 되었다. '처'는 부처의 준말이었다. 그래서 동처는 동그란 부처, 어린 부처라는 뜻이었다. 그리하여 우리 학급은 자비롭게도 어리고 동그란 부처 하나를 모신 법당이 된 셈이었다.

다른 학생들도 한결같이 만현을 기이한 듯 쳐다보곤 하였다. 정말 만현에게서 부처 비슷한 것을 느끼는 모양이었다. 공부에 있어서 만현은 반에서 하위권에 속해 있었지만 아무도 만현을 업신여기는 법이 없었다. 나는 반에서 일등을 하고 있었는데, 그 일등이라는 것이 만현 앞에서는 조금도 자랑거리가 될 수 없었다. 오히려 이상하게 무색해지고 부끄러워졌다.

만현은 내가 이를 수 없는 어떤 정신의 차원 속에 살고 있는 것 같았다. 간혹 불경 중의 어떤 구절을 인용하여 그 의미를 설명해 주는 때가 있기도 하였는데, 그것이 그렇게 인상 깊게 마음에 부딮힐 수가 없었다. 그리고 나보다 앞서 인생 문제들을 생각하고 있는 만현이가 성자와도 같이 여겨졌다. 사실 나는 그 당시 읽는 책이라고는 학교 공부에 관한 것 외에는 별로 없었다. 잡지나 소설 종류들을 읽지 않는 것은 아니었지만, 만현이가 읽고 있는 그런 깊이 있는 책은 감히 읽을 엄두가 나지 않았다. 그래서 그런지 나는 만현이에게 차츰 끌리기 시작했고, 만현은 정신적인 면에 있어 나를 인도하는 자가 되어 갔다. 그동안 내가 관심을 가지지 않았던 어떤 세계의 문을 만현은 차츰 열어 보여 주면서 함께 들어가 보지 않겠느냐고 무언의 권유를 하기 시작했다. 그 세계는 항상 향 내음이 가득 차 있어 나를 마취시키며 이끌고 들어갔다.

그러나 내가 스스로 그 세계에 대해 알아보고 연구하고자 하는 마음은 없었다. 다만 만현을 통해서만 인도함을 받고자 하는 수동적인 자세를 취했다. 그런데 나도 정신적인 세계에 스스로 접근할 수 있다는 자신을 얻게 된 사건이 일어났다.

그것은 내가 소설을 쓰게 된 사건이었다. 경기고등학교에는 오래전부터 '화동 문학상'이라는 것이 있어 왔다. 그런데 그것이 몇 년 전부터인가 실시되지 않고 있다가 내가 2학년이 된 해에 다시 부활하게 되었다. 학교 신문에 소설, 시, 수필, 평론 부문의 응모를 요망한다는 광고가 나왔다. 나는 그 광고를 보고 느닷없이 소설이 쓰고 싶어졌다. 정말이지 내 평생 처음으로 소설을 쓰게 되었다. 그것을 어떻게 쓰는 건지 알 수 없어 평소에 읽은 소설을 흉내 낼 수밖에 없었다.

그러나 그 흉내는 형식면에서만 그러하였을 뿐, 내용면에서는 바로 나 자신만이 이야기할 수 있는 그런 이야기를 썼다. 형식면에서는 일전에 읽은 적이 있는 황순원의 〈자연〉이라는 단편소설 흉내를 내었다. 즉 '너'라는 2인칭을 사용해서 '너'와 대화하는 형식을 취했다. '너'가 주인공이었으므로 이름을 붙인다면 2인칭 소설이라 할 수 있었다. '너'는 바로 순임이가 되었다. 1학년 때 순임이에게 편지를 보내고 나서 당했던 그런 사건을 기초로 어느 정도 상상력을 발휘하여 이야기를 엮어 나갔다. '엘리엘리 라마사박다니'라는 애절한 에필로그로서 소설은 끝났다. 제목은 떡하니 〈나의 가난한 별〉이라고 하였다.

소설부 심사위원은 김동리 씨였는데 내 소설을 당선작으로 뽑아 주면서 소설은 어디까지나 이야기여야 한다는 짧은 소설론이 가미된 심사평을 해주었다. 내 소설이 어떤 이야기를 하고 있는 것이므로 그 덕에 점수를 딴 모양이었다. 나는 내가 처음으로 쓴 소설이 당선작이 된 데 대해 적잖이 놀랐다. 만현도 굉장히 놀란 표정이었다. 내가 공부만 하는 애인 줄 알았는데 소설을 쓸 수도 있는 아이인 줄 알고 완전히 나를 다르게 보아 주었다.

이제 만현은 나를 반에서 일등하는 아이로 보지 않고 하나의 어린 작가로, 즉 정신적인 세계에 대해 이야기를 나눌 수 있는 대상으로 보아 주었다. 나는 그것이 그렇게 좋을 수 없었다. 만현은 내가 계속 좋은 작품을 쓰도록 여러모로 격려하였다. 문학에 대해서도 만현은 비상한 조예를 가지고 있었다. 만현은 한국 작가들의 작품 세계에 대해 거의 모르는 것이 없었다. 그냥 작품 한두 개 읽고 아는 그런 것이 아니라 아예 체계적으로 알고 있었다. 한국 작가 중에서 문장은 어디까지나 김동리라고 하면서 무엇보다 그의 문장을 배우라고 충고하였다. 그런 것도 전혀 모르고 있던 나는 만현이의 충고대로 김동리가 쓴 작품이면 무턱대고 읽어 나갔다. 그러면서 차츰 작가들의 세계에 대해 눈떠 가기 시작했다. 이제 내가 읽고 스스로 느낀 바를 만현이에게도 이야기해 줄 수 있게 되었다. 만현은 내가 그런 세계에 눈떠 가는 것이 즐거운 모양이었다.

나는 작품을 쓰면 꼭 만현의 평을 받았다. 만현은 성실하게 비평을 해주었다. 그렇게 2학기가 지나고 3학년이 되었다. 3학년 때도 만현은 나와 같은 반이 되었다. 3학년이 되었을 때 나는 내 스스로도 전혀 다른 존재가 되어 있는 것을 알 수 있었다. 이제는 학교 공부를 제대로 할 수 없는 아이로 바뀌어져 있었다. 영어, 수학, 국어만을 보는 모의고사는 전교에서 10등 안에 든 적이 많았지만, 다른 시험들은 성적이 훨씬 떨어지고 말았다.

그런데 모의고사 성적도 불안하기 그지없는 것이었다. 한번은 담임선생이 첫 모의고사 수학 시험지를 들고 와서 차례대로 점수를 발표해 준 적이 있었다. 백 점 만점이었는데 만현은 빵점이었고 나는 15점이었다. 거의 다 성적들이 안 좋았지만 만현과 나는 그중에서도 나쁜 편이었다.

그날 만현과 나는 앞으로 우리에게 다가올 입시에 대한 막연한 불안을 안고 함께 안국동 로터리로 걸어 나와 조계사로 들어갔다. 이전에도 간혹 들른 적이 있는 절이었지만 그날따라 그곳은 눈물이 날 정도로 안온하게 느껴졌다. 만현과 나는 대웅전 안으로 들어가 유리 상자 속의 금부처를 향해 경건하게 큰절을 몇 번인가 하고 거기 마루에 선을 하는 자세로 앉았다. 이윽고 깊은 명상으로 들어갔다.

나는 먼저 이 우주를 생각했다. 천억 개의 별들이 모여 있는 은하계를 생각했다. 그러한 은하계가 또 천억 개나 존재하는 우주를 생각했다. 그 가운데 조그만 태양계를 생각하고 거기서도 작은 지구라는 유성을 생각했다. 30억의 인구가 살고 있는 대륙과 바다 가운데 아시아라는 대륙, 거기에 조그만 사마귀처럼 붙어 있는 한국이라는 반도, 그리고 그곳의 서울 안국동 조계사 안에 앉아 있는 '나'라는 존재를 생각했다.

도대체 '나'란 존재가 이 광대무변한 무량수의 우주에서 얼마만큼의 가치를 지니고 있는 것인가. 내가 지금 이 순간 사라진다면 내가 존재했었다는 사실을 알아줄 사람은 과연 몇이나 될까. 또 그런 자들도 다 사라져 간다면 나란 존재는 과연 어디에 있었던 존재가 된단 말인가. 내가 여기에 있는 것이나 없는 것이 도대체 어떤 차이가 있단 말인가. 그리고 지금 고등학교 3학년으로서 감당해야 하는 일들 때문에 부담을 느끼고 있는 이 모든 일의 의미는 무엇인가.

그렇게 한참을 눈을 감고 묵상을 하고 있노라면 마음이 맑아지는 것을 느낄 수 있었다. 무언지 뚜렷하게 잡히는 것은 없지만 어떤 영원한 세계의 언저리를 거닐고 있는 것 같은 뿌듯함이 있었다. 옆의 만현은 제법 불경을 외기까지 하며 더욱 깊은 사색으로 들어갔다.

대웅전 안은 사람들이 붐비는 법이 결코 없었다. 몇 사람씩 들러서 절을 하거나 잠시 앉아 있다가 나가곤 하였다. 그것도 젊은 청년이 들르는 적은 거의 없었다. 대개 소복으로 단장한 아낙네, 할머니들이었다. 간혹 데이트하는 코스로 조계사를 들른 듯한 젊은 남녀의 쌍들이 있곤 하였지만, 고등학교 교복을 단정히 입고, 그것도 다이아몬드 마크가 있는 교복을 입고 가부좌로 앉아 있는 만현과 나의 모습은 그곳에서 진기한 편에 속하였다.

만현과 나는 그날 이후로 거의 날마다 방과 후면 조계사에 들르게 되었다. 항상 순서는 같았다. 함께 금부처를 향하여 큰절을 몇 번 올리고는 명상을 하기 위해 앉아 있었다. 그러면 내 의식은 법당 안에 가득한 향 내음에 실려 끝도 없는 세계로 흘러갔다가 돌아오곤 하였다.

만현과 내가 조계사를 나오게 되는 때는 대개 땅거미가 질 무렵이었다. 길거리로 나오면 금방 화신백화점을 중심으로 번화가의 사람들과 부딪치게 되었다. 만현과 나는 그 때 지어 몰려가고 오는 사람들을 정토(淨土)의 세계에서 내려다보는 기분으로 바라보았다. 어디로 가고 있는 줄도 모르면서 마구 히히덕거리며 떠내려가고 있는 중생들을 불쌍히 여기는 마음이 되곤 하였다. 그런 순간만은 만현과 내가 종로 거리에 홀연히 나타난 부처가 되었다. 그 두 부처는 네온이 밝혀지기 시작하는 거리를 지나 각각 고독한 동굴로 돌아갔다.

그렇게 고등학교 3학년 방과 후를 만현이와 함께 조계사에서 보내다가 돌아오는 것이 습관처럼 되어 갔다. 종종 일찍 집으로 돌아온 적이 있기도 하였지만, 그럴 때는 동네 아이들과 뒷산으로 그 저녁놀 순례를 떠났다. 고3 때 온 힘을 다해서 공부를 해도 시원치 않은 판국인데, 나는 그렇게 점점 공부에서 멀어져 가고 말았다. 그러면 그럴수록 만현이와는 더욱 가까워졌다.

차츰 만현은 나의 분신처럼 되어 갔다. 만현이가 느끼는 것을 내가 느끼고 내가 느끼는 것을 만현이가 느꼈다. 어떤 때는 나에게 있어 을희보다도 만현이가 더욱 가까운 존재가 되기도 하였다. 만현이 있기 때문에, 그와 언제나 대화를 나누며 문학과 철학과 종교를 논할 수 있기 때문에 학교에 간다고 해도 과언이 아니었다. 그런데 그만 대학은 서로 떨어져 있게 된 것이었다.

그래서 대학 1학년 때 만현과 나는 일주일마다 날을 정하여 주로 조계사에서 만났다. 조계사에서 그 종교의식을 치른 후에는 대개 파고다공원으로 들어가서 이야기를 나누고 중국집에 가서 저녁과 배갈(baigar)을 시켜 먹고 영화 같은 것을 보기도 하면서 일주일 만에 만나는 회포를 풀었다.

'동처'로서 늘 만족의 미소가 감돌던 만현이도 차츰 대학생활에 대해서 실망을 하는 것 같았다. 인도철학에 대한 포부가 대단했었는데 대학의 분위기가 자신의 포부와 상응하지 않았던 것이었다. 인도철학과에 자기와 같은 포부를 안고 들어온 학생들을 별로 찾아볼 수 없다고 하였다. 어디 갈 데가 없어서 들어온 학생이 대부분이었고, 기껏해야 기성 불교 종단의 냄새가 물씬 나는 학승(學僧)들이 고작이라고 하였다.

물론 만현이가 실망한 나머지 다른 학생들을 부정적인 면으로만 보고 극단적으로 판단하는 점이 있기도 했겠지만, 나는 만현의 말을 들을 적마다 어떤 위기의식을 항상 느꼈다. 만현이의 그 모든 포부가 꺾이어 좌절하지 않을까 하는 위기의식이었다. 그리고 어쩌면 만현이가 홀연히 머리를 깎고 중이 되어 어딘가로 사라져 버리지 않을까 하는 염려를 하곤 하였다. 그것은 이전의 만현답지 않게 현실 도피적인 말들을 자주 했기 때문이었다.

그러나 만현은 중만큼은 되지 않을 것이라고 하였다. 지금 중이 너무도 많다는 것이었다. 절간에서 고립된 불교가 아니라 현실 가운데서 뿌리박는 불교여야 한다고 주장하면서, 자기는 중생들과 함께 부대끼며 불성을 키우는 수도자가 되겠다고 하였다. 그런 말을 들으면 나의 염려가 기우였음을 깨닫고 안심이 되었지만, 그러한 준비를 하는 첫 단계에서 만현은 갈등을 겪고 있었다. 그 갈등은 엄밀히 따지면 어떤 대학의 분위기 같은 외부적인 데 요인이 있는 것이 아니라 만현의 자신 내부에 그 요인이 있는 것이 틀림없었다. 불교의 진리에 대해서 많이 연구하고 말하곤 하지만, 아직까지는 그 진리를 진정 자기 것으로 맛보지는 못한 것 같았다.

그러한 가운데 결국 나는 만현도 나와 별 다를 바 없이 고민하고 방황하는, 아니 어쩌면 나보다 더욱 고민하고 방황하는 한 영혼에 불과하다는 것을 깨닫게 되었다. 그러자 그동안 내가 만현이를 의지하고 그 인도함을 받아 왔다기보다는 오히려 만현이 나를 의지하고 있었다는 충격적인 사실을 발견하게 되었다. 대학에 들어와서 시간이 흐름에 따라 그 사실은 더욱 분명해지고 노골화되었다. 가령 파고다공원 벤치에서나 중국집 방 같은 데서 만현은 곧잘 내 어깨나 가슴에 자기 머리를 기대고 내 손을 매만지곤 하였다. 그리고 내가 힘들여 쓴 작품에 심취하여 거기에 나오는 대사들을 읊조리곤 하였다.

그렇게 만현이가 나에게 자기를 맡기는 것 같은 자세를 취하거나 말들을 할 때, 나는 당황하지 아니할 수 없었다. 만현에게 나의 정신적인 짐들을 맡기려고 했다가 도리어 만현의 그 정체를 알 수 없는 짐들까지 내가 맡지 않으면 안 되었는데, 그건 나로서는 도저히 감당할 수 없는 일이었다.

그래서 일주일마다 만현을 만나는 일이 점점 부담스러워져 갔다. '동처'로 있던 고등학교 시절의 만현의 모습이 이젠 완연히 허물어져 가는 것 같았다. 만현은 이전부터 그러했을 뿐인데 그것을 내가 미처 알지 못했던 것인지, 아니면 정말 만현이의 모습이 눈에 띄게 변모한 것인지 분간할 수 없었다.

아무튼 이전의 건강한(?) 관계가 아니라 서로 병들어 가면서 그 병을 주고받는 병든 관계로 전락하고 있었다. 심지어 만현은 이전에는 일체 입에 올리지 않던 음담패설까지 늘어놓기도 하였다. 어쩌면 창녀의 세계까지도 경험한 듯한 말을 하여 나를 놀라게 하기도 하였다.

그 즈음, 김동리의 〈까치 소리〉가 발표되었는데, 만현과 나는 그 작품을 읽고 또 읽고 이야기하고 또 이야기하였다. 우리는 인간 누구에게나 잠재되어 있는 살인 의욕에 대해 이야기하였다. 그것도 자기가 가장 사랑하는 대상일수록 잠재적으로 살인의 대상이 된다는 이상한 논리까지 전개시키면서, 만현이 나를 살인할 수 있고 내가 만현을 살인할 수 있는 가능성들에 대해 이야기하였다.

사실, 그 무렵 만현은 입에 털어넣으면 저쪽 세계로 단번에 갈 수 있는 약을 사 모아 늘 베갯잇 안에 넣어 두고 있었다. 견딜 수 없는 허무가 내리누르는 밤, 도저히 내일의 아침 빛을 보고 싶지 않은 밤이 닥치게 되면, 자리에 누운 채로 손을 머리 위로 뻗어 그 약을 꺼내 입에 넣고 머리맡의 물 사발을 들이켜기만 하면 되는 것이라고 하였다. 중생을 현실 가운데서 제도하겠다던 만현이가 언제나 죽을 수 있는 준비를 하고 있었다. 그것은 만현이가 언제나 나를 죽일 수 있는 준비가 되어 있다는 말이기도 했다.

왜냐하면 그때까지도 만현은 나의 분신이었기 때문이었다. 만현이가 자신을 죽인다면, 나도 나를 죽이게 될 것은 거의 확실한 일이었다. 그러므로 만현이가 자신을 죽인다는 것은 곧 나를 죽이는 것을 의미하였다. 그리고 그 반대도 가능하였다. 〈까치 소리〉와 같은, 우리 존재를 밑바닥에서부터 뒤흔드는 소리가 언젠가 들려온다면, 우리도 그렇게 서로를 죽일 수 있는 것이었다. 일주일마다 만현을 만나고 집으로 돌아오는 그런 밤이면, 나는 자리에 누워서 아무것도 없는 베갯잇 속을 손으로 더듬어 보곤 하였다.

대학 1학년 시절에 일어난 가장 충격적이고 감격적인 일은 무어니 해도 내가 그 가을날에 학생 휴게실 쓰레기통을 바라본 일이었다.

왜 그때 그 쓰레기통으로 눈길이 갔는지 알 수 없었다. 그 플라스틱 쓰레기통 뚜껑은 반쯤 열려 있었는데, 거기에 무슨 '미전'이라는 글씨가 박혀 있는 팸플릿이 꽂혀 있었다. 나는 무심결에 그 팸플릿으로 손을 뻗었고 그것을 빼어 들었다. 나는 그때 명우 회원 중의 그 미대생들 이름이 혹시 적혀 있을지도 모른다는 생각으로 팸플릿을 펼쳐 보았다. 그런데 서울 미대에서 여는 미대생들의 미전이었지만, 미대 전체가 참여한 것이 아니었다. 미대생들 중에서 뜻이 맞는 웅미과 사람들끼리 동인 그룹을 만든 모양으로 그 그룹 회원들의 미전이었다. 거기에는 명우 회원의 이름은 하나도 적혀 있지 않았다. 그리고 미전 개최 날짜도 훨씬 지난 것으로 그것은 이미 끝나 있었다.

그런데 내 눈을 때리는 이름 석 자가 있었다. 나는 눈을 감았다 뜨며 그 이름을 또 한 번 확인하였다. 역시 그 이름 석 자였다.

유완숙.

나는 동명이인일 것이라는 생각을 하면서도 이상한 예감에 이끌려, 유완숙은 바로 중2 때 〈비 온 후〉의 시로 학원 문학상에 특선했던 그 소녀일지도 모른다고 속으로 외쳤다. 그 소녀가 국민학교 때 미술에도 소질이 있었던가는 제대로 생각나지 않았지만, 능히 그럴 만한 아이였을 것이었다. 나는 그 팸플릿을 고이 접어 가방 속에 넣었다.

그리고 그날 밤 그 전세방 책상 앞에 앉아 거의 밤을 새면서 완숙에게 보내는 편지를 쓰고 찢고 또 쓰고 찢고 하였다. 그래서 편지 한 페이지가 겨우 완성되었다. 그것은 '맨 처음을 어떻게 시작해야 할지 몰라 맨 처음을 어떻게 시작해야 할지로 시작합니다'로 시작되는 야릇한 편지였다. 그 내용은 유완숙이라는 사람을 나는 이렇게 알고 있는데 혹시 동명이인인지 알 수 없어 회답을 바란다는 내용이었다. 그 편지를 미대로 보낸 후 나는 매일매일을 초조하게 보냈다.

그때 내가 직접 미대로 찾아가서 확인해 볼 수도 있었고, 명우 회원 가운데 미대 응미과에 다니는 심덕이라는 여학생에게 물어

볼 수도 있었지만 일체 그러한 일을 하지 아니하였다. 동명이인으로 기대가 무너질 것 같은 두려움도 있었고 완숙과 나만의 관계는 누구도 알지 못하는 비밀스러운 것으로 만들고 싶었다. 그리고 또 한 가지 이유는 완숙에 대한 나의 열등감이었을 것이다. 국민학교 때부터 완숙은 너무도 예쁘게 생긴 소녀였다. 그리하여 부산 중학생들 사이에서 연모의 대상이 될 정도였다. 그런데 나는 그런 면에서 완숙의 근처에도 갈 수 없는 것이었다. 그러한 열등감이 나로 하여금 직접 완숙을 확인해 보러 가는 것을 가로막고 있었다고도 할 수 있었다.

편지를 보낸 지 닷새가 지난 후였다. 그날 밤 늦게 집으로 돌아왔는데, 어두운 방에서 전등 스위치를 더듬어 찾아 올리니 방이 밝아지면서 책상 위에 놓여 있는 편지 봉투 하나가 번개같이 내 눈에 들어왔다. 그 편지 봉투를 보는 순간, 나의 방이 한없이 감미로워지는 것을 느낄 수 있었다. 송신인은 물론 유완숙이었다. 나는 고동치는 가슴을 달래기 위해 긴 한숨을 내쉬며 편지 봉투를 집어 들었다. 그러고는 위쪽 한 모퉁이를 비스듬히 찢어 내렸다. 그 안에서 원고지 몇 장이 나왔다. 완숙은 편지를 원고지에 쓰고 있었다. 개켜 있는 원고지를 펴서 처음 부분을 읽었다. 내 이름자가 있고 그 뒤에 '님'이라는 접미사가 붙어 있고 '에게'라는 조사가 잇달아 있었다. 다른 사람에게서 말로나 편지로나 '님'이라고 불림을 받은 적이 나로서는 한 번도 없었다. 내 이름을 그

렿게 부르고 있는 것만 보아도 완숙은 바로 나의 국민학교 동창
생인 그 소녀임에 틀림없었다.

편지 서두는 이러하였다.

"종소리, 지금 종소리가 저렇게 울려오고 있는 새벽입니다."

이 구절 하나만 읽었는데도 내 귀에는 종소리가 우렁차게 들
려오고 있는 것 같았다. 그리하여 편지 봉투에서 흘러나온 종소
리는 나의 방을 온통 메우고 내 영혼의 깊은 골짜기에까지 파고
들어왔다.

"나는 이 새벽에 다알리아꽃이 만발하던 그 국민학교 교정과
한 소년의 얼굴을 떠올립니다. 그런데 사실 그 소년의 모습은 나
에게 희미하기 그지없습니다. 결국 그 소년의 얼굴을 떠올리는
것은 실패했으나 내 의식의 상상의 붓은 능히 그 소년의 얼굴을
그려 내고 있습니다. 나에게 국민학교 시절이 있었다는 것을 새
삼 느끼게 해준 며칠이었습니다."

완숙의 편지는 이렇게 어떤 향수가 어려 있었다. 내가 보낸 편
지가 완숙의 마음에 잠재되어 있던 그 향수를 다시금 불러일으
킨 것을 알 수 있었다. 나는 그 자리에 앉아서 완숙에게 보내는
답장을 썼다. 편지지로 자그마치 여덟 페이지나 되는 답장이었
다. 국민학교 시절의 완숙에 대하여 기억할 수 있는 것은 거의 다
써내려갔다. 그러면서 내가 그러한 것까지 기억 속에 간직해 오
고 있었다는 것에 놀랐다. 다음 날 그 편지를 완숙이가 묵고 있

다는 완숙의 오빠 집 주소로 보냈다. 그 주소는 제기동이었다. 답장은 그 즉시 날아왔다.

완숙은 나의 문장을 극구 칭찬하였다. 그렇게 아름다운 편지는 생전 처음 받아 보았다는 것이었다. 그리고 완숙 자신의 마음 가운데 요즈음 이상한 변화가 일어나고 있다고 하였다. 나의 편지를 받아 보고 나서 줄곧 그 편지 내용에 사로잡혀 있다는 것이었다.

"나는 오늘 따뜻한 햇볕이 길게 누워 있는 호젓한 학교 벤치에 혼자 앉아 가을 하늘을 올려다보고 주위의 코스모스들을 바라보고 가을바람에 머리카락을 휘날려 보고 있었습니다. 나는 오늘에야 처음으로 학교 코스모스꽃의 색깔이 세 종류인 것을 알았습니다. 하얀 코스모스, 분홍 코스모스, 빨강 코스모스가 한데 어울려 흐드러지게 피어 있었습니다. 색을 다루는 미대생인데도 무심코 지나치기만 했던 코스모스의 색깔이었는데, 오늘은 그 모든 것에 애정이 가 유심히 들여다보았습니다. 그 벤치에 앉아 있을 때 내 안으로 말할 수 없이 아름다운 어떤 것이 들어오는 것을 느꼈습니다. 우리의 의식 가운데 이렇게 아름다운 부분이 있을 수 있을까 의심이 갈 정도입니다."

나는 내 편지가 완숙의 마음을 그렇게까지 흔들어 놓으리라고는 미처 상상도 못 하였다. 오히려 내 편지가 미숙해서 답장이나 제대로 올까 노심초사했던 것이었다. 이제 나는 지난번 편지

보다 더 아름다운 편지를 써야 할 부담감을 느끼지 아니할 수 없었다. 그래서 그 완숙의 답장을 포켓에 넣고 밤거리로 나와 제대로 피우지도 못하는 담배 한 대를 피워 물고 이리저리 배회하며 편지 구상으로 들어갔다. 지금껏 쓴 어느 작품의 구상보다 더 어려운 것이었다.

이번에는 중학 시절에 완숙의 집 앞으로 지나다니면서 느꼈던 감정들을 회상해 내어 편지를 엮어 나갔다. 〈비 온 후〉의 시에 대해서도 언급하며 그때 작은 시인이 된 완숙에 대하여 느꼈던 나의 선망과 열등감들을 적어 나갔다. 내가 읽어 보아도 한 편의 아름다운 단편소설 같은 편지가 되었다. 그래서 편지의 사실들이 정말 일어났던 일인지 환상에 불과한 것인지 나 자신도 분간하기 어렵게 되었다. 아마 그 사실들을 10년 세월의 프리즘을 통해 보기 때문에 환상처럼 느끼지 않을 수 없을 것이었다. 완숙에게서는 이전처럼 곧 답장이 왔다.

"내가 환상 속의 소녀로 있지 않은가 생각됩니다. 내가 한 사람의 추억 속에 그렇게 아름다운 모습으로 새겨져 있다는 사실에 두려움을 느끼지 아니할 수 없습니다. 나는 편지를 받아 보고 내 얼굴을 거울에 비춰 보았습니다. 그 얼굴 속에 감추어져 있는 소녀의 모습을 찾아보았습니다. 그러나 나 자신이 생각해도 애석할 정도로 소녀의 모습은 희미하기 그지없었습니다. 중학 시절 그 시를 쓸 때의 순수하고 맑은 시심(詩心)은 어느새 세상의 더러움으로 오염되어 있음을 발견합니다. 이러한 내가 환상 속의 소녀로 여김을 받고 있는 것이 마땅치 않다고 생각됩니다. 그러나 나를 그렇게 바라보고 있는 사람의 환상을 깨뜨리고 싶지는 않습니다. 아, 나도 다시금 그 소녀의 모습과 마음으로 되돌아가고 싶습니다."

이렇게 완숙은 내가 자기를 환상의 소녀로 생각하고 있는 것에 대해 부담을 느끼고 있었다.

나는 완숙의 답장에서 완숙이가 말하는 그런 더러움이니 오염이니 하는 것을 전혀 느낄 수 없었다. 오히려 소녀의 모습에서 여인의 모습으로 성숙한 완숙의 자태가 어른거리고 있었다. 나는 완숙이가 얼마나 매력적인 모습으로 성장했을까 상상해 보았다. 명우 회원 중의 하나였던 그 윤선이보다 더 아름다운 모습으로 자라나 있을 것이라고 생각되었다. 그런 완숙과 나란히 걷고 있는 자신을 상상해 보기도 하였다. 국민학교 때부터 한 마디 이야기도 나누어 보지 못하고 다만 쳐다보기만 했던 완숙이와 마음껏 이야기하며 그 얼굴을 바라볼 수 있는 행복이 얼마만큼의 행복일지 짐작하기가 힘들었다.

나는 완숙이를 만나는 것이 한편으로 두려우면서도 한편으로 그것을 간절히 바라고 있었다. 학교로 가는 버스는 매일 완숙이가 살고 있는 제기동을 지나갔다. 그리고 학교에서 집으로 올 때도 제기동을 지나왔다. 아침이면 거리의 자욱한 안개가 버스 차창을 가리곤 하였는데, 그 안개 속에서 떠올라 오는 완숙의 모습을 보았다. 저녁이면 서쪽 하늘에 환자처럼 드러누워 있는 저녁놀을 배경으로 또 완숙의 얼굴이 떠올라 왔다. 특히 제기동을 지날 때 더욱 그러하였다. 중학 시절 완숙의 집 앞을 오고갈 때보다도 더 절실하고 구체적인 모습으로 완숙이가 다가왔다.

나는 세 번째 편지에서는 제기동을 지나갈 때 느끼게 되는 완숙에 대한 그리움 같은 것을 토로하였다. 그리고 얼굴과 얼굴을 마주 대하는 상봉의 순간이 있기를 바란다고 하였다. 거기에 대해 완숙은 상봉이 두려워진다는 내용의 답장을 보내 왔다. 자기에 대해 내가 가지고 있는 환상이 깨어질 것이 분명한데 그것이 두렵다는 것이었다. 그래서 계속 편지로만 만나고 싶다고 하였다. 그러면서 내가 가지고 있는 환상이 언젠가는 깨어져야 할 것이므로 만나긴 만나야 할 것이라고 하였다. 즉 아직은 마음의 준비가 되지 않았다는 말이었다.

나는 그 완숙의 제안을 따르기로 하였다. 완숙과 나는 계속해서 일주일에 평균 한 통씩의 편지를 주고받았다. 어떤 때는 두 통이 될 때도 있었다. 그렇게 편지를 쓰고 받고 하는 것이 내 생활의 중심이 되었다. 편지의 내용은 일상적인 생활에 관한 것에서부터 출발하여 문학, 철학, 예술에 이르기까지 다양하였다.

벌써 완숙이와 편지 왕래를 한 것이 3개월이나 되어 갔다. 그런데 하루는 고등학교 동창회가 있다는 연락을 받았다. 각자 파트너를 데리고 와서 모이는 동창회라고 하였다. 나는 마땅한 파트너가 없었으므로 완숙을 생각하지 않을 수 없었다. 이번 기회에 자연스럽게 만날 수도 있는 것이었다.

나는 생각 끝에 명우 회원 가운데 응미과생인 심덕이에게 완숙 이야기를 하면서 만날 수 있도록 주선을 해달라고 하였다. 나는 편지로 암시를 하거나 약속을 하는 대신 불쑥 미대로 찾아가기로 하였다. 미대 앞에 낙산다방이 있는데 거기에서 약속된 시간에 심덕이와 만나기로 하였다.

그날 나는 오후 수업은 거의 빼먹고 낙산다방으로 가서 심덕을 기다렸다. 심덕은 물감이 얼룩덜룩 묻은 하얀 가운을 걸친 채 다방으로 들어섰다. 지금 작업 중이라고 하였다. 완숙을 곧 불러줄 테니 잠깐만 기다리라고 하면서 다시 다방을 나갔다. 한낮의 다방은 한산하였다. 저쪽 구석에서 법대 선배인 듯한 학생들이 무슨 법조문에 관해 토론을 벌이고 있었다. 말들이 모두 논리 정연하고 현학적이었다. 카운터에 앉은 다방 마담은 그 붉고 큰 입을 함박꽃같이 벌리며 하품을 하였다. 다방 전체에는 경음악이 조용히 흐르고 있었다. 그러다가 한참 유행하고 있는 조영남의 '디라이라'가 애절하게 톤을 높였다. 나는 다탁 위에 놓여 있는 성냥갑에서 성냥을 한 개비씩 꺼내서 분질러 놓았다. 분질러진 성냥은 재떨이에 쌓여 갔다. 그런 나의 행동을 다방 마담이 힐끗 쳐다보았다.

내 평생에 이토록 초조하고 긴장된 적은 일찍이 없었다. 드디어 다방 문이 열렸다. 나는 숨이 컥 막히는 것 같았다. 거기 연두색 원피스를 입은 한 여인이 들어서고 있었다. 나는 그녀가 완숙인 것을 느끼고 엉겁결에 오른손을 올려 표시하였다. 완숙은 좀 경직된 표정으로 내가 있는 다탁으로 다가왔다. 내 맞은편에 앉으면서 얼굴을 들어 나를 확인하려는 듯 똑바로 쳐다보았다. 바로 그 눈이었다. 내가 국민학교 교정에서 바라보던 그 둥글고 큰 눈이었다. 그리고 다른 것은 기억에 남아 있지 않았다. 그 야무지게 생긴 입, 그리고 눈에 비해서는 좀 작은 듯한 코, 그런 것은 내가 기억하고 있지 않은 모습이었다.

완숙의 전체적인 몸은 그렇게 크지 않은 키에 비해 비대한 편이었다. 그래서 육감적인 분위기를 풍기고 있었다. 그 몸을 감싸고 있는 원피스는 곧 부풀어 터질 것만 같았다. 나는 정말이지 그러한 모습의 완숙을 한 번도 상상해 본 적이 없었다. 그렇다고 실망을 했다거나 그런 것은 아니었다. 완숙의 그 두 눈은 그 모든 것을 보상하고도 남음이 있었다.

나는 다른 것을 보지 않고 완숙의 눈만을 쳐다보며 이야기하였다. 완숙은 내 얼굴이 기억날 듯 말 듯하다고 하였다. 경상도 사투리가 섞여 있는 완숙의 목소리는 따뜻한 정감이 서려 있었다. 경직되었던 표정도 풀어져서 미소를 짓곤 하였는데 그 입술 사이로 드러나는 하얀 이빨이 그렇게 가지런할 수 없었다. 미소를 지을 때는 그 두 눈이 어떤 빛을 발하였다. 그 빛은 완숙이가 이전에 편지에서 말한 대로 소녀의 빛은 아니었다. 나는 그 눈빛을 받으면서 어쩔한 기분이 되었다.

완숙은 내가 사전 연락도 없이 갑자기 찾아온 데 대해서 항의를 하였다. 나는 완숙의 편지 구절을 인용하여 환상은 갑자기 깨어지는 것이 좋지 않느냐고 농담 비슷하게 변명하였다. 그 말을 듣는 순간, 완숙의 얼굴에는 어두운 그늘이 잠시 드리워지는 것 같았다. 그러더니 이내 평상의 모습으로 되돌아왔다. 나는 나의 농담이 완숙에게는 좀 심각하게 받아들여진 것을 알았다. 완숙은 나의 생활에 대해 구체적으로 묻기 시작했다. 그러한 완숙의 모습은 마치 누나와 같은 느낌이었다. 이야기가 진행될수록 나는 점점 어려지는 기분이었다.

나는 내 환상의 대상이요, 연모의 대상을 만나고 있는 것이 아니라 시골에서 올라온 친척 누나를 만나고 있는 것 같은 생각이 들었다. 그동안 편지를 통하여 그리움의 감정들을 토로했던 것들이 왠지 쑥스럽게 생각될 정도였다. 이렇게 완숙을 만나고 난 후에도 이전처럼 그런 편지를 쓸 수 있을까 자신이 서지 않았다. 나는 완숙을 갑자기 찾아오게 된 실제 이유를 밝히기 시작했다. 완숙은 자연스럽게 초청에 응해 주었다. 동창회가 열리는 날 다시금 낙산다방에서 만나 그곳으로 가기로 약속하였다. 완숙은 작업 중에 나왔다면서 다시 미대로 돌아갔다.

나는 미대로 들어가는 완숙의 뒷모습을 보며 미대 정문 앞에 잠시 서 있다가 종로 5가 쪽으로 내려갔다. 초겨울의 싸늘한 바람이 거리에 불고 있었다. 나는 드디어 그렇게 만난 것이었다. 완숙은 그 두 눈을 제외하면 대학가에서 흔히 볼 수 있는 그런 평범한 여대생에 불과했다. 사실 완숙의 용모에 대한 나의 환상은 완숙이가 예상했던 대로 만나는 순간부터 깨어지고 말았다.

　그러나 용모에 있어서만 그럴 뿐, 그 내적인 정신의 면에 있어서는 아직도 나의 환상이 유지될 가능성이 남아 있는 것이었다. 완숙의 내적인 세계는 정말 조금밖에 알지 못하는 형편이었다. 편지를 통해 얼마큼 느낀 그 정도에 불과했다. 그리고 처음 만남의 대화도 깊이 있게 나누지 못하였다. 이제 앞으로 완숙과의 많은 만남을 통하여 완숙의 정신적 세계 속으로 깊숙이 들어갈 수 있을 것이었다. 그런 면에서는 방금 시작한 것에 불과하였다. 내가 언제 용모에 치중해 왔던가 하고 자위하면서 완숙과의 정신적인 만남들을 기대해 보기로 하였다.

　그런데 궁금한 것은 국민학교, 중학교 시절에 그렇게 깜찍하고 아름답던 소녀가 어떻게 그저 평범한 여인의 모습으로 성장해 버렸는가 하는 것이었다. 그것도 내가 평소에 싫어하는 비대한 몸매로 말이다. 그 몸매에서, 고무줄놀이할 때 그렇게 날렵하게 뛰놀던 소녀의 모습은 정말 찾아볼 수 없었다.

　나는 그동안 청초하고 가녀린 모습, 그러면서도 건강한 모습의 완숙을 상상해 왔다. 그러나 방금 본 완숙의 모습은 전혀 반대의 모습이었다. 다만 완숙의 두 눈만은 몸의 다른 신체 부분의 불균형적인 변화에도 불구하고 이전의 아름다움을 여전히 지니고 있었는데, 그 두 눈마저도 맑은 기운이 많이 흐려져 있는 편이었다. 그리고 가끔 눈에 어른거리는 그 이상한 눈빛은 정체를 도무지 알 수 없는 것이었다. 나는 방금 만난 완숙의 영상을 떠올리며 어떤 아쉬움과 상실감을 안은 채 길을 걸어 내려갔다.

그런데 내 마음 깊숙이에서는 새로운 종류의 그리움이 피어올라오고 있었다. 그것은 상실감과는 또 다른 감정으로, 잃어버린 것들에 대한 따뜻한 그리움이었다. 완숙이가 상실해 버린 것들은 곧 내가 상실한 것들이었다. 이제 나는 완숙이가 상실한 것들을 그리워하면서 그 상실로 인해 형성되었을 완숙의 정신적인 아름다움을 더욱 깊이 만나야만 하였다. 내가 여전히 완숙을 그리워하고 있으며 사랑하고 있는 것을 느끼고, 막연하게 대상도 없이 감사하고 있었다. 나의 환상이 완전히 깨어져 사라져 버린 것은 아니었다. 만약 깨어진 부분이 있다면 그것은 더욱 고차원적인 환상으로 승화하기 위한 아픔에 불과하였다.

동창회가 열리는 날, 완숙과 나는 약속대로 만나 남산 야외 음악당 근처의 어떤 회관으로 갔다. 거기에는 이미 동창들이 파트너를 데리고 즐비하게 앉아 있었다. 어두컴컴한 실내에는 색정적인 조명이 빛을 발하고 있었다. 동창들은 서로 자기 파트너를 소개하기에 바빴다.

나도 몇몇 동창에게 완숙을 소개해 주었다. 완숙은 별 스스럼없이 그 분위기에 어울렸다. 창호, 영철, 봉섭이도 그곳에 와 있었다. 어디서 구했는지 처음 보는 파트너들을 옆에 데리고 있었다. 물론 만현은 그런 곳에 올 리가 없었다. 완숙에 대해 내가 이야기한 유일한 친구가 있다면 그건 만현이라고 할 수 있었다.

그렇기에 완숙을 만현이에게 소개해 줄 수 없게 되어 좀 섭섭하기도 하였지만, 한편으로 만현이가 참석하지 않은 것이 다행스럽게 여겨지기도 했다. 내가 만현이에게 완숙에 대해 이야기할 때 너무도 환상적으로 이야기했기 때문에 만현이가 만났다면 실망하기 쉬운 것이었다. 그리고 만현은 나의 애정을 나누어 가지려는 완숙에 대하여 질투하게 될 것이 틀림없었다.

완숙은 동창회 프로그램 순서에 적극적으로 참여하며 어떤 때는 깔깔거리고 웃기도 하였다. 그 가지런한 이빨 사이에서 흘러나오는 웃음소리는 그 흔들리는 몸체와 함께 여간 육감적인 것이 아니었다. 동창회가 끝나기 조금 직전에 완숙은 너무 늦은 것 같다면서 자리에서 일어났다.

그래서 나는 다른 동창들보다 먼저 일어나 나오게 되었다. 남산의 밤바람은 낙엽을 세차게 몰아치며 차갑게 부딪쳐 왔다. 완숙은 코트의 옷깃을 세웠다. 그러면서 가만히 내 겨드랑이 사이로 손을 집어넣었다. 이렇게 성숙한 여인이 내 팔을 낀 적은 지금까지 한 번도 없는 일이었다. 가로등 호젓한 밤길을 걸어 내려오면서 나는 무어라 형용할 수 없는 행복감에 젖어 들어갔다.

바람이 한 차례씩 불 적마다 완숙의 머리카락이 한 움큼씩 휘날려 내 얼굴을 스쳤다. 그러면 완숙의 상긋한 머리카락 냄새가 났다. 그 국민학교 교정에서 머리카락 휘날리며 뛰놀던 소녀, 멀리서 바라보기만 해도 가슴 벅차던 소녀가 이렇게 내 가까이에서 머리카락 냄새를 풍기며 걷고 있었다. 이러한 순간이 있기까지 십 년 세월이 흐른 것이었다. 내 눈에는 자꾸만 물기가 배어들었다. 그리고 눈앞에 그 국민학교 교정이 어른거렸다.

완숙과 나는 그 이후에도 몇 차례 만났다. 시내 여러 다방을 돌아가면서 약속 장소로 정했다. 완숙은 서울에 올라온 지 1년 이 채 안 되면서도 좋은 다방들을 많이 알고 있었다.

대개 완숙이가 약속 장소를 먼저 정했고 나는 완숙이가 그려 주는 약도를 따라 그 장소에 나갔다. 나는 완숙이와 만나서 나눌 대화를 늘 미리 구상하고 그것을 여러 번 반복해서 잊지 않으려 고 애썼다. 대화의 제목과 주제들을 신체 부분과 관련하여 외어 두곤 하였다.

가령 머리에 '최면'을 걸어 가슴을 '시'로 채운다 하는 식으로 외어 두면, 먼저 최면술에 대한 이야기를 꺼내 그 놀라운 효과를 장황하게 늘어놓고, 그다음 최근 발표되는 시에 대한 화제로 옮 기게 되는 것이었다. 대화가 막힘없이 계속 자연스럽게 진행되도록 그런 준비를 하였다. 그래서 밭까지 내려가는 동안 대화를 계속 주고받을 수 있었다. 밭까지 내려가는 데 보통 두세 시간이 걸렸으므로 그것으로 충분하였다.

완숙은 나의 일방적인 이야기에 좀 피곤한 표정을 짓곤 하였지만, 종종 그 육감적으로 몸을 흔드는 웃음을 터뜨리며 끝까지 이야기를 들어주었다. 완숙은 나처럼 그렇게 대화의 제목과 주제들을 준비해 오는 것 같지는 않았다. 그래서 결국 내가 준비해 간 것이 대화의 중심을 이루게 되었다. 물론 미리 여러 번 반복해서 외어 둔 것이라는 사실을 결코 눈치채지 못하게 했다. 내가 대화의 주제가 항상 풍성한 사람이라는 것을 완숙이가 느끼도록 짐짓 자연스러운 표정을 지으며 순서대로 대화를 전환시켜 나갔다. 여대생들 앞에서 제대로 말도 못하던 나로서는 여간 힘든 작업이 아니었다.

완숙과 헤어져 집으로 돌아오면 긴장이 풀어지면서 온몸이 나른해져 쓰러질 수밖에 없었다. 그렇게 만남을 가졌고, 또 한편으로 횟수는 줄어들었지만 계속 편지를 주고받았다.

나는 완숙을 만나고 온 그 인상과 느낌들을 세세하게 써서 보내곤 하였다. 그런데 완숙의 편지는 이전 같지 않고 사무적인 답장과 같은 내용이 되어 갔다. 그것도 마지못해서 쓰는 듯이 내 편지가 두세 통 들어가야 겨우 답장이 한 통 오는 정도였다. 한번은 완숙이에게서 일전에 만나기로 한 약속을 지킬 수 없게 되었다면서 추후 다시 연락하겠다는 편지가 날아왔다. 왜 약속을 지킬 수 없게 되었는지에 대해서는 구체적으로 밝히고 있지 않았다. 나는 완숙이에게 또 장문의 편지를 써 보내면서 내 마음을 달래었다.

그러나 완숙이에게서는 다시 연락이 없었다. 나도 미대를 찾아간다든지 완숙이 오빠 집에 전화를 건다든지 하지 않고 당분간 기다려 보기로 하였다. 그동안 완숙이와의 대화에서 서로 호흡이 맞지 않는 점을 느끼곤 하였는데, 결국 그런 점이 이런 결과를 빚은 것 같다는 생각이 들기도 하였다.

그동안 나는 나의 내면에 관한 이야기들을 제법 많이 내어놓곤 하였지만, 완숙은 좀체 자신의 내면적인 이야기들을 꺼내려 하지 않았다. 완숙의 정신적인 세계에 접촉해 보려는 나의 시도는 번번이 좌절되었다. 완숙은 일부러 그러는지 아주 일상적인 이야기들이나 하고 어떤 때는 다방에서 흘러나오는 유치한 가사를 가지고 좋다느니 어떻다느니 하곤 하였다. 완숙이가 보낸 처음 몇 통의 편지에서는 정신적인 깊이가 엿보이기도 하였는데, 점점 그런 면에서 실망을 하지 않을 수 없었다. 그래도 나는 계속 미련을 버리지 않고 완숙의 내면세계로 가까이 다가가 보려고 시도해 온 것이었다.

그런데 완숙은 나의 그러한 시도를 눈치채고 오히려 나로 하여금 정신적인 면에서도 완숙에 대한 환상을 버리도록 하고 있는지 모를 일이었다. 모든 면에서 완숙에 대한 환상이 깨어지도록 해서 완숙의 현재 그 자체의 모습을 보도록 나를 유도하고 있을 가능성도 있었다. 완숙에게서 연락을 기다리는 그동안, 나는 좀 더 완숙에 대하여 객관적으로 생각해 볼 수 있는 시간을 가지게 되었다.

나는 완숙이가 자기 정신적인 문제에 대해서 거의 유일하게 인상 깊게 이야기한 한 가지를 중심으로 생각을 전개시켜 보았다. 그것도 완숙이가 자세하게 이야기한 것이 아니라 얼핏 지나가는 말처럼 떨어뜨린 것으로, 고등학교 때 자살을 기도해서 미수에 그친 사건이 있었다는 것이었다. 잠시 진지해지는 완숙의 눈빛을 볼 때 거짓말이 아닌 것이 분명했다. 내가 좀 더 그 일에 대해 물으려 하자 완숙은 얼른 말꼬리를 감추면서 말머리를 다른 데로 돌렸다. 그러한 자살 미수 사건이 완숙이에게 왜 일어났는지 내 나름대로 상상해 볼 수밖에 없었다. 완숙이에게서 연락을 기다리는 동안, 더욱 그 일에 대해 생각해 보았다.

혹시 완숙과 나 사이에는 건너뛸 수 없는 정신적인 심연이 있는지도 모른다는 생각이 들었다. 내가 전혀 경험해 보지 못한 종류의 정신적인 고뇌를 완숙은 이미 경험해 버린 것이 거의 틀림없는 것만 같았다. 그런데 그것이 어떤 종류의 것인지는 구체적으로 알 길이 없었다.

나는 그러한 생각들을 하며 3주간을 보냈다. 그런데도 여전히 완숙이에게서는 아무런 연락이 없었다. 그래서 결국 내가 참지 못하고 완숙이에게 편지를 써서 일방적으로 약속 장소와 일시를 정하여 만나기를 요청하였다. 그날 그 시각에 약속 장소로 나갔다. 제기동에서도 가깝고 내가 있는 미아리에서도 가까운 고대 근방의 다방을 약속 장소로 정하였는데, 그 다방에 한 시간 이상을 앉아 있어도 완숙은 나타나지 않았다. 다방 안은 난방 장치를 갓 설치해 놓은 듯 난로와 연통, 철사들이 깨끗하게 빛나고 있었다. 포근한 공기가 다방 전체에 감돌고 있었지만 다방 창 너머로 바라본 바깥 거리는 냉랭한 바람 속에 차갑게 식어 가고 있었다.

이제 완연히 겨울로 접어드는 계절이었다. 나는 그 바깥 거리를 내다보며 무려 두 시간을 기다리다가 조용히 일어나 다방을 나왔다. 거리에는 땅거미가 지기 시작했다. 나는 그 땅거미처럼 밀려오는 허전함을 메울 길이 없어 근처의 포장마차로 들어가 소주를 마셨다. 그리고 따끈한 어묵 국물을 마시자 속이 확 달아오르면서 머리가 몽롱해졌다. 포장마차를 나와 비틀걸음으로 걸어갔다.

그러다가 근처의 공중전화 박스 속으로 들어갔다. 다이얼을 돌리니 완숙의 오빠인 듯한 남자의 목소리가 저쪽에서 들려왔다. 나는 완숙을 찾았다. 저쪽의 목소리는 완숙을 바꾸어 주려고는 하지 않고 자꾸만 나의 신원을 확인하려고 하였다. 나는 부산 동향인이요 친구라고만 하였다. 저쪽에서 잠시 침묵이 있더니 완숙의 목소리가 들려왔다. 경상도 억양이 섞인 그 정감 어린 목소리가 내 귓속 깊숙이에까지 들어와 메아리쳤다.

나는 왈칵 눈물이 쏟아졌다. 그 목소리는 "여보세요 전화 바꿨어요"를 되풀이하고 있었다. 나는 말을 잇지 못한 채 수화기만 들고 있었다. 완숙은 여러 번 "여보세요"를 반복하다가 수화기를 놓았다. 귀에는 갑자기 윙, 하는 소리만 들려왔다. 그 윙, 하는 전화기 소리는 뭇 인생들의 모든 애닯은 사연을 집어삼키고 통곡하는 소리 같았다.

나도 수화기를 놓았다. 그리고 미아리 쪽으로 계속 걸어 올라가다가 길가에 있는 어느 극장으로 무작정 들어갔다. 〈소복〉이라는 제목의 영화였다. 소복을 입은 시골 색시로 분한 고은아는 청초한 코스모스와 같은 모습을 하고 있었다. 그러나 그 소복 아래에 감추어진 성욕으로 인하여 고은아는 몸부림을 쳤다. 김수영 감독이 영상처리를 잘한 작품이었다. 나의 의식은 그 토속적이고 환상적인 성욕의 영상 속으로 밀려들어갔다.

극장을 나오니 캄캄한 밤이었다. 근처의 골목길에서는 작부들이 손님을 부르고 있었다. 어떤 작부가 다가오더니 나를 꼭 껴안았다. 내 얼굴 전체에 인조 비단 저고리의 매끄러운 감촉이 와 닿았다. 나는 순간적으로 작부의 가슴에 안긴 격이 되었다. 짙은 화장품 냄새가 코를 찔렀다.

"어린 학생, 마시고 놀다 가요."

작부가 아양을 떨었다. 나는 그 저고리 품에서 벗어나 아무 말 없이 계속 걸어갔다. 뒤에서 작부의 욕지거리 소리가 들려왔다.

그날 이후 한 주간이 지나서 완숙에게서 편지가 날아왔다. 근한 달 만에 받아 보게 된 편지였다. 완숙은 편지에서 그 한 달간에 자기에게 일어난 심경의 변화에 대해서 꽤 길게 적어 놓고 있었다. 이전 편지에서는 한 번도 언급한 적이 없는 신앙 문제에 대한 이야기를 하고 있었다. 이제야 비로소 자신의 안식처를 찾은 것 같다는 내용이었다. 그동안의 모든 방황은 바로 이 안식처를 찾기 위한 과정에 불과했다는 것이었다. 그리고 나와의 편지 교환과 만남이 자기 속에 잠자고 있던 순수에 대한 열망을 다시 일으켜 주어 종교를 찾게 된 계기가 된 것 같다고 하였다.

그 편지에는 구체적인 신앙고백 같은 것은 없었다. 기독교를 말하면서도 '종교'라는 표현을 썼고 하나님이란 말도 '신'이라는 말로 대치하고 있었다. 예수에 대한 표현은 '그분'이라고만 하였다. 그분의 옷자락을 만진 정도에 불과하다는 식으로 자기의 믿음의 분량을 표현하였다. 그분의 얼굴과 전체 모습을 보기까지 자기 인생을 투자해도 아까울 것이 없을 것 같다는 결심을 표명하기도 하였다. 그 편지의 전체 문맥이 이렇게 추상적이어서 나로서는 무슨 말을 하고 있는 건지 종잡을 수가 없었다.

그래서 편지를 대여섯 번 되풀이해서 읽어 보았다. 그럴수록 이제 완숙은 정말 나에게서 멀어져 가고 있구나 하는 느낌을 받왔다. 완숙이와 나 사이에 건너뛸 수 없는 정신적인 심연은 어떤 모양으로든지 더욱 깊어진 셈이었다.

나는 그 자리에 앉아서 그러한 격리감을 글로 표현하여 편지를 써 나갔다. 종교는 내 환상과 사랑의 무덤이요 영원한 삼각관계라고 하였다. 사실 그렇게 표현해 놓고도 나 자신조차 그 말이 무슨 뜻인지 제대로 알 수 없었다.

완숙은 다음 편지에서는 좀 더 구체적으로 어느 미대 선배 언니의 인도와 도움으로 어떤 학생 선교단체에 가입하여 거기서 성경을 배우고 있다고 하였다. 그러면서 은근히 나에게 전도하는 투로 말하고 있었다. 이전에 완숙의 편지를 받으면 감미로움과 어떤 흥분을 맛보곤 하였는데, 이제는 이상한 메스꺼움과 반발심이 일어날 뿐이었다. 그런 편지에 답장을 쓴다는 것은 정말 내키지 않는 일이었다. 내가 기독교에 대해서 아는 것은 지극히 단편적이고 피상적인 것밖에 없었다. 그렇지만 그런 것이라도 늘어놓지 않으면 완숙의 편지에 대한 합당한 답장이 될 수가 없었다. 이전처럼 내 감정을 마음껏 토로할 수 있는 답장을 쓰지 못하고 어설프게 종교적인 냄새가 나는 답장을 일부러 쓰려고 하니 답답하기 이를 데 없었다.

나는 주로 기독교에 대해 반박하는 내용을 쓰려고 니체의 말들을 인용하기도 했지만, 나 자신 어릴 적의 주일학교에 대한 기억들로 인해 기독교에 대한 어떤 향수 같은 것은 떨쳐 버릴 수가 없었다. 무엇보다 예수라는 그 위대한 존재에 대하여 나 같은 존재가 감히 도전할 수 없다는 생각이 들기도 하였다. 그래서 기독교의 일반 현상, 즉 교회의 현상들에 대해서만 뭐라고 의견을 말할 수밖에 없었다. 그것도 제대로 정확하게 알지 못하고 막연한 반발심만으로 그러하였다. 나로서는 이제 완숙이와 대화가 통할 수 없게 되었다는 초조감까지 겹쳐 더욱 그러하였다.

완숙의 첫 편지의 첫 구절이 '종소리'였는데, 그것이 암시한 대로 완숙은 그 종소리로 말미암아 완전한 탈바꿈을 하고 있는 것 같았다. 나는 완숙의 '종소리'가 그러한 종소리로 돌변하리라고는 상상도 못한 것이었다. 우리 사랑의 시작을 알리는 종소리가 사랑의 종말을 알리는 종소리로 바뀌었다. 나의 답장은 완숙이 편에서는 하나의 헛소리 같은 것이 되었다. 완숙은 나의 답장을 받는 것이 자신의 신앙 출발에 지장이 된다고 생각했는지 또다시 일체 편지를 쓰지 않았다. 나도 다른 종류의 세계로 들어간 사람에게 통하지 않는 말로 편지를 쓰고 싶지가 않았다.

그 무렵, 그동안 뜸했던 세검정 성지순례의 길을 다시 시작하였다. 지난 몇 개월 동안 완숙이라는 엉뚱한 우상에게 마음을 빼앗겼던 죄를 회개하는 심정으로 나의 신인 을희의 제단 앞에 다시 나아가게 되었다. 나의 신은 내가 그동안 얼마나 자기를 떠나 방황해 왔는지를 아는 것 같기도 하고 모르는 것 같기도 하였다. 나의 신은 여전히 그 지성소 안에서 나오지 않았으나, 이번에는 내가 감히 그 지성소 안으로 침범해 들어가 버렸다.

을희는 난데없는 나의 침입에 좀 당황한 듯했지만 자세를 흩트리지 않고 나를 지켜보며 나의 반응을 기다리고 있었다. 나는 실내복을 입고 있는 을희의 몸매가 눈에 띄게 성숙해 있는 것을 보았다. 을희는 국민학교 때부터 조숙한 편이었는데 중학생이 되니까 그 발육이 더욱 급속해지는 것 같았다. 그렇다고 완숙의 몸매처럼 비대해진 것이 아니었다. 알맞게 균형이 잡혀서 뻗어 올라가고 있었다. 나는 새삼 을희의 아름다운 몸매에 감탄하였다.

"많이 컸구나."

내가 애써서 내어놓은 말이었다. 그 말에 을희는 야릇한 미소만 짓고 있었다. 그러고는 조용한 음성으로 빨리 나가라고 말하며 고개를 돌렸다. 나는 그 빨리 나가라는 말이 내쫓는 추방의 말로 들리지 않았다. 그 말 속에는 나를 더욱 머무르게 해주는 포근함이 함축되어 있었다. 을희는 그동안 나를 그리워하고 기다리고 있었음에 틀림없었다. 차츰 을희의 눈에는 물기가 어렸다. 그 물기는 드디어 작은 이슬이 되어 볼을 타고 내렸다.

"왜 그동안 안 왔어?"

을희가 조용히 물었다. 그 순간, 내 가슴이 찡하게 울렸다. 어떤 죄책감이 슬쩍 스치고 지나갔다.

"바빴어. 어떤 여대생이랑 사귀느라고."

내 입에서 왜 이런 말이 나와 버렸는지 알 수 없었다. 을희에게 고백을 해서 용서를 받으려고 한 것인지, 아니면 을희의 반응을 살펴보려고 한 것인지 나 자신도 알 수 없었다. 두 가지를 다 포함하고 있을지도 몰랐다.

"그 여대생이랑 결혼할 거야?"

을희가 이렇게 단도직입적으로 나올 줄은 미처 몰랐다. 나는 어떻게 대답해야 할지 몰라 잠시 머뭇거리고 있는데, 느닷없이 내 입에서 나 자신도 놀랄 말이 튀어나왔다.

"나에겐 을희밖에 없어."

순간, 을희가 비스듬히 모로 향하고 있던 고개를 내 쪽으로 홱 돌렸다. 그 곱게 빚은 송편같은 두 눈이 아직 물기가 가시지 않은 가운데 이글거리고 있었다. 나의 진실을 꿰뚫어 보고 확인해 보려는 불길같은 눈빛이었다.

"그럼 왜 그런 여대생이랑 사귀지?"

을희가 날카롭게 물었다.

"다 대학 들어가면 친구로 사귀게 되는 거야."

내가 변명하였다.

"이제 그럼 그 여대생이랑 끝났어?"

을희가 다시 물었다.

"끝나고 말고가 없다니까. 친구로 사귀었으니까."

을희가 잠잠해졌다.

나는 지금이야말로 을희에 대한 그동안의 심경을 토로할 수 있는 좋은 기회라고 생각했다.

"을희는 내가 이곳에 놀러 오면 왜 나와 보지도 않는 거지? 그동안 얼마나 보고 싶어 하다가 오는 건데, 사실 난 을희를 보려고 온다구. 그런데 을희를 보지도 못하고 가면 마음이 얼마나 슬퍼지는지 몰라. 그래서 그런 여대생들과도 사귀면서 슬픈 마음을 달래 보곤 하는 거야."

여기까지 내가 이야기하자 을희가 말을 가로막으면서 반문하였다.

"아깐 친구로서 사귄다고 했잖아?"

을희는 나의 말을 전적으로 믿지 못하겠다는 표정을 지었다. 나도 나의 앞뒤 말이 잘 맞아떨어지지 않는 것을 느꼈다. 그렇지만 더 이상 변명하고 싶지도 않았다. 나의 진실을 말로써가 아니라 어떤 행동으로 표현하고 싶었다. 그래서 을희에게로 다가가 그 어깨 위에 두 손을 얹었다.

"난 오빠가 미울 정도로 좋기 때문에 나와 보지 않는 거야. 한 달에 한 번도 찾아오지 않는 오빠가 미운 거야. 나는 늘 오빠가 보고 싶은데 오빠는 두 달에 겨우 한 번밖에 찾아오지 않잖아. 그것도 이번에는 석 달이 넘었어."

을희의 눈에는 다시 물기가 어리기 시작했다. 나는 그동안 을희가 나에게 준 슬픔만 생각했지 내가 을희에게 준 슬픔은 생각하지 못했던 것이었다. 어느새 내 눈에도 물기가 어려 왔다. 하마터면 나는 을희의 어깨 위에 얹은 나의 두 손을 끌어당겨 을희를 껴안을 뻔하였다.

"두 달에 한 번밖에 찾아오지 않는다고 해서 내가 을희를 잊고 있었던 게 아니야. 늘 보고 싶은 거야, 늦게 찾아올수록 그만큼 더 보고 싶은 거야."

을희의 얼굴이 조용히 내 가슴께로 기울어졌다. 그때 바깥 응접실 쪽에서 을희 어머니의 목소리가 들려왔다. 나를 찾으며 부르는 소리였다. 무슨 음식을 장만했는지 그것을 먹으라는 것이었다. 나는 내 쪽으로 기울어지는 을희를 멈추게 하고 을희의 방을 나와서 마루를 지나 응접실 쪽으로 갔다. 거기 다탁 위에 귤과 케이크와 커피가 놓여 있었다. 을희 동생들과 을희 어머니가 응접실 의자에 앉아 기다리고 있었다. 나도 거기에 끼어 앉았다. 을희 어머니는 아예 을희를 부르려고도 하지 않았다.

그런데 놀랍게도 이번에는 을희가 곧 스스로 자신을 나타내었다. 그리고 내 옆 의자에 앉아 다탁에 놓인 음식들을 집어 먹으며 명랑하게 떠들었다. 을희 어머니는 갑자기 달라진 을희의 태도에 의아한 표정을 지으며 웃었다. 을희는 조금 전과는 달리 완연히 어리고 천진한 중2 여학생으로 돌아와 있었다. 그런 을희의 모습을 보며 내가 왜 저렇게 어린아이를 그리워하고 사랑하고 있는지 이해할 수가 없는 심정이 되었다.

그날 밤 을희의 집을 나설 때에도 예나 다름없는 그 눈물이 흘러내렸다. 그러나 이번에는 쓰라림을 동반한 눈물이 아니라 따뜻한 눈물이었다. 그것은 완숙이라는 우상으로 말미암아 방황하던 나의 마음이 다시금 나의 신의 품 안에서 안식 같은 것을 느끼게 되었기 때문이었다. 진실로 세검정은 질투하고 사랑하는 나의 신이 거하고 있는 처소였다. 그 세검정 산 위 초겨울 밤하늘에는 작은 솜사탕 같은 별들이 총총히 빛나고 있었다.

그렇게 세검정 순례의 길을 다녀온 연후에도 완숙에게서는 아무런 연락이 없었다. 그 무렵 학교 수업은 종강으로 들어가고 겨울방학이 시작되는 때여서 나는 완숙이도 다른 지방 학생들처럼 부산 자기 집으로 내려갔는지 모른다고 생각했다. 나는 겨울방학에는 부산에 내려가지 않을 작정을 하고 있었다. 다른 친구들처럼 동숭동 법대 도서관을 다니며 고시공부를 할 계획이었다.

크리스마스 때가 점점 가까워 오고 있었다. 길거리에서 울리는 크리스마스 캐럴들이 이번에는 유난히 내 마음속을 파고들어 왔다. 그 노랫소리 하나하나는 내 마음 깊숙이에 있는 그리움의 현을 건드렸다. 완숙이를 생각하고, 완숙이가 가지게 된 종교를 생각하고, 나의 삶의 의미들을 생각하게 되었다. 말할 수 없는 공허함이 찾아들어 왔다. 공허한 나의 내면은 그리움의 현이 울려 내는 소리를 공명시키고 있었다.

크리스마스 이브에는 명우 회원들이 자하문 쪽에 있는 숙희네 집에 모여 거의 마지막 파티를 열었다. 숙희네 집은 그 아버지가 어느 은행장으로 있었으므로 호화 저택이었다. 우리는 응접실을 차지하여 모임을 가졌다. 응접실 창 너머로 바라본 경치는 참으로 아름다웠다.

건너편 산에는 하얀 눈이 군데군데 쌓여 있었다. 그 산에 청회색의 어둠이 내리고, 어디서 피어올라 왔는지 알 수 없는 신비로운 연기가 그 산 전체를 감싸고 있었다. 얼마 후에 그 눈더미 사이사이에서 불이 켜지기 시작했다. 어둠이 짙어질수록 그 불빛은 더욱 밝게 빛났다. 나에게 그 노랗고 하얀 불빛들은 설탕 덩어리같이 느껴졌다.

응접실 레코드에서 "하얀 집", "북치는 소년"이 계속 흘러나왔다. 응접실에도 샹들리에 불이 켜졌다. 박수 소리, 웃음소리가 가득하였다. 나는 그 속에 앉아 미칠 정도로 외로운 가운데 다른 사람에게 한 마디 말도 건네고 싶지 않았다. 이토록 심한 우울에 빠져 본 적도 일찍이 없었다. 나는 탁자 위에 놓인 술잔을 연거푸 들이켰다. 술기운이 오르자 주책없이 이번에는 눈물이 흘러내렸다. 미대 응미과에 다니는 심덕이는 나에게 다가와 요즘 완숙이와의 관계가 어떠냐고 물었다. 나는 대답도 하지 않았다. 심덕은 눈치를 챈 듯 저쪽으로 가 버렸다.

그날 나는 어떻게 집으로 돌아왔는지 몰랐다. 그다음 날 아침, 크리스마스가 밝아 왔다. 나는 몰려오는 현기증에 짓눌리며 일어나지 못하고 있었다. 그때 주인집 방에서 전화벨 소리가 들려 오고 소경 할아버지의 목소리가 들려오더니, 조금 있다 나를 부르는 가정부의 째지는 소리가 들려왔다. 나에게 온 전화인 모양이었다. 나는 애써 일어나 주인집 방으로 건너갔다. 그 방에서는 항상 시큼한 소경 할아버지 냄새가 났다.

"여보세요, 전화 바꿨어요."

나의 이 말에 저쪽에서 응답이 왔다. 그것은 그리운 완숙의 목소리였다. 완숙은 나를 만나고 싶다고 했다. 그래서 미대 앞 낙산다방에서 두 시간 후에 만나기로 약속하였다. 정말 몇 주 만의 만남이었다.

낙산다방 난로 위에서는 밑이 납작하게 퍼져 있는 주전자가 김을 푹푹 내며 달그락거렸다. 완숙의 얼굴과 전체 모습은 예전과는 사뭇 달라져 있었다. 얼굴이 많이 수척해진 것도 같았다. 그런데 그 표정은 이전보다 훨씬 안정되어 있는 느낌이었다. 나는 무슨 말부터 해야 할지 몰라 어색하게 앉아 있었다. 완숙이가 먼저 말을 꺼내고 대화를 이끌어 갔다. 그 내용은 내가 막연히 예상한 대로 나를 전도하는 내용이었다.

완숙은 나의 내면의 약점들을 들추어내며 바로 그러하기 때문에 신앙이 필요하다는 것과 그 신앙의 대상이 예수가 되어야 한다는 것을 강조하였다. 나는 잠잠히 듣고만 있었다. 완숙은 내가 감동을 받아서 잠잠히 있는 줄 생각했는지 더욱 열을 올리며 이야기를 계속했다. 그러기를 두 시간 가까이 하였다.

나는 왜 저렇게 완숙이가 돌변했는지 의아스럽기만 했다. 완숙은 이야기를 마칠 때쯤 해서, 자기가 나가고 있는 선교단체에서 겨울방학 일주일 동안에 성경 강좌가 있는데 와서 들어 보라고 권유하였다. 1월 초순에 시작된다는 것이었다. 나는 얼떨결에 그러겠다고 약속하였다. 완숙이를 저렇게 변화시킨 모임이 도대체 어떠한 모임인지 알고 싶기도 했다. 완숙은 양 한 마리를 인도하고 있는 목자의 표정을 지으며 나를 지그시 바라보았다. 나는 그 눈길이 그렇게 싫을 수 없었다. 완숙은 또 그 모임에 나가 보아야 한다면서 자리에서 일어났다.

함께 다방을 나와 종로 5가 쪽으로 내려갔다. 완숙은 그 모임이 있는 골목길로 꺾어 들어가면서 가벼운 목례로 작별 인사를 했다. 나는 계속 종로 5가 쪽으로 내려갔다. 길바닥은 눈이 녹아 질펀해 있었다. 하늘은 희뿌연 회색이었다. 나는 완숙이를 종교의 세계에 빼앗겨 버렸다는 사실을 더욱 실감하기 시작했다.

1969년도가 시작되었다. 나는 완숙이와 약속한 날 다시 낙산 다방으로 나갔다. 완숙은 검은색 털 오버를 뒤집어쓴 듯이 입고 서 나를 기다리고 있었다. 완숙이가 종이 한 장을 내밀었다. 그 선교단체의 겨울 성경학교 등록 원서였다. 나는 그 등록 원서에 기재 사항들을 적고 회비 천 원을 내었다. 성경학교는 바로 다음 날부터 시작되는 것이었다. 완숙은 오리엔테이션 비슷한 것을 내 게 해주었다. 그리고 오늘 그 모임에 한번 들렀다 가라고 하였다.

  완숙과 나는 곧 다방을 나와 종로 5가 쪽으로 내려가다가 어 느 골목으로 꺾어 들어갔다. 택시 한 대가 겨우 드나들 수 있는 골목이었다. 조금 들어가니 오른편으로 낮은 기와지붕을 한 집 이 있었다. 완숙은 그 집 대문으로 나를 데리고 들어갔다. 대문 으로 들어서자마자 또 하나의 문을 밀고 들어갔다. 그 안에 꽤 널찍한 홀이 있었다. 천장이 낮고 여기저기 기둥이 많은 홀이었다. 원래는 방으로 나누어 있던 것을 모이기에 편하도록 널찍하게 개조한 것이 틀림없었다. 바닥은 시멘트 바닥이었고 사방 벽중 남쪽과 서쪽 벽에는 작은 창들이 연결되어 있었다. 아직 모임이 없는 모양인지 의자들은 한쪽으로 치워져 있었다. 조금 안쪽에 큼직한 석유난로가 달구어져 있고 그 주위에 몇 명의 사람이 모여 둘러앉아 있었다.

완숙과 내가 들어가자 그들은 의자를 마련하여 앉도록 하였다. 완숙이가 잠시 그들에게 나를 소개해 주었다. 그들도 각각 자기소개를 해주었다. 대개 서울대생들이었고 한두 명이 다른 대학생이었다. 그들은 내일부터 열릴 성경학교에 대해 의논하고 있는 것 같았다. 등록한 사람 수, 들어온 회비들을 대강 맞추어 보고 프로그램 준비에 대해 의논하였다. 사회 맡을 사람, 특송 맡을 사람, 기도 맡을 사람, 다과 준비할 사람, 안내할 사람들이 정해졌다. 그들은 아마 그 모임의 리더들인 모양이었다.

그들의 이야기가 길어질 것 같아 나는 기회를 봐서 조용히 일어났다. 그들도 내가 가려고 하는 것을 눈치채고는 하던 이야기를 중단하고 나를 배웅할 자세를 취했다. 나는 내일 다시 오겠다면서 엉거주춤 작별 인사를 하고 나왔다. 완숙이도 따라 나왔다. 완숙은 그들의 모임에 참여하지 않아도 되는 듯싶었다.

길바닥은 눈이 녹아 얼어서 매우 미끄러웠다. 완숙은 미끄러질 뻔하다가 내 팔을 붙잡으며 간신히 바로 섰다. 그리고 다시 내 팔을 놓고 조심조심 걸었다. 나는 작년 늦가을 남산 야외 음악당 근처에서 완숙이가 내 팔을 끼고 걷던 것을 기억했다. 지금도 나는 완숙이가 내 팔을 끼어 주기를 바라고 있었다. 그러나 완숙은 몇 번을 넘어질 뻔하면서도 그렇게 하지 않았다. 내 팔을 잠시 잡았다가 놓을 뿐이었다.

나는 갑자기 내일 그 모임에 나갈 자신이 있는가 자문하게 되었다. 나 혼자로는 아무래도 자신 없었다. 그때 창호 생각이 났다. 그래서 완숙이와 버스 정류장에서 헤어진 후 창호 집으로 갔다.

창호는 마침 집에 있었다. 그 집은 하나의 빌딩 같았다. 창호의 방은 3층인가에 자리 잡고 있었다. 그 방도 창호처럼 단정하기 그지없었다. 나는 창호가 평소에 신(神)에 대해 분통 비슷한 것을 터뜨렸던 그러한 일을 끄집어내어 종교적인 대화로 창호를 이끌어 갔다. 그동안 실연의 갈등 가운데 있던 창호는 이전보다 내면적으로 더욱 깊어진 것 같았다. 창호는 함께 성경을 공부해 보자는 나의 권유를 별 거리낌 없이 받아들였다. 오히려 무료한 겨울 방학에 무언가 새로운 생활의 변화가 필요하다고 느꼈는데 잘됐다고 하였다. 창호와 나는 다음 날 법대 정문 앞에서 아침 9시 반에 만나기로 약속하였다. 10시부터 그 모임에서 창세기 성경공부가 시작되는 것이었다.

창호는 약속된 시간에 나왔다. 나는 벌써 한 마리의 양을 인도

하는 목자가 되어서 그 모임을 향하여 갔다. 그곳은 백여 개의 의자에 사람들이 가득 앉아 있었다. 석유난로에서 풍겨 나오는 싸한 냄새에 눈과 코가 조금 맵싸했다. 분위기는 무언지 모르게 포근하였다. 군데군데서 둘씩 셋씩 머리를 맞대고 기도를 하고 있었다. 창호는 그러한 모습을 좀 의아한 듯이 잠시 쳐다보다가는 곧 자세를 바로잡고 자신도 무언가 생각하는 표정을 지었다. 완숙은 저 안쪽에 앉아 있다가 고개를 돌려 나를 발견하고는 가볍게 눈인사를 했다.

아직 모임은 시작되지 않고 있었다. 나는 묘한 느낌이 전신으로 스며들어오는 것을 느꼈다. 그 국민학교 교정에서 뛰놀던 소녀와 이렇게 함께, 신(神)을 찾는 무리 속에 있게 되리라고는 일찍이 상상도 하지 못한 일이었다. 또한 나 자신, 어릴 적에 교회 분위기를 조금 맛보았을 뿐 오랜 세월 동안 거의 잊고 있었는데, 다시금 이런 분위기에 접하고 보니 향수같은 것이 되살아났다. 그리고 지성인이라고 하는 대학생들이 이렇게 진지한 자세로 신을 찾는 모습은 일찍이 본 일이 없었다.

나는 그동안, 마음에 허무를 안고 있으면서도 자기에 대하여 자신만만하고 기고만장하기까지 한 대학생들을 주로 보아 왔다. 명우 회원인 봉섭이도 기독교인이었지만 신을 찾는 그런 모습은 말이나 행동에서 보인 적이 거의 없었다. 나는 완전히 새로운 세계에 들어온 느낌이었다. 숲 속을 헤매다 그 속에 숨어 있는 어느

새롭고 진귀한 마을을 발견한 기분이었다.

사회자가 강대상으로 나와 찬송을 인도하기 시작했다. 강대
상이라야 일반 교회와 같은 그런 것이 아니라 나무로 대강 짜 맞
추어 만든 간단한 형태의 강의용 탁자였다. 강대상이 놓인 단상
도 무슨 궤짝같이 투박하게 만들어 놓은 것이었다. 강대상 뒤에
는 칠판 하나가 창문을 가린 채 걸려 있었다. 드디어 창세기 강의
를 할 그 모임의 지도자가 나왔다. 그는 자그마한 키에 안경을 끼
고 있었다. 그 강의는 보통 교회의 설교식이 아니라 대학의 강의
식으로 하였다. 그래서 그런지 더욱 집중이 잘되었다.

창호와 나는 첫날부터 마지막 날까지 이레 동안 빠지지 않고
참석하였다. 그곳의 사람들은 창호와 나에게 지나칠 정도로 친
절하였다. 얼굴들이 티 없이 맑고, 미소를 늘 잃지 않았다. 완숙
은 조금 조심스러운 태도로 나를 대하였다. 개인적으로 서로 아
는 체하는 것을 꺼리는 것 같았다. 다른 사람들을 대하듯이 나
를 대하려고 애를 쓰는데 그것이 잘되지 않는 모양이었다. 나도
완숙의 그러한 태도를 보고 완숙을 곤란하게 하지 않으려고 조
심하였다. 모임이 끝나고는 완숙에게 잠시 인사만 하고 창호와
함께 그곳을 나서기가 바빴다. 창호와 나는 그곳을 나서면 대개
학림다방으로 가서 클래식 음악을 들으며 방금 공부한 창세기
내용에 대하여 의견을 주고받았다. 그렇게 일주일이 지나갔다.

인간이란 하나님께서 만드신 존재입니다. 우연히 이 땅에 대포알이 던져지듯 던져진 존재가 아닙니다. 우리가 만약 그러한 존재라면 우리의 삶은 의미와 목적이 없게 됩니다. 그냥 원하지도 않게 이 땅에 태어나서 살다가 무덤에 묻혀 썩어 가는 존재에 불과하게 됩니다. 그러나 우리는 하나님께서 귀한 계획과 섭리 속에 지어내신 존재입니다.

또한 인간은 하나님의 형상의 소유자입니다. 형상은 속성이라고 할 수 있습니다. 하나님의 속성은 거룩과 사랑입니다. 그러므로 우리 인간에게는 거룩한 것을 사모하는 마음과 사랑을 추구하는 마음이 있습니다. 우리가 더러운 생활에 빠지고 미움의 노예가 될 때 마음이 괴로운 것은, 바로 우리 안에 있는 하나님의 형상 때문에 그러한 것입니다.

그리고 인간은 사명의 소유자입니다. 하나님은 인간에게 생육하고 번성하라, 땅을 정복하라, 바다의 고기와 공중의 새와 땅에 기는 모든 것을 다스리라고 하셨습니다. 인간은 이렇게 정복하고 다스리는 적극적인 사명의 소유자입니다. 환경에 패배당하는 소극적이고 운명적인 존재가 아닙니다.

마지막으로 인간은 하나님이 심히 기뻐하신 존재입니다. 말할 수 없는 하나님의 기쁨의 대상입니다. 인간에게는 누구에게나 타인의 기쁨의 대상이 되고자 하는 욕구가 있습니다. 어릴 때는 부모의 기쁨의 대상이 되고자 하고 차츰 성장함에 따라 선생님의 기쁨의 대상, 친구들, 애인의 기쁨의 대상이 되고자 합니다.

그것이 잘되지 않을 때 우리 마음에 갈등이 생기고 비교 의식과 열등감이 생기게 됩니다. 그런데 우리는 무엇보다도 하나님께서 심히 기뻐하시는 하나님의 기쁨의 대상입니다. 다른 이가 나를 어떻게 생각할지라도 나는 적어도 천지를 창조하신 하나님의 기쁨의 대상입니다. 이것을 깨달을 때 우리에게 있는 운명적인 요소는 사라지게 됩니다. 이처럼 우리가 하나님의 기쁨의 대상이므로 우리가 하나님을 기쁘게 하는 삶을 살아야 하는 것은 너무도 당연한 것입니다. 바로 이것이 하나님의 영광을 위해서 산다는 말입니다.

하나님께서 에덴을 창설하시고 선악을 알게 하는 나무를 두셨습니다. 그리고 인간에게 에덴을 맡기시면서 선악을 알게 하는 나무의 실과만은 먹지 말라고 하셨습니다. 먹는 날에는 정녕 죽을 것이라고 하셨습니다. 이렇게 선악과를 두신 이유가 무엇이겠습니까?

그것은 하나님과 인간과의 절대적인 질서를 세우기 위함입니다. 인간이 에덴의 주인이 아니라는 것을 알게 해주는 나무가 바로 선악과입니다. 에덴의 주인은 어디까지나 하나님입니다. 인간은 다만 청지기에 불과합니다. 그러므로 하나님과의 질서를 위해 선악과를 두셨습니다. 바로 여기에 인간 행복의 비결이 있습니다. 하나님과의 질서를 지킬 때 비로소 에덴은 나의 것이 됩니다.

그러나 내가 주인이 되려고 하나님과의 질서를 파괴하면 에덴에서 추방당하게 됩니다. 인간들이 행복을 상실한 가운데 엉겅퀴와 가시덤불 속에 있는 것은 바로 이 질서를 파괴했기 때문입니다. 하나님은 선악과의 절대적인 질서 속에서 인간이 무한한 행복과 자유를 누리기를 원하십니다.

뱀이 여자에게 접근하여 대화로써 유혹을 하고 있습니다. 하나님이 참으로 동산 모든 나무의 실과를 먹지 말라 하시더냐고 묻고 있습니다. 이것은 뱀이 여자에게 하나님에 대한 이미지를, 금지하는 하나님, 인색한 하나님으로 심고 있는 것입니다. 인간이 아무것도 못 하도록 구속하는 하나님인 양 말하고 있습니다.

여기에 물이 든 여자가 대답합니다. 그 대답을 보면 하나님께서 인간에게 주신 무한한 자유에 대하여는 별로 강조하지 않고 하나님께서 주신 금지 사항을 덧붙이면서까지 크게 강조하고 있습니다. 그리고 하나님 말씀에 대한 절대적인 자세가 흐려지고 있습니다. 하나님은 정녕 죽으리라고 하셨는데 여자는 죽을까 하노라고 상대적인 자세를 보이고 있습니다.

히브리 원어를 보면 더욱 잘 알 수 있습니다. 히브리어에서 강조할 때는 같은 의미의 단어를 두 번 반복합니다. 정녕 죽으리라고 번역된 이 히브리어를 그대로 직역한다면 죽음을 죽으리라고 해야 합니다. 하나님은 이렇게 죽음을 죽으리라고 하셨는데 여자는 그냥 죽으리라고 말함으로써 그 의미를 약화시킨 것입니다.

그러자 뱀은 결코 죽지 않으리라고 오히려 확신 있게 거짓말을 합니다. 그리고 선악과를 먹게 되면 두려운 결과가 생기기는커녕 오히려 좋은 결과가 기다리고 있을 것이라고 합니다. 여자가 이러한 뱀의 말을 받아들이고 그 나무를 바라보자 지금까지와는 전혀 다른 나무로 보였습니다. 여자의 관점은 이제 변화된 것입니다. 하나님에 대한 경외심과 사랑으로 바라보던 그 나무가 지금은 탐욕의 대상으로 돌변해 버렸습니다. 여자는 그 과실을 따 먹고 말았습니다. 아담에게도 주어 먹게 했습니다. 죄의 전염은 이렇게 급속하였습니다. 유혹을 당한 자는 즉시로 유혹자가 되었습니다. 그 결과가 어떠했습니까?

인간에게는 전적으로 자기만을 바라보는 병든 자의식이 생겼습니다. 이전에는 하나님을 바라보고 그 속에서 자기를 바라보았습니다. 그러나 이제 자기 분열과 수치를 느끼게 되고 자기의 부끄러운 부분을 가리게 되었습니다. 곧 말라비틀어질 것으로 자기를 가리고 미화시키기에 급급했습니다. 그리하여 인간은 서로의 진실을 볼 수 없게 되었습니다. 자기가 아닌 것으로 서로 만나고 접촉하는 관계가 되었습니다. 그리고 인간에게는 하나님을 피하는 도피 심리가 생기고 두려움, 책임 전가, 합리화하는 마음이 생겼습니다. 인간 내면에 있던 하나님의 형상이 파괴된 것을 알 수 있습니다. 이런 인간에게 하나님은 질문을 던지셨습니다.

'네가 어디 있느냐?'

이 질문은 인간의 실존에 대한 최초의 질문입니다.

'네가 정말 있어야 할 곳에 있느냐? 네가 그곳에 있는 이유가 무엇이냐?' 하는 의미입니다. 이렇게 인간 실존에 대한 질문은 인간 자신이 먼저 제기한 것이 아닙니다. 하나님께서 먼저 제기하신 것입니다. 인간들은 이 하나님의 질문을 회피하려고 안간힘을 씁니다. 그러나 결코 이 질문에서 도망갈 수 없습니다. 언젠가는 이 질문 앞에 엄숙하게 서야 합니다.

'네가 어디 있느냐?'

창세기 강의는 1장에서 50장까지 전체에 걸쳐 하였다. 나는 그동안 나 자신이 성경에 대하여, 특히 창세기에 대하여 얼마나 피상적으로 알고 있었나 하는 것을 새롭게 깨달았다. 내가 그냥 상식적으로 생각했던 그러한 의미들이 아니었다. 들으면 들을수록 내 마음이 이상하게 끌려들어 갔다. 내가 그동안 듣기를 간절히 원했던 인생의 해답을 듣고 있는 듯하였다. 나의 방황의 원인과 이유를 어렴풋이나마 이해할 수 있을 것도 같았다. 성경 속에서 이러한 말들이 나올 수 있다는 것 자체가 경이로운 일이었다. 지금까지 성경이나 기독교에 대하여 아무것도 모르면서 아는 체하였던 일들이 부끄럽게 여겨지면서 성경을 더욱 알고 싶다는 욕구가 마음 깊숙이에서 생겨났다.

아무튼 그 일주일 동안 무슨 최면술에 걸린 사람처럼 마음의 야릇한 변화를 체험했다. 신화나 동화 정도로만 알았던 창세기의 내용에 압도당하는 자신이 이해가 되지 않을 정도였다. 가인과 아벨 이야기, 노아 홍수, 아브라함, 이삭, 야곱, 요셉의 일대기들이 장엄한 파노라마가 되어 계속 펼쳐졌다. 그 속에 인생의 깊은 갈등과 죄악과 모험과 고독과 승리가 살아서 숨 쉬고 있었다. 4천 년 전에 기록된 이 한 권의 책 속에 이토록 진귀한 보물들이 감추어져 있으리라고는 미처 상상도 못 한 일이었다.

특히 야곱의 일대기는 나에게 충격적인 인상을 주었다. 얍복 강가에서 외롭게 천사와 씨름하며 통곡하는 야곱, 그 고독한 실존의 몸부림을 통하여 이스라엘로 변화되는 감격⋯⋯. 그 의미들은 다 헤아려 알 수 없지만, 내 영혼에 어떤 갈증을 불러일으키기에는 족한 것이었다.

운명을 믿음으로 이기고 섭리로 바꾼 요셉의 이야기를 마지막으로 창세기 강의가 다 끝났다. 마지막 강의 후 그 모임의 지도자는 잠시 동안 모두 눈을 감으라고 하였다. 그리고 이번 강의를 통하여 하나님을 믿기로 마음에 작정한 사람은 조용히 오른손을 들라고 하였다.

나는 그때 하나님을 믿기로 작정한 것도 아니었다. 그런데도 손을 들어야만 한다는 이상한 충동을 느끼며 나는 조용히 손을 들었다. 정말 조용히 부끄러워하면서 손을 들었다. 그때 창호는 손을 들지 아니하였다.

겨울방학이 지나고 2학년 새 학기가 시작되었다. 우리는 동숭동 법대로 옮겨와 공부하게 되었다. 처음에는 전학을 온 것처럼 그 풍경과 분위기가 서먹서먹했지만 차츰 거기에 익숙해져 갔다.

철책들을 연결시켜 놓은 듯한 법대 정문은 거의 항상 닫혀 있었다. 학장 승용차 같은 차량들이 통행할 때만 간혹 열렸다. 그래서 그 옆의 곁문이 대부분 출입구 역할을 하고 있었다. 그 곁문을 지나 교정에 들어서면 맨 먼저 저 앞쪽 왼편으로 조금 비켜선 곳에 은행나무 한 그루가 서 있는 것이 눈에 띄었다.

그리고 오른편 방향으로 고개를 돌리면 교정 저 한복판에 항상 물이 말라 시멘트 바닥이 드러나 있는 분수대가 보였다. 그 맞은편에 도서관 출입구가 있었다. 도서관은 교정의 전면에 떡 버티고 서 있었다. 그을음이 낀 희부연 건물은 슬픈 빛을 띠고 있으면서도 자기 나름의 오만을 지니고 있었다. 분수대 근방에는 또 은행나무 두 그루가 우뚝 서 있었는데 그 두 그루를 중심으로 잠시 쉬고 누울 수 있는 벤치 몇 개가 놓여 있었다. 어느 것이 암나무이고 수나무인지 잘 알 수가 없었다. 아무도 그것을 일부러 알려고 하지 않았다. 그 교정을 들락날락하는 자들은 그것에 관심을 둘 만큼 한가한 사람들이 아니었다.

그 두 은행나무를 바라보며 교정을 가로질러 가다가 다시 왼편으로 꺾어 들어가면 등나무가 자라고 있는 휴게소가 눈에 띄었다. 등나무는 각목들을 그물처럼 연결시켜 놓은 그 위를 따라 퍼져 나가면서 봄이면 하얀 꽃들을 주렁주렁 아래로 늘어뜨렸다. 하얀 포도송이가 있다면, 그 늘어뜨려져 있는 꽃들이 포도송이로 혼동될 정도였다. 그 등나무 벤치가 두 줄로 늘어서 있었다.

그 등나무와 벤치를 지나 더 안쪽으로 가면 목조 교사로 들어가는 출입문과 복도가 눈에 들어왔다. 그 분위기는 침울하기 그지없었다. 그쪽으로 가 보면 도서관 뒤쪽으로 넓은 공터가 왼편에 전개되어 있는 것이 보였다. 그 너머 한쪽 구석에 테니스장이 있고 그 뒤편에는 휴게실, 식당, 유도실 등으로 사용되는 제법 큰 목조 건물이 있었다. 거기 휴게실은 거의 다방이라 할 수 있었다.

테니스장을 비껴 바라보는 이쪽 구석에는 학생과, 교무과, 서클룸이 있는 시멘트 건물이 보였다. 그 건물에서 목조 교사 쪽으로 오게 되면 'ㄷ'자 반대형으로 생긴 교사 중간에 제법 큰 정원이 형성되어 있었다. 거기서 계절 따라 꽃들이 피고 지곤 하였다.

라일락나무들이 많이 있었는데, 그 사이에 조그만 종탑이 하나 세워져 있었다. 거기 현판에는 '자유의 종'이라는 글씨가 양각되어 있었는데, 그것은 4·19를 기념하기 위해 그 무렵의 졸업생들이 기증한 것이었다. 이것이 1970년대 동숭동 서울 법대의 대략적인 모습이라 할 수 있었다.

거기에 더 보탠다면, 낙산 쪽 담벼락과 목조 교사 사이에 큰 쓰레기장이 있는 것이었다. 그 쓰레기장은 아마도 자연적으로 형성된 것임에 틀림없었다. 그곳의 쓰레기를 치워 가는 청소부나 청소차를 본 사람은 아무도 없었다. 쓰레기는 다만 썩어 가면서 쌓이고만 있을 뿐이었다. 우중충한 잡초까지 칙칙하게 자라나고 있어 어떤 공포심마저 자아내고 있었다.

그쪽 강의실에 앉아 창 너머로 그 쓰레기장을 내려다보는 사람들은 그 괴괴한 분위기에 압도되어 강의도 제대로 듣지 못하는 경우가 많았다. 좀 더 정확하게 말하면, 강의를 듣고 싶은 마음이 없는 사람들이 대개 그 쓰레기장을 하염없이 내려다보고 있는 것이었다.

그 쓰레기장은 세상에서 쓰레기처럼 버림받은 곳이었다. 즉 쓰레기장 그 자체가 아무도 주워 가지 않는 하나의 거대한 쓰레기였다.

그리고 그 쓰레기장 외에 하나 더 덧붙인다면 아까 그 은행나무 두 그루와 벤치들 근방에 농구대 두 개가 세워져 있고 그 옆 학교 울타리 가까이에 평행봉, 철봉대들이 있는 것이었다. 그곳은 도서관에서 눈이 침침해질 정도로 공부하다 나온 학생들이 몸을 풀곤 하는 작은 운동장이었다. 거기서 농구 한 게임씩을 하고 휴게실로 몰려가 사이다라도 한 잔씩 마시고는 다시 도서관으로 들어가 공부를 계속하곤 하였다.

그런데 법대 교정을 벗어난 그 근처의 모습들을 보게 되면 법대 풍경과는 달리 어느 정도 낭만 비슷한 것을 느낄 수도 있었다. 법대 길 건너 맞은편에는 미대 정문이 있었다. 미대 안으로 들어가는 입구에서부터 중간중간 조각품들이 세워져 있어 예술적인 풍취가 은근히 감돌았다. 미대 학교 건물 자체는 도통 예술미라고는 찾아볼 수 없었지만 그 안의 분위기가 건물의 삭막함을 어느 정도는 감싸 주고 있었다.

미대 휴게실은 아예 이름까지 가지고 있는 다방이었다. 그 다방 이름은 '빌라'였다. 그래서 법대생들은 미대에 가는 것을 '빌라 간다'고 하였다. 그 말을 빨리 들으면 '빌러 간다'로 들렸다. 무슨 용서를 빌러 가는지 돈을 빌러 가는지, 아무튼 그들은 '빌러 간다'고 하였다.

미대 구석진 뒷담 너머에는 '정영사'라는 기숙사가 있었다. 박정희 대통령의 '정'과 육영수 여사의 '영'이 합해져서 된 이름이었다. 그곳은 성적이 우수한 학생들만이 들어갈 수 있는 기숙사로 모든 비용이 다른 데의 절반도 되지 않았다. 그것은 다 '정'자와 '영'자가 있기 때문이었다. 그 정영사 정문으로 길을 따라 가려면 서울의대로 해서 병원으로 해서 한참 돌아야만 했다. 그래서 법대생들은 미대 뒷담을 슬쩍 실례하는 것이 하나의 관습처럼 되어 있었다.

그런데 뭐니뭐니해도 법대 근처의 풍경 중에 좀 낭만적이라고 할 수 있는 것은 소위 세느 강 미라보 다리라고 하는 그것이었다. 법대에서 나와 오른편으로 돌아 올라가면 세느 강을 따라 올라가는 것이 되는데 그 강가에는 굵직한 플라타너스들이 열병을 서 있었다.

얼마를 올라가면 미라보 다리에 이르게 되고, 그 다리를 건너면 마로니에가 기다리고 있는 문리대 교정으로 들어서게 되어 있었다. 문리대 건물은 대부분 낡고 우중충하고 삐걱삐걱 소리가 났다. 오른편 쪽의 본부 건물과 한두 개의 건물만이 신축 건물 냄새가 났을 뿐, 나머지는 다 그 모양이었다. 왼쪽 도서관 건물이 제법 큰 편에 속했고 중간중간 배열되어 있는 교사들은 그만그만했다.

마로니에가 있는 교정 풍경은 법대와 미대의 그것보다 훨씬 아늑하였지만, 그것도 빈약하기 이를 데 없었다. 결코 혼자 앉아 생각에 잠긴다든지 할 수 있는 공간은 없었다. 그것은 숲이 없기 때문이었다. 숲이 없는 문리대가 이 세상 천지에 어디 있겠는가마는, 아시아의 한국 서울 연건동에 엄연히 존재하고 있었다. 마른 덤불 같은 그 교정에 앉아서 무슨 문학이며 철학들을 했는지 과연 용한 일이었다.

그런데 혼자 앉아 생각에 잠길 수 있는 장소가 전혀 없는 것은 아니었다. 그 장소는 문리대도 아니고 법대도 아닌 그런 곳에 있었다. 바로 법대에서 문리대로 넘어가는 구름다리 밑이었다. 좁은 의미에서 구름다리 밑이라 하면 문리대 옆 담을 끼고 낙산 쪽으로 올라가는 작은 도로가 되지만, 좀 넓게 잡으면 법대 쪽에서 구름다리로 올라가려고 하는 그 근방도 되었다. 그곳은 이미 법대 지경은 지나 있었다. 그렇다고 문리대 지경도 아니었다.

거기에 썩어 가는 교사 몇 채가 서 있었다. 이제는 사용하지 않고 있는 그 교사 주위에는 잡초가 우거져 있었다. 그 잡초 속에 앉아 교사의 그늘로 몸을 가리면 도(道)도 닦을 수 있는 그런 장소가 되었다. 원래 구름다리를 통과해 다니는 사람도 별로 없는 터라 명상의 장소로는 안성맞춤이었다. 그러나 그런 명상의 장소를 아는 자가 사실 별로 없었다. 더군다나 그 장소를 활용하는 자는 더더욱 없었다.

문리대 길 건너 맞은편에는 그 유명한 학림다방이 있고 의대가 있었다. 의대는 법대생이 들어가기를 꺼려하는 곳이었다. 학문의 분야도 완전히 이질적이고 그 분위기가 냉엄하고 살벌하게 느껴지기 때문이었다. 특히 시체 해부실이 거기에 있는 것이 마음에 걸렸다. 그리고 의대생들은 아직 의사도 아니면서 늘 가운을 걸치고 다니며 의사인 양 으스대는 것 같았다. 그리고 법대생들은 자기들 스스로 정서가 메마르다는 것을 느끼고 그것을 보충하는 방향으로 나가는 경향들이 있어, 의대 쪽보다는 주로 미대, 문리대 쪽과 친하려고 하였다.

그래도 의대 중정(中庭)은 은밀한 즐거움을 주는 곳이기도 했다. 그곳 연못 분수대는 법대 분수대와는 달리 항상 물이 채워져 있었고, 실험실용 고기인지 어떤지는 몰라도 빨간 지느러미를 가진 고기들이 왔다 갔다 하였다.

그 의대 뒤쪽에는 대학신문사가 있고 그 건너편에 약대 건물이 어울리지 않는 장소에 서 있었다. 그리고 그 너머에는 간호대(원래는 의대 간호학과) 기숙사와 교사 건물이 있고 서울대병원과 맞붙어서는 치대가 있었다.

그런데 서울대병원 분위기는 학교의 분위기와는 상관없는 것이었지만, 그것이 그 모든 주위의 대학에 미치는 영향은 무시 못할 것이었다. 법대 교정에서는 종종 구급차가 사이렌 소리를 내며 달려가는 것이 보였는데, 그럴 적마다 어떤 위기의식이랄까 실존의식 같은 것을 느끼곤 하였다.

이상과 같이 동숭동·연건동을 중심으로 법대, 미대, 문리대, 의대, 약대, 간호대, 치대들이 엉성하게 모여 소위 한국의 대학 문화를 꽃피우고 있었다.

우리는 1학년 교양 과정부 기간 동안 철없이 떠들며 놀았던 일들을 다소 쑥스러워하며, 그리고 다시 그러한 시절이 올 수 없다는 아쉬움을 느끼며 긴장된 마음으로 2학년을 시작하였다. 우리는 거의 모두 고등고시 최연소 합격 정도는 목표로 삼고 있었다. 개인적으로 아니면 그룹별로 고시공부에 들어갔다. 나도 창호, 영철, 봉섭 등 명우 회원으로 함께 지냈던 친구들과 그룹이 되어 고시공부를 시작하였다.

맨 먼저, 김중한 교수가 지은 《민법 총론》부터 시작했다. 1학년 때 한번 훑어본 책이지만 다시 정독을 하며 음미해 나갔다. 그 책을 통하여 인간들 사이에 생기는 민법적인 갈등들에 대하여 눈을 뜨면서. 그러한 갈등들을 해결하기 위해 펼쳐 나가는 민법 이론의 정교함에 매료되어 갔다. 우리는 일주일 동안 읽을 분량을 정하여 각자 읽고 와서 약속한 날에 모였다. 그리고 함께 토론하며 복습하였다. 유기천 교수의 《형법 총론》도 그렇게 공부하였다.

그런데 새 학기를 출발한 지 한 달 남짓 되었을 때 학교가 술렁거리기 시작했다. 법대 학생 총회가 열리고 학생들은 저마다 시국 강연 비슷한 것을 하면서 흥분하였다. 영철이는 학생회 간부가 되어 동분서주하였다. 학생들은 사회 전반에 걸쳐 요구 조건을 내세웠다. 여러 가지 것을 한꺼번에 요구하고 있어 무엇을 요구하고 있는 것인지 혼돈이 일어날 정도였다. 그중에서도 특히 두드러진 것은 권오병 문교부장관의 해임을 요구하는 내용과 교련 반대, 그리고 삼선 개헌을 반대하는 내용이었다.

문교부장관은 2월 국회에서 문교 행정에 대한 특별 감사를 받다가 야당 의원들의 공격에 반발하여 답변을 거부하고 퇴장해 버렸다. 야당에서는 문교부장관 해임 건의안을 낼 계획을 하고 있었다. 학생들도 거기에 맞추어 문교부장관의 해임을 요구한 것이었다. 그 요구는 곧 해임 건의안이 국회에서 통과됨으로써 관철된 셈이었다. 또한 교련 반대는 교련을 받지 않고 그 혜택을 받지 않음으로써 밀고 나갈 수 있었다.

그런데 삼선 개헌 반대에는 여러 가지 의견들이 있었다. 그때는 삼선 개헌안이 정식으로 국회에 발의되고 통과한 때가 아니었다. 삼선 개헌을 할 것이라는 풍문만이 돌고 있던 때였다. 그래서 학생들 간에는 설마 삼선 개헌을 하랴 하는 마음으로 좀 더 기다려 보자는 신중론을 펴는 자들도 있었다. 그만큼 대통령이 대통령의 이름으로 국민 앞에 약속한 바를 믿고 있었던 것이었다.

그러나 점점 대학가는 미친 바람이 분 것처럼 소용돌이 속으로 몰려갔다. 영철은 우리와 함께 시작한 고시공부를 일단 포기 상태로 접어 둔 것 같았다. 나는 영철이가 명우회장으로 있을 때는 보지 못했던 모습들을 그 무렵 새롭게 보게 되었다. 창호와 봉섭은 자제론을 펴는 축에 속했다. 그렇게 해보았자 무슨 효과가 있겠느냐는 것이었다. 차라리 그 시간에 공부를 좀 더 해서 장래 민족의 발전에 이바지하는 것이 더욱 좋다는 견해였다. 사실 창호는 그 소용돌이 속에서도 도서관에 뚝심 좋게 앉아 공부를 하였다. 봉섭은 그렇게까지는 하지 않았지만, 어수선해지면 가방을 싸들고 집으로 가는지 어디론가 사라져 버렸다. 그러면 결국 영철이와 내가 남게 되었는데, 영철이는 보오얀 연기 속을 열심히 뛰어다니고, 나는 그 언저리에서 보고만 있었다. 정말 나는 도서관으로도, 집으로도, 보오얀 최루탄 연기 속으로도 들어가지 못한 채 그 세느 강가에서 배회하고 있을 뿐이었다. 최루탄 연기 너머로 아버지의 모습이 자꾸만 어른거렸다.

내가 국민학교 5학년 때 4·19가 터졌다. 나는 동아일보에서 김주열의 눈에 최루탄 같은 것이 박혀 있는 사진을 보았다. 그런 모습으로 물에 떠 있는 것인지, 건져 내놓은 것인지 알 수는 없었다. 그 무렵 학교 담임선생은 수업이 끝나면 우리를 운동장으로 불러내어 줄을 서도록 하였다. 5학년에게는 없었던 일이었다. 그러고는 그 줄을 인솔하여 교문을 나서고 골목을 지나고 큰길을 건넜다.

아이들은 그 줄을 따라가다가 자기 집 쪽으로 빠져나갔다. 담임선생은 그 줄이 얼마 남지 않을 때까지 앞에서 계속 인솔하였다. 우리는 걸어가면서 서울에서는 국민학생들도 데모를 하고 있다는 이야기를 주고받았다. 우리도 데모를 할까 싶어서 담임선생이 인솔해 가고 있다는 것을 안다는 투로 이야기를 하였다. 우리는 그때 처음으로 우리나라가 튼튼하지 못하다는 것을 알았다. 우리나라에 뒤덮인 어두운 그림자가 교정에까지 스며들어 온 것을 알았다.

얼마 후, 우리가 종종 길거리로 쏟아져 나가 태극기를 흔들어 주었던 하얀 머리의 대통령이 물러갔다. '이승만은 물러가네' 하는 구슬픈 노랫가락이 유행가처럼 사람들의 입에, 우리의 작은 입에 오르내렸다. 부산에 오면 성자처럼 우러러보며 태극기를 흔들어 주었던 그분이, 작은 태극기 하나 흔들어 주는 사람 없이 먼 길을 떠나 버렸다. 그러고 나니까 윤 무엇인가 하는 사람이 대통령이 되느니 안 되느니 말들이 많았다.

그 무렵, 아버지는 늘 밤늦게 돌아오시곤 했다. 술에 곤드레가 되어 돌아오실 때가 많았는데, 그럴 때면 잠도 자지 않고 밤새도록 누구와 대화를 하듯이 중얼거리기가 일쑤였다. 그 대화식 독백을 통하여 나는 아버지가 무슨 음모를 꾸미고 있다는 것을 눈치챌 수 있었다. 한국의 교육계에 대한 맹렬한 공격과 교장들에 대한 분노들이 뒤섞여 있는 아버지의 독백이었다. 국민학교 선생들도 일어서야 한다는 것이었다. 그리고 일본에는 벌써 그런 조직이 이루어져 있다고 하면서, 그 나라에서는 비행기가 함부로 국민학교 교정 위로 날아다닐 수 없을 정도로 국민학교 선생들의 위치가 높아져 있다고 하였다.

나중에 알고 보니 아버지는 교원 노조라는 것을 조직하고, 이전에 고시공부를 해온 경력과 지도력을 인정받아서 그런지 결국 부산 지부 초등학교 교원 노조 위원장이 되었다. 부산일보에 아버지의 사진과 이름이 실려 있는 것을 종종 보기도 하였다. 그런데 아버지는 교원 노조 운동을 밀고 나가는 데 어려움이 많은 것 같았다. 무엇보다 정부에서 정식 인가를 내주지 않고 불법 단체로 취급하였다.

노조 위원들은 아버지를 중심으로 어느 국민학교 교실을 점거하여 단식 투쟁을 벌이기도 하였다. 어머니와 나는 단식 투쟁을 하고 있는 아버지를 만나기 위해 대신동 쪽에 있는 토성국민학교를 찾아간 적이 있었다. 입구에는 혈서인지 붉은 페인트로 썼는지 광목천에다가 결사 투쟁이라는 글귀들을 써 놓고 있었다. 아버지는 나와 보지도 않았다. 어머니의 얼굴에는 수심이 가득하였다. 그런 단식 투쟁들이 몇 차례 되풀이되었다.

그때는 나라 전체가 온통 데모 같은 것으로 가득하였다. 그러다가 가장 큰 데모가 일어났는데, 그것은 다른 모든 데모를 잠잠하게 만들어 버렸다. 우리는 그때 처음으로 '쿠데타'라는 단어가 세상에 존재하고 있다는 사실을 알았다. 그래서 그 단어를 익히는 데 꽤 시간이 걸렸다. 신문에는 온통 검은 안경을 쓴 장군의 모습으로 채워졌다.

며칠 후 아버지는 행방불명이 되었다. 아버지가 이 세상 어디에 존재하는지 도대체 알 수가 없게 되었다. 형사 같은 사람이 아버지를 교실에서 데리고 나갔다는 소문을 듣고 어머니는 부산 시내에 있는 경찰서, 파출소들을 다 찾아다녔으나 아버지는 보이지 않았다. 무서운 공포가 우리 집안을 엄습하였다. 나는 신문에 가득한 그 장군의 검은 안경이 두려웠다. 그 검은 안경은 모든 것을 잔인하게 삼켜 버리고 말 것만 같았다. 아버지는 그 검은 안경 속으로 빨려 들어갔음에 틀림없었다.

드디어 어머니는 아버지가 육군형무소에 있다는 것을 알게 되었다. 그래서 어머니와 나는 단식 투쟁을 하고 있는 아버지를 찾아갔듯이 서면 쪽에 있는 그 형무소를 찾아갔다. 그 당시 면회는 생각도 할 수 없었다. 그곳에는 우리와 같은 처지가 된 가족들이 제법 몰려와 있었다. 그들은 우리에게 면회할 수 있는 방법을 알려 주었다. 그것은 오후 다섯 시쯤 형무소 뒤쪽에 있는 변소로 아버지와 같은 사람들이 줄을 지어 인솔되어 오는데 그 근방 철조 망 가에 붙어서 있으면 얼굴이라도 볼 수 있다는 것이었다.

어머니와 나는 그들과 함께 형무소 담을 끼고 돌아 뒤쪽 철조 망 있는 데로 갔다. 과연 철조망 바로 너머에 판자로 엉성하게 지 어 놓은 변소가 있었다. 네 칸이 연결되어 있는 간이변소였다. 철 조망 가에는 시커먼 물이 괴어 썩어 가고 쓰레기들이 지저분하게 흩어져 온갖 악취가 다 나고 있었다. 그 악취 속에 사람들은 서 있었다. 일분 일분이 초조하게 지나갔다. 철조망 너머 운동장에 는 머리를 깎은 죄수들이 작업을 하고 있었다.

이윽고 저 멀리 운동장 안쪽에서 이쪽으로 다가오는 행렬이 보였다. 사람들이 술렁거렸다. 그 행렬은 머리를 깎지 않은 무리 였다. 아버지 같은 사람들의 행렬임에 틀림없었다. 나는 철조망 쪽으로 바싹 다가가 그 행렬을 지켜보았다. 키가 작은 아버지가 맨 앞에 있었다. 열흘 가까이 보지 못한 아버지의 모습이었다. 아 버지는 이상한 군복 같은 것을 입고 있었다. 그 행렬은 운동장을 가로질러 다가와 차례로 변소에 들어갔다. 변소에 들어간 사람 들은 각각 변소 창문을 통해 이쪽을 내다보았다. 그 유리도 없는 창문은 얼굴 하나만 들어가면 꽉 차는 크기였다. 그래서 그 얼굴 들은 무슨 액자 속에 들어가 있는 초상화들 같았다. 아버지는 어 머니와 나를 발견하고는 웃음을 보내었다. 그런데 어머니와 나는 울고 있었다.

아버지는 변소 창문 너머로 손을 올려 가보라는 표시를 해보였다. 그러고는 변소를 나가 행렬의 줄 속으로 다시 들어갔다. 이번에는 행렬 뒤쪽으로 갔기 때문에 잘 보이지 않았다. 어머니는 내 손을 살며시 잡아끌었다. 어머니와 나는 쓰레기와 악취 속을 빠져 나와 논둑길로 올라섰다. 행렬은 뒷모습만 보이면서 저쪽으로 자그맣게 사라져 가고 있었다. 그것이 형무소에 있는 아버지와의 최초 면회였다.

아버지는 한 달쯤 지나 동료들과 함께 육군형무소에서 영도경찰서로 이송되었다. 영도경찰서에서는 가족들에게 정식 면회를 허락해 주었다.

어머니는 일주일에 한 번 있는 면회일을 위하여 닭을 인삼과 함께 푹 고아서 삼계탕을 만들었다. 그 면회일은 영도경찰서에 잔치가 벌어진 것 같았다. 사람들은 햇빛이 눈부신 경찰서 뒤뜰 자갈길에 앉아 정담을 나누며 음식을 권하고 먹기도 하였다. 경찰서에서 수고하는 형사 순경들까지 대접해 드렸다. 아버지는 얼마나 맛있게 음식을 먹는지 몰랐다. 술을 먹을 수 없게 되어서 그런지 얼굴은 더욱 좋아진 것 같기도 했다. 아버지가 밥을 다 먹고 물을 마시는 순서가 되면, 어머니는 몰래 숨겨 온 소주를 물인 양 몇 잔 부어드리곤 했다. 그러면 아버지는 기뻐서 어쩔 줄을 몰라 했다.

형사들은 그것을 알면서도 모르는 척해 주었다. 아직 취조를 받고 있어 죄수라고 할 수 없는 사람들이기 때문에 많은 면에서 너그럽게 봐주고 있는 것이었다. 나는 일주일 중 그 면회일이 늘 기다려졌다. 왜냐하면 아버지가 보고 싶기도 하고 또 그날은 어떤 날보다도 맛있는 것을 많이 먹는 날이기 때문이었다.

아버지는 영도경찰서 유치장에 있으면서도 계속해서 나의 중학 입시를 염려해 주었다. 시사 문제에 대해 내가 잘 모를 것이라 생각했는지, 유치장에서 휴지에다가 연필로 시사 문제들을 적어 전달해 주곤 하였다. 거기에 보면, 유엔 사무총장은 함마슐드라든지 최초의 우주인은 유리 가가린이라든지 하는 내용이 빽빽이 적혀 있었다. 나는 그러한 아버지의 세심한 관심에 감동하고 그 휴지에다가 눈물을 떨어뜨리곤 하였는데, 그러면 휴지의 글씨가 지워져서 잘 보이지 않게 되었다.

아버지는 얼마 후에 서울 서대문형무소로 압송되어 갔다. 그 날 새벽에 어머니와 나는 부산역 플랫폼으로 나갔다. 아버지는 다른 한 사람과 같은 수갑에 채워져 있었다. 그렇게 두 사람이 한 손목씩 수갑에 채워져 몇 개의 그룹을 이루고 있었다. 일반 승객들로 붐비는 그 플랫폼에서 나는 아버지의 손목에 채워져 있는 그 차가운 금속을 내려다보았다.

아버지는 나의 건강을 염려해 주는 말 몇 마디를 남기고 형사의 인솔을 받으며 동료들과 함께 기차간에 올랐다. 일반 승객들이 타고 가는 기차간이었다. 승객들은 홀끗홀끗 압송당하는 사람들을 곁눈질해 보았다.

어머니는 다른 가족들과 함께 삼랑진까지 갔다 올 요량으로 기차간에 뒤따라 올랐다. 기차는 늦가을 새벽하늘을 가르는 금속음을 내며 서울 쪽을 향해 바퀴를 굴리기 시작했다. 아버지와 어머니가 차창 너머로 플랫폼에 서 있는 나를 내다보며 손을 흔들었다. 나도 손을 흔들었다. 나는 기차의 꽁무니에 달린 빨간 불빛이 새벽안개 속에 잠겨서 사라질 때까지 계속 손을 흔들었다. 그러고는 혼자 고개를 숙이고 부산역을 빠져 나왔다. 아버지의 손목을 채우고 있던 차가운 금속이 자꾸만 눈앞에 어른거렸다. 그 영상을 나는 하염없이 흐르는 눈물로 지우고 있었다.

아버지는 내가 중학 입시에 합격한 얼마 후에 불기소 처분으로 출감하였다. 그날 수업 시간 중에 담임선생이 나를 불러내었다. 골마루에는 어머니가 조용히 서 있었다. 나는 아버지가 집으로 돌아온 것을 직감할 수 있었다. 집에 와 보니 아버지는 깨끗한 한복을 입고 동료들에 둘러싸여 있었다. 집안은 잔칫집 같은 분위기였다.

나는 아버지에게 큰절을 올렸다. 아버지는 내 머리를 쓰다듬어 주었다. 나는 둘러앉아 있는 사람들 틈에 엉거주춤 끼어들어 갔다. 아버지는 그 특유의 입심 좋은 언변으로 무용담을 들려주듯 그간의 일들을 들려주었다. 아버지는 유머를 잃지 않고 있었다. 사람들은 아버지의 이야기에 박장대소하며 웃었다. 나는 죄수가 돌아온 것이 아니라 작은 영웅이 돌아온 것 같은 착각에 빠졌다.

그 이후로 아버지는 실업자가 되었고 앞서 말한 그 과외 지도를 시작하였다. 그러고는 거의 밤마다 술에 취해 돌아왔는데, 집에 들어오면 항상 나에게 대문께로 나가 보라고 하였다. 누가 뒤쫓아 왔다는 것이었다. 내가 나가 보면 골목길에는 외등만이 쓸쓸하게 있을 뿐이었다. 아무도 따라오지 않았다고 보고를 하면, 아버지는 내 뺨을 후려갈기면서 틀림없이 따라오는 것을 보았다며 고함을 질렀다.

아버지는 출감한 이후 시국에 관한 이야기는 내 앞에서 거의 하지 않았다. 술에 취해 가끔 감히 욕을 해서는 안 되는 그 장군에 대해 욕설을 퍼붓기도 했는데, 그때마다 어머니가 아버지의 입을 틀어막았다.

아버지는 집에 있는 동안에는 늘 일본 방송을 자주 들었다. 특히 야구 중계에 열심이었다. 홈런 같은 것이 터질 때는 혼자 박수를 치고 야단이었다. 라디오에서는 쉬지 않고 야구 중계가 이어졌다. 그래서 내 귓속은 일본 아나운서의 중계방송하는 소리로 가득 차게 되었다. 학교에 갔을 때에도, 동네 꼬마들과 뒷산에 올라가 있을 때에도 내 귀에는 그 야구 중계방송이 끊임없이 들려오고 있었다. 아버지는 더욱더 야구 중계에 미쳐 갔다. 하나도 알아들을 수 없는 말들만이 울리고 있는 방 안에서, 나는 한국에서 일어나고 있는 일들의 의미를 알지 못해 어리둥절해하고 있었다. 나에게는 한국의 모든 사태가 일본의 야구 중계와도 같은 것이었다.

그것은 고등학교 1학년 때 처음으로 데모를 하게 되었을 때에도 마찬가지였다. 그날 점심시간이 끝난 후 반장은 우리 반을 운동장으로 이끌어 내었다. 다른 반들도 몰려나와 있었다. 교장 선생과 다른 선생들도 당황해하며 서 있었다. 이때 3학년 학생회장이 조회대로 올라와 준비해 온 메가폰으로 데모의 필요성을 역설했다. 한·일 회담은 제2회 한일합방이라고 외쳐 대었다.

우리는 반별로 스크럼을 짜고 교문께로 몰려 나갔다. 교장과 다른 선생들이 말려도 막무가내였다. 나는 학생회장이 왜 그렇게 흥분하고 있는지, 한·일 회담이 무엇이 잘못되었는지 제대로 알지 못했다. 아무튼 데모를 처음 해보는 긴장감을 느끼며 대열에 휩쓸려 구호를 외치며 나아갔다. 그런데 교문은 자물통으로 채워져 굳게 닫혀 있었다. 학생회 간부들이 돌멩이로 자물통을 내리치기 시작했다. 우리는 교문이 열리기를 기다리며 연좌데모를 하였다.

그런데 교문 바로 앞으로 어떤 트럭이 다가오더니 교문을 막아 버렸다. 그 트럭은 근처에서 변소 분뇨물 수거를 하고 있던 똥차였다. 그 트럭에서 풍겨 나오는 냄새가 우리의 코를 찌르고 옷에까지 배어들었다. 그 트럭 때문에 교문을 밀어젖힐 수도 없었다. 비록 교문을 부수고 나간다 하더라도 길거리로 나서기 위해서는 그 똥차 밑으로 기어 나가야만 했다. 그래서 우리는 구호를 바꾸어야만 했다. "똥차 물러가라"고 소리 높여 외쳤다. 그러나 우리는 그 똥차만을 두고 그러는 것은 아니었다. 물러가야 할 것들이 사회에 많이 있는 것만 같았다. 그러한 모든 것을 향하여 우리는 "똥차 물러가라"고 외쳤다. 결국 그날 우리의 데모는 한·일 회담 반대 데모에서 똥차 데모로 끝났다.

그 이후 고등학교 시절에는 데모가 없었다.

그런데 이제 대학 2학년이 되어 다시금 데모의 소용돌이 속에 휘말린 교정에 서 있게 된 것이었다.

학교 수업은 자주 휴강이 되었다. 그 무렵 나는 정기적으로 그 선교단체에 참여하고 있었는데, 학교 수업이 제대로 진행이 안 될 때는 그 모임에 종종 들르곤 하였다. 그곳에서 각 단과 대학의 회원들이 모여서 시국과 교정 분위기들에 대해 이야기를 주고받았다. 특히 크리스천으로서 어떻게 대처해야 하는가의 문제를 놓고 토론하였다. 결론은 내려지지 않았다. 각자 신앙 양심에 따라 결정할 수밖에 없다는 쪽으로 기울어질 뿐이었다.

그런데 그 모임에서 더욱 중요한 문제가 되고 있는 것은 모임의 지도자가 화상을 입고 입원해 있는 것이었다.

그는 지난 3월 초 집의 서재에서 글을 쓰고 있다가 석유난로가 엎어지는 바람에 화상을 입게 되었다. 불길이 방의 벽지를 타고 올라가는 것을 그냥 손으로 뜯어서 꺼 버렸는데 손을 씻으려고 보니 손바닥이 녹아 있더라는 것이었다. 얼굴에도 부분적으로 화상을 입었다. 얼굴 화상은 2도요, 손의 화상은 3도였다. 그는 곧 기절하여 쓰러지고 앰뷸런스에 실려 가게 되었다. 당분간은 일체 면회 사절이었다.

학생들은 지도자를 잃은 것 같은 슬픔을 느끼며 모일 때마다 그를 위하여 기도하였다.

어느 기간이 지났을 때 몇몇 리더급 회원이 그를 면회하고 왔다. 얼굴과 손에 붕대가 친친 감겨져 있더라고 하면서 입원 기간이 꽤 길어질 것 같더라고 하였다.

그 모임은 미국 여자 선교사가 인도하게 되었다. 그녀는 6·25 때 미국에서 한국 소식을 듣고 일생을 바쳐 한국 선교를 감당하기로 하나님께 서약한 사람이었다. 6·25가 끝난 얼마 후 한국으로 와서 많은 고생을 하며 한국말을 익히고 한국 교회를 도왔다. 그러던 중에 그 모임의 지도자를 만나게 되고 한국 대학생 선교에 뜻을 합하게 되었다. 4·19가 터진 후에 본격적으로 대학생 선교를 시작한 그녀는 독신으로 살 각오로 한국 선교를 위해 결혼도 포기하였다. 음식도 아침 식사를 제외하고는 한국 음식 그대로 들었다. 그 모임의 지도자는 가정생활을 하고 있었는데, 그 가정에 그녀의 거처도 마련해 놓고 있었다.

그녀의 방은 평범하기 이를 데 없었다. 그러나 그녀의 방에 들어가서 그녀와 대화를 나누고 나오는 사람이면 누구나 어떤 감동을 받고 나왔다. 그 방에서 많은 사람이 위로를 받고 눈물을 흘리고 신앙을 회복하였다. 그녀는 설교할 때 한국말로 하였다. 목소리가 깨끗하고 힘이 있었다.

4월이 지나갈 무렵, 그 모임에 충격적인 뉴스가 전해졌다. 그것은 모임의 지도자가 병원에서 주사 쇼크로 죽어 가고 있다는 것이었다. 유언까지 녹음해 두었다고 하였다. 여학생들은 한쪽 구석에서 소리 내어 울기까지 했다. 그런데 그는 그러한 사경을 헤쳐 나와 생명을 지탱하였다.

그는 5월 중순에 퇴원하여 그 모임에 모습을 나타내었다. 그동안 하나님의 능력이 어떻게 자신을 붙들어 주었는가를 간증하였다. 손이 회복된 것은 기적이라고 하였다. 의사들은 이제는 더 이상 손을 쓰지 못하게 될 것이라고 하면서 손 모양이라도 흉하지 않도록 고정시켜 주었다고 하였다. 그때 그는 하나님께 간곡히 기도했다. 손을 치료해 주시면 이 손을 온전히 당신께 드려 쓰임 받겠다고 서원하였다. 하나님은 그의 기도를 들어주셔서 손가락들이 움직이도록 하시고 새살이 돋게 하셨다는 것이었다. 그는 학생들 앞에서 두 손을 들어 움직여 보였다. 그리고 의사에게서 온 편지를 읽어 주었다. 그 내용은 의사로서도 어떻게 할 수 없었는데 기적이 일어났다는 것이었다.

그 이후로 그 모임은 점점 회원이 많아지고 활기를 띠어 갔다. 서울대의 거의 모든 단과 대학 학생이 그 모임으로 몰려들었다.

나는 어떤 신앙적인 동기보다는 그런 분위기에 호응하여 법대의 친구들을 그 모임으로 많이 인도하였다. 창호는 이미 그곳에서 성경공부도 하였고 간혹 들르기도 하는 중이었다. 봉섭이는 다른 교회에 다니고 있었지만, 내 마음을 변화시켜 가고 있는 모임이 어떠한 모임인가 하고 호기심으로 와 보기도 하였다.

그러나 영철이를 데리고 오는 데는 꽤 힘이 들었다. 한번 놀러가는 셈치고 가 보자고 해서 영철이를 간신히 인도하였다. 그런데 의외로 영철의 반응은 좋았다. 한번은 그 모임의 지도자가 한국군의 월남 파병에 관한 견해를 말한 적이 있었는데 그 견해가자기 마음에 든다고 하였다. 영철은 처음에 그런 정치적인 견해가 일치하기 때문에 그 모임에 나오기 시작하였다.

그 무렵 문리대에 다니던 국무총리의 딸도 나오고 전라도 지방의 유명한 대학 총장의 딸도 나왔다. 그 총장 딸의 오빠는 고등학교 선배로 법대 3학년에 다니고 있었는데 영철은 그 선배와 특별히 친하게 지내고 있었다. 그래서 그런지 총장 딸에게 관심이많았다. 둘은 모임에서 가끔 만나는 이외에 바깥에서도 자주 만나는 모양이었다. 그런데 명우회에서도 그랬듯이 영철이가 하는 연애는 늘 실연의 괴로움을 내포하고 있었다.

하루는 영철이가 나에게 자기 집에 와서 얼마 동안 같이 지내지 않겠느냐고 제의하였다. 그 이유는 그냥 외롭기 때문이라고 하였다. 나는 외할머니에게 사정 이야기를 하고 영철이 집으로 짐을 옮기고 그 방에서 함께 지내게 되었다. 영철이 부모님은 남해 거제도 시골에 계시고 영철이와 남동생, 여동생들만 서울로 올라와 자취를 하고 있었다. 남동생은 고등학생이었는데 집에서 나가서 며칠씩이고 소식이 없다가 불쑥 나타나곤 하였다. 여동생은 얼굴이 예쁘장한 중학생이었는데 식사, 빨래와 같은 일을 주로 맡아서 하였다. 내가 와서 더욱 부담이 되는 것 같았지만 밝은 미소를 늘 잃지 않았다.

나는 그 여동생을 볼 때마다 세검정의 을희 생각을 하였다. 을희는 손에 물방울 하나 묻히지 않는 공주와 같은 생활을 하고 있다면, 영철이의 여동생은 가정주부와 같이 참으로 많은 일을 하고 있는 셈이었다. 그런 부지런하고 건강한 면이 사랑스럽기조차 하였다.

영철은 선교 모임에 나오고는 있었지만 술은 끊지 못하고 있었다. 거의 밤마다 소주와 오징어를 사 가지고 와서 마시고 뜯으며 시국 문제와 종교 문제와 가정 문제와 연애 문제들에 대하여 푸념을 늘어놓았다. 나는 술을 마시지 않기로 했으므로 오징어만 짓씹으며 영철이의 이야기를 들어주었다. 영철이는 이런 이야기를 들어 줄 대상으로 나를 자기 집에 있게 한 것이 틀림없었다. 특히 총장 딸에 대해서 많이 이야기하였다.

영철은 이전 영숙과의 관계에서도 그랬듯이 지금도 상대방의 오만 때문에 괴로워하고 있었다. 한번은 총장 딸이 영철에게 자기를 사귀는 목적이 무어냐고 물었다고 하였다. 그때 영철은 그냥 별 생각 없이 외롭기 때문이라고 선뜻 대답했다. 그러자 총장 딸은 재물과 명예가 없기 때문에 외롭지 않느냐고 하면서 자기와 사귀는 목적이 바로 그러한 것이 아니냐고 하였다. 영철은 순간적으로 모욕감을 느껴 바로 그렇다고 대답을 해버렸다. "너 자체만을 누가 좋아하겠느냐, 너의 아버지가 가지고 있는 그 명예와 재물을 탐내지 않고 너를 사귈 어리석은 남자가 어디 있겠느냐"고 쏘아붙였다. 총장 딸은 "솔직해서 좋군" 하며 입을 삐죽거렸다. 영철은 아무리 자기 아버지가 그런 위치에 있는 사람이라 하더라도 어떻게 그렇게 말할 수 있겠느냐고 나에게 하소연을 하였다. 그러면서 가정적으로 볼 때 총장 딸과 자기는 어울리지 않을 것 같다고 자신 없는 말을 하였다.

그 이야기 끝에 영철은, 그렇게 된 이유를 밝히지 않으면서 자기 아버지가 지금 정신병을 앓고 있어 거제도에서 어머니의 간호를 받고 있다는 사실을 고백하였다. 그리고 자기 남동생도 그러한 기미가 있다고 하였다. 밝고 건강하게 보이는 여동생에게도 언제 그런 어두움이 드리워질지 모르며, 자기도 이대로 나가다가는 그럴 위험성이 충분히 있다고 하였다. 영철은 정신병이 유전이라는 어떤 미신적인 강박관념을 가지고 있었다. 그런데다 총장 딸과 사귀면서 가정적인 열등감까지 더욱 느낀 모양이었다.

나는 괴로워하는 영철이에게 무어라 위로를 해줄 수가 없었다. 다만 내가 할 수 있는 일은 영철의 이야기를 들어주는 것뿐이었다. 나도 사실 그 모임에서 완숙이와의 관계를 어떻게 맺어 가야 되는 건지 애매한 상태에 있었던 것이었다.

영철은 고시공부에 대해서도 차츰 확신을 잃어 갔다. 청춘의 귀한 시간을 고시공부에 써 버린다는 것은 너무도 아까운 일이라고 하였다. 그렇지만 고시공부를 하지 않는다고 해서 별 뾰족한 수도 없었다. 그것은 나도 마찬가지였다. 한편으로는 고시에 대한 꿈을 가지면서도 한편으로는 꺼려졌다. 고시의 좁은 문을 통과해서 들어간 그 세계가 고시보다 더 좁은 세계일 것같이 생각되면서 답답해져 오곤 했다.

그러나 부모와 주위 친척들, 나를 주시하고 있는 사람들을 생각할 때 그 세계로 들어가든 안 들어가든 일단 고시에는 합격을 해야겠다고 마음먹지 않을 수 없었다. 그렇다면 사실 영철의 이야기 같은 것을 들어줄 시간도 없는 것이었다. 그런데도 나는 영철의 이야기를 들어주었고 또 듣고 싶었다. 영철의 이야기를 듣다가 나도 견딜 수 없이 마음이 아파 오면 술을 마시지 않겠다는 마음의 서약을 깨뜨리고 소주를 입에 털어 넣기도 하였다. 이렇게 영철이와 동숙하는 생활이 한 달 가량 계속되다가 여름방학과 함께 끝났다.

2학년 1학기가 그렇게 지나가 버렸다.

여름방학 때 나는 부산으로 내려갔다. 완숙이도 얼마 있다 내려왔다. 나는 완숙이 집으로 몇 번 놀러갔는데, 완숙의 어머니는 의외로 반갑게 대해 주었다. 완숙이가 서울에서 외롭고 하니까 정신적으로 힘이 되어 달라고 나에게 부탁하기까지 했다. 그러면서 완숙이가 고등학교 시절 정신적으로 불안정한 생활을 했다는 것을 언뜻 비추었다. 그것이 일전에 완숙이가 말한 자살 사건과 관련이 있는지도 모른다는 생각이 들었다.

완숙이와 나는 둘이서 해운대 해수욕장 방면으로 놀러가기도 하였다. 하루는 완숙이가 그 동백섬 바위 위에서 처음으로 자기의 고등학교 시절 이야기를 비교적 자세하게 들려주었다. 고등학교 때 국어 교사인 젊은 남선생을 사랑했던 이야기도 했다. 그 선생은 이미 부인이 있는 사람이었다. 그런데 부인은 오랫동안 폐결핵을 앓으면서 마산요양소에서 요양하고 있는 중이었다. 아이들 둘은 친정집에서 데려다가 키우고 있었다.

완숙은 그 선생의 우수 띤 얼굴과 분위기에 자기도 모르게 끌려들어 갔다. 무엇보다 그 선생은 모 일간지 신춘문예에 당선되기도 한 시인이었는데, 완숙은 같은 시인으로서 그 선생을 동경하고 존경하게 되었다. 시에 대해 자주 이야기를 나누게 되고 그 선생의 하숙집에 놀러가 보기도 하였다. 그리고 빨래나 방청소 같은 것도 도와주면서 서로 점점 가까워져 갔다. 완숙은 다만 선생으로서, 선배 시인으로서 존경할 뿐이라고 스스로 생각하였지만, 마음에 차오르는 이상한 감정을 어찌할 수 없었다. 그 선생도 완숙이에게서 어떤 여성적인 것을 느끼고 마음으로 갈등하였다.

학교에서도 소문이 돌기 시작했다. 결국 그 선생은 다른 학교로 전근을 가게 되었다. 완숙은 학교 선생들과 친구들의 눈총을 받으며 학교를 다녀야만 했다. 그러한 괴로움 가운데 완숙은 약을 사 모으기 시작했고, 어느 비 온 훗날 액자에 넣어 둔 자기의 시 〈비 온 후〉를 읽으며 약을 입에 털어 넣었다. 그러고는 이틀 동안 깊은 잠과 혼수상태에 빠져 있다가 병원에서 깨어났다. 자살미수였다.

완숙은 그 선생과 자기가 어떠한 깊은 관계로까지 나아갔는지에 대해서는 더 이상 이야기하지 않았다. 그러나 자살까지 시도한 것이라든지, 그 이야기를 할 때 완숙의 얼굴에 드리워지는 음영(陰影)들을 통하여 짐작되는 바가 없는 것도 아니었다. 속단인지 모르지만, 나는 그 동백섬 바위 위에서 완숙이가 처녀가 아니라는 것을 온몸으로 느끼고 있었다. 그렇다고 그것이 나를 완숙이에게서 멀리 떨어지게 하는 요소가 될 수는 없었다. 오히려 나는 완숙의 가슴에 쓰러져 안기고 싶은 강한 충동을 느꼈다.

그때 수평선 너머로 어느 기선의 모습이 사라져 가고 있었다. 완숙과 나는 곧 일어나 해수욕복으로 갈아입고 바다로 뛰어들었다. 바다는 우리의 모든 것을 받아 주고 있었다.

그런데 하루는 완숙이가 누구를 만날 일이 있다면서 나를 데리고 남포동 어느 다방으로 갔다. 그곳에는 아직 중년으로는 안 보이는 젊은 신사 하나가 앉아 있었다. 그 얼굴은 창백하기 그지없었다. 완숙은 나를 그 사람에게 소개해 주었다. 그 사람도 자기 이름을 말하며 인사를 했다. 나는 그 사람이 완숙이가 말하던 그 국어 선생이라는 것을 직감적으로 알아차릴 수 있었다. 어떻게 해서 완숙이가 그 사람과 다시 만나게 되었는지는 알 수 없었다.

완숙은 그 사람을 만나게 된 이유를, 서로 나누는 대화를 통하여 간접적으로 말해 주었다. 그것은 그 사람이 어느 문화홀에서 시화전을 하고자 하는데 완숙이가 시화를 그려 주기로 했다는 것이었다. 완숙은 나보고는 붓글씨를 잘 쓰니까 글씨를 써 달라고 부탁하였다. 시화의 글씨를 써 보기는 처음이었지만, 그 사람의 시가 도대체 어떠한 시인지 호기심도 생기고 완숙이와 그

사람의 관계가 어느 정도의 관계인지 알고 싶은 마음도 없잖아
서 허락을 하였다. 그래서 셋이서 근처 어느 여관방 하나를 3일
간 세를 내어 작업에 들어갔다. 밤이 되면 그 사람 혼자 여관방을
지키고 완숙이와 나는 집으로 돌아왔다.

  그 사람의 시는 완숙이가 말한 대로 우수로 가득 차 있었다.
제목 중에는 '병', '아내', '아이' 이런 것과 관련된 것들이 많았다.
가정의 문제가 그 사람의 의식을 대부분 차지하고 있는 것 같았
다. 그리고 완숙이를 대상으로 쓴 듯한 시도 몇 편 있었다. 아쉬
움, 그리움이 그 시에 흐르고 있었다. 어떤 시에는 아내 이야기와
완숙의 이야기가 함께 병합되고 교차되고 있는 것 같은 내용들
도 있었다.

  완숙을 대상으로 한 듯한 시 구절을 시화에 옮겨 적을 때, 내
마음 한구석에서 솟아오르는 시기심 같은 것을 어찌할 수 없었
다. 완숙은 시치미를 떼고 그러한 내 마음의 흐름을 하나씩 간파
하고 있는 것 같았다. 나는 내가 왜 이런 여관방에서 이런 짓을
하고 있는 건지 부아가 치밀어 오르기도 하였다. 그 사람은 한쪽
에서 시종 담배만 피우면서 시가 적혀 있는 수첩, 노트, 휴지 조
각들을 정리해 건네주곤 하였다. 완숙이가 그리고 내가 쓰고 하
는 동안 그 사람은 멍청히 창밖을 내다보고만 있었다.

  바로 바다가 보이는 방이라, 작업에 방해되지 않도록 선풍기
를 꺼 버렸는데도 그렇게 덥지는 않았다. 완숙은 브래지어가 아

런히 비쳐 보이는 얇은 블라우스와 청바지 종류를 입고 껌을 씹어 가며 물감을 열심히 짓이기고, 개고, 풀고, 찍어 바르고 하였다. 확실히 완숙의 몸매는 선정적인 데가 있었다. 나는 완숙의 브래지어 쪽으로 향하려는 시선을 몇 번이고 다른 데로 돌리곤 하였다. 그 사람도 간혹 완숙의 몸 전체를 몽롱한 시선으로 바라보곤 하였다.

그런데 마지막 날 밤에는 완숙이가 나만 집으로 돌아가라고 하였다. 자기는 아직 마무리 짓지 않은 시화를 밤을 새워서라도 마저 해야 되겠다고 하였다. 글씨도 자기가 쓸 테니 안심하고 돌아가라는 것이었다. 그 사람은 나에게 그동안 수고했다고 몇 마디 건네고는 입을 꾹 다물고 있었다.

나는 완숙이에게 이래라 저래라 할 입장이 못 되었다. 시화전이 내일 오후로 박두했는데 밤을 새는 일이야 아주 당연한 일이었다. 내가 다르게 오해해서는 안 될 일이었다. 완숙의 얼굴에도 전혀 어색한 빛이 비치지 않았다. 어떻게 해서든지 작업을 완성해야겠다는 열의로만 가득 차 있었다. 나는 나도 함께 밤샘하면서 작업을 도와주겠다고 말하고 싶었지만, 더욱 이상할 것 같아 그만두었다.

나는 두 사람의 배웅을 받으며 여관을 나섰다. 남포동 거리는 온통 네온사인에 뒤덮여 있었다. 길 양편에는 군데군데 수박, 참외 장사들이 리어카를 펼쳐 놓고 있었다. 리어카 위에는 카바이드 불꽃이 치직거리며 타고 있었다. 나는 참외 하나를 사 들었다. 그리고 씻지도 않고 껍질째 와삭 베어 물었다. 풀 냄새 같은 것이 참외의 달콤한 진액과 함께 입 안으로 배어 들어왔다. 내 마음에는 말할 수 없는 배신감이 스며들고 있었다. 나는 그대로 돌아갈 수가 없었다. 그들의 관계가 도대체 어떠한 관계인지 확인을 해 보지 않고는 견딜 수 없었다.

나의 발걸음은 다시 여관 쪽으로 돌려졌다. 거리로 쏟아져 나온 인파로 인하여 빨리 걸음을 떼어 놓을 수가 없었다. 그러나 나에게는 오히려 그렇게 조금씩 방해를 받는 편이 나았다. 여관에 도착하여 뒷담 쪽으로 돌아갔다. 바로 그 안쪽에 작업을 하던 방이 있었다.

나는 담벼락에 기대어 그 방에서 흘러나오는 소리를 들으려고 애썼다. 아니, 애쓸 필요도 없었다. 열려진 창문 너머로 방안의 소리가 흘러나왔다. 내가 있을 때 나누지 못했던 둘만의 대화가 이어지고 있었다. 과연 시인들다운 대화들이었다. 완숙은 작업을 하면서 이야기를 하고 있는지 그 모습은 보이지 않았다. 그런데 그 사람의 모습은 창문 너머로 자주 어른거렸다. 서서 서성거리기도 하고 창문으로 몸을 빼어 보기도 하고 다시 앉기도 하였다. 나는 바깥 어둠 속에서 담에 몸을 숨기고 있었으므로 나의 모습은 그쪽에서 보일 리 없었다.

이미 통금이 지난 시간인데도 거기에는 순경들이 지나다니지 않았다. 나는 계속해서 그 방의 동정을 살폈다. 마침내 완숙의 모습도 보였다. 완숙이가 일어선 것이었다.

그 둘은 창문께로 나와 불빛이 아련히 흔들거리고 있는 바다 쪽을 쳐다보았다. 자연스럽게, 지극히 자연스럽게 완숙이가 그 사람의 가슴에 머리를 기대었다. 그러자 그 사람은 뒤쪽에서 두 팔로 완숙의 가슴을 포근히 감싸 안았다. 마치 아름다운 영화의 한 장면 같았다.

나는 무엇에 홀리고 있는 기분이었다. 저것이 정말 완숙의 모습인지 종잡을 수가 없었다. 낙산다방에서 나에게 열심히 전도를 하던 완숙의 모습이 순간 뇌리를 스치고 지나갔다. 예수가 자기의 죄들을 말끔히 씻어 주신 것을 확신한다고 말하며 이제는 새로운 피조물이 되었다고 장담하던 완숙이었다. 그리고 누구보다도 그 선교단체에서 열심히 봉사하며 기도하고 찬송을 부르던 완숙이었다.

그런데 그런 완숙이도 언제부터 다시 옛날의 완숙으로 허물어지기 시작했는지 알 수가 없는 노릇이었다. 옛날의 완숙이라기보다는 원래의 완숙이라고 해야 옳을 것이었다. 바로 저러한 완숙을 나는 환상 속의 소녀로 착각하며 무수한 밤을 새웠던 것이었다. 나는 거기서 완숙을 낙산다방에서 맨 처음 만났을 때 보았던 그 묘한 눈빛이 이 모든 것과 관련이 있다는 것을 알게 되었다.

완숙은 자세를 바꿔 몸을 돌렸다. 둘은 오랜만에 포옹하는 사람들처럼 뜨겁고 간절하고 길게 입맞춤을 하면서 서서히 가라앉아 갔다. 그러고는 다시 떠오르지 않았다. 이윽고 그 방에 불이 꺼졌다. 내가 있는 곳에도 왈칵 어두움이 몰려왔다. 그리고 내 영혼의 방에도 완숙이라는 소녀의 등불이 탁 꺼지면서 깜깜한 어두움이 드리워졌다. 밤바다 소리가 애처롭게 멀리서 가까이서 들려오고 있었다.

방학이 끝나고 2학기가 시작되었을 때, 친구들은 누구나 할 것 없이 영철이에 대한 이야기로 열을 올리고 있었다. 영철이가 방학 동안에 정신 이상이 되었다는 것이었다. 나는 그러한 소문을 그대로 믿을 수 없었다. 직접 영철을 만나 보고 확인을 해야만 하였다. 그런데 영철은 학교에도 나오지 않고 그 선교단체에도 나오지 않았다. 결국 영철이 집을 찾아갔다.

영철이 집에는 마침 여동생이 학교에서 돌아와 교복을 벗고 평상복으로 갈아입고 있는 중이었다. 조금 부끄러운 얼굴로 스커트의 호크를 채우면서 나의 방문을 받아들였다. 영철이 여동생은 내가 찾아온 이유를 물어 볼 필요도 없다는 듯 자기가 먼저 영철의 근황에 대해서 이야기해 주었다.

영철은 정확하게 통금이 해제되는 새벽 네 시에 집을 나가 정확하게 통금이 시작되는 밤 열두 시에 집에 들어온다고 하였다. 거기에 대한 이유를 물으면 그냥 통금이라는 제도에 대해서 데모를 하고 있다는 것이었다. 그것이 어떻게 데모가 되는 것인지 그 이유는 분명하게 알 수 없었지만, 한국 민족에게 통금이 있게 된 그 모든 상황에 대한 항거인 듯싶었다.

밤 열두 시가 되어 돌아올 때 영철은 술 냄새를 몹시 풍기고 있었고, 손에는 두툼한 비닐봉지 하나가 들려 있었다. 그 비닐봉지는 손으로 들 수 있는 가방 모양으로 만들어져 있었다. 여동생은 영철이가 무엇을 들고 들어오는지 한동안 몰랐고 또 그렇게 관심을 두지도 않았다. 오빠가 무슨 고민이 있어 좀 특별한 행동을 하는가 보다라고만 생각했다. 이전에도 종종 변태적인 행동들을 하다가 다시 정상적으로 돌아왔기 때문에 이번에도 좀 계속되다가 말 줄 알았다.

그런데 이번에는 계속 한 달째 그러한 일을 반복하고 있는 셈이었다. 학교 친구들이 집에 찾아와서 영철의 안부를 묻고 하는 바람에 여동생은 영철이가 학교에도 전혀 나가지 않고 있다는 사실을 알게 되었다. 그래서 둘째 오빠도 이상해진 가운데 있는데 큰오빠마저 그렇게 되면 어쩌나 하고 염려하지 않을 수 없었다.

하루는 영철이가 밤 열두 시에 돌아와 자기 방에서 잠을 잘 때 여동생이 몰래 회중전등을 들고 영철이 방으로 들어가 그 비닐봉지에 든 물건이 무엇인가 알아보았다. 그 봉지 속에는 책이나 노트 같은 것은 하나도 없고 이상한 하얀 천이 뭉쳐져 있었다. 그 천을 가만히 손에 집어 올려 보니 계속 딸려 올라왔는데, 그것은 천이 아니라 하나의 옷이었다. 회중전등 빛에서는 그것이 어떠한 종류의 옷인지 분간할 수가 없어 그것을 가만히 들고 자기가 기거하고 있는 부엌방으로 가지고 와 방의 불을 켰다.

파르르 떨리면서 형광등 불이 켜졌다. 처음에는 그것이 무슨 옷인지 얼른 판별이 안 되었다. 그러다가 여동생은 하마터면 소리를 지를 뻔했다. 그것은 웨딩드레스였다. 거기에는 군데군데 흙이 묻은 흔적이 있었다. 오빠가 왜 늘 웨딩드레스를 싸 가지고 돌아다니는지 도무지 이해할 수가 없는 일이었다. 누구의 결혼식을 준비해 주고 있는 것도 아닐 텐데, 분명 오빠가 정신 이상이 되어 가고 있다고 생각할 수밖에 없었다. 여동생은 공포심에 눌려 한참 동안 그 하얀 웨딩드레스를 그대로 들고 있었다.

바로 그때였다. 영철이가 언제 일어났는지 부엌방으로 들어왔다. 술기운에 벌겋게 충혈된 눈에서는 이상한 빛이 번득거렸다. 여동생은 그 자리에서 꼼짝도 하지 못한 채 다가오는 영철이만을 놀란 눈으로 쳐다볼 뿐이었다. 그러나 영철은 아무 말 없이 여동생이 들고 있는 웨딩드레스를 조용히 빼앗아 들고 다시 자기 방으로 갔다. 여동생은 그날 밤새도록 잠을 자지 못했다. 새벽 네 시가 되어 주위 교회들에서 은은한 차임벨 소리가 들려올 무렵, 영철은 또 어김없이 일어나 그 비닐봉지를 들고 대문을 나섰다.

여동생은 도대체 영철이가 어디를 가는지 따라가 보고 싶었다. 그러나 학교 수업도 있는데 하루 종일 따라가 보는 것이 쉬운 일이 아니었다. 그래서 여동생은 아직까지 영철이가 왜 웨딩드레스를 들고 새벽부터 밤까지 돌아다니는지 알지 못하고 있었다. 영철이의 눈빛을 볼 때 그 이유를 물어볼 수도 없었다.

여기까지 이야기를 듣고 나니 나도 호기심이 당겨 견딜 수가 없었다. 영철이가 밤 열두 시에 들어올 때까지 기다리고 있기로 하였다. 영철이 여동생이 부엌에 들어가 저녁 준비를 하려고 하기에, 나는 영철이 집을 나와 사직공원 쪽으로 내려오다가 식료품 가게에 들러 반찬거리와 다과 종류를 좀 사가지고 왔다.

영철이 여동생은 반찬거리를 보자 무얼 이런 걸 사왔느냐고 하면서 표정이 밝아졌다. 은근히 반찬 때문에 걱정을 하고 있었음에 틀림없었다. 나는 그때 영철이가 어떻게 식사를 하느냐고 물었다. 그러자 영철이 여동생은 영철이가 요즈음은 전혀 집에서 식사를 하지 않는다고 하였다. 영철이 여동생은 음식 만드는 솜씨가 꽤 있었다. 무엇보다 어묵을 썰어 만든 된장국 맛이 그만이었다.

저녁을 다 먹은 후, 나는 영철이 방으로 건너와서 영철을 기다렸다. 영철이 책상 의자에 앉아서 책꽂이에 꽂힌 책들을 뽑아내어 훑어보다가 다시 꽂아 두곤 하였다. 이전에 영철이와 함께 지낼 때 보던 책들 이외에 다른 책들도 새롭게 꽂혀 있었다. 그 새

책들 중에는 《유대 민족주의》, 《역사가와 세계 혁명》 같은 한스콘의 저서들도 있고, 마르크스 레닌에 관한 전기들도 있고, 소위 반체제 인사에 해당하는 한국 시인들의 시집도 있었다.

나는 영철의 웨딩드레스와 연관된 책들이 혹시 있을까 하고 살펴보았지만, 그러한 책을 얼른 집어내기는 힘든 것 같았다. 영철의 웨딩드레스는 영철의 사상적인 문제에 관련이 있는 것이 아니라, 계속 실연을 당해 온 것과 관련이 있으리라는 생각이 들기도 하였다. 그렇다 하더라도 도대체 웨딩드레스를 가지고 무얼 하는 것인지 짐작되는 바가 하나도 없었다. 상상력을 아무리 발휘해 보아도 '아! 이거다' 하고 맞아떨어지는 것이 없었다. 그러다가 웨딩드레스는 어떻게 구입하게 되었는지 궁금해졌다. 그것은 어디 백화점이나 상점에서 쉽게 구입할 수 있는 물건이 아니었다. 대개 신부들은 결혼식 때만 입기 위해 웨딩드레스를 주로 취급하는 양장점에서 잠시 돈을 주고 빌리는 것으로 알고 있는데, 영철의 경우는 잠시 빌린 것도 아니었다.

이래저래 궁금증이 쌓여 영철이 책상 서랍까지 뒤져 보았으나 별 뾰족한 것이 나오지 않았다. 일기장 같은 것도 일체 보이지 않았다. 셋째 서랍에 있는 노트에 국사와 관련된 사실들이 꽤 자세하게 적혀 있는 것이 좀 특이했지만, 대학생 정도면 그런 것을 갖추어 둔다고 해서 이상스러울 바가 없었다. 그래서 그 노트도 제쳐 두고 다른 것들을 뒤적였다. 정말 단서라고는 하나도 없었다.

다시 서랍들을 닫고 책상 의자에서 내려와 방바닥에 앉았다.

그런데 아무래도 그 국사 노트가 마음에 자꾸 걸렸다. 그 노트와 웨딩드레스가 연관이 있을 것 같은 막연한 예감이 들기도 했다. 영철의 다른 노트에 비하면, 그 노트는 너무도 정성스럽게 내용이 갖추어져 있는 듯이 보였다. 평소에는 난필에 가까운 영철이 글씨가 그 노트에서는 활자처럼 또박또박 박혀 있었다.

나는 다시 일어나 책상으로 다가가서 셋째 서랍을 열고 그 노트를 꺼내었다. 그리고 방바닥에 배를 깔고 누운 자세로 노트를 한 장 한 장 넘겨 보았다. 그저 평범한 국사의 사실들을 정리해 놓은 것 같은데, 주로 인물들을 중심으로 적어 놓고 있었다. 역대의 이름난 장군들, 왕들, 지사들의 이름이 연대별로 기록되어 있고 그 인물에 관한 자세한 사항들이 적혀 있었다. 심지어 눈썹의 모양이라든지 눈, 코, 입 등 신체 구석구석의 모양까지 적혀 있었다. 어떻게 그러한 것을 알았는지 희한한 일이었다. 일반 국사 교과서는 물론이고 국사 대사전이나 국사에 관한 연구 논문들을 참조해 보더라도 그런 정도로 상세한 사항까지는 나와 있지 않을 것이었다.

그렇다면 영철이 자기 나름대로 상상해서 인물의 프로필을 글로써 묘사해 놓은 것인가. 그런 것 같지도 않았다. 분명히 확신을 가지고 쓴 듯한 문체로, 그것을 되풀이해 읽다 보면 그 인물의 모습이 점점 더 뚜렷해지는 것이었다. 지금 현재 살아 있는 사람의 모습도 그 정도로 자세하게 묘사하지는 못할 것이었다. 비록 지금까지 남아 있는 그들의 초상화를 참조했다 하더라도 그렇게 할 수는 없는 일이었다. 영철은 김유신 장군의 모습에 대해서는 더욱 많은 지면을 꼼꼼히 할애하여 묘사해 놓고 있었다.

김유신 장군의 이마 오른쪽에는 까만 사마귀 하나가 있었다. 오른쪽 눈썹은 비스듬히 치켜 올라가 그 끝이 사마귀를 살짝 덮었다. 그래서 자세히 보지 않으면 그 사마귀가 눈썹에 가리어 잘 보이지 않았다. 이마와 눈썹 아래의 두 눈은 면도날로 찢어 놓은 듯 쭉 째져 있었다. 그래서 눈을 감았는지 떴는지 다른 사람들은 제대로 알 수 없었다. 그 째진 눈꺼풀 사이로 독사와 같은 눈동자가 번득번득 빛을 발하곤 했다.

콧날은 천연두를 앓은 흔적으로 문드러져 있었다. 그렇지만 콧구멍은 크게 벌어져 벌렁거렸다. 그 구멍 속으로 두꺼비 한 마리쯤은 드나들 정도였다. 수염은 고슴도치의 가시와 구분이 안 될 만큼 뻣뻣하기 그지없었다. 그것을 부드럽게 하기 위하여 김유신 장군은 날마다 수염에다 피마자 기름을 발랐다. 그 수염 사이에 두툼한 입술을 가진 입이 꽉 박혀 있었다. 그 입은 좀처럼 열리지 않은 채 닫혀 있기 일쑤였다. 그런데 한번 열리면 그것은 마치 포문(砲門)과도 같았다. 그 음성에 간담이 녹아나지 않을 사람이 A.D. 600년경 삼국 시대 당시에는 아무도 없었다……

이렇게 김유신 장군의 모습에 대한 묘사는 계속되었다. 귀, 목, 가슴, 배, 두 팔과 두 다리, 손과 발, 손가락과 발가락, 손톱과 발톱, 그리고 마지막에는 남성의 심벌에 이르기까지 다 묘사하였다. 그 당시는 종을 부어 만들고 탑을 공교히 올리는 기술은 발달했으나 포경술은 발달하지 못하여 김유신 장군의 그것은 우멍거지였다고 하였다. 그러나 그것이 발기하여 솟구치는 힘이 엄청나서 그러한 때는 전혀 우멍거지 같지 않다고 하였다. 그 우멍거지의 발기하는 힘이 바로 삼국 통일을 이루는 원동력이 되었다고 영철은 결론을 내려놓고 있었다.

그리고 정치, 사회 제도면에서 본 삼국 통일의 원동력이라는 제목으로 유명한 학자들의 견해를 참고로 인용해 놓았다.

…… 고구려가 4세기 초에 낙랑을 정복하였을 때 그 세력은 임진강선에 이르러 백제와 국경을 접하였으니 이로부터 삼국 사이의 본격적인 통일 쟁패전이 시작되었다. 이때 무력은 고구려가 가장 강하였으나 고구려는 대륙에 외민족의 압력이 있으므로 전력을 남쪽에 기울일 수 없어 삼국의 세력은 서로 백중하였다. 처음 고구려는 신라와 동맹하여 백제를 치기도 하고 뒤에 백제와 결탁하여 신라를 치기도 하였으며, 혹은 신라와 백제가 화호(和好)하여 고구려에 대항하기도 하였고 백제는 일본과 결탁하기도 하였다. 그리고 그 세력 싸움의 중심지는 삼국의 접경인 한강

유역이었다. 한강 유역은 4, 5세기경까지 백제의 영역이었던 것이 5세기 말에 백제의 한성(漢城·서울)이 함락되어 고구려의 소유가 되고, 6세기 중엽에 신라가 탈취하였다.

가장 약소한 신라가 이렇게 가장 강한 나라가 되었다는 것은 우리에게 많은 교훈을 주는 것이니, (이 이하에는 영철이가 빨간 잉크로 밑줄을 쳐 놓고 있었다) 신라는 자신의 약소에 대하여 부질없이 비관하지 않고 강자의 공격에 대하여 쓸데없는 흥분도 하지 않고 외국의 세력에 의존하려고 하지 않고 오로지 인내와 노력으로써 실력을 배양하였다. 외력 의탁은 일시는 유리하나 반드시 뒤에 그 세력에게서 환난을 도로 받게 되는 것이니 민족적 이해가 서로 다른 까닭이다.

그리하여 신라는 지배 계급이 서로 단결하고 또 스스로 삼가 인민을 괴롭게 착취하지 아니하였으므로 국민적 단결도 강하였거니와 한편으로는 국민을 소년 시대로부터 훈련하는 화랑제도를 창안하였으니 화랑제도는 실로 신라 통일의 원동력이 되었던 것이다. (다음 구절들은 영철이가 밑줄을 두 번이나 그어 놓고 있었다.) 화랑단은 15, 6세 내지 17, 8세의 소년으로서 조직되었으니 그 수령이 되는 화랑(花郎)은 왕족이나 귀족 출신의 소년이었고 그 부하는 낭도(郎徒)라 하여 수백 명 내지 수천 명으로 이루어졌다. 국가가 직접 관할하는 기관이 아니요, 낭도들의 추천에 의하여 화랑이 되는 것이므로 화랑단은 동시에 여럿이 있을 수 있었다.

그리고 그 교육 내용은 충·효·신의·인자 등 도덕과 궁사(弓射), 창검, 기마, 등산, 경주(競舟) 등 무술의 훈련과 용감, 임전 무퇴 등 무사 정신의 함양에 있었던 모양이다. 그리하여 과연 신라에는 어진 신하와 좋은 장수와 용감한 군사들이 많이 났으니 명장 김유신도 화랑 출신이었다. 또 화랑단은 때때로 전쟁에도 출정하였으니 562년 가야국을 칠 때에 김사다함 랑(金斯多含郎)의 일군(一軍)이 선봉에 섰고, 650년 신라와 백제가 싸운 유명한 황산평야의 회전(會戰)에서는 김관창 랑, 장춘 랑, 나 랑 등이 전사하였다.

신라에서는 그들 소년 군단을 낭동 또는 귀동이라 애칭하였고 신라 소년들의 이상은 훌륭한 화랑을 섬기어 나라를 위해 죽는 데 있다고 한다. 신라의 무사도는 곧 화랑도였고 화랑 제도는 신라 통일에 큰 힘이 되었던 것이니 화랑 소년단은 민족 통일 운동에 일부의 역임을 행하였던 것이다……

영철의 노트는 이런 식으로 이어지고 있었다. 나는 특히 다른 책에서 읽어 볼 수 없는 인물 묘사에 주의를 기울이며 노트를 계속 읽어 나갔다. 고려의 최영 장군에 대해서도 제법 많은 지면을 할애하였다. 신라의 김유신 장군보다 미남으로 묘사하면서 애정이 깃든 문장으로 그 모습을 사모하고 있었다. 정몽주, 세종대왕, 사육신, 조광조, 이율곡, 이순신, 대원군, 안중근, 김구 등 그 시대에 어떤 정신을 남겨 놓았던 인물들을 총망라하고 있었다.

그들에 관한 기록을 읽다 보면 그들은 살아 있는 실제가 되어 노트에서 걸어 나오는 것 같았다. 노트를 다 읽었을 때는 방 안이 완전히 달라져 있었다. 한민족의 역사를 가슴에 품고 고심하던 그 인물들이 다 살아 나와서 그 방 안에서 서로 만나고 있었다. 함께 얼싸안기도 하고 잔잔히 바라보기도 하고 담소하기도 하였다. 나는 그들의 호흡 소리까지도 들을 수 있었고 그들의 체취도 맡을 수 있었다. 영철의 그 노트는 마치 마술사와도 같이 내 정신을 환각 속에 빠지게 하였다. 나는 희미하게나마 영철의 웨딩드레스의 용도를 알 수 있을 것 같았다. 노트를 다시 덮어 제자리에 갖다 놓았다.

그때였다. 대문 초인종이 울리고, 영철의 여동생과 영철이가 서로 주고받는 몇 마디 대화가 들려왔다. 영철의 여동생은 내가 와 있는 사실을 전하는 것 같았고, 영철이가 거기에 대해 답하는 것 같았다. 그렇게 사람의 말을 알아듣고 대답하는 것으로 보아 완전히 정신 이상이 된 것은 아님에 틀림없었다. 어쩌면 영철이가 일부러 미친 척하며 다니는지도 모른다는 생각이 들었다.

내가 일어나서 방문을 열고 마루로 나오자 영철은 현관으로 들어서고 있었다. 영철의 손에는 과연 그 비닐봉지가 들려져 있었다. 영철은 나를 보자 기이한 웃음을 그 얼굴에 흘렸다.

"오랜만이야 영철이."

내가 손을 내밀어 악수를 청하며 말했다. 그러자 영철이도 손을 내밀어 내 손을 쥐었다. 이전과 다름없는 손이었다. 영철은 그날은 술을 마시지 않은 모양이었다. 가을밤 바람에 마찰되어 얼굴이 조금 불그레할 뿐이었다.

영철과 나는 영철의 방으로 들어왔다. 영철은 비닐봉지를 소중한 물건인 양 한쪽 구석에 조심스럽게 세워 두었다. 우리는 마주 앉아 서로의 얼굴을 쳐다보았다. 영철의 눈빛은 확실히 예전과 같지는 않았다. 나를 쳐다보는 눈동자의 초점이 흐릿해 보였다. 한쪽 눈이 다른 쪽 눈보다 크게 부풀어 있는 모습으로 얼굴 전체의 균형이 묘하게 이지러져 있었다. 그러나 영철은 나를 알아보는 눈치였다. 나는 먼저, 어디를 다녀오느냐고 물었다. 그러자 갑자기 영철의 눈빛이 공격적이 되었다. 그러다가 곧 부드러워지면서 나의 질문에 대한 대답을 하였는데, 그것은 전혀 엉뚱한 대답이었다.

"나 자살할 거야."

영철은 아주 단호하게 말했다.

"그 이유는?"

내가 침착한 자세를 취하려고 애쓰며 물었다.

"민주주의와 순수를 위해서."

영철은 망설이지 않고 대답했다.

"민주주의와 순수?"

나는 영철의 말을 되뇌지 않을 수 없었다. 민주주의를 위해서라는 것은 그동안의 영철의 학교생활을 통하여 이해할 만한 일이었지만, 순수를 위해서라는 것은 언뜻 이해가 되지 않았다. 나는 설명이 좀 더 필요하다는 표정으로 영철을 바라보았다.

영철은 나의 표정을 읽었는지 거기에 대한 설명을 간단히 하였다. 민주주의를 위하여라 함은 이 대한민국의 민주주의를 위하여라는 뜻이고, 순수를 위하여라 함은 영철이 자신의 순수를 위하여라는 뜻이라고 하였다. 나는 민주주의에 대해서는 더 이상 묻지 않아도 알 것 같아 순수에 대해서만 알아보고 싶었다.

"그럼 영철이는 스스로 순수하지 않다고 생각하나?"

여기에 대해 영철은 그런 미친 질문이 어디 있느냐고 하였다. 사실 나의 그러한 질문만큼 어리석은 질문도 없을 것이었다. 영철은 괴로운 듯 아──, 하고 이맛살을 찌푸리며 눈을 감았다.

그때 통금을 알리는 사이렌 소리가 영철의 속에서인 듯 울려 왔다.

"난 내가 순수를 가지고 있다가 상실해 버렸는지, 아예 처음부터 가지고 있지 않았는지 잘 모르겠어. 그런데 자꾸만 원래 가지고 있었는데 상실한 것으로 생각되거든. 분명한 것은 지금 내가 순수를 소유하고 있지 않다는 거야. 돌이킬 수 없을 정도로 더러워졌어. 그래 내 자신을 소멸시키는 길밖에 없어. 너무도 더러운 자신을 소멸시키고자 하는 이 마음을 알아 줄 수 있겠지. 민주주의만을 위한다면 그것은 교만한 일이야. 무슨 영웅이나 되는 것처럼 행동하는 것이야. 그러나 민주주의뿐만 아니라 순수를 위해서도 나를 소멸시키는거야. 민주주의와 순수를 위해서."

영철은 논리정연하게 자기 의사를 표현하고 있었다. 나는 영철이가 완전히 정신 이상이 된 것은 아니라는 것을 확인하고 적이 안심이 되었다.

그러나 다음 순간, 영철이가 자기의 온전한 정신 가운데서 자살을 말하고 있다면 자살을 시도할 가능성도 많다는 것에 생각이 미쳤다. 그러자 차라리 영철이가 정신이 이상해진 상태에서 자살에 대해 횡설수설하고 있는 것이면 좋겠다는 생각이 들기도 하였다. 그리고 웨딩드레스와 자살과는 어떤 연관이 있는가 분명히 알고 싶었다.

"저 비닐봉지에 든 것은 무어지?"

내가 짐짓 모르는 척하며 물었다.

"순수복이야."

영철은 웨딩드레스를 '순수복'이라고 표현하였다.

"저건 왜 들고 다니지?"

영철의 대답을 유도하는 어조로 조심스럽게 물었다.

"들고 다니는 것이 아니라 입고 다니는 것이야."

영철의 대답에 나는 자세를 흐트리며 소스라치게 놀랐다.

"뭐? 입고 다녀? 어디를?"

"신랑을 만나러 가는 거야."

영철은 점점 모를 소리를 하였다. 나는 어깻숨을 쉬며 영철이가 계속하는 이야기에 귀를 기울였다.

영철은 날마다 찾아갈 신랑의 무덤을 선정하여 그곳에 다녀오는 것으로 하루 일과를 보내었다. 무덤이 없는 경우나 이북에 있는 경우에는 신랑 동상이나 초상화 같은 것이 있는 곳을 찾아갔다. 아무리 먼 곳에 있는 경우도 대개 새벽 네 시에 출발하여 가면 밤 열두 시에는 돌아올 수 있었다. 김유신 장군의 무덤이 있는 경주에도 그렇게 다녀올 수 있었다.

그 많은 여행에 드는 비용은 주로 영철이가 지니고 있는 물건들을 팔아서 충당하였다고 한다. 그런데 영철이가 가진 물건들이 어떠한 것임을 잘 아는 나로서는 영철이의 그 말을 믿을 수 없었다. 웨딩드레스의 출처를 물었을 때에도 영철은 그렇게 대답했는데 아무래도 미심쩍은 점이 많았다. 영철이가 자기 나름대로 합리화하면서 그 모든 것들을 훔치고 있다는 생각이 들기도 하였다.

영철은 그 신랑들의 무덤에 가기 전에 겉옷들을 벗고 웨딩드레스로 갈아입었다. 벗은 옷들은 그 비닐봉지에 넣어 들고 갔다. 시골인 경우 대개 역의 대합실에서 갈아입었고 또 무덤으로 들어가는 산의 입구에서 갈아입었다. 웨딩드레스를 입은 영철의 모습을 보는 사람들은 처음에는 기겁을 하며 놀라다가 호기심이 당겨 영철의 뒤를 따라갔다. 아이들은 구경거리가 생겨 신바람을 내며 따라갔다. 사람들은 영철이가 미친 사람이라고 생각할 수밖에 없었다.

시골 순경이 영철이를 붙잡은 때도 있었는데, 영철은 그때 학생증을 제시하고 자기가 하고 있는 일의 의미를 역사적인 배경까지 들먹이며 설명했다. 그리고 이 한국에는 분명히 웨딩드레스와 같은 옷을 입을 자유가 보장되어 있음을 상기시켰다. 그러면 순경은 골치 아프다는 표정을 지으며, 얼른 그 일을 마치고 돌아가라고 당부하면서 영철을 놓아 주었다. 큰 무덤인 경우에는 묘지기가 있어 영철의 출입을 통제하기도 하였다.

그럴 때면 영철은 마치 자기가 무당이라도 된 것처럼 그 무덤 주인의 신이 내려 자기를 여기까지 인도했는데 만일 통과시켜 주지 않는다면 묘지기에게 화가 미치고 말 것이라고 협박을 하였다.

묘지기들은 대부분 그러한 현상이 있다는 사실을 믿고 있었으므로 영철을 가로막을 수만은 없었다. 영철을 뒤따라온 사람들을 돌려보내는 한이 있어도 영철은 통과시켜 주어야만 했다.

영철은 무덤 앞에 가서 웨딩드레스를 펄럭이며 수없이 절을 올렸다. 그리고 가만히 무릎을 꿇고 앉아 신랑이 다가오기를 기다렸다. 대개 신랑들은 갑옷을 입고, 왕관을 쓰고, 어떤 때는 도포 자락을 휘날리며 말을 타고 왔다. 대낮이든, 저녁이든, 밤이든 상관없었다. 신랑은 영철을 품에 안고 애무해 주었다. 그러면 영철은 그 무덤가에서 벌렁 뒤로 자빠져 누워 황홀경에 빠졌다. 그리고 그 일이 끝난 후 영철은 울었다.

그렇게 신랑들을 만나 보면 볼수록 영철은 자기 계획에 대한 확신이 더욱 서 갔다.

나는 영철의 계획이 구체적으로 어떤 것인지 물었으나 영철은 대꾸하지 않았다. 장차 알게 될 것이라고만 하였다. 나는 영철의 그 모든 말을 어떻게 받아들여야 할지 알 수 없었다. 영철에게도 무당들에게나 일어나는 영매(靈媒) 작용이 일어난 것인지, 아니면 영철이가 정말 돌아 버린 것인지 점점 종잡을 수가 없었다. 아까 영철의 노트를 읽을 때 내가 얼핏 체험했던 그 묘한 환각 같은 느낌이 다시 되살아났다.

샤머니즘과 성경에서 다 함께 말하고 있는 귀신의 존재가 실재할지도 모른다는 생각이 들었다. 그러면 영철을 어떻게 도와주어야 한단 말인가. 미친 짓하지 말라고 할 것인가, 내가 알고 있는 성경 몇 구절을 들려주며 하나님께 기도해 보라고 할 것인가. 지금은 그런 모든 말들이 영철에게 아무 효과가 없을 것임을 나 자신 너무도 잘 알고 있었다. 나는 갑자기 가슴이 답답해져 왔다. 어딘가를 향하여 부르짖고만 싶었다.

'여보시오. 여기에 귀신 들린 이 영혼을 보시오. 여기 분열되고

있는 이 젊은 생명을 보시오. 살려 주시오. 여보시오. 거기 아무
도 없소?'

어느새 새벽 네 시가 된 모양이었다. 통금 해제 사이렌이 울려
왔다. 그다음 들려온 것은, 이제는 제법 귀에 익숙한 찬송가 곡조
의 차임벨 소리였다.

영철은 미소를 지어 보이며 비닐봉지를 들고 일어났다.

"나도 따라가고 싶은데."

내가 엉거주춤 몸을 일으키며 염려스러운 어조로 영철에게 말
했다. 그러자 영철은 큰 소리를 내며 웃었다.

"넌 내가 소멸되어 가는 모습만을 보아야 해."

내가 영철이 집을 다녀간 이후, 영철은 집에도 돌아오지 않았
다. 영철이 여동생이 시골집으로 연락해서 영철이 어머니까지 거
제도에서 서울로 올라왔다. 영철이 남동생도 이제 집에 돌아와
있었다. 나는 거의 매일 영철이 집에 들려 영철의 안부를 확인했
다. 영철이 어머니는 학교 행정실에도 찾아와 보고 경찰서에 가
출 신고를 하기도 하였다. 그리고 갈 만한 친구들 집에도 일일이
연락을 하여 영철이가 들른 여부를 물었다. 그런데 어느 곳에도
영철의 흔적은 없었다. 나와 창호와 봉섭은 하던 고시공부도 잠
시 미루고 영철이 찾는 일에 힘을 썼다.

여러 곳을 찾아다녔다. 법대생들이 고시공부하러 들어가는

절에도 찾아가 보고, 그 절들을 통하여 전국의 사찰에 연락망을 펴 보았으나 감감 무소식이었다. 역사적인 인물이 묻혀 있는 유명한 무덤의 묘지기들에게도 전단을 돌려 영철이와 비슷한 청년이 나타나면 연락을 해달라고 하였는데 그것도 효과가 없었다. 시간이 지날수록 우리는 허탈감에 짓눌렸다. 영철이 어머니도 다시 시골로 내려갔다.

그 무렵, 전국은 국회를 통과한 삼선 개헌안의 국민 투표를 위한 운동이 전개되고 있었다. 학교는 얼마간 술렁거리기도 했지만 강의는 그대로 계속되었다. 학교 교정의 코스모스는 그 모든 것에 아랑곳없이 흐드러지게 피어나 가을바람에 떠 있는 듯 나부꼈다. 그 코스모스들 속에서 중정의 '자유의 종'은 무겁게 침묵하고 있었다.

그러한 때, 느닷없이 영철이에게서 친구, 선배, 후배들에게로 편지가 날아왔다. 발신인 주소도 없고 영철을 표시하는 동그라미 하나만 그려져 있었다. 내용도 일률적으로 똑같았다. 프린트를 한 것은 아니지만, 무슨 청첩장 같은 내용이었다. 그것은 11월 1일 오후 세 시에 중앙청 정문 앞으로 모이라는 것이었다. 내용은 그것뿐이었다.

바로 그날이 되었다. 하늘은 영원히 잊을 수 없는 모습으로 푸를 대로 푸르고 높을 대로 높아 있었다. 무거운 분위기 속에서 오전 수업을 다 끝낸 후, 우리는 학교 식당과 음식점에 들어가서 말

없이 점심을 먹고 중앙청으로 가는 버스에 올랐다. 중앙청이 가까워질수록 순경들의 수가 점점 늘어났다. 중앙청 정문 양옆과 그 앞의 양쪽 보도에는 경찰들이 무리를 지어 모여 있었다. 행인들은 무슨 일인가 하고 인도에 멈추어 서서 구경을 하고 지나갔다.

우리는 어디에 위치해 있어야 할지 망설이다가 근처의 조그만 제과점으로 들어가 앉았다. 이미 그곳에는 학생들이 제법 들어와 자리를 차지하고 있었다. 제과점은 전면이 유리로 되어 있어서 앉은 위치에서도 바깥 풍경을 다 볼 수 있었다. 경찰 백차 한 대가 왔다 갔다 하며 주위 상황을 살폈다. 학생들은 인도로 점점 모여 오고 있었다.

나는 제과점 벽시계를 올려다보았다. 두시 반이었다. 옆에 앉은 창호와 봉섭이도 굳게 입을 다물고 있었다. 우리는 아무튼 세시까지는 잠잠히 기다려야만 하였다.

나는 영철이가 말하던 자신의 그 계획을 오늘 실천할 것이라는 예감이 들었다. 어떠한 모양으로 그것을 실천할 것인지는 알 수 없었다.

나는 제과점 유리창을 통하여 중앙청 정문에 해당하는 광화문을 바라보았다. 거기 이층 문루에 대통령이 쓴 '광화문' 현판이 가로로 걸려 있었다. 그 글씨체는 평범한 듯하면서도 은근히 멋을 풍기고 있었다. 그리고 약한 듯하면서도 뭔가 고집스러운 것이 뭉쳐 있는 글씨체였다.

그 '광화'라는 구절을 바라보고 있는 동안 문득 영철의 그 계획에 대하여 소스라치게 깨달아지는 바가 있었다.

나는 영철의 그 계획에 대하여 너무도 늦게 깨달은 자신이 안타까웠다. 그러나 설사 일찍 깨달았다고 해도 어쩔 수 없는 일이었다. 다만 경찰들뿐만 아니라(경찰은 자기들 스스로 온 것이지만) 소방대까지 동원되도록 하는 정도밖에 할 수 있는 일이라고는 없는 것이었다.

지금이라도 소방대에 연락을 해야만 할 것 같았다. 그런데 제과점 벽시계가 댕 댕 댕 세 번 울리고 말았다. 제과점과 인도와 골목과 다른 장소에 있는 학생들, 직원, 교수들, 경찰들이 일시에 긴장하였다. 영철은 도대체 어디에서 나타나서 어떠한 행동을 하며 학생들에게 어떠한 자극을 줄 것인가.

그때였다. 적막이 감돌던 거리가 갑자기 어수선해졌다. 무슨 일이 일어난 것만은 확실한데 도대체 어떤 상황이 벌어진 것인지는 종잡을 수가 없었다. 한 가지 분명한 것은 연기 같은 것이 솟아올랐고 곧이어 소방차와 앰뷸런스가 달려왔으며 무언가를 급히 실은 앰뷸런스가 서울대병원 방향으로 치달려 갔다는 것이었다.

나와 창호와 봉섭은 약속이나 한 듯이 앰뷸런스가 사라진 방향으로 일제히 달려갔다. 버스를 타는 것조차 잊어버렸다. 안국동 로터리를 지나고 비원 앞을 지났다. 곧이어 서울대병원 정문이 나왔다. 먼저 응급실로 달려갔다. 거기에는 이미 경찰이 출입을 통제하고 있었다. 학교 직원, 교수, 학생들이 계속 모여들었다. 우리는 그곳에서 꽤 오랫동안 기다렸다. 응급실 주위에는 낙엽들이 휘몰려 다니고 있었다.

영철의 시체는 땅거미가 질 무렵, 하얀 시트에 덮여 응급실에서 실려 나와 바로 앞의 영안실로 옮겨졌다. 나는 그 하얀 시트가 영철이가 입었던 웨딩드레스의 옷자락처럼 여겨졌다. 영철은 광화문 문루에서 광화(廣火)와 같은 불길 속에 웨딩드레스를 입은 채 활활 산화(散華)되어 소멸되어 가기를 원하였을 것이었다. 그러나 그는 몇 줄기의 연기와 몇 점의 불꽃만을 우리에게 보인 채 시커멓게 꺼지면서 소멸되어 갔을 뿐이었다.

영철이가 그동안 어디에 잠적해 있었으며, 어떻게 그 경비가 삼엄한 중앙청 정문인 광화문 문루 속으로 휘발유와 웨딩드레스를 들고 들어갈 수 있었는지, 지금도 수수께끼와 같은 일로 남아 있다. 다만 영철의 시체 해부 결과, 분신 직전에 독극물을 복용하고 있었다는 사실 하나만은 판명되었다. 그리고 어떤 유인물이나 유류품은 일체 없었다.

그 이후로 나는 거의 밤마다 영철의 꿈을 꾸었다. 영철은 항상 웨딩드레스를 입고 나타났다. 그럴 때마다 나는 소스라치며 잠에서 깨어났다. 등에는 식은땀이 맺혀 있었다. 나는 점점 밥맛을 잃어 가고 신경이 쇠약해져 갔다. 밥이나 죽을 먹었다 하면 토해 내기가 일쑤였다. 숨을 제대로 쉴 수 없을 정도로 가슴이 쓰라렸다. 그리고 이마 복판에 도끼가 콱 박혀 있는 것처럼 머리가 쪼개질 듯 아팠다.

외할머니는 수시로 내 방으로 와서 나를 정성껏 간호해 주었다. 미음을 만들어 떠먹이고 이마의 식은땀을 닦아 주고 한약을 달여 주기도 하였다. 나는 참으로 오랜만에 외할머니 손의 감촉과 체취를 따뜻하게 느끼게 되었다. 그동안 나의 의식 가운데 외할머니는 거의 자리를 잡고 있지 않았다. 식사 시간에 잠시 볼 때만이 외할머니의 존재를 의식할 뿐인 것이었다. 하얗게 머리가 세어 가는 그 모습이 나에게 은근히 부담이 되어, 될 수 있는 대로 외할머니를 멀리하고자 하는 마음이 컸다. 그러나 이제 꼼짝 없이 드러누워 외할머니의 간호와 보호가 필요한 몸이 되고 말았다.

그 무렵 나는 이상하게 자주 눈물이 나왔다. 인생이라는 것 자체가 광화문 문루에서 피어오르던 그 연기처럼 너무도 덧없고 허무한 것으로만 생각되었다. 관념적으로 그러한 사실을 몰랐던 바는 아니었지만, 현실적으로 이렇게 절실히 느껴 보기는 처음이었다. 만현이가 말하던 그 허무라는 것의 실체 가까이에 나도 와 있는 것을 느꼈다. 그리고 그 허무의 심연으로 얼마 있지 아니하여 사라지고 말 외할머니의 인생이 몹시 안스럽게 여겨졌다. 그러다가 나에게도 외할머니의 품을 그리워하고 그 얼굴 보기를 사모했던 시절이 있었음을 상기하게 되었다.

나와 바로 밑의 여동생은 국민학교 시절, 늘 방학이 빨리 오기만을 기다렸다. 그 이유는 방학이 되면 고성에 있는 외할머니에게 놀러 갈 수 있기 때문이었다. 내가 3학년 때 절간에 다니던 조모가 위암으로 죽었는데, 그때까지는 예배당 다니는 외할머니를 싫어하는 조모 때문에 외할머니 집에 가는 것이 금지되어 있다가 조모가 죽은 이후에는 허락된 것이었다. 나와 여동생은 어머니의 배웅을 받으며 부산 서면에 있는 시외버스 정류장에서 고성으로 가는 버스를 탔다.

그때 외할머니는 오십을 갓 넘은 나이였지만 항상 새색시처럼 깨끗한 모습을 하고 있었다. 그래서 그런지 사람들은 외할머니를 구슬댁이라고 불렀다. 외할머니는 과부로 혼자 살면서 무남독녀인 어머니를 키워 내었다.

외할머니는 열일곱 살 때, 일본 유학까지 다녀오고 바이올린도 켤 줄 아는 신식 남자와 연줄이 닿아 시집을 갔다. 그러나 여러 면에서 무식했던 외할머니는 그 신식 남자와 제대로 어울릴 수가 없었다. 외할아버지는 일본 유학 시절에 사귀었던 신식 여자가 살고 있는 함경도 지방을 자주 다녀오곤 하였다. 그러다가 외할머니가 어머니를 낳고 난 그 이듬해부터 외할아버지는 집에도 들어오지 않았다. 소문에 듣기에는 함경도 지방에서 그 신식 여자와 새살림을 차렸다고 하였다. 외할머니는 어머니를 들쳐 업고 진주에서 함경도까지 외할아버지를 찾으러 갔다.

간신히 수소문하여 찾아간 집은 큼직한 대감집 같은 가옥이었다. 신식 여자 아버지가 조선총독부에서 높은 지위에 있었는데 그 집을 딸에게 선물로 준 것이라 하였다. 외할머니는 그 집에 비해 너무도 초라한 자신을 느끼고 대문간에서 망설이고 있었다. 그때 대문 너머에서 피아노 소리가 들려왔다. 그 피아노 소리에 맞춰 독일 노래 같은 것이 들려왔는데 바로 외할아버지의 목소리였다. 외할머니는 어떻게 근처의 바위 같은 것을 딛고 올라가 담 너머로 안을 들여다보았다.

응접실 같은 곳에는 커다란 피아노가 놓여 있고, 그 피아노 앞에 웬 신식 여자가 등을 돌리고 앉아 피아노를 치고 있었다. 외할아버지도 등을 돌리고 서서 그 여자의 어깨에 손을 얹은 채 노래를 부르고 있었다. 참으로 잘 어울리는 한 쌍으로 보였다. 그런 모습을 보자 더욱 그들 앞에 나설 자신이 서지 않았다. 그러나 진주에서 여기까지 올라온 것이 아깝고, 외할아버지가 딸아이의 모습을 보면 혹시나 마음이 움직일까 하고 용기를 내어 대문간으로 다가갔다.

막 대문을 두드리려던 외할머니의 손이 아래로 처졌다. 대문 안에서 사람이 걸어 나오는 소리가 아주 가깝게 들렸다. 외할머니는 등에 업힌 아기를 추스르며 대문 앞의 느티나무 뒤로 가서 숨었다. 대문이 열리면서 외할아버지와 그 신식 여자가 함께 걸어 나왔다. 신식 여자가 잘 다녀오라는 인사를 하자 외할아버지는 알았다는 표시로 목례를 하고는 저쪽으로 걸어갔다. 신식 여자는 외할아버지의 뒷모습을 한동안 바라보고 있다가 콧노래를 부르며 다시 대문 안으로 사라졌다.

외할머니는 좀 급한 걸음으로 외할아버지를 따라갔다. 외할아버지는 곧 인기척을 느끼고 뒤돌아보았다. 외할머니를 보자 사뭇 놀라는 표정이 되었다. 외할머니는 오늘 그 신식 여자를 만나서 따지고 가겠다는 결심을 표명하였다. 외할아버지는 당황해하며 얼마 후에 진주에 내려가서 자세한 이야기를 할 테니 내려가서 기다리고 있으라고 달랬다. 외할머니는 그럴 수 없다고 고집을 부리며 외할아버지도 함께 가서 그 여자를 만나자고 하였다. 그러면서 몸을 돌려 그 집 대문께로 가려고 하였다. 그러자 외할아버지가 외할머니의 한쪽 어깨를 움켜잡고 자기 쪽으로 끌어당겼는데, 그 바람에 외할머니는 아기를 업은 그대로 뒤로 벌렁 나자빠졌다. 너무도 억울하고 분한 일이었다. 갑자기 이성을 잃어버린 외할머니는 엉거주춤 일어나자마자 그 몸을 외할아버지에게로 날려 외할아버지가 입고 있는 양복을 할퀴고, 동그란 뿔테 안경을 쓰고 있는 그 매끄러운 얼굴을 할퀴었다. 안경이 그만 땅바닥으로 떨어졌다. 외할아버지는 다시 한 번 외할머니를 힘껏 떠다밀어 넘어지게 해놓고는 가던 방향으로 훌훌 가 버렸다.

외할머니는 넘어진 채로 엉엉 소리 내어 울었다. 등에 업힌 아기도 찢어질 듯이 울어 대었다. 그것이 외할머니가 외할아버지를 본 마지막이었다.

외할머니는 얼마를 울다가 다시 일어났다. 땅바닥에는 외할아버지의 안경이 아까처럼 나뒹굴고 있었다. 외할머니는 그 안경을 집어 들었다. 안경알과 테가 성한 상태 그대로였다. 그것을 저고리 안쪽 앞가슴께에다가 고이 집어넣었다.

그 후 외할머니는 그 안경을 반짇고리에다가 소중히 담아 두고 쓰다듬고 또 쓰다듬으며 10년을 기다리고 20년을 기다렸다.

6·25 사변이 나서 피난을 갈 때에도 그 안경만은 보물처럼 싸 가지고 갔다.

나와 여동생은 외할머니 집에 가면 언제나 반짇고리에 담겨 있는 그 안경을 볼 수 있었다. 누르스름한 테는 하도 만져서 그런지 반질반질 윤이 났다. 안경알은 희부예질 대로 희부예져 렌즈 같지가 않고 두꺼운 우윳빛 유리 같았다. 그것을 간혹 써 보기도 하였는데 그러면 물건들이 희부옇고 조그맣게 보이면서 어질어질했다. 외할머니는 그 안경을 낀 나의 모습을 정신이 나간 듯 쳐다보면서 외할배 꼭 닮았제, 하는 것이었다.

외할머니의 삯바느질 솜씨는 근처에 소문이 나 일감이 끊어질 날이 없었다. 일이 밀릴 때는 밤이 늦도록 재봉틀을 돌리며 바느질을 하였다. 그러나 읍내 극장에 국극단이 와서 공연을 하는 날이면 아무리 일이 밀려도 나와 여동생을 데리고 극장으로 갔다. 그곳에 여름마다 찾아오는 극단은 임춘앵 국극단이었다. 이번에는 정말 임춘앵이가 왔다는 소문이 동네에 퍼지곤 하였다. 그런데 정말 임춘앵이가 온 적은 한 번도 없었다. 그러면 그럴수록 임춘앵은 점점 더 신화적인 인물이 되고 그리움의 대상이 되었다.

나는 임춘앵의 제자들이 노래하고 춤추며 연기하는 것을 보면서 저렇게 잘하는 제자들의 선생인 임춘앵은 얼마나 잘할 것인가 생각하며, 임춘앵을 한 번만이라도 보고 싶은 마음이 일곤 하였다. 한번은 사도세자에 대한 극을 했는데, 세자가 쌀뒤주 속에 갇혀 죽는 장면에서 나와 여동생은 엉엉 소리를 내어 울었다. 외할머니는 우리 둘을 양팔로 꼭 껴안아 주면서 함께 훌쩍거리고 있었다.

구경을 마치고 모두 극장에서 집으로 돌아오는 캄캄한 시골길은 그야말로 꿈길 같았다. 눈앞에는 계속해서 임춘앵의 제자들이 어른거렸다. 남장을 멋있게 한 모습도 있고 머리를 풀고 소복을 입고 있는 모습도 있었다. 귓가에는 여전히 그 구슬프게 넘어가면서 높이 솟아오르던 노랫소리가 들려왔다.

그리고 외할머니는 수요일 밤, 일요일 아침과 밤에는 우리를 교회로 데리고 갔다. 특히 여름방학 때 어린이 성경학교가 열리면 그 일주일 동안 외할머니는 우리를 꼭꼭 교회로 데리고 가 수업을 받게 하였다. 시골 아이들은 나와 여동생을 부산 아이라고 신기한 듯 쳐다보았다. 주일학교 교사는 성경 이야기를 많이 들려주었다. 그 이야기들은 몇 개를 제외하고 금방 잊혀졌다. 그러나 성경학교에서 배운 아름다운 노래들은 오랫동안 잊히지 않았다. 숨어서 흐르는 시냇물처럼 그 노래는 의식의 골짜기를 적시며 흐르고 있었다.

방학이 끝나 갈 무렵, 나와 여동생은 고성 시외버스 정류장에서 부산으로 가는 버스를 탔다. 외할머니는 버스가 시야에서 사라질 때까지 따라오면서 손을 흔들어 주었다. 나와 여동생은 버스 뒤창 너머로 외할머니의 모습을 바라보며 손을 흔들었는데, 그러면 으레 외할머니의 두 눈에서는 눈물이 주르르 흘러내렸다. 그 황토 먼지가 피어오르는 길목에서 옷고름으로 눈물을 훔치는 외할머니의 모습은 이 세상에서 가장 외로운 여자의 모습이었다.

내가 중학생이 되었을 때에도 방학이면 동생들을 데리고 외할머니 집에 가곤 하였는데 국민학교 시절보다는 훨씬 짧은 기간 동안만 있다가 왔다. 그때도 외할머니는 변함없이 우리를 극장과 교회로 데리고 갔다. 그런데 교회는 외할머니가 이전에 다니던 교회가 아니었다. 외할머니가 새롭게 나가기 시작했다는 그 교회는 어느 허름한 초가집을 개조하여 만든 곳이었다.

거기 교인들은 밤이면 호롱불을 켜고 앉아 열심히 성경을 공부하였다. 예배라는 것이 주로 그러한 성경공부였다. 외할머니도 이전의 교회에 다닐 때와는 달리 노트에다가 서투른 글씨를 써 가며 성경공부에 열심이었다. 그 모임을 인도하는 사람은 목사 같은 냄새도 안 풍기고 수수한 모습으로 논리 정연하게 성경을 풀어 나갔다. 그 요지는 이 땅에 천년 왕국이 건설된다는 것이었다. 일반 교회에서는 죽어서 천당 간다고 하는데 그것은 거짓말이라고 하였다. 바로 이 땅에 건설될 천당에서 권세자로 다스릴 사람의 수는 십사만 사천 명으로 지금 속속 모이고 있다고 하였다. 또 일반 교회에서는 예수 재림을 기다리고들 있는데 그것도 헛된 일이라고 하였다. 예수는 이미 영적으로 1914년 세계 1차 대전 때 재림했다면서 일반 교회를 포함해서 이 세상 정부들은 다 사탄의 조직이라고 하였다. 그곳에는 일반 교회에 다니다가 실망한 자들이 대부분 모여든 것 같았다. 그리고 외할머니처럼 이 현실에서 가난하고 외롭고 눌리는 자들이 모여든 듯싶었다.

모임에 참석하고 온 날 밤이면 나는 천년 왕국의 꿈을 꾸곤 하였다. 사탄, 마귀는 쇠사슬에 꽁꽁 묶여 불구덩이 속에 던져져 있었다. 그리고 밝고 빛난 들판에는 각종 꽃들이 피고 새들이 지저귀었다. 어린아이가 사자의 손을 잡아 이끌고 표범이 염소와 함께 들판에서 뒹굴었다. 사람들은 모두가 기쁨으로 가득 차서 웃고 있었다. 외할머니도 고운 옷을 입고 넘실넘실 뛰놀았다. 그 얼굴에는 슬픔과 외로움의 그림자를 찾아볼 수 없었다. 그러면 외할아버지 같은 사람이 다가와 외할머니의 손을 잡아 어디론가 이끌고 갔다. 그러한 꿈을 꾼 날 아침이면 기분이 상쾌하기 그지없었다. 외할머니도 천년 왕국의 꿈을 자주 꿀 수 있기 때문에 그 교회에 열심히 나가는지도 몰랐다. 나는 나중에야 그 교회가 '여호와 증인의 왕국 회관'이라는 것을 알게 되었다.

외할머니는 나를 돌보아 주기 위해 시골집을 팔고 서울로 올라온 후에도 미아리 왕국 회관에 계속 나갔다. 그러나 이전처럼 나를 데리고 가려고는 하지 않았다. 그리고 일상생활 가운데서도 하나님이니 천년 왕국이니 하는 이야기를 거의 하지 않았다.

식사 시간 같은 때도 기도하는 것을 잘 보지 못했다. 그래서 어느새 나는 외할머니가 여호와 증인이라는 사실을 까맣게 잊고 지내게 되었다. 외할머니는 내가 여호와 증인이 될까 봐 두려워하고 있었는지도 모를 일이었다. 내가 여호와 증인이 된다면 학교 공부도 포기하고 군대에 가서 집총을 거부하다가 감옥에 들어가기가 십상인 것이었다.

그런데 내가 선교단체에 나가 성경공부를 하고 있다는 것을 알고는 외할머니가 삼위일체설과 예수의 부활, 재림, 천년 왕국의 교리들에 관해서 슬그머니 이야기를 끄집어 내려고 한 적이 있었다. 그때 나는 조금 배운 것을 기초로 외할머니의 말을 여지없이 반박하면서 무안을 주었다. 그 이후로 외할머니는 다시 아무 말도 하지 않게 되었다. 나 또한 사실은 신앙에 대해 뚜렷한 확신이 생기지 않은 상태였으므로 내 쪽에서 먼저 그런 문제들을 언급할 리도 없었다.

그런데 무엇보다 궁금한 것은, 그토록 소중히 간직했던 그 외할아버지의 안경이 지금은 어디로 갔느냐는 것이었다. 언제부터인지는 확실히 말할 수 없지만 오래전부터 외할머니의 반짇고리에는 그 안경이 보이지 않았다. 그랬는데도 나는 아무런 생각 없이 그냥 지나쳐 왔다. 안경에 대한 기억마저 의식에서 사라진 것이 분명했다. 이제 외할머니의 손의 감촉과 체취를 느끼며 어린 시절에 대한 회상으로 향수에 젖을 때, 무엇보다 먼저 무의식 가운데서 떠올라온 것은 그 안경이었다. 그래서 외할머니에게 그 안경에 대해 물어보았다. 외할머니는 어린아이 다루듯 손으로 내 이마를 짚어 보며 손자인 나를 잠잠히 내려다보았다. 내가 그 안경을 기억하고 있는 것이 대견한 듯 외할머니의 눈가에는 희미한 미소가 번졌다.

"안경은 필요없게 됐는 기라. 니가 점점 크면서 얼굴이 꼭 외할배 얼굴 빼박지 않았나 마. 그래 니 얼굴 보고 있으모 외할배 얼굴 보는 거랑 똑같은 기라."

외할머니는 그 꺼칠한 손바닥으로 누워 있는 내 얼굴을 자꾸만 쓰다듬었다.

"그래 그 안경을 어떻게 했능기요?"

내 입에서도 오랜만에 사투리가 튀어나왔다.

"그 시골집 안 있나? 장독대 옆에 도라지 꽃밭이 있었제? 그 꽃밭에 깊이 묻어 두고 안 왔나."

학년 말 시험을 겨우 치르고 겨울방학을 맞았다. 내가 틈틈이 다니던 그 선교단체 회원들이 가끔 나에게 심방 와서 찬송을 불러 주고 기도도 해주었다. 그들은 나에게 와서 완숙에 대해 종종 이야기하며 염려하는 말들을 하였다. 완숙은 2학기가 시작되고부터 한 번도 그 선교단체에 모습을 나타내 보이지 않았다. 술집과 홀 같은 곳에 완숙이가 친구들과 어울려 다니는 것을 보았다는 사람도 있었다.

나는 완숙에 대해서는 짐짓 무관심하려고 하였다. 그래서 완숙에 대한 이야기는 일부러 피하였다.

그리고 겨울방학 동안 나는 처음으로 하나님의 존재에 대해 진지하게 생각하기 시작했다. 아픈 중에도 성경을 혼자 탐독하며 신앙서적들을 읽었다. 특히 어거스틴의 《참회록》을 열심히 읽었다. 어거스틴에게 있어 하나님은 호흡과도 같이 존재해 있었다. 그는 자신의 손가락과 발가락을 보면서도 하나님의 기묘한 솜씨를 찬양하였다. 그리고 무엇보다 자신의 모든 것을 아시는 하나님 앞에 자기의 깊은 죄악들을 낱낱이 고백하고 있었다. 어릴 때 지은 죄악들까지 그대로 드러내 놓았다.

어릴 때의 어거스틴 집에는 커다란 복숭아 밭이 있었다. 그런데도 그는 동네 아이들과 함께 다른 집의 복숭아 밭으로 숨어들어가서 복숭아를 몰래 따 가지고 도망을 쳤다. 다른 집 복숭아가 맛이 있어서 훔치는 것도 아니었다. 게다가 훔친 복숭아는 다른 아이들에게 다 주어 버리고 자기는 먹지도 않았다. 그는 복숭아가 먹고 싶어서 훔치는 것이 아니라 도둑질 그 자체를 즐기고 있었다.

이러한 죄의 본성은 어거스틴의 젊은 시절에까지 연결되었다. 그는 아내와 다름없는 아름다운 약혼녀를 가지고 있었다. 그러나 그는 사창굴로 가서 창녀들과 어울렸다. 그것은 정욕을 채우기 위해서도 아니었다. 정욕적인 만족을 주는 것은 창녀들보다도 오히려 그의 약혼녀 쪽이었다. 거기서 그는 간음이라는 죄악 자체를 즐기고 있는 자신을 발견하였다.

어떤 뚜렷한 목적이나 이유도 없이 그저 맹목적인 충동에 이끌려 다니는 자기 내부의 파괴적인 경향을 여러 생활에서 생생히 체험하였다. 그러한 가운데 자기 내부에 새로운 변화가 필요한 것을 느끼고 종교적인 갈등들을 겪다가 결정적으로 암브로시우스 감독의 영향으로 기독교 신앙에 이끌리게 되었다.

어느 날 그는 집 뜰에서 로마서 두루마리를 펼쳐 읽다가 로마서 13장 14절에 와서 소리 내어 울고 말았다.

"오직 주 예수 그리스도로 옷 입고 정욕을 위하여 육신의 일을 도모하지 말라"

그것이 어거스틴이 성자(聖者)가 되는 회심(回心)의 순간이었다.

또한 나는 14세기의 신비주의자 토마스 아 캠피스의 《그리스도를 본받아》라는 책을 읽었다. 거기서 그리스도의 인격과 성품의 고상함에 매료되었다. 성 프랜시스의 전기도 읽었는데, 그 새처럼 가난하고 단순한 생활의 정결함에 마음이 감동되었다.

그런 성자들의 삶과 같은 인생을 살고 싶은 갈증이 나의 내부 깊숙한 곳에서도 일어났다. 기독교의 모든 교리를 다 받아들이고 믿을 수는 없었지만, 그러한 삶에 대한 동경이 교리에 대한 회의들을 희미하게 하였다. 그리고 그들을 그렇게 변화시킨 분이 하나님이요 예수라는 사실을 의심할 수가 없었다. 거의 기도를 하지 않고 있던 나는 점차 마음속으로 몇 마디씩 기도의 말을 하게 되었다. 하나님이 정말 살아 계시다면 그 증거를 내 안에 보여 달라는 것이 기도의 요지였다. 그런데 뚜렷한 어떤 증거나 어거스틴과 같은 그러한 통곡이 나에게는 없었다. 그러나 조용히 촛불이 소리 없이 피어오르듯 내 안이 밝아져 가기 시작했다. 먼동이 트고 있는 것도 같았고, 꽃잎이 열리는 것도 같았다. 어느새 하나님이 거기에 계셨다. 하나님은 포근함 그 자체였다.

그 포근함 속에서 숨이 차고 쓰라리던 가슴의 통증이 서서히 사라지고, 내 온몸을 장악하고 있던 머리의 두통도 어느새 사라졌다. 의사도 제대로 진단하지 못하던 나의 병의 원인이 신기하게 제거된 것 같았다. 그 이후로는 꿈속에 영철이가 웨딩드레스를 입고 나타나지도 않았다. 그 대신 어릴 때 꾸었던 그 천년 왕국의 꿈과 같은 것을 꾸곤 하였다. 한번은 온 하늘 가득히 수많은 무지개가 피어 있는 것을 보았다. 그야말로 하늘은 무지개 꽃밭이었다. 그 무지개를 층계 삼아 내 영혼은 상승하고 있었다.

3학년 새학기가 시작되었을 때, 나의 몸과 마음도 새로워져 있었다. 무엇보다도 그동안 별 확신이 없이 나가고 있었던 선교단체에 대한 태도가 달라졌다. 이제는 하나님을 부르고 하나님을 예배하기 위하여 나가게 되었다. 그런 마음이 어디에서 생기는지 희한할 정도였다. 점점 그 모임에서 리더의 위치로 올라갔다.

나는 그 모임의 지도자를 이 시대에 만나게 되었다는 사실에 대하여 새삼 감격하였다. 학교에서나 다른 교회나 단체에서 찾아볼 수 없는 인물이라고 생각하였다. 그는 마틴 루터 킹 목사가 말한 그 위대한 광기에 사로잡혀 있는 사람으로 보였다. 그가 전하는 성경 말씀은 그대로 살아 있는 말씀이 되어 마음에 파고들었다. 그렇다고 기름지고 풍부한 음성으로 웅변조의 설교를 하는 것도 아니었다. 학문적인 깊이를 가진 것도 아니었다. 단순히 성경 그 자체를 확신 있는 태도와 음성으로 말하는 것인데, 거기에는 범접할 수 없는 권위와 설득력이 있었다.

외모도 그렇게 시원스럽지 않았다. 키는 나보다 더 작은 것도 같았다. 안경까지 끼었는데 그 안경 속의 눈매가 변화무쌍하여 종잡을 수가 없었다. 어떤 때는 매섭게도 보이고 어떤 때는 부드럽게도 보였다. 눈물에 녹아 흐를 듯 축축하게 젖기도 하고 기쁨으로 빛나기도 하였다. 그가 만들어 내는 분위기는 항상 새로웠다. 날마다 자신의 골방에서 새로운 것을 꺼내 오는 것 같았다.

그가 설명을 하면 아무리 복잡한 종교적이고 철학적인 문제도 쉽고 간단하게 해결되었다. 그는 그런 문제들을 길게 설명하는 적이 거의 없었다. 칠판에 그림 하나 그리고 글자 한두 자 쓰면 족하였다. 마치 그것은 콜럼버스의 달걀과도 같았다. 그가 설명을 하면 흔들리던 모든 것이 똑바로 섰다. 다 듣고 나면 누구나 말할 수 있을 것 같은 내용이었지만, 그가 말할 때는 그 말들이 아주 새로운 것이 되어서 다가왔다.

우리는 그가 하나님의 계시 가운데 살기 때문에 우리에게 항상 새로운 것을 가져다 줄 수 있다는 것을 알게 되었다. 그래서 우리는 그가 하는 말 한 마디라도 소홀히 하지 않았다. 노트에 적어 놓고 그 뜻을 더욱 헤아리려고 노력하였다.

무엇보다 그는 우리 한 사람 한 사람을 잘 알았다. 누가 무슨 문제를 가지고 어떠한 생각을 하고 있는가 하는 것을 알고 있었다. 아무도 그에게 가르쳐 주지 않았는데도 희한하게 알고 있었다. 나도 그 점이 가장 신기하였다. 아무도 모르고 아무에게도 이야기하지 않은 나의 문제와 생각을 그는 알고 있었다. 어쩌면 나보다 먼저 알고 있는지도 몰랐다. 나를 알고 있는 그를 느낄 때, 나는 그를 사랑하지 않을 수 없었고 따르지 아니할 수 없었다. 우리는 그의 비결을 알아보려고 이모저모로 애를 써 보았으나, 하나님께서 그에게 가르쳐 주실 것이라는 결론 이외에 다른 것을 얻을 수 없었다.

우리는 서로를 몰랐지만, 그는 우리 한 사람 한 사람을 알고 있었으므로 우리는 그를 통하여 연결되어 있는 것이었다. 마치 예수의 열두 제자는 서로를 몰랐지만 예수는 그들 한 사람 한 사람을 알고 있었던 것과 같았다. 우리는 그를 중심으로 공동생활을 해 가면서 2천 년 전 이스라엘의 갈릴리에서 예수와 그 제자들이 공동생활을 하면서 느꼈을 감정들을 짐작할 수 있게 되었다. 우리는 서울 종로 5가의 어수선한 거리 가운데 있었지만, 늘 신선한 갈릴리 호수 근처에서 예수를 모시고 있는 느낌이었다. 그만큼 그는 우리에게 예수의 모습을 보여 준 셈이었다. 누구나 그에게서 사랑받기를 원했고 사랑을 받으면 그 사랑 안에서 말할 수 없는 위로를 얻었다.

그는 자신의 어린 시절을 종종 우리에게 이야기하였다. 계모 밑에서 사랑에 굶주리며 자랐다고 하였다. 그렇게 사랑에 굶주린 만큼 하나님으로부터 채움을 받고, 더 나아가 사랑이 필요한 자들을 사랑할 수 있게끔 되었다고 하였다. 그에 관한 이야기는 그런 단편적인 이야기밖에 듣지 못했다. 그래서 그가 어떠한 학교를 나왔으며 나이가 몇이나 되는지 그런 것들은 아무도 알지 못했다. 굳이 알려고도 하지 않았고 또 알 필요도 없었다. 오히려 우리는 그에 대해서 구체적으로 알게 되는 것을 꺼려하는 경향이 있었다.

그리고 그는 우리의 방향이 흐려질 때 분명한 방향을 제시해 주고 그 방향으로 달려가게 하였다. 그러할 때는 야전 사령관과 같은 모습으로 돌변해 있었다. 보통 때는 잔잔하던 음성이 우렁찬 뇌성같이 울려 퍼졌다. 피곤해하며 머뭇거리는 자들을 사정없이 질책하였다. 그러면 우리는 전열을 가다듬고 부르짖어 기도하며 긴장되고 엄숙한 마음으로 다시 일어났다.

우리는 이 민족을 살리는 길은 성경 말씀밖에 없음을 확신했고, 무엇보다도 대학생들이 그리스도의 군사로 일어나는 것만이 이 민족을 살리는 첩경임을 확신했다. 그리고 이 민족이 하나님께서 택하신 민족이라는 것과 세상 만방에 복음을 들고 나가야 한다는 것과 그렇게 할 때 세계 최대의 강국이 되고야 말리라는 것을 확신했다.

그래서 우리는 울 밑에 선 봉선화 같은 약소 민족의 감상주의를 극복하기 위하여 책가방 속에 조그만 지구본을 넣고 다녔다.

심심하면 그 지구본을 꺼내 돌리며 세계를 어루만졌다. 또한 모임에도 큰 지구본을 가져다 놓고 그것을 수시로 혀로 핥았다.

그러한 무렵이었다. 하루는 모임에 얼마 정도 나오다가 발길이 끊긴 어떤 형제의 집을 심방 갔다가 밤늦게 버스를 타고 돌아오고 있었다. 그런데 버스가 종로로 들어서자 그대로 멈춰 서서 도통 움직일 생각을 하지 않았다. 그 버스 앞쪽에도 무수한 버스의 행렬이 늘어서 있고 뒤쪽으로도 계속 버스의 행렬이 불어나고 있었다. 교통 순경이 호각을 불면서 거리를 정리하고 있었다. 버스간의 사람들이 웬일인가 하고 수군거렸다. 그러자 한 사람이 4월 초파일 제등행렬(提燈行列)이 있다고 하였다. 그 행렬은 여의도에서 출발하여 신촌을 거쳐 종로, 안국동, 조계사를 지나 수유리 쪽으로 이어진다고 하였다.

이윽고 무교동 쪽에서 행렬의 선두가 나타났다. 그 행렬은 캄캄한 밤에 빛의 강물을 이루고 있었다. 그 강물이 은은히 울려 퍼지는 독경 소리와 함께 점점 이쪽으로 흘러와 지나갔다.

나는 문득 만현이 생각이 났다. 만현이를 만난 지도 꽤 오래된 것이었다. 2학년 때는 영철이 장례식 때 만난 것을 합하여 두 번인가밖에 만나지 못했고, 3학년 올라와서는 한 번도 만나지 못했다. 일전에 만났을 때 만현은 인간이 신을 찾는 것은 인간의 무명(無明) 때문에 그러하다고 단호하게 말했다. 그 만현이가 저 빛의 강물 속에서 멱을 감고 있을 것은 확실한 일이었다. 너무도 긴

강물이라 어디 근방에서 멱을 감고 있는지 찾기가 힘들 것을 알면서도 나는 버스에서 내렸다.

성경책을 왼편 겨드랑이에 낀 채로 제등 행렬을 따라 인도를 걸어 올라갔다. 곁눈질을 하며 만현을 찾아보았으나 제대로 눈에 뜨일 리가 없었다. 내 눈에 들어온 것은 대부분 소복을 차려입은 할머니, 아주머니들이었다. 청년들은 따로 무리를 지어 오는지 잘 보이지 않았다.

나는 걸음을 멈추고 그 행렬이 지나가는 것을 지켜보기로 하였다. 내 눈앞으로 연등을 손에 든 사람들이 나란히 줄을 서서 지나가고 또 지나갔다. 언제 그 행렬이 끝날지 알 수 없었다. 여전히 불교가 우리 민족의 맥박이라는 것을 증명해 주는 행렬이었다. 그 빛의 강물을 거슬러 올라간다는 것이 여간 어려운 일이 아님을 새삼 느끼며, 나는 왼편 겨드랑에 낀 성경을 무슨 뗏목인 양 오른손으로 꽉 움켜쥐었다. 373년 고구려 소수림왕 때 처음으로 한국에 들어온 불교는 그 역사가 자그마치 1600년이나 되는데 내가 손에 쥐고 있는 이 책은 한국에 들어온 지 100년도 채 안 되는 것이었다.

내 의식 속에는 불교의 역사와 기독교의 역사가 뒤섞이면서 파노라마처럼 전개되어 갔다. 그럴 때마다 조모와 조모가 미워했던 외조모의 영상이 함께 엇갈리며 지나갔다. 특히 제등 행렬이 지나가는 그 시간, 내 의식의 깊은 밑바닥에서 조모의 영상이 더욱 뚜렷하게 어른거렸다.

하얀 소복을 입은 할머니의 행렬이 황톳길로 된 국도를 따라 길게 이어져 있었다. 나는 그 할머니들 중에 섞여 있는 조모의 치맛자락을 꼭 붙잡고 갔다. 그 길은 시외버스가 간혹 한 대씩 지나가곤 하는 적막하기 그지없는 길이었다. 할머니들은 대략 열여섯 명 가량 되었다.

"아이구 함안댁은 한시도 손자놈을 떼어놓을 수 없나 봐. 사돈한테도 안 보낸다며?"

"하모, 내 이 녀석 땜에 사는 거 아이가. 그 예수쟁이 사돈한테는 뭐 할라꼬 보낼 끼고."

할머니들이 비시시 웃었다. 그러고는 다시 정색을 하며 한숨을 쉬듯 염불을 외었다. 그 염불은 지극히 간단한 것이었다. 나무관세음보살이나 나무아미타불이 대부분이었다. 할머니들은 염주를 손에 들고 한 알 한 알 만지면서 가고 있었다. 훌훌 세상을 벗어 버리고 저승길로 가는 행렬들 같았다. 그 가운데 어린 내가 끼어 있어서 다소 이질감을 주고 있었다.

"오늘 오시는 스님 이름이 뭐라카더라?"

"거 광강(光江) 스님이라꼬, 이름이 특이하다 아이가."

"빛의 강이라. 이름이 참 곱대이. 오늘 법어 말씀도 이름맨치로 훤했으면 좋겠구면."

"말해 뭐하노. 스무 해를 안거(按居) 스님으로 도만 닦으신 분이라 안카나."

"그런 분들 말씀은 쉬운데도 이해하기가 힘들어 잉?"

"다 불심이 약한 탓이야. 나무관세음보살."

나는 할머니들의 이야기를 엿들으며 갓 피어난 길가의 코스모스들을 꺾어 쥐고 달리기도 하고 걷기도 하였다.

버스 한 대가 저쪽에서 황토 먼지를 일으키며 달려왔다. 조모는 나를 치마폭에 꼭 싸안았다. 다른 할머니들도 한편으로 비켜 피하였다. 버스가 지나갈 때 나는 치마폭에 싸인 채로 버스를 향하여 손을 흔들었다. 버스 여차장은 나의 모습이 귀엽고 우스운지 쿡쿡 웃으며 손을 흔들어 주었다. 얼마 안 되는 버스 승객들도 다 차창 밖으로 내다보았다. 승객들은 난데없는 할머니들의 행렬을 만나 의아한 듯한 표정이었다.

버스가 지나가자 한동안 황토 먼지에 가려 서로 얼굴을 알아볼 수 없을 정도가 되었다. 그 먼지 속을 할머니들은 계속 걸어갔다. 몇 번 큰 굽이를 돌자 오른편에 우람한 산이 보였다. 할머니들은 그 산꼭대기 쪽을 일제히 바라보았다. 숲 속에 파묻혀 겨우 지붕만 드러나 보이는 산사(山寺)가 멀리 보였다.

할머니들은 이제 산길로 접어들어 소나무 숲으로 우거진 비탈길을 올랐다. 해는 중천에 걸려 있었다. 여름 기운이 완전히 가시지 않은 날씨였다. 할머니들의 이마에 드디어 땀방울이 배어들기 시작했다. 이윽고 산사의 마당으로 들어섰다. 그 마당은 항아리 겉면같이 매끈하게 비질되어 있었다. 할머니 보살들을 스님들이 합장으로 맞아들였다.

할머니 보살들은 불상이 모셔져 있는 법당 안으로 들어가 정성껏 예불을 올렸다. 금빛 부처가 이쪽을 지그시 내려다보고 있었다. 그 부처 뒷면에는 붉은 색깔로 된 갖가지 탱화들이 그려져 있었다. 이 세상에서 볼 수 없는 기이한 형상들로 가득 들어찬 그림들이었다. 특히 그 눈들이 무서웠다. 불단에는 향이 계속 피어올랐다.

나도 할머니들을 따라 조그만 손을 모았다 폈다 하며 큰절을 하였다. 할머니보다 일찍 온 사람들은 조용히 선을 하는 자세로 앉아 있었다. 할머니들도 예불을 마친 후 조용히 방석 위에 앉았다. 조모는 계속 절을 하고 있는 나를 말려서 한쪽에 앉혔다. 사람들은 계속 법당 안으로 모여들었다.

불상 바로 밑에서 선을 하고 있던 스님이 이쪽으로 돌아앉았다. 손에 쥐고 있는 목탁을 두드리며 반야심경을 외었다. 사람들은 그분이 광강 스님인 줄 알고 자세를 바로 하였다.

"내 일찍이 산에 있었노라. 그러나 이제 빛의 강 넘치나니 나 누어 비출 때라."

깊은 산속에서 흘러내리는 맑은 물소리같이 청아한 음성이었다. 사람들은 뜻은 잘 몰라도 한 마디 한 마디에 심정이 끌려드는 표정이었다. 가볍게 고개를 끄덕이며 희미한 미소를 흘리는 사람도 있었다. 나는 무릎을 단정히 꿇은 자세로 광강 스님을 빤히 바라보며 듣고 있었다.

특별 법회가 끝나자 사람들은 법당에서 몰려나와 아래채 행랑으로 갔다. 행랑 뒤편에는 우물이 푸른 이끼에 뒤덮여 있었다. 그리고 그 곁에는 흙벽으로 쌓아 올린 부뚜막이 있고 그 위에 네댓 개의 가마솥이 걸려 있었다. 아낙네와 할머니들이 우물에서 맑은 물을 자꾸만 길어 열심히 하얀 쌀을 씻었다. 씻은 쌀은 가마솥에 부어졌다. 가마솥 밑으로 나무 장작이 들어가고 불이 지펴졌다. 가마솥에서 몽실몽실 구수한 연기가 솟아올랐다. 하얀 소복을 입은 사람들이 하얀 밥을 퍼내어 하얀 밥그릇에 담아 올렸다. 행랑방과 마루와 우물가에까지 밥상들이 차려지고 사람들이 삼삼오오 둘러앉아 맛있게 점심을 먹었다. 점심을 먹은 후 사람들은 산사의 뒷산으로 오르기도 하고 탑돌이를 하기도 하고 낮잠을 자기도 하였다. 조모는 주로 탑돌이를 많이 했다. 나도 따라서 돌았다.

해가 서산에 걸려 뉘엿뉘엿 질 무렵, 사람들의 긴 행렬이 산사를 빠져 나왔다. 스님들이 산사 입구에서 깍듯이 배웅을 해주었다. 나는 조모의 등에 업혀 있었다.

"할매 할매!"

"와?"

"할매가 죽으면 극락 가나?"

"극락은 아무나 가는 거 아이다. 나 같은 거는⋯⋯."

"그라모 할매 죽으모 어떻게 되노?"

"나 같은 거는 사람으로 다시 태어나모 감사한 일이제."

"그라모 와 절에 와서 자꾸 절을 하노? 그렇게 해싸도 극락에 못 감서."

"또 태어나고 또 태어나서 오래오래 후에 극락 갈라꼬 그러는 거 아이가."

"할매야, 요번에 죽어서 극락 가라이."

"아이고 내 새끼야, 할매 걱정은 말고 니나 득도해서 부처 되거라이."

산에서는 시원한 바람이 불어오고 있었다.

제등 행렬은 계속 이어졌다. 나는 만현을 찾는 일이 부질없음을 깨달았다. 만현은 그 빛의 강물을 따라 이미 흘러가 버렸는지도 모를 일이었다.

바로 그때였다. 정말 환영처럼 그녀가, 완숙이가 지나가고 있었다. 소복을 단정히 입고 다소곳이 머리를 숙인 자세로 연등을 하나 들고 미끄러지듯 지나가고 있었다. 나는 잠시 내 눈이 착각을 한 것으로 생각했다. 나는 다시 제등 행렬을 따라가며 방금 본 그 여인이 완숙인가 아닌가를 확인하려 하였다. 그런데 아무리 보아도 그건 분명히 완숙이었다. 완숙은 빛의 강물을 따라 다시는 붙들 수 없는 그런 자세로 조용히 흘러가고 있었다. 나의 걸음은 무릎이 빠진 듯 흐느적거렸다.

제등 행렬은 드디어 끝이 났다. 나는 멈추어 서서 멀어져 가는 그 행렬을 오랫동안 바라보고 있었다. 빛의 강물로 보이던 그것이 뒤에서 바라보니 이제는 꽃상여의 행렬처럼 보였다. 그 꽃상여는 내가 사랑했던 것들을 싣고 아련히 사라져 가고 있었다. 곧이어 자동차들의 소음이 들리기 시작했다.

그동안 뜸했던 세검정 순례의 길에 다시 올랐다. 나는 진정한 나의 신을 발견한 가운데 있었지만, 을희라는 또 다른 신을 완전히 거부할 수는 없었다. 여호와를 섬기면서도 푸른 나무 아래 바알의 제단 앞으로 나아갔던 구약의 이스라엘 사람들처럼 그렇게 을희 앞으로 나아갔다.

을희는 이제 고등학생이 되어 있었다. 어느새 어엿한 여성으로 성숙해 있는 것이었다. 을희는 더 이상 이전의 행동을 되풀이하지 않았다. 을희의 방문은 열려 있었고 그 얼굴은 나를 향하여 웃고 있었다. 나를 위해서인지 그동안 익힌 피아노 곡을 정성스럽게 연주해 주었다.

라일락꽃이 무더기로 피어 있는 정원에 앉아 나는 을희에게 나의 신을 발견한 과정을 들려주었다. 을희는 여러 가지 것에 빠지기를 잘하는 나의 성격을 들추어내면서 언제 또 내가 변덕을 부릴 것인지 두고 보자고 하였다. 나는 이번에는 나의 영원한 신을 발견하였으므로 변하지 않을 것이라고 하였다. 그때 을희는 자기의 신은 음악이 될 것 같다고 말하였다. 대학 진학도 음대 방향을 생각하고 있다고 하였다. 문득 나의 가슴에 어떤 슬픔 같은 것이 괴어들었다.

나는 나의 무의식 가운데 을희에게는 신이 있어서는 안 된다는 생각이 있음을 발견하였다. 왜냐하면 을희는 나의 신이었기 때문이었다. 그러나 이제 그런 모든 생각은 하나님 앞에서 버려져야 할 것이었다. 을희가 나에게 우상이 되지 않도록 경계해야만 하는 것이었다. 그러나 을희는 너무도 아름다운 모습으로 내 곁에 앉아 있었다. 저녁놀 빛을 비껴 받고 있는 을희의 실루엣은 그대로 하나의 여신상이었다.

나는 문득 나의 결혼을 생각했고, 을희 이외에 다른 대상자가 없을 것 같은 마음이 들었다.

외칠촌 아저씨의 딸이면 나와 어떤 모양으로든지 친척이 된다고는 할 수 있지만 그것이 전혀 방해가 될 것 같지는 않았다. 다만 같은 신앙을 가지지 않고서는 결혼이 이루어지지 않을 것 같은 예감이 들 뿐이었다. 그러나 언젠가는 을희도 여러 방황의 계곡을 지나서 신앙의 푸른 초장으로 나오게 될 것이었다. 집 뒷산에서 새 소리들이 잠시 어지럽게 들려왔다. 하루의 비상(飛翔)을 마감하고 둥지를 찾아 들어가는 모양이었다. 그 가운데 뻐꾸기의 울음소리도 섞여 있는 듯했다.

을희는 나의 장래에 대한 이야기로 화제를 돌려 고시공부가 어느 정도 진척이 되었느냐고 물었다. 오빠의 머리로 조금만 공부하면 능히 합격할 수 있을 것이라고 하였다. 사실 나는 고시를 포기한 것은 아니었지만, 공부는 거의 하고 있지 않고 있었다.

그동안 고시공부를 하려고 하면, 그것이 하나님 앞에서 우상이라는 이상한 생각이 강박관념처럼 파고 들어와 마음을 혼란케 했다. 무엇보다 마음이 내키지 않는 공부를 부모와 다른 사람들의 기대 때문에 해야 한다는 것이 그렇게 부담스러울 수 없었다. 그리고 내가 해답을 구하고 해결해야 할 신앙의 문제들이 내 마음을 사로잡고 있었기 때문에 그러한 문제들과 관련된 책을 읽는 데 거의 대부분의 시간을 보냈다. 그러한 것을 절제하고 고시공부를 하려고 해도 그 신앙의 문제가 해결되지 않은 상태에서는 아무것도 할 수 없었다. 그래서 고시공부에 대해서는 일부러 잊으려 했고, 마음이 어느 정도 안정되면 본격적으로 시작하려고 한다는 핑계로 미루어 놓고 있는 셈이었다. 을희가 고시공부 이야기를 꺼냈을 때, 사실 어떻게 대답을 해야 할지 머뭇거렸다.

그래서 나는 엉뚱한 말을 해버렸다.

"내 고시공부와 을희가 무슨 상관이 있지?"

그러자 을희는 그 예쁜 양 입술을 겹쳐 위아래 이빨로 꼭 물고는 나를 뚫어질 듯이 노려보았다. 저녁놀 빛 때문에 그런지 그 눈동자는 붉게 상기되어 홍보석처럼 빛나고 있었다. 정말 아름다웠다. 그렇지만 나는 짐짓 무관심한 표정을 지었다. 봉긋이 솟은 을희의 가슴이 오르락내리락하며 숨이 가빠졌다. 을희의 몸속에서 뭔가 곧 폭발해 버릴 것만 같은 기세였다.

"몰라!"

예상대로 을희가 벌떡 일어났다. 그리고 을희가 등을 돌려 달려가기 직전에 내가 을희의 옷소매를 잡아 앉혔다. 조금 전까지 명랑하던 을희가 새초롬한 모습이 되어 눈을 아래로 깔고만 있었다. 을희의 마음을 나는 너무도 잘 알고 있었다. 주위에 가득한 라일락 향기같은 행복감이 내 몸속으로 밀려들어 왔다. 그래서 나는 을희를 더욱더 놀려 주고 싶었다.

"을희와 난 친척간이야."

그러자 갑자기 을희는 더 듣지 않으려는 듯 두 손으로 귀와 얼굴을 감쌌다.

"아니야! 아니란 말이야!"

을희는 머리를 흔들며 강하게 부정했다. 그러다가 잠시 후 조용한 음성으로 또박또박 말했다.

"난 오빠가 나에게 입을 맞춘 일을 지금도 잊지 않고 기억하고 있어!"

왜 5년 전의 그 이야기를 이 자리에서 꺼내는 것인지 나는 한 대 얻어맞은 기분이 되었다. 을희의 그 어조는 마치 정조라도 바친 듯한 어조였다.

그때 초인종이 울렸다. 을희의 남동생이 현관문을 열면서 대문 쪽을 향하여 "누구세요" 하고 물었다. 대문 바깥에서 을희 아버지의 목소리가 굵직하게 들려왔다. 을희가 정원에서 달려가더니 대문을 열어 주었다. 나도 뒤따라 정원을 나왔다. 을희 남동생들과 여동생, 을희 어머니가 주르르 현관으로 나와 을희 아버지를 맞이하였다. 나도 그들 속에 섞여 을희 아버지에게 인사를 하였다.

을희 아버지는 저녁 식사를 마친 후 나를 응접실로 불러내어 나의 생활에 대해서 이모저모로 물어 보았다. 나는 아저씨가 처음으로 나에 대해 관심이 많다는 것을 느꼈다.

"나, 니가 얼마만큼 잘 해내나 지켜볼 끼다. 나, 만나는 사람마다 니 칭찬 안 하나. 니가 우리 집에 얼마 동안 있었다는 거이 나한테는 자랑거린기라."

아저씨는 다탁에 차려 놓은 맥주를 쭉 들이켜고 땅콩 몇 개를 집어 들었다. 나도 아저씨가 자꾸 권하는 바람에 맥주를 조금씩 들이켰다. 너무도 오랜만에 알콜 성분이 몸속에 들어와서 그런지 금방 얼굴이 뜨뜻해졌다.

"난, 니가 판검사가 되어 법조문만 뒤적이는 사람이 되는 거

원치 않아. 판검사 자리는 어디까지나 사회생활의 기반에 불과하고 그것을 기초로 문학, 종교로써 이 사회에 영향력을 끼친다 이거야. 암, 멋있는 인생이 되는 거 아이가. 니 아버지가 혼자 고시공부해서 이루려다 못 이룬 거 니가 이루어 보는 기라."

나는 계속 충고를 듣는 입장이 되었다. 그러다가 묻는 것에 간간이 대답을 할 뿐이었다.

응접실 창 밖에는 까만 어둠이 내리고 그 너머로 건너편 산등성이의 불빛들이 그 어둠에 묻히지 않으려는 듯 꿈틀거리며 깜박이고 있었다. 안방에서는 방문이 열리고 닫힐 때마다 식구들의 두런거리는 소리와 텔레비전 방송 소리가 흘러나왔다.

아저씨는 할 이야기를 거의 다했다는 표정을 지으며 새 담배를 입에 물었다. 나는 아저씨의 충고에 대해 고마움을 표시하고는 이제 집으로 돌아가야겠다면서 응접실 소파에서 몸을 일으켰다. 아저씨는 늦었는데 자고 가라고 했으나 외할머니가 기다린다고 사양하였다. 내가 간다는 말이 전해지자 안방에 있던 식구들이 현관까지 우르르 나와 전송해 주었다. 을희도 이제 마음이 다시 풀린 표정으로 아주 정답게 작별 인사를 해주었다.

"오빠 잘 가. 자주 놀러 와, 응?"

을희가 그렇게 감미로운 음성으로 작별 인사를 해주기는 몇 년 만에 처음이었다.

"아쭈, 이젠 인사까지 하네. 전에는 내외한다고 쳐다보지도 않더니만, 고등학생이 되니까 부끄럼이 없어진 모양이지."

을희 어머니가 을희를 놀리는 투로 웃으면서 말했다. 그러자 을희가 두 주먹으로 자기 어머니의 어깨를 두드리며 눈을 흘겼다. 을희 동생들은 아무것도 모르면서 히죽히죽 웃었다. 키가 큰 아저씨는 뒤쪽에서 벙긋이 미소를 짓고 있었다. 나는 다시 인사를 하고 대문께로 다가가 허리를 구부리며 대문의 출입구를 밀었다.

바로 그때, 현관에서 돌연 을희의 목소리가 날아와 내 등 뒤에 꽂혔다.

"오빠, 고시공부 열심히 해!"

그리고 곧 잇달아 식구들의 웃음소리가 들려왔다. 나는 돌아볼 틈도 없이 대문을 나서고 말았다.

그런데 이상한 일이었다. 이번에는 눈물이 흐르지 않고 있었다. 을희 집 대문을 나서기만 하면 항상 흐르던 그 눈물이 이제는 거짓말같이 잠적해 버렸다. 내가 신앙을 가졌기 때문에 정서적으로 안정이 되어서 그런 것 같지도 않았다. 을희의 태도가 달라졌기 때문만도 아니었다. 나는 무언지 모르게 쫓기는 심정이 되어 있었는데, 그 초조와 불안이 내 맑은 눈물의 수문을 막고 있는 것이었다.

나는 허둥지둥 버스 정류장으로 가 버스를 탔다. 그 시간에 세검정 종점에서 시내로 나가는 버스에 탄 승객이라곤 나 이외에 아무도 없었다. 버스 차장은 출입문 근방의 의자에 앉아 벌써부터 졸기 시작했다. 버스는 자하문 고갯길을 좀 힘들게 오르고 나서 자하문을 넘어서자 경복고등학교 담을 끼고 빠르게 미끄러져 갔다. 아카시아 향기인지 라일락 향기인지 짙은 향기가 밤공기를 타고 버스 안으로 몰려왔다. 나는 갑자기 텅 빈 버스 안이 관(棺) 속처럼 느껴졌다. 그 속에 덩그러니 혼자 앉아 있는 나는 몰려든 향기로 인하여 미라로 방부(防腐)되고 있는 것 같았다. 지금 달리고 있는 버스의 속도만큼 빠른 세월 속에 꼼짝도 못하고 앉아 있는 자신이었다.

난파된 아버지의 인생이 내 눈앞에 어른거렸다. 그러자 나의 인생도 그와 같이 난파될지도 모른다는 생각이 들었다. 내가 정말 아저씨가 말한 그 멋있는 인생을 살기 위해서는 나의 생활이 이런 식으로 계속되어서는 안 된다는 것은 너무도 분명한 일이었다. 그런데 이미 이런 식으로 달리기 시작한 생활의 궤도를 어떻게 바꿀 수 있을 것인가. 그 궤도를 바꿀 수 있는 방법이 과연 있단 말인가.

나는 자신이 없었다. 다른 생각 없이 공부에만 열중하던 그 시절로 되돌아갈 수 있을 것 같지가 않았다. 언젠가는 되겠지 언젠가는 되겠지 하면서도 고1 이후 한 번도 그렇게 된 적이 없었다. 그런데 지금이라도 가능한 방법이 있을 것 같은 생각이 들기도 하였다. 그것이 무엇이지를 간신히 깨달은 것은 버스가 청와대

쪽으로 나왔을 때였다.

그것은 바로 내가 그 선교단체를 떠나는 것이었다. 내가 어떻게 이런 생각까지 하게 되었는지 의아해질 뿐이었다. 내 인생을 진실로 의미 있게 해준다고 생각하고 그렇게 확신하고 있었던 그 선교단체가 갑자기 내 인생을 난파시킬 커다란 암초가 되어 다가왔다. 한번 그런 생각이 들자 그 생각은 내 의식에 끈질기게 들러붙었다. 나는 머리와 가슴과 심장들이 얼어붙는 것처럼 긴장되었다. 성경을 공부하고 가르치고 기도하고 전도하고 심방하는 종교적인 일에만 매여 있는 나의 생활이 지극히 비정상적인 생활이라는 것과 나는 목회자가 아닌 학생이요, 신학생이 아닌 법대생이라는 사실이 점점 뚜렷하게 의식되었다.

버스는 안국동 로터리에서 화신으로 꺾이는 정류장에 멈춰 섰다. 나는 급히 버스에서 내렸다. 그리고 조금 걸어 올라가 미아리로 가는 버스로 갈아탔다. 그 버스는 방금 전 버스와는 달리 만원이었다. 사람들은 하루의 생활을 마치고 늦은 밤에 귀가하고 있었다. 한결같이 멍한 눈길을 차창 밖으로, 아니면 앞쪽 허공으로 던지고 있었다. 나도 그들과 똑같이 멍한 눈길이 되어 차창 밖 어두움을 내다보았다. 머릿속에는 계속 생각의 파편들이 뒤섞여 떠돌아다니다가 한데 엉기며 침전하곤 하였다.

영철의 죽음 이후에 나에게 몰려왔던 그 두통과 같은 것이 정수리에서부터 눈썹께로 서서히 내려왔다. 두통으로 괴로워했던 작년 늦가을과 겨울의 투병 기간의 기억들이 마음속에서 떠올라와 두려움을 주었다. 그러한 두통이 다시 시작되어서는 결단코 안 될 것이었다.

나는 심호흡을 하며 생각의 파편들이 떠돌아다니지 않도록 마음을 차분히 가라앉히려고 애썼다. 그러나 좀체로 마음이 가라앉지 않았다. 선교단체를 떠난다는 결론으로 모든 생각의 방향을 유도해 보려는 나의 노력은 순간순간 그 결론에 도전해 오는 생각들로 인하여 무산될 것 같은 위기를 맞기도 하였다.

버스는 돈암동을 지나 미아리고개를 올라가기 시작했다. 사람들이 한쪽으로 휩쓸렸다. 그러자 옆에 서 있는 덩치 큰 아가씨의 몸체가 나에게로 기울어졌다. 화장품 냄새가 물씬 풍겨왔다. 나는 발을 옮겨 그 아가씨의 몸에서 조금 떨어졌다. 그런데 다시 버스에 요동이 있자 아가씨의 몸은 내 쪽으로 기울어져 밀착되었다. 그것은 버스에 요동이 있기를 기다리기라도 한 듯한 몸짓이었다.

나는 또 발을 옮겨 조금 떨어졌다. 버스는 미아리고개를 다 올라와 잠시 정류장에서 쉰 후 길음동 쪽으로 내리막길을 달렸다. 이번에는 내 몸이 아가씨 쪽으로 기울어져 밀착되었다. 아가씨는 그것을 자연스럽게 받아 주고 있었다. 내가 몸을 반대편으로 기울여 아가씨에게서 떨어지려고 해보았으나 사람들의 무게로 꼼짝을 할 수 없었다. 나는 포기해 버렸다. 아예 긴장을 풀고 내 몸 전체를 아가씨에게 맡겨 버렸다. 그러자 풍만한 젖가슴과 허리와 엉덩이의 감촉들이 나에게로 전해져 왔다. 그 감촉은 신비한 마력으로 내 온몸의 신경들을 장악했다. 생각의 파편들로 어수선 하던 머릿속이 갑자기 마비가 된 듯 잔잔해졌다. 어른거리던 두 통의 그림자도 사라졌다. 그렇게 여인의 몸은 치료의 힘이 있었 다. 버스가 평탄한 도로를 달리는 동안에도 나와 아가씨의 몸은 서로 떨어질 줄 몰랐다.

드디어 버스가 대지극장 앞에 섰다. 나는 큰 결단이라도 하듯 이 아가씨에게서 떨어져 버스 출입구 쪽으로 급하게 다가가 내렸 다. 집으로 돌아오는 동안에도 아가씨의 화장품 냄새와 몸의 감 촉이 내 온 전신을 휘감고 있었다. 나는 머리를 몇 번 흔들어 그 런 환각에서 깨어나려 했다. 그러자 가라앉았던 생각의 파편들 이 다시금 떠올라 왔고 두통도 되살아났다.

보안등이 누렇게 켜져 있는 골목을 지나 집 대문 앞에 섰다. 초 인종을 누르니 아주머니가 나와 문을 열어 주었다. 아주머니가 마당 어두움 속에서 살살 눈웃음을 쳤다. 문득 주인인 소경 할아 버지와 아주머니의 관계가 어떠한 관계일까 하는 생각이 스치고 지나갔다. 아무래도 아주머니가 그냥 가정부로만 그 집에 있는 것은 아닌 것 같았다.

나는 아주머니의 눈웃음을 피하다시피 하며 내 방으로 들어 와 스위치를 더듬어 불을 켰다. 그리고 머리를 두 손으로 감싸

쥔 채 방바닥에 쓰러져 누웠다. 한동안 그 자세로 가만히 있었다. 주위에서는 일체 아무런 소리도 들려오지 않았다. 적막, 바로 그것이었다. 망막에서는 잔뜩 밀려 있는 고시공부 책들과 그 선교단체의 지도자와 형제들, 자매들의 얼굴이 계속 떠올라 왔다.

얼마나 지났는지 몰랐다. 한순간 나는 저 깊은 심연으로 곤두박질치는 심정이 되었다. 내 존재 전체의 밑바닥에서 강도가 센 지진이 일어난 것 같았다. 나는 내가 떨어지고 있는 심연을 내려다보는 것을 두려워했다. 그러나 끝내 그 심연을 들여다보았다.

그 심연에는 굵은 뱀 같은 것이 또아리를 틀고 있었는데, 그 모양은 '?'였다. 그 물음표는 입을 떡 벌리고 내가 떨어지기만을 기다리고 있었다. 나는 떨어지면서도 몸부림을 치며 무언가를 붙잡아 보려고 하였다. 그러나 벼랑에는 붙잡을 만한 풀 한 포기 없었다. 드디어 물음표의 벌어진 입 속으로 머리부터 처박혔다. 과연 하나님이 계시는가?

내 존재의 심연에 항상 도사리고 있는 뱀의 또아리 같은 그 물음표를 하나님을 믿기로 작정한 후부터도 늘 의식하고는 있었다. 그렇지만 그것은 심연에 있었기 때문에 표면으로 기어 올라오지 않도록만 주의한다면 마치 없는 거와도 같은 것이었다.

이제 그동안 잘 다스려 오던 그 물음표를 향하여 오히려 나 자신이 굴러떨어진 셈이었다. 그러자 내가 조금 전까지 고민하고 있던 문제들이 공허하게 생각되었다.

물음표에 점점 먹혀들어 가던 나는 어쩌면 하나님이 계시지 않을지도 모른다는 생각이 들기 시작했다. 하나님이 계시지 않는다면, 하나님을 위해 일하고 또 그 일이 부담이 되어 피하려고 하는 이 모든 것은 하나의 난센스에 불과할 뿐이었다. 사람들이 하나님이라고 하는 것은 자기들의 고상한 감정적인 체험을 가리켜 하는 말일지도 몰랐다. 감정적인 체험 그 이상의 것도 그 이하의 것도 아닌데 거기에다가 하나님을 대입(代入)시켜 놓고 종교니 신앙이니 하고 있는지 모를 일이었다. 하나님을 들먹거리지 않으면서도 위대한 삶을 살아간 성인(聖人)들을 보면 그것은 더욱 분명해지는 법이었다. 그들은 어쩌면 소위 하나님이라고 하는 것보다 더 높은 이상을 믿고 순종하면서 살아갔을 것이었다.

나는 그동안 어떤 종교적인 분위기에 이끌려 착각을 하면서 없는 하나님을 부르고 없는 하나님을 찬양하고 없는 하나님을 전했을 수도 있었다. 인간이 신을 찾는 것은 인간의 무명(無明) 때문에 그러하다고 하던 만현의 단호한 확신이 진리일 가능성도 있었다. 진여(眞如, 불교에서 말하는 평등·보편·절대의 진리)를 보지 못하고 눈이 가리워진 인생들이 지어낸 신기루가 하나님이라고 만현은 주장했던 것이었다.

내가 그동안 만현을 만나는 것을 꺼려했던 것도 만현이가 내 속에 도사리고 있는 그 물음표를 부추겨 세울까 두려웠기 때문인지도 몰랐다.

얼마 전에 종로 거리에서 본 제등 행렬의 영상이 눈앞에 어른 거렸다. 그 빛의 강물에 함께 떠내려가던 완숙의 연등이 더욱 유난히 어른거렸다. 그토록 하나님을 확신하게 되었다고 하던 완숙이도 하나님이 하나의 환상임을 깨닫고 꺼질 줄 모르는 자기 욕망의 불길을 잡기 위해 그 연등을 밝혀든 것이 아닌가. 정말 법구경(法句經) 제1장 쌍서품(雙叙品)의 제1게송(偈頌) 첫 구절에 나오는 말처럼, 모든 것은 인간의 마음에서 우러나올 뿐 하나님이니 신(神)이니 하는 것은 단지 허구나 허상에 불과할 수도 있을 것이었다.

"심위법본(心爲法本)이요, 심존심사(心尊心使)라."

마음 하나로 부처가 될 수 있는 것이 우리 인생이다.

"아자위아(我自爲我)요, 계무유아(計無有我)라."

나는 나를 주인으로 하며 나 외에 따로 주인이 없다. 그래서 내가 내 마음을 다스려야지 신과 같은 다른 존재의 힘을 빌릴 필요가 없다.

석가모니는 법구경 제25장 비구품(比丘品)에서 이렇게 설법하였다.

"비구여, 이 배 밑의 물을 퍼내라. 속이 비면 가볍게 배는 가나니. 가슴속에 음·노·치(淫怒痴)의 독이 없으면 너도 또한 열반에 빨리 가리라(比丘筒船 中虛則輕 除淫怒痴 是爲泥洹)."

이런 석가모니의 말들을 떠올리는 것은 불교에 귀의하기 위해서가 아니라, 다만 하나님의 존재를 부정하는 데 도움이 되기 때문이었다.

나는 완전히 내 심연의 그 물음표에 집어삼켜졌다. 하나님이 없다는 결론이 거의 마음을 점령해 버렸다. 그러자 선교단체를 떠나야 할 것인가 고민할 필요조차 없어졌다. 굳이 고시공부 때문에 떠나야 한다고 생각할 필요조차 없어졌다. 그리고 그 모임에 속한 사람들의 인정(人情)에 매일 필요도 없었다. 순간 마음이 홀가분해지는 느낌이 들었다. 두통도 많이 가라앉았다. 그러나 잠은 여전히 오지 않았다. 나는 잠이 오기만을 가만히 기다리고 있을 수 없었다. 그러기에는 창밖의 달빛이 너무 밝았다.

나는 몽유병 환자처럼 일어나 그 달빛 속으로 걸어 나왔다. 밤하늘이 맑게 개어 있는 것을 비로소 알았다. 별들이 달에게로 빛을 보내 주어 달이 빛나고 있는지, 아무튼 별들과 달은 사이좋게 빛을 공유(共有)하며 빛나고 있었다.

나는 밤하늘을 올려다보면서 이 세상의 진리라고 하는 것들이 저렇게 달과 별처럼 빛을 공유하며 사이좋게 빛날 수는 없을까 하고 생각했다. 세상의 진리들은 자기 이외의 다른 진리의 빛을 꺼 버려야 비로소 자기의 빛을 비출 수 있는 것처럼 생각하는 경향들이 있는 것이었다.

나는 그동안 하나님 이외의 다른 진리들은 일부러 내 마음속에서 꺼 버리려고 하고 있었다. 그러나 이제 그 모든 것들이 다시 되살아나 빛을 발하기 시작하는 것 같았다. 그런데 그 모든 별들은 하나님이라는 빛을 그대로 두고는 빛날 수 없었다. 그래서 자기들의 빛을 공유하며 마음껏 빛나기 위해서는 하나님이라는 빛은 할 수 없이 꺼 버려야만 했다. 그만큼 하나님이라는 빛은 공유할 수 없는 배타적인 성질을 가지고 있었다.

나는 갑자기 내 안에 밀려든 무신론의 자유를 주체할 길이 없어 마당을 서성거렸다. 그러다가 정신 나간 사람처럼 대문을 열고 바깥으로 나갔다.

골목길 안은 누렇게 비치고 있는 보안등 불빛 외에는 아무것도 없었다. 통금이 이미 지난 후였지만, 나는 그 골목길을 걸어 나가 작은 돌다리 하나를 건넜다. 그리고 뒷산을 향해 계속 걸어갔다. 밤하늘은 빛들로 가득했지만 산길을 비추어 주는 데는 어두웠다. 나는 부유스름하게 보이는 길을 따라 아무 두려움도 없이 올라갔다. 어느새 주위는 숲으로 둘러싸였다. 산새들이 인기척에 잠을 깬 듯 푸드득거렸다.

나는 생각했다. 하나님을 믿지 않고 살 때 인생에 어떤 의미와 목적을 가지고 살았던가를 회고해 보았다. 불과 1년도 채 지나지 않은 기간인데 확연하게 떠오르지가 않았다. 무슨 의미와 목적을 가지고 살긴 살았을 텐데 분명하게 잡히지 않았다. 지극히 단편적인 것들만 생각났다. 선하게 살려는 도덕적인 동기에서 살았던 것 같지도 않았다. 또한 세상의 명예나 출세를 위해 살았던 것 같지도 않았다. 그저 일상의 쳇바퀴 속에서 주로 몸속에 파고드는 정욕을 채우기 위해 산 것 같았다. 그것을 좀 더 고상한 말로 표현한다면, 무언가 아름다운 것을 추구하기 위해 살았다고 할 수 있었다. 아름다운 소녀를 늘 찾았고, 아름다운 글을 쓰려고 했고 아름다운 타락을 동경하면서 살아왔다. 그리고 아름다운 허무를 마시면서 갈증을 채웠다.

'내가 왜 이 땅에 태어났으며, 나는 또 어디로 가는 존재인가.'

이 근본적인 질문에 해답이 내려지지 않은 안타까움 속에서 방황하며 살아왔다. 아니 해답을 발견하게 되면 방황을 즐길 수 없으니까 해답을 발견하지 않으려고 이 거리 저 거리로 피해 다녔다고 하는 편이 옳을 것이었다. 누가 해답을 가지고 다가오면 슬그머니 도망을 쳤다. 만현의 해답이나 외할머니의 해답도 내심으로는 늘 피하고 있었던 것이었다. 영원히 나를 방황케 하고 그 방황에 합당한 이유를 대어 줄 진리가 있다면 나는 그것을 진리로 믿고 싶었다.

이것이 하나님을 믿기 이전의 나의 상태였다. 그래서 이제 내가 하나님을 거부하게 된다면, 불교나 다른 종교보다도 그런 방황의 진리로 되돌아갈 가능성이 많았다.

나는 산길에서 왼편으로 꺾어 산등성이를 타고 올라갔다. 풀벌레 울음소리들이 밀어의 속삭임들처럼 나지막하고 여리게 들려왔다. 나는 얼마쯤 올라가다가 한곳에 무릎을 꿇고 앉았다. 상현에서 보름달로 차올라 가는 달이 하늘에 덩그렇게 떠 있었다.

나는 그 달을 올려다보는 자세로 한동안 서 있었다. 그 달에게 무언가를 묻고 있었으며 그 달의 미세한 음성을 듣고 있었다. 보이지 않은 추상적인 진리보다 달과 같이 눈에 보이는 구체적인 객체가 차라리 신(神)이었으면 좋겠다는 생각이 들었다.

그러한 달과 같은 객체를 자기들의 신으로 소박하게 믿고 섬겼던 고대인들은 신의 존재에 대한 회의에 빠질 필요가 없었다. 달이 기울고 차는 형용을 통하여 신의 마음을 읽고 거기에 대처하면서 그때 그때 제사를 드리면 되는 것이었다.

아브라함이 가나안 땅으로 이주하기 전에 살았던 고대 바빌로니아 지방에서는 달신이 그들의 주신(主神)이었다. 그 달신의 이름은 공교롭게도 한국말의 신(神)과 발음이 똑같은 신(Sin)이었다. 영어의 죄(sin)라는 말과는 어떤 관계가 있는지 알 수 없지만, 지금 일반적으로 죄라고 말하는 행위들이 그 신(sin)의 제단 앞에서 행해졌다. 특히 신(sin)의 아내인 닝갈(Ningal) 숭배를 통하여 이루어졌다. 닝갈은 많은 이름을 가지고 여러 도시에서 섬겨졌다. 니나라는 이름도 그 이름들 중의 하나였고, 니느웨라는 유명한 도시도 이 이름에서 연유하였다. 그런데 바빌로니아에서 가장 널리 알려진 닝갈의 이름으로는 이스타르(Ishtar)로, 성경에서는 아스다롯으로 표기되어 있다.

그 여신은 성욕이 신성화된 신이었다. 그 여신을 숭배하는 여자들은 적어도 일생에 한 번은 성스러운 매춘(賣春) 행위에 자신을 헌신해야만 했다. 여제사장들은 일반 여자들과는 달리 항상 헌신해야만 했는데, 성전 옆에는 예배하러 온 남자들과 여제사장들이 성교의 의식을 치르는 방이 있었다. 고대인들은 그렇게 달을 섬기고 달의 정기를 받아 성욕을 거룩한 감정으로 여기며 그것을 제단 앞에 바쳤다. 그러니 성욕을 다른 지저분한 것에 배설하지 않아도 되었다. 그리하여 성전은 성욕으로 가득 찼으나 일반 사회는 오히려 깨끗했을 것이었다.

나는 앉은 자리에서 근방을 살펴보았다. 내가 앉아 있는 자리는 묘를 이장하면서 남긴 구덩이 바로 옆이었다. 그 구덩이 속에는 잡초들이 떼 지어 솟아 있었다. 그 잡초 덤불 아래는 구렁이라도 웅크리고 있을 것 같은 형세였다.

그때 캄캄한 산속에 혼자 앉아 있는 자신을 새삼 의식했다. 막연한 두려움이 일기 시작했다. 그 두려움은 죽음으로 허무하게 마감될 내 인생 전체에 대한 두려움으로 번져 갔다.

그 순간이었다.

갑자기 가슴이 답답해져 왔다. 하늘에서 어떤 큰 손이 내려와 내 전 존재를 내리누르는 것만 같았다. 나는 그 힘에 짓눌리듯 옆으로 맥없이 쓰러졌다. 하마터면 그 구덩이 속으로 굴러 떨어질 뻔했다. 나는 누가 내 몸을 이렇게 누르고 있는가 살펴보기라도 할 것처럼 주위를 둘러보려 했다. 그러나 꼼짝을 할 수 없었다. 내 머리는 하늘만을 응시할 수 있을 뿐이었다. 여전히 맑게 갠 밤하늘에는 달과 별들이 떠 있었다. 어디선가 산 너머에서는 개 짖는 소리가 희미하게 들려왔다.

그렇게 보고 듣는 것으로 보아 내 의식은 깨어 있는 것이 분명했다. 참으로 기이한 일이었다. 분명히 어떤 존재가 내 위에 옆에 주위에 있었다. 그것은 이번에는 포근한 느낌을 주는 것이 아니라 강하게 억누르는 느낌을 주었다. 내가 언제까지 이렇게 누워 있어야 할 것인가 심한 두려움에 사로잡혔다.

그때 내 존재의 심연에서, 물음표가 또아리를 틀고 있는 그곳보다 더 깊은 심연에서 어떤 소리가 형성되어 떠올라 오는 것을 느꼈다. 그 소리는 알 듯 모를 듯 내용이 분명치 않다가 차츰 분명하게 되었다.

"네가 어디 있느냐. 네 가어 디있 느냐. 네가 어 디 있느 냐. 네가 어디 있느냐."

2년 전 창세기 성경학교에서 들은 성경 구절이었다. 나는 그 음성이 하나님의 음성임을 느꼈다. 그 순간에 그것이 하나님의 음성이 아니라고는 도저히 말할 수 없는 어떤 중압감이 있었다.

나는 갑자기 고함을 지르면서 일어났다.

"내가 여기 있습니다. 죽이시든지 살리시든지 당신 마음대로 하십시오."

내가 왜 그토록 극단적인 말을 내뱉었는지는 두고두고 생각해도 잘 이해가 되지 않았다. 아마 그 당시 나는 나를 누르고 있는 존재가 나를 죽이려 하고 있다고 생각하면서 죽음에 대한 공포를 느끼고는 고함을 지르며 일어났는지도 몰랐다. 아무튼 나는 다시 일어나 앉을 수 있었다. 그러나 곧이어 나는 내 의지에 의하여 앞으로 몸은 꼬부렸는데 통곡 소리와 함께 맑은 눈물의 수문이 열렸다. 몇 시간 전 을회 집 대문을 나설 때 막혀 있었던 그 수문이었다.

나는 한참을 울었다. 그러자 그 긴 울음 후에 한 줄기 고운 가락이 내 존재의 심연에서 솟구쳐 올라왔다. 그 심연에는 이미 물음표의 또아리가 사라지고 없었다. 그 가락이 솟구쳐 올라오면 올라올수록 내 답답했던 가슴은 시원해지고, 그러다가 용암이 흘러드는 듯 뜨거워졌다.

이런 경험을 다른 신자들이 이야기하는 것을 종종 듣기는 하였지만, 그때까지 나에게는 한 번도 없던 일이었다. 나는 뜨거워지는 가슴을 주체할 길이 없어 벌떡 일어났다. 그러고는 펄펄 뛰면서 산길을 달려 내려왔다.

나는 다시금 고시공부를 하기 시작했다. 헌법부터 해나갔는데, 삼선 개헌으로 헌법의 골격이 또 바뀌었으므로 이전의 헌법 책들을 쓸 수 없게 되었다. 법이 바뀔 때마다 법률 책들은 종이에 불과한 쓰레기가 되기 십상이었다. 나는 새로운 헌법 책을 사서 읽어 나갔다.

고시공부하는 학생들로 가득한 도서관의 분위기는 사뭇 긴장감이 감돌았다. 학생들은 칸막이마다 틀어박혀서 좀체 움직일 줄을 몰랐다. 떠드는 소리 하나 없었다. 다만 책장 넘기는 소리만이 사그락사그락 들려오고, 가끔 골마루에 걸린 벽시계가 시간을 알려 주는 둔탁한 소리를 내었다.

도서관 책상 면과 칸막이벽에는 갖가지 낙서가 적혀 있었다. 시대의 부정과 불법을 풍자한 글들도 있고 특정 인물을 야유하는 글들도 있었다. 또한 고시공부를 하는 자로서의 착잡한 심정을 표현하고 있는 낙서도 있었다. 그것들은 몇 년 동안을 두고 쌓여져 온 낙서였다. 그래서 그런지 후배들에게 남겨 놓은 구절도 많았다.

그 낙서들 중에 가슴을 섬뜩하게 하는 것이 있었는데, 그것은 '고시가 고시(枯屍)가 되게 한다'는 내용의 낙서였다. 그 낙서가 내가 자주 앉는 책상의 앞쪽 칸막이벽에 적혀 있어 그것을 볼 때마다 어쩐지 기분이 좋지 않았다. 그래서 칼끝으로 그 낙서를 지워 버렸다. 그런데 잉크가 나무에 배어들어 있어 희미한 자국이 남게 되었다. 고시(枯屍)라는 글자는 알아볼 수 없을 정도가 되어 있었지만, 여전히 그 흔적으로 말하고 있었다. 그래서 그 흔적은 더욱 고시(枯屍)다워 보이기도 했다.

그 무렵, 4학년에 다니고 있으면서 고시에 이미 합격해 있는 선배가 두 명인가 있었다. 그들은 법대 안에서 부러움의 대상이 되었다. 그들처럼 재학 중에 고시에 합격하는 것이 도서관에 있는 고시생들의 공통된 소망이었다. 그 선배들이 어떻게 공부를 했는지에 대해 소문으로 들으며 공부 지침들을 정하였다.

창호와 봉섭은 꽤 진도가 나가 있었다. 그들이 형사소송법의 절차들에 대해서 의견을 주고받을 때 나는 한 마디도 끼어들 수가 없었다. 그들에게 뒤처진 것을 생각하면 마음이 초조해지기도 하였지만 꾸준히 해나가는 길밖에 별 도리가 없었다.

나는 선교단체의 일은 스스로 절제하면서 이전처럼 많은 시간을 거기에 투자하지는 않았다. 주로 중요한 모임에만 참석하는 방향으로 했다. 처음에는 선교단체를 떠나야만 고시공부가 가능할 것으로 생각했으나, 떠나지 않고도 가능한 방법을 생각한 끝에 그러한 결심을 한 것이었다. 사실 중요한 모임에만 참석하는 것조차도 고시공부하는 데는 부담이 되었다. 그렇지만 신앙의 힘으로 두 가지 다 가능할 것으로 믿었다.

그러나 여름방학이 가까워 오면서 여름수양회라는 모임을 준비하는 과정에서 나의 생활의 균형은 다시금 깨어졌다. 나의 결심도 어느새 허물어졌다. 내가 돕고 있는 형제자매들을 준비시켜 그 수양회에 참석하도록 해야만 했다. 머뭇거리는 자들의 마음을 권면하고 또 새로운 자들을 초대하는 데 마음을 썼다. 내 가슴속에 발화되어 점점 커지는 전도의 열정은 나를 가만히 내버려두지 않았다. 결국 고시공부는 여름수양회 이후로 일단 미루어야만 했다.

여름수양회는 제주도 서귀포 근방의 어느 국민학교에서 열렸다. 서울 지구만 모였는데도 인원이 천 명 가까이 되었다.

우리는 두 팀으로 나뉘어 서울에서 기차를 타고 부산까지 갔다. 그리고 나는 부산 집에 들러 볼 틈도 없이 제주도로 가는 배를 곧장 갈아탔다. 그렇게 멀리 배를 타고 나가 보기는 처음이었다. 어린 시절 늘 집 마루에서나 대문 밖에서 바라보기만 했던 그 부산 앞바다를 이제는 가로질러 지나가고 있었다. 갯내음이 물 씬거리는 배 안에서 또는 갑판 위에서 회원들은 끼리끼리 모여서 찬송들을 불렀다. 하늘 복판에서 내리쪼이는 햇빛조차도 우리를 지치게 하지는 못했다.

한려수도의 아름다운 풍경이 꿈속인 양 스치고 지나갔다. 외딴 푸른 섬에 하얀 등대 하나가 서 있는 것도 보였다. 하늘에는 간혹 물새 떼들이 유유히 지나가곤 하였다. 바다는 비교적 평온했다. 배의 진로를 방해하거나 간섭하는 일이 없었다. 햇빛을 받은 바다의 표면이 고기 떼의 비늘처럼 번득거렸다. 어디선가 상어나 물고래 같은 큰 고기들도 솟아오를 것만 같았다. 정말 바다는 넓고 넓었다.

법대 도서관에서, 그리고 서울 바닥에서 쪼그라들었던 나의 마음은 그 바다와 함께 한없이 넓어졌다. 이 세계에 육지와 강만 있다면 얼마나 답답한 세계가 될까. 바다가 있음으로 이 세계는 그만큼 여유가 있고 풍요로워질 수 있었다. 우리 인생에 있어서도 바다와 같은 요소가 있어야 하는 것이었다. 그러한 요소가 없는 인생은 얼마나 삭막하고 메마를 것인가.

내 생애가 어쩌면 이런 바다 위에서 마음껏 항해하는 인생이 될지도 모른다는 예감이 들기도 하였다. 그 바닷속에 고시를 고시(枯屍)처럼 수장시켜 버릴 수도 있을지 모르는 것이었다. 그러나 아직까지 그러한 용기로 충만하지는 못하였다. 그동안도 고시를 포기한다는 생각을 전혀 해보지 않은 것은 아니었지만, 어디까지나 그것은 순간적으로 떠올랐다가 사라지는 것에 불과하였다. 고시를 일찍 포기하고 자기의 길을 간 법대의 선배들을 볼 때 부러운 마음이 없는 것도 아니었지만, 나는 아직 그런 결단을 내릴 수는 없었다. 판검사로서의 생활을 동경하는 마음은 그렇게 간절하지 않아도 고시 합격에 대한 동경은 그대로 남아 있었다. 고시는 합격하되 판검사로서의 생활은 다시 생각해 보고 결정할 일이었다. 그러나 지금은 그런 모든 현실적인 일들은 잠시 잊어도 되는 것이었다.

바다로 둘러싸여 바다를 헤쳐 가는 배의 나부낌에 나 자신을 맡기며 바다를 만드신 창조주를 찬양하는 노래를 불렀다.

해는 점점 서쪽으로 기울어져 갔다. 어느 섬의 꼭대기에 해가 걸려 가라앉고 있었다. 너무도 짙은 홍색이었다. 거기서 질질 흘려진 홍색실 다발들이 하늘에도 바다에도 배 위에도 가득 뿌려졌다. 주위는 삽시간에 루비 보석들처럼 붉게 빛나기 시작했다. 그러나 그것도 잠깐이었다. 곧 자줏빛 어두움이 몰려왔다. 바닷바람이 훨씬 차가워졌다. 갑판에 있던 사람들은 불 밝혀진 아래 선실로 내려갔다.

제주도에 도착한 것은 한밤중이었다. 우리는 부둣가에서 웅크린 자세로 밤을 새우고, 다음 날 아침 대절 버스에 분승하여 서귀포 쪽으로 향했다. 버스는 줄곧 해안 길을 따라 달렸다. 제주도의 초가집과 거무튀튀한 낮은 돌담들이 한 폭의 그림처럼 앉아 들 있었다.

특히 인상적인 것은 차창 너머로 비친 바다의 색깔이었다. 제주도 해안의 바다는 검푸른 부분과 새파란 부분, 거의 흰색에 가까운 부분으로 층이 나뉘어 있었다. 어떻게 한 바다가 저렇게 층층이 색깔이 다른지 신비롭기만 했다. 만약 영철이가 살아서 지금 이 버스를 타고 간다면, 그는 저 바다에서 순수의 원형질을 발견했을 것이었다. 저 바다에 한번 들어가 멱을 감는 사람이라면 그 어느 누구도 순수해지지 않을 사람이 없을 것만 같았다. 우리가 도착한 국민학교에는 어디서 많이 본 듯한 운동장과 꽃밭, 철봉대와 교사들이 갖추어져 있었다.

우리는 아침과 저녁으로 요한복음을 중심으로 성경공부를 하고 낮에는 국민학교 바로 앞의 해안으로 나가 해수욕을 하였다. 우리가 수영복으로 갈아입고 줄을 서서 지나갈 때 근처 동네 사람들과 아이들이 큰 구경거리라도 생긴 듯 몰려나왔다.

제주도 바다는 동해안과는 달리 따뜻하고 부드러웠다. 바다 안쪽에서는 해녀들이 떼를 지어 자맥질을 하고 있었다. 거기서 내가 애써 인도한 형제들 중의 하나인 중환이도 어느새 분위기에 익숙해져 어린아이와 같이 기뻐하며 수영에 열중하고 있었다. 나는, 중환이로서는 처음 참석하는 이번 모임이 그에게 어떤 영향력을 끼칠 것인가 사뭇 기대하는 마음이 컸다.

중환은 그리스 조각품 같은 얼굴과 체격을 가지고 있었다. 법대생들 중에 중환이만큼 잘생긴 학생도 없었다. 그런 면에서 나는 은근히 중환을 부러워하기도 하였다. 중환은 고등학교 동창이었으나 대학에 들어와서야 비로소 알고 인사를 나누게 되었다. 그런데 좀처럼 함께 대화를 나눌 기회가 없었다. 같은 클럽 활동을 한 적도 없었고, 고시공부 그룹에서 같이 공부를 해본 적도 없었다.

그러한 중환이에게 내가 관심을 가지기 시작한 것은 그 법대 뒤 쓰레기장이 내려다보이는 강의실에서였다. 그 강의실에서 강의를 듣는 시간이면 중환은 창문 너머로 쓰레기장을 내려다보기가 일쑤였다. 나도 그런 표정으로 쓰레기장을 내려다보는 적이 있었는데, 그때마다 중환을 의식하고는 자세를 바로 하곤 하였다. 내가 자세를 바로 하고 난 연후에도 중환은 여전히 그러한 표정과 자세로 굳어져 있었다.

중환은 법대에 잘못 끼어들어 온 이방인 같았다. 법대생이면 수시로 출입하는 도서관에도 중환은 잘 오지 않았다. 벤치 같은 데 몽롱한 표정으로 혼자 앉아 있기도 하고, 특별히 친한 몇몇 친구들과 바보 같은 웃음을 흘리며 어울려 있기도 하였다. 학교에서 한창 일어나고 있는 데모에도 전혀 관심이 없었다. 어떤 때는 온몸이 땀에 젖도록 농구 시합을 하기도 하였는데, 농구공을 다루는 솜씨가 보통 농구 선수 못지않게 일품이었다. 팔등신으로 균형 잡힌 그의 몸이 달리고 솟구치고 미끄러질 적마다 하나의 아름다운 예술이 창조되는 것 같았다.

나는 그런 중환이의 묘한 분위기에 이끌려 접근하게 되고 그에게 전도할 기회를 가지게 되었다. 하루는 우연히 교문을 같이 나서게 되었는데, 그때 서로 이야기를 주고받다가 학림다방에까지 가게 되었다. 학림다방 안은 뮤직 박스에서 흘러나오는 슈베르트의 미완성 교향곡으로 무르녹아 있었다. 끊어질 듯 끊어질 듯 이어지는 목관음의 그 교향곡이 미완성으로 끝날 것을 예고라도 하듯이 애수에 젖어 있었다.

중환은 자기 생활에 궤도를 제대로 잡을 수 없는 고민을 털어놓았다. 중환도 고시공부를 하려는 마음은 항상 있지만 공부가 손에 잡히지 않는 상태에 있었다. 고상한 자기 이상 때문에 그러한 것도 아니고 심각한 종교적 문제나 철학적인 문제 때문에 그러한 것도 아니었다. 다만 자신의 방탕한 생활 때문에 그러하였다.

그는 직접적으로 이야기하지는 않았지만 내가 미처 알지 못하는 타락의 세계를 미리 경험하고 있는 것 같았다. 무엇보다 표면적으로 드러나는 것은 니코틴 중독 문제였다. 중환은 국민학교 4학년 때부터 몰래 담배를 피우기 시작했다고 했다.

하루는 혼자 보리밭 속에 숨어서 아버지 바지 주머니에서 훔쳐 온 담배를 피웠는데 정신이 몽롱해지면서 밭두렁에 쓰러졌다. 그래서 어둑해질 때까지 그곳에 쓰러져 있었다. 식구들은 중환이를 찾아 동네방네 다녔으나 찾지 못하고 근심 어린 얼굴로 집에 돌아왔다. 중환이가 정신을 차리고 눈을 떴을 때는 별들이 총총 빛나는 한밤중이었다. 중환은 여전히 꿈을 꾸는 것 같았고 하늘의 별들도 꿈속에서 보는 듯했다. 보리의 풋풋한 향내가 온 전신에 휘감겨 오고 구수한 흙냄새가 은은히 피어올랐다. 중환은 어른들이 담배를 피우는 이유를 알 것 같았다. 중환이 입에서는 흥얼흥얼 노래가 흘러나왔다.

"헬로우 헬로우 ×몽디가 성하나, 헬로우 헬로우 ×몽디가 성하나."

그것은 "뻐꾹 왈츠"에 맞춘 노래였다. 중환은 식구들이 기다릴 것이란 생각이 미치자 벌떡 일어났다. 온 동네는 깜깜한 가운데 호롱불들이 군데군데 밝혀져 있었다.

그날 이후로 중환은 거의 날마다 담배를 한 대씩 훔쳐 내어 피웠다. 중학교 때는 하루에 열 대를 피워 댔다. 고등학교 때는 한 갑으로 늘고 대학에 들어와서는 두 갑도 좋고 세 갑도 좋았다. 다른 사람들은 기분 전환을 위하여, 무료함을 달래기 위하여 피운다지만 중환의 경우는 완전히 광적이었다. 자기가 왜 담배를 피우는지 이유도 알지 못하면서 무턱대고 피워 댔다. 마치 귀신이라도 들린 듯한 형국이었다. 담배를 피우지 않으면 아무것도 손에 잡히지 않고 담배를 피우면 의식이 흐려져 또 아무것도 못 했다. 체격은 워낙 좋아서 건강은 그런대로 유지했지만 가슴이 답답하고 기침이 나올 때도 있었다. 자기 생활을 어지럽히고 지저분하게 하는 원인이 담배인 것을 잘 알면서도 끊을 수 없었다. 담배를 저주하다시피 하면서도 그 마력에 묶여 있었다. 중환이가 말하기를, 그러한 것은 자기 어머니의 증상과 비슷하다고 하였다.

중환이 어머니는 직업적인 무당은 아니었지만, 종종 신이 내려 굿을 하기도 했다는 것이었다. 굿을 하고 나면 중환이 어머니는 공포에 질린 듯한 표정으로 괴로워하며 굿을 할 때보다도 더 몸을 떨었다. 다시는 굿을 하지 않을 것처럼 하다가도 다시 신이 내리면 신바람이 나서 뛰었다. 심지어 날을 위쪽으로 한 시퍼런 칼 위에 맨발로 서 있기도 하고, 악신을 내쫓는다고 그 칼을 집어 던지기도 하였다.

한번은 중환이가 배탈이 나서 시름시름 앓으며 누워 있는데 중환이를 일으켜 앉히고는 시퍼런 칼을 휘둘렀다. 그 칼은 중환이의 머리카락에 닿을 듯 말 듯하면서 그의 머리 바로 위에서 춤을 추었다.

씨——익, 씨——익.

칼이 공기를 가르는 소리에 중환은 기겁을 하며 몸이 오그라붙을 듯 앉아 있었다. 중환이 어머니의 눈은 칼날처럼 시퍼렇게 불이 켜져 있었다. 그 입은 무어라고 쉴 새 없이 중얼거렸다.

중환은 드디어 고함을 지르고 말았다.

"엄마, 나 다 나았다! 귀신 물러갔다!"

그러자 중환이 어머니도 정신이 돌아온 듯 휴, 한숨을 쉬며 팔을 내려놓으면서 몸을 부르르 떨었다.

　　그렇게 괴로운 일을 신이 내리면 어쩔 수 없이 되풀이하곤 했던 중환이 어머니처럼, 중환이 역시 괴로워하면서도 담배를 계속 피워야만 했다. 중환은 법대에 간신히 들어가게 되었는데, 앞으로의 대학생활과 고시공부를 위하여 담배를 끊고 대학 입학식에 임하려고 하였다. 굳게 결심을 하고 담배가 피우고 싶을 때는 껌을 씹기로 하였다. 그리고 담배를 사이에 끼워 피우는 오른손의 식지와 중지를 하나로 묶어서 붕대로 친친 감아 버렸다.

　　그런데 작심삼일도 되지 않았다. 이틀도 채 지나기 전에 약지와 새끼손가락 사이에 담배를 끼우고 말았다. 중환은 모처럼의 자기의 결심이 여지없이 허물어지는 것을 보고 크게 낙심이 되었다. 아무래도 담배 연기로 가득한 이 세속에서는 담배를 끊을 수 있을 것 같지가 않았다. 당분간 담배가 보이지 않은 곳으로 피신하여 결단력을 길러 가지고 나와야 할 것 같았다.

　　중환은 1학기를 마치고 여름방학이 되었을 때, 고시공부 준비도 할 겸 해서 보따리를 대강 챙겨 어느 시골의 산속 절을 찾아갔다. 담배로 더럽혀지지 않을 방학 한 달 동안의 생활에 대한 기대감으로 부풀어 있었다. 시골길의 먼지와 땀으로 범벅이 된 몸을 이끌고 산사의 마당에 들어섰을 때, 처마 끝의 풍경 소리가 고즈넉하게 들려오고 있었다.

숲에서는 매미들이 울었다. 중환이가 손등으로 이마의 땀을 닦고 있는데 장삼을 걸친 중 하나가 대웅전을 돌아 나왔다. 중은 먼 길을 오느라 수고 많았다고 반가워하며 장삼 주머니에서 무언가를 꺼냈다. 그것은 놀랍게도 담배였다. 중이 담배를 권하는 말을 채 마치기도 전에 중환은 담배 한 대를 덥석 집어 들었다. 산사에서 보낸 방학 동안의 생활이 또 엉망이 된 것은 말할 필요도 없었다.

이러한 중환의 고민을 듣고 나는 예수를 믿게 되면 자연히 담배 같은 것은 끊어진다고 말해 주었다. 담배를 피워서는 안 되기 때문에 억지로 끊는 것이 아니라 담배를 피울 필요가 없어지기 때문에 어느새 끊어진다고 하였다. 그러자 중환은 정말 가능할까 하는 표정을 지으며 나를 바라보았다. 그것은 무엇인가 도움을 바라는 표정이기도 했다.

중환과 나는 그 이후로 일주일에 한 번씩 성경공부를 하게 되었다. 빈 강의실이나 행정실 옆에 있는 기독학생회실을 이용하여 창세기부터 공부해 나갔다. 공부가 끝나면 둘은 마음을 합해서 기도했다. 중환은 처음에는 기도하기를 몹시 꺼려했으나 차츰 익숙해졌다. 자기의 문제를 솔직하게 기도로 고백하고 도움을 청하고 있었다.

한번은 중환이가 나를 자기 자취방으로 초대하였다. 중환은 법대 뒤쪽 낙산아파트 아래 여관같이 방이 많은 집에서 한 방을 전세로 빌려 자취생활을 하고 있었다.

그날 그 방에서 저녁밥을 지어 먹고 난 후, 중환과 나는 담배 화형식을 가졌다. 중환은 진지한 표정으로 담배 한 갑을 풀어 장작을 쌓듯 담배를 재떨이에 쌓아 놓았다. 그리고 잠시 묵도를 한 뒤에 성냥불을 담배 무더기에 붙였다. 불길이 천장 가까이로 솟아올랐다. 그 불길을 바라보며 중환이가 외쳤다.

"예수의 이름으로 명하노니 담배 귀신아 나가라!"

중환이가 어디서 그런 엑소시즘의 용어를 익혔는지 내가 의아할 정도였다. 방 안은 담배 연기로 가득해졌다. 나는 방의 창문을 활짝 열어 놓고 옆에 있는 주전자의 물을 재떨이에 부었다. 불길은 금방 사그라졌다. 재떨이에는 불에 타다 만 담배 개비들이 물에 젖어 처량하게 누워 있었다. 둘은 마주 앉아서 찬송을 불렀다. 엑소시즘을 할 때는 예수의 피에 관한 찬송을 많이 해야 된다는 것을 어디선가 얼핏 들은 기억이 나서 그런 종류의 찬송들을 주로 불렀다.

"나의 죄를 씻기는 예수의 피밖에 없네. 다시 성케 하기도 예수의 피밖에 없네. 예수의 흘린 피 날 희게 하오니, 귀하고 귀하다 예수의 피밖에 없네."

중환의 얼굴에는 생기가 돌았다. 나는 한 영혼이 귀신에 매였다가 해방되는 것을 보고 있는 것처럼 생각되었다.

중환은 정말로 그 이후로 담배를 끊기 시작했다. 자기 자신도 기적과 같다고 하였다. 작심삼일도 되지 않던 결심이 이번에는 계속 유지되었다. 창세기 공부도 꾸준히 일주일에 한 번씩 잘 이루어졌다. 나는 중환이를 모임으로 인도하려 하였으나 중환은 아직 모임에는 참가하고 싶지는 않다면서 다가올 여름수양회만큼은 한번 참석해 보겠다고 약속하였다. 그리하여 중환은 용기를 내어 수양회에 참석하여 요한복음 강의를 듣게 된 것이었다.

요한복음 1장 1절에 "태초에 말씀이 계시니라"고 하였습니다. 한국말로는 말씀이라고 번역되어 있지만 헬라 원어로는 '로고스' 입니다. 로고스는 원래 헬라 철학자들이 사용한 개념입니다. 이 개념을 처음 사용한 철학자는 헤라크리테스입니다. 그는 만물은 유전(流轉)한다는 유명한 명제를 말한 사람이었습니다. 그러면서 그는 유전하는 만물의 배후에 있는 어떤 근원적인 법칙을 발견하려고 하였습니다.

이 모든 만물을 연결시켜 주고 있는 연결 원칙(connectineg principle)을 그는 로고스라고 하였습니다. 이 로고스의 개념은 여러 철학자들에 의해 다양하게 사용되었습니다.

아리스토텔레스는 미(美)의 근원이라고 하였습니다. 스토아 철학자들은 도덕의 근원이라고 하였습니다. 아무튼 이 로고스는 자연과 인간과 사회생활의 근원을 나타내는 궁극적인 개념이었습니다.

그런데 요한복음의 저자 요한은 철학자들이 규명하기를 원했던 바로 그 로고스가 예수 그리스도임을 말하고 있습니다. 예수께서 태초부터 하나님과 함께 계셨고 만물의 원인이 되셨으며 그 안에 있는 생명으로 말미암아 사람들에게는 빛이 되셨다는 것입니다. 로고스가 육신의 몸을 입고 구체적인 역사 가운데 나타나신 분이 바로 예수님이십니다.

이 사실은 헬라 철학으로 가득한 그 당시에 있어 혁명적인 사실이었습니다. 로고스가 저차원적이고 더러운 육신을 입을 수 없다는 것이 헬라 철학의 주장이었습니다. 그런데 요한복음은 로고스가 육신이 되어 인간들 가운데 거하셨다고 선포하고 있습니다. 그를 영접하는 자에게는 하나님의 자녀가 되는 권세가 주어진다고 하였습니다.

예수님 당시 니고데모라고 하는 사람이 있었습니다. '니고'라는 말은 정복자·지도자라는 뜻이고, '데모'는 백성·민중이라는 뜻입니다. 즉 그는 민중의 지도자라고 하는 이름을 가지고 있었습니다. 그는 그 당시 바리새인으로 종교적인 지도자였고, 70인으로 구성된 대법정 산헤드린의 관원으로 정치적인 지도자였으며, 이스라엘의 선생으로 학문적인 지도자였습니다.

그는 가진 이름 그대로 명실공히 여러 방면에 있어 민중들의 지도자였습니다. 모든 사람이 우러러보고 존경하는 위치에 있었습니다. 그는 더 이상 올라갈 수 없을 정도로 올라가 있었습니다.

이러한 니고데모도 예수님이 보실 때는 아직 태어나지도 않은 존재였습니다. 그래서 거듭나라고 말씀하셨습니다.

니고데모는 자기가 여태껏 쌓아올린 세계를 인정해 주지 않는 것 같은 예수님의 말씀에 의심하고 반발하였습니다.

"사람이 늙으면 어떻게 날 수 있삽나이까. 두 번째 모태에 들어 갔다가 날 수 있삽나이까" 하고 물었습니다. 이것은 거듭난다는 일은 불가능한 일이 아니냐는 어조였습니다.

이때 예수님은 거듭남의 의미를 설명해 주셨습니다. 물과 성령으로 나는 것이라고 하였습니다. 물은 씻는다는 의미로 방향 전환을 의미합니다. 지금까지 자기가 쌓아올린 세계에 대한 모든 자부심을 버리고 새롭게 출발하는 것을 의미합니다. 이것을 성경에서는 회개라는 말로 표현하였습니다.

이렇게 회개할 때 하나님께서는 성령으로 말미암아 새로운 생명과 성품을 주십니다. 그리고 새로운 세계, 즉 하나님 나라에 들어가게 하십니다.

니고데모가 아무리 자기완성을 이루어 놓았다 하더라도 물과 성령으로 말미암은 거듭남이 없이는 결코 영적인 세계에 들어갈 수 없는 것입니다. 인생들은, 특히 젊은 지성인들은 자기완성을 위하여 하나의 니고데모가 되려고 부단히 노력합니다. 거기에 자기 인생의 의미를 두고 있습니다. 사회적인 기반을 닦기 위해 고시를 공부하는 사람도 있고 학위를 따는 사람도 있고 기술을 연마하는 사람도 있습니다.

그것을 기초로 이 사회에 나가면, 다른 사람과의 경쟁에서 뒤떨어지지 않고 남보다 더 높은 위치로 올라가고자 온갖 지혜를 동원하여 처신합니다. 그중에는 성실한 자세로 꾸준히 인생을 쌓아 올라가는 사람들도 많이 있습니다. 그러나 그 자체가 목적이 되면 진정한 자기완성이 될 수 없습니다. 그러한 사람은 니고데모가 예수님을 찾아온 그 '밤'처럼 여전히 어두움 가운데 있습니다. 물론 니고데모와 같은 위치로 올라가지 말라는 말은 아닙니다. 이것만으로는 진정한 의미가 없다는 것입니다. 그런 것에 대한 자부심들을 버리고 내면적으로 거듭나는 것이 필요합니다. 그러할 때 진정한 자기완성이 이루어진 인생이 될 수 있습니다.

예수님은 그 당시 교권을 잡고 있는 바리새인들과의 쓸데없는 분쟁을 피하시기 위해 유대를 떠나서 다시 갈릴리로 가고자 하셨습니다. 그러려면 유대와 갈릴리 사이에 있는 사마리아를 지나가야만 했습니다. 그때 사마리아에 있는 수가라 하는 동네에 이르렀는데, 거기 한 우물이 있었습니다. 예수님은 긴 여행길에 지칠 대로 지쳐 우물 곁에 주저앉으셨습니다. 시각은 제 6시, 그러니까 지금 시간으로 정오쯤 되었습니다. 중동의 태양이 중천에 떠올라 무섭게 내리쬐고 있었습니다.

바로 그때였습니다. 사마리아 여자 하나가 물을 길러 우물에 왔습니다. 그 당시 중동 여자들의 습관은 날이 서늘할 때 떼를 지어 물 길러 오는 것이었습니다. 그런데 이 사마리아 여자는 뙤약볕에, 그것도 혼자 물을 길러 왔습니다. 사람들에게 소외된 외로운 여자임을 알 수 있습니다.

예수님은 소외된 이 여자에게 말을 거셨습니다. "물을 좀 달라"고 하셨습니다. 이 여자는 예수님의 요청을 의아하게 생각하였습니다. "유대인 남자가 어찌하여 사마리아 여자에게 물을 달라고 하느냐"고 반문하였습니다. 그 이유는 그 당시 유대인과 사마리아인은 서로 교제를 하거나 물건을 주고받지 아니하였기 때문입니다

유대인은 사마리아인이 순수 혈통이 아닌 혼혈족이라고 멸시하였습니다. 사마리아는 B.C. 721년 앗시리아의 침략을 받아 멸망을 당한 적이 있었습니다. 그때 앗시리아인과 사마리아인들 사이에 혼혈족이 태어나게 된 것이었습니다.

사마리아 여자는 유대인인 예수님 앞에서 자기는 사마리아인이라는 열등감에 사로잡혀 있었습니다. 그 열등감으로 인하여 공격적인 태도를 보이고 있었습니다. 그러나 예수님은 자신이 유대인의 한 남자로 그치는 그러한 존재가 아님을 말씀하셨습니다. 여자가 진정으로 예수님을 안다면 예수님에게 생수를 구하였을 것이요, 예수님은 여자에게 생수를 주었으리라고 하셨습니다. 그러자 여자는 생수의 의미를 보통 물로 생각하고, 예수님이 자기에게 주고자 하는 물이 조상 야곱이 자기들에게 준 이 우

물물보다 나은가 하고 반문하였습니다. 그때 예수님은 우물물과 자신이 주고자 하는 물의 차이점을 말씀해 주셨습니다.

"이 물을 먹는 자마다 다시 목마르려니와 내가 주는 물을 먹는 자는 영원히 목마르지 아니하리니, 나의 주는 물은 그 속에서 영생하도록 솟아나는 샘물이 되리라."

이 말씀은 우물물과 예수님의 생수와의 차이점을 말하는 것이지만, 일반적으로 세상이 주는 쾌락과 예수님의 생수와의 차이점도 말해 주고 있습니다. 세상이 주는 쾌락의 물은 마시는 당시에는 만족을 주는 것 같습니다. 그러나 곧 다시 목말라집니다. 그래서 좀 더 자극적인 물을 마시고자 합니다. 또 마셔 보지만 갈증은 더욱 깊어집니다. 그리하여 점점 중독 현상에 빠져듭니다.

세상 사람들은 정도의 차이는 있을지라도 거의 다 이런 중독 현상에 빠져 있습니다. 그것이 알콜 중독, 마약 중독 등으로 심해져서 폐인이 되어 갑니다. 마릴린 먼로 같은 여배우는 자기 스스로 고백하기를, 자신은 음란 중독증에 걸려 있다고 하였습니다. 이 사마리아 여자도 남편을 다섯 번이나 바꾸고 현재는 정식 남편이 아닌 또 다른 남자와 동거 생활을 하고 있습니다. 자신의 갈증을 채우기 위해 대상을 바꾸고 또 바꾸고 해보지만 참된 만족을 얻지 못하고 있습니다.

이러한 인생들에게 예수님은 영원히 목마르지 않는 참된 생수를 주십니다. 그 생수는 한번 마시면 우리 안에서 샘물이 됩니다.

필요할 때마다 영원히 솟아나는 샘물이 됩니다. 사랑이 필요할 때 사랑의 샘이 되고, 위로가 필요할 때 위로의 샘이 되고, 능력이 필요할 때 능력의 샘이 됩니다. 참된 사랑을 갈구하는 이 사마리아 여자에게 예수님은 영원한 사랑의 샘이 되셨습니다.

요한복음의 세계는 성경의 다른 부분에서보다 섬세하고 지성적이었다. 다른 복음서에는 많이 나오는 엑소시즘에 대한 기록도 요한복음서에는 한 번도 나오지 않았다. 표현도 고상하고 상징적인 점이 많았다. 예수는 목마른 자에게는 생수로, 눈먼 자에게는 빛으로, 죽은 자에게는 생명으로, 길 잃은 양에게는 목자로 다가오고 있었다. 부드럽게 부는 훈풍처럼, 어머니의 치맛자락처럼 병든 영혼을 치료해 주었다. 나는 요한복음을 통하여 비로소 예수와 하나님의 관계에 대하여 깨달을 수 있었다. 예수가 바로 하나님이라는 그 엄청난 신비의 문으로 나는 한 걸음 들어선 셈이었다. 그리고 너무도 감격하여 자주 울었다. 내 가슴속으로는 예수가 사마리아 여자에게 주려고 하였던 그 생수 같은 것이 자꾸만 흘러 들어와 내 몸 전체를 통하여 또 흘러 나갔다.

중환이도 완전히 마음이 녹아 버린 듯했다. 중환이는 바로 자기가 니고데모였고 사마리아 여자였음을 깨달았다고 고백하였다. 그 상이한 두 종류의 인물이 중환이 안에서 공존하고 있는 셈이었다. 니고데모 같은 사마리아 여자요, 사마리아 여자 같은 니고데모였다. 그것은 나도 마찬가지였다. 끝없는 정욕적인 갈증에 목말라하는 점에 있어서는 사마리아 여자요, 고시공부에 아직까지 연연해하는 점에 있어서는 니고데모였다. 차라리 한 가지 속성만 가지고 있다면 마음이 편할지도 몰랐다. 그러나 두 가지가 다 공존해 있기 때문에 괴로움이 배가 되었던 것이다.

마지막 날 밤에는 '결단의 시간'을 가졌다. 예수를 믿지 않은 가운데 있다가 예수를 믿기로 결단하는 사람, 하나님의 종으로 인생을 드리기로 결단하는 사람, 선교사로 나가기를 결단하는 사람들이 차례로 초청되었다.

그런데 놀랍게도 두 번째 초청에 중환이가 벌떡 일어났다. 중환이가 그 초청의 의미를 분명히 알았는지 의심이 갔다. 그 초청에 응한다는 것은 앞으로 다른 직업을 안 가지고 복음사역에만 자신을 드리겠다는 의미였다. 여기저기서 계속 결단하는 사람들이 일어났다.

나는 안절부절못하고 있었다. 그러면서도 한편으로는 그동안 머뭇거려 왔던 결단을, 항상 마음으로 피하고 있었던 결단을 해야 할 시점에 이르렀음을 직감했다. 판검사로서 일생을 살려는 마음도 별로 없는데 고시 합격을 원하고 있는 것은 하나의 허영에 불과하다는 것을 정면으로 인정하지 않으면 안 되었다. 그것은 나의 허영심과 나에게 기대를 가지고 있는 주위 사람들의 허영심을 만족시켜 주는 것에 불과한 것이었다. 사회 진출에 도움이 되기 때문에 고시 합격을 이용하려는 마음도, 다시 말해 무언가 불안하기 때문에 고시 합격이라는 어떤 확실한 것을 붙잡으려고 하는 마음도 하나님을 인생의 인도자로 믿는 자로서는 그 믿음에 합당치 않다고 여겨졌다. 과연 내가 어떠한 일생을 살 것인가 그 방향이 확실히 정해진 연후에 거기에 따라 고시공부에 대한 자세를 분명히 해야지, 막연히 고시공부를 먼저 하고 그 결과에 따라 주위 눈치를 보며 그다음 인생 방향을 정해서는 안 될 것이었다. 과연 내가 어떠한 일생을 살기를 원하는가. 판검사나 행정 관료가 되어 권력 조직 속으로 들어가 일생을 보내고 싶지는 않았다.

그렇다면 변호사라는 자유직을 가지고 이 사회에서 나름대로 좋은 일을 하는 일생을 살기를 원하는가. 나는 한 번도 변호사라는 직업에 대하여 매력을 느껴 본 적이 없었다. 변호사가 되어 법률적으로 다른 사람을 도울 바에는 차라리 더 광범위하고 또한 깊이 있게 도울 수 있는 방향으로 나가고 싶었다.

그럼 문학가가 되기를 원하는가.

나는 한때 그것이 되고 싶기도 했다. 사실 고3 때 은근히 문학 방면으로 대학을 생각하기도 하며 독문학과나 국문학과를 꿈꾸었다. 그러나 그 이야기를 아버지와 어머니에게 얼핏 비추었을 때, 어머니는 가슴을 치면서 방바닥에 드러눕고 아버지는 부엌으로 가서 식칼을 들고 왔다. 나는 내가 철이 없어서 아주 잘못 생각했는가 보다고 여길 수밖에 없었다. 또한 한국에서 가장 우수한 자들이 들어간다는 법대에 대한 동경이 없는 바도 아니었다. 그래서 문학 방면으로 대학에 진학하는 것을 포기하였다. 아쉬움이 있기도 하였지만 문학은 어디서나 할 수 있는 성질의 것이라고 자위하였다.

그런데 내가 신앙의 세계에 들어오게 되었을 때, 그동안 나 스스로 문학이라고 생각했던 것들이 얼마나 유치한 것이었는가를 알게 되었다. 사춘기의 감정의 파편들을 주워 모아 놓은 쓰레기통 같은 것을 나는 문학이라고 생각해 왔음을 알게 되었다.

또한 정열적으로 글을 써 갈겨 나가는 작가들의 작품을 더 이상 읽을 마음이 생겨나지 않았다. 이 잡지에도 저 잡지에도, 이 신문에도 저 신문에도, 이 출판사의 책에도 저 출판사의 책에도, 수없이 많은 작품들을 발표하고 있는 작가들의 작품에는 설사 냄새 비슷한 것이 났다. 오랜 세월을 두고 응어리진 것들을 띄엄띄엄 내어놓는 작가들도 있었는데, 그런 점도 답답하게 생각되었다.

아무튼 문학은 좀 사치스러운 데가 있는 것 같아 점점 꺼려졌다. 문학은 나에게 있어 중환의 그 담배와 같은 것이었는데, 예수 믿고 끊은 셈이 되었다. 무엇보다 내 의식과 생활이 새로운 세계로 들어옴에 따라 이전에 쓸 수 있었던 글들을 이제는 쓸 수 없게 되었다. 그렇다고 그 새로운 세계가 성숙된 것도 아니어서 설불리 썼다가는 나도 설사를 하는 꼴이 될 것이었다.

문학은 일단 내 내면의 지평선에서 물러났다. 그렇다면, 그렇다면 나는 어떠한 일생을 살 것인가. 지금 내 내면에서 갈망하고 있으며 내 전체를 불태울 수 있는 그러한 일생은 무엇인가. 그것은 항상 내 가까이에 있었다. 너무도 가까운 곳에 있었기에 나는 그것을 마주 보는 것이 두렵기만 했던 것이었다. 그러나 이제 보아야만 했다.

결단의 시간은 세 번째 초청으로 넘어가고 있었다. 두 번째 초청에 응하여 일어났던 사람들이 다시 앉았다. 중환이도 내 쪽을 한 번 돌아보고는 조용히 앉았다. 그때 나는 입을 악다물고 벌떡 일어났다. 세 번째 초청 시간에 두 번째 초청에 응하여 일어난 것이었다. 세 번째 초청에 응하여 선교사로 결단하는 사람들도 제법 있었다.

결단의 시간이 끝나자 국민학교 강당에는 한순간 적막이 찾아왔다. 여기저기 임시로 가설되어 있는 전등 불빛이 연극 무대를 비추는 조명인 양 강당 안을 비추고 있었다. 그 강당 안으로 참외 속 같은 한여름 밤의 향기가 슬그머니 배어들어 왔다. 어디선가 아름다운 선율도 흘러들어 왔는데, 그것은 밤바다가 뒤척이는 소리였다. 나는 내 영혼에 자유와 평강이 바다처럼 충일해지는 것을 감촉하였다.

누군가 한쪽 구석에서 부드럽게 흐느꼈다.

2학기 강의는 연료 떨어진 기관차처럼 겨우겨우 진행되다가 임시 휴교로 중단되곤 하였다. 그럴 무렵, 부산 집이 서울로 이사를 오게 되었다. 나는 고등학교 때부터 줄곧 집을 떠나 있었기 때문에 그동안 집안의 형편에 대해서 잘 모르고 있었고 서울로 이사 오게 된 경위에 대해서도 나중에야 알게 되었다.

아버지는 과외 공부 지도를 하며 생계를 유지하면서 이전의 교원 노조위원들을 중심으로 '죽순회'라는 친목회를 만들어 복직 운동을 펼쳐 나갔다. 그리하여 5대 대통령 취임식이 있은 후 죽순회 회원들은 모두 복직할 수 있게 되었다. 아버지도 복직할 수가 있었지만 아버지 스스로 사양하였는데, 그것은 그 무렵 함께 문교 재료상(文敎 材料商)을 하자고 하는 사업가를 만나 아버지의 마음이 거기로 많이 기울어져 있었기 때문이기도 했다. 아버지는 얼마 있다 과외 공부 지도도 그만두고, 내가 서울 올라올 무렵에는 본격적으로 문교 재료상을 차리게 되었다. 그 사업가가 자본을 대 주고 아버지는 주로 판매 노선을 넓혀 나갔다.

문교 재료란 것은 말할 것도 없이 학교 교육에 필요한 각종 재료를 말하는 것이었다. 지구본이니 현미경이니 백엽상자의 온도계 풍향계니 대형 글라이더 부품들이니 하는, 보통 문방구에서는 잘 취급하지 않는 재료들이었다. 아버지는 그러한 물건의 견본을 들고 각 국민학교, 중학교, 고등학교까지 찾아다니면서 안면이 있는 교장, 교감, 과학 담당 교사, 일반 교사들에게 그 물건의 구입을 부탁하였다.

아버지는 많은 얼굴들을 알고 있었으므로 판매 노선이 꽤 넓어졌다. 거기에다가 수련장, 전과, 입시 준비용 참고서 등 학교 부교재까지 취급하여 수입이 더욱 많아졌다. 그러다 나중에는 부교재 취급을 주로 하게 되었다. 출판사에서도 아버지에게 먼저 부탁했고, 그러면 아버지는 그중에서 취사선택하여 학교 관계자들에게 부탁 겸 추천을 하여 그 책들이 팔리게 하였다. 무엇보다 곳곳에 죽순회 회원들이 있었기 때문에 아버지의 일을 많이 도와주었다.

그리하여 어머니는 조금씩 돈을 만져 보기 시작하였다. 그러다가 계를 모으고 하면서 목돈을 마련해 나갔다. 외할머니가 서울로 올라오면서 시골집을 판 돈까지 어머니에게 맡겼다. 어머니는 그렇게 모아진 돈으로 전세 들어 있었던 집을 주인에게서 사고 그 집을 헐어 그 자리에 2층 양옥집을 지었다. 그것이 3년 전의 일이었다.

그런데 문교 재료상에 자본을 대고 있었던 그 사업가가 동시에 다른 사업을 하다가 빚을 지게 되었다. 그 빚을 속히 갚아야 그 사업이 제대로 되고, 그것이 잘 되어야 문교 재료상의 자본도 끊어지지 않을 수 있었다. 그래서 그 사업가의 빚을 갚기 위해 어머니가 애써서 지은 집을 은행에 담보로 잡혀 주었다. 일단 사업은 다시 풀리는 듯했다. 그런데 경기가 썩 좋아지지는 않았다. 그리고 문교 재료상 일도 차츰 판매 노선이 막히게 되었다. 그것은 문교부에서 부교재 사용이나 학습 재료 사용을 통제하기 시작했기 때문이었다.

그러한 가운데 그 사업가는 은행 빚을 제대로 갚아 나가지 못하게 되었고, 결국 은행에서 우리 집을 경매에 부쳐 처분하고 말았다.

우리 집에 전세 들어 살고 있던 사람들에게 전세금을 내어 주고 나니 어머니의 손에 들어온 돈은 거의 한 푼도 없었다. 그 사업가도 이리저리 뛰어 보았으나 어찌할 수가 없었다. 이제 우리에게 지게 된 빚은 언젠가는 갚겠다고 막연한 약속을 하면서, 우선 전세라도 얻도록 돈 백만 원을 마련해 주었다. 그 돈을 가지고 식구들은 서울로 올라온 것이었다. 그리하여 그 사업가와 아버지가 동업을 하던 문교 재료상 일도 끝장이 나 버렸다.

서울에 올라온 아버지와 어머니는 완전히 지친 모습이었다. 그리고 동생들은 두려움에 잡혀 있었다.

우리는 삼양동 버스 종점 근방의 싼 집을 전세로 얻어 들어갔는데, 그 집은 마루를 사이에 두고 방 두 칸이 있었다. 외할머니와 이미 올라와 있었던 여동생과 나도 그 집으로 와 합류하게 되어 식구들이 자그마치 여덟 명이나 되었다.

고등학교 때부터 6년간이나 식구들을 떠나 살았기 때문에 나는 그 생활이 어색하고 불편하였다. 거기에다가 다들 근심의 빛을 띠고 있으니 어떤 포근한 가정의 분위기가 이루어질 리 없었다. 특히 여동생들이 나에게는 퍽 낯설게 느껴졌다.

서울에 이미 와 있었던 셋째 여동생과는 별 문제가 없었지만 다른 동생들과는 새롭게 만나고 친해져야만 했다. 그런데 그들은 한결같이 나에 대해서 어떤 거리감을 느끼는지 가까이 하기를 꺼려했다.

고3인 바로 밑의 여동생은 대학 진학 문제 등으로 몹시 초조해하며, 집안 형편이 이런데 대학 진학을 해야 할 것인가 망설이고 있었다. 그러한 여동생에게 어떠한 말을 해주어야 좋을지 알 수가 없었다.

그다음 상업 고등학교 1학년에 다니는 둘째 여동생은 묵묵히 집안일을 도우며 주산 공부를 열심히 하였다. 그런데 말없는 그 얼굴에는 슬픔의 그림자가 늘 깔려 있었다. 셋째 여동생은 그때 국민학교 6학년으로 비교적 천진난만하였다. 국민학교 4학년인 막내 동생은 서울 아이들이 자기의 경상도 말을 놀린다고 불평하며 학교 다니기가 싫다고 곧잘 투정을 부렸다. 아버지는 을희 아버지를 찾아가서 일자리를 부탁해 보기도 하였지만 잘 되지 않는 모양이었다. 그래서 그런지 아버지의 술주정은 더욱 거칠어졌다. 어머니는 주로 누워만 있으면서 화병으로 심장이 뛴다고 하였다. 결국 늙은 외할머니가 집안일을 대개 돌보게 되었다.

그런데 나에게 제일 큰 문제가 된 것은 아버지 어머니가 나의 신앙생활을 싫어하는 것이었다. 그래서 나는 몹시 조심을 해야만 했다. 나의 신앙생활이 집안에 근심을 하나 더 가져다주어서는 안 된다고 생각했기 때문이었다. 나의 주장을 확고히 내세우기에는 가정이 너무도 흔들리고 있었다. 그래서 집안에서는 성경을 보지 않고 찬송가도 부르지 않았다. 기도만큼은 새벽에 일어나 이불을 뒤집어쓰고 아주 작은 목소리로 드리곤 하였다. 그것이 힘들 때는 새벽 산책을 나가는 것처럼 해서 근방의 교회로 가 소리 내어 기도하고 돌아오곤 하였다. 그렇게 교회에 가서 가정을 위하여 기도할 때마다 내 속에서는 통곡이 터져 나왔다. 그러한 가운데 내 인생의 방향에 대하여 또다시 생각해야만 했다.

그 제주도 수양회 이후, 하나님의 종으로 일생을 살고자 하는 나의 마음은 조금도 변하지 않았다. 고시공부를 포기했을 때의 그 내면의 자유는 이루 말할 수 없는 것이었다. 그것이야말로 진정한 정신적인 자유였다. 고시공부에 매여 그동안 제대로 읽지 못했던 책들을 마음껏 읽을 수 있는 희열을 맛보았다. 주로 신학에 관한 책들로 자유주의, 정통주의, 신정통주의 신학들을 비교 연구하면서 읽어 나갔다. 각자 그럴 듯한 주장들을 내세우고 있어 그것들을 어떤 관점에서 받아들이느냐 하는 것이 중요한 문제였다. 그리고 신학사조에 있어 독특한 위치를 차지하고 있는 본회퍼의 책들은 섭렵하다시피 읽었는데, 본회퍼의 초기의 사상과 후기의 사상 사이에는 큰 변화가 있었다. 그 변화로 인하여 본회퍼의 진정한 모습이 무엇인가 그 정체를 알 수 없어 혼란이 일어나기도 하였다.

본회퍼가 그렇게 바뀐 것은 아돌프 히틀러라는 존재 때문이라는 생각이 들었다. 히틀러를 어떻게 대하여야 하는가 하는 것은 그 시대의 심각한 신학적 난제에 속하였다. 본회퍼는 히틀러를 암살해야 된다는 입장을 취하고 그 음모에 가담하였다. 그러한 과정에서 본회퍼의 신학 사상은 큰 변화를 가져왔고 '하나님 없이 하나님 앞에서' 사는 성숙한 인간상을 부각하였다. 그것은 이 사회에 대하여 책임을 지는 신자로서의 윤리를 강조하는 말이었다.

이런 본회퍼의 책들 이외에 라인홀드 니버, 폴 틸리히 같은 사람들의 책에서부터 시작하여 정통 보수주의자들의 책에 이르기까지 다양하게 읽어 나갔다.

존 로빈슨이 쓴 《신에게 솔직히》라는 책은 전율을 일으키게끔 하였다. 신앙의 세계, 신학의 세계 하나만 해도 일생 동안 저어 가도 다함이 없는 망망대해였다. 이런 세계를 맛본 사람이 다른 별개의 세계에서는 살아 나갈 것 같지가 않았다.

내 인생 방향은 더욱 뚜렷해져만 갔다.

선교단체에서는 이미 많은 일을 맡고 있었다. 그 모임의 지도자는 내가 하나님의 종으로 사는 것이 가장 바람직한 일임을 누누이 강조하면서 여러 가지로 격려하고 도와주었다. 나는 그 지도자와 같은 사람이 되어 고민하는 이 시대의 지성인들에게 영향력을 끼치는 인생이 되겠다고 더욱 마음을 다져 먹었다.

그래서 그런지 나는 모든 면에서 그 지도자를 닮아 갔다. 말하는 어투라든지, 손짓 몸짓이라든지, 걸음걸이라든지, 심지어 앞단추를 자주 만지는 습관까지 닮아 갔다. 글씨체도 어느새 닮아 있었다. 나는 학교 수업 이외에 거의 모든 시간을 그 지도자를 닮아 가는 수업에 바쳤다고 할 수 있었다. 일주일에 한 번씩 모임을 인도하여 설교도 하게 되었다.

그런데 이제 구체적인 현실 속에서 가정의 어려움을 보고 식구들과 함께 생활하게 되었을 때, 나는 다시 고민하지 않을 수 없었다. 이때 있어서의 고시는 하나의 이상이 아니라 바로 절실한 현실의 필요였다. 직접적으로 말한다면, 가족을 먹여 살리기 위해 고시공부를 해야 한다는 것이었다.

나는 이전에 고시공부를 이렇게 절박한 현실의 필요와 연관시켜 생각해 본 적이 한 번도 없었다. 고상한 생활을 위해 고시공부를 하는 것으로 생각했지, 최저한의 생존을 위해 고시공부를 하는 것으로는 상상도 하지 못하였다. 그런 갈등 속에 지내면서 나는 항상 통금이 가까워질 무렵에 집으로 돌아왔다. 그것은 집안 식구들이 생각하는 것처럼 도서관에서 공부를 하다가 늦게 오는 것이 아니라, 전도 심방 등 그 신앙의 수업을 받고 오느라고, 그리고 길거리를 방황하다가 오느라고 늦어지는 것이었다.

이렇게 식구들을 속이며 다니는 생활이 계속되던 어느 날이었다.

하루는 밤늦게 돌아와 대문 앞에 섰는데, 집안 분위기가 이전과는 자못 다른 것을 느꼈다. 보통 때는 그 시각이면 현관 앞에 보조등이 켜져 있을 뿐 집안 전체가 캄캄한 가운데 있었는데 그날은 안방, 건넌방, 마당, 현관 할 것 없이 불이 훤하게 켜져 있었다. 대문도 여느 때 같으면 닫혀 있어야 하는데 벙긋이 열려 있는 채였다.

순간, 상(喪)을 만난 어느 집안의 분위기와 흡사하다는 생각이 들었다. 그래서 대문간을 다시금 살펴보았다. 거기에는 근조등도 없고 '喪'이라고 적어 놓은 검은 조지(弔紙)도 없다. 다들 방 안에 있는지 사람들은 하나도 보이지 않았다.

잠시 후 인기척을 느끼고 여동생이 부은 얼굴을 하고 둘째 마루로 나왔다. 동생은 나를 보고는 힘없는 음성으로 "오빠" 하며 울먹이는 소리를 내었다. 곧이어 바로 밑의 여동생이 나오고 셋째 여동생, 외할머니, 어머니, 아버지가 연달아 나왔다. 어머니는 나를 보자 마루에 앉으면서 탄식을 하였다.

　처음에는 어머니가 나의 모든 것을 알아채고 나 때문에 탄식을 하는 줄 알았다.

　"아이구 이놈이 나를 속이고 그래 근 보름째 학교를 안 간기라. 오늘 학교 선생한테 인사도 할 겸 해서 학교를 찾아갔는데, 선생이 그래, 성수가 학교를 안 와서 염려가 돼 집을 한번 찾아가 볼까 하던 차에 잘 오셨다고 하는 기라. 성수가 어디 아프냐, 집안에 무슨 일이 생겼느냐, 선생이 자꾸 묻는데 내 하도 기가 딱 막혀서 그냥 성수가 아프다고 했제. 학교를 나와서 집으로 돌아오는데 눈앞이 캄캄해지는 기라. 집안은 이 꼴이 돼도 자식놈들한테 기대를 걸고 사는데 그놈이 벌써부터 곁길로 나가? 이놈 집에 돌아오면 혼을 내줄 끼라고 기다렸는데, 이 시간이 되도록 어린 것이 돌아오지 않는 기라. 아이구 서울 바닥이 어떤 덴데 어디로 갔으꼬. 이 집안 꼴 하며 아이구 내 신세야."

　어머니가 마루를 치며 소리를 높여 울자 주위 여동생들과 외할머니도 훌쩍훌쩍 흐느꼈다.

　그들은 성수가 염려되어 우는 것이라기보다 집안 형편으로 인하여 그동안 쌓여 온 슬픔들을 토해 내고 있는 것이었다. 낯선 서울 땅으로 피해 와서 삼양동 골짜기에 외로운 짐승들처럼 웅크리고 앉아 울고 있는 가족들을 그 마루의 불빛 아래서 보았을 때, 내 눈에서도 두 줄기 눈물이 갑자기 흘러내렸다.

아버지는 이맛살만 잔뜩 찌푸리고 있다가 다시 방으로 들어갔다. 그때 통금을 알리는 사이렌 소리가 들려왔다. 이제 어떻게 할 도리가 없었다. 날이 밝기를 기다렸다가 성수를 찾기 위해 수소문을 하든지 해야 할 것이었다.

식구들은 다시 방으로 들어갔다. 동생들은 곧 쓰러져 잠이 들었다. 그러나 아버지, 어머니, 외할머니는 집안의 전등불들도 그대로 켜 놓고 대문도 열어 놓은 채 계속 뜬눈으로 밤을 새웠다.

나는 성수에게 어떤 불길한 일이 생긴 것 같은 예감을 떨쳐 버릴 수 없었다. 버스 종점 근방에 모여서 서성거리던 그런 불량소년들과 어울려 가출을 한 것은 아닐까 하는 생각도 스며들어 왔다. 사실 집안의 분위기는 모두 다 가출을 하고 싶은 마음을 품게 하고도 남음이 있었다.

다음 날 아침, 나는 학교에 가는 것도 포기하고 여러 군데를 찾아가 보았다. 성수가 전학한 학교 근방의 만화방에도 가보고 버스 종점에서 서성거리고 있는 아이들에게도 물어보았다.

결국 하교시간이 가까워 올 무렵, 학교로 찾아가 성수 담임선생님을 만나서 자초지종을 이야기하였다. 성수 담임은 종례시간에 아이들에게 성수에 대해 광고를 하며 성수를 본 사람이 없느냐고 물었다. 아무도 보았다는 아이가 없었다. 나는 학교를 나와 근처의 파출소에 가서 가출 신고선가 하는 것을 써 내었다.

그렇게 하루가 지나고 또 이틀이 지나갔다. 식구들이 흩어져서 성수가 가볼 만한 데는 다 뒤져 보았으나 감감무소식이었다. 식구들의 근심은 점점 더해 갔다. 나는 영철이가 행방불명되었을 때의 일이 자꾸만 생각났다. 어머니는 밤중에 헛소리까지 하다가 잠을 깨곤 하였다. 그러면 어머니의 이마와 얼굴 전체에 후줄근히 땀이 흐르고 있었다. 잠이 깬 연후에도 열차가 어떻고 하면서 계속 헛소리를 하였다. 어머니는 점쟁이 집에도 가보고 하더니 성수가 아무래도 부산으로 내려간 모양이라고 하면서 부산의 친지들에게 장거리 전화까지 걸어 보았다. 그러나 거기서도 모른다고 하였다.

일주일 후, 파출소에서 순경이 우리 집으로 찾아왔다. 그때가 어스름한 저녁 무렵이었는데 푸른 정복의 순경이 지옥에서 온 사자처럼 섬뜩하게 느껴졌다.

그 순경은 한강 철도병원에서 연락이 왔다고 하면서 성수가 거기 204호실에 있다고 하였다. 순간 어머니는 까무라칠 것처럼 하다가 겨우 정신을 차리고 성수가 어떻게 되었는지를 물었다. 순경은 성수가 어떻게 되었는지 아는 눈치였지만, 그것은 잘 모르겠다고 머뭇거리다가 급하게 경례를 붙이고는 대문을 빠져나가 버렸다.

바로 그때였다.

부엌에서 내다보고 있던 외할머니가 갑자기 핑그르르 몸을 돌리더니 마당 쪽으로 널브러졌다.

어머니와 여동생과 내가 외할머니에게로 달려갔다. 외할머니의 사지는 신경이 끊긴 듯 축 늘어져 바르르 떨고 있었고, 초점을 잃은 눈동자는 흰자위를 드러내고 있었다. 얼굴 근육은 마구 일그러졌다. 그것이 중풍이라고 하는 것의 증상임을 직감적으로 알 수 있었다.

우리는 외할머니를 급히 안방으로 모셨다. 어머니는 외할머니의 사지를 주무르며 나에게 빨리 길 건너 한약방에 가서 최 주사를 불러오라고 하였다. 내가 달려가서 최 주사를 불러왔다.

최 주사는 침통을 들고 와서 외할머니의 몸 여기저기에 침을 찔러 대었다. 침이 콱콱 박힐 때마다 외할머니의 사지가 꿈질거렸다.

침을 다 놓고 난 최 주사는 지금 외할머니가 위험한 상태에 있다고 하였다. 그러고는 자리에서 일어나 나가기 전에 냄새가 지독하게 나는 거무스름한 알약들을 내어놓으며 하루에 두 번씩 알약 하나를 따뜻한 물에 으깨어서 먹이라고 하였다.

외할머니를 병원으로 옮길 처지가 못 되는 우리는 한방 치료에라도 의지할 수밖에 없었다.

금방 생명이 꺼질 것 같았던 외할머니는 신음 소리를 간간이 냄으로써 아직 생명이 붙어 있음을 표시하였다.

여동생들은 갑자기 몰아닥친 일들에 정신을 차리지 못하고 공포에 질린 얼굴로 흐느꼈다. 아버지는 성수를 찾아본다고 나갔다가 아직 돌아오지 않고 있었다. 어머니는 오히려 자포자기한 듯한 자세로 알약을 따뜻한 물에 으깨어 외할머니의 입에 부어넣어 주며 일들을 처리해 나갔다. 마치 성수의 일을 잊은 듯한 표정이었다.

얼마 후, 어머니는 나에게 외할머니를 맡기고는 큰 여동생을 데리고 철도병원으로 달려갔다. 나와 두 여동생은 긴장된 얼굴로 이불 속에 누워 있는 외할머니를 지켜보았다. 외할머니의 아랫입술이 한편으로 처져서 입술 사이로 침이 질질 흘러내렸다. 나와 여동생들은 수건으로 그 침들을 닦아 내었다.

의식을 잃은 사람을 보는 것은 야릇한 느낌을 주었다. 죽음도 아니고 삶도 아닌 그 중간 지역에서 자기 나름대로는 끊임없이 무언가를 붙잡으려고 애를 쓰는 것 같았다. 뇌의 핏줄 하나가 터져 버리면 그 전체가 꺼져 버리는 의식이라는 것이 너무도 허무하게 생각되었다. 인간들은 그 핏줄 하나가 살아 있다고, 떠들고 주장하고 싸우고 괴로워하고 기뻐하고 사랑하는 것이었다. 인간은 강한 듯하면서도 얼마나 쉽게 허물어지고 마는 존재인가. 외할머니의 그 육십 평생의 기억들이 그 핏줄 하나에 달려 있는 셈이었다.

나는 홀연히 정신이 드는 듯 성수의 일을 생각하기 시작했다. 철도병원에 있다는 것은 열차 사고를 당한 것을 의미하는 것이었다. 그렇다면 어떤 사고를 당했는가. 머리 쪽이 다쳐 지금 외할머니처럼 의식이 꺼져 가고 있는가, 아니면 다리 쪽이 다쳐 ……아…… 절단되어 있는가.

그때 대문간에서 무슨 소리가 들렸다. 아버지의 고함 소리였다. 내가 방문을 열고 나갔을 때, 아버지는 곤드레만드레가 되어 마당으로 들어서고 있었다. 여동생이 달려 나가 아버지를 양편에서 붙들고 건넌방으로 데리고 갔다. 나는 마루에 잠시 그대로 서 있었다. 건넌방에서 둘째 여동생이 울먹이며 아버지에게 호소하는 소리가 들려왔다.

"아버지요, 정신차리이소 마. 오늘 우리 집에 큰일이 났심더. 성수는 철도병원에 있고 할무이는 중풍으로 쓰러졌심더. 이런 날, 이리 술에 취해 오시면 어떻게 되능교."

아버지는 여동생의 말을 못 알아듣는 것 같았다.

"뭐야? 그 성수놈이 어쨌다고? 그놈 지가 언제까지 돌아다녀? 배가 고파지면 기어 들어오겠지. 못된 놈, 꺼윽 꺼, 니 엄마는 어디 갔어, 응? 내가 좀 고생시킨다고 날 무시해? 비켜!"

아버지가 여동생들을 뿌리치고 일어나는 눈치였다. 내가 급히 건넌방 문을 열고 들어갔다. 아버지가 비틀거리며 일어서려고 하다가 내가 들어서자 주춤거리며 멀거니 올려다보았다.

"아버지! 이게 무슨 꼴이에요?"

내 목구멍에서 분과 독이 뭉쳐져 튀어나왔다.

아버지는 나의 기세에 눌리는지 다시 주저앉아서 무어라고 계속 중얼거렸다. 여동생들이 요를 깔고 그 위에 아버지를 눕히고는 양복 바지저고리와 양말을 벗겼다. 그리고 이불을 덮어 주었다. 아버지는 조용해지면서 잠이 드는 듯했다. 여동생들과 나는 다시 안방으로 건너왔다.

외할머니는 괴로운 듯 몸을 뒤척이려고 하면서 신음 소리를 내었다. 그러나 몸은 조금도 움직여지지 않았다. 벽시계는 11시를 넘어서고 있었다. 어머니와 큰 여동생은 병원에서 밤을 새고 올 것 같았다. 그동안 외할머니가 돌아가시기라도 하면 어쩌나 두려운 마음이 생기기도 하였다. 또한 어머니가 어떠한 소식을 가지고 올지 초조해졌다.

잠시 후, 건넌방에서 아버지가 다시 일어나 앉는 듯 두런거리는 소리가 들려왔다. 그 소리는 점점 커졌는데, 쉴 새 없이 어떤 대상을 부르면서 독백으로 읊조리는 것이었다. 중간중간 아버지가 술에 취하기만 하면 즐겨 부르는 옛날 노랫가락이 섞였다.

"으악새 슬피 우니 가을인가요……. 어머니의 손을 잡고 헤어질 때에 부엉새도 울었다오 나도 울었소……."

가사가 길게 이어지는 법이 없이 앞 소절만 계속 반복되었다. 아버지는 항상 그 뒤 가사는 기억을 하지 못하였다. 그리고 아버지의 독백은 늘 시간과 공간을 순서 없이 넘나들었다.

"야, 성민이 이 녀석 니가 한국에서 제일가는 법대에 다니면 다냐? 나도 나 같은 아버지만 있었어도 니 뺨칠 만큼 공부했을 거야. 윽, 고시? 허, 나도 하면 할 수 있어. 성민이 이 녀석 니가 태어나기 전부터 나도 고시공부했다구. 떨어져도 또 하고 또 하고 했지. 법대도 안 다니면서 말이야. 윽, 내가 법대에 다녔더라면 벌써 합격했을 거야. 암 합격하고 말고. 그런데 니놈이 태어나 방실방실 웃는 바람에 공부를 할 수 있어야지. 조금 하다가 포기를 해버렸지. 아니야, 조금 한 게 아니야. 니가 열 살 먹도록 했으니까 오래 한 거지. 야, 임마 기억나? 내가 서울 가서 고시 떨어지고 내려오면서 삼총사, 장발장 사 가지고 온 거 말이야. 녀석 내 고시 떨어진 줄은 모르고 책을 받아 가지고 좋아서 읽느라고. 좋아 좋아, 하하하. 니가 열 살 먹을 때 난 결심했지. 이제 고시의 바톤은 니놈에게 넘겨준다고 선서식까지 했지만 넌 기억도 못 할 거야. 니가 쿨쿨 잠을 자고 있을 때 했으니까. 난 니한테 깨끗이 이양을 했다구. 누구처럼 지저분하게 이양을 하지 않았다구. 깨끗이. 그 점 알아야 해. 야, 성민아 이놈 어디 갔어 응? 네 녀석 고등학교 시험 보러 올라온 때 생각나? 그 여관방에서 녀석, 허허 잘했어, 난 꿈도 꾸지 못한 다이아몬드를 가슴에 떡 달고. 야 굉장

했지. 내 친구들도 나만 보면 아들 하나 잘 뒀다고 얼마나 부러워
하는지. 다들 큰 인물 났다고 야단들이었어. 암, 아무도 날 괄시
하지 못했다구. 나보고 빨갱이라 하던 놈들도 내 앞에서 구십도
절을 했다구. 널 사위 삼자고 말이지 전부들 눈이 벌개 가지고 허
허 내 원 참. 야 이 새끼야, 이 사기꾼놈! 네놈 집은 버젓이 가지고
있으면서 내 집을 잡혀 먹어? 자본을 대 줘서 우릴 먹여 살렸다
구? 이 호랑말코 코딱가리 같은 놈. 여보, 고생 많수. 난 당신 때문
에 이제껏 살아왔소. 그 영도경찰서 면회 올 때 생각나요? 당신
그 삼계탕인가 닭찜 솜씨 대단했어. 취조관들도 칭찬이 자자했
다구. 당신, 나 감옥에 있을 때 바람 안 피웠지? 응? 히히, 난 그게
걱정됐다구. 젠장 그래 일자리 하나 없는가. 자네 그래도 국장 아
냐 국장. 다시 접장질하기는 싫으니 딴 거 좀 알아봐 줘. 거 법적
으로 노는 데 있으면 소개해 주라니까. 나 고시공부했던 거 자네
알지? 그 실력 그대로 가지고 있다구. 꺼윽 꺼. 물, 물, 물…… 어머
니, 사위 잘못 만나 고생이십니다. 그래도 우리 성민이 떡하니 한
자리 하면 그때 어머니 편안히 모실 겁니다. 청상과부, 무남독녀,
불쌍한 어머니, 흐흐흐흑. 어머니, 어머니, 당신이 위암으로 배가
아파 방바닥을 기어 다닐 때, 아랫도리는 벗겨져 엉덩이가 나오
고 그 좋은 병원, 수술 한 번 해드리지 못하고, 청상과부로 일본
에서부터 고생고생하며 나를 키우신 어머니, 간또우 지진 때 아
버지랑 형님 잃고, 어머니, 흐흐흑. 이놈 성수야 어디 갔어? 응?

성수 이놈, 형님보다 더 훌륭한 수재 되라고 했는데. 니 알제? 빨리 돌아와서 공부하는 거. 이년들은 어디 갔어? 밑이 납작한 것들. 성수가 빨리 안 나오고 니년들이 먼저 주루루 나와서 내 원참, 허 좋아하시네. 삼선? 삼선 짜장면이나 먹고 정신 차려, 정신 차리라구. 윽, 오늘 삼선 짜장면에 배갈 네 도꾸리, 소주 한 되, 꺼억. 그 친구 내가 돈을 낸다니까. 돈이 어디 있느냐고? 야, 임마, 이래도 술값 낼 돈은 있어. 요강, 요강. 이거 싼다 싸. 요강……!"

요강, 소리에 내가 안방 문을 열고 나가 마루 구석에 있는 요강을 들고 건넌방으로 급히 들어갔다. 그리고 아버지 아래 내의를 내려서 요강에 그 물건이 향하도록 해주었다. 내가 20년 전 좁은 관을 헤엄치며 지나왔던 그 물건이었다. 아버지는 그것을 엉거주춤 거머쥐고 몸을 흔들흔들하면서 오줌을 찔끔찔끔 떨어뜨리더니 싸하니 힘차게 내갈겼다. 나는 다시 내의를 올려 주고 아버지를 자리에 눕혔다. 곧이어 아버지는 코를 드르렁거리면서 잠이 들었다. 아버지는 뇌의 핏줄이 터지지 않았는데도 의식 불명의 상태와 다를 바 없었다. 새벽빛이 문창호지에 배어들어 왔다.

나는 가만히 일어나 다시 안방으로 건너갔다. 여동생들은 한쪽 모퉁이에서 새우잠이 들어 있었다. 외할머니의 신음 소리도 잦아들었다. 나는 무릎을 꿇은 자세로 앉아 있었다. 언뜻언뜻 졸음이 몰려왔다. 잠결로 빨려들려고 할 무렵, 아련히 교회 차임벨 소리가 울려왔다. 나는 머리를 흔들며 졸음을 쫓아내었다. 그러다가 깜짝 놀랐다.

나는 가장 중요한 것을 잊고 있었다. 엊저녁부터 지금까지 나는 하나님을 까마득히 잊고 있었던 것이었다. 그러한 일들 속에서 마음으로 하나님을 부르고 있지 않았다. 마음에는 두려움과 당황과 분노만이 들어차 있었을 뿐이었다. 내 스스로 생각해도 이상할 정도였다. 그토록 매일 하나님에 대한 공부를 하고 다른 사람들에게 전하기까지 하면서도 엊저녁부터 불어닥친 일들에 있어서는 하나님을 배제하고 있었다. 그리고 지금도 하나님을 부르고 싶은 마음이 없었다.

성수가 행방불명되었을 때만 해도 성수를 위해서 기도하는 마음이 간절했다. 그런데 성수의 소식을 듣고 또 외할머니의 일이 연달아 터지고 난 후에는 이 상황이 하나님과 전혀 관련이 없는 것처럼 행동했다. 이런 때는 어떻게 기도해야 되는지도 몰랐으며, 기도 같은 것은 통하지도 않을 것으로 생각되었다. 어느 정도의 시련 속에서는 하나님을 찾다가도 정신없이 닥쳐오는 시련 속에서는 하나님을 찾을 여유조차 없게 되어 버린 것이었다. 더욱 간절히 찾고 매달려야 할 때인데 오히려 주저앉아 있는 자신이었다.

그만큼 나의 신앙생활이라는 것이 관념적이고 추상적이며 감정적인 면이 많다고 할 수 있었다. 시련의 거센 파도 앞에서는 깨어지기 십상인 그러한 신앙이었다. 그러면서 일생을 하나님의 종으로 살겠다고 다짐하는 자체가 모순인 것이었다. 나는 그때 나의 신앙생활도 핏줄이 터져 중풍으로 쓰러져 있는 것을 보았다. 나도 쓰러져 있고, 외할머니도 쓰러져 있고, 아버지도 쓰러져 있었다.

두 달 후, 우리 집 대문은 양편이 다 열리고 그 사이로 은빛 바퀴 의자 하나가 굴러들어 왔다. 거기에 앉아서 성수는 미소를 지었는데 찡그리는 표정이 되었다. 바퀴 의자를 밀고 온 아버지는 마당에 들어서자 성수를 안아 올려 건넌방으로 옮겨다 놓았다.

성수는 앉아서 기동할 수는 있었다. 그러나 서거나 걷지는 못했다. 척추와 엉치뼈, 대퇴골과 한쪽 발목뼈가 으깨어진 것을 붙여 놓은 것이었다. 지금도 몇 군데 깁스가 된 채였다. 피해자 과실인데도 그동안 철도병원에서 철도 사고로 다친 것처럼 돌보아 주었다. 성수는 회복되더라도 불구를 면할 길이 없다고 하였다. 목발을 짚고 다니기도 힘들 것이라 하였다. 다리로 이어지는 신경 조직까지 파괴되었기 때문이었다.

성수는 행방불명이 되던 날, 대문 앞 안쪽 구석 쓰레기통 뒤에 숨어 있었다. 거기에서 집안의 동정을 살피고 있는데 내가 집으로 돌아왔다. 그리고 곧이어 어머니의 탄식 소리가 들려왔다. 자기가 학교에 안 간 사실이 들통 난 것을 알게 되니 집 안으로 들어갈 용기가 나지 않았다.

새벽까지 그 쓰레기통 뒤에서 웅크리고 있다가 버스를 타고 서울역으로 나갔다. 사람들로 혼잡을 이루고 있는 개찰구에 섞여 들어가 사람들에게 밀리면서 개찰구를 통과하였다. 집표원은 성수가 누구의 동행인 줄 알고 어물거리다가 성수를 놓쳐 버렸다. 성수는 잽싸게 달려 부산으로 가는 기차간으로 들어갔다. 부산에 이르기까지 두 번인가 검표가 있었지만, 화장실에 숨어 있거나 의자 사이에 끼어들어가 검표원의 눈을 피했다. 부산역을 빠져나올 때도 서울역에서와 같은 방법으로 빠져나와 줄행랑을 쳤다. 집표원은 계속 밀리는 손님들의 표를 받느라고 성수의 존재는 흘려버렸다.

부산역 광장으로 나오자 그립던 부산의 분위기가 물씬 와 닿았다. 공기의 냄새부터가 달랐다. 아릿한 갯내음이 코끝을 스치고 지나갔다. 부산 사투리가 여기저기서 들려와 한결 마음을 포근하게 하였다.

성수는 곧장 자기가 다니던 봉래국민학교로 달려가 동무들을 만나 보고 싶었다. 그런데 아직 수업이 끝날 시간이 아니었다. 그 시간 동안에 성수는 무엇보다 바다가 보고 싶었다. 바지 호주머니에 손을 넣어 보았다. 10원짜리 동전 두세 개가 있었다. 버스 한 번 탈 돈은 되었다.

성수는 버스를 타고 해운대로 갔다. 문현동고개를 넘어서자 저 아래로 수평선이 시원스럽게 깔려 있는 것이 보였다. 성수는 바다가 없는 서울보다 바다가 있는 부산이 더 좋았다. 어떻게 사람들이 바다가 없는 데서 사는지 이해하기가 힘들었다. 해운대에 내린 성수는 동백섬으로 가서 그곳 바위에 걸터앉았다.

초가을의 따뜻한 햇살이 성수에게로 내려왔다. 지난밤에 잠도 제대로 자지 못한 성수는 바위 위에 드러누워 들고 온 책가방을 베개 삼아 스르르 잠이 들었다. 잠결에 어머니의 탄식하는 소리가 들려왔다. 깜짝 놀라 잠을 깨려다가, 그 소리가 부서지는 파도 소리임을 알고는 다시 잠이 들곤 하였다.

그 파도 소리 속에 누워 있으니 성수는 망망대해에 혼자 배를 타고 가는 기분이었다. 동백섬 전체가 바다에 떠 있는 하나의 배였다. 성수는 부산 집 대문간에서 바다를 내려다볼 적마다 멀리 항해해 가는 선장이 되고 싶었다. 아버지는 형님처럼 서울대학에 들어가 세상에서 출세하는 사람이 되라고 했지만, 성수는 부산에 있는 수산대학에 들어가 배를 타고 싶었다. 이제 이 파도 소리 속에 누워 있으니 요람에라도 누워 있는 기분이었다. 거기에는 놀려 대는 서울 아이들도 없고, 술주정하는 아버지도 없고, 신세 한탄하는 어머니도 없었다. 앞으로 며칠 동안은 부산에서 지내다가 서울로 올라가야 할 것 같았다.

성수가 눈을 뜨고 일어났을 때는 해가 서쪽으로 사뭇 기울어져 있었다. 성수는 화들짝 놀라며 책가방을 들고 일어났다. 봉래국민학교 동무들이 오후반 수업을 마치고 나올 시간이 가까워진 때였다. 성수는 버스 정류장 있는 곳으로 나왔다.

그런데 부산 버스는 내릴 때 차비를 내는 것이 아니라 올라갈 때 내므로, 차비도 없이 올라타는 성수를 버스 차장이 떠다밀었다. 차비가 없다고 사정을 해도 막무가내였다. 다음 버스도 그러하고 그다음 버스도 그러하였다. 점점 시간만 지나갔다. 할 수 없이 성수는 해운대역으로 나갔다.

제법 큼직한 역사(驛舍)인데도 여름이 아니라서 그런지 사람들이 별로 없이 한산하였다. 서울역에서처럼 그렇게 들어갈 수도 없었다. 버스 차장에게 떠밀리듯 집표원에게 쫓겨날 것이 분명했다. 들어갈 수 있는 방법은 역사 주변에 쳐져 있는 철책을 넘어 들어가는 것밖에 없었다. 그 철책 주변에는 사철나무가 심어져 있고 그 사이사이로 코스모스가 목을 길게 뽑고 있었다. 기차가 바람을 일으키며 역 구내로 들어설 때마다 코스모스의 목이 더욱 흔들리는 것 같았다. 사철나무와 코스모스 근방에서 잠자리 댓 마리가 날아다니며 앉을 자리를 찾다가 기차의 기적 소리에 놀라 도망가곤 하였다. 가만히 보니 서울에서는 눈을 씻고도 찾아보기 힘든 왕잠자리였다. 성수는 철책을 넘으려는 건지 왕잠자리를 잡으려는 건지 그쪽으로 다가갔다. 마침 교미가 붙은 왕잠자리 두 마리가 사철나무 꼭대기 빨간 열매 근방에 내려앉아 있었다.

교미가 붙은 놈은 잡기가 수월했다. 그놈들은 서로의 꼬리를 자기 입에다 처넣음으로써 그 짓을 하고 있었다. 성수는 왕잠자리 두 마리를 손가락 사이에 끼우고 역사 쪽을 쳐다보았다. 집표원이 개찰구에 앉아서 성수를 감시하듯이 바라보고 있었다. 성수는 또한 철책 너머를 쳐다보았다. 역 구내에서도 빨간 깃발을 든 신호수가 왔다 갔다 하였다. 지금은 철책도 뛰어넘을 수 없었다. 동무들을 만나지 못한다 하더라도 그저 밤이 오기를 기다려야만 했다.

갑자기 배에서 꼬르륵 소리가 났다. 배가 몹시 고파 왔지만 어쩔 도리가 없었다. 역사에서 물러나 해운대시장 쪽으로 나갔다. 해산물 파는 가게들의 수족관에 각종 고기들이 펄펄 살아서 헤엄치며 꿈틀거리고 있었다. 시루떡, 찹쌀떡, 콩고물떡이 잔뜩 쌓여서 김을 모락모락 내고 있는 가게들도 있었다. 어떤 아주머니는 큰 도마 위에다 순대를 올려놓고 투박하게 생긴 칼로 듬성듬성 썰고 있었다. 성수의 입 안에는 침이 가득 괴어들었다. 그 침을 순대 국물이라도 되는 듯이 꿀꺽 삼켰다.

시장께를 벗어나자 만화방이 나오고 헌책방이 나왔다. 성수는 헌책방 앞에서 우뚝 멈춰 섰다. 그 책방 유리창에 '헌책 삽니다'라는 글씨가 붙어 있었다.

성수는 오른팔목에 끼고 있는 책가방을 내려다보았다. 가방에 전과, 수련장, 교과서들이 제법 들어 있었다. 공책도 몇 권 있었지만, 수업을 얼마 받지 않아 거의 깨끗한 채로 있었다.

성수는 그 책방 문을 열고 들어갔다. 책방 주인은 책가방에서 책을 꺼내는 성수를 의아한 듯 쳐다보았다.

"학교 공부하기 싫어서 파는 거 아이가?"

책방 주인이 물었다. 그러자 성수는 그것이 아니라 학년이 바뀌어서 책이 필요 없게 되었다고 하였다. 책방 주인은 성수가 거짓말을 하는 것을 알면서도 더 이상 따지지 않고 책값을 치러 주었다.

책값은 100원짜리 한 장이었다. 성수는 그것을 집어 들고 책방을 나와 시장으로 뛰어갔다. 떡집으로 가 50원어치의 떡을 사먹었다. 도저히 양이 차지 않았다. 나머지 50원으로도 떡을 사먹고 시장을 나왔다. 이제 조금 살 것 같았다.

날은 점점 어두워 갔다. 날이 어두워질수록 바다 소리는 더 분명하게 들려왔다. 성수는 집을 떠나온 것이 갑자기 후회스러워졌다. 아버지가 술주정을 하고, 어머니가 신세 한탄을 하고, 겨우 된장국 하나에 보리밥을 말아 먹어도 식구들이 있는 곳이 좋았다. 동무들이고 무엇이고 오늘 밤차로라도 서울로 올라가고 싶었다. 그런데 이제 책까지 다 팔아먹었으니 야단을 맞아도 호되게 맞을 것이었다.

'아예 책가방을 잃어버렸다고 해야지.'

성수는 묘안이라도 생각해 낸 듯 주위를 두리번거려 보았다. 마침 어느 식당 앞구석에 쓰레기통이 있었다. 지나다니는 사람도 거의 없어 성수는 그 쓰레기통으로 다가가 책가방을 슬쩍 밀어 넣었다. 이미 다 떨어진 책가방이라 쓰레기통에 들어가도 별 무리는 없었다. 성수는 더욱 홀가분해진 몸이 되었다. 역사의 철책을 훨씬 잘 뛰어넘을 수 있을 것 같았다.

하늘에서 끼룩끼룩 새 우는 소리가 들렸다. 성수는 하늘을 올려다보았다. 하늘에 퍼지기 시작한 어스름 때문에 그 새들이 갈매기인지 기러기인지 잘 분간이 안 되었다. 어쩌면 까마귀들인지도 모른다고 생각했다.

성수는 해운대 호텔들도 구경하고 극장 앞에도 가보고 하면서 시간을 보내다가 캄캄한 어두움이 드리워져 모든 거리를 뒤덮었을 때, 역사로 발길을 돌렸다. 역사와 역 구내에 불빛이 비치고 있었지만, 철책을 뛰어넘는 데까지 비쳐 오지는 않았다. 성수는 철책을 기어 올라가 역 구내로 사뿐히 뛰어내렸다. 그리고 시멘트 부대 같은 것을 잔뜩 쌓아 둔 곳으로 가 몸을 숨긴 채 플랫폼 쪽을 지켜보았다. 푸르스름한 수은등이 비치고 있는 그곳에는 사람 하나 없었다.

이윽고 기차의 기적 소리가 들려오고 기차 바퀴의 소음이 들려왔다. 성수는 몸을 바싹 짐 더미에 밀착시키며 뛰쳐나갈 자세를 취했다. 그러나 그 기차는 신호수 깃발의 전송만 받으며 그대로 멈추지 않고 지나갔다. 객차가 아니라 화물차였다.

그 기차가 지나가고 플랫폼에 사람이 하나둘 모여들기 시작했다. 역원(驛員)이 나와 승객들이 레일 가까이 접근하지 못하도록 정리를 하였다. 저 앞쪽에서는 신호수가 깃발을 들고 서 있었다. 다시금 기적 소리가 울리고 기차가 요란한 소리를 내며 달려와 멎었다. 사람들이 조용히 올라탔다. 성수는 아무래도 지금 뛰어 나가면 역원이나 신호수에게 걸릴 것 같았다. 그래서 기차가 떠 나기 시작할 때를 기다렸다. 드디어 기차가 철커덕하고 움직이기 시작했다. 성수의 심장도 철커덕하고 뛰기 시작했다.

성수는 서서히 움직여 가는 기차를 향하여 쏜살같이 달렸다. 기차의 속도는 순식간에 빨라졌다. 성수는 간신히 승강구의 한 쪽 손잡이를 두 손으로 잡을 수 있었다. 그다음 발을 올려놓아야 할 차례였다. 그런데 두 발이 공중에 뜨고 말았다. 기차는 역 구 내를 벗어나 광안리 쪽으로 달려가고 있었다. 손잡이를 잡았던 성수의 손이 아래로 처지며 내려갔다. 두 다리는 기차 바퀴 쪽으 로 휘말려 들어갔다. 성수는 두 다리를 버둥거려 바퀴 부분과 연 결된 철판에 발바닥이 닿도록 하였다. 그리고 발바닥으로 철판 을 밀면서 기차 바깥으로 몸을 날리려 했다. 성수의 몸은 승강구 의 다른 면에 한 번 세게 부딪쳤다가 제방둑 아래로 굴러떨어졌 다. 그 둑 아래는 바로 바닷가와 연결되어 있는 곳이었다. 성수의 이마에는 진한 피가 흘러내렸다. 성수의 의식은 파도 소리에 잠 겨 들어갔다. 성수가 부산 철도병원에서 의식을 회복하여 연고 지가 알려진 것은 그로부터 닷새 후였다. 거기서 곧 서울로 호송

된 것이었다.

외할머니는 위험한 고비를 넘겨 조금씩 몸을 일으킬 수 있게 되었다. 어머니는 외할머니의 대소변까지 받아 내며 좋다는 민간 자연 처방은 다 해보았다. 뽕나무가 좋다는 말을 듣고는 뽕나무 흰 껍질들을 벗겨 가지고 와서 잘게 썰어 숯불 담긴 화로 근방에서 바싹 말린 후 그것을 달여 먹이기도 하였다. 또 다시마를 길쭉한 모양으로 잘게 썰어서 외할머니의 침 흐르는 입에 물려 주기도 하였다. 두릅뿌리라고 하는 것까지 구해 가지고 와서 바람에 말려 달여 먹이기도 하였다.

이런 자연 식물들은 별 문제가 없었다. 그런데 동물의 경우에 있어서는 문제가 생겼다.

하루는 어머니가 오리 한 마리를 사왔다. 어디서 오리 피가 중풍에 좋다는 말을 들은 것이었다. 오리는 이웃집 마당에라도 놀러온 것처럼 그 특유의 뒤뚱거리는 걸음으로 뜀벙뜀벙 걸어 다녔다. 그러다가 부리를 추켜들고는 집안의 냄새를 맡는 듯 두리번거렸다.

어머니는 부엌에서 양푼과 도마와 부엌칼을 들고 나왔다. 마당 복판에 양푼을 놓고 그 위에 도마를 걸쳐 놓았다. 그러고는 부엌칼을 한 손에 들고 오리를 잡으러 다가갔다. 오리는 몇 걸음 못 가서 어머니 손에 그 목덜미가 잡혔다. 그제야 오리는 자기의 운명을 알아차린 듯 꺼익꺼익 하고 울었다.

어머니가 도마 위에 오리를 눕혀 놓았을 때 오리는 두 날개와 다리를 버둥거렸다. 내가 마침 거기에 있다가 오리의 몸뚱어리를 잡아 눌러 주었다. 그리고 어머니에게 오리의 목을 먼저 비틀어 죽인 후에 피를 받자고 하였다. 그러나 어머니는 죽은 오리 피가 아니라 산 오리 피가 좋다면서 그대로 오리의 목을 힘껏 내리쳤다. 그러고는 얼른 그 끊어진 목의 방향을 양푼으로 향하게 했다. 오리의 몸속에 있던 피는 수도꼭지에서 물이 쏟아지듯 그 목을 통하여 쏟아져 내렸다.

나는 그동안 사람의 피든 짐승의 피든 그렇게 많은 분량의 피를 본 적이 없었다. 또한 피비린내를 그토록 맡아 본 적도 없었다.

양푼 가득히 피가 괴었다. 잘려진 오리의 머리가 자기 피 속에 떠서 자맥질을 하고 있었다. 너무도 기가 찬 듯 부리가 벙긋이 벌어지고 눈이 뒤집혀져 있었다.

어머니는 양푼에서 그 머리를 건져 내어서는 거기에 묻은 피한 방울도 아깝다는 듯 양푼에다 대고 그것을 툴툴 흔들어 털었다. 오리의 머리와 몸뚱어리는 도마 위에 얹혀져서 부엌으로 들어가고, 양푼은 마루에 놓여졌다. 어머니는 하얀 사발을 가지고 와서 양푼을 기울여 거기에다 오리 피를 부었다. 그리고 그 피 사발과 숟가락을 들고 안방으로 들어갔다.

여동생 둘과 나도 방으로 따라 들어갔는데, 외할머니는 그 피사발을 보자 머리를 흔들고 손을 내젓는 시늉을 내려 하였다. 그리고 돌아가지 않는 입술을 놀려 무엇인가 말을 하려고 하였다.
여동생들이 외할머니를 일으켜 앉히고 계속 양편에서 부축하였
다. 어머니는 외할머니의 목에 냅킨을 두르듯 수건을 둘러 주고
나서 피 사발을 외할머니 입에 가까이 가져갔다. 외할머니의 눈
은 당황의 빛을 완연히 띠었고, 그 입술은 무언가를 말하려고 계
속 노력하고 있었다.

어머니는 피 사발을 약간 떼면서 나에게 외할머니가 무슨 말
을 하려고 하는 건지 들어 보라고 하였다. 나는 외할머니에게 크
게 말씀해 보라고 고함을 지르고는 외할머니의 입에다 귀를 바
짝 들이대었다. 외할머니의 입에서 바람 소리 같은 것이 났다. 그
바람 소리가 어떤 발음을 함축하고 있는지 처음에는 전혀 분별
을 할 수 없었다. 그러다가 그 바람 소리 자체가 발음이라는 것을
뒤늦게 깨달았다. 그것은 "여——호——와——"였다.

나는 그때야 모든 것을 알게 되었다. 외할머니는 자기가 여호
와 증인이기 때문에 피를 마실 수 없다는 것을 표시하고 있는 것
이었다. 그런데 이 사실을 어머니에게 말하기가 곤란하였다. 내
가 할머니의 그 말을 전하면 어머니가 피 사발을 방바닥에 내동
댕이칠지도 모를 일이었다. 나는 못 알아듣겠다는 듯 머리를 흔
들었다.

곧 외할머니의 처진 입 속으로 오리 피가 들어가기 시작했다.
외할머니의 입술에서는 계속 피가 바깥으로 새어 나와 흘렀다.

죽을 먹일 때도 입술이 처져 있기 때문에 죽이 흘러나오기 일쑤지만, 이번에는 외할머니가 삼키려고 하지 않기 때문에 새어 나오는 것임을 알 수 있었다. 거부할 힘이 없는 외할머니는 완전히 수동적인 자세로 그 피 사발을 비웠다. 외할머니의 입가와 목에 두른 수건에 피가 흥건히 묻게 되었다. 그것은 그대로 드라큘라의 형용이었다. 어머니는 얼른 외할머니의 입가에 묻은 피의 흔적을 다른 수건으로 닦아 내었다.

그렇게 며칠 동안 양푼의 피가 외할머니의 입 속에 다 들어가기까지 외할머니의 신앙의 정조는 유린당하였다.

그것이 나중에 외할머니가 여호와 증인을 떠나게 된 원인 중의 하나가 되었는지도 모를 일이었다.

동파키스탄(지금의 방글라데시)의 벵골만 해안에는 그해 여름 큰 해일(海溢)이 일어났다. 마헤쉬크할리, 치타공, 노아크할리, 바리살 지방이 해일에 강타당하여 수백만의 이재민을 내었다.

우리는 해일이라고 하는 것이 그토록 무서운 것임을 처음 알았다. 그곳에 의료 선교사로 가 있던 미국 의사 한 사람이 크리스마스가 가까울 무렵에 우리 모임에 와서 동파키스탄의 비참한 상황을 보고하며 지원을 호소하였다. 우리는 그들을 돕기로 결정하고 이번 크리스마스에는 동파키스탄의 이재민을 위한 자선의 밤을 갖기로 하였다.

프로그램을 마련하고 티켓을 발행하였다. 그 티켓을 팔면서 자선기금을 모았다. 우리는 팀별로 조를 짜서 사회 각계각층으로 지원 요청을 하러 나갔다. 그때 우리는 농림부장관을 만나 그 당시 돈 2만 원의 지원을 받기도 했다. 나는 예쁜 여대생과 함께 삼림청에 들러 청장부터 시작하여 말단 직원에 이르기까지 다 참여하도록 권하여 3만 원의 지원금을 단번에 받아 낼 수 있었다. 국회의원 사무실이 들어차 있는 빌딩을 찾아가 그 유명한 국회의원들로부터 자선금을 받아 낸 회원들도 있었다.

무엇보다 우리 모임에 화젯거리가 되었던 것은, 그 당시 야당 대통령 후보의 사무실에 찾아가 거금 5만 원의 지원금을 받아 낸 것이었다.

남산 드라마 센터에서 크리스마스 무렵에 자선의 밤이 열렸다. 그때 그 대통령 후보가 미남자로 생긴 참모들을 대여섯 명 거느리고 행사에 참석하였다. 내년에 생전 처음으로 대통령 선거권을 행사할 수 있게 된 나는 뒷좌석에서 그의 뒷머리를 지그시 바라보았다. 마치 내가 어떻게 투표하느냐에 따라 그의 운명이 결정되기라도 할 것처럼 그렇게 바라보았다.

결국 그는 자기가 남산에까지 올라온 목적을 드러내고 말았다. 그 자선의 밤에 5분간 연설할 기회를 달라고 참모를 통하여 사회자에게 부탁을 한 것이었다.

사회자가 우리 모임은 정치적인 모임이 아니므로 곤란하다고 거절하였다. 그러자 그와 참모들은 프로가 한창 진행되는 중에 조용히 일어나 사라져 버렸다. 5만 원의 기부금을 내고 5분 연설하려고 했으니 연설하는 값으로는 꽤 비싼 편이었다. 그가 그때 아무 말 없이 우리와 함께 자선의 밤을 지내고 갔더라면 더욱 좋은 인상으로 남았을 것이었다.

그날 자선의 밤 프로가 다 끝나고 드라마 센터를 나와 남산 길을 내려올 때, 희끗희끗 눈발이 날렸다. 문득 2년 전 가을에 완숙이와 함께 그 길을 따라 내려오던 일이 생각났다. 그때 환상 속에서 살던 나와 지금의 나는 전혀 별개의 존재 같았다. 해일에 휩쓸린 동파키스탄 사람들을 자선하고, 이제 나는 해일에 휩쓸려 있는 집으로 쓸쓸히 돌아가고 있었다.

집안에 해일이 몰려왔던 그날 이후로, 나는 나의 신앙생활에 대하여 자신을 잃어 갔다. 하나님을 부정하는 마음은 거의 없었지만, 어떻게 하는 것이 합당한 신앙생활인가에 대하여 회의하게 되었다.

그동안 공부한 성경의 지식과 신학의 지식들이 나에게 불어닥친 그 해일을 뚫고 나가는 데는 별로 도움이 되지 않았다. 성경은 분명히 신앙을 가지면 환난 가운데서도 즐거워할 수 있다고 하였다. 그것을 나도 믿었고 그렇게 말하여 왔다. 그런데 그 환난이 나의 환난이 되었을 때는 그 말 그대로 되지 아니하였다. 머리로는 알면서도 마음으로는 전혀 그렇지 못했다. 그러한 가운데 내가 지금 공부하고 있는 성경 지식들이 과연 어떤 의미가 있는지 생각하게 되었다. 하나의 관념으로만 머문다면, 그것은 진리가 아니라 또 하나의 궤변일 뿐이었다.

또한 그동안 나에게 감동을 주던 그 모임의 지도자의 설교와 말들도 이제는 더 이상 내 마음을 움직이지 못했다. 나의 현실과는 동떨어져 있는 말들인 것만 같았다. 그리고 나에게 대한 그 지도자의 사랑과 관심도 결국 그 모임 자체를 위해서 베푸는 것이 아닌가 하는 의심이 들기도 하였다. 그래서 그 모임에서 시키는 대로 형식적으로 일하는 경우가 많았다.

나는 하나님의 종이 되는 그 수업에서도 실패할 것 같은 예감이 자꾸만 들었다. 그렇다면 내 인생은 이것도 아니고 저것도 아닌 폐물이 되고 말 것이었다.

사실 그 무렵에는, 최저한의 생존을 위해 고시공부가 필요하지 않을까 하는 그런 생각조차도 사라지고 없었다. 그리고 아무리 현실적인 필요가 요구된다 해도 다시 고시공부를 시작할 자신이 없었다. 이전에는 이 길이냐 저 길이냐로 고민하였지만 지금은 이 길에도 저 길에도 자신이 없는 상태가 된 셈이었다.

남산 길을 다 내려와 회원들과 헤어지고 난 후, 나는 혼자 계속 길을 걸어 올라갔다. 거리의 상점에는 이전의 크리스마스 때와 똑같은 노래들이 흘러나왔다.

나는 한 완구 상점에 들어가 굴뚝이 솟아 있는 기선 한 척을 사서 포장지에 싸게 했다. 그리고 상점 주인에게 사인펜을 빌려 포장지에다 '축 성탄 성수에게'라고 썼다. 나는 그 글씨에 눈물이 떨어지지 않도록 주의해야만 했다.

그 무렵, 외할머니를 자주 찾아오는 교인 무리가 있었다. 외할머니는 은근히 그들의 방문을 기다리는 것 같았다. 그들은 여호와 증인들도 아니었다. 그렇다고 일반 교회 신자들도 아니었다. 그들은 좀 독특한 데가 있었다. 모여서 기도하고 찬송하면 집이 떠나갈 듯했다. 주위 사람들의 눈치나 태도에 구애됨이 없었다. 부끄러움 없이 담대하게 행하였다.

아버지와 어머니는 외할머니가 원하는 것 같아 싫지만 어떻게 할 수가 없었다. 다만 성수를 위해 기도해 주겠다는 것만큼은 거절하였다. 그들이 와서 기도하고 찬송하면 아버지와 어머니는 슬쩍 바깥에 나갔다가 돌아왔다. 그 교인들은 자기들이 기도하면 어떤 병이라도 고칠 수 있다고 큰소리를 쳤다. 그 점에 외할머니가 이끌리는 것이 확실했다. 외할머니가 여호와 증인 왕국 회관을 10년 가까이 다녔지만, 거기서 중풍 병자가 고침을 받고 일어나는 기적은 한 번도 본 적이 없었다. 그런데 이 교인들은 그런 기적이 가능하다는 것이었다.

그들이 가고 나면 아버지와 어머니는 그들이 예수에 미쳐도 단단히 미쳐서 허풍을 떨고 다닌다고 흉을 보았다. 내가 그들을 볼 때도 그동안 가까이서 보아 온 그런 신자들과는 성질이 다른 듯했다.

하루는 내가 집에 있는데 그들이 몰려왔다. 내가 신자인 것을 어떻게 알았는지 함께 와서 기도하자며 건넌방에 있는 나를 이끌었다. 나는 썩 내키지 않는 마음으로 그들과 함께 어울려 머리를 숙였다.

그들 중의 하나가 하나님의 기적이 나타나기를 소리쳐 기도했다. 그러자 그곳에 모인 대여섯 명의 사람들이 일제히 소리를 높여 부르짖었다. 나도 혼자 소리를 높여 기도해 본 적은 있지만, 그렇게 다 함께 소리를 높여 기도하는 데 참여해 본 적은 없었다. 나는 오히려 말문이 막혀 기도가 제대로 나오지 않았다. 그들의 기도 소리만이 내 귓가에서 소용돌이 칠 뿐이었다. 그 소리가 모두 뒤범벅이 되어 도대체 어떤 내용으로 기도를 하는 건지 알 수가 없었다. 물 끓는 소리 같기도 하고 소나기가 퍼붓는 소리 같기도 했다. 그들의 기도 소리에 내가 떠내려가는 것만 같았다.

차츰 그들의 기도 가운데 한국말의 단어나 구절이 들려오지 않았다. 처음에는 기도가 마구 섞여서 내 귀에 그렇게 들려오는가 보다고 생각했다. 그런데 아무리 귀를 기울여 보아도 거기에는 이미 한국말의 흔적을 찾아볼 수 없었다. 아프리카 원주민 언어 같기도 하고, 빠른 스페인어 같기도 하고, 시끄럽게 떠드는 아랍어 같기도 했다. 가만 보니 각자 다른 말들을 제가끔 하고 있었다.

순간, 깊은 두려움이 나에게 엄습해 왔다. 그들의 소리를 그대로 듣고 있다가는 내 머리가 어떻게 되어 버릴 것만 같았다. 나는 나 자신도 모르게 그곳을 빠져 나와 신을 신는 둥 마는 둥 하고 허겁지겁 대문을 밀고 나왔다.

날씨가 추운 탓도 있었지만, 아까 그 두려움의 여파로 계속 몸이 떨렸다. 도대체 그들의 기도는 과연 무엇인가. 지금까지 그런 현상에 대해서 소문으로 들어 본 적도 없는 것이었다.

나는 어느새 버스 종점으로 나왔다. 무턱대고 버스에 올라탔다. 사람들이 웅성거리는 곳에 가서 나 자신을 숨기고만 싶었다. 운동 경기를 하는 운동장이나 사람이 가득한 극장 같은 곳으로 가고 싶었다. 겨울이라 마땅한 운동장은 없을 것 같았다.

그래서 사람들이 줄을 서 있는 어느 극장 앞에서 내렸다. 서쪽 하늘에는 저녁놀이 칠면조 벼슬 같은 빛깔을 하고 있었다. 극장 간판을 올려다보았다. 거기에 '하춘화 쇼'라는 글자가 디자인되어 있고, 하춘화의 큼직한 얼굴을 중심으로 수많은 작은 얼굴들이 절간의 팔만 옹호 신장들처럼 빽빽이 그려져 있었다.

나는 사람들을 따라 극장 안으로 들어갔다. 거기도 부르짖는 소리로 가득 차 있었다. 무대에서도 소리 높여 부르짖고, 객석에서도 소리 높여 부르짖고 있었다. 그 소리를 나는 또 견딜 수 없었다. 이번에는 속이 마구 메스꺼워졌다. 결국 거기서도 곧 나와버렸다.

심호흡을 크게 하며 차분히 가라앉은 거리의 저녁 공기를 들이마셨다. 한결 마음이 평온해졌다. 얼마 동안 거리를 거닐다가 다시 집으로 돌아가는 버스를 탔다. 집에 돌아와 보니 여전히 기적은 일어나 있지 않았다.

그런데 기적이 일어난 것은 며칠 후 저녁, 그 교인들이 없을 때였다. 그때 식구들은 부엌에 있기도 하고 건넌방 성수 곁에 있기도 했다. 안방 외할머니 곁에는 셋째 여동생이 앉아 있었다. 그래서 그 여동생이 기적을 처음으로 목도하는 특권을 누리게 되었다.

외할머니는 평상시처럼 늘어진 채 누워 있었다. 머리를 조금씩 움직이면서 말을 몇 마디 할 정도였다. 셋째 여동생은 앉아서 그림 형제 동화책을 읽고 있었다.

바로 그때였다. 외할머니의 그 처진 입에서 우렁찬 소리가 터져 나왔다. 그것은 외할머니 스스로의 힘으로는 도저히 말할 수 없는 소리였다. 다른 일이 안 일어나고 그 소리만 터져 나왔다고 해도 그건 기적일 수밖에 없었다.

"예──수──승──리──."

그것은 그 교인들이 즐겨 사용하는 구호였다. 외할머니는 그렇게 그들의 구호를 힘차게 복창하며 벌떡 일어났다. 상체만 일으킨 것이 아니라 3개월여 만에 처음으로 두 다리로 방바닥을 딛고 일어선 것이었다.

여동생은 보던 동화책을 떨어뜨리고 입을 벌린 채 외할머니를 올려다보았다. 외할머니의 몸속에 어떤 전류 같은 것이 흐르는 듯했다. 두 팔이 벌벌 떨리면서 위쪽으로 향하였다. 두 다리는 좌우로 비틀리면서 제자리를 잡았다. 그동안 처져 있었던 입술에도 대단한 경련이 일어났다. 그러면서 입술이 바르게 돌아왔다. 그리고 외할머니의 얼굴이 환하게 밝아지면서 광채가 났다.

외할머니는 어디에 홀린 사람처럼 "예수 승리, 예수 승리"라고 같은 말을 반복하며 두 팔을 위로 쳐든 채 발을 떼기 시작했다. 한 걸음, 한 걸음, 외할머니에게 피를 공급해 준 그 오리와 같은 걸음을 뒤뚱뒤뚱 떼어 놓았다.

이미 그때쯤 해서는 안방에서 들려온 그 우렁찬 소리의 진상을 알아내고자 부엌과 건넌방에 있는 사람들도 다 몰려와서 안방 문을 열고 들여다보고 있던 참이었다. 우리는 온몸이 굳어진 채 아무 말도 하지 못했다.

외할머니는 계속 걸음을 떼어 우리가 몰려 있는 문께로 다가왔다. 우리는 외할머니의 분위기에 밀려서 길을 터 주었다. 외할머니는 두 팔을 위로 쳐든 자세 그대로 우리 사이를 지나 마루로 나왔다. 우리는 외할머니가 어디로 가려고 하는지 주시하였다.

외할머니는 건넌방으로 향하고 있었다. 여동생 하나가 외할머니보다 먼저 다가가 건넌방 창호지 문을 활짝 열어 주었다. 바퀴의자에 앉아 있는 성수의 모습이 보였다. 성수는 방에서도 바퀴의자에 앉아 조금씩 돌아다니기를 좋아했던 것이었다. 성수는 외할머니의 모습을 보자 눈이 둥그래지면서 몸을 뒤로 젖혔다.

외할머니는 건넌방 문턱을 넘어 들어갔다. 그리고 성수야, 하면서 방바닥에 무릎을 꿇다시피 앉으며 바퀴 의자에 힘없이 걸쳐 있는 성수의 두 다리를 감싸 안았다. 외할머니의 하얀 머리와 어깨가 들먹거렸다.

"성수야, 성수야."

외할머니는 흐느껴 울기 시작했다. 그제야 우리도 정신을 차리고 외할머니를 따라, 아니 아버지를 따라 울기 시작했다.

봄이 왔다. 법대 그 중정(中庭)에 진달래, 철쭉, 개나리들이 피어났다. 라일락나무에도 물기가 올랐다. 잔디와 풀들이 따뜻한 햇살 속에 되살아나 초록빛을 띠었다. 그 꽃들과 나무와 풀들 사이에 서 있는 '자유의 종'은 그 긴 겨울 동안 찾아오는 사람 없는 중정을 홀로 지키고 있었던 것이었다. 그리고 이제 봄이 되어 중정이 생명력으로 차오르자 자기가 지키며 관리하고 있었던 그 뜨락을 고스란히 우리에게 넘겨주었다.

우리는 점심시간이 되면 그 '자유의 종' 아래 모여 빵을 떼어 먹기도 하며, 우리의 장래와 국가의 장래에 대하여 이야기를 나누었다.

우리의 4년간의 대학생활은 이번 해로 마감되고, 제3공화국의 제7대 대통령의 4년 임기는 이번 해에 시작되는 것이었다.

신문에는 연일 서울, 부산, 대구 등지의 선거 유세에 관한 기사와 사진이 실렸다. 공화당 후보의 장충단공원 유세에는 백만 청중이 모였다는 기사까지 났다. 그때 공화당 후보는 청중들에게 표를 부탁한다면서 신파조의 호소를 늘어놓기도 했다.

4월 27일, 나는 삼양국민학교에 설치되어 있는 투표소에 가서 내 생전 처음으로 대통령 선거권을 행사하였다.

그리고 5월 초에 나는 병무청으로부터 신체검사 통지서를 받았다. 나는 선거권의 권리를 얻게 됨과 동시에 병역의 의무를 감당할 준비를 해야만 했다. 집결지는 마산으로 되어 있었다.

신체검사 하루 전날, 마산으로 내려갔다. 마산에 도착하니 땅거미가 지고 있었다. 벌써부터 여관에 들어가는 것이 멋쩍어서 시외버스 정류장 근방의 어느 극장에 들어가 마릴린 먼로가 주연으로 나오는 영화를 한 편 보았다. 푸른 미시시피 강을 배경으로 펼쳐지는 서부극의 내용이었다.

나는 그때 처음으로 마릴린 먼로를 화면에서 본 것이었는데, 사람들이 왜 마릴린 먼로를 섹스의 심벌이라고 말하는지 이해하기가 힘들었다. 입술이 두툼하고 엉덩이가 크다고 해서 그러는지 나로서는 그녀의 매력 포인트를 잘 찾을 수 없었다. 그렇지만 내 몸뚱어리 전체는 마릴린 먼로와 같은 그러한 여체를 그리워하고 있었다.

극장을 나오니, 마산의 밤거리는 사뭇 들떠 있었다. 거리마다 내일 신체검사를 받을 장정들로 붐비고 있었다. 마산 부근에 본적을 가진 장정이면 전국 어디서건 마산으로 와서 집결해야만 하였다.

장정들은 삼삼오오 떼를 지어 다니며 마치 군대 입대라도 하는 자들처럼 마음의 회포를 풀었다. 대개 그들은 거나하게 술에 취해 혀 꼬부라진 노래를 불러 대고 있었다.

"인생은 나그네길. 떠어돌다 가아는 길에 저응일랑 두우지 말자 미련일랑 두우지 말자. 인생은 나그네길. 정처 없이 흘러서 가네. 저 푸른 초원 위에 그림 같은 집을 짓고 사랑하는 우리 님과 한 백 년 살고 싶네. 매애앤 발로우 뛰이어라. 동배액섬 아가씨이."

마산의 시민들은 그들을 관용해 주는 태도를 취했다. 순경들도 술주정하는 그들을 못 본 척해 주었다. 마산 시민 중에 제일 바빠진 사람들은 숙박업자들이었다. 여관마다, 여인숙마다 장정들을 손님으로 끌어들이기에 바빴다. 초여름의 기운을 실은 5월의 밤바람이 바다 쪽에서 계속 불어오고 있었다.

나는 그런 들뜬 분위기의 거리를 이리저리 돌아다녔다. 손목시계를 보았다. 10시도 채 되어 있지 않았다. 나는 어느 정도 돌아다니다가 어느 골목길로 들어섰다. 그 골목은 여인숙이 즐비하게 늘어서서 여인숙 현관마다 아주머니들이 서서 손님을 부르고 있었다.

나는 눈을 들어 여인숙 이름을 훑어보았다. '에덴'이라는 네온사인의 글자가 눈에 들어왔다. 그래서 곧장 그 '에덴'으로 향해 갔다. 거기까지 가는 데 두 여인숙 앞을 지나야 했다. 그 두 여인숙 앞에서 아주머니들이 내 소매를 끌다시피 하였다. 나는 아무런 대꾸도 않고 묵묵히 걸어 '에덴' 안으로 들어갔다. 현관께에 섰던 아주머니가 나를 따라 들어왔다.

"혼자요?"

아주머니가 물었다.

"그래요."

내가 대답했다.

"장정들은 둘씩 셋씩 짝을 지어 다니는 게 보통인디."

"전 서울에서 왔어요."

"먼 걸음 하셨구먼. 피곤하겠어."

아주머니는 나를 인도하여 아래채의 한 방문을 열고 형광등 스위치를 올렸다. 조그만 방 안의 모습이 형광등 불빛에 드러났다. 나는 구두를 벗고 방 안에 들어갔다. 손에 들고 있는 가방은 안쪽 벽 가까이에 내려놓았다. 그러면서 방 복판에 주저앉았다.

아주머니는 안채로 가더니 숙박계를 들고 다시 왔다. 나는 숙박계에 까만 끈으로 묶여 있는 모나미 볼펜으로 숙박계 공란을 메꾸어 갔다. 본적, 주소, 행선지, 생년월일, 주민등록번호, 직업, 숙박 기간 등 꽤 쓸 것이 많았다. 그래서 마치 감방에 수감되는 죄수와 같은 심정이 되었다.

"숙박비는?"

내가 머뭇거리면서 물었다.

"천 원이구먼."

나는 호주머니에서 천 원짜리 한 장을 꺼내 아주머니에게 건
네주었다. 아주머니는 그 돈을 통이 큰 바지 주머니에 쑤셔 넣고
는 조금 어색해하면서 나직이 말했다.

"아가씨 부를까?"

나는 그것이 무슨 말인지 몰라 얼떨떨한 표정을 지었다.

"한번 재미 보고 가야지. 언제 또 마산 와서 재미 볼지 모르잖
아? 아주 예쁜 새악시로 데려올게."

아주머니가 살살 눈웃음을 쳤다. 나는 아주머니의 그 모든 말
과 모습이 지저분하게 느껴져 눈살을 찌푸렸다.

"난 그런 거 몰라요!"

나의 이 말에 아주머니 눈가의 웃음이 싹 가셔 버렸다. 아주머
니는 갑자기 꿀 먹은 벙어리가 되어 숙박계를 들고 사라졌다.

나는 방 안을 이리저리 둘러보았다. 이불과 요, 베개가 한 쪽
에 개켜 있고 쟁반 위에 주전자와 컵 하나가 얹혀 있었다. 그리고
그 쟁반 옆에 목욕 수건 하나가 놓여 있었다.

나는 방에 요를 깔았다. 요 거풀 안에 비닐 같은 것이 들어 있
는 듯 바삭바삭 소리가 났다. 나는 왜 이런 것을 요 속에 집어넣

었는지 그 이유를 잘 알 수 없어 손바닥으로 몇 번이고 요를 문지르며 그 바삭바삭하는 소리를 들었다. 그다음, 이불을 깔고 베개를 놓았다. 그러고 나서 다시 방문을 열고 나왔다.

"나갔다 오려고?"

내가 대문간을 나서는데 거기 서 있던 아주머니가 아는 체를 했다.

"바람 좀 쏘이고 올게요."

나는 내뱉듯이 말하고 골목길을 빠져 나왔다.

여전히 거리는 장정들로 흥청거리고 있었다. 술집마다 그들로 가득 차 육자배기 가락이 흘러나왔다.

나는 마산의 거리를 주의 깊게 살펴보았다. 마산 거리는 시(市)라기보다는 어떤 읍내와 같은 모습을 하고 있었다. 상점이나 술집들도 자그마하고 다른 건물들도 그만그만했다. 장정들로 인하여 아무리 흥청대고 있다 하더라도 그 거리의 모든 것은 역시 자그마한 채로 있었다.

밤이 점점 깊어 갈수록 거리의 소음들은 줄어들어 갔다. 조용히 귀를 기울이면 바다 소리도 들리어 오는 것 같았다.

나는 어느새 로터리로 나와 섰다. 거기서 무심코 고개를 들어 위쪽을 올려다보다가 소스라치게 놀랐다. 거기에 높은 탑이 있었는데, 그 탑을 밝히고 있는 푸른 조명등 아래 수많은 사람이 손을 들고 부르짖고 있었다. 이미 쓰러져 있는 사람들도 있었다.

탑면에 양각되어 있는 그 사람들이 금방이라도 튀어나와 거리로 쏟아질 것만 같았다. 나는 그 탑 속에 응집돼 있는 함성을 오랫동안 눈으로 듣고 있었다.

나는 에덴 여인숙으로 돌아와 가방 속의 세면 백에서 비누와 칫솔, 치약을 꺼냈다. 수건은 방에 개켜 놓여 있는 것을 들고 아래채 끝에 붙어 있는 세면실로 갔다. 사개가 뒤틀린 세면실 문을 삐그덕 밀고 들어가니 누런 전등 불빛 아래 물이 가득 담긴 큰 양철통과 찌그러진 양철 대야가 놓여 있었다. 세면실 복판에는 녹이 슬 대로 슨 펌프 하나가 엉성한 시멘트 바닥에 콱 박혀 있었다.

나는 일단 세면실 문을 안쪽으로 걸어 잠근 뒤 칫솔질부터 시작했다. 칫솔질을 끝내고는 세수를 하고 발을 씻었다. 그다음, 수건으로 닦으면서 벽에 걸려 있는 작은 거울에 얼굴을 비쳐 보았다. 피곤하고 초췌한 나의 얼굴이 거울 속에 어색하게 비치고 있었다.

그때, 세면실 바깥에서 세면실 문을 열려고 누군가 잡아당겼다. 문이 열리지 않자 똑똑 노크를 하였다.

"예, 곧 나갑니다."

칫솔, 치약, 비누 등을 챙겨 들며 내가 급히 말했다.

"거기 화장실도 같이 있어요?"

의외로 여자의 목소리가 들려왔다. 비교적 맑은 음성이었다.

"아, 여긴 세면밖에 할 수 없어요."

나는 세면실 안을 둘러보며 내가 한 말을 다시 확인하였다.

"호호호……. 그래요? 난 이 집은 처음이라서."

여자는 화장실을 찾는 듯 저쪽으로 물러가는 기척이 들렸다.

나는 세면실 문을 열고 나왔다. 안채와 아래채 사이의 통로로 들어가는 여자의 뒷모습이 보였다. 인조 비단으로 만든 한복 치마저고리를 입은 모습이었다. 나도 갑자기 오줌이 마렵기 시작했다. 그래서 그 통로로 다가가 입구에서 기다렸다.

거기서는 화장실이 보이지 않았다. 안채 뒤쪽으로 있는 모양이었다. 그쪽 방향으로 세면실에 달린 것과 같은 누런 전등이 하나 달려 있었다.

얼마 있다 그 여자가 돌아 나왔다. 통로를 빠져 나가면서 여자는 나를 힐끗 쳐다보았다. 짙게 화장을 한 얼굴이었다. 술 냄새와 화장품 냄새와 화장실의 암모니아 냄새가 묘하게 섞여 나의 코를 찔렀다.

여자는 나에게는 더 이상 관심이 없다는 듯 그냥 스쳐 지나갔다. 그러다가 다시 돌아보면서 나에게 물었다.

"장정은 어디서 왔어요?"

"서, 서울서 왔어요."

나는 갑작스런 질문에 당황해하며 대답하였다.

"오 서울, 내 고향에서 오셨군."

여자가 나에게로 한 발짝 다가오며 감탄조로 말했다. 나는 긴장되어 몸의 자세가 굳어졌다.

"서울에서 어떻게 여기까지?"

내가 여자의 접근을 막으려는 투로 급하게 물었다.

"굴러굴러 왔죠. 이제 저 마산 앞바다에 굴러 떨어질 차례죠. 호호호."

여자가 체념이 서린 말을 하면서도 웃었다.

"건강 조심하세요."

나는 나도 모르게 이런 말을 해버렸다.

"건강? 내 건강을 염려해 주는 신사분도 다 있구면. 아 행복해. 이런 사람 처음이야."

"아, 저……."

나는 살짝 목례를 하고 밑이 급하다는 포즈를 취하며 통로로 들어갔다.

"장정이 내 손님이라면 좋았을 텐데."

여자가 내 등에다 대고 시부렁거렸다.

나는 소변기에 소변을 보면서 휴, 하고 한숨을 쉬었다. 그리고 화장실에서 나와 통로 쪽으로 돌아 나오면서 통로 입구에 여자가 계속 서 있지 않나 살펴보았다. 그런데 아무도 보이지 않았다.

나는 조심스럽게 방으로 돌아왔다. 수건에 싸인 세면도구들을 정리해서 다시 세면 백 속에 넣고 점퍼와 바지를 벗었다. 그리고 몸을 요 위에 눕혔다. 그러자 모든 소음이 갑자기 멀리서 들려왔다. 그것은 파도 소리 같기도 하고 사람 소리 같기도 하고 기차 소리 같기도 했다.

눈을 뜨고 천장을 응시한 채로 가만히 있었다. 천장에는 여러 가지 영상이 교차되고 있었다. 푸른 조명등 아래서 부르짖던 사람들의 영상이 자꾸만 어른거렸다. 나는 그러한 영상들을 꺼 버리려는 듯 눈을 감았다.

눈꺼풀이 무거워질 무렵, 바로 옆방에서 소리가 들려왔다.

"아이, 가 간지러워."

아까 인조 비단 치마저고리를 입고 있던 여자의 목소리였다. 나의 눈이 다시 떠졌다. 그러나 이제는 아무 소리도 들려오지 않았다. 그러다가 얼마 후, 거친 숨소리가 들려왔다. 나는 이맛살을 찌푸리며 입술을 꼭 깨물었다. 이불을 끌어당겨 머리 위로 뒤집어썼다. 그래도 그 거친 소리는 이불 속까지 파고 들어왔다. 그때 나는 병역의 의무를 감당하는 일이 나의 동정(童貞)과 관계가 있는 것임을 예감했다.

"에……, 지금이야말로 우리 민족이 위대한 영도자를 중심으로 총화 단결하여 중단 없는 전진을 해야 될 때이올시다. 무엇보다도 북괴의 적화 야욕을 분쇄하고 평화적인 통일을 이룩하기 위해서는 막강한 군사력이 절대적으로 필요합니다. 에……, 그러니까 여러분은 이 민족적인 중차대한 사명을 감당하기 위하여 이 자리에 모였습니다. 바야흐로 지금은 격변하는 국제 정세 속에서 어제의 친구가 오늘의 적이 되고 어제의 적이 오늘의 친구가 되는 시대올시다. 이제 다른 나라를 의지할 때는 지났수다……. 에, 헴……."

조회대 위에 만들어 놓은 연단에서는 언제 끝날지 알 수 없는 연설이 계속 이어지고 있었다. 운동장 가득히 열을 지어 서 있는 장정들은 이제는 아무도 연사를 쳐다보고 있지 않았다. 장정들은 머리를 숙인 채 애매한 운동장만을 발끝으로 후벼 파기도 하고, 콧구멍에다가 집게손가락, 새끼손가락들을 번갈아 쑤셔 넣기도 하고, 멀거니 사방을 둘러보기도 하였다.

장정들 뒤의 학교 교문 안팎에는 장사치들과 사람들이 몰려 있었다. 무슨 큰 구경거리라도 생긴 듯 동네 아이들까지 모여왔다. 학교는 아예 하루 휴교를 하고 장정들 신체검사를 위해 빌려주었는지 교실에도 운동장에도 학생들이 눈에 띄지 않았다.

해는 점점 중천으로 턱걸이를 하며 올라갔다. 5월 중순의 햇살이지만, 꽤 따갑게 내리쬐었다. 나는 그 국민학교 교정을 이리저리 둘러보았다. 국기 게양대, 화단, 연못, 철봉대, 미끄럼틀, 학교 이발소가 앙증스러운 모습을 하고 흩어져 있었다.

"국력은 바로 여러분의 건강한 체력에 달려 있어요, 오늘 신체검사를 통하여……."

나는 오랜만에 다시 연단을 쳐다보았다. 몹시 뚱뚱해서 고생이 많을 것 같은 연사가 어찌해서든지 장정들에게 병역 의무의 중요성을 심어 주기 위해 애쓰고 있었다. 그런데 그 소리는 수증기처럼 하늘로 증발하고만 있었다.

나도 그 소리를 따라 하늘을 올려다보았다. 마산의 깨끗하고 파르스름한 궁창이 거기에 있었다. 구름 조각들이 캔버스에 잘못 떨어진 흰 물감의 흔적처럼 군데군데 제멋대로 널려 있었다.

결핵 환자들이 요양하기 위해 마시는 그 마산의 청결한 공기를 나도 깊이 들이마셔 보았다.

신체검사는 보통 학교에서 하는 검사와 별 다를 바 없었다. 한 가지 다른 점이 있다면 검사관이 팬티 안에까지 들여다보았다는 것이었다.

나는 을종의 신체 등급을 받고 서울로 올라왔다. 그 이틀 동안의 외출은 나에게 있어 은밀한 비밀과도 같은 것이었다. 그 청량한 외출을 마치고 서울의 교정과 가정으로 돌아왔을 때 내 마음은 다시 어지러워지기 시작했다. 그 무렵, 내 마음을 계속 어지럽게 했던 것은 바로 외할머니의 신앙이었다.

외할머니가 체험한 기적은 우리 식구들도 다 증인으로서 목격한 사실이었다. 그때는 신자이고 불신자이고 관계없이 모두 감격하지 않을 수 없었다. 그 마루에서 아버지, 어머니, 여동생들과 내가 한동안 서로 부둥켜안고 떨어질 줄을 몰랐던 것이었다.

그런데 그 감격이 어느 정도 식게 되었을 때, 그 기적의 사실에 대한 해석이 분분해졌다.

어머니는 자기가 지금까지 외할머니를 위해 처방해 드렸던 그 모든 민간 자연 처방이 효과를 보았기 때문이라고 하였다. 특히 그 오리 피가 효험을 보았다고 주장하였다.

그런데 아버지는 그러한 것보다 인간 내면의 정신력에서 그 원인을 찾았다. 인간에게는 원래 기적을 가능케 하는 정신력이 있다고 하면서 그러한 예를 하나 들었다.

해방이 되고 아버지가 조모와 함께 현해탄을 건너올 때의 일이었다.

갑자기 바다에 풍랑이 일어 배가 흔들렸다. 그때 갑판에서 놀고 있던 다섯 살 가량의 한 사내아이가 그만 바다로 떨어졌다.

바로 그 순간이었다. 어떤 여인이 쏜살같이 바다로 뛰어들었다. 그리고 아이가 오르락내리락하고 있는 지점까지 헤엄을 쳐 갔다. 그다음 아이를 두 손으로 붙들어 올리고는 그 자세 그대로 있었다. 배에서 곧 구명정이 내려지고, 그 여인과 아이는 다시금 배로 인도되었다. 나중에 알고 보니 그 여인은 사내아이의 어머니였고, 그 전까지는 일체 헤엄을 칠 줄 몰랐다고 했다.

아버지는 이런 예 이외에 자신이 6·25 때 체험한 정신력의 기적을 예로 들기도 했다. 그러면서 하는 말이 외할머니는 청상 과부로 수절하며 살아오고, 또 스스로 생활을 꾸려 온 분이기 때문에 남달리 정신력이 강해서 그런 기적이 가능하다고 하였다.

그리고 여동생들은 대개 소박한 입장을 취했는데, 그것은 하나님께서 기도를 들어주셨다는 것이었다. 나는 섣불리 내 입장을 밝히지 않았다. 그것은 어머니와 아버지와 여동생들의 입장을 다 취하고 싶었기 때문이었다.

그런데 외할머니는 그 교인들의 영향을 받아 어머니와 아버지와 같은 해석은 마귀의 입장이라는 식으로 주장하였다. 또한 그 교인들의 흉내를 내며 그들의 교회가 있는 서대문 근방까지 그들과 어울려 갔다 오곤 하였다. 그리고 나만 보면 내 신앙생활이 잘못되어 있으며, 그 원인은 잘못된 모임에 나가고 있기 때문이라고 하였다. 그러면서 서대문에 있는 그 교회로 나와 보라고 권하였다.

나는 그런 말을 들을 때마다 외할머니가 여호와 증인에 있을 때보다 더 반발하는 어조로 대꾸하였다. 우리의 모임은 정상적인 모임이며, 외할머니가 나가기 시작한 교파가 도리어 비정상적이라고 했다. 외할머니와 같은 사람들의 신앙은 무당 신앙이요, 기복 신앙에 불과하다고 공격하였다. 그만큼 하면 여호와 증인으로 있을 때는 외할머니가 움츠러들었는데, 이제는 더욱 담대하게 맞서는 것이었다.

외할머니는 그 교회에서 일어나는 각종 기적들을 열거하며 기적이 없는 교회나 모임은 잘못되었다는 논리를 폈다. 그러면 나는 외할머니의 반대되는 논리로 부딪쳤다. 즉 무당이나 사교도 얼마든지 기적을 행하고 환상을 보게 하고 이상한 소리를 지르게 할 수 있다고 하였다. 내 말이 여기에까지 이르면, 외할머니는 눈을 부릅뜨면서 하나님을 모독하는 말을 하지 말라고 나무랐다. 이 말에도 나는 지지 않았다. 외할머니가 우리 모임이 잘못되었다고 하는 것도 하나님을 모독하는 것이라고 응수했다. 그렇지만 나는 한편으로 외할머니의 말이 맞을지도 모른다는 생각을 하고 있었다.

그럴 무렵, 나는 너무도 오랜만에 을희 집을 찾아가게 되었다. 그동안은 아버지가 나 대신 세검정 순례의 길을 다녔는데, 그것은 구직을 위한 순례로서 결국 아버지는 그 순례 덕분에 신용조합인가 하는 금융기관에 초라한 한 자리를 얻게 되었다.

그날 내가 갔을 때, 을희는 응접실에서 자기보다 덩치가 큰 듯한 첼로를 부둥켜안고 현을 켜고 있었다. 그렇게 을희가 첼로를 안고 있는 모습은 처음 보았다. 을희는 결국 첼로 전공을 택해 음대로 진학할 모양이었다. 을희는 기본적으로 피아노 실력이 있으므로 금방 첼로를 익혔을 것이었다.

을희는 나를 보자 가볍게 목례로 인사를 하고는 계속 악보를 따라 손을 움직여 나갔다. 저 밑바닥에서 울려오는 듯한 둔중한 소리가 내 심장을 쿡쿡 쥐어박았다. 그 화려한 음률의 세계는 파선되어 가는 나와는 한없이 떨어져 있는 세계였다.

음(音)이 점점 높아지다가 갑자기 처졌다. 을희에게는 그 음 하나하나가 나의 방문보다 더욱 귀한 듯하였다.

안방에는 아저씨가 일찍 돌아와 있었다. 아버지를 통하여 나의 근황에 대해 좀 전해 들은 모양이었다. 그러나 실은 아버지도 근래의 나에 대해 제대로 파악하고 있지 못했다. 여전히 고시공부를 하고 있는 것으로 알았고, 고시공부를 하기 위한 힘을 얻기 위해 신앙을 가지고 있는 것으로 생각하고 있었다. 그러면서 신앙이 고시공부에 지장이 될까 봐 얼마간 걱정하는 정도에 불과하였다.

아저씨도 바로 그 점을 상기시키면서 주의를 주었다. 그러나 사실은 신앙이 고시공부를 방해하거나 고시공부가 신앙을 방해하거나 하는 차원을 넘어 그 두 개가 다 파선된 상태에 있는 것이 나의 처지라고 할 수 있었다.

그러한 나의 고민을 모르는 아저씨는 엉뚱한 충고만을 계속하였다. 그래서 나는 느닷없이 시국문제를 끄집어내어 기성세대를 비난하기 시작했다. 졸지에 봉변을 당한 아저씨의 얼굴이 붉으락푸르락 상기되었다.

나는 별안간 벌떡 일어나 안방을 나와 버렸다. 응접실 쪽을 한번 돌아보지도 않은 채, 현관을 가로질러 대문을 나왔다. 그때까지 을희 어머니나 다른 식구들은 어딜 나갔는지 눈에 띄지 않았다. 계속 등 뒤에서 첼로의 우울한 음향이 뒤따라오고 있었다.

학교는 계속되는 데모로 인해서 조기방학으로 들어갔다. 나는 방학 동안 주로 성수가 물리치료를 받으러 갈 때 바퀴 의자를 밀어 주기도 하며 무료한 나날을 보냈다. 이제는 별로 읽고 싶은 책도 없었다. 성수와 이야기하고 땀이 배어드는 성수의 몸을 씻어 주곤 하는 것이 고작이었다. 아버지와 어머니는 내 고시공부에 대하여 염려하였지만, 다시 시작하겠거니 하고 지나치게 간섭은 하지 않았다.

나는 무엇보다 성수에게 삶의 의지를 불어넣어 주고자 했다. 성수는 평소에는 조용히 있다가도 뭔가 마음대로 되지 않을 때는 바퀴 의자에서 몸을 굴려 상반신을 마구 뒤틀며 고함을 지르기도 하고 주위에 있는 물건들을 집어 던지기도 하였다. 그런 성수의 절망을 그대로 방관만은 할 수 없었다.

나는 성수에게 삶의 절망을 딛고 일어선 사람들의 이야기를 들려주었다. 헬렌 켈러는 물론이고 근래에 미국 잡지에서 읽은 어느 처녀의 이야기를 들려주기도 하였다.

그녀는 미국 처녀로 건장하고 키가 큰 미인이었다. 수영, 하키, 승마 등 운동에도 소질이 있었다. 그녀가 17세 되는 해, 바다에 해수욕을 하러 갔다. 그때 다이빙을 잘못하여 목뼈가 부러졌다. 그래서 얼굴 부분만 제외하고 두 팔 두 다리를 포함해서 온 전신이 마비되었다. 그녀는 자살을 하고 싶었으나 얼굴만으로는 자살도 할 수 없었다. 그러한 가운데 전도를 받고 신앙을 새롭게 가지게 되었다. 그리고 삶의 의지를 가지고 그림을 그리기 시작했다. 플러스펜을 입에다 물고 선을 긋는 연습부터 했다. 드디어 그녀는 플러스펜으로 훌륭한 데생까지 할 수 있는 이름 있는 화가가 되었다.

한 유명한 화랑에서 개인전을 열고 있을 때였다. 이전에 소방수로 있다가 한 손이 불에 타 버려 절망 중에 있는 한 청년이 그 화랑에 들렀다. 거기서 그는 바퀴 의자에 앉아 있는 그녀를 바라보기만 하고도 다시 삶의 희망을 얻었다.

이런 이야기들을 들려줄 때 성수는 눈에 띄게 반응을 보이는 것 같지 않았다. 그 대신, 내가 지난 크리스마스 때 사 준 기선을 매만지며 몽롱한 눈빛이 되었다. 그러고는 바퀴 의자에 앉아 있는 선장도 있느냐고 물었다. 성수는 선장이 되는 것이 인생의 꿈인 것 같았다. 그 희망을 꺾는다는 것은 성수에게서 삶의 의욕을 빼앗아 가는 것과 같았다. 그래서 나는 할 수 없이 그런 선장도 있을 것이라고 하였다. 그러면 성수는 나의 확신 없는 태도를 간파하고 우울한 얼굴이 되었다.

그 분위기를 씻어 버리고자 나는 노래를 불렀다. 성수도 내 노력에 보답하려는 듯 짐짓 표정을 밝게 하려고 애쓰며 노래를 따라 불렀다. 노래 부르기가 싫을 때면 조그만 하모니카를 불었다.

"아침 바다 갈매기는 은빛을 싣고 고기잡이 배들은 고기를 싣고 희망에 찬 아침 바다 노 저어 가요. 희망에 찬 아침 바다 노 저어 가요."

노래의 선율을 따라 성수와 나의 눈앞에는 부산집 대문에서 내려다보던 바다가 출렁거리는 모습이 펼쳐졌다. 저기 오륙도가 보이고 날씨가 좋은 날이면 안개 무더기처럼 대마도가 보이는 그 바다였다. 늘 우리를 수평선 너머 자유의 세계로 손짓하여 부르던 바다였다.

나는 그 바다의 환영을 보며 무엇보다 내 영혼이 먼저 수평선 너머로 나아가야 함을 느꼈다. 그럴 때면 문득 외할머니의 말들이 귓가에 되살아나곤 하였다. 그 무식하게 보이고 비정상적으로 보이는 교인들이 어쩌면 내면적으로 자유를 누리고 있는지도 모르는 것이었다.

외할머니는 성수를 그 교회로 데려가려고 여러 번 시도하였다. 아버지 어머니는 불편한 성수가 그 먼 거리를 갔다 와야 하는 것을 이유로 외할머니를 말렸다. 그래도 외할머니는 우리 집 근방에서 그 교회에 다니며 개인택시 운전을 하는 황 집사라는 사람까지 내세워 성수를 태워 가려고 하였다. 황 집사도 덩달아 간절히 권하였다. 목발을 짚고 예배에 참석했다가 목발을 아예 강단에다 헌납을 해버리고 걸어나가는 사람도 있다고 하였다. 그러는 바람에 아버지와 어머니는 마지못해서 아니면 혹시나 하는 마음으로 몇 번 허락을 하였다.

그러나 매번 성수는 얼굴이 창백해져서 바퀴 의자에 앉아 굴러 들어올 뿐이었다. 그렇게 와서는 멀미가 나는지 아침 먹은 것까지 토해 내고 기진해 버렸다. 아버지와 어머니는 이내 성수를 교회에 데리고 가는 것을 다시 금하게 되었고, 외할머니도 더 이상 요구하지 않았다.

그렇지만 나는 그 교인들의 엄청난 믿음과 그 믿음에 따르는 헌신적인 수고가 차츰 부러워지기 시작했다. 그들이 자주 자랑삼아 말하는 그 교회의 지도자는 과연 어떤 사람일까 하는 호기심이 생기기도 하였다. 그 당시 내가 뜸하게 나가고 있던 선교단체의 지도자와 그 교회의 지도자를 한번 비교해 보고 싶은 생각도 들었다.

그런데 그런 마음이 있으면서도 자존심이 있어서 그런지 외할머니에게 그 교회에 함께 가 보자고 말할 수가 없었다. 그래서 한번은 외할머니가 교회에 가지 않는 저녁예배 때 나 혼자 그 교회를 몰래 찾아갔다.

그야말로 교회 입구까지 인산인해를 이루고 있었다. 나는 사람을 비집고 겨우 입구를 통과하여 그 교회 지도자가 잘 보이는 위치에 발붙일 곳을 더듬어 찾았다. 그 사람의 음성이 후텁지근한 교회 전체에 맑게 울려 퍼지고 있었다. 마침 자신의 신앙 체험담을 간증하고 있었다. 대부분 신비적인 체험의 성격을 띤 것이었다.

저는 고등학교 시절에 폐결핵에 걸려 제3기까지 진행이 되었습니다. 병원에서는 6개월도 채 못 살 것이라고 하였습니다. 저는 눈앞이 캄캄했습니다. 내 인생의 꽃봉오리가 채 피기도 전에 질병의 서리를 맞아 떨어진다는 것을 생각할 때 너무도 원통하고 억울했습니다. 그러나 어쩔 도리가 없었습니다. 저는 하숙방으로 돌아와 불경이나 읽고 마음을 준비하다가 죽음을 맞이하려고 하였습니다. 그동안 먹던 약도 더 이상 소용이 없는 줄 알고 끊어 버렸습니다.

그때 내 소식을 들었는지 단발머리를 한 여고생이 전도지를 들고 나를 찾아왔습니다. 그저 예수 믿다가 천당 가라는 것이었습니다. 그렇게 일주일을 매일같이 찾아와 권하고, 어떤 때는 눈물까지 흘렸습니다. 소녀가 찾아오면 저는 그 소녀를 냉정하게 대할 수 없어 달래어서 보내느라고 애를 먹었습니다. 그런 중에 차츰 그 소녀가 전하는 예수가 과연 누군가 알고 싶은 마음이 생겼습니다.

어느 날, 저는 소녀가 주고 간 요한복음 팸플릿을 읽기 시작했습니다. 저는 거기서 예수가 하나님의 아들이시요, 내 죄를 위해 돌아가신 나의 구주라는 사실을 깨닫고 믿게 되었습니다.

그러자 놀랍게도 내 인생이 억울하고 분하다는 생각도 사라지고, 죽음을 생각하면 두렵기만 하던 마음도 사라졌습니다. 그 대신 내 마음은 말할 수 없이 평안해졌습니다. 그래서 누가 금식기도를 가르쳐 준 것도 아닌데 저는 금식하며 기도하게 되었습니다.

그러던 어느 날 밤이었습니다. 그때 저는 기도하다가 책상에 엎드려 잠이 들어 있었습니다. 무언가 이상해서 언뜻 눈을 떴는데 온 방 안이 부연 연기로 가득하였습니다. 순간, 불이 났구나 싶었습니다. 불이야, 소리를 지르려는데 천장 근방에서 붉은 옷자락 같은 것이 내려오고 있었습니다. 저는 소방수가 불을 끄려고 온 줄로 생각했습니다. 휴우, 하고 안도의 한숨을 쉬고 있는데 소방수라고 생각했던 그분이 방 복판에 우뚝 내려섰습니다. 저는 순간적으로 책상 의자에서 내려와 방바닥에 무릎을 꿇고 앉았습니다.

그분은 붉은 도포를 입은 예수님이었습니다. 한 손은 하늘을 가리키고 한 손은 나를 가리키고 있었습니다. 그러면서 "청년아, 나를 위해 살지 않겠느냐"고, 맑은 물소리와 같은 음성으로 말씀하셨습니다. 저는 엉겁결에 그러겠노라고 대답하였습니다. 그러자 예수님은 두 팔을 벌리시며 내 이름을 정답게 부르셨습니다. 그리고 자기의 품에 와 안겨 보라고 했습니다. 저는 아무것도 모르고 일어나서 그분의 품에 안겼습니다. 나의 가슴이 예수님의 가슴에 닿았습니다.

바로 그 순간이었습니다. 저는 그대로 방바닥에 나가떨어지고 말았습니다. 수천 수만 볼트의 전류가 흐르는 고압선에 감전된 것 같았습니다. 그땐 철이 없어서 예수님의 품에 겁 없이 안겼지만 지금 안겨 보라고 하시면 절대로 안기지 않을 것입니다. (이때 청중들은 까르르 웃음보를 터뜨렸다.)

저는 그 길로 기절해 있다가 한참 만에 눈을 떴는데 가슴이 그렇게 시원할 수 없었습니다. 그리고 목구멍과 혀가 이상해지면서 듣도 보도 못한 말들이 튀어나왔습니다. 저는 제가 미쳐 가는 줄 알았습니다. 그렇지만 그 말을 하면 할수록 가슴이 시원해지고 행복해졌습니다. 그래서 저는, 에라 미쳐도 할 수 없다, 이 행복이나 실컷 맛보다가 죽자, 하고 아침이 밝아 올 때까지 그 말을 계속 내뱉었습니다.

여러분, 그날 아침 햇살이 창문에 비쳐 들어올 때 얼마나 황홀한 가운데 제가 있었는지 상상할 수 있겠습니까? 그 이후로 깨끗이 폐결핵은 나았습니다. (청중들은 두 손을 번쩍 들고 할렐루야를 외쳤고 나도 그 할렐루야 소리에 그만 손이 올라갈 뻔했다.) 여기 질병을 가지고 오신 분이 있습니까? 예수님의 피 묻은 손이 치료해 주십니다. 자 이제 통성으로 다 함께 기도합시다!

나는 다시금 한국말이 아닌 다른 언어의 세계 속에 있게 되었다. 이전에 견디지 못하고 뛰쳐나갔던 기도 소리였는데 이번에는 그대로 있을 수 있었다. 이상한 일이었다. 내 눈에서는 눈물이 흘러내렸다. 갈증 난 내 영혼은 그 눈물을 마시고 있었다.

나는 여행을 좀 다녀오겠다고 손가방에 옷가지 등을 챙겨 들고 어머니에게서 용돈을 타서 서울을 벗어났다.

　처음에는 뚜렷한 목적지가 있었던 것도 아니었다. 동해안이든 서해안이든 남해안이든 어디 아무 바다라도 가서 몸을 잠그고 올 생각이었다. 그런데 삼양동에서 중앙천을 거쳐 서울역으로 나오는 동안에 나는 광화문 그 문루를 다시 보게 되었고, 불현듯 영철이 생각이 났다. 그래서 나는 결국 거제도에 내려갔다 오기로 하였다.

　서울역에서 부산으로 가 부산 부두에서 거제도 가는 배를 탔다. 지난 여름 제주도로 수양회를 하러 가던 생각이 났다. 그 수양회에서 돌아올 때, 내 영혼에는 바다만큼 한 자유의 물결이 출렁거리고 있었던 것이었다.

그러나 이제 내 영혼의 샘은 말라서 갈라져 있었다. 마음 저 깊숙한 곳에서는 하나님을 부르고 있으면서도, 정작 하나님을 만질 수 없었다. 그래서 하나님을 만지고 있는 듯 말하는 사람들의 이야기를 들으면 더욱 갈증이 생겨 그저 눈물만 나는 것이었다.

배는 잔잔한 여름 바다 위를 미끄러지듯 달려갔다. 배가 지나가고 난 자리에, 하얀 물보라와 함께 홈이 패였다가 곧 지워지곤 하였다.

나는 갑판의 난간에 기대어 있었는데, 누가 건너편의 섬을 가리키면서 가덕도라고 하였다. 배는 가덕도를 끼고 돌면서 진해 앞바다 쪽으로 나왔다. 제주도에 갈 때와는 사뭇 경치가 달랐다. 제주도에 갈 때는 망망대해를 지나가는 듯했지만 이번에는 무슨 해협을 지나가는 듯했다. 대부분 건너편의 육지를 바라보면서 지나갔다. 그래서 그런지 바다는 훨씬 매끄러웠다.

배는 해가 중천에 걸릴 무렵, 거제도 성포에 닿았다. 나는 거기서 하청이라는 마을로 가는 시골 버스를 탔다. 버스가 산굽이를 돌 적마다 언뜻언뜻 바다가 비쳐 오곤 하였다. 이쪽 굽이를 돌아도 바다요, 저쪽 굽이를 돌아도 바다였다. 길가의 나무들은 바닷바람 때문에 그런지 한쪽으로 기울어지고 꼬부라져 있었다. 몇 달째 계속되는 가뭄으로 표피가 말라 있는 것 같았다. 한참을 달려도 민가 하나 보이지 않는 한적한 길도 있었다. 시골 버스에 탄 사람들은 한결같이 졸고 있었다.

버스 엔진 소리만 낮게 들리는 그 한적한 대기 속에서 나는 이상한 착각 현상에 빠졌다. 그 모든 길과 나무, 산등성이와 대기, 구름 조각과 파란 하늘을 이전에 꼭 어디선가 한번 보았다는 생각이 자꾸 들었다. 어디서 보았는지는 기억에 없었다. 다만 그 모든 것이 낯설지 않다는 것, 내가 일찍이 눈으로 보고 손으로 만지고 코로 냄새를 맡아 본 적이 있다는 것, 그것만은 확실했다.

이곳은 영철이가 어린 시절 지나다녔던 장소이기 때문에 그런 착각 현상이 일어났는지도 몰랐다. 영철이가 내 안에서 살아서 여전히 의식 활동을 하고 있는 것만 같았다.

하청에 내리자 해는 한결 비껴 있었다. 농업협동조합 창고와 방앗간, 자전거 수리점, 대장간들을 지나갔다. 만나는 사람들에게 최수천 씨 댁이 어디냐고 계속 물었다. 최수천 씨를 아는 사람들을 몇 명 만나 길이 연결되었다.

마지막으로 손에 망태와 낫을 들고 잠방이를 입고 있는 어느 아저씨에게 물었는데, 그 아저씨는 모퉁이의 돌담집을 가리켜 주면서 경계하는 눈빛으로 내 아래위를 훑어보았다. 그 집 사립문 바로 안쪽 옆에는 감나무가 초록빛 풋감을 주렁주렁 매달고 서 있었다.

나는 조심스럽게 사립문을 밀고 들어가 감나무 그늘 아래 섰다. 집은 함석지붕과 초가지붕이 합해져 있는 형상이었다. 한쪽에는 사랑채가 따로 떨어져 있었다. 지붕 위에는 연초록 박들이 얹혀 있었다. 안채에서 방문 고리 따는 소리가 들리면서 문이 열렸다. 영철이 어머니였다. 나를 보자 벼락이라도 친 듯 깜짝 놀라며 툇마루로 뛰쳐나왔다.

"이거 성민이 학생 아이가. 어찌 된 일이고."

나는 깍듯이 인사를 올렸다.

"남쪽으로 내려온 김에 한번 들렀습니다. 영철이 묘라도 한번 찾아가 볼까 하고요."

순간 영철의 어머니 눈에는 왈칵 눈물이 괴었다.

"그래, 고마운 일이제. 아무튼 좀 씻고 들어오이라."

영철이 어머니는 나에게 세수할 물을 떠 주려는 듯 툇마루에서 내려오려 하였다. 나는 그것을 만류하고 감나무 옆의 우물가로 가 물을 길어 올렸다. 우물은 가뭄 중에도 물이 마르지 않고 있었다. 두레박 떨어지는 소리가 꽤 깊은 우물 표면에서 올라왔다. 두레박의 무게가 줄을 타고 손끝에 전해져 왔다.

참으로 오랜만에 나는 두레박질을 해보는 셈이었다. 우물 안쪽에 껴 있는 검푸른 이끼들은 조상 대대로 물려온 우물의 역사를 말해 주고 있었다. 영철이도 어린 시절 이 우물물을 길었을 것이었다.

세숫대야에 담긴 물은 뼛속까지 시원할 정도였다. 바다를 지나오면서 묻은 소금기와 산길을 지나오면서 묻은 먼지와 땀을 얼굴과 손발에서 말끔히 씻어 내었다. 다 씻고 머리를 들어 보니 툇

마루에서 영철이 어머니가 노르스름한 타월을 들고 서 있었다. 영철이 어머니는 나와 눈길이 부딪치자 얼른 고개를 모로 돌렸다. 거기서 나는, 내가 몸을 씻고 있는 동안 영철이 어머니가 줄곧 영철을 보듯이 나를 지켜보고 있었다는 것을 알 수 있었다. 내가 온 것이 영철이 어머니의 슬픔을 더 자극하는 것일지도 몰랐다. 내가 다가가 타월을 전해 받고 얼굴, 손, 발을 닦았다. 때마침 돌담을 넘어 뒷마루께로 시원한 바람이 불어 왔다. 방금 씻은 몸의 각 부분들이 상쾌해졌다.

방으로 들어갔을 때, 퀴퀴한 냄새가 코를 찔렀다. 그 냄새 속에 영철의 아버지가 누워 있었다. 미라같이 마른 몰골을 하고 눈을 희멀겋게 뜨고 있었다. 인기척을 느끼고 부스스 일어나려고 하였다. 그러나 제대로 잘 움직여지지 않는 듯 일어나려는 노력을 포기하였다.

영철이 어머니가 그에게 내가 영철이 친구라는 것을 좀 큰 음성으로 소개해 주었다. 그러자 영철이 아버지는 가래 끓는 소리로 영철이, 하고 한번 되뇌어 보았다. 곧이어 그 희멀건 두 눈에 굵은 눈물방울이 맺혔다.

"영철이 묘를 한번 찾아보러 왔대요."

영철이 어머니가 다시 큰 음성으로 설명을 하고는 엉거주춤 일어나 나가려고 했다. 나도 곧 영철이 아버지에게 고개 숙여 인사하고 따라 나갔다.

영철이 어머니는 돌담 뒷길로 해서 산을 올라갔다. 남산 높이만큼은 족히 되는 산이었다. 산길을 오르면서 영철이 어머니가 입을 열었다.

"저 양반 이제 얼마 못 살 끼라."

나는 오랫동안 마음에 묻어 두었던 질문들을 꺼내어 놓았다.

"언제부터 그렇게 되셨는데요?"

영철이 어머니는 먼 옛날의 꿈을 회상하는 듯한 표정을 지으며 혼잣말처럼 중얼거렸다. 그 목소리에는 긴 세월 동안 삭아질 대로 삭아진 슬픔이 흥건히 배어 있었다.

"거, 4·19 때부터 그렇게 된 거 아이가. 그 무렵 저 양반은 거제도에서 전근을 가 마산 장군동파출소 순경으로 근무하고 있었던 기라. 그때 저 양반도 다른 순경들처럼 학생들에게 총을 쏠 수밖에 없었제. 근데도 자기만 쏜 것처럼 십여 년을 저렇게……."

영철이 어머니는 더 이상 이야기하려고 하지 않았다. 그렇지만 나는 그 모든 것을 능히 짐작할 수 있었다.

그때 산바람이 비탈을 타고 내려왔다. 영철이 어머니와 내가 올라가는 산길 주위에는 야생 잣밤나무들이 여기저기 서 있었다. 그리고 리기다송, 떡갈나무, 참나무, 머루가 우거진 숲과 함께 얽혀 있었다. 그 숲 사이로 다람쥐들이 폴짝폴짝 뛰어 달아났다. 빨간 열매를 잔뜩 붙이고 있는 덤불들도 있었다. 산딸기같이 보이는 것들이 저쪽 모퉁이에 다소곳이 숨어 있기도 했다. 덩치가 큰 후박나무들도 군데군데 보이고 동백나무들이 무슨 과수원처럼 모여 있는 등성이도 보였다. 칡덩굴, 댕댕이덩굴은 산길 복판에까지 뻗어 나와 있어 걸음을 방해하기도 하였다. 산에서는 가뭄의 기운을 거의 느낄 수 없었다.

우물물로 씻은 내 얼굴에는 다시 땀방울들이 맺혔다. 영철이 어머니도 숨이 가쁜 듯했다. 그렇게 가쁜 숨을 내쉬면서 다시금 한숨처럼 한마디 말을 중얼거렸다.

"영철이 그노무 자슥, 자기 아버지 죗값을 대신 치른다고 그 미친 짓을 했을 기라. 그노무 자슥이 이 에미는 생각지도 않고……."

영철이 어머니의 목소리는 어느새 울먹이고 있었다. 내 눈앞에는 하얀 옷자락 같기도 하고 연기 같기도 한 것이 어른거렸다.

산길 곁에 널찍한 바위 하나가 나타났다. 영철이 어머니는 그 바위에 걸터앉으며 이마의 땀을 훔쳤다. 나도 바위에 비스듬히 기댔다. 옆에서 바라본 영철이 어머니의 얼굴은 수척하기 이를 데 없었다. 그러나 그 얼굴 윤곽은 젊은 날 미인이었음을 말해 주고 있었다. 영철이 어머니는 한동안 말없이 산 아래 동네를 내려다보았다.

저 아래로 하청읍의 마을이 아담하게 펼쳐져 있었다. 그것은 그대로 한 폭의 정물화였다. 그 정물화 한 모퉁이에 영철이 집 돌담이 자리 잡고 있었다. 그리고 황톳빛 국도가 마을 복판을 지나가고 있었다. 그 길을 따라 경운기 한 대가 흙먼지를 일으키며 지나갔다. 몇 달째 계속되는 가뭄으로 그 흙먼지 빛깔은 붉기까지 했다. 곧이어 시골버스가 지나가고 잇달아 꽁무니에 색시 하나를 실은 오토바이가 지나갔다.

그때, 숲 속에서는 시냇물 소리 같은 맑은 새 소리가 들려왔다. 그 새 소리는 보통 새 소리와는 달랐다. 곡조와 선율을 가지고 있는 듯한 새 소리였다.

"저 새 소리 한번 들어 보래이."

영철이 어머니가 나에게 주의를 환기시켰다. 그렇지 않아도 나는 귀를 기울이고 있던 참이었다. 지금껏 저런 새 소리를 들어 본 기억이 없었다. 음의 높낮이가 분명히 식별될 정도였다. 청음 실력이 웬만큼 있는 사람이라면 악보에도 옮겨 놓을 수 있을 것이었다. 그리고 그 악보를 따라 바이올린 같은 현악기로 켠다면 아름다운 음악이 되고도 남을 성싶었다. 처음에는 낮게 시작된 음이 중간 부분을 넘어서서는 장 6도 가량 급하게 높아졌다가 끝 부분에 와서는 처음 음과 같이 낮아졌다. 마치 의문 대명사로 시작되는 영어 문장의 억양을 연상시켰다. 그러한 한 소절이 계속 반복되었다.

"저 새가 다른 데도 있을까요?"

내가 물었다.

"거제도에만 있다는 말이 있긴 하지만 정확한 건 모르제. 나도 여기저기 다녀 보았지만 저 새 소리를 들어 본 적은 없어. 이렇게 한낮이 지나고 저녁이 가까워 올 무렵에 잘 울지. 저 소리 가만 들어 봐. 꼭 이렇게 노래하는 것 같제.

"언——제——올——끼——고?"

영철이 어머니 말을 듣고 보니 정말 그러했다.

"언—제—올—끼—고? 언—제—올—끼—고?"

한번 그렇게 듣고 보니 아무리 달리 들으려 하여도 되지 않았다. 그것은 영락없이 '언—제—올—끼—고?'였다. 그리고 장 6도가 높아지는 부분은 '끼—' 부분에 해당하였다. 한낮이 지나도록 기다리던 사람이 오지 않는 안타까움 속에서 밤이 오기 전에 사모하며 부르는 노래 같았다. 그래서 그런지 그 새 소리는 맑고 청아했지만 애수를 띠고 있었다.

"저 새 이름이 뭐죠?"

내가 또 물었다.

"나도 정확한 건 몰라. 나는 그냥 '언제올끼고'새로 알고 있제, 사람들은 원……."

영철이 어머니가 머뭇거리자 내가, 원앙새요? 하고 물었다.

"호호호, 학생도, 법 공부만 했지 자연 공부는 안 한 모양이지. 원앙새는 산새가 아니라 물새여 물새. 오리처럼 물 위에 떠다니지 않던가. 저 새는 원앙새가 아니라 원망새라고들 해. 거 불평하는 원망(怨望)이 아니고, 거 바라고 원한다는 원망(願望) 있제? 바로 그 원망새야. 사람들이 붙여 준 별명이겠지. 국가적으로 또 개인적으로 원망(願望)이 많지만 그것이 이루어지지 않아 답답한 마음을 달래 보려고 새 이름을 그렇게 붙여 봤겠제. 자 이제 올라가 보지. 저 모퉁이만 돌면 돼."

영철이 어머니와 나는 산을 비껴 가로지르면서 뒷등성이로 돌아갔다. 그러자 갑자기 시야가 탁 트이면서 건너편 산 너머로 바다가 흡사 비단결처럼 펼쳐져 있는 것이 보였다. 바다는 보는 거리가 멀면 멀수록 아름다운 법이었다. 그 좋은 자리에 무덤들이 모여 있었다.

"여기가 선산이야."

영철이 어머니가 나를 그곳으로 인도했다. 나는 어디 예배라도 참석하는 것처럼 엄숙한 자세로 다가갔다.

"이 무덤이 영철이 무덤이야. 처음엔 저 소원처럼 화장을 할까 했는데 아무래도 선산에……."

영철이 무덤은 다른 무덤과 조금도 다를 바 없이 평범하였다. 여름 잡초가 무성히 덮여 추석의 성묘를 기다리고 있었다. 비양(碑陽, 비석 앞면)에는 '최영철지묘'라는 비명이 한문으로 음각되어 있었고 비음(碑陰, 비석 뒷면)에는 영철의 가족 사항과 '一九六九年 十一月 一日 卒'이라는 사망 연월일이 새겨져 있었다. 그것뿐이었다.

영철이 어머니는 무덤의 잡초를 뜯어내고, 나는 비석 앞에 무릎을 꿇고 앉아 있었다. 내 눈앞에는 선조들의 무덤을 찾아 그들의 혼령과 만나던 영철의 하얀 웨딩드레스가 펄럭거렸다.

나는 웨딩드레스도 입지 않은 채 영철이의 무덤 앞에 하염없이 앉아 있었다. 저쪽 산등성이에 태양의 밑부분이 내려 얹혔다. 산그늘이 꼭대기에서부터 서서히 내려오고, 저녁을 예고하는 바람은 사뭇 우기를 띠고 있는 것 같았다.

그때, 또 그 새 소리가 아련히 들려왔다.

"언──제──올──끼──고?"

그것은 내가 역사를 향하여 애타게 묻고 있는 말이었다. 그리고 나 또한 언제 다시 영철의 무덤을 찾아오게 될지 알 수 없는 것이었다. 형용할 수 없는 비애가 밀려오는 것을 느꼈다. 다음 순간, 나는 주위를 두리번거리다가 끝이 뾰족한 돌멩이 하나를 집어 들었다. 그리고 영철의 비석 쪽으로 다가갔다. 내가 비음(碑陰)을 향하여 무릎을 꿇자, 무덤 봉우리 근방의 잡초를 뜯고 있던 영철이 어머니가 다급하게 소리쳤다.

"학생! 뭐 할라카노?"

나는 비음의 여백을 돌멩이의 뾰족한 모서리로 찍어 나갔다. 글자가 잘 음각되지 않았다. 물 먹은 백묵으로 쓴 듯이 희미하게 새겨질 뿐이었다. 그러나 마침 붉게 타기 시작한 저녁놀 아래서 나는 그 핏빛 글자들을 분명히 보고 읽을 수 있었다.

'영철 원망비.'

간밤에 오기 시작한 비는 낮이 지나도 계속 내렸다. 농부들이 기다리고 기다리던 비였다. 영철이 집 사랑채에서 하룻밤을 묵고 돌아가려고 했던 나는 그만 발이 묶이고 말았다. 폭풍주의보가 내렸으므로 배가 2, 3일은 뜰 수 없을 것이라고 했다. 일단 거제도에서 충무로 빠졌다가 서울로 올라가는 방법이 있다고도 했지만 나는 왠지 그렇게 서두르고 싶지는 않았다. 영철이 어머니도 비가 그치고 폭풍주의보가 해제되거든 가라고 하면서 나를 붙들었다. 서울에 있는 영철이 남동생과 여동생이 방학이 되면 곧 내려올 텐데 그들도 한번 보고 가라고 했다. 그러려면 적어도 일주일은 더 있어야 했으므로 그렇게까지는 할 수 없고, 하루나 이틀 더 머무르다가 올라올 작정이었다.

그동안 나는 오랜만에 나 혼자 있는 시간을 가질 수 있게 되었다. 어릴 적 외할머니 집을 연상케 하는 그 시골 돌담집 사랑채에서 방문을 열어 놓고 빗줄기가 쏟아지는 마당을 바라보는 운치는 나를 한없이 그윽하게 해주었다. 빗줄기는 감나무 가지와 거기 달린 풋감들을 때리고, 뚜껑 덮은 우물 주변을 때리고, 지붕 위의 박들과 돌담들을 때렸다. 포말들이 마당 가득히 하얗고 작은 꽃송이들모양 피어났다. 중간중간 남태평양에서 치달려 온 바람이 맹수의 질주처럼 휙휙 지나가기도 했다.

나는 식사 시간이 되면, 쏜살같이 마당을 지나 툇마루에 올라가서 영철이 어머니가 차려다 놓은 밥상 앞에 앉았다. 다른 반찬들도 몇 가지 있었지만, 시원한 물에 씻겨 물기가 아직 묻어 있는 풋고추를 된장에 찍어 먹는 맛이 그만이었다.

영철이 아버지는 미음을 들고 있다고 했다.

영철이 어머니는 부엌에서 따로 식사를 하는지 내가 몇 번 권하여도 나와 함께 식사를 하지 않았다. 아마 나를 편안하게 해주려고 그러는 것 같았다. 영철이 어머니는 조금 남은 논과 밭을 일구고 품앗이를 하면서 생계를 이끌어 간다고 하였다. 그 어려운 생활 중에도 나를 잘 대접해 주려고 무척 애를 쓰는 것이 느껴졌다. 수박이니 참외니 자두 같은 것을 밤참으로 가져다주기도 했다.

이틀 후, 비가 그치고 폭풍주의보가 해제되었다. 나는 영철이 아버지와 어머니에게 감사하다는 인사를 드리고 하청에서 성포로 가는 버스를 탔다. 이전에 왔던 길을 다시 돌아가는 셈이었지만, 산과 나무와 대기가 이틀 동안의 비에 씻겨 청초한 모습들을 하고 있었다.

그 비 온 후의 세계 속을 버스는 쉬지 않고 달려갔다. 그때 내 의식의 밑바닥에서 아련히 어떤 시 구절들이 떠올라 왔다. 그것은 중학교 시절에 읽은 완숙의 그 〈비 온 후〉라는 시였다.

'비 온 후, 나는 마루에 앉아 머리를 빗는다. 담 위의 선인장, 백년 만에 핀다는 백년화가 희말갛게 피었다. 나도 오랜 세월 비가 내린 후, 여인으로 부풀어 피어날 때, 저 순수(純粹)의 꽃이 되리라……'

버스는 정오가 약간 지난 시각에 성포에 닿았다. 부둣가에 가서 배표를 사고 배가 오기를 기다렸다. 그동안 폭풍주의보로 발이 묶여 있다가 나온 듯 부둣가에는 꽤 많은 사람들이 붐비고 있었다. 드디어 한 객선이 뱃고동을 울리며 부둣가로 들어왔다.

갑판과 선실에 있던 사람들이 우르르 배에서 내렸다. 그중에 한 무리가 부두에 내리자마자 원을 그리며 기도하고 찬송을 불렀다. 젊은 남녀들로 이루어진 열댓 명쯤의 무리였다. 바다를 배경으로 본 그 모습은 참으로 아름다웠다.

나는 무엇에 이끌리듯 그곳으로 다가갔다. 그들은 곧 원을 풀고 출발 준비를 하였다. 나는 한 청년에게 다가가서 어디서 왔느냐고 물었다. 그 청년은 마산에서 왔다고 하였다. 그들은 교회 청년부로 거제도 동부 근방에 좋은 기도원이 있다고 해서 금식기도를 하러 왔다고 하였다.

나는 그동안 기도원에 가본 적도 없거니와 금식기도도 해본 적이 없었다. 꼭 한 번, 하루 동안 금식하며 생각을 정리해 본 적이 있을 뿐이었다. 나는 갑자기, 이대로 거제도를 떠나 서울로 올라갈 수는 없다는 생각이 들었다. 처음 서울에서 출발할 때는 무료함을 달래기 위해서 가볍게 여행을 하고자 했던 것이지만, 이제는 무언가 결심을 하고 올라가야만 할 것 같았다. 그들처럼 금식이라도 하면 무언가 효과가 있을 것인가.

나는 순간적으로 그들이 가고자 하는 그 기도원에 함께 가기로 작정을 하고 그들에게 나 자신을 소개하였다. 무엇보다 같은 신자임을 밝히고, 그렇게 좋은 기도원이 있다면 나도 함께 가고 싶다고 하였다. 그들은 나를 반갑게 맞아들여 주었다.

나는 배표를 물리고 그들과 함께 동부로 가는 버스를 탔다. 그 길도 하청으로 가는 길과 별 다를 바 없었다. 그들은 처음 거제도에 오는 모양으로 차창 밖의 경치에 시선을 빼앗기고 있었다. 그러면서 계속 찬송을 불렀다. 누가 선창을 하면 나머지 사람들도 화음을 넣어 가며 함께 불렀다.

시골 버스 안은 그들 외에는 손님이 거의 없었다. 마치 전세 버스를 타고 가는 기분이었다. 버스가 그들의 노래를 싣고 가는 건지, 그들의 노래가 버스를 싣고 가는 건지 알 수가 없을 정도였다.

그들은 말이나 표정이 순박하기 그지없었다. 대개 고등학교를 졸업하고 직장생활을 하고 있는 사람들로서 서로 기간을 맞추어 여름휴가를 받았다고 하였다.

그들과 나는 동부에서 하차하여 기도원 길을 물어 가며 또 한참을 걸어갔다. 논길을 지나고 산길을 지나고, 냇물을 만나면 맨발로 건너갔다. 산 속으로 점점 더 깊이 들어가자 이제는 민가도 보이지 않고 지나가는 사람도 한 사람 보이지 않았다. 간혹 가다 나무나 바위 같은 데 기도원 가는 화살표가 하얀 페인트로 칠해져 있을 뿐이었다. 거제도의 이러한 산골짜기에까지 기도원이 있고 또 그 기도원의 소문을 듣고 물 건너에서 찾아오는 사람들이 있다는 것이 신기하게만 생각되었다. 세상 어디에서나 인간의 영혼은 절대자를 찾아 목말라하고 있는 것이었다. 그 목마름이 있는 한, 이러한 구도의 행렬은 끊임없이 이어질 것이었다.

또 시냇물이 나왔다. 그들과 나는 시냇물에 달려들어 얼굴과 목을 씻고 발을 담그며 잠시 쉬었다. 그리고 징검다리를 건너 산굽이를 돌았다. 저기 푸른 수풀 위에 빨간 십자가 종탑이 보였다. 어떻게 이런 곳까지 건축 재료를 운반해서 저런 건물을 지었는지 의아할 뿐이었다.

기도원 경내로 들어서면서 모두가 환성을 질렀다. 거기 그림같이 아담한 교회가 서 있고, 그 교회 밑으로 기와지붕을 이고 있는 방들이 연이어 있었다. 적어도 스무 개는 족히 되는 방들이었다. 방 입구 옆에 아궁이들이 갖추어져 있는 것으로 보아 기도하는 사람들이 기거하는 숙박 시설인 모양이었다. 그리고 그 아래는 천막으로 넓게 지어 놓은 식당이 있었다. 그 기도원은 식사를 하면서 기도할 수도 있고 금식을 하면서 기도할 수도 있었다. 식당과 숙박 시설 사이에는 산의 물을 끌어다 이용하는 세면장이 열댓 개의 수도꼭지를 갖춘 채 설치되어 있었다. 거제도의 어떤 마을보다도 문화적인 시설들이라 할 수 있었다. 이런 기도원을 지으려면 꽤 많은 비용이 들 텐데 그 돈이 어떻게 모아지고 여기에 투자가 되었는지 한 청년이 말하기를, 서울의 어떤 유명한 여 권사가 전국 각지 산수 좋은 곳에 이런 기도원들을 짓고 있다고 하였다.

우리가 기도원 경내를 둘러보며 웅성거리고 있을 때, 기도원을 관리하고 예배를 인도하는 전도사 한 사람과 식당에서 일을 도와주는 여 집사 한 사람이 교회 옆의 사택 같은 데서 나와서 우리를 환영해 주었다. 전도사는 우리를 숙소로 인도하여 한 사람에 한 방씩 배정해 주었다. 이미 네 방은 다른 사람들이 차지하고 있어 나머지 방들을 우리가 배정받았는데, 가까스로 우리 모두가 방을 얻을 수 있었다.

우리는 다음 날부터 금식을 시작하기로 했으므로 그날 점심과 저녁은 식당으로 내려가서 먹었다. 점심은 오이냉국에 국수를 말아서 먹고 저녁은 싱싱한 상추쌈을 먹었다. 우리는 별미를 먹듯이 입맛을 다시며 먹어 치웠다. 디저트로는 토마토를 썰어 소금을 약간 친 것이 나왔다.

저녁을 먹고는 각자 세면을 하기도 하고 자기 방에 들어가 짐을 정리하기도 하였다. 내 짐이라고는 서울에서 들고 온 조그만 손가방밖에 없었다. 거기에 갈아입을 옷가지 몇 점과 수첩 하나가 있을 뿐이었다. 성경이나 다른 책들도 넣어 오지 않았다. 여기까지 올 줄 알았으면 성경이나 다른 책들을 좀 가져올 걸, 하는 생각이 들었다. 방에는 거짓말같이 전기 시설까지 갖추어져 깨끗한 형광등이 걸려 있었다. 형광등 스위치를 누르니 불이 켜졌다. 방의 벽지도 말끔하였다. 여름용 이불과 요, 베개가 한쪽에 개켜져 있었다. 이 정도면 서울의 여관방 못지않았다. 이런 곳에 이런 기도원이 있다니 아무리 생각해도 기이했다. 바로 이 점 때문에 물 건너에까지 소문이 났는지도 몰랐다.

그 개켜진 이부자리에 등을 기대고 잠시 앉아 있으니 위쪽 교회에서 종소리가 울려 왔다. 그 종소리는 놀랍게도 차임벨 소리였다. 나중에 알고 보니 그것은 차임벨 소리를 녹음해 놓은 테이프를 확성기에다 튼 것이었다.

우리는 교회로 올라갔다. 교회 마룻바닥에 방석을 깔고 앉아 찬송을 하며 예배를 준비하고 있는데, 우리 일행보다 먼저 와 있는 사람들 중의 한 사람이 조심스럽게 들어와 앞쪽에 앉았다. 나는 그 사람을 곁눈질로 보다가 깜짝 놀랐다. 피골이 상접하여 해골 같았다. 그리고 여름인데도 두툼한 국방색 점퍼를 입고 있었다. 그 사람은 찬송도 제대로 부르지 못했다.

나는 그 사람이 중병에 걸려 기도하러 온 환자인 줄 알았다. 강단에 나온 전도사는 예배를 간단히 인도하고 마쳤다. 그것은 기도를 더 많이 하도록 시간을 주기 위함이었다. 모두가 외할머니의 그 교인들처럼 소리를 내어 기도했다.

나는 그 속에서 조금씩 소리를 내어 기도해 보려 했다. 그러나 그동안 기도를 제대로 하지 못했으므로 입이 잘 떨어지지 않았다. 그저 하나님, 예수님, 주님만을 되뇌었다.

그런데 그 기도 소리 중에 유난히 맑고 높은 기도 소리가 있었다. 그것은 땅 속 깊은 곳에서 지하수가 터져 솟구치는 것 같은 기도 소리였다. 나는 어디서 이런 기도 소리가 나나 하고 내 기도를 마감한 후 가만히 눈을 떠 보았다. 그 기도 소리는 앞쪽에 엎드린 그 해골 같은 사람에게서 나고 있었다. 힘이 없어 찬송도 제대로 못 부르던 그가 어떤 힘으로 저렇게 기도할 수 있는지 희한한 일이었다. 그러나 그도 곧 지치는지 기도 소리에 힘이 빠져 갔다. 그러더니 흐느껴 울었다.

사람들은 조용히 일어나서 숙소로 돌아갔다. 나도 사람들을 뒤따라 나왔다. 전도사가 바깥에 서서 회중전등을 들고 숙소로 내려가는 계단 길을 비춰 주고 있었다. 나는 전도사에게 다가가 지금도 교회에 엎드려 흐느끼고 있는 그 사람에 대하여 물었다.

그러자 전도사는 그 사람이 40일 금식을 목표로 지금 28일째 금식을 하고 있다고 하였다. 그 말을 듣고 나는 큰 충격을 받았다. 나는 그동안 40일 금식이라는 것은 성경에만 있는 이야기인 줄 알았던 것이었다.

모세가 시내 산에서 십계명을 비롯한 율법을 받을 때 40일 금식을 하였고, 예수께서 광야에서 사탄에게 시험을 받을 때 40일 금식한 이야기밖에 모르고 있었다. 인도의 썬다 싱과 같은 특별한 성자도 인도의 대나무 숲 속에서 하루하루 돌멩이를 쌓으며 금식을 하다가 쓰러졌는데 사람들이 와서 세어 보니 서른여덟 갠가 서른아홉 갠가 되었다고 하였다. 돌멩이 한두 개는 썬다 싱이 힘이 없어 옮기지 못했을 것이라고 말하는 사람도 있고, 썬다 싱이 겸손해서 예수께서 금식한 40일보다 하루나 이틀 적게 금식했을 것이라고 말하는 사람도 있었다.

그래서 나는 40일 금식을 하는 사람은 있을 수 없을 것이라고 생각해 왔는데 바로 내 주위에 40일 금식을 작정하고 실천해 나가는 사람이 있다니.

전도사는 금식에 대해 잘 아는지 나에게 계속 설명을 해주었다. 전도사는 거제도 출신이 아닌 모양으로 표준말을 깍듯이 쓰고 있었다.

"장기간 금식을 하면 열흘을 주기로 심한 고통이 오지요. 10일을 넘기려 할 때 고통이 오는데, 그것을 넘기면 새로운 힘이 나지요. 그 새 힘으로 지내다가 20일을 넘기려고 할 때 역시 고통이 밀려오지요. 그것을 또 넘기면 이상한 새 힘이 되살아나고, 그러다가 30일을 넘기려 할 때 정말 힘든 고통이 오지요. 지금 저 사람은 그 고통을 이겨 내려고 몸부림을 치고 있는 거지요. 저 고통만 이기면 저 사람이 작정한 40일 금식은 성공할 거예요."

전도사는 정말 꿈같은 이야기를 하고 있었다. 나는 그 사람이 40일이나 금식하며 기도하는 이유가 무언지 궁금하여 거기에 대해 묻지 않을 수 없었다. 전도사는 그 이유에 대해 요약하여 답해 주었다.

"저 사람은 전도사나 목사가 아니에요. 평범한 농사꾼이지요. 그런데 하루는 하나님의 말씀을 전하라는 하나님의 계시를 받았대요. 그런데 자기는 신학교도 안 나오고 말재간도 없는 사람이라 그렇게 할 수 없다고 하나님에게 말했어요. 그러자 하나님의 음성이 들렸는데, 예레미야나 아모스를 어떻게 불렀는가 찾아보라고 하였어요. 그래 저 사람이 성경을 들추어 찾아보니 예레미야는 어린아이였고 아모스는 뽕나무를 재배하는 농사꾼이었어요. 그래서 할 수 없이 하나님의 계시에 순종하기로 마음을 먹었지요. 신학교에 들어갈 준비를 하고요. 그런데 또 하루는 꿈을 통하여 지옥의 환상을 보게 되었어요. 무엇보다 하나님의 말씀을 잘못 풀어 엉터리로 전한 사람들이 지옥불 속에서 고통당하고 있는 것을 보았지요. 그 환상을 본 후에 저 사람은 하나님의 말씀을 전하는 일이 얼마나 무서운 일인가를 깨닫고 저토록 고민하게 된 거지요. 요즈음 엉터리 하나님의 종이 많은데, 저렇게 하나님의 말씀 전하는 일을 가지고 고민한다는 것은 귀한 일이지요. 나도 저런 때가 있었던 것 같은데 지금은 많이 흐려졌어요. 그저 상식으로 습관적으로 전할 때가 많지요."

그때, 교회에 엎드려 있던 그 사람이 교회 출입구로 나왔다. 전도사와 나의 대화가 중단되었다. 전도사가 그 사람에게 다가가 부축을 해주려 하였다. 그러자 그 사람은 머리를 흔들어 거절하고 한 걸음 한 걸음 길을 내려갔다. 나도 그 뒤를 조심스럽게 따라갔다. 그 사람은 조금 가다가 멈추고 하면서 자기 방문 앞까지 가서야 비로소 인기척을 느끼고 잠시 뒤돌아보았다.

그와 나의 시선이 마주쳤다. 다른 방에서 새어 나오는 형광등 불빛에 비추어 들여다본 그의 눈동자는 호수처럼 맑은 기운이 가득 괴어 있었다. 다만 얼굴에 띤 미소만은 몹시 지쳐 있었다.

내가 그의 방문을 열어 주었다. 그는 말없이 돌아서서 자기 혼자 감당해야 할 그 무서운 고통을 온몸에 안은 채 조용히 방 안으로 들어갔다.

나는 살며시 그의 방문을 닫아 주고는 내 방으로 돌아왔다.

나는 무언지 모르게 부끄러워지는 자신을 느꼈다. 나에게는 저토록 하나님의 뜻을 알고 순종하기 위하여 진지하게 고뇌해 본 적이 없는 것 같았다. 물론 그동안 많은 고민과 갈등 속에 지

내 왔지만, 그 자체에 떠밀리는 점이 많았던 것이었다. 다분히 피상적으로 부딪치다가 무언가를 얻는 듯하면서도 결국 아무것도 얻지 못한 꼴이었다. 생명을 걸고 부딪쳐 확실한 것을 얻고자 하는 그런 사람의 자세가 부러웠다. 그런 자세로 나가면 무언가 길이 열릴 것도 같았다. 또한 무엇보다도 나는 그 사람이 40일 금식을 마치는 것을 간절히 보고 싶었다. 그러려면 적어도 12일은 이곳에 있어야 되는 것이었다.

나는 좀 늦어지겠다는 내용의 편지를 서울에 띄워 보내기로 하고, 대담하게도 12일 금식을 작정하였다. 그리고 수첩에다 일기 형식으로 하루하루 메모해 나갔다.

7월 22일

새벽 기도회 4시에 시작되다. 시편 103편 1절에서 5절까지 말씀을 박 전도사가 전하다. 특히 5절에 "좋은 것으로 네 소원을 만족하게 하사 네 청춘을 독수리같이 새롭게 하시는도다" 하는 말씀이 마음에 와 닿다. 박 전도사가 장기 금식하려면 먼저 회충약을 먹어야 한다면서 비치해 둔 회충약을 건네주어 먹다. 하루 종일 밥 먹고 싶은 생각이 없다.

7월 23일

아침나절 내내 비가 내리다. 방에 냉기가 돌아 낮에는 아궁이에다 나뭇가지로 불을 지펴 넣다. 방바닥이 따뜻해지는 가운데 낮잠을 자다 사탕 먹는 꿈을 꾸다. 박 전도사에게서 빌려 온 성경으로 예레미야애가 읽다. 예레미야의 고난과 상한 마음이 감동스럽다. 머리 감고 손톱을 깎다. 머리가 깨어질 듯 아파 오다. 어떻게 12일간 금식을 할까, 까마득하기만 하다. 40일 금식을 목표로 하고 있는 김 집사를 생각하자. 밤에 서울 집으로 늦겠다는 편지 쓰다.

7월 24일

새벽 기도, 마태 24:1-12. 박 전도사는 한국에만 해도 자기가 그리스도라고 하는 거짓 그리스도들이 227명은 된다고 말한다. 먼저 와 있던 분 중에 이 집사라는 아주머니 5일 금식 끝내고 하산하다. 그 이 집사 편으로 서울 집에 보내는 편지 부쳐 달라고 부탁하다. 저녁 기도 마치고 교회를 나올 때 눈앞이 어찔하며 현기증이 나다. 왼쪽 가슴이 쑤시는 통증이 일어나다. 금식 사흘째가 힘들다고 하는데 잘 견디어 내다.

7월 25일

간밤에 통 잠을 못 이루다. 머릿속이 모래로 가득 찬 듯해서 잠이 오지 않다. 눈을 붙이자마자 새벽 종소리. 교회로 올라가는 일조차 무척 힘들어지다. 그러나 예배 마치고 나오면 조금 견딜 만하다. 저녁 기도 마치고 교회 나올 때, 건너편 산 중턱에 구름이 토성의 테처럼 둘러져 있는 것이 보이다. 그러면서 코끝에 어떤 향기가 스치다. 저녁 산 냄새인가? 주님의 옷자락 향기인가?

7월 26일

금식 5일째. 도저히 계속하지 못할 것 같은 생각 들다. 식당 옆의 밭에 있는 무를 뽑아 먹고 싶은 마음이 간절하다. 닷새도 대단한데 이번에는 이 정도로 그칠까. 마산 청년들 점심 때쯤 금식 마치고 죽을 좀 먹은 후 하산하다. 나도 따라가고 싶은 마음이 굴뚝같으나 이왕에 작정한 대로 끝까지 감당해야 한다.

7월 27일

기도원을 지었다는 여 권사가 전국 순회 중에 다녀가다. 50대 중반의 여장부 형이다. 기도원에 남아 있는 자들 한 사람 한 사람을 위해 기도해 주다. 방에 누워 있도록 하고 가슴에 손을 얹고 기도하다. 그 알아들을 수 없는 말로 기도하다가 그 말을 통역하는 건지 한국말로 기도하다. 내가 하나님께서 소유로 삼으신 종인 것을 말하다. 그리고 정확하게 내 마음을 알아맞히다. 내가 고시와 신앙의 문제로 고민하고 있는 것까지 기도 중에 이야기하다. 나는 깜짝 놀라다. 그 권사는 내가 쟁기를 잡지도 않고 밭을 갈려 한다고 책망하다. 내 가슴에 얹힌 권사의 손을 통하여 어떤 뜨거운 것이 전달되다. 기도가 계속되는 동안, 아프던 머리와 가슴이 맑아지다. 권사가 기도를 마친 후 혼자 청아한 음성으로 찬송을 부르다. 내 두 눈에서는 눈물이 흐르다.

7월 28일

한결 몸이 가벼워지다. 그래도 계속 누워 있고만 싶다. 박 전도사가 나보고 힘이 들어도 몸을 움직이라고 충고하다. 그리고 금식 끝난 후에 변비가 되지 않도록 관장을 하라고 관장약을 주다. 관장을 하니 신기하게도 까만 덩어리들이 떨어지다. 창자에 붙어 있던 찌꺼기들인 모양이다.

7월 29일

오늘 식당 일 하는 권 집사를 통하여 박 전도사의 내력 듣다. 박 전도사는 예수 믿기 전, 모 중앙 일간지 정치부 기자로 매일 술에 취해 다니다가 간이 나빠져 눈이 멀다. '간'자 달린 약이라면 다 사먹어 보았으나 효과 없다. 결국 그 여 권사를 만나 안수받고 낫게 되다. 결국 마흔 가까운 나이에 신학교에 들어가다. 요즈음도 혈기 부리면 눈이 멀어지는데 회개를 해야 낫는다고 말하다. 인생마다 다 제가끔 사연이 있다는 생각이 들다. 권 집사는 예수 믿기 전에 유명한 무당이었다고 말하다.

바깥은 온통 안개로 뒤덮여 마치 분무기로 뿜은 것 같다. 방문을 여니 아궁이께에 큰 두꺼비 한 놈이 눈을 껌벅거리고 있다. 저녁 기도 때 무언가 확신이 차올라 오다. 내 문제 중의 하나는 아버지와 어머니를 속이고 있는 것임을 깊이 느끼다. 모든 것을 솔직하게 이야기하자. 다른 것은 말 못할지라도 고시공부를 하지 않기로 한 것만이라도 말하자. 점점 더 속이고 있다간 더 큰 실망을 안겨 줄 테니까.

7월 30일

지난밤에 맛있게 송편 먹는 꿈을 꾸다. 새벽에 눈을 떴는데 도저히 일어날 수 없어 예배에도 참석치 못하다. 정말 열흘을 넘기는 것이 큰 고통인가 보다. 오늘 하루 잘 견디어야 한다. 김 집사는 이제 37일째다. 점점 김 집사의 얼굴에는 빛이 감돈다. 인간에게는 육신의 힘 이외에 정신의 힘이 있음을 실감하다. 또한 그 정신력보다 더 깊은 영력이 있음을 부인할 수 없다. 그 능력을 충만히 공급받는 것이 참된 신앙생활이다. 그리고 그 능력을 이 현실과 역사 속에 표출할 수 있다는 생각이 든다. 그런 능력을 비현실적이요, 비역사적이라고만 생각해 온 나의 사고방식에 변화가 생기다. 저녁 기도 때는 힘을 내어 참석하다.

7월 31일

아침부터 어떤 새 소리가 시끄럽게 들리다. 그것은 노래하는 소리가 아니라 부르짖는 소리다. 움직이지도 않고 한군데서만 계속 들려와 이상하게 생각된다. 결국 권 집사가 새 소리의 출처를 감자밭 속에서 찾아낸다. 자줏빛 감자꽃이 만발한 그 속에 콩새 한 마리가 덫에 걸려 있다. 쥐를 잡으려고 놓아 둔 것인데 콩새가 걸려든다. 콩새 두 다리가 완전히 으깨어진다. 성수 생각이 자꾸만 난다. 권 집사가 콩새를 치료해 주었으나 다리가 부러진 새는 날개가 있어도 날지 못한다. 어쩌면 이상(李箱)은 자기 다리가 부러진 줄은 알지 못하고 '날개'만 찾았는지도 몰라. 그래서 이상에게 날개가 주어졌다 하여도 그는 아마 날지 못하였으리라. 날개만이 아니라 다리에도 힘이 있어야 비로소 날갯짓을 할 수 있다는 것을 새삼 깨닫는다. 신앙과 현실, 신앙과 역사는 날개와 다리의 관계이다. 그것들은 자유를 향하여 날 수 있는 날개와 다리이다. 아, 금식 10일이 지나간다.

8월 1일

새벽 방문을 열고 나오니 정말 이상한 새 힘이 안에서 솟구친다. 머리도 한없이 맑아진다. 건너편 산의 나무와 수풀들, 하늘, 대기가 그렇게 신선해 보일 수 없다. 요한계시록 22장의 바로 그 생명수 강가에 서 있는 기분이다. 이런 맛 때문에 사람들은 금식을 하는가 보다. 발걸음이 무척 가볍다. 산을 향하여 소리를 치고 싶다. 새벽예배 말씀은 이사야 40장 31절이다. "오직 여호와를 앙망하는 자는 새 힘을 얻으리니 독수리의 날개 치며 올라감 같을 것이요, 달음질하여도 곤비하지 아니하겠고 걸어가도 피곤하지 아니하리로다." 바로 나를 두고 하는 말과 같다. 점점 더 내 안과 바깥에 비밀스러운 힘이 부어지다. 그 힘 속에서 나는 조용히 중얼거리다. 그렇다! 이 비밀스러운 힘이 없이 지식만 남은 창백한 신앙이 되어서는 안 된다. 그렇다고 이 비밀스러운 힘을 이용해서 무당 신앙, 기복 신앙에만 빠져서도 안 된다. 이 비밀스러운 힘을 활용하여 냉엄한 현실과 역사 속으로 달음질하고 걸어가야 한다. 저녁 기도 마치고 잠이 들 때까지 그 힘이 계속 나를 붙들고 있다.

8월 2일

새벽 기도 때 몇몇 사람들이 종종 그랬던 것처럼 그 알아들을 수 없는 말로 기도하다. 나는 강력한 능력이 어제보다 더욱 세차게 내리는 것을 느끼다. 가슴이 뜨거워지다. 그것은 작년 그 미아리 뒷산에서 체험했던 뜨거움과 비슷하다. 그런데 그때의 그것은 종이에 불이 붙은 것처럼 무언지 모르게 갑작스럽고 불안정한 것이었으나, 지금의 그것은 시골 외할머니 집의 화롯불처럼 은은하면서도 뜨겁다. 그 뜨거움 속에서 혀가 말려들어 가다. 그러면서 내가 그동안 꺼려해 왔던 그 알아들을 수 없는 말이 입에서 흘러나오다. 마땅히 흘러나와야 할 것이 흘러나오는 것처럼 자연스럽게 흘러나오다. 마음은 한없이 평온해지다. 그 평온은 능력으로 가득한 평온이다.

저녁 기도 때는 40일 금식을 마친 김 집사님의 신앙 간증이 있다. "사람이 떡으로만 살 것이 아니요, 하나님의 입에서 나오는 모든 말씀으로 살리라"는 성경 구절을 실제로 체험한 금식 기간이었다고 간증하다. 이제 능력의 비결을 알았으므로 하나님의 말씀을 전하는 자로 살 수 있다는 확신을 가지게 되었다고 하다. 김 집사님은 내가 왜 12일 금식을 하였는지 그 이유를 모를 것이다. 그의 승리를 목도하고자 했기 때문임을 모를 것이다. 나는 사실 그의 승리 안에서 나도 승리하기를 원했던 것이다.

나는 금식을 마치고 이틀을 더 머무르면서 보호식을 하고는 그다음 날 아침에 하산하였다. 김 집사는 일주일 가량 더 있을 예정이었다. 내가 하산할 때, 박 전도사, 권 집사, 김 집사, 그 외 몇몇 남아 있던 사람들이 산모퉁이까지 따라와 전송을 해주었다. 모퉁이를 돌고부터는 나 혼자가 되었다. 죽과 김칫국으로 이틀 보호식을 했는데도 몸이 완전히 회복된 것 같았다. 그냥 밥을 먹어도 괜찮을 것 같았지만 금식한 기간만큼 보호식을 해야 나중에 탈이 없고 금식의 효과를 얻을 수 있다고 하므로 조심해야 할 것이었다.

산길을 따라 동부 버스 정류장으로 나왔다. 정류장 근방에는 가게가 있고 갖가지 식품, 과자들이 있었다. 그러한 것들을 사 먹고 싶은 마음이 간절했으나 꾹 참았다. 동부에서 성포로 나왔을 때는 정오쯤 되었다. 어느 음식점에 들어가 죽을 좀 끓여 달라고 해서 먹었다. 그리고 성포에서 부산으로 와 거기서 밤 기차를 타고 서울로 올라왔다.

여름밤은 점점 깊어 갔다. 나는 모든 식구들을 성수가 있는 건 넌방으로 가 있게 하였다. 그리고 안방을 깨끗이 정리하고 앉아서 아버지를 기다렸다. 아버지가 아침에 신용조합으로 출근할 때, 오늘 드릴 말씀이 있으니 될 수 있는 대로 술에 취하지 말고 일찍 들어오시라고 내가 부탁해 놓은 것이었다. 아버지는 내 표정을 다시 한 번 살피고 나서 고개를 조용히 끄덕거리고는 대문을 나섰는데, 아버지의 귀가 시간이 조금 늦어지고 있었다.

나는 기도하는 마음으로 무릎을 꿇고 있었다. 아버지에게 이야기하고자 하는 말들이 머릿속에서 떠올라 왔지만, 막상 이야기할 때는 그 말들이 전혀 소용이 없을지도 몰랐다.

이윽고 아버지가 맑은 정신으로 귀가하였다. 내가 이루고 있는 집안의 분위기에 조금 어색함을 느끼는지 두리번거려 보다가 옷을 갈아입고는 나를 마주하고 앉았다. 나는 찬찬히 아버지의 얼굴을 바라보았다. 요 근래에 더욱 주름살이 많아진 것을 알수 있었다. 귀 밑으로는 흰 머리 묶음이 리본처럼 달려 있는 것이보였다. 나는 어디서부터 이야기해야 될지 몰라 머뭇거리고만 있었다. 아버지가 먼저 예감을 하고 말을 꺼내 주기를 나는 은근히바랐다. 그러나 아버지도 머리를 숙였다 들었다 하며 가만히 있었다. 건넌방에서는 성수의 하모니카 소리가 부드럽게 들려왔다.

"비가 안 와서 큰일이야."

아버지가 혼잣말처럼 중얼거렸다. 얼마 전에 비가 오는 기간이 있기도 했지만 그것으로는 몇 달째 계속된 가뭄의 기운을 식혀 줄 수는 없었던 것이었다. 어색한 침묵이 계속되었다.

"아버지!"

내가 드디어 입을 열었다. 아버지 얼굴이 잠시 긴장되었다.

"내 인생은 내가 책임지겠습니다."

나는 서론인지 결론인지 분간이 안 되는 말을 하였다. 아버지가 내 말의 의미를 얼른 깨닫지 못하는 것 같았다.

"갑자기 그게 무슨 말이고?"

아버지가 나의 설명을 기다렸다.

"아버지가 나에 대해 품고 계시는 기대는 잘 압니다만 아버지의 기대대로 내 인생을 살 수는 없습니다."

아버지는 나의 그다음 말이 두려운 듯 황급히 말을 막았다.

"난 니가 니 인생에 대하여 기대하는 것을 기대할 뿐이야."

"그것이 정말입니까?"

나는 무슨 새로운 발견이라도 했다는 듯이 물었다.

"난 니도 고시공부를 하기를 원하고 있다고 생각해. 니가 독문 과나 국문과에 가는 걸 막았던 것도 니 소원을 알고 있었기 때문 이야."

아버지는 내가 무슨 말을 하려고 하는지 짐작하고 있는 모양 이었다. 나는 아버지의 그 말에 대해서는 할 말이 없었다. 고시공 부가 나의 기대가 아니라 아버지만의 기대라고는 말할 수 없는 것이었다. 그러나 나는 이렇게 대답했다.

"그것이 차라리 나만의 기대라면 좋겠습니다. 나의 기대에 수 많은 사람의 기대가 얹혀지니 결국 그것은 나의 기대가 아니게 되어 버렸습니다."

아버지는 입을 꼭 다물고 내 말을 듣고 있었다. 그러면서 조용 히 입을 열었다.

"난 말이야, 내 인생을 내 혼자 기대하면서 살아왔다고도 볼 수 있어. 나도 고시공부를 하기도 했지만, 내 어머니나 니 어머니 나 다 반대했거든. 가망이 없으니까 그랬겠지. 그래서 난 종종 내 아버지가 살아 계셔서 나에게 온갖 기대를 걸고 있다면, 내 인생 을 더욱 힘차게 살 수 있지 않을까 하고 생각했지. 난 나에게 기대 를 걸어 주는 사람이 없어서 문제였어. 내 인생에 대해 다른 사람의 기대가 없다는 건 외로운 일이지. 비참한 일이고."

내 가슴으로 찡한 슬픔 같은 것이 흘러 지나갔다. 아버지가 없었던 아버지는 나에게 아버지가 되려고 노력해 온 것이었다. 나는 내 마음과 결심을 어떻게 표현해야 할지 알 수 없게 되었다. 결국 결론을 거칠게 내릴 수밖에 없었다. 그것은 연약해지려는 내 마음에 대한 반발이기도 했다.

"난 고시공부를 하지 않기로 했습니다. 그동안도 사실은 하고 있지 않았습니다."

아버지의 눈에서 불이 번뜩이는 것 같았다. 아버지도 갑자기 거칠어졌다.

"그럼 뭐가 될라카노?"

"난 좀 더 깊이 있는 일을 하고 싶습니다."

"깊이 있는 일? 그게 뭐꼬?"

"사람의 마음을 움직이는 일입니다."

"점점 모를 소릴 하네. 니 목사 될라카는 거 아이가?"

"목사라기보다 하나님의 종이 되고자 합니다."

아버지의 몸이 떨리는 것을 분명히 볼 수 있었다.

"이놈, 미, 미, 미쳤나? 현실을 직시하라고."

아버지는 결국 현실 이야기를 하였다.

"현실은 직시하는 것이 아니라 변화시키고 개혁해야 된다고 생각합니다. 그런 것을 아버지에게서 배웠습니다."

"뭐, 뭐라카노?"

"가장 깊이 있게 효과적으로 변화시키는 일을 하고자 하는 것입니다."

아버지는 한숨을 한 번 내쉬며 마음을 진정하려고 애쓰고 있었다. 그리고 좀 차분해진 음성으로 타이르듯 말했다.

"젊은 날에 그런 이상을 가질 수도 있겠지. 그러나 이상만으로는 안 되는 거야. 나도 빨리 현실을 직시했더라면 이렇게까지는 안 되었을 거야. 그저 차분히 교사생활을 했더라면 지금쯤 교장 정도는 되었겠지. 요즈음 난 내가 우습게 여기던 교장도 얼마나 부럽게 보이는지 몰라."

아버지는 언뜻 지친 듯한 표정을 지었다.

"난 판검사로 나가는 것이 제 적성에 맞지 않다고 생각합니다."

나의 이 말에 아버지는 또 언성을 높였다.

"적성들을 따지지만, 현실에 자신이 없기 때문에 그런 용어를 사용하는 거야! 차라리 고시공부할 자신이 없다고 그래! 넌, 독학으로도 해보려고 했던 나보다 더 자신이 없는 놈이야! 비겁한 놈이야!"

아버지가 벌떡 일어났다. 그러고는 걸치고 있던 러닝셔츠를 두 손으로 움켜쥐더니 부욱 찢어 버렸다. 목 언저리 부분은 찢어지지 않고 가슴과 배 부분만 둘로 갈라졌다. 그 사이로 아버지의 허연 속살이 드러났다. 다음 순간이었다. 아버지가 내 눈앞에서 펄쩍뻘쩍 뛰기 시작했다.

"아...... 아......"

괴로운 듯 소리를 질러 대었다. 나는 저러다가 사람이 돌아 버리는 게 아닌가 겁이 났다. 건넌방에 있는 식구들이 달려와 아버지를 붙들었다. 그래도 아버지는 막무가내였다. 그야말로 길길이 뛰고 있었다. 그러더니 마당으로 해서 대문 바깥으로 달려나갔다. 여동생들이 뒤쫓아갔다.

어머니가 나를 붙들고 자초지종을 물었다. 나는 어머니도 그런 발작 증세를 보일까 싶어서 나중에 아버지가 들어오시면 물어보라고 얼버무리고는 건넌방으로 들어갔다. 성수가 자리에 누워 놀란 눈으로 나를 쳐다보았다.

얼마 후에 여동생들이 돌아와 아버지가 버스 종점 근방의 술집에 있다고 하였다. 한참 후에 여동생들은 다시 나가, 곤드레가 된 아버지를 양편에서 부축하여 왔다. 하도 곤드레가 되어 그냥 곯아떨어져 버렸다.

사정을 알게 된 어머니는 나를 붙들고 다시 생각해 보도록 몇 번이고 간청하였다. 집안이 어려운 가운데 자포자기하는 마음이 생겨 그러한 결정을 내린 것이 아니냐고 하면서 마음이 안정되는 대로 힘을 내라고 타이르기도 하였다. 나는 내 결심은 변하지 아니하리라는 것을 거듭 밝혔다. 그러자 어머니는 내가 예수에 미쳐도 단단히 미쳤다고 버럭 소리를 질렀다.

나는 정말 어머니의 말대로 예수에 미쳐 갔다. 이전에는 집에서 성경을 펴 보지 않았으나 이제는 공공연하게 성경을 펴서 읽고 소리 내어 기도도 하고 찬송도 불렀다. 오히려 외할머니가 집 안의 분위기에 눌려 조심을 하며 눈치를 보는 편이 되었다. 성수와 여동생들도 나와 부모 사이에 놓인 보이지 않는 그 대결 상태 가운데서 불안해했다.

원래 건강이 좋지 않던 어머니는 머리에 하얀 대님을 두르고 안방에 몸져누웠다. 내가 건넌방에서 기도를 하고 찬송을 하려고 하면, 안방에서 괴로워하는 신음 소리가 더 커졌다. 그래서 나는 집을 나와 도봉산 쪽으로 가서 조용한 곳에 앉아 성경을 읽어 나가며 기도하고 찬송하는 일이 많아졌다.

그리고 선교단체에 나가 보기도 하였지만, 거기서도 나에 대해 경계하는 기미가 보였다. 내가 이전에 외할머니의 그 교인들을 경계하던 반응과 흡사하였다. 그 알아들을 수 없는 말의 기도가 그 선교단체에서는 금기사항 중의 하나였다. 거기서도 내가 비정상적으로 되어 간다고 수군거렸다. 그 무렵에 이전의 나처럼 모임의 핵심 멤버가 된 중환이가 특히 나를 경계하는 것 같았다.

그렇게 나는 학교에서, 가정에서, 선교단체에서 거부당하고 소외당하고 있었으나 그러면 그럴수록 나는 더욱더 하나님과 가까이 있는 듯한 느낌이 들었다. 고독하면 고독할수록 나는 고독하지 않았다.

결국 아버지와 어머니는 내가 집에 있는 것이 견딜 수 없다면서 집을 떠나 있는 것이 좋겠다고 하였다. 나는 어디 입주 아르바이트라도 구해서 들어갈 테니 나에 대해 그렇게 염려하지 말라고 하고는, 닭털 침낭 하나와 몇 가지 짐을 챙겨 외할머니와 동생들의 눈물을 안 보려고 급히 집을 나왔다.

늦여름의 신선한 바람이 거리에 불고 있었다. 내가 당분간 있으려고 하면 있을 수도 있는 집들이 없지는 않았다. 을희 집도 있고, 중환이 자취방도 있고, 창호나 봉섭이 집도 있었다. 그러나 나라는 존재가 그들에게 부담이 되리라는 생각이 들었다. 그런 중에 내 망막 속에 떠오르는 어느 건물이 있었다. 그것은 법대도 아니고 문리대도 아닌 그곳에 언제부터인가 텅 빈 채로 썩어 가고 있는 몇 동의 교사 건물이었다. 지난 여름 동안 그 건물은 더욱 칙칙하게 되었을 것이었다.

일단 그곳에 있기로 마음을 정하자, 그 건물은 중세의 어느 고색창연한 성채와도 같이 여겨졌다. 그것은 마틴 루터가 종교개혁 중에 숨어 있었던 발트부르크 성이었다.

나는 어스름 무렵에 그 성으로 닭털 침낭 하나와 가방 하나를 들고 문리대 쪽으로 해서 잠입해 들어갔다. 바닥은 널빤지가 연결된 마룻바닥이었다. 거기에 깨어진 창 너머로 들어온 나무 이파리들과 잔가지들, 먼지들이 수북이 쌓여 있었다. 몸을 움직일 때마다 거미줄이 얼굴에 들러붙었다. 나는 나뭇가지를 주워서 빗자루 비슷하게 만들어 먼지가 심하게 안 나도록 조심스럽게 쓸어 나갔다. 손으로 집을 수 있는 것들은 집어서 창밖으로 던졌다.

얼마큼의 공간이 쓸리어져서 마룻바닥이 드러났다. 여름 가뭄 때문인지 그렇게 습기가 차지는 않았다. 그래도 군데군데 곰팡이가 핀 흔적이 보였다. 나는 바깥으로 나가 주위의 마른 잡초들을 뜯어 두 팔에 안고 들어왔다. 그 잡초들을 쓸리어진 마룻바닥의 중간에 깔았다. 그리고 그 위에다 닭털 침낭을 깔았다. 나머지 마룻바닥은 내일 쓸어 내야 할 것 같았다.

가방의 위치를 정하고 침낭 위에 앉아 보았다. 참으로 그윽한 처소였다. 사개가 뒤틀리고 깨어진 창 너머로 서쪽 하늘에 저녁놀이 붉게 퍼지는 것이 보였다. 그 저녁놀은 얼마 있다 아예 창 너머로 넘쳐 들어왔다. 나는 저녁놀의 바다 물결 가운데 앉아 있었다. 가을의 입김 같은 바람이 불어 왔다.

밤이 되자 꽤 냉기가 돌았다. 침낭 속으로 들어가기에는 아직은 이른 기온이었지만 팬츠와 러닝 차림으로 침낭 속으로 들어가 보았다. 그렇게 덥지도 않은 알맞은 온기가 몸을 감싸 주었다. 마루 한구석에서 풀벌레 울음소리가 들려왔다. 여치 소리 같기도 하고 어떻게 들으면 귀뚜라미 소리 같기도 했다. 그리고 저쪽 담 너머에서 세느 강변을 달리는 차 소리들이 아련히 들려왔다. 그 외에 다른 소리는 없었다. 밤하늘은 여전히 푸른빛을 가볍게 띠고 별들을 여기저기 뿌려 놓고 있었다. 그때 별빛은 주로, 하얀 색깔이 아니라 노란 색깔이었다. 그 푸르스름한 빛을 배경으로 노란 깃털인 양 흔들리고 있는 별들을 창 너머로 바라보며 누워 있는 내 영혼에는, 주위에 가득한 달콤한 밤의 향기처럼 자유의 기쁨이 몰려들어 왔다. 그리고 곧이어 그것은 정결한 액체가 되어 흘러 나갔다.

2학기가 시작되었을 때, 나는 휴학계를 제출하고 학교 수업에 들어가지 않았다. 나는 새벽에 일어나 그 처소에서 조용히 혼자 예배를 드리고 아침까지 성경을 읽었다. 그리고 교사 건물을 나와 구름다리를 지나서 문리대로 나왔다. 아침 일찍부터 도서관에서 공부하기 위해 등교하는 학생들이 제법 있었다. 그들이 학교 정문으로 계속 들어오는 동안, 나는 학교 정문을 나와 서울 시내에 있는 여러 대학을 찾아 나섰다.

안암동에 있는 고대와 신촌에 있는 연대를 비롯하여 명륜동의 성균관대, 필동의 동국대 등 각 대학들을 돌아다녔다. 나의 교정은 그렇게 서울의 모든 대학으로 확장된 것이었다. 그곳에 가서 각 과를 돌아다니며 청강을 하기도 하고 그 대학을 상징하는 탑이나 중요한 명소 근처를 배회하기도 하다가, 벤치나 잔디밭에서 학생들을 만나 대화를 나누기도 하였다.

이전에 전도한 경험이 그들과 대화를 나누는 데 도움이 되었다. 그러나 전에 전도할 때는 일방적으로 기독교 교리에 대하여 전하였지만, 이번에는 주로 그들의 이야기를 들어주고, 그들이 품고 있는 고민을 함께 나누고 대학과 민족 현실의 문제들을 서로 의논하였다. 또한 나는 각 대학의 역사를 공부하기도 하였다.

고려대학은 광무 9년, 1905년에 이용익 씨가 학부의 인가를 얻어 법과와 경제과로 된 2년제인 보성전문학교를 설립함으로써 출발하였다. 그 후 융희 4년, 1910년에 의암 손병희 선생이 천도교 명의로 인수하여 경영하였다. 보성법률상업학교로 개칭되기도 하다가 1922년 일제의 조선 교육령에 의해 전문학교 3년제로 개편되었다.

1932년 인촌 김성수 선생이 경영을 인수하여 중앙학원으로 재단이 확립되었다. 1938년에는 일제의 강압으로 경성척식경제전문학교로 개칭되기도 했으나 꾸준히 일제 식민지하의 민족 고등 교육기관으로 발전하였다. 해방 후 1946년 종합 대학으로 인가를 받아 고려대학교로 승격하였다.

1960년 4월 18일에는 3·15 부정선거를 규탄하는 데모가 벌어져 약 3천 명의 학생들이 대학의 자유와 이승만 정부의 부정부패 규탄, 민주정치의 확립, 마산 학생의 석방, 더 나아가서 기성세대에 대한 불신 등의 구호를 외치면서 시가를 행진, 국회의 사당 앞까지 이르러 대통령의 출석을 요구하며 연좌투쟁을 결의하였다. 하오 4시 10분까지 연좌데모를 하던 학생들은 유진오 총장의 간곡한 부탁으로 일단 데모를 중단, 저녁 무렵에 평화적인 시위를 하면서 다시 학교로 돌아갔다. 그런데 돌아가는 도중에 을지로 4가와 종로 4가 사이에서 폭력배들의 습격을 받아 충돌이 벌어졌다. 그리하여 40여 명의 학생과 6명의 신문 기자가 크게 부상당하였다. 이 사건은 전 서울 시내 학생들의 분노를 조장하는 결과를 초래하여, 그날 밤 고등학교 학생을 포함한 군중 약 3만 명이 거리거리마다 흩어져 대대적인 시위를 벌였다. 그것이 4·19의 출발이었다.

나는 고대에 가면 호랑이 돌상이 있는 부근에도 가 보았지만 주로 인촌의 묘소 근방의 잔디밭에 앉아 책을 보기도 하고 그곳에 놀러 오는 학생들과 대화를 나누기도 했다. 묘소를 둘러싼 꽃들과 나무들을 병풍으로 삼아 인촌 선생은 누워 있었고, 나는 그 곁에 앉아 있었다.

학생들은 그 근방에 와서는 보통 잔디밭에서 놀던 그런 자세와는 사뭇 다르게 행동했다. 트럼프를 친다든지, 실없는 농담이나 야유를 보낸다든지, 가볍게 뛰논다든지 하지 않았다. 인촌 선생은 그 무덤 주위에서도 영향력을 발휘하고 있었다. 대개 학생들은 그곳에 와서 묘비를 유심히 읽어 보기도 하고 등성이 같은 데 앉아서 진지한 표정으로 교정을 내려다보기도 하였다. 혼자

찾아오는 학생들도 많았다. 나는 영철이가 이곳에도 와서 웨딩드
레스 참배를 드리지 않았을까 하는 생각이 들었다.

연세대학에 가게 될 때는 연세대 교정의 긴 출입로를 걸어 올
라가면서 왼편의 독수리상을 자주 올려다보았다. 그리고 어디서
가져왔는지 진귀하게 보이는 독수리상 옆의 큰 돌을 쳐다보았다.
교정 안쪽에는 언더우드의 동상이 있었고 연대 출신인 윤동주
시비가 있었다. 그 비에는 윤동주의 시 〈하늘과 바람과 별과 시〉
가 새겨져 있었다. 조국의 해방을 눈앞에 둔 1945년에 그는 그렇
게도 그리던 조국의 해방을 보지 못하고, 그것도 일본 땅 후쿠오
카 형무소에서 아깝게도 28세의 나이로 죽었다. 그의 시체는 고
향인 북간도 용정에 묻혀 있어 대한민국에는 그의 시만이 남아
있는 것이었다. 윤동주의 시비 근방에는 인촌 선생의 묘소 주위
보다 더 부드러운 잔디가 깔려 있었다.

나는 비교적 조용한 그곳에서 주로 머물렀다. 거기서 보면 바
로 앞에 일제시대부터 내려오는 교사 건물이 있었다. 그 건물 입
구 위에 일장기의 태양이 새겨져 있었는데, 해방 후에 거기에다
가 곡선을 그려 넣어 태극의 음양으로 바꾸어 놓았다. 나는 그
희미한 음양의 선을 바라보며 우리나라는 태극 속에 이미 남북
분단의 비극이 예고되어 있었던 게 아닌가 생각하기도 하였다.
그 시비 근방을 배회하는 윤동주의 혼은 바로 앞에 보이는 태극
의 음양을 바라보며 광복을 보지 못하고 죽은 한을 달래고 있는

것 같았다. 그리고 두 동강이가 난 이 민족으로 인하여 슬피 울며 '남한과 북한과 한라산과 백두산'이라는 또 하나의 긴 제목의 시를 짓고 있을 듯싶었다.

나는 또 연대의 청송대 속을 거닐기를 좋아했다. 거기에 고대 로마의 원형 경기장같이 돌 층계식 스탠드들이 트랙을 중심으로 빙 둘러져 있었는데, 그곳은 연고전 응원 연습으로 유명한 곳이었다. 그 아무도 없는 돌 층계식 스탠드에 나 혼자 앉아 있을 때가 종종 있었다. 물론 간혹 들르는 학생들이 있었지만, 대개 연인인 듯한 남녀 학생이 짝을 지어 왔으므로 말을 걸기가 곤란하였다.

연대는 채플시간이 있고 성경 과목들이 있어서 그런지 대부분의 학생이 성경과 기독교에 대한 상식은 갖추고 있었다. 그러나 하나의 지식으로만 머무르고 있는 경향이 많았다.

성대에 가면 정문 근처의 오른편 길로 꺾어서 들어가는 명륜당을 주로 찾았다. 그곳은 본교 건물과 돌담으로 격리되어 있어 아늑하기 그지없었다.

나는 아직까지 그렇게 아름다운 정원을 본 적이 없었다. 제법 웅장한 명륜당 본관이 절간의 대웅전처럼 서 있고, 그 양편으로는 유생들이 기거했을 법한 방들이 죽 연결되어 고색창연한 행랑을 이루고 있었다. 그 섬돌과 마루와 마루 기둥, 아궁이, 창호지 문, 문고리, 기와지붕 하나하나에 수백 년을 두고 내려온 유학자들의 입김이 서려 있는 것 같았다. 한쪽 행랑은 방 두어 개만 있어 짧았고, 다른 행랑은 중간에 또 뒷마당으로 빠지는 통로가 있을 정도로 길었는데, 그 두 행랑 사이에 여러 가지 꽃이 만발한 정원이 있었다. 그 꽃들 중에 하얀 진주목걸이 같은 꽃이 인상적이었다. 그리고 아름드리 용틀임을 하며 올라간 은행나무들이 마당 군데군데 서 있었다.

그 정원 마당의 흙 빛깔은 어느 깊은 산사(山寺)의 마당 흙같이 곱고 깨끗하였다. 작은 새들이 그 정원의 나무나 대성전, 행랑의 지붕 위를 넘나들며 맑게 울기도 하였다.

그곳에는 내가 갈 때마다 이젤을 갖다 놓고 열심히 그림을 그리는 화가 한 사람이 있었다. 수염이 덥수룩하고 머리에는 화가들이 흔히 쓰는 베레모 같은 모자를 쓰고 있었다.

나는 처음 데생을 할 때부터 보았는데, 하루는 그 화폭에 창호지 문의 문살과 문고리가 너무도 사실적으로 실물과 같이 그려져 있는 것을 보고 놀랐다. 그 화폭의 문고리를 잡아당기면 금방이라도 문이 열릴 것만 같았다. 그 화가도 그 문고리를 열고 유학의 그윽한 세계로 들어가고 싶었는지도 몰랐다.

그곳에는 등나무도 있었는데 나는 그 아래의 벤치에 앉아 성경을 읽곤 했다. 그런데 하루는 명륜당을 관리하는 수위가 다가와서 이곳에서는 성경을 읽을 수 없다고 하였다. 나는 유학은 종교도 아닌데 그렇게 성경을 거부하느냐고 따졌다. 그러자 그 사람은 유학은 엄연히 종교요, 이 명륜당은 공자님을 모시고 있는 성전이라고 하였다. 나는 더 고집할 수 없어 성경을 덮어 버릴 수밖에 없었다. 정 읽고 싶을 때는 그 행랑 중간의 통로를 지나 뒷마당으로 돌아가서 읽었다. 그 뒷마당은 유생들이 밤중에 몰래 오줌을 누기도 했을 것 같은 곳이었다. 지금도 오줌 냄새 비슷한 것이 나고 있었다.

명륜당에는 전국 각지에 아직껏 존재하고 있는 유생들이 하얀 도포와 갓을 쓰고 몰려와 강연을 듣곤 하였다. 그 모습은 유교 부흥회 같은 분위기를 자아내었다.

나는 은행나무 둥치의 불룩 튀어나온 부분에 걸터앉아 나무와 꽃들 너머로 유생들의 하얀 옷자락이 펄럭거리는 것을 보면서 유학의 어떤 고집과 끈기를 느끼곤 하였다. 그럴 때면 명륜당 관리 수위가 다가와 내 손에 들려 있는 성경조차도 아예 가방 속에 넣으라고 지시하기도 했는데, 내가 성균관대 기독학생회 회원 정도 되는 줄 알고 있었을 그 수위 아저씨는 차마 나를 쫓아내지는 못하였다. 그 명륜당으로 성대 학생들이 심심찮게 들렀다. 그래서 나는 그곳에만 있어도 학생들과 제법 많은 이야기를 나눌 수 있었다.

성대 학생들은 입시에 실패한 경험들이 있기 때문에 그런지 대부분 조금은 침울하였으나, 나는 오히려 그러한 학생들이 좋아졌다.

동국대학의 교정에는 큰 코끼리상도 있고 부처상도 있었다. 그 주위에 분수대가 있고 벤치들이 놓여 있었다.

어느 여름, 하루는 어떤 학생이 더운 나머지 반바지를 입고 웃통을 벗어젖힌 채로 그 분수대에 뛰어들었다. 그 학생은 곧 제적을 당하였는데, 그 이유는 부처님 앞에서 방자하게 몸을 드러내었다는 것이었다. 그것이 정말인지 아닌지는 잘 모르지만, 나는 그 분수대에 뛰어든 학생이 혹시 원효대사처럼 무아무애(無我無礙)의 경지에 들어섰던 것은 아닌가 하고 추측해 보았다.

학교 본관 너머로 가면 농장과도 같은 연습림이 있고, 그것을 배경으로 큰 절이 세워져 있었다. 불교 박물관 비슷한 곳이 그 옆에 있어 한국 불교의 자료들을 일견할 수 있었다. 그 절과 근처 건물들의 화려한 채색과 탱화들이 나를 어지럽게 하였다. 고등학교 시절에는 나의 마음을 그토록 빨아들이던 그 모든 모습이 이제는 왠지 꺼려졌다. 형형색색으로 된 도포를 펄럭거리며 신지펴 돌아가는 무당을 본 것처럼 으스스해지기까지 했다. 그래서 동국대에 와서 학생들과 이야기하면서도 만현이를 일부러 찾아보고 싶은 마음은 없었다. 혹시나 교정에서 우연히 만나게 되지 않을까 은근히 기다려지기도 했지만, 결국은 한 번도 만나지 못했다.

교정에는 장삼을 펄럭거리며 오가는 중들도 제법 눈에 띄었다. 분명히 여승일 것 같은 앳된 모습의 중들도 있었다. 그런데 대부분의 학생은 불교에 그다지 관심이 없었다. 분수대에 뛰어든 그 학생처럼 뭔가 훌훌 벗어 버리고 싶은 마음들이 많았다. 그리고 그 당시 동국대에는 기독교 서클 등록이 극도로 제한되어 있다고 하였다.

나는 동국대에서는 앉아 있을 장소를 제대로 찾지 못했다. 여기를 가도 조그만 불상 조각들이 눈에 뜨이고 저기를 가도 그러하였다. 그래서 식당이나 휴게실 같은 곳에 앉아서 학생들을 만나 보고 돌아오곤 하였다.

이런 대학들 이외에도 동양에서 넓기로 유명한 모진동의 건국대학, 세계적인 비전을 제시하는 멋있는 아치탑과 웅장한 야외 음악당, 팔뚝만한 금붕어들이 먹이를 삼키려고 솟아오르는 연못이 있는 회기동의 경희대학, 단군의 어머니 웅녀가 혼자 앉아서 편히 쉴 만한 범은정(梵恩亭)을 중심으로 아담하게 펼쳐져 있는 한남동의 단국대학, 1886년 5월 30일에 미국 감리교 선교사 스크랜튼 부인이 자기 집에서 한 명의 제자를 데리고 시작하여 이제는 수만의 학생과 우람한 건물들까지 갖추게 된 대현동의 이화여대, 어느 유명한 목사 총장이 늘 무릎 꿇고 기도했다는 바위가 빤히 올려다보이는 상도동의 숭전대학, 용이 엉켜서 올라가는 분수대로 유명한 흑석동의 중앙대학, 멕시코의 어느 고대 문명 국가처럼 층계 문화를 건설해 놓고 한없이 오르게 하는 행당동의 한양대학, 금남(禁男)의 지역이라서 들어가려면 약대 개구멍으로 기어들어 가야 하는 청파동의 숙명여대, 허리를 낮추고 수위실 밑을 살살 기어들어 가면 수위가 눈치채지 못하는 동선동의 성신사대, 육사를 지나고 배밭을 지나 한참을 가면 한국 여성이 되는 생활관 훈련을 받아 그런지 먼 친척 누나처럼 그 넓은 품에 안아 주는 공릉동의 서울여대, 또 하나의 어린이 대공원인가 착각을 하게 되는 군자동의 수도여사대, 다소곳이 수줍은 촌색시처럼 은밀히 숨어 있는 하월곡동의 동덕여대, 불란서 샹송이 조그맣고 고운 동산에 울려 퍼지고 눈이 새파란 사람들이 드나드는 이문동의 외대, 버스를 타고 한참을 졸아도 더 가야했던 까마득한 저 남가좌동의 명지대학, 올라서서 내려다보면 개종전의 나의 순례지 세검정이 한눈에 내려다보이는 홍지동의 상명여사대, 왼쪽 발이 절름발이였던 성자 이그나티우스 로욜라의 세 가지 중요한 서약, 즉 복종·빈곤·독신의 서약에 따라 한국까지 온 신부들이 세운 신수동의 서강대학, 홍익인간이 주로 화가가 되어 나오는 상수동의 홍익대학, 그리고 충정동의 국제대학, 경기대학, 월계동의 광운공대, 운니동의 덕성여대, 신도화전동의 항공대학, 반포동의 가톨릭의대, 공릉동의 삼육대학, 서울을 훨씬 벗어난 수원의 서울농대, 아주공대, 인천의 인하공대, 성남의 신구전문대, 춘천의 성심여대까지, 또한 각종 신학대학들까지 안 가 본 데 없이 두루 찾아다녔다.

그것은 마치 선조의 무덤들을 찾아 돌아다녔던 영철의 광기와도 같은 것이었다. 영철이가 그 선조의 영들과 교감했듯이, 나도 대학 하나하나와 교감하였다.

나는 아무리 작은 대학이라도 사랑하게 되었다. 작으면 작을수록 더욱 애정이 갔다. 그리고 그 모든 대학과 학생들을 가슴에 품고 이 민족과 역사 앞에서 눈물을 흘리곤 하였다. 이 민족 역사의 흐름을 이끌어 가야 할 그들이 방황하는 모습을 볼 때, 마음이 아프지 않을 수 없었다.

그리고 한국의 대학이 한국 문화가 가지는 갈등을 상징하고 있는 것처럼 보였다. 대표적인 대학들을 살펴보면, 고대는 천도교 문화를 배경으로, 동국대는 불교 문화를 배경으로, 성균관대는 유교 문화를 배경으로, 연대는 기독교 문화를 배경으로 세워지고 성장한 대학들인 것이었다. 지금은 각 대학마다 그 배경 문화가 많이 흐려졌다 할 수 있지만, 그것은 한국 민족이 공통적으로 그런 문화적인 갈등들을 내면화시켜 버렸기 때문일 것이었다. 그래서 이제는 한 대학교 안에 고대도 있고 동국대도 있고 성균관대도 있고 연대도 있게 된 셈이었다.

이런 문화적인 갈등을 가지고 있는 한국의 대학생들에게 어떻게 나를 통하여 신앙적인 능력과 영향력이 미치도록 할 것인가 하는 것이 나의 대학순례의 주제였다. 그러하였기 때문에 이번에는 섣불리 전도를 하려 하지 않고 현장을 파악하고 준비하는 기간으로 삼은 것이었다.

그런 하루의 대학순례가 끝나면 일주일에 두 번 정도 가서 가르치는 과외 지도를 해주고 가기도 하고, 그런 것이 없는 날이면 파고다공원 같은 데서 밤이 되기를 기다렸다가 나의 그 성채로, 법대도 아니고 문리대도 아닌 나의 고독한 대학으로 다시 잠입해 들어갔다.

그곳은 법대 수위나 문리대 수위도 방치하고 있는 곳이며 지나가는 사람이 있다 하여도 결코 주의하지 않는 곳이기 때문에, 교사 저 안쪽에 마련되어 있는 나의 처소가 들킬 염려는 전혀 없었다. 그곳으로 조그만 회중전등 빛을 비추며 다가가 닭털 침낭 속으로 들어가 누우면, 내 눈앞에는 어떤 환상이 펼쳐졌다. 그것은 한국 대학의 교정마다 자유와 기쁨이 넘치는 환상이었다.

나는 방향은 좀 다르지만 어느새 그 선교단체의 지도자와 같은 사람이 되어 있는 듯이 여겨지면서, 선교단체는 꺼려하지만 그 지도자는 아직까지도 사모하고 있다는 모순적인 사실을 인식하게 되었다. 그리고 언젠가는 그 자유와 기쁨의 환상이 이루어지리라는 희망 가운데 다음 날의 대학순례를 위해 잠으로 빠져들어갔다.

2학기 초반부터 술렁거리기 시작하던 대학 교정들은 중반에 들어서자 다시 어지러워졌다. 그래서 나의 대학순례의 길은 가는 곳곳마다 최루탄 연기로 인하여 따갑고 쓰라린 눈물의 연속이었다.

그럴 때는 그들과 함께 구호를 외쳐야만 했는데, 나는 그 구호 그대로 외칠 수가 없었다. 그들이 삼선 개헌 무효를 외칠 때, 무엇보다 나는 항상 동일한 그 구호에 식상하였다. 그리고 나는 삼선 개헌 무효는 이미 이루어져 있는 것을 예감으로 알 수 있었다. 그래서 나는 삼선 개헌 무효 같은 피상적인 구호를 외치기보다 좀더 근본적인 구호, 인간 내면의 진정한 변화를 요청하는 그러한 구호, 그러나 합당한 구호가 잘 생각나지 않았다. 거기에 해당하는 성경구절들, 가령 고린도후서 5장 17절과 같은 구절들이 수없이 있었지만, 그런 것을 구호로 외칠 수는 없었다. 그러는 중에 한 원숭이의 모습이 눈앞에 떠올랐다.

그 원숭이는 무한한 자유를 누리면서 이 나무에서 저 나무로, 이 가지에서 저 가지로 날아다니다시피 하였다. 그런데 하루는 어느 나뭇가지에 목이 좁은 호리병 같은 항아리 하나가 매어져 있는 것을 보았다. 원숭이는 호기심이 생겨 그 항아리 있는 데로 다가갔다. 그리고 그 긴 팔을 뻗어 항아리 입구에다 손을 넣어보았다. 목이 좁아 팔이 겨우 들어갈 수 있었다. 그런데 좁은 목을 통과하자 넓은 공간이 나왔다. 손목과 손가락을 자유자재로 움직일 수 있었다. 손가락 끝에 무언가가 부딪혔다. 감촉으로 보아 맛있는 땅콩 같았다. 원숭이의 입에는 군침이 괴었다. 땅콩을 한 움큼 손에 쥐었다. 그리고는 손을 항아리에서 빼어내려고 하였다. 그러나 움켜쥔 주먹이 항아리의 좁은 목을 빠져 나올 수 없었다. 팔을 흔들어 대면서 용을 써 보았다. 그래도 주먹은 꼼짝을 하지 않았다. 몸까지 흔들어 대면서 애를 써 보았으나 마찬가지였다.

그때 사람들이 와서 원숭이를 잡으려고 하였다. 원숭이는 잡히지 않으려고 도망가려 했다. 그러나 주먹이 항아리에서 빠져나오지 않아 도망을 갈 수 없었다. 그 움켜쥔 손을 펴기만 하면 항아리에게서, 그리고 사람들에게서 자유함을 얻을 수 있을 텐데, 원숭이는 그 땅콩 몇 점을 놓치지 않으려고 하다가 모든 것을 잃어버리고 말았다. 바로 이것이 전통적으로 원숭이를 잡는 방법인 것이었다.

나는 어느새 이렇게 외쳐 대고 있는 자신을 발견하였다.

"손을 펴자! 손을 펴자! 손을 펴자!"

다른 사람이 내 구호를 들을 수 있었다면, 스크럼을 짜기 위해 손을 펴서 함께 잡자는 의미 정도로밖에 이해하지 못했을 것이었다.

드디어 '자유의 종'이 울렸다.

나는 그날 아침 하도 피곤한 나머지 평소보다 늦잠을 자 버렸다. 이 대학 저 대학 다니면서 쌓인 과로는 기관지를 상하게 해서 기침까지 나게 하고 몸살을 앓게 하였다.

나는 잠결에 그 종소리를 들었다. 그리고 그것이 보통 종소리가 아님을 직감하였다. 나는 얼른 침낭에서 빠져 나와 가방에서 옷을 꺼내 입었다. 집에서 옷을 제대로 챙겨 나오지 않았기 때문에 여름옷 그대로 입고 있었기에 아침이면 몸이 으스스 떨리기까지 했다. 그런데 이번에는 몸을 떨고 있을 여유조차 없었다. 후다닥 교사를 빠져 나왔다. 그러고는 종소리 나는 쪽을 향해 달리기 시작했다.

너무도 오랜만에 법대 교정으로 나왔다. 그 교사를 처소로 삼고 있는 동안 한 번도 법대 교정 쪽으로는 출입을 하지 않았다. 그래서 내 얼굴을 아는 법대생들과 법대에서는 한 번도 만나지 않았다. 간혹 길거리에서 스쳐 지나가는 경우가 있기는 했지만 대부분 목례로써 지나쳤다. 좀 더 친밀한 경우는 다방에 잠시 앉아 몇 마디 이야기를 나누기도 했는데 나의 구체적인 생활에 대해서는 일체 말하지 않았다. 지난번에 어떤 후배를 만나 과외 지도 아르바이트를 알아 달라고 부탁할 때도 그 후배는 내가 집에서 잠시 쉬고 있는 정도로 알았다. 그런데 이제 법대 교정에서 친구들과 선배, 후배들을 만나게 되었다. 그래도 그들은 내가 그 썩어 가는 교사 속에서 기거하고 있다는 사실을 알 리가 없었다.

그들은 도서관 뒤쪽 테니스장 부근으로 모여들기 시작했다. 오늘처럼 법대에 '자유의 종'이 울린 적은 일찍이 없었다. 그래서 그런지 사뭇 심각한 얼굴로 책가방을 옆구리에 끼고 모여들었다. 그 종소리는 들국화와 코스모스들이 피어 있는 가을 중정에서 계속 울려 왔다. 어느 시골 교회의 종소리같이 아무런 기교도 없이 단순하고 투박하게 들려왔다. 그래서 그런지 더욱 무거운 기운이 감돌았다.

그 종소리가 퍼져 나가는 곳에는 어디서나 동요가 일어났다. 강의실은 말할 것도 없고 도서관, 행정실, 교수실, 학장실, 심지어 식당, 휴게실에까지 동요가 일어났다. 그 소리를 듣고 있는 사람치고 그대로 가만히 있을 수 있는 사람은 아무도 없었다. 모두들 있는 처소에서 나왔다. 썩어 가는 교사에 있던 나까지도 나온 것이었다. 창호, 봉섭, 중환의 모습도 보였다. 그들은 나를 향해 어색한 미소를 지었다.

나는 도대체, 누가 종을 치고 있는가 알고 싶어 중정 쪽으로 가 보았다. 잎이 마른 라일락 가지들 너머로 종을 굴리는 바퀴의 줄을 힘껏 당기고 있는 사람의 모습이 보였다,

아, 그런데 그는 놀랍게도 영철이었다. 하얀 웨딩드레스를 위에서 아래까지 늘어뜨리고 있는 영철이었다. 나는 온몸에 소름이 확 끼치는 것을 느끼면서 쓰러졌다.

하얀 웨딩드레스는 하얀 사막이 되어 하얀 모래 속에 나를 자꾸만 파묻었다. 모래가 내 입으로 계속 흘러들어 왔다. 나는 모래를 토해 내고 있었다. 그럴 때마다 모래가 기관지와 목구멍을 훑으면서 쏟아져 나왔다. 기관지와 목구멍이 심하게 쓰라렸다.

눈을 떴다. 온 사방이 하얀 방 안이었다. 벽도, 침대 시트도, 의사의 가운도, 간호원의 모자도 다 하얀색이었다. 그리고 외할머니의 머리카락도 하얀색이었다.

어머니는 고개를 숙인 채 울고 있고 아버지는 근심스러운 표정으로 침대에 누워 있는 나를 지켜보고 있었다. 동생 중에는 큰여동생만 와 있었는데, 그 큰 눈에는 눈물이 괴어 있었다. 외할머니는 눈을 감고 무언가 열심히 중얼거렸다. 의사가 내 이마를 짚어 보고 두 눈까풀을 까뒤집어 보았다. 그리고 간호원에게 지시를 하자 간호원이 알콜 솜으로 팔꿈치 안쪽을 문지른 뒤 제법 큰 주사를 찔렀다.

"이제 안심하십시오."

의사는 나에게 말하는 건지, 가족들에게 말하는 건지 무뚝뚝하게 말을 뱉었다. 이제야 가족들이 내가 의식을 회복한 줄 알고 침대 가까이로 모여들었다.

퇴원하여 집으로 돌아왔을 때, 성수는 스스로 바퀴를 굴려 방에서 마루로, 마루에서 마당으로 나와 나를 맞이해 주었다. 그동안 더욱 핼쑥해진 것 같았다. 나는 성수를 바퀴 의자째 껴안아 주었다.

"형, 보고 싶었어."

성수가 내 품 속에서 흐느꼈다. 내 눈에서도 왈칵 눈물이 흘러내렸다. 모든 식구들이 주위에서 울었다. 나는 성수의 바퀴 의자를 돌려 뒤에서 밀면서 마당을 가로질러 갔다. 그때, 그동안 까맣게 잊혀져 있었던 어릴 적 상이군인촌 교회에서의 일들이 떠올라 왔다.

언덕 위에서 댕그랑 댕그랑 종이 울렸다. 나는 방에 엎드려 숙제를 하다 말고 조용히 일어났다. 아버지는 아직 돌아오지 않고 어머니는 부엌에서 저녁밥을 짓고 있었다. 조모는 건넌방에 앓아누워 있었고, 여동생들은 뒤편 마당에서 고무줄넘기 놀이를 하고 있었다.

나는 아무도 모르게 살며시 현관문을 열고 바깥으로 나왔다. 초여름이라 저녁 바람이 신선하였다. 저녁놀이 지려고 서쪽 하늘이 술에 취한 듯한 모습을 하고 있었다. 나는 골목을 달려 개울 징검다리를 빨리 건넜다. 그러고는 언덕 위로 올라갔다. 언덕 위에는 진귀한 광경이 펼쳐지고 있었다.

그곳은 상이군인촌이었는데, 집집마다 바퀴 의자들이 굴러 나와 저 한구석에 세워져 있는 교회 쪽으로 줄줄이 나아가고 있었다. 아주머니가 밀고 가는 바퀴 의자도 있고 계집애가 밀고 가는 바퀴 의자도 있고, 간혹 사내애가 밀고 가는 것도 보였다. 이전에 적진을 향해 달려가던 용사들이 그렇게 조용히 앉은 자세로 교회를 향해 가고 있었다. 서쪽 하늘에서 비껴 비치는 햇살이 은빛 바퀴들에 부딪혀 더욱 빛났다. 나는 그 바퀴 의자들을 따라

천천히 걸어갔다. 저기 교회의 모습이 보였다. 천막으로 된 교회 안은 이미 바퀴 의자들로 가득 찼다. 바퀴 의자를 밀고 온 아주머니와 아이들은 한쪽 마룻바닥에 몰려 앉았다. 그래서 바퀴 의자에 앉아 있는 상이군인들이 더욱 높은 위치에 있었다.

교회 앞 강단에는 바퀴 의자 세 개가 올라가 있었다. 그 복판에 앉아 있는 사람이 상이군인 목사였다. 군목으로 전쟁에서 싸우다가 상이군인이 된 분이었다. 곧 예배가 시작될 모양이었다. 나는 마룻바닥으로 가 사람들 틈에 끼어 앉았다. 어느새 사람들은 찬송을 부르기 시작했다. 지휘자도 성가대도 오르간도 없는데 사람들은 힘 있게 불렀다.

"태산을 넘어 험곡에 가도 빛 가운데로 걸어가면 주께서 아니 버리시기로 약속한 말씀 변치 않네. 하늘의 영광 하늘의 영광 내 마음속에 차고 넘치네……."

나도 입을 크게 벌려 따라 불렀다. 천막 안 여기저기에 걸어 둔 남포등에서 치직치직 심지가 타는 소리가 났다.

목사는 바퀴 의자에 앉은 채로 조그만 탁자 같은 곳에 놓인 성경을 보며 우렁찬 목소리로 설교를 하였다. 전쟁에서 용감했던 사람들이 신앙에서도 용사가 되자는 그런 내용이었다. 바퀴 의자에 앉은 상이군인들은 소리를 높여 "아멘" 하였다. 그 소리가 천둥소리같이 천막 안에 울려 퍼졌다.

바퀴 의자에 앉은 사람들은 그 모습이 각양각색이었다. 얼굴이 깨끗하고 손발이 다 있는데도 바퀴 의자에 앉아 있는 사람, 손이 없는 사람, 발이 없는 사람, 아예 팔다리가 한두 개 날아가 버린 사람, 한쪽 눈이 없는 사람, 두 눈이 다 없는 사람 등 가지각색이었다.

나는 좀 어려운 목사의 설교에는 집중하지 않고 예배 시간 동안 이리저리 고개를 돌리며 구경을 하기에 바빴다. 남포등이 그을음을 피우며 가물거리는 것도 보고 하품을 하는 아주머니의 눈에 눈물이 괴는 것도 보았다. 아이들이 마룻바닥에 엎어져 자고 있는 것도 보았다.

드디어 예배가 끝났다. 마룻바닥에 앉아 있던 사람들이 우르르 일어나 바퀴 의자 있는 쪽으로 갔다. 그러고는 각각 바퀴 의자를 밀고 교회 밖으로 나갔다. 모두들 바퀴 의자를 밀고 나가는데 나는 밀어 줄 바퀴 의자가 없었다.

그렇게 그 교회에 들어갈 때나 나올 때 나는 내가 밀어 줄 바퀴 의자가 없어 허전하기 이를 데 없었다. 그런데 이제 나에게도 밀어 줄 바퀴 의자가 있게 된 셈이었다. 나는 그때, 내가 이 시대의 바퀴 의자를 밀어야 할 뿐만 아니라 가정의 바퀴 의자도 밀어야 한다는 것을 새삼 깨달았다.

내가 집에 돌아와 있는 동안, 결국 아버지와 어머니는 내가 마음먹은 대로 나의 길을 가도록 허락해 주었다. 그렇지만 부모님은 내가 언젠가는 방황과 이상의 기간을 지나고 다시 마음을 돌려먹게 되리라는 기대를 포기하지는 않았다. 그러므로 그 허락이라는 것이 기다리는 허락이요, 참아 주는 허락이었다. 그래서 그것은 허락이라기보다는 차라리 허용이라고 생각하는 편이 나았다.

그리고 나는 집에서 근 한 달 가까이 누워 있어야만 했다. 영양실조로 인한 전신 쇠약과, 생각보다는 심한 기관지염으로 회복기간이 꽤 길어졌다.

그런데 그 썩어 가는 교사 안에 있던 닭털 침낭과 가방을 가져오는 것이 문제였다. 어머니가 그것들이 어디 있느냐고 물었지만 그냥 잘 보관되어 있다고만 대답하면서 몸이 회복되는 대로 가서 가져오겠다고 하였다. 그렇게 중요한 물건들도 아니었기 때문에 어머니는 더 이상 캐묻지도 않았다. 내가 기거하고 있었다는 입주 아르바이트 집이나 친구 집에 있겠거니 하고 생각하는 모양이었다.

그런데 그것은 나에게는 중요한 물건이라고 할 수 있었다. 서울과 서울 근교 대학들의 역사와 상황들에 대해 비교적 자세하게 적어 놓은 노트가 가방 속에 있기 때문이었다. 그러나 그렇게 염려는 되지 않았다. 한 달 아니라 일 년을 그곳에 둔다 하여도 발견할 사람이 없을 것이었다.

몸은 점점 빠른 속도로 회복되어 갔다. 어머니는 기관지염에 좋다는 마합탕, 소청용탕 등의 한약을 달여 주었다. 어머니는 내가 어떤 명예나 지위를 가지느냐 하는 것보다 내가 생명과 건강을 지니는 것이 가장 소중한 일임을 더욱 깨달은 모양이었다. 아버지도 술을 절제하면서까지 규모 있는 생활을 하려고 노력하는 모습을 볼 수 있었다. 그리고 다시 법률 책들을 손에 들었는데, 그것이 고시공부를 의미하는 것인지, 신용조합 운영에 도움이 되는 법 지식을 얻고자 하는 것인지는 분명하게 알 수 없었다. 그러나 그 자세가 얼마나 진지한지 다시 고시공부를 시작했다고 생각할 수 밖에 없었다.

날씨는 점점 싸늘해져서 겨울로 접어들었다. 내가 어느 정도 몸이 회복되었을 때, 우편물 하나가 날아왔다. 그것은 군대 징집 영장이었다. 1학기 때 신체검사를 받았기 때문에 휴학을 하는 경우에는 군대에 가게 된다는 것을 각오는 하고 있었지만, 막상 받고 보니 마음이 착잡해졌다.

내가 휴학을 한 사실을 그제야 알게 된 식구들은 내가 어디 죽을 데라도 가는 것처럼 염려하였다. 몸도 시원찮은데 이 겨울에 어떻게 훈련을 받겠느냐, 또 최전방으로 가서 고생을 하면 어떻게 하나 걱정들을 하였다.

나는 무엇보다 교사 안에 있는 물건들을 가져와야만 했다. 그런데 그 무렵의 학교는 무기 휴교에 들어간 상태에 있었으므로, 학교 출입이 자유롭지 못했다. 그 교사로 들어가려면 법대와 문리대 사이의 구름다리 밑 담장을 넘어가는 수밖에 없었다.

나는 집에서 밤이 되기를 기다렸다가 그 구름다리 밑으로 갔다. 사람들의 통행이 없을 때 담장을 기어 올라가 잡초 덤불 위로 뛰어내렸다. 그리고 교사 안으로 들어가 회중전등으로 물건들이 있는 곳을 비추었다. 거기에 침낭과 가방이 먼지에 뒤덮인 채 그대로 있었다. 그쪽으로 다가가려는데 거미줄이 얼굴에 들러붙었다. 침낭을 살며시 드니까 먼지가 부석부석 일어나 손으로 대강 털어 내었다. 그리고 침낭을 말아 묶고 가방의 먼지도 좀 털어 낸 후 양손에 그것들을 들고 나왔다.

별도 달도 전혀 보이지 않는 캄캄한 어둠이 사방에 깔려 있었다. 회중전등으로 담벼락을 비추어 뛰어넘어 갈 지점을 찾았다. 그런데 바로 그때였다. 어둠 전체가 소리를 내면서 흔들리고 있었다. 어둠이 무너져 나에게로 내리덮일 것만 같았다. 나는 순간적으로 물건들을 잡초 덤불 위에 떨어뜨렸다. 그 소리는 세느 강변을 따라 점점 법대 정문 쪽으로 향해 갔다. 나는 그 모든 것을 온몸으로 느끼고 있었다. 나는 물건들은 그대로 둔 채 회중전등 하나만 들고 법대 교정 쪽으로 급하게 나아갔다. 변전소와 행정대학원을 지나고 식당, 행정실을 지나갔다. 그 소리는 담 너머 저쪽에서 계속 들려오고 있었다.

나는 회중전등을 끄고 어둠 속에 몸을 감추고는 도서관 옆의 은행나무까지 발끝으로 달려가 나무 둥치에 몸을 기대었다.

도서관 앞 교정의 일부가 보였다. 거기에는 헤드라이트 같은 빛이 어른거리며 비치고 있었다. 나는 은행나무에서 도서관 오른편 벽으로 급히 옮겨가서 거기에 몸을 붙였다. 그리고는 다시 머리를 내밀어 도서관 앞 교정 전체를 바라보았다.

불빛이 여기저기 산만하게 비껴 비치는 가운데 어떤 시커먼 물체가 분수대 옆 은행나무와 농구대 사이로 기어들어 오고 있었다. 그것이 얼마나 거대하던지 나는 어, 하고 소리를 지를 뻔하였다. 그것은 탱크였다.

그 순간 나는 무서운 오한을 느끼며 다시 그 법대도 아니고 문리대도 아닌 지점으로 달려갔다. 물건들을 간신히 담장 위로 넘기면서, 나도 몸을 날려 뛰어넘었다. 그리고는 세느 강변 쪽으로 달려가는 것이 아니라, 거꾸로 낙산아파트 쪽으로 달려갔다. 금속의 냉기가 묻은 어두움 속으로 내가 뛰어들어 가고 있었다.

곧이어 서울 전역에 위수령이 내려지고 12월 6일에는 국가 비상사태가 선포되었다.

나는 그 비상사태 속에 군에 들어가 거기서 7·4 공동성명, 10월 유신의 10·17 대통령 특별선언을 들었다.

군대를 제대한 후 복학을 하였는데, 그때는 학교가 관악산으로 옮겨진 후였다. 그 관악 교정에서 나는 1년을 공부하였다. 원래 한 학기만 다니면 되는 것인데 학점이수 관계로 연장된 것이었다.

내가 그 관악 교정의 광활함과 시멘트 건물들이 주는 위압감에 눌려 얼떨떨한 가운데 다닐 때, 을희는 벌써 대학 3학년이 되어 음대 기악과에 첼로 전공으로 다니고 있었다. 나는 그 큰 첼로를 택시에서 내리고 또 택시에 올리고 하는 을희의 모습을 학교 교정에서 종종 보곤 하였다. 그럴 때면 달려가서 첼로를 받쳐주고도 싶었지만 그 당시 나는 을희의 모습에 비해 너무도 초라한 행색을 하고 있었으므로 괜히 꺼려졌다. 그때 우리 집 식구들은 외할머니까지 포함해서 부산으로 내려가 자리를 잡고 있었는데, 나는 집에서 일체 생활비를 보내지 않아도 된다고 장담을 하고 올라왔기 때문에, 얼마 동안은 잠잘 방 한 칸 없이 산이나 가건물에서 자기도 하고 밥 한 끼도 제대로 못 먹으면서 학교를 다녀야만 했다. 그리고 을희에 대하여 이전에 가지고 있었던 그러한 감정들이 이제는 아련한 향수 정도로밖에 남아 있지 않았다.

간혹 학교 건물들 사이에서 을희와 마주치기도 하였는데, 그때마다 을희 옆에는 항상 멘델스존같이 멋있게 생긴 남학생이 바이올린 케이스를 들고 따라오고 있었다. 따라오고 있었다기보다 붙어 있었다고 하는 편이 좀 더 정확한 표현일 것이었다. 을희는 이전에 나에게 했던 것처럼 그 남학생의 한쪽 겨드랑이에 팔을 끼어 넣고 있었다.

또한 을희는 나를 항상 경계하는 듯이 쳐다보았다. 그도 그럴 것이 그동안 친척들 간에 내가 예수에 미쳤다는 소문이 퍼졌고, 그 뭇학생들이 오고 가는 교정에서 나는 무슨 선지자나 되는 것처럼 붉은 핏빛이 뚝뚝 떨어지는 큼직한 성경전서를 치켜들고 있었기 때문이었다.

을희는 내가 자기를 전도하지나 않을까 두려워하며 집에 한

번 놀러오라는 희미한 말만을 남긴 채 그 멘델스존과 함께 총총 사라지기가 일쑤였다. 그런데 내가 을희의 초청의 말을 액면 그대로 받아들였다 해도, 그때는 이미 을희 집이 세검정에서 이사를 간 후라 사실 그 집이 어디에 있는지도 잘 모르는 형편이었다.

나는 법대를 쓸쓸한 가을에 졸업한 후, 법대도 문리대도 아닌 신학대학에 들어갔다. 그 신학대학은 일종의 대학원으로 3년 코스였다.

나는 3년 동안 줄기차게 '자유'의 개념에 대해서 생각하며 연구했고, 〈출애굽에 나타난 자유의 개념〉이라는 제목으로 학위 논문을 제출하고 졸업하였다. 모세와 이스라엘을 갈대바다 저편으로 옮겨 놓았던 그 역동적인 자유의 개념과 이상에서 내 인생의 진로와 삶의 방향을 좀 더 확실하게 할 수 있었던 3년간의 신학연구 기간이었다.

그 후, 하나의 사회인으로서 생활하면서 이전의 나처럼 방황하고 있는 대학생들을 틈틈이 만나게 되는데, 나에게 있어 대학시절의 그 광기는 많이 사라졌지만, 그때의 그 광기가 내 속에서 대학생들을 향한 사랑으로 흐르고 있음을 느낄 수는 있었다.

언젠가 나는 잠시 시간을 내어 지난날의 향수가 서려 있는 곳들을 찾아가 보는 기회를 가졌다. 그런데 거의 모든 곳이 어떤 흔적도 없이 변화되어 버렸거나 사라져 버린 것을 보았다.

먼저 을희 집이 이사를 가버린 세검정을 찾아가 보았다. 이전
을희 집이 있던 장소에는 낯선 양옥집이 새로 건축되어 있었고,
을희 집을 나와 길을 내려올 때 나의 그 눈물을 받아 주기도 하
던 개울은 복개공사로 인하여 온데간데없었고 복개된 그곳에는
상가들이 즐비하게 들어서 있었다.

그다음, 경복궁을 끼고 돌아 경기고등학교가 있던 장소로 가
보았다. 그곳은 정독도서관으로 바뀌어 입구가 어딘지조차도 알
수 없었다. 방과 후에 만현이와 나란히 걸어 나오던 그 운동장은
도서관의 정원으로 바뀌어 나무와 꽃과 돌과 벤치들로 가득 차
있었다. 그 나무와 꽃들에 가려 건물들도 제대로 보이지 않았다.
그 유서 깊었던 학교를 무슨 이유로 꼭 이렇게 바꾸어 버려야만
했을까 생각하니, 고향의 한 부분이 내려앉은 것처럼 아쉬워 견
딜 수 없었다.

그리고 법대, 문리대, 미대가 있던 연건동, 동숭동 지역으로 가
보았다. 그곳은 무슨 예술인 회관이니 무슨 중학교니 하는 것들
로 바뀌어 있었다. 옛 건물들은 거의 헐리고 최신식 유행에 따른
예술적인 건물들이 들어서 있었다.

거기 한 다방으로 들어가 차를 시켜 마셨는데, 그 다방 안이
얼마나 현란하게 꾸며져 있는지 나는 어디 외국의 레스토랑에
앉아 있는 기분이었다. 그래서 정말 이곳이 세느 강을 끼고 있는
파리로 변해 버렸는가 싶을 정도였다. 그러나 정작 세느 강은 세

검정의 그 개울처럼 복개를 당한 가운데 있었다.

　나는 자꾸만 그 복개들이 나의 추억을 덮어 버린 관뚜껑들처럼 여겨지기만 했다. 그리고 마로니에 교정은 시민들의 공원이 되어 남녀노소가 몰려나와 그 그늘에서 쉬고 있었다.

　마지막으로 나는 관악의 법대 교정을 찾아가 보았다. 거기에 그 '자유의 종'만은 남아 있을 것으로 생각되었기 때문이었다. 내가 군대를 제대하고 복학했을 때 그 종은 법대를 따라 이전되어 법대 잔디밭에 세워졌던 것이었다. 그것을 다시 한 번 쓰다듬어 보고라도 오려고 관악 교정의 거의 맨 꼭대기에 있는 법대를 향하여 힘겹게 걸어 올라갔다. 그런데 사실은 그 종 앞에서 나 혼자 영철의 제일(祭日)을 기념하고자 하는 의도가 몰래 깔려 있었다.

　교정의 나무들은 거의 다 잎들을 잃어버리고 앙상한 가지들을 드러내고 있었다. 늦가을 바람에 낙엽들이 시위하는 무리처럼 쓸려 다니다가 발목에 와 휘감겼다.

　얼마쯤 올라가니 오른편으로 연못이 나타났다. 연못 복판을 가로질러 다리 하나가 놓여져 있었는데, 그것은 법대와 문리대를 연결시켜 주던 그 동숭동의 구름다리를 연상케 하였다. 연못가의 돌층계와 벤치, 잔디를 입힌 비탈들 위에 학생들이 석상들처럼 띄엄띄엄 앉아 있었다. 연못 수면에는 원순형(圓楯形)의 연잎들이 빽빽이 깔려 있고, 그 위에 또 낙엽들이 포개어져 있었다.

　나는 문득 연잎은 가을이 되어도 낙엽으로 변하지 않는 사실을 깨달았다. 그렇다면 연못이 얼어붙는 한겨울에는 연잎이 어떻게 되는 걸까 궁금해졌다. 아무튼 그 연들은 겨울 동안에도 넉넉히 살아갈 수 있는 방도를 가지고 있을 것이었다.

어릴 때 집 근방의 연못에서 연잎 하나를 건져 올리려고 한 적이 있었다. 그때 겉으로 볼 때는 낱개로 흩어져 있는 수많은 연잎들이 물속 뿌리들로 얼기설기 연결되어 있다는 것을 처음 발견하였다. 그래서 하나의 연잎을 건져 올리기 위해서는 연못 전체에 있는 연잎들을 다 건져 올려야 할 판이었다. 결국 연잎 하나를 건져 올리겠다는 것이 얼마나 무모한 짓인가를 알고 그것을 포기할 수밖에 없었다.

그 연잎들에게서 대학의 끈끈한 저력 같은 것을 느꼈다. 연못을 지나니 흙바닥이 보이는 조그마한 운동장이 육중한 시멘트 건물들 사이에 부끄러운 듯 끼어 있었다. 그 운동장 한 모퉁이에 수도꼭지가 여섯 개 달린 육면체 모양의 수도 시설이 있었다. 그 수도 시설은 내가 복학생 시절에 허기진 배를 채우기 위해 정신없이 물을 마시곤 했던 곳이었다.

곧이어 사회대로 연결되는 층층대가 나오고 거기를 올라가니 법대로 이어지는 층층대가 나왔다. 나는 잠시 한숨을 쉬며 아래쪽 교정을 내려다보다가 다시 층층대를 오르기 시작했다.

드디어 법대 건물이 나타났다. 그 입구 앞에 자그마한 잔디밭이 펼쳐져 있었다. 그것이 법대의 전체 교정에 해당하였다. 그 잔디밭에는 주위에 나무들이 별로 없는데도 어디서 날아왔는지 낙엽 무더기들이 쓰레기처럼 쌓여 있었다. 마침 강의 시간이었는데, 이층 강의실 창가에 앉아 있는 학생 하나가 하염없이 창 너머로 잔디밭 쪽을 내려다보고 있었다. 문득, 동숭동 법대 강의실에서 쓰레기장을 내려다보던 생각이 났다.

잔디밭은 그 쓰레기 같은 낙엽 무더기들로만 뒤덮여 있을 뿐, 황량하게 비어 있었다. '자유의 종'은 거기에 없었다.

그러나 내 눈에는 여전히 '자유의 종'이 거기에 서 있는 것이었다. 나는 낙엽 무더기를 헤치며 그 '자유의 종'으로 다가갔다. '자유의 종'이라고 쓴 현판과 받침대를 쓰다듬어 보고, 종을 굴리는 바퀴를 이리저리 돌려 보았다. 내 귓가에는 대학 4년 동안에 꼭 한 번 들은 적이 있는 그 종소리가 되살아났다. 아무런 기교도 없이 단순하고 투박하게 울리던 종소리였다. 그때 후배 하나가 영철을 흉내내어 웨딩드레스를 입고 종을 울렸던 것이었다. 종소리가 희미해지면서 나는 다시 현실로 돌아왔다. 낙엽 무더기 속에 나 혼자만 서 있었다.

이번에는 내가 '자유의 종'이 되어 울리기 시작했다. 내 눈에서는 눈물이 줄줄 흘러내렸다. 그런데 그 눈물 줄기를 타고, 두 다리가 부러지고 날개가 찢어진 대학 교정의 새들이 저기 저편으로 비상해 올라가고 있었다.

2부

길

갈

"저…… 복학수속 때문에 왔는데요."

법대 행정실 안은 두 대의 선풍기 바람에도 불구하고 후텁지근하기 그지없었다.

"복학수속은 본부 학적과로 가서 해야죠."

입술이 야무지게 생긴 여직원이 타이프를 두드리다 말고 고개를 발딱 들면서 못된 학생을 나무라는 투로 말했다.

'아——.'

성민은 속으로 탄성을 질렀다. 그 여직원은 3년 전에도 행정실에서 근무하고 있던 아가씨임에 틀림없었다. 그러고 보니 직원들 중에 낯익은 사람들이 제법 있었다. 여기 행정실에서는 3년이란 세월이 지나가지 않고 그대로 머물러 있었던 것 같기도 했다. 그러나 그 낯익은 직원들은 성민을 조금도 아는 체하지 않았다. 군대에 3년간이나 있다 돌아온 학생을 이토록 무심하게 대하다니.

"저, 본부 학적과는 어디에 있죠?"

성민의 질문에 여직원은 어이가 없다는 표정을 지었다.

"본부 건물에 있지 어디에 있어요?"

"그러니까 본부 건물이……?"

"본부 건물도 몰라요? 이 캠퍼스에서 제일 중요한 건물인데, 내 원 참."

"난 오늘 처음 이 캠퍼스에 와 봤어요. 이 관악캠퍼스엔 생전 처음으로 온 것이라구요."

"처음으로 온 게 무슨 대단한 일이라도 되는 것처럼 말하는군요."

"대단한 일이 돼서 말하는 게 아니라 이놈의 캠퍼스는 무엇이 어디에 붙어 있는지를 도통 모르겠다구요."

"딱하시군. 표지판들은 뭐 하려고 붙여 놓았겠어요?"

표지판의 화살표들을 따라 본부 건물을 찾아가 보라는 투로 여직원이 말을 내뱉고는 다시 타이프를 두드리기 시작했다. 아무래도 본부 건물이라고 하는 데는 교문에서 법대까지 걸어 올라온 거리만큼 다시 걸어 내려가야 되는 지점 근방에 있을 것 같았다. 성민은 다시 뙤약볕으로 나가 걸어야 할 것을 생각하니 벌써부터 맥이 풀렸다. 조금이라도 더 행정실에서 머뭇거리다가 나가고 싶어 행정실에서 알아 볼 사항은 없나 하고 생각을 굴려 보았다.

"아, 참, 졸업하려면 몇 학점을 더 따야 하는지 알고 싶은데요."

"그것도 학적과에 찾아가서 성적증명서를 떼어 보면 알 것 아니에요?"

"여기에도 성적표 자료는 있을 거잖아요?"

성민이가 이전에 행정실에서 성적표를 열람했던 일을 떠올리며 제법 확신 있게 말하자, 여직원은 떨떠름한 표정을 지으며 타이프 굴림대를 한쪽으로 탁 밀어붙였다.

"학번은요?"

여직원이 의자에서 엉덩이를 떼며 엉거주춤 일어났다.

"육팔공팔오."

"육팔?"

성민은 여직원이 십팔(씨팔)이라고 하지 않은 것을 다행스럽게 생각했다. 눈을 둥그렇게 뜬 여직원의 표정은 68학번이면 군대를 갔다 왔다 하더라도 벌써 졸업을 했어야 하지 않는가, 당신 혹시 데모하다 잘렸던 학생 아닌가 하는 그런 반문들로 가득 차 있었다.

안쪽 구석에 세워진 철제 캐비닛을 열고 서류철들을 훑어보던 여직원이 한 서류철을 빼들고 성민이 기대어 서 있는 칸막이 쪽으로 다가와 한 학기마다 합계를 내어놓은 학점 총계를 주산으로 튕겨 보았다.

"졸업학점이 160학점이니까 에, 160 빼기 121이라 39학점이군요. 39학점을 더 따야 졸업이에요. 또 졸업시험제도 새로 생긴 거 알죠? 학점 다 따도 졸업시험 통과 못 하면 졸업 못 해요."

"육팔 학번에게는 졸업시험 같은 거 없었다구요."

성민에게는 39학점을 1년 안에 따내어야 하는 것만 해도 무척 부담스러운 일인데, 거기다가 4년 동안 배운 것을 테스트하는 졸업시험까지 치러야 한다는 것은 여간 벅찬 일이 아니었다.

"졸업시험제도가 왜 생겼는데요. 거 데모 좀 하지 말고 공부하라고 만든 거 아니에요?"

여직원이 이렇게 말을 받으면서 또다시, 당신 혹시 데모하다 잘린 학생 아냐 하는 기색으로 눈을 치켜떴다. 성민은 군대 근방에 살던 한 창녀의 눈매를 떠올리며 여직원의 눈매가 그것과 아주 흡사하다고 생각했다.

시멘트 층계들을 도로 내려와 건물군(群)의 맨 아래쪽에 위치한 본부 건물로 들어서면서 성민은 육중한 건물의 위용에 잔뜩 눌리는 기분이었다. 인조대리석으로 된 복도와 기둥들의 뻔질거림에도 뭔가 위축감을 느꼈다. 일단 그렇게 건물의 권위에 먼저 압도당하고 나서 학적과로 들어서니 문의사항에 대해서도 제대로 혀가 돌아가지 않아 더듬거리게 되었다.

"육팔공팔오라? 가만 있자, 이거 제적으로 처리되어 있잖아? 자네 정말 군대 갔다 온 거야?"

늙수그레하게 생긴 직원이 아예 반말을 하며 성민의 아래위를 훑어보았다.

"그럴 리가 없는데요. 군대 입대할 경우는 자동 휴학으로 처리되는 거로 알고 있는데요. 3년 전에 학생과 직원이 분명히 그렇게 말했다구요."

"그래, 입대하면서 휴학계도 안 냈단 말인가?"

"그때 학생과 직원이 자기가 알아서 처리해 놓을 테니까 휴학계 같은 거 제출할 필요가 없다고 했거든요."

"알아서 처리하는 거 좋아하네. 자네 언제 군대 갔어?"

"72년 6월달에 입대했다가 다시 9월달에 입대했어요."

"그건 또 무슨 말이야? 이상한 친구 다 있구먼."

"그러니까 6월달에 입대했다가 아폴로 눈병에 걸려 귀향조치되고, 그리고 3개월 후에 다시 입영통지를 받고……."

"거 9월달에 입대할 때도 휴학계를 내지 않았군."

"네."

"자넨 말이야, 봄학기 가을학기에 걸쳐 휴학을 하면서도 아무런 근거 서류를 제출하지 않았단 말이야. 그러니까 자동 휴학이 아니라 자동 제적이 되어 버렸지."

"그럼 어떡하죠?"

"거, 참, 병역 확인서는 떼어 왔어?"

"네."

성민은 남방 셔츠 호주머니에서 병역 확인서를 꺼내 직원에게 건네 주었다.

"여기도 봐, 72년 9월부터 75년 7월까지 복무한 것만 기록되어 있지, 귀향조치당한 건 적혀 있지 않잖아. 그러니깐 자넨, 9월 달에 입대하면서도 봄학기 등록을 하지 않은 걸 이 병역 확인서로도 어떻게 변명을 할 수 없게 되어 있단 말이야. 군입대 관계로 봄학기를 휴학했다고 할 수가 없지. 무단으로 등록도 하지 않고 휴학을 해버린 셈이잖아."

"제적이면 학교를 다닐 수 없단 말입니까?"

성민은 어이가 없는 표정이 되어 있었다. 국방의 의무를 감당하고 돌아온 학생에게 이런 대접이 기다리고 있었다니. 뭔가 배신을 당한 듯한 기분에 젖어들었다.

"내 말은 학교를 다닐 수 없다는 말이 아니라 복학수속 말고 복적수속을 밟으라는 말이야. 돈도 들고 까다롭긴 하지만 그 길밖에 없지."

"복적수속을요?"

성민으로서는 복적수속이라는 말이 무척 생소하게 들렸다.

"거, 데모하다가 잘린 친구들 밟는 수속 말이야. 그치들 복학생연합회니 어쩌고 하지만 어디까지나 복학생이 아니라 복적생이라구, 복적생."

"난 데모하고는 상관이 없는……."

문득 성민은 말을 중단했다. 왜 데모와 상관이 없는가. 1970년,

3학년 2학기 이집트 나세르 대통령이 죽고 솔제니친이 노벨문학상 수상자로 결정되고 할 무렵, 학교 교정은 삼선 개헌 반대, 교련 반대 등의 구호들로 가득 차 술렁거렸다. 거기다가 월간 '사상계' 등록을 취소한 정부의 조치에 대한 거센 항의까지 겹쳐 교정은 연일 뒤죽박죽이 되었고, 학교 담벼락 근방의 코스모스들은 매큼한 연기에 질식되어 가고 있었다. 기관지염이 완전히 치료가안 된 상태에 있던 성민은 그 연기를 견딜 수가 없어 아예 학교가는 것을 포기했다. 그러다가 얼마 후에 학교에 갔을 때 학기말시험이 예정보다 일찍 치러져 이미 시험기간이 지나 버린 것을알게 되었다. 겨우 재시험 신청을 해서 다음 학기 초에 보기로 하였지만 하루에 서너 과목씩 보는 재시험을 감당하지 못하고 그것마저 포기하고 말았다.

"난 데모를 안 하다가 잘린 격이 됐군요."

"그건 또 무슨 말이야?"

직원이 이맛살을 잔뜩 찌푸렸다.

"데모라도 했더라면 시험 공고가 난 게시판을 보았을 것이고, 그런대로 시험을 보고 군대 가기 전에 졸업을 했을 테니깐요."

"나로선 모를 소리군."

아스팔트 고갯길이 햇볕에 노출된 채 거대한 짐승의 등마루처럼 김을 피워 올리고 있었다. 성민은 교문을 나서면서 그 고갯길의 높이와 자신의 기력(氣力)을 잠시 비교해 보고는 가만히 한숨을 쉬었다. 해가 중천에 떠 있는 이 시각까지 뱃속에 들어간 것이라고는 라면 하나밖에 없는 것이었다.

성민은 보도 블록이 깔려 있는 인도로 해서 고갯길을 천천히 걸어 올라갔다. 난데없이, 매미소리가 가로수에서인 듯 세차게 들려왔다. 아스팔트 길로는 시내버스와 승용차들이 간간이 오고 갔다.

고개턱에 올라서니 저 아래로 봉천동 마을이 내려다보였다.

"봉천(奉天), 봉천."

성민은 동네 이름을 되뇌어 보며 그 이름의 의미를 다시금 음미해 보았다. 하늘을 섬기는 동리, 하느님을 받드는 동리……. 그 이름은 다분히 종교적인 색채를 띠고 있었다. 봉천동이라는 이름이 지어지게 된 동기도 혹시 어떤 교주가 자기 신도들을 데리고 와서 마을을 이룬 데서 연유한 것이나 아닌지. 그 교주는 봉천교라는 이름으로 하늘을 섬기는 참된 도리를 설파한다고 공교한 말을 지어 내었는지도 모른다.

고갯길을 다 내려가 왼편 골목으로 접어드니 잡초들이 듬성듬성 자라고 있는 공지(空地) 한 모퉁이에 그 공지의 분위기와는 걸맞지 않는 이층 건물이 제법 우람하게 버티고 서 있었다. 성민은 그 건물로 다가가면서 마치 봉천교의 본부로 들어서는 듯한 꺼림칙한 느낌을 또 받았다. 뚜렷하게 설명을 할 수 없는 묘한 느낌이었다. 제대한 직후라서 사회의 모든 것에 대해 어색한 느낌을 가질 수밖에 없다고는 하지만, 오랫동안 몸담아 온 선교단체에 대해서까지 이러한 종류의 느낌을 가진다는 것은 아무래도 이상한 노릇이었다. 성경의 세계로 빨려들어 갈 무렵, 학교 수업이 끝나가기 무섭게 달려가곤 했던 모임이 아니었던가. 성민은 군대 가기 전의 대학 시절 동안 그 모임을 중심으로 활동했던 일들을 얼핏 떠올렸다.

무신론적 실존주의자 내지는 데카당스로 자처하던 성민이 그 모임과 접촉하면서 서서히 이끌려 들어간 데는 그 모임만이 가지고 있는 독특한 매력이 크게 작용했다고 할 수 있었다. 무엇보다 선교단체이면서도 기독교의 정통교리나 일반 교회의 냄새를 거의 풍기지 않는 것이 특이했다. 그곳의 언어관습부터가 교회적인 용어와는 거리가 멀었다.

거기에서 가장 자주 쓰이는 특수한 용어는 '목자'라는 말이었다. 목자는 일반적인 의미로는 양을 먹이고 치는 자라는 뜻으로 별 특별한 단어라고는 볼 수 없지만, 그것이 사람의 이름 뒤에 붙어 직함처럼 쓰이게 되면 야릇한 분위기를 풍기게 되었다. 목자라는 직함을 얻기는 그리 어려운 일이 아니었다. 새로운 한 사람을 데려와서 성경을 가르치고 하면서 관심을 기울이면 어느새 목자로 불림을 받게 되었다.

"아이구, 이제 목자 됐네."

모임에 참여한 지 6개월도 채 안 되어도 이런 축하의 소리를 주위에서 들을 수 있었다. 물론 2, 3년이 되도록 한 사람도 데려 오지 못하여 그 흔한 목자 칭호 한 번 들어 보지 못하는 사람도 간혹 있었지만 대개 그 정도 되면 스스로 모임에서 떨어져 나가 기 십상이었다. 그런데 모임에 오래 있었다는 관록 하나만으로 슬그머니 목자 칭호를 자기 이름 뒤에 달고 다니는 몰염치한 자들도 없는 것은 아니었다.

목자도 일반 목자, 요회 목자, 인턴 목자, 주니어 목자, 시니어 목자, 스탭 목자, 책임 목자 등 몇 가지 종류로 구별되었다.

요회 목자라고 하는 것은 모이는 요일에 따라 월요회, 화요회 등으로 불리는 소그룹 모임의 리더를 가리키는 말이었다. 요회 구성원들은 요회 목자를 중심으로 뭉쳐다니며 인원 수, 활동 범위 등에 있어 다른 요회를 앞지르려고 온갖 열심을 다 내었다. 요회별로 구호 같은 것이 있어 시합 전에 운동선수들이 파이팅을 외치듯 곧잘 그 구호를, 주먹을 내뻗으며 외쳐 대곤 하였다.

"미국은 우리의 밥이다! 문리대는 우리의 밥이다!"

여기서 '밥'이라고 하는 것도 그 모임의 독특한 용어 중의 하나 인데, 여호수아와 갈렙이 가나안 정복전쟁을 앞두고 두려워 떠 는 이스라엘 백성에게 "그 땅 백성을 두려워하지 말라 그들은 우 리의 밥이다(먹이라)"라고 옷을 찢으며 통렬하게 부르짖은 민수 기 14장 9절에 근거하고 있는 말이었다. 그러니까 밥이라는 것은 신약적인 차원에서 보면 전도의 대상이라는 의미였다.

인턴 목자는 병원 실습의를 가리키는 말에서 따온 것이지만 그 모임에서는 다른 직장을 가지지 않고 그곳 직원으로만 일하기로 작정을 한 훈련생을 가리키는 말로 사용되었다. 인턴은 그 말이 풍기는 뉘앙스대로 안에서만 돌아야 되었다. 대개 하숙방이나 자취방을 따로 얻지 않고 모임의 건물을 거처로 삼아 매일 숙직을 하면서 수위처럼 허드렛일들을 부지런히 찾아 치다꺼리를 해야만 하였다. 특히 겨울 같은 때는 네댓 개의 난로에 연탄을 가는 일이 보통 고역이 아니었다. 텔레폰 보이 역할도 해야 하는데 하루 종일 전화를 받고 바꿔 주고 하다가 의자로 연결해서 만든 잠자리에 누워 잠을 청하려고 하면 귓속에서 계속 통화 소리가 울려 오곤 하였다.

"저기 있잖아요, 오늘 좀 급한 일이 있어서 요회 참석 못 하는데 요회 목자님에게 좀 전해 주세요. 다음번부터는 잘 참석할게요. 죄송해요옹."

"책임자 좀 바꿔. 우리 아들 예수에 미치도록 만들어 가지고 응, 이놈의 새끼들 사이비 아냐?"

"거기 성경공부가 아주 좋다고 소문이 났던데, 다른 교회 다니면서도 다닐 수 있죠? 찾아가려면 어떻게 하면 돼요?"

"목자님, 사아랑해요!"(이런 통화는 정신이 어떻게 된 여자의 경우이다.)

인턴은 이런 일들을 감당하는 이외에도 갖가지 이상야릇한 훈련들을 받으면서 스탭이 되는 과정을 거쳐야만 하였다. 성민은 군대 가기 전 일학기 휴학을 하는 동안 인턴 훈련 비슷한 것을 받았기 때문에 그 고충을 어느 정도 알 수 있게 된 것이었다.

스탭 목자의 테두리 안에는 주니어, 시니어, 책임 목자들이 포함되어 있었는데 주니어 목자는 문자 그대로 어린 축에 속하는 스탭들이었고 시니어 목자는 나이를 좀 더 먹은 스탭들이었다. 그런데 나이를 더 먹었다고는 하지만 많아야 다섯 살 가량 차이가 나는 정도에 불과하였다. 책임 목자는 '회관' 또는 '센터'라고 불리는 국내와 국외의 각 지부 책임자를 가리켜 일컫는 말이었다.

본부 최고 책임자를 정점으로 한 스탭 목자들 간의 서열은 엄격하였다. 그러나 동기 동창 관계나 그와 비슷한 경우에는 서로들 짐짓 서열을 의식하지 않으려는 말과 행동들을 하였다. 특히 몇몇 시니어 목자들은 자기들끼리, 다른 사람이 듣기에는 무척 거북한 농지거리를 나누는 때도 있었다. 물론 주니어 목자들 중에도 그런 애매한 관계에 놓인 사람들이 얼마 있긴 하였지만 시니어들처럼 그렇게 서열을 무시하지는 않았다.

봉천회관(Bong Chun Center).

성민은 건물을 들어서면서 현관 위에 가로 얹혀 있는 간판을 흘끗 쳐다보았다. 니스칠을 매끈하게 한 갈색 나무 판자에 까만 글씨가 붓글씨처럼 또박또박 새겨져 있는 간판이었다. 성민은 오늘따라 회관이라는 명칭이 무슨 불갈비집 이름 같다고 생각되면서 창자 속까지 파고드는 시장기를 느꼈다.

구덕산 마루에 선녀의 옷자락 같은 하얀 구름깃들이 드리워져 서쪽으로 떠밀려 가고 있었다. 구덕산은 그 구름깃의 부드러운 스침으로 더욱 아늑한 분위기에 젖어 들어갔다. 이제 곧 산등성이를 따라 어스름이 내려오고 저녁 안개가 구름에서 뿜어져 나오는 듯 골짜기를 메울 것이었다.

구슬댁은 쪽마루 끝에 앉아 산을 올려다보며 산의 변화를 예감하고 있었다. 저녁 기운에 잠기는 산과 인생의 황혼에 물들어 가는 자신의 모습이 서로 닮았다는 생각이 들었다.

쪽마루에 나와 있는 노파들은 겨우 예닐곱 명밖에 되지 않았다. ㄱ자형으로 꺾어 돌면서 열댓 개의 방을 연결시키고 있는 쪽마루는 거기 나와 있는 노파들의 얼굴 거죽처럼 바래고 쭈글쭈글해져 있었다. 또한 검버섯처럼 여기저기 옹이 자국이 있고 아예 옹이 구멍이 뚫려 있기도 하였다. 그 옹이 구멍은 마루 밑에 살고 있는 서생원들의 출입구 역할을 하곤 하였다. 쪽마루로 나온 노파들은 구슬댁처럼 하염없이 산을 올려다보고 있기도 하고, 옹이 구멍으로 턱을 내미는 쥐새끼들을 발짓 손짓으로 위협하기도 하면서 흐르는 세월의 강가에 속절없이 앉아 있는 표정들을 하고 있었다. 마당 한구석에는 철망으로 만든 우리 안에서 칠면조 두 마리가 날갯짓을 하며 퍼드득거렸다. 깃털 하나 없이 그대로 벌겋게 드러나 축 늘어져 있는 칠면조 머리와 목의 피부가 노파의 그것과 닮아 있었다. 얼굴이 푸르게 붉게 희푸르스름하게 변한다고 해서 칠면조라는 이름이 붙은 꿩의 종류, 어떻게 보면 우리 인간도 그 일생을 통하여 몇 차례씩 얼굴빛이 바뀌는 칠면조들이 아닌가.

구슬댁은 꺼칠한 오른손으로, 이제 거의 마지막 얼굴빛으로 굳어지고 있는 자신의 안면을 쓸어 보았다. 이마와 미간, 볼의 주름살의 감촉이 제법 딱딱하게 손바닥으로 전해져 왔다. 그래도 내가 여기 있는 할멈들 중에서는 제일 나이를 덜 먹고 덜 늙었지, 구슬댁은 다시 한 번 쪽마루에 웅크리고 있는 노파들을 둘러보았다.

"아이구 난 말이유, 일제 시대 때 서방 덕을 톡톡히 보면서 호강하며 안 살았것수. 거 우리 서방은 말이유, 중초원인가 중추원인가 하는 데서 요즘 말로 하면 거시기 장관 바로 밑에 있는 거 차 차 차관 같은 걸 해묵었다구. 떵떵거리며 살았제. 헌디 해방이 되고 나서 그만 서방이 암으로 뒤지구, 가세가 점점 기우는 통에 자식들 공부도……."

구슬댁의 등 뒤 방 안에서는 열린 창호지 문틈으로 할멈들의 이야기가 연방 새어나오고 있었다. 대개가 한때나마 호강하며 살았던 시절을 되새기며 그리는 내용의 이야기들이었다. 구슬댁은 그런 이야기들을 들을 적마다 이상스럽게 역겨움 같은 것을 느꼈다. 그러면서도 할멈들의 이야기가 귓가를 스치면 구슬댁 자신도 슬그머니 지나온 인생을 되돌아보는 것이었다. 어떤 때는 자기도 다른 할멈들처럼 떠벌리며 주책을 부리고 싶은 충동을 느끼기도 하였다. 무엇보다 지금 서울 일류 대학 법대에 다니고 있는 외손자 자랑을 하고 싶어 견딜 수 없었다. 하지만 다른 할멈들이 꼬치꼬치 캐물을까 봐 스스로 입을 봉할 수밖에 없었다. 그런 외손자를 가진 할멈이 왜 이런 델 왔느냐, 그만큼 자랑스러운 자식을 가진 사위와 딸이 왜 당신을 이 구덕산 골짜기 양로원에다 보냈느냐, 이런 식으로 따져 들면 오히려 외손자 망신, 사위 망신만 시키게 되고 말 것이었다.

이제 제법 두터운 저녁 안개가 산허리와 골짜기를 타고 내려왔다가 바람에 날리는 듯 휘이휘이 흩어지면서 도로 산기슭을 기어오르곤 하였다. 그 저녁 안개 속에는 마당 건너 회색빛 식당 건물 굴뚝에서 몽실몽실 솟아 나오는 희부여스름한 연기도 섞여 있었다.

땡 땡 땡그랑 때땡…….

식당 건물 입구에 걸어 놓은 쇠종이 불규칙적으로 울렸다. 그것을 신호로 열댓 개의 방에서 노파들이 일제히 달려나와 식당 쪽으로 몰려갔다. 쪽마루로 나와 있던 노파들은 조금 앞서 식당으로 달려갈 수 있는 이점이 있었다. 그러나 구슬댁은 흐느적거리는 왼팔과 왼다리로 인하여 빨리 달려갈 수가 없어, 몸이 불편한 대여섯 명의 할멈들과 함께 뒤로 처졌다.

쾨쾨한 냄새가 건물 구석구석에 배어 있는 식당에서 배식구를 정점으로 하여 오륙십 명의 할멈들이 줄을 섰다.

"좀 밀지 말라구."

"식기 너무 고르지 마. 다 마찬가진 걸."

"이렇게 보풀이 많이 일어났는데 어떻게 밥을 담아 먹어. 보풀밥 비벼먹겠다."

"와 이리 꼬집누."

"누가 꼬집었나. 좀 빨리 가라구 밀었제."

이렇게 웅성거리는 중에 밥과 국, 반찬들을 식기에 탄 할멈들은 뭔가 포획물을 낚아챈 늙은 고양이들처럼 입맛을 우물우물 다시며 느긋한 미소까지 주름살 사이로 오비어 넣기도 하면서 식탁으로 가 앉았다. 줄이 줄어 갈수록 밥과 반찬의 양이 줄어들고 시래기국물이 찌꺼기로 혼탁해졌다. 구슬댁 차례가 되었을 때는 아예 밥이 떨어져 누룽지 한 덩어리가 식기에 얹혔다. 쌀밥 누룽지라면 모르겠는데 온통 보리밥 투성이로 된 누룽지였기에 그 거무튀튀한 모양이, 성한 이빨이 얼마 없는 구슬댁에게는 위협적이기까지 했다.

"또 밥이 떨어졌어? 우리같이 병든 할마탕구들이 몰랑몰랑한 밥을 묵어야 할 낀데."

구슬댁 뒤에 서 있는 황달 할멈이 투덜거렸다.

"아예 식사 시간 전에 식당에 미리 와서 기다리든지 해야지."

구슬댁도 한마디 거들었다.

"누가 식당에 미리 넣어 준대?"

"원장이 가마떼기로 떼어먹으니까 항상 밥이 모자라는 기라. 내 다 안다 마."

구슬댁 뒤쪽에서 계속 볼멘 소리들이 들려왔다. 구슬댁은 식기를 들고 뒤뚱거리며 식탁 한구석으로 가 앉았다. 구슬댁의 고개가 식기 쪽으로 기울어지면서 눈이 감겼다. 하나님 아바지, 이 누룽지라도 주신 것을 감사합네다. 감은 눈꺼풀 안쪽에 물기가 괴어들기 시작했다. 그노무 자식아는 제대로 뭘 묵구 지내능가, 구슬댁은 콧물을 한번 훌쩍 들이켰다. 하나님 아바지요, 우리 성민이에게도 일용할 양식을 주이소. 그노무 자식 지금 고생이 많을 낍니다.

"아이고 기도하면 뭐 하노. 양로원에다 처박아 넣은 하나님이 무슨 하나님이고 무슨 아버지고."

"하나님이 밥 멕여 주나."

주위에서 지껄이는 말에 구슬댁은 얼른 눈을 뜨고 누룽지 한 조각을 뜯어 내어 입 속으로 들이밀고는 힘겹게 오물거렸다. 끝내 눈물 한 방울이 누룽지 꼭대기에 툭 떨어졌다.

부처의 광배(光背)처럼 허옇게 드러난 바위가 반원형을 이루고 있는 불광산(佛光山) 바로 밑에 미국식으로 지어져 미국 선교사에 의해 운영 관리되고 있는 수양관 건물이 꽤 넓은 대지를 차지하고 있었다. 연신내 개천을 따라 한참 올라가면 그 건물 입구에 다다르는데 입구로 들어서는 순간부터 뭔가 이국적인 분위기, 좀 좁혀서 말하면 미국적인 분위기를 느끼게 되었다. 식당 강당 숙소 건물들의 양식에서, 잘 깎인 짙푸른 잔디밭에서, 간혹 애완용 강아지와 함께 달려가는 눈이 파란 아이의 금발머리에서, 산책을 나와 정답게 걸어다니는 선교사 부부의 모습에서, 숙소 소강당의 책장에 빽빽이 꽂혀 있는 영어로 된 신앙 책자들에서 미국의 냄새가 물씬 풍겨 나왔다. 그만큼 모든 것이 안정되어 보였고 의자의 나사못 하나까지 단단해 보였다. 무엇보다 띄엄띄엄 세워져 있는 건물들 사이사이로 흘러 내려가는 시내와 우거진 숲들의 정경이 도시의 삶에 시달린 사람들에게 퍽 신선한 감을 안겨 주었다. 굳이 기도니 찬송이니 하는 종교행위를 하지 않더라도, 그냥 가만히 거닐고만 있더라도 저절로 마음이 순화될 지경이었다.

그 수양관에서 여름 수양회 준비를 위한 스탭 미팅이 열렸다. 4박 5일의 빠듯한 일정에 쫓기다시피 하면서 스탭 목자들은 한 학기 캠퍼스 선교사업에 대한 결산보고와 반성들을 하고 다음 학기를 내다보는 전망 속에서 이번 여름 수양회 개최에 관한 준비사항들을 의논하였다. 인턴 목자, 선교후보들도 견습생으로 참석하여 여러 가지 잔심부름을 해주기도 하고 어떤 때는 스탭들과 함께 훈련을 받기도 하였다.

본부 최고 책임자인 김민식 목자는 스탭미팅이라 하여 사업보고나 하고 계획이나 세우는 그런 사무적이고 사업적인 모임을 이루기를 원하지 않고, 무엇보다 사람에 초점을 맞추어 스탭과 인턴 선교후보 한 사람 한 사람에 대한 문제점을 파악 지적하고 거기에 합당한 훈련을 시키는 데 주안점을 두었다. 그는 최고 책임자인 자신을 의식한 스탭들의 장황한 사업보고나 계획은 거의 안중에도 없는 것처럼 행동했다. 오히려 그럴듯하게 보이는 사업보고와 계획을 발표한 스탭일수록 훈련에 걸릴 확률이 높아지는 것이었다.

민식 목자는 자그마한 체구에 안경까지 쓰고 있었지만 사람을 꿰뚫어 보는 통찰력은 대단하였다. 그의 통찰력 하나로 제법 광범위한 선교단체 조직이 유지되고 있다 하여도 과언이 아니었다. 사람들이 그 모임으로 모여들고 시대의 엘리트로 자처하는 뭇대학의 학생들이 거의 맹목적이다시피 그 모임에 빠져들어 헌신하게 되는 것도 민식 목자의 그 통찰력에 압도당하기 때문이라고 할 수 있었다.

그는 처음에 광주지역의 대학생들을 사로잡았다. 그 지역에서 특별히 뽑힌 대학생들이 나중에 전국 각 지역의 책임 목자들이 되어 자리를 잡아 갔다. 전주, 대전, 청주, 부산, 대구, 제주 등 남한의 중요한 교육도시들을 각각 맡아 쓰라린 고생들을 하며 개척자적인 삶을 산 그 광주 출신들이 시니어 목자들 중에 대부분을 차지하고 있었다. 시니어 목자들 중에서 또 특별히 능력을 인정받은 몇몇 목자들은, 민식 목자가 서울 개척을 위한 장정(長征)에 올랐을 때, 자기들이 개척한 회관에는 그 지역 대학 출신으로 지도력이 있는 자를 후계자로 세워 놓고 부랴부랴 민식 목자를 따라 서울로 올라와야만 했다. 캠퍼스 선교사업에 있어 난공불락의 성으로 자타가 공인하고 있던 동숭동 지역의 캠퍼스도 그들의 헌신으로 허물어지기 시작했다. 어느 정도 동숭동 캠퍼스 학생들이 모여들자, 민식 목자는 그 학생들을 돌보는 책임을 스스로 맡으면서 서울에까지 따라 올라오도록 한 그 목자들에게는 새로운 개척 명령을 내렸다. 신촌, 안암동, 행당동, 휘경동, 혜화동 등지의 유력한 대학들로 침투해 들어가 그 근방에 회관을 세워 확장시켜 나가라는 것이었다.

시니어 목자들은 한군데 뿌리를 내리지 못하고 연속적으로 개척자의 삶을 살아야 하는 데 대하여 정신적·생활적인 부담들을 안고 있었지만 본래 이런 고생을 각오하고 나선 길이기에 다시금 이를 악물고 척박한 땅에 곡괭이질을 하기 시작했다. 어쩌면 이번에 자리를 잡으면 그곳에 뿌리를 내리고 열매까지 따 먹을 수도 있을 것이라는 기대가 없는 바도 아니었다. 과연 그들은 개척의 명수들이었다. 얼마 지나지 않아 한두 사람을 모으기 시작하더니 이내 조그만 홀 같은 곳을 전세로 얻어 무슨무슨 회관이라는 간판을 떡하니 내다 걸었다.

민식 목자는 자기가 훈련시킨 제자들이 한 사람도 실패함이 없이 서울지역에서도 회관들을 세워 나가자 마음이 흐뭇하기 그지없었다.

"내가 광주에서 광주지역 캠퍼스들을 개척하고 있을 때 하루는 이런 꿈을 꾸었습니다. 내가 불붙어 있는 수레를 이끌고 무등산을 오르고 있었습니다. 바퀴, 몸통 할 것 없이 활활 불길에 휩싸인 수레였습니다. 내가 무등산 꼭대기까지 다 올라가서 그 수레를 산 아래로 밀쳐 내리니까 수레의 불이 굴러 내려가면서 온 산을 불질러 버렸습니다. 그때 나는 광주에서 시작된 이 역사가 전국으로 확산되고 더 나아가 세계로 확산되리라는 비전을 확실히 가지게 되었습니다. 지금 그 비전이 하나하나 구체적으로 이루어지고 있습니다."

이렇게 말하는 민식 목자는 마치 자기가 그 불붙는 무등산 수레인 양 뜨겁게 상기되곤 하였다. 그러면 그의 목소리와 눈길, 온몸의 제스처에서 뿜어져 나오는 불길 같은 것에 청중들은 뜨끔뜨끔 데는 듯하였다.

서울 개척에서 자신을 얻은 민식 목자는 자기가 말한 대로 세계로 역사(役事)를 확산시키기 위하여 본격적인 선교사 훈련계획을 세웠다.

"셀프 서포팅 미셔너리. 지금은 자립 평신도 선교사 시대입니다. 한국 교회는 아직도 구태의연한 선교정책으로 눈이 가리워져 무궁무진한 평신도 자원을 보지 못하고 있습니다. 오히려 한국 초대 교회 때보다 선교열이 식은 가운데 미국 선교사들 눈치나 보고 있습니다. 이제 우리는 기술과 직업을 가진 평신도들을 철저히 훈련시켜 세계로 내보내야 합니다. 특히 제국의 말기 현상으로 접어들고 있는 미국 땅 선교가 시급합니다. 이전에는 미국이 우리나라를 선교하여 미국 문화의 찌꺼기까지 가져왔지만 이제는 우리나라가 미국을 선교해야 할 때가 되었습니다. 그리고 종교개혁이 일어난 곳이지만 이제는 교회가 신의 무덤으로 화하고 있는 서독을 비롯하여 전 유럽 지역으로 우리 선교사들이 나가야 합니다. 무엇보다 그곳의 캠퍼스들을 집어삼켜야 합니다. 베드로야! 일어나 잡아먹으라!"

"베드로야! 일어나 잡아먹으라!"

민식 목자의 울분과 같은 선창을 따라 회원들이 우렁차게 복창을 하는 그 소리는 섬뜩한 느낌마저 주면서 장내를 압도하였다. 시오니즘에 사로잡혀 있던 편협한 베드로에게 최초로 이방 선교에 대한 명령이 하늘로부터 내려왔던 그 환상의 장면이 지금 여기서 재현되고 있는 듯한 기분이었다.

민식 목자는 전국 각 지역 센터 책임 목자들에게 간호학과나 의대 출신들은 될 수 있는 대로 미국 서독 방면으로 해외 취업을 나가도록 하라는 훈령과 함께 유학이나 해외 취업이 확정된 회원들은 서울 동숭동 본부로 올려보내 훈련을 받도록 하라는 지시를 내렸다. 그렇게 본부로 모여들어 일정 기간 어학훈련부터 시작하여 선교훈련을 받는 회원들을 가리켜 선교후보라고 불렀는데 어학훈련만 빼면 인턴 훈련과정과 거의 비슷하였다. 다만 숙소를 회관건물로 정하지 않고 근처 하숙방이나 자취방들로 정하는 것이 인턴들과 다른 점이라 할 수 있었다.

본부 출신이 아닌 다른 지역의 선교후보들은, 연합수양회 같은 데서 멀리서만 보거나 책임 목자 또는 다른 선배들을 통하여 말로만 들었던 민식 목자를 가까이 대할 수 있고, 그의 훈련을 직접 받을 수 있게 된 데 대하여, 일종의 감격 내지는 경외감을 느끼게 되었다. 물론 하루에도 열두 번 훈련에 반발하고 싶은 마음이 굴뚝 연기처럼 피어 올라왔지만, 막상 민식 목자 앞에 서면 언제 그랬느냐는 듯이 그런 마음이 자취도 없이 사라지고 서둘러 복종하게 되는 것이었다.

"난 여러분의 뱃속에 회충이 몇 마리 들어 있는 것까지 다 알고 있어요."

농담처럼 던지는 민식 목자의 말이었으나 훈련생들은, 그 말도 어쩌면 참말인지 모른다는 생각을 할 정도로, 자신들을 꿰뚫어 보는 민식 목자의 통찰력에 제대로 오금을 펴지 못하면서 훈련을 받아 나갔다.

성민은 모임에 들어온 처음부터 입대하기까지 민식 목자에게 직접 지도를 받는 특권을 누릴 수 있었다. 성민이가 최초로 본 민식 목자는 난롯가에서 다른 회원들과 함께 담소를 나누며 불을 쬐고 있는 조그마한 중년 남자의 모습으로 별 특이한 점이 없이 꾀죄죄하게 보이기까지 했다. 그런데 그런 조그마하고 꾀죄죄하게 보이던 모습이 차츰차츰 우람하고 고귀한 모습으로 변해 가면서 그 앞에 굴복하지 않으면 안 되게 되어 갔다.

군대를 제대하고 나온 지금에 있어서도 민식 목자에 대한 그런 감정들은 별로 변한 것이 없었지만, 캠퍼스가 옮겨진 바람에 동숭동 본부에 있지 못하고 새로 세워진 봉천회관 소속으로 주니어 목자급에 속하는 봉천회관의 책임 목자 밑에 있게 된 것이,

성민이가 모임에 대해 꺼림칙한 느낌을 가지게 되는 주요 원인이 되고 있는지도 몰랐다. 민식 목자의 직접 지도를 받는 데서 존재 의의를 발견하고 자부심을 한껏 가지던 성민으로서는 갑자기 이유(離乳)당한 기분을 느낄 만도 하였다. 물론 일주일마다 모이는 서울지구 스탭미팅이나 2주일마다 모이는 전국 스탭미팅에 인턴 자격으로 참석하여 민식 목자와 대면하는 기회를 가지기는 하지만, 삼사십 명은 족히 모이는 그 두세 시간의 모임에서 민식 목자의 집중적인 관심을 받기는 좀체 힘든 일이었다. 거기에다가 다른 인턴들과 함께 스탭들을 위해 다과를 사온다든지 커피를 끓여 찻잔에 따른다든지 사람 수에 맞게 책상과 의자 배열을 한다든지 하는 허드렛일을 하느라고 제대로 안정된 마음으로 스탭미팅에 참석해 있을 수도 없었다.

성민은 지난 학생 시절에(지금도 아직 학생이긴 하지만) 민식 목자로부터 받았던 사랑과 질책과 관심들을, 지금 인턴의 자리로 거의 들어선 시점에 있어서도 동일하게 받으려고 하는 자신이 무척 유아적(幼兒的)으로 여겨지긴 하였지만 끊임없이 민식 목자의 관심을 끌고 싶은 마음을 어찌할 수 없었다. 그러나 민식 목자는 이전처럼 성민을 대하는 것 같지 않았다. 이제는 인턴으로 단단히 훈련을 시키겠다는 그런 태도였는데 그것은 우선 무관심으로 나타났다(이전의 태도와 비교해 볼 때 무관심이라는 뜻이다). 그렇게 따지면 봉천회관에 있으나 본부에 있으나 마찬가지겠지만 성민으로서는 민식 목자를 자주 보는 것만으로도, 무관심한 것 같은 태도 속에서 무언중에 전달되는 감정들을 느끼는 것만으로도 어떤 마음의 공허가 채워질 듯도 싶었다.

이제 4박 5일 동안 수양관에서 민식 목자를 자주 대하게 되자 성민은 오랜만에 다시 고향으로 돌아온 것 같은 기분을 느꼈다. 성민은 A, B, C동에 각각 분산 배치된 목자들에게 침구와 시트, 열쇠들을 나누어 주는 일로부터 시작하여 잡다한 심부름들을 하면서 스탭들이 민식 목자로부터 호된 훈련을 받는 것을 흥미롭게(?) 지켜보았다.

시니어 목자 중에서도 가장 서열이 높아 장차 민식 목자의 후계자로 지목을 받고 있는 신촌지역 책임 목자인 최상순 목자는 평복 차림 그대로 목에 하얀 세면 수건을 감아 매고 수양관 수영장 다이빙대에서 머리를 아래로 처박으며 수없이 물 속으로 곤두박질을 하였다.

풍덩.

풍덩.

푸——.

다른 사람들은 오후에 자유시간을 가지며 숲 속을 거닐고 있을 때도 상순 목자는 계속해서 다이빙을 해야만 하였다. 그는 다이빙만 하는 것이 아니었다. 다이빙을 하기 전에 꼭꼭 성경 한 구절을 구호처럼 고함을 질러 외쳐 대며 다이빙 자세를 취했다.

"차라리 연자 맷돌을 그 목에 달리우고 깊은 바다에 빠뜨리는 것이 나으리라!"

"차라리 연자 맷돌을 그 목에 달리우고……."

왜 그가 그런 고함을 반복해서 지르며 다이빙 훈련을 받고 있는지는 그 성경 구절을 통하여 유추해 보면 능히 짐작을 할 수가 있었다. 그 구절 앞에는 "누구든지 나를 믿는 이 소자 중 하나를 실족하게 하면"이라는 조건절이 덧붙어 있는데 그것으로 미루어 볼 때 상순 목자는 자기가 돌보는 회원들 중 적어도 한 사람을 실족하게 한 것이 틀림없었다. 구체적인 내용은 공개되지 않았지만 얼핏 주위들은 바로는 상순 목자가 여대생인 한 자매를 심방이라는 명목으로 자주 데리고 다니면서 마음을 빼앗았다는 것이었다. 그리하여 상순 목자의 아내가 시기할 정도가 되어 가정에 불화가 생기고, 그 여대생은 마음의 갈등을 이기지 못한 채 회관을 떠나 동방교라고 하는 이상한 이단 종파로 도피하다시피 들어가 그 종파의 교리대로 독신(獨身)을 고집하고 있다 하였다. 그 여대생이 회관의 살림을 꾸려 가는 선교 실무자라는 중요한 직책에 있었기 때문에 그 파문이 더욱 커졌을 것이었다.

"차라리 연자 맷돌을……."

풍덩.

처음에는 우스꽝스럽기도 하던 상순 목자의 다이빙이 횟수가 거듭될수록 비장한 느낌을 자아냈다. 수영장 주위에 둘러서서 은근히 미소를 떠올리며 지켜보던 몇몇 목자도 차츰 표정이 굳어지면서 그 자리를 떠나 슬그머니 숲 속으로 사라져 갔다. 중복의 뙤약볕이 그대로 내리쪼이고 있는 수영장에서 상순 목자는 하얀 연자 맷돌을 목에 두르고 자꾸만 깊은 바닷속으로 빠져들고 있었다. 그야말로 처절하고 고독한 침몰이었다. 그 훈련은 시범적인 면에서도 효과가 있었다. 남모르게 여대생의 마음을 빼앗고 시치미를 떼고 있던 다른 목자들도 풍덩풍덩 소리를 들을 때마다 마음이 뜨끔뜨끔 찔릴 것이 확실하였다. 성민은 심부름 때문에 수영장 주위를 왔다 갔다 하면서 저러다가 상순 목자의 머리가 깨지고 뱃가죽이 터지지나 않을까 조마조마해졌다. 여대생, 아니 여자의 마음을 빼앗은 죄가 많은 성민은 자신이 상순 목자 대신 연자 맷돌을 목에 두르고 다이빙을 해주고 싶은 심정이 되기도 하였다.

그런 시각에 B동과 C동 사이의 운동장에서는 대구지역의 책임 목자가 된 지 얼마 되지 않은 이길남 목자가 정구장 바닥을 다지는 무거운 쇠굴림대를 밀고 다니면서 땀을 뻘뻘 흘리고 있었다.

"머리만 굴리지 말고 푸싱 파워를 기르자!"

"……푸싱 파워를 기르자!"

구호를 외쳐 대는 길남 목자의 입 언저리에는 게거품이 일었다. 왜 그가 그런 훈련을 받는지는 그 구호가 그대로 잘 설명을 해주고 있었다.

그리고 운동장 저 위쪽 비석이 무너져 있는 한 무덤가에서도 고함 소리가 들려왔다.

"꼬시지 말고 기도하자! 꼬시지 말고 기도하자!"

부산지역의 책임 목자인 소칠용 목자가 무덤 주위를 마라톤을 하듯이 빙글빙글 돌며, 두 손을 찔러총 자세로 하늘을 향해 내뻗고 있었다. 어떻게 보면 무덤가에 살면서 밤낮 고함을 지르며 돌로 제 몸을 상하게 하고 있었던 저 거라사의 광인을 닮은 모습이었다. 잔꾀로 사람들을 모으려고 하지 말고 기도를 통하여 진실된 인격을 갖추는 가운데 그 감화력으로써 사람들을 이끌어 들이라는 취지의 훈련이었다.

민식 목자는 B동 중앙의 소강당을 훈련본부 임시 장소로 정하고 거기서 인턴들을 전령으로 삼아 훈련 지시를 내리기도 하고 훈련 받고 있는 상황을 자기가 직접 돌아보기도 하였다. 빙그레 미소를 지으며 훈련 상황을 돌아보는 민식 목자는 그야말로 야전 사령관을 닮아 있었다. 야전 사령관이 나타나면 훈련병들의 구호는 아까보다 더욱 커지기 마련이었다.

"……푸싱 파워를 기르자!"

"더 크게!"

"푸싱! 파워를! 기르자!"

"됐어. 박력 있게 학생들을 휘어잡아 누르라구. 학생들 살살 봐주면 상투 꼭대기로 올라오니까. 알겠어?"

"네!"

"수고했어. 오늘 훈련 이만."

저녁이 되자 불광산 기슭을 따라 제법 시원한 바람이 불어 왔다. 저녁식사를 마친 후 40여 명이 되는 스텝 인턴 선교후보들이 소강당으로 모였다. 낮에 훈련을 받은 목자들의 얼굴은 햇볕에 달구어져 홍옥처럼 되어 있었다. 소강당의 창 너머에서는 어스름을 배경으로 나무숲이 흔들리는 소리가 먼 바다 소리인 양 쏴아쏴아 들려왔다. 저녁 프로그램은 소감 발표를 중심으로 이루어졌다.

'소감'이라고 하는 단어는 평상적인 의미에 있어서는 전혀 무거운 느낌을 주는 낱말이 아니지만, 회관에서 소감이라고 할 때는 여간 부담스러운 것이 아니어서 바로 이 소감 노이로제 때문에 많은 사람이 모임에서 떨어져 나가곤 하였다. 소감은 일종의 팡세적인 묵상문이라 할 수 있는데 그렇다고 해서 팡세처럼 자유분방하게 생각을 펼쳐 가며 쓸 수 있는 성질의 것도 아니었다. 일정한 순서와 구조의 틀 속에서 씌어져야만 하였다. 먼저 성경 본문을 스토리텔링식으로 관찰해 보고 그다음 좀 더 깊이 있게 해석하고 그것을 기초로 자신의 구체적인 생활에 적용해 보고 거기서 드러난 잘못들을 고백 회개함으로써 결단에 이르도록 해야만 하였다. 이 관찰·해석·적용·결단이라는 4단계 과정을 제대로 밟지 않고 밑도 끝도 없이 눈물만 흘리며 회개부터 한다든지, 성경 구절만 가지고 요리조리 현학적인 체하며 풀어 나가는 것으로 일관하면 안 되는 것이었다. 소감은 매일 조금씩 성경을 보도록 안내 책자 역할을 해주는 '일용할 양식'이라는 정기간행물에 기초하여 하루도 빠짐없이 대학노트에 꼬박꼬박 일기를 쓰듯이 써 나가야 하였다. 4단계 과정을 제대로 거치려면 최소한 두 시간 가까이 걸리게 되므로 열성파 회원들은 대개 아침 첫째 시간 수업은 빼먹기가 일쑤였다.

그런데 일용할 양식 소감은 강의 소감에 비하면 그래도 약과인 편이었다. 일주일마다 한 강좌씩 공부하는 성경 본문을 가지고 써야 하는 강의 소감은 그야말로 대단한 작업이었다. 가령 '힘든 야곱을 키우신 하나님'이라는 제목의 강의를 소감으로 쓰려면 창세기 28장에서 50장까지의 내용을 기초로 해야 하기 때문에 그 중간에 나오는 요셉의 이야기는 따로 떼어 낸다 하더라도 대략 바인더 노트(강의 소감은 반드시 바인더 노트에 써야 한다)로 열 페이지는 써 나가야 윤곽이라도 잡을 수 있게 되는 것이었다. 좀 의욕적으로 마음을 먹고 쓰려면 스무 페이지 이상은 족히 넘어가야 했다. 요회 때는 회원들이 돌아가면서 바로 이 일용할 양식 소감이나 강의 소감을 발표함으로써 모임을 이루어 나갔다. 노트에 소감을 써오지 않고 입만 가지고 즉흥적으로 이야기를 떠벌리는 요회 모임은 상상할 수조차 없었다.

지금 스탭미팅도 마찬가지였다. 목자들은 아침 나절에 그룹별로 공부한 성경 본문을 가지고 자유시간을 이용하든지 해서 반드시 소감을 써야만 하였다. 그룹별로 발표하지 않고 전체적으로 할 때는 시간 제한상 몇 사람밖에 발표할 수가 없었지만 누가 발표를 하게 될는지는 민식 목자 이외엔 아무도 모르기 때문에 무조건 다 준비하고들 있어야만 하였다.

　드디어 민식 목자의 지시를 받은 사회자가 칠판에 발표자 명단을 순서대로 적어 나갔다. 스탭들의 주였지만 간혹 인턴, 선교 후보의 명단도 끼어 있었다. 인턴의 경우는 심부름 다니느라고 소감 쓸 시간이 거의 없다시피 했지만 식사시간을 아껴서라도 써 놓아야지 다른 변명이 통하지 않았다.

　전체 회중 앞에서 발표하는 소감은 이미 묵상문의 성격을 벗어나 있었다. 그것이 개인적인 기록으로 남을 때에 한해서 묵상문이 되는 것이지, 공개적으로 발표될 때는 일종의 고해성사적인 성격을 띠게 되었다. 아니, 고해성사도 엄연히 은밀성이 요구되는 의식이므로 그것은 차라리 고해성사적인 것이라기보다 자아비판적인 것이라고 해야 옳을 것이었다. 공산주의 사회에서 마르크스, 레닌의 어록이나 모택동, 김일성 어록들을 기초로 하여 자신의 부르주아적인 썩은 생각과 잘못을 인민대중 앞에서 고백하는 그 자아비판의 의식(儀式)과 같은 것이 지금 소강당에서 치러지고 있었다.

소감을 발표하는 목자들은 인민재판을 받는 사람처럼 식은땀을 흘리며, 앞 좌석에 앉아 있는 민식 목자의 눈치를 유난히 살피곤 하였다. 대개 소감을 발표한 직후에 민식 목자로부터 훈련 지시가 떨어지므로 여간 긴장되는 것이 아니었다. 글은 아무리 꾸며도 자기나 남을 속일 수 없는 모양이었다. 소감 발표 중에 문제점이 그대로 드러나고, 문제점이 드러나기만 하면 민식 목자는 먹이를 잡아채는 맹수처럼 달려들어 그것을 물고 늘어졌다. 민식 목자의 지적은 너무도 정확했으므로 아무도 항변을 할 엄두를 내지 못했다. 소감 발표 중에 드러나지 않은, 그러니까 소감 발표 내용과는 전혀 상관이 없는 문제점까지 파헤치는 판인데 더 할 말이 있을 리 없었다. 어떻게 남의 속을 꿰뚫어 보고 알아맞히는 희한한 능력을 그가 소유하게 되었는지.

"난 여러분을 사랑하기 때문에 아는 것입니다. 사랑하는 그만큼 아는 것입니다."

그는 그의 비결을 사랑으로 설명했지만, 목자들은 '좀 모르면서 사랑할 수 없나' 하면서, 그의 사랑을 오히려 두려워하고 부담스러워하기도 하였다. 물론 사랑한다고 하니까 한편으로 감격스럽기도 하지만 말이다.

"보십시오. 하나님의 사랑은 훈련으로 나타납니다. 히브리서 12장에 보면 하나님의 훈련이 없는 자는 하나님의 사랑을 받지 못하는 사생자라고 했습니다. 이스라엘 역사를 돌이켜보십시오.

이스라엘이 받은 그 혹독한 훈련들이 다 하나님의 사랑의 표시가 아니고 무엇입니까. 그러므로 하나님의 사랑은 우리가 보통 생각하는 그런 사랑이 아니라 뼈아픈 훈련이 있는 사랑입니다. 우리 백성의 문제도 훈련이 없다는 것입니다. 훈련받은 백성이 아니라는 것입니다. 물론 역사적으로 많은 시련들을 겪어 왔지만 시련이 곧 훈련이라고는 볼 수 없습니다. 어쩌면 훈련을 회피하면서 그때 그때 역사의 흐름에 순응하는 쪽으로 길들여져 왔는지 모릅니다. 특히 요즈음 서구 자본주의의 물결에 정신없이 떠밀려 가면서 대부분 전혀 훈련 없는 삶을 영위하고 있습니다. 그러나 북한 백성은 잘못된 방향이긴 하지만 훈련이 있는 백성입니다. 정신력으로만 따진다면 남한 백성이 북한 백성을 이길 수 있다고 장담할 수는 없습니다. 월남 패망에서도 그런 점이 넉넉히 증명되었습니다. 물질이 정신을 이기지 못했습니다. 우리가 공산주의를 이길 수 있는 길은 공산주의 훈련보다 더 센 훈련을 받아 정신적으로 더욱 강해지는 길밖에 없습니다. 자본주의니 민주주의니 하는 것은 말은 좋지만 훈련이 없는 느슨한 삶을 살게 하기 쉽습니다. 공산주의를 이길 수 있는 길은 철저히 기독교 정신으로 훈련받고 무장하는 길밖에 없습니다. 그런데 한국 교회가 그런 일을 감당하고 있습니까? 오히려 자본주의의 물량 공세에 흔들리고 있을 따름입니다. 그럴듯한 설교만 하지 제대로 신자들을 훈련시키지 않습니다. 한국 사회에서 가장 안일한 곳이 교회라고 해도 과언이 아닙니다. 훈련이 없는 교회는 썩은 고목과 같은 교회입니다. 이 시대에 우리가 먼저 철저히 하나님의 훈련을 받아 서는 것만이 한국 사회를 살리고 한국 교회를 살리는 길입니다. 어떤 사람이 저에게 말하기를 우리의 모임이 공산당과 같다고 했습니다. 그때 나는 그 사람을 똑바로 주목하면서 공산당을 이기려면 공산당보다 더 지독해야 된다고 하였습니다. 이 시대에 공산당을 위해 순당(殉黨)하려는 자들은 수없이 많은데 기독교를 위해 순교하고자 하는 자는 과연 얼마나 되겠느냐고 되물었습니다. 그러자 그 사람은 나의 시선을 외면하면서 고개를 숙였습니다."

이렇게 민식 목자는 훈련에 대한 분명한 철학을 가지고 훈련을 시켰으므로 훈련 방법이 좀 기이하다 하여 섣불리 이의를 제기할 수도 없었다. 사실 성경에 보면 여호와 하나님이 선지자들을 훈련시킨 방법은 더욱더 기이한 편이었다. 이사야 선지자로 하여금 대낮에 벌거벗고 다니도록 한 것이라든지, 에스겔 선지자로 하여금 사람 똥을 구워 먹도록 한 것이라든지, 별별 희한한 훈련들이 다 있는 것이었다. 다만 목자들이 좀 궁금해하는 것은 민식 목자가 시키는 훈련이 곧 하나님의 훈련인가 하는 점이었다. 그런 궁금증과 의문이 일어날 적마다 하나님이 민식 목자를 통하여 시키는 훈련이라고 생각을 돌리는 수밖에 별다른 도리가 없었다. 그리고 언제까지 훈련을 받아야 하는 건지 그것도 궁금

하였지만, 최고참 선배인 상순 목자마저 여전히 강도 높은 훈련을 받고 있는 걸 보면 훈련이 끝날 날이 있을까 까마득하게 느껴질 뿐이었다.

둘째날 저녁에는 마침내 성민이도 소감발표자 명단에 끼게 되었다. 성경 본문은 히브리서 11장 23절에서 28절까지였다. 본문 중에서 특히 24절과 25절이 중요한 구절이었다.

"믿음으로 모세는 장성하여 바로의 공주의 아들이라 칭함 받기를 거절하고 도리어 하나님의 백성과 함께 고난 받기를 잠시 죄악의 낙을 누리는 것보다 더 좋아하고."

성민은 이 구절에 기초하여 '바로의 공주의 아들'이 되고자 열망하며 노력해 왔던 지난날들을 되돌아보는 식으로 소감의 서두를 열어 나갔다. 세상의 명예와 지위를 얻기 위하여 고시공부에 열을 올렸던 일, 그러나 가치관이 바뀜에 따라 그런 것들이 전혀 부러워 보이지 않게 된 변화, 그렇지만 신앙의 세계에서도 다른 의미이긴 하지만 여전히 '바로의 공주의 아들'이 되고자 하는 영웅심리가 남아 있는 문제들에 관해 하나하나 발표해 나갔다. 그리고 세상의 부귀영화나 쾌락과 안일보다 새로운 역사 창조를 위해 고난을 택한 모세의 믿음과 결단을 높이 평가하면서 자신도 좀 더 고난에 참여하기를 바란다고 하였다. 그러면서 그동안, 특히 군대 3년 동안 고난에 참여하기보다 오히려 죄악의 낙을 누리는 안일 속에 있었던 점들을 고백하였다. 정신이상자에 방불

한 군목 밑에서 시달리면서 매사에 적극성을 잃어 갔던 일들을 주로 발표하였다.

성민의 소감 발표가 끝났을 때 예상했던 대로 민식 목자로부터 훈련 지시가 떨어졌다.

"성민 목자는 군대물을 빼야 되겠어요. 군대물을 빼려면 적어도 3년은 걸리는데 내일은 그 흉내나 내도록 하시오."

구체적인 훈련 내용은, 내일 낮에 화장실과 연결되어 있는 샤워장으로 들어가 벽을 이용하여 거꾸로 물구나무를 선 채 샤워 물을 뒤집어쓰면서, 군대물을 빼자 군대물을 빼자, 구호를 외치라는 것이었다.

소감 발표가 끝난 후에는 모임을 마친 후 으레 하게 되어 있는 짝기도로 들어갔다. 짝기도는 둘씩 둘씩 짝을 지어 대화식으로 하는 기도를 가리키는 말이었다. 서로 옆에 앉아 있는 사람들끼리 짝을 이루다 보니 성민이와 민식 목자가 짝이 되었다. 성민은 이전부터 민식 목자와 짝기도를 하게 될 때는 이상하게 정신이 아득해지면서 평소에는 그런대로 잘하던 기도를 어떻게 해야 될지 몰라 허둥대기가 일쑤였다. 이번에도 성민은 자기가 무슨 말로 기도를 하는지 스스로도 잘 모르는 가운데 이것저것 주워섬기기에 바빴다. 성민의 기도가 끝나자 민식 목자의 기도가 시작되었다. 성민은 여전히 눈을 감고 고개를 숙인 채 민식 목자의 기도 소리에 잔뜩 신경을 곤두세워 귀를 기울였다. 민식 목자의 기도는 마치 가까이 있는 사람과 대화를 하듯이 차분하기 이를 데 없는 어조였지만, 한 단어 한 문장이 그냥 습관적으로 내뱉어지는 것이 아니라 의미심장한 내용을 지니고 있게 마련이었다. 그래서 민식 목자의 기도는 늘 들어도 항상 새롭게 느껴지는 것이었다. 민식 목자는 성민이만 들으라는 듯 속삭이는 음성으로 성민을 위해 기도하기 시작했다.

"…… 주님, 성민 형제가 군대 있는 동안 여자를 경험하고 순결을 잃었습니다……."

기도 소리에 귀를 기울이고 있던 성민은 이 대목에 와서 쇠망치로 정수리를 얻어맞은 것처럼 어쩔 현기증이 일면서 정신이 더욱 아득해지고 귀까지 멍멍해졌다. 성민이가 일어서 있었더라면 아마도 픽 쓰러지고 말았을 것이었다. 어떻게 군대 복무기간에 여자를 처음으로 경험한 사실까지 알고 있는 것일까. 아까 소감 발표에서도 공개적으로 발표하기에는 너무나 부끄러워 일부러 숨긴 내용이었는데, 어느 누구에게 암시조차도 한 적이 없었는데, 어떻게 알게 되었을까. 민식 목자의 통찰력이 이런 사항에까지 미치리라고는 미처 생각해 보지 못했던 것이었다. 죄 사함 어쩌고 하는 민식 목자의 기도는 계속되고 있었지만 성민의 귀에는 이명(耳鳴) 같은 것이 울리고 있을 뿐이었다. 얼굴이 화끈화끈 달아오르고 숨쉬는 것조차 견딜 수 없는 형편이 되었다. 기도가 끝난 뒤 눈을 뜨고 고개를 들 일을 생각하니 벌써부터 몸둘 바를 모를 지경이었다. 차라리 민식 목자의 기도가 한없이 계속 되었으면 싶었다. 그러나 민식 목자의 기도는 곧 끝이 났다.

"아멘."

이제 눈을 뜨고 고개를 들어야 했다. 성민은 눈을 한번 질끈 감았다가 한숨을 푹 쉬며 간신히 눈을 뜨면서 고개를 들었다. 그런데 민식 목자는 이미 그 자리에 없었다. 저쪽으로 걸어가 다른 사람들과 어울려 있었다. 민식 목자는 조금 전에 심각한 기도를 한 일이 전혀 없다는 그런 표정으로 하하하 웃기까지 하며, 기도를 끝내고 어슬렁거리는 목자들의 등을 툭툭 치기도 하였다. 성민은 민식 목자의 모습을 곁눈질로 훔쳐보면서 방금 그 기도 소리가 지나친 순결 콤플렉스 때문에 잘못 들은 환청이 아니었나 기억을 되살려 보았다. 하지만 분명히 '여자를 경험하고'라는 함축적인 구절을 들었고, '순결을 잃었다'는 직접적인 문구까지 들은 것이 틀림없었다.

각각 숙소로 흩어질 때 또 한 번 민식 목자와 마주치게 되었지만, 민식 목자는 성민에게 아무런 내색도 하지 않고 그냥 지나쳤다. 기도로 은밀하게 꽉 찔러 놓고는 시치미 떼는 그런 표정이었다. 성민은 순간, 민식 목자가 구체적인 사항은 모르면서 슬쩍 넘겨짚어 기도해 본 것은 아닐까, 그러고는 시치미를 떼고 자신의 반응을 살피고 있는 것은 아닐까 하는 생각을 하였다. 그렇다면 나도 아무 일이 없었다는 듯 덤덤한 표정으로 있어야 하지 않을까. 성민은 짐짓 덤덤한 표정을 지으며 C동 숙소를 향해 운동장을 가로질러 내려갔다.

여름 풀냄새가 달콤하기까지 한 어둠 속에서 숙소로 향하는 목자들의 행렬이 무슨 성지순례자들의 실루엣처럼 비쳐 왔다. 밤하늘에는 어둠이 뭉쳐지고 뭉쳐지다가 끝내는 빛으로 터진 듯한 별들이 점점이 박혀 있었다. 성민은 자신의 내면에서도 가장 어두운 그 부분에 오히려 빛구멍이 뚫려 있는 것을 느꼈다. 그리고 민식 목자의 기도가 넘겨짚은 그런 종류의 기도가 아님을, 또한 그런 기도가 되어서는 안 된다는 것을 감지하고 있었다.

성민에게 또 입영통지서가 날아왔다. 성민은 너무도 기가 차서 숨을 헐떡거리며 병무청으로 달려갔다. 제대한 지 두 달도 채 안 되는데 또 군대에 들어오라니 말이 됩니까. 지금까지는 당신 형을 대신해서 당신이 군대 복무를 한 것이오. 이제는 당신의 복무기한을 채워야 하오. 나에게는 형이 없소. 난 분명히 나의 복무기한을 채웠소. 이보시오, 여기 서류에 당신은 군대에 아직 가지 않은 걸로 되어 있지 않소? 당신이 입대하지 않으면 당신은 병역기피자가 될 것이오. 난 내가 군대를 다녀왔다는 증명서를 가지고 있소. 병무청에도 기록이 없는데 증명서는 무슨 증명서라는 거요?

　성민은 호주머니를 뒤져 병역 확인서를 꺼내 보였다. 그런데 이게 웬일인가. 신성민이라는 이름이 적혀 있지 않고 엉뚱한 이름이 적혀 있었다. 이 증명서도 당신의 군대 복무 사실을 증명해 주지 못하고 있지 않소? 증명해 주든 안 해 주든 난 분명히 3년간 군대 복무를 했소. 황금과 같은 내 청춘의 시절을 군대에서 보냈단 말이오. 당신이 아무리 그렇게 주장해도 소용없소. 입대하겠소? 병역기피자로 입소하겠소? 교도소로 가겠느냐는 말이오.

성민은 다시 군복을 입고 군화를 신고 군모를 쓰게 되었다. 낯이 익은 군인들이 성민이가 왜 다시 군대로 들어왔나 하고 수군거렸다. 성민이가 아무리 설명을 해주어도 그들은 빈들빈들 웃기만 했다. 성민은 다시 3년이라는 세월을 국방색 투성이의 건물 안에 갇혀 지낼 것을 생각하니 답답해서 견딜 수 없었다. 금방이라도 미쳐 버릴 것만 같았다. 군복과 군화 군모들을 벗어 내던지기 시작했다.

쿠다당.

침대용으로 연결시켜 놓은 의자들이 넘어지면서 성민이가 타일바닥으로 굴러떨어졌다. 성민은 엉덩이에 통증을 느끼며 엉거주춤 일어났다. 유리창 너머로는 피고름같은 아침놀이 하늘을 흥건히 적시고 있었다. 성민은 자기를 괴롭게 하던 상황이 꿈이었음을 천만다행으로 생각하며 이마의 땀을 훔쳤다.

성민은 봉천회관을 나와 고갯길을 걸어 올라갔다. 손에 들린 가방에는 성경책 한 권과 소감 노트, 봉천회관 도서부에서 빌린 〈에세네파에 관한 한 연구〉라는 제목의 소논문 책자들이 들어 있을 뿐, 학교 수업에 필요한 책과 노트는 거의 들어 있지 않았다. 성민은 학교 수업 때도 소감 노트에다 강의 필기를 하고 있는 것이었다.

이토록 책 한 권, 노트 한 권 제대로 살 수 없는 빈곤은 지금까지 성민으로서는 겪어 보지 못한 상황이었다. 책이니 노트니 하는 것은 차치하고 우선 밥 한끼 사먹을 수 있는 돈조차 없었다. 인턴이면 훈련비라는 명목으로 최저 생활비도 안 되는 얼마의 금액을 달마다 받게 되는데, 성민은 그것마저 학교를 졸업한 정식 인턴이 아니라는 이유로 받지 못했다. 극빈의 상태로 치달은 부산 집에서는 등록금 대기도 벅찬 형편에 용돈이 올 리는 없고 부득불 뭔가 아르바이트를 해야만 했으나 그것도 이전처럼 쉽게 구해지지가 않았다. 학생회관 이층에 자리잡고 있는 직업보도소를 뻔질나게 드나들며 아르바이트 건수 하나 걸리기를 고대했지만 거기도 무슨 뇌물 같은 것이 오가야 하는 건지 좀체 연결이 되지 않았다.

성민은 학교에 와서 휴게실 앞을 지날 때가 스스로 가장 처량하게 느껴지는 순간이었다. 휴게실 진열대에 놓여 있는 단팥빵 찹쌀떡 곰보빵 크림빵 그 외 여러 과자들이 시선을 잡아끌고, 휴게실 의자에 여유있게 앉아 커피까지 곁들여 가며 빵과 과자들을 먹고 있는 학생들을 창 너머로 보게 될 때, 입 안에 가득히 군침이 도는 것을 어찌할 수 없었다. 어떤 때는 그 비굴한 군침에 대항하기라도 하듯 적극적으로 금식을 선포하고 3일간 물만 마시면서 식은땀을 죽죽 흘리며 회관과 학교를 오가기도 하였다. 그러면 회관의 회원들은 성민의 속사정을 잘 모르고 금식으로 신앙을 다지려고 노력하는 것처럼 보이는 그의 분투를 은근히 부러워하곤 하였다.

언제까지나 금식만 하고 있을 수 없는 성민은 하루에 최소한 한두 끼의 밥은 얻어먹어야 했으므로, 먼 친척이나 연락이 닿을 수 있는 두서너 명의 친구 아니면 봉천회관 회원들과 책임 목자 집 같은 데를 돌아가면서 들르는 가운데 겨우겨우 끼니를 이어 갈 수 있었다. 하루는 길바닥에서 꾸겨져 있는 5천 원짜리 한 장을 주워 며칠간 제법 풍족하게 쓴 적이 있었는데, 그 맛을 들인 이후로는 걸어갈 때 길바닥을 유심히 살피는 버릇이 생겼을 뿐만 아니라 아예 저녁 시간에는 그 돈 줍기 산보를 하며 하염없이 봉천동 지역을 돌아다니기도 하였다. 그런데 의식적으로 돈 줍기 산보를 나선 날에는 10원짜리 동전 하나 눈에 띄지 않는 것이 참 희한했다. 그 무렵, 성민은 꿈속에서 얼마나 많은 동전과 지폐를 주웠는지, 산길 같은 데서 돈을 줍다가 눈을 뜨면 정말 셀 수 없는 돈이 성민의 손안에 있었다. 아무것도 없어서 셀 수 없는 돈이 말이다.

차츰 성민은 세상을 바라보는 자신의 눈이 달라져 감을 느꼈다. 이전에는 한 번도 본 적이 없는 세상의 모습을 새롭게 발견한 기분이었다. 그동안 얼마나 세상을 좁게 보아 왔는지 스스로 생각해도 부끄러울 지경이었다. 마르크스의 자본론이 어떤 배경에서 나왔는지 실제적으로 짐작할 수도 있게 되었다.

무엇보다 길거리에 가득한 사람들이 도대체 어떻게 그 귀한 돈을 손안에 넣고 밥을 먹으면서 살아들 가는지 신기하기 그지없었다. 다들, 육교 위에 엎드린 거지들까지도 용케 굶어 죽지 않고 살아가고 있는 게 불가사의하기만 했다. 그러고 보니 세상은 참으로 신비로운 곳이었다. 성민은 길가의 노점상들이나 포장마차, 수레행상, 껌팔이, 신문팔이에 이르기까지 그들의 경제행위를 주의깊게 관찰하는 버릇이 생겨갔다. 그리고 역전 골목 같은 데서 배회하며 손님을 부르는 창녀들의 행위도 그야말로 철저한 경제행위에 불과하다는 것을 새삼 알게 되었다. 아르바이트 한 건을 구하기 위해 학교 직업보도소로 몰려드는 누렇게 뜬 얼굴의 학생들의 사정이 성민 자신의 사정처럼 가슴에 찡하게 와닿기도 하였다. 아, 세상은 온통 경제행위로 가득 차 있구나, 세상의 고통은 죄니 악이니 하는 추상적인 데서 시작되는 것이 아니라 경제라고 하는 아주 구체적인 상황에서 시작되는 게 아닌가. 성민은 자신이 가장 부르주아적인 환경 가운데 있으면서도(다니고 있는 캠퍼스만 하더라도 동양 최대가 아닌가) 가장 프롤레타리아적으로(?) 살고 있는 모순이 더욱 고통스럽게 느껴졌다.

성민은 가방을 추스리며 봉천동 고갯마루에서 잠시 멈추었다.

그리고 심호흡을 한번 한 뒤 고갯길을 내려가기 시작했다. 문득, 지난밤 꿈의 광경들이 눈앞에 어른거렸다. 뭔가 이상하다는 느낌이 파고들었다. 의식적으로는 하루 세 끼의 더운밥이 꼬박꼬박 나오던 군대를 그리워하고 있는데, 꿈에서는 다시 군대로 돌아간 것을 말할 수 없이 고통스럽게 여기고 있었다니. 의식은 밥을 열망하고 있지만 무의식은 그래도 자유를 갈망하고 있다는 말인가. 이것이 마르크스 이론의 한계인가.

유대에서는 바리새인들이나 사두개인들과 더불어 제3의 파당이 있었다. 그 파는 대중생활에서 드러나게 활동하지는 않았지만 기독교의 기원에 관한 중요한 단서를 제공해 주고 있는데 이것이 곧 에세네파였다. 에세네라는 말은 '하시아'(경건한)라는 아람어를 어원으로 삼고 있다는 견해가 지배적이었으나 요즈음 '아시아'(치료자)라는 아람어가 그 어원이라는 강력한 논거가 대두되고 있는 것이었다.

에세네파는 해안에서 멀리 떨어져 바다의 해로운 영향을 피할 수 있는 서쪽 바닷가 안쪽에서 고독한 집단을 이루었다. 그들은 모든 성생활을 비난하고 여인 없이 살았다. 그들은 돈도 없이 살며 종려나무 외에는 아무런 친구도 없었다. 매일매일 그들의 인원은, 평범한 생활에 권태를 느낀 사람들이 먼 사방에서 찾아와 에세네파의 생활방식을 채택함으로써 보충되었다. 4천 명이 넘는 그들은 농업에 전적으로 자신들을 헌신하였고 모든 것을 공동으로 소유하였다. 그래서 부자라도 무일푼인 사람 이상의 부(富)를 누리지 못했다. 에세네파에 정식으로 속하려면, 즉 공동식사에 참여하려면 3년 동안의 시험기간을 거쳐야만 하였다. 초신자는 공동식사에 참여할 수 있는 허락을 받기 전에 수십여 가지의 서약을 맹세해야 했다. 신을 향하여 경건을 실천할 것. 인간을 향하여 정의를 지킬 것. 자신이 통치자가 된다면 자기 권세를 악용하지 않으며, 의복으로나 다른 외부적인 우월성의 표시로서 자기 하급자들보다 더 좋은 것을 착용하지 않을 것. 항상 진리를 사랑하며 거짓을 폭로할 것. 아무것도 이 종파의 단원들에게 숨기지 않을 것. 고문을 받아 죽는 한이 있더라도 이 종파의 비밀을 누설하지 말 것……

알렉산드리아의 필로는 '선한 사람은 모두 자유롭다'라는 논문에서 그의 논제의 가장 적합한 본보기로 에세네파를 들었다……

성민은 〈에세네파에 관한 한 연구〉라는 소책자를 읽으며 그 공동체의 매력에 점점 이끌려 갔다. 에세네파와 회관 간에 상이점들도 많았지만 그 정신에 있어 유사점들도 많이 있음을 발견했다. 문화생활에 대한 부정적인 태도, 구성원 상호 간의 결속력, 시대의 남은 자라는 자부심, 철저한 공동체 훈련, 엄격한 서열 등이 그것이었다.

성민이가 앉아 있는 법대 건물 뒤편 잔디 등성이에는 고추잠
자리들이 이리저리 날아다니다가 코스모스나 은행나무 가지,
풀섶 등에 조심스럽게 내려앉곤 하였다. 성민은 잠자리의 투명한
날개를 보면서 에세네파가 점심식사 때마다 목욕재계하고 입었
다는 거룩한 베옷을 떠올렸다. 에세네파는 좀 독단적이긴 하지
만 그 혼탁한 사회에서 시대의 양심 역할을 한 것이 아닌가. 지금
이 시대에서 우리의 모임이 에세네파와 같은 순결성을 유지해 갈
수 있을까. 그런데 순결성이라는 것이 과연 이 시대에 어떤 의미
가 있는가. 성민은 다시 책자로 눈길을 돌렸다.

그들은 이른 새벽부터 계속해서 기도하며 하나님께 찬양의 성
가를 부를 때까지 한 마디 말도 하지 않았다. 그들이 말을 하게
될 때에는 선배에 대한 규칙을 준수하여 서열대로 말하였다. 왜
냐하면 회원들 중에는 4등급의 순위가 있었기 때문이었다.

그런데 결속력이 강하던 이 에쎄네파도 요동하는 시대 역사
속에서 4개의 파로 분열되었다. 그중에 한 파는 역사 현장에 직
접 뛰어들어 테러 행위도 서슴지 않았던 시카리이(Sicarii)당, 즉
셀롯당(열심당)으로 발전되기도 하였다. 로마와의 전쟁시 유대반
란군의 강력한 사령관이었던 요한이라는 사람도 에세네파의 일
원이었다.

성민은 갑작스럽게 서술되고 있는 에세네파의 분열과 변신에
서 일종의 혼돈을 느꼈다. 책의 저자도 그 분열과 변신의 원인을

'요동하는 시대 역사'라는 애매한 말로 얼버무렸을 뿐, 납득이 갈 만한 원인이나 동기를 밝히지 않고 있었다.

"어이 고독한 복학생, 거기서 무얼 하고 있나?"

성민이가 고개를 드니 김채수가 저 아래쪽에서 걸어 올라오고 있었다. 턱을 목젖 쪽으로 바짝 당기고 어깨를 럭비 선수처럼 젖혀 올린 자세로 뚜벅뚜벅 큰 걸음으로 다가왔다. 성민은 늘 채수의 그런 자세에 압도당하는 기분이었다. 처음에는 꾸며서 그런 폼을 재나 하고 생각했는데 그것이 채수의 고유한 자세임을 곧 알게 되었다. 그런데 지금은 그 자세도 어딘지 모르게 허술해져 있었다. '어딘지 모르게'가 아니었다. 허술해진 원인은 너무도 명백하였다. 그는 왼팔이 마비된 듯 제대로 움직이지를 못했다. 그의 왼팔은 늘 어중간한 위치에 고정되어 있게 마련이었다. 왼다리도 조금씩 저는 것 같기도 했다. 그러나 그는 그 허술해진 구석이 전혀 의식되지 않는 듯 더욱 컬컬한 목소리로 자신감이 넘치는 말들을 시원시원하게 내뱉었다. 하지만 성민은 왼팔과 왼다리가 성하였던 이전의 채수를 회상하며 안쓰러운 마음을 금할 길이 없었다. 그리고 중풍으로 인하여 왼쪽 몸이 마비된 외할머니 생각까지 나서 더욱 마음이 무거워지는 것이었다.

성민이가 법대에 처음 입학했을 때 같은 학년의 학생들 중에 좀 특이해 보이는 애들이 몇 있었는데 채수가 그중의 하나였다. 고등학교 동창 관계도 아니고 해서 한동안은 말도 제대로 안 걸고 눈인사만 하면서 지냈었다. 채수는 대단히 입이 무거운 학생이었으나 한번 입을 열었다 하면 그 자세에 걸맞게 사자후의 기염을 토했다. 그리고 다른 학생들은 고등고시 예비시험 준비니 해서 법학개론 같은 것을 뒤적거릴 때에도 눈 하나 까딱 않고 다른 방면의 책들을 끼고 다니며 탐독하였다. 그가 앉아 있는 도서관 책상을 슬쩍 훔쳐볼라치면 거기에는 주로 이상한 영어 독어 원서들이 얹혀 있었다. 'Karl Marx, Friedrich Engels, Joseph Bloch, Ludwig Feuerbach, Eduard Bernstein' 등 사회주의 내지는 공산주의 냄새가 나는 저자들이 쓴 책들이었다. 그 불온기가 농후한 책들을 어떤 경로로 입수했는지는 몰라도 그는 버젓이 그것들을 펼쳐 놓고 열심히 사전을 찾아 가며 읽고 있었다. 어쩌면 학문적인 연구 대상으로 그 정도의 책은 입수해서 읽을 수도 있는지 몰랐다. 아무튼 그런 사회학 경제학 계통의 책들에 몰두하면서 채수는 주위 학생들과는 사뭇 다른 별개의 세계에 사는 것처럼 말하고 행동했다. 머리를 식히려고 그러는지 간혹 운동장으로 나가 평행봉을 하는 그의 모습을 도서관 창 너머로 내려다보고 있으면, 마치 그가 평행봉과 같은 든든한 사상의 지주를 붙들고 그 위에서 마음껏 재주를 부리고 있는 것같이 보이기도 하였다.

캠퍼스가 점점 데모의 와중으로 빠져 들어갈 때 너무도 당연하다는 듯이 채수가 지도자로 부각되었고, 다른 학생들은 채수가 읽고 있던 그 이상한 책들의 권위에 눌려 채수를 그냥 따르게 되었다. 결국 채수는 3학년 말에 제적을 당하고 캠퍼스에서 자취도 없이 사라져 버렸다. 채수가 군대에 들어갔다는 소문만이 쓸쓸한 캠퍼스에서 낙엽들과 함께 뒹굴고 있을 뿐이었다. 채수와 별로 친하지 않았던 성민은 그 이후로 곧 채수를 잊어 갔다. 간혹 떠오르기도 하던 풍운아적인 채수의 이미지마저 기억 저편으로 넘어가 버렸다.

그런데 성민이가 68학번은 자기 혼자일 거라고 생각하며 복학 아닌 복적을 하고 첫 강의에 들어갔을 때, 강의실 앞쪽에 떡하니 앉아 있는 채수를 발견하고 얼마나 충격을 받았는지…… 그것은 오래전에 죽은 자의 유령을 보는 것 같은 충격이었다. 그러니까 어떤 반가움보다는 두려움 같은 것이 왈칵 밀려온 것이었다. 그리고 기본적인 자세는 변하지 않았지만 이전보다 훨씬 여윈 가운데 광대뼈가 툭 튀어나온 얼굴 하며 금방 드러나 보이는 왼팔의 결함들이 더욱 성민의 마음을 움츠러들게 하였다. 그렇지만 겉으로는 반가운 기색을 한껏 나타내며 채수에게로 다가갔고 채수 역시 그 특유의 웃음으로 성민을 맞이하였다. 성민과 채수는 68학번들이 모두들 법조계로, 관계로, 업계로, 학계로(이 경우에는 형법 조교 한 사람이 여전히 캠퍼스에 남아 있었다), 그 외 다른 분야로 썰물처럼 다 빠져 나가 버린 그 자리에 오도카니 남은 두 개의 소라껍질과 같은 존재였다. 그래서 그런지 두 사람은 이전보다는 훨씬 서로에 대해 관심을 가지게 되었다. 성민이가 채수에 대해 가장 궁금했던 것 중의 하나는 채수의 왼팔과 왼다리가 어떻게 해서 그 지경이 되었느냐 하는 것이었다. 하지만 채수는 거기에 관해서는 좀체 입을 열지 않았다. 성민은 그 사연에 대해 여러 가지로 추측해 보았지만 오리무중을 벗어나지 못했다. 다만 분명한 것은 이전에는 채수가 온전한 팔다리를 가지고 있었는데 이제는 왼팔 왼다리가 병신이 되어 있다는 것이었다.

"무얼 보고 있는 거야? 수업은 없고?"

채수가 잔디 등성이를 좀 힘들게 올라와서 성민 곁에 앉았다.

"거기도 수업 없어?"

"지금 수업받으러 올라오는 길이었어. 사회정책인가 하는 거 선택과목으로 듣고 있는데 중요한 부분들만 쏙쏙 빼먹고 가르친단 말이야."

"수업 시작 종이 방금 울린 것 같은데, 빨리 수업 들어가 봐야 지 않아?"

"자네가 도사처럼 여기 앉아 있는 걸 보고는 수업 들어갈 생각이 싹 없어졌어. 안 그래도 듣기 싫던 차에."

채수는 성한 오른손으로 잔디를 한움큼 쥐어뜯으면서 성민이가 읽고 있는 책을 슬쩍 곁눈질해 보았다.

"에세네? 애 서네? 무슨 피임법에 관한 책인가? 허허허"

"그러고 보니 농담할 줄도 아네. 사회학 하는 사람은 항상 심

428

각한 줄 알았는데."

"허허허, 농담이야말로 가장 리얼리스틱한 사회행위가 아닌가. 피터 버어거라는 친구는 말이야, 사회학자인 주제에 신학자 연하면서 뭐 신자유주의 신학을 주창한다나. 그 사이비 신자유주의 신학자의 말에 의하면, 농담이야말로 일상생활에서 초월을 경험할 수 있는 일종의 종교행위라는 거야."

채수는 신학 방면에 대해서도 관심이 꽤 많은 모양이었다. 사회학에 깊이 들어가다 보면 신학과 연관되는 부분들을 만나지 않을 수 없게 되어서 그런지, 아니면 채수 나름대로 신(神)을 더듬어 찾는 작업을 하고 있는 것인지.

"채수는 지금 이 시대에서 어떤 공동체가 가장 절실히 필요하다고 생각해?"

성민이 보던 책을 덮으며 물었다.

"공동체?"

의외의 질문이라는 듯 채수가 의아한 표정으로 되물었다.

"자네 혹시, 이 시대에 가장 필요한 공동체는 교회라는 식으로 유도해 가려고 그런 질문을 한 거 아냐?"

채수는 이전부터 성민이가 기독교에 몰두하고 있다는 것을 알고 있었기 때문에 우선 경계의 연막을 쳤다.

"아니야, 그게 아니야"

"그럼, 자네가 속해 있는 그 뭐라고 하는 선교단체라고 주장할

셈인가"

"그게 아니라니까. 결론을 가지고 지금 말하고 있는 게 아냐."

성민의 강한 부정에 채수는 헛기침을 몇 번 하며 자못 진지한 표정이 되어 갔다.

"나만큼 공동체문제에 대해 관심을 가지고 연구하고 고민한 경우도 드물 거야. 그것 때문에 톡톡히 대가를 치렀지만 말이야. 난 마르크스의 이론에 레닌의 공산당이 합해져서 러시아 혁명이 가능했다는 E. H. 카의 논술에 뭔가 신선한 충격을 받았지. 그래 레닌의 전기들을 구해 읽으며 그가 어떻게 공산당이라는 공동체를 구성해 갔는가를 연구하기도 했지. 그러던 중에 한편으로는 한스 코온의 민족주의적인 사관에 입각한 역사학의 논문들을 접하게 되었어. 민족공동체의 이상을 뜨겁게 불러일으키는 책들이더군. 난 공산당과 같은 이념공동체냐, 한스 코온적인 민족공동체냐 하는 문제를 놓고 한동안 고민에 고민을 거듭했지. 이념공동체 쪽으로 나간다면 구태여 우리 민족의 통일문제에 그렇게 급급할 필요도 없다고 생각되더군. 오히려 북한을 희생시켜서라도 자유와 민주의 이념공동체 확립에 더욱 힘을 써야 마땅하지. 반면 민족공동체 쪽으로 나간다면 이념을 같이하고 있는 소위 자유우방들을 희생시켜서라도 민족의 통일을 우선적으로 이룩해야지. 근데 난, 아무리 이념공동체라고 하지만 결국 민족공동체로 돌아오는 게 아닐까 생각되더군. 아직 민족통일에 대한 감상주의적인 사고를 버리지 못하고 있기 때문에 그런 식으로 생각했는지도 모르지. 그래 나는 목표는 민족공동체로 잡으면서 그것을 이루어 가는 과정으로 이념공동체를 활용하기로 했지. 그 말은 곧 같은 이념으로 뭉친 민족공동체를 목표로 한다는 극단적인 이상론인 셈이지. 대략 방향을 정한 나는 이념작업을 함께할 동지들을 모아 요즘 말로 하면 거 지하서클인가 하는 것을 조직해 나갔지. 법대에서 동지를 구하기는 하늘의 별 따기더군. 주로 문리대 쪽에서 동지들을 얻었지."

여기까지는 채수라면 당연히 이야기할 수 있는 내용들이었다. 성민은 조금 지루한 느낌이 들기도 하였다. 고개를 들어 먼 데 하늘을 쳐다보았다. 지난날의 채수의 치열한 고민과는 전혀 상관이 없는 듯한, 시퍼런 물 속 같은 가을하늘이 거기 펼쳐져 있었다.

"하지만 지금은……."

채수가 조금 뜸을 들였다. 성민은 다시 채수 쪽으로 고개를 돌렸다.

"지금은 말이야, 이전에는 듣기만 하여도 가슴이 뛰곤 하던 그 공동체라는 말이 아무런 감흥도 불러일으키지 못한단 말이야. 오히려 속이 메스꺼워질 지경이야."

채수의 입에서 이런 말이 튀어나오리라고는 전혀 예상하지 못한 바였다.

"아니, 그건 또 왜?"

"공동체라는 것에 대한 일종의 환멸이지. 이상주의의 좌절이라고나 할까. 그런 걸 난 지하서클을 이끌어가면서 실제적으로 경험했지. 기본적인 투쟁 목표로 독재정권 타도를 부르짖었지만 그 서클도 점차 독재적으로 운영되었지. 내가 리더 역할을 했기 때문에 더 정직하게 말할 수 있는데, 어떤 순간 나 자신이 무시무시한 독재자로 변모해 있는 걸 발견하는 때가 있었지. 그리고 나를 중심으로 주도세력들이 모이고, 그것은 서클 노선을 잘 따르지 않는 불평분자들을 소외시키는 세력이 되어 갔지. 그러니까 소외당하지 않으려고 맹목적으로 뛰어드는 치들도 생기고 불평분자들끼리 또 하나의 세력을 이루기도 하더군. 이렇게 서클 내에 복잡한 문제가 생길수록 더욱 극단적인 대외투쟁으로 치닫게 되었지. 대외투쟁을 통해 자체 내의 문제들을 뛰어넘으려고 몸부림을 친 거지. 하지만 결국 쪼개어지더군. 함께 투쟁했던 동지가 그럴 수 없이 차가운 적으로 변하고 서로 변절자라고 낙인을 찍더군. 사실 난, 외부로부터 받은 상처보다 공동체의 분열로 인한 상처가 더욱 크다구. 외부로부터 받은 상처는 어쩌면 이 왼팔과 왼다리처럼 육체적인 것에 불과하고 오히려 영광이 되는데 말이야, 동지로부터 받은 상처는 두고두고 정신을 아리게 하는 수치가 된단 말이야. 이런 것까지 다 극복해 나가야 쓸 만한 지도자가 될 것이라고 누가 말하겠지만, 나 자신의 허상과 공동체의 허상을 아예 꼭대기에서 다 내려다본 나는, 공동체 자체에 대한 회의를 지워 버릴 수 없는 것이지. 그래 난, 형사들이 우리 서클을 덮치고 검거해 가고 함으로써 외부의 충격에 의해 서클이 와해될 때 오히려 뭔가 시원한 기분까지 느꼈다구, 나로서 내리기 힘든 결단을 형사들이 대신 내려 준 셈이지. 그리고 무엇보다 나는 십자가를 벗은 홀가분한 심정이 되더군. 이런 지경에까지 이르렀으니 내가 어떻게 다시 공동체를 조직할 엄두를 내겠는가 말일세."

성민은 채수가 왼팔과 왼다리의 그것보다 더 깊은 상처를 내면에 지니고 있음을 정말 느낄 수 있었다.

"그럼 이 시대는 누가 어떻게 감당하지?"

성민의 입에서 한탄과 같은 질문이 새어 나왔다.

"의식 있는 개인들이지."

"의식 있는 개인?"

"그래, 공동체를 이룬다고 야단법석을 피우지 않고 의식 있는 개인으로 각각 흩어져 있는 가운데 감당하는 거지."

"지금까지 역사적으로 볼 때 공동체를 이룬 집단들이 역사의 주도권을 잡아 왔는데?"

"난 그렇게 생각하지 않아. 주도권을 잡은 것처럼 보일 뿐이지. 그 집단들도 공동체의 원리에 따라 와해되어 갈 따름이야. 거, 교회니 종교단체니 하는 것들도 까놓고 보면 마찬가지 아냐?"

"우린 어차피 사회라는 큰 공동체에 속해 있잖아?"

"내 이야긴 그것과는 다르지."

채수는 자신의 사상의 변화를 불완전한 언어로 표현하고 있는 사실에 대해 뭔가 답답함을 느끼는 듯, 바지 호주머니에서 담뱃갑과 라이터를 꺼내더니 오른손으로 좀 어색하게 담배를 피워 물었다. 인간의 모호한 사상의 흐름 같은 부연 담배연기가 잠자리들의 날개깃을 스치며 퍼져 올라갔다.

꾸룩꾸룩 꾸룩.

날씨가 추워진 탓인지 칠면조들이 잠을 제대로 자지 못하고 밤이 깊도록 계속 울음소리를 냈다. 구슬댁은 그 칠면조의 소리가 자신의 내부 저 깊숙한 곳에서 울려 나오고 있는 듯 눈을 멀뚱히 뜬 채 잘 움직여지지 않는 몸을 뒤척였다. 창호지 문에는 달빛과 달 그림자가 섞여 어렴풋이 묻어 있었다. 다른 할멈들은 낮동안의 싸리나무 채취 작업으로 피곤한 몸을 웅크린 채 잠 속으로 빠져들어 갔지만, 구슬댁의 의식은 창호지 문만큼이나 훤하게 밝아진 가운데 자꾸만 지나온 세월들을 더듬고 있었다. 남편과 함께 신혼살림을 차리던 일, 딸아이 하나를 얻어 그 재롱에 세월 가는 줄 모르던 시절, 남편의 바이올린 소리, 그 바이올린 소리처럼 아련히 멀어져 간 남편, 무남독녀 딸아이를 데리고 삯바느질로 연명하던 나날들, 그 오두막 초가집, 밤새워 삯바느질을 하면서 듣던 초가집 마당의 전신주 우는 소리, 남편이 켜던 바이올린의 고음같이 기이하게 울려오던 그 소리, 함박꽃처럼 피어나면서 자라던 딸의 성장 과정, 딸과 신 서방과의 혼례 장면, 완전히 혼자가 된 청상과부의 고독, 깊은 밤중에 방문을 따고 들어와 몸을 덮치던 괴한…….

구슬댁은 그때의 그 공포에 다시 질리는 듯 부르르 몸을 한번 떨었다.

"옆집 머슴놈이었제."

구슬댁이 가만히 중얼거렸다.

"아 거거거거 에이 퉤."

저쪽 구석에서 자던 할멈 하나가 뭔가 꿈속에서 아니꼬운 장면을 보았는지 몸을 반쯤 일으키면서 침을 뱉는 시늉을 하더니 다시 고꾸라졌다. 그 할멈은 꿈속에서 남편에게 아니면 자식들에게 침을 뱉었을 것이었다. 평소에도 남편과 자식에 대한 원망을 가득 안고 그들 욕을 바락바락 해대었으니까 말이다.

꾸룩꾸룩 꾸룩.

칠면조가 또 울었다.

휘──휘──.

산바람도 제법 거세게 불었다. 창호지 문이 덜컹거렸다. 문에 묻어 있던 달빛과 달 그림자도 후루루 아래로 미끄러졌다.

니는 자식을 많이 낳거라이, 아이 어머님도 난 몰라요, 딸이 낳은 달덩이 같은 외손자 녀석, 성민이 성민이, 백성을 이룬다. 이름이 참 좋아 지도자감이야, 성민이에 대한 사부인(査夫人)의 독점욕, 구슬댁 자신에 대한 경계와 시기, 6·25의 혼란, 신 서방네의 부산 이주, 또다시 밀려오는 말할 수 없는 외로움, 전신주 우는 소리, 남편의 바이올린 소리, 이이잉 이이잉······. 사부인의 죽음, 방학 때마다 내려오는 성민이와 외손녀들, 탱자나무 울타리에서 초저녁 잠이 든 잠자리들을 무더기로 잡아 손가락 새에 가득히 꽂고 뛰어 돌아오던 성민이, 방학이 끝나 다시 부산으로 돌아가는 녀석들, 그 시외버스 정류장에서 홀로 쓸쓸히 돌아오던 길······.

"성민아, 성민아!"

구슬댁은 성민의 이름을 가만히 중얼거려 보며 몸을 또 한 번 뒤척였는데, 두 눈에 벌써부터 괴어들기 시작했던 눈물이 주루루 흘러내려 베갯잇으로 스며들어 갔다.

"4·19 땜새 신 서방 마음이 들뜬기라."

구슬댁은 그때 무렵의 일들을 떠올리며 가슴이 쓰라려 옴을 느꼈다.

국민학교 교사였던 신 서방의 변신, 일본처럼 교원노조를 결성해야 된다고 동분서주하던 신 서방의 광기, 5·16 군사혁명과 동시에 행방불명이 된 신 서방을 딸과 함께 찾아 헤매던 일, 육군

형무소 영도경찰서 서대문형무소, 구슬댁의 전답과 집의 처분, 신 서방의 출감, 딸네 집에 얹혀 사는 생활, 성민의 입대, 사업에 실패한 신 서방, 거리로 나앉게 된 딸네 집, 간신히 얻어 들어간 전세방, 신 서방의 술주정과 행패, 양로원으로 발걸음을 옮기던 날, 아득한 산길, 매미 소리, 남편의 바이올린 소리…….

다라락.

방문께로 스치는 바람에 문풍지 떨리는 소리가 났다. 그 소리는 구슬댁의 심장판막이 여닫히는 소리 같기도 했다.

휴——.

구슬댁은 크게 한숨을 내쉬었다. 하나님 아바지요, 겨울을 여기서 보낼 생각을 하면 아득합니더. 전 몸이 등신이라 땔감도 제대로 해오지 못합니더. 어떻게 산을 기어오르고 땔나무를 해가지고 올지. 하나님 아바지요, 내 마지막 소원 하나 들어주이소. 나, 성민이랑 지낼 수 있도록 쪼깐한 방 한 칸만 마련해 주이소. 성민이도 고생하고 있을 낀대.

방문 창호지 가득히 성민의 얼굴이 둥실 떠올랐다. 구슬댁의 비뚤어진 입가에 미소 같은 게 어른거리더니 침이 지르르 흘러내렸다.

회관은 다분히 반(反)교회적인 요소가 강했다. 민식 목자의 설교 중에도 종종 언급되었지만, 한국 교회는 이미 회복하기 힘들 정도로 썩었다고 간주하면서 현재의 교회체제로써는 자체 내의 개혁이 불가능한 것으로 진단하였다. 그런 반교회적인 경향을 대표하는 용어로 '구신자'라는 단어가 있었다. 여기 '구'자에 대해서는 학설이 두 가지로 나뉘었다. 입 구(口) 자라는 설과 옛 구(舊) 자라는 설이 그것이었다. 전자를 취할 때는 구신자란 입으로만 신앙생활하는 자를 빈정거리는 말이 되고, 후자를 취할 때는 낡을 대로 낡아 탄력성이 전혀 없는 형식주의적인 신자들을 가리키는 말이 되었다. 그런데 구(舊)신자가 구(口)신자로 되는 경향이 일반적이므로 어떤 학설을 취하든 결국 같은 의미가 된다고 볼 수 있었다.

다른 교회에서 신앙생활을 하다 회관으로 들어오는 자들은 일단 구신자로 낙인이 찍히게 마련이었다. 교회생활을 오래한 사람일수록 그 낙인의 강도는 심한 법이었다. 구신자의 때를 벗기 위해서는 그 낙인의 강도만큼 센 훈련을 받아야 하였다. 대개 교회에서 훈련이란 걸 모르고 천방지축으로 날뛰다 온 구신자들은, 훈련을 제대로 감당하지 못하고 오히려 회관 모임이 이단이라고 악을 쓰며 다시 교회로 돌아가든지 아니면 아예 세상으로 돌아가 버리든지 하였다. 구신자 때 빼기 훈련을 잘 감당한 자들은 구신자라는 불명예스러운 낙인은 어느 정도 지워지지만 좀체 회원들로부터 인정을 받지는 못하였다. 늘 구신자 계보에 속하는 자로 암암리에 경원시당하곤 하였다. 언제 또다시 구신자로서의 근성을 드러낼지 알 수 없기 때문이었다.

그리고 일반 교회에서는 무척 존경을 받는 명칭들이 회관에서는 매우 수치스러운 것이 되었다.

"거룩한 목사 같은 음성이네."

"전도사라고 불러야겠네."

이런 말들을 듣게 될 때 얼마나 창피스러움을 느끼게 되는지 알 수 없었다. 모태신앙이니 세례교인이니 하는 말들도 회관에서는 그렇게 거리낄 수 없는 말이 되었다.

또한 교회에서 강조하는 십일조헌금이라고 하는 용어는 일체 사용되지 않았다. 선교헌금이라 하여 월정액을 정하여 내는 것이 있긴 하였지만 십일조의 규정과는 관계가 없었다. 일정한 훈련기간을 거쳐 엄숙하게 선서를 함으로써 정식회원으로서의 자격을 부여받는 '소기도회 회원' 정도가 되면 십일조가 문제가 아니었다. 그들이 내는 선교헌금은 십일조를 훨씬 넘어 십삼조, 십오조, 어떤 때는 십십조에 이르기도 하였다. 학교 등록금, 자취 생활비 전액을 헌금으로 갖다 바치는 경우도 종종 있었다. 헌금 낼 돈이 없을 때는 손목시계 같은 것을 전당포에 맡기기도 하고 피를 뽑아 팔기도 하였다.

이런 회관의 반교회적인 성격에 약간의 변화가 일어나기 시작했다. 그것은 민식 목자가 검은 색깔의 승용차를 구입하고 나서부터였다. 물론 개인용으로 구입한 것이 아니고 회관용으로 구입한 것이긴 하지만 결국 대부분 민식 목자 개인의 출입에 승용차가 쓰이게 되는 것이었다.

하루는 스탭미팅 도중에 민식 목자가 벌떡 일어나더니,

"나 지금 기독교 지도자들의 회합에 참석하기로 되어 있어서 좀 빨리 가 봐야겠어요."

하며 양해를 구하였다. 그러고는 운전수를 부르더니 기름기가 자르르 흐르는 승용차를 타고 어딘가로 횡 달려가 버렸다. 스탭들은,

"기독교 지도자 회합?"

하며 고개를 갸우뚱거렸다. 기독교 지도자라면 벌레를 씹은 듯이 메스꺼워하던 민식 목자가 아니던가.

그것뿐만이 아니었다. 일요일 아침이면 승용차를 타고 여의도에서 한창 세력을 잡아 가고 있는 한 교회에 가서 예배를 드리고 와서는 오후 3시에 있는 회관 예배를 인도하였다. 민식 목자가 다른 교회 예배에 참석한다는 것은 일찍이 상상할 수 없었던 일이었는데 다른 스탭들까지 부추겨 그 교회로 달려가곤 하였다.

"모두 가서 그 교회 목사의 복음적인 설교를 배우시오. 그 메시지의 파워를 배우시오. 폐병환자에게 나았다고 선포하는 그 엄청난 믿음을 배우시오."

그리하여 인턴, 스탭들에게는 일요일 아침에 그 교회에 가서 예배를 드리는 것이 하나의 의무처럼 되었다.

먼 우주에서 떨어진 우주선과 같은 모양을 하고 있는 그 교회는 어마어마한 크기로 지어져 있었다. 단일 교회로는 세계 최대의 규모라고 하였다. 일요일 아침이면 그 교회로 모여드는 인파로 인하여 여의도 일대는 무슨 장날을 만난 것 같았다. 수만 명이 한꺼번에 들어갈 수 있는 그 교회 예배는 우선 그 참석 인원으로 인하여 열기에 들떠 있었다. 거기다가 오케스트라가 동원된 성가대의 합창, 소나기처럼 쏟아지는 목사의 설교, 아멘 할렐루야로 화답하는 신자들의 함성이 어우러져 그야말로 엑스터시의 절정으로 올라갔다. 예배가 끝나 갈 무렵, 신자들에게 깊은 인상을 심어 주는 사건이 늘 벌어졌다.

"내가 보니 저기 앉은 사람 중에 자궁암 환자가 있는데 지금 성령께서 치료해 주고 계십니다."

목사의 선포가 떨어지면 목사가 지적한 자리 근방에서 두 손을 높이 쳐들고 벌떡 일어나는 사람이 있게 마련이었고 전체 회중은 박수를 치며 흥분하였다. 하루는 목사가 말을 하지 못하고 키들키들 웃기만 했다. 회중은 목사가 갑자기 어떻게 되었나 하고 눈을 둥그렇게 뜨며 강단을 주시하였다.

"이런 걸 보는 것은 처음이군요. 하나님은 참으로 섬세하십니다. 저 근방에 어떤 분이 밤마다 이빨을 가는 문제로 고민을 하고 있군요. 뻐드덕뻐드덕 이빨을 가는 문제로 기도했는데 오늘 하나님께서 응답하셨습니다."

그러자 과연 한 사람이 두 손을 쳐들고 일어나 함박꽃처럼 웃고 있었다. 회중은 밤마다 뻐드덕뻐드덕 이빨을 갈았다는 그 사람의 턱주가리를 유심히 쳐다보며 박수를 쳤다.

"내가 보니 저 이층에 한쪽 다리가 짧은 분이 앉아 있군요. 지금 하나님께서 짧은 한쪽 다리를 길게 해주고 계십니다."

목사는 TV 화면을 보듯이 무언가를 선명하게 보는 모양이었다. 회관에서는 상상도 할 수 없는 일들이 벌어지고 있으므로, 인턴 스탭들은 어안이 벙벙한 채 주위를 두리번거렸다. 그리고 마음속으로 은근히 그 목사의 능력을 부러워하였다. 그동안 자기들이 존경해 마지않았던 민식 목자에게는 왜 그러한 능력이 없나 의심이 스쳐지나가기도 하였다. 민식 목자도 자신에게 부족한 그런 능력을 덧입기 위해 이 교회 예배에 참석하는 것일까.

성민은 소문으로만 듣던 그 교회 예배에 참석해 보고 큰 충격을 받았다. 그 목사의 말이 과연 참말이라면 성경에서 일어난 기적들이 지금 현실에서도 문자 그대로 일어나고 있는 셈이었다. 그동안 성경을 주로 도덕 교과서처럼 자신의 잘못을 반성하는 데만 사용해 온 성민은 성경 속에 새로운 차원의 세계가 열려 있음을 느끼기 시작했다. 그 세계는 활력과 생동감, 환희로 넘쳐 있는 듯하였다.

성민은 먼저 여의도 교회에서 일어나고 있는 현상을 역사적인 맥락에서 연구해 볼 필요가 있음을 절감하고 거기에 관련된 책들을 구하는 데 힘을 썼다. 그중에서도 에와르트(Frank J. Ewart) 라는 저자가 쓴 《오순절의 현상》(The Phenomenon of Pentecost) 이라는 원서가 성민의 마음을 사로잡았다.

금세기 첫날은 하나님과 사람 간의 한 새로운 관계를 이끌어 들인 날이었다. 1천 년 이상의 세월 동안 뿌리박아 왔던 로마 교회적 변절의 심연에서 기독교는 수세기에 걸쳐 점차 회복되어 오던 참이었다. 하지만 N. O. 라버지 부인이 저 추운 새해 아침에 방언을 터뜨렸을 때 회복은 거의 완성되어 가고 있었다. 이윽고 찰스 파 햄 목사의 성서학교 전 학생이 이 체험을 갖게 되었으며 부흥이 분출하면서 토페카(Topeka) 시는 소요하기 시작했다. 이렇게 토페카 시에서 일어난 기이한 부흥은 캔서스 초원을 지나 인접 주(州)로 번져 갔고 휴스턴을 거쳐 로스앤젤레스에 이르렀다. 거기서 아마도 모든 시대를 망라하여 최대라 할 수 있는 부흥이 아주사 가(街) 312번지에서 폭발했다. 아주사 가의 이 불길은 방대한 서북지방을 휩쓸고 캐나다로 들어갔다가 아시아, 구주, 남미로 침투되었으며 거의 초음속으로 전 세계로 확산되어 갔다…….

이러한 방언체험을 기초로 한 기적운동을 가리켜 오순절 운동이라고 하였다. 그런데 이 오순절 운동도 세례 문제로 인하여 분열되었다. 성부와 성자와 성령의 이름으로 세례를 주느냐, 주 예수 그리스도의 이름으로 세례를 주느냐 하는 문제로 심한 논쟁을 벌이다가 쪼개어지게 되었다. 주 예수 그리스도의 이름으로 세례를 주는 파를 가리켜 '연합오순절'파라고 하는데 한국에 들어와서는 그다지 교세를 떨치지 못하였다. 한편, 성부 성자 성령의 이름으로 세례를 주는 파를 가리켜 '하나님의 성회'파라고 하는데 그 파가 한국에 들어와서 여의도에 그런 교회를 세우기에 이른 것이었다.

오순절적 체험은 인생을 흥미롭고 매혹적인 모험으로 능란하게 엮어 간다. 예수 그리스도를 법석대는 신학적 공론(空論)에서 모시고 나와서 말로 표현할 수 없는 실제적이고 고귀한 분이 되게 한다……. 이런 구절들을 만날 때마다 성민은 밑줄을 진하게 그어 가며 가만히 흥분을 느끼곤 하였다. 이 운동은 세속적이며 형식적 종교적인 예배의 무기력에 대한 열렬한 항거이다. 이 운동은 초대 교회의 기적과 이사(異事)가 오늘날에는 반복될 수 없다고 가르치는 모든 교회를 고발한다. 오순절 없는 기독교는 불가능하며 사실상 모순이다. 이는 기독교가 아니며 교회집단(churchanity)에 불과하다……. 성민은 또 밑줄을 그었다. 다른 교회들은 썩었다고 비판하는 회관도 역시 여기서 말하는 교회집단에 불과한 것은 아닌가.

성민은 오순절에 사도들이 함께 모여 있다가 성령을 받은 사도행전 2장의 기록을 다시 유심히 살펴보며 그러한 오순절의 체험이 자신과 회관에도 임하기를 열망하게 되었다. 그리하여 봉천회

445

관의 회원들 가운데 그러한 체험을 원하는 자들을 모아서 그들과 함께 기도하기도 하고 여의도 교회 금요 철야기도회 같은 데 몰려가기도 하였다. 성민은 성경을 가지고 묵상문이나 쓰고 발표하는 회관의 딱딱한 분위기에 뭔가 새로운 바람을 불러 일으켜야 한다는 사명감 같은 것을 느끼고 있었다. 아주사 가 312번지에서 일어났던 그 부흥이 자기를 통하여 회관에 일어난다면 그보다 더 큰 보람이 없을 것 같았다. 또한 그것이 민식 목자가 스탭들에게 그 교회에 참석하여 배워 보라고 한 취지인지도 몰랐다.

그러나 봉천회관 책임 목자인 한승철 목자는 성민의 동아리들을 경계하기 시작했다. 회관의 프로그램에 마음을 쏟지 않고 다른 방향으로 힘을 분산시킨다는 것이었다. 결국 민식 목자에게까지 성민의 동아리들에 대한 보고가 올라가고, 민식 목자는 어느 날 스탭미팅에서 여의도 교회에 대하여 지금까지와는 사뭇 다른 견해를 피력하기에 이르렀다.

"그 교회에 가서 뭘 좀 배워 보려고 했는데 별 뾰족한 것이 없다는 걸 알았어요. 그 교회 목사는 다만 쇼를 잘할 뿐이에요. 쇼, 쇼라니깐요."

민식 목자는 유독 성민을 주목하면서 말하고 있었다. 성민은 자기 속에 일어나고 있는 반발을 민식 목자가 눈치채고 있음을 느끼고 고개를 숙였다. 스탭들은 이제 일요일 아침예배 참석의 의무에서 벗어난 것을 알았다.

민식 목자는 다시금 기독교 지도자들에 대해 신랄한 공격을 해대기 시작하면서 성서 르네상스를 부르짖었다. 성서 르네상스란 성경으로 돌아가서 더욱 본문을 파헤치며 연구하고 이왕에 써 오던 소감을 더 강화시키는 것을 말하였다. 스탭미팅에서는 전에 없던 설교문 작성 훈련이 실시되었다. 본문을 정해 주면서 30분 동안 설교문 초안을 작성하여 발표하라는 것이었다. 설교를 해본 사람이라면 그 훈련이 얼마나 어려운 훈련인가를 잘 알 것이었다. 본문의 제목을 정하고 전체 요절을 택하고 서론과 대지, 소지, 결론들을 써 나가는 작업이 어떻게 30분 안에 가능하겠는가. 스탭들은(앞으로 스탭이라 할 때는 대개 인턴도 포함된다) 진땀을 흘리며 배부된 시험지에 바삐 써 내려갔다.

그런데 설교문 작성 훈련에서 시니어 목자들이 대부분 낙제를 하고 주니어 목자들이나 인턴들이 합격을 하는 경우가 많았다. 주니어 목자들은 대개 이전의 동숭동 캠퍼스 출신들로 경상도 태생이 주류를 이루었다. 주니어 목자 그룹에 경상도 태생이 많은 것은 동숭동 캠퍼스 개척자인 승철 목자가 부산 출신으로서 출신지가 어금지금한 또래들을 회관으로 이끌어 들였기 때문이었다. 승철 목자는 그 개척의 공로 때문에, 전세로 얻지 않고 아예 본부에서 현금으로 사들인 이층 건물을 맡을 수 있는 특권을 가지게 된 것이었다. 다른 시니어 목자들은 조그만 회관을 전세로 얻어 달마다 월세를 내느라고 고생이 심한데 말이다.

"본을 보여야 할 선배 목자들이 낙제를 하고 오히려 후배들이 스피릿(spirit) 있는 설교를 하고, 뭔가 잘못되어도 한참 잘못되었어요. 윗물이 맑아야 아랫물이 맑을 텐데 이건 원⋯⋯."

정말 염려스럽다는 듯 민식 목자의 인상이 굳어졌다.

"아무래도 사명보다 생활에 더 마음이 빼앗겨 있기 때문에 스피릿이 없다구. 경호 목자!"

행당동 지역 책임 목자인 신경호 목자가 움칠 놀라는 표정으로 민식 목자를 쳐다보았다. 그는 노총각으로 있다가 얼마 전에 늦장가를 든 시니어 목자 중의 한 사람이었다.

"경호 목자는 신혼 살림으로 피아노랑 장롱을 들여놓았다며."

"그건 아내가⋯⋯."

"아내가 피아니스트이니까 피아노는 어쩔 수 없다 하더라도 거 장롱은 내일 당장 처분해서 헌금하라구. 목자가 무슨 장롱이야? 가방 하나만 들고 어디든지 갈 준비가 항상 되어 있어야지."

"네, 알겠습니다."

"그리고 수명 목자!"

이번에는 혜화동 지역 책임 목자인 조수명 목자에게로 화살이 향했다.

"요즘 텔레비를 샀다며⋯⋯."

"하도 애들이 조르는 바람에 월부로 조그마한 것⋯⋯."

"당장 월부 취소하고 되돌려 보내라구. 텔레비는 문화병의 원

448

천이야! 되돌려 보내지 않으면 내가 가서 망치로 깨뜨려 버릴 테니까."

"네."

수명 목자의 대답이 목구멍으로 기어 들어갔다. 설교문 작성 훈련에 낙제한 시니어 목자들은 한결같이 몸을 웅크린 채 침통한 표정을 짓고 있었다. 민식 목자로부터 어떤 지시사항이 떨어질지 몰라 속으로 전전긍긍하는 듯하였다. 직사각형으로 책상을 배열하여 빙 둘러앉은 스탭미팅의 분위기는 민식 목자의 입에서 나오는 말의 무게만큼 무거워지고 있었다.

"이렇게들 해가지고 어떻게 이 시대를 감당할 수 있겠어요? 기태 목자, 감당할 수 있겠어, 없겠어?"

민식 목자는 전체를 대상으로 말할 때는 존대어를 쓰다가도 개인을 대상으로 말할 때는 반말을 쓰곤 했다.

"없습니다."

안암동 지역 책임 목자인 강기태 목자가 시무룩한 표정으로 대답했다.

"잘 알면서 왜 정신들을 못 차리고 있는 거예요?"

점점 더 스탭미팅에서의 훈련 강도가 세어졌다. 그 무렵 스탭미팅은 주로 봉천회관에서 가지게 되었는데, 민식 목자는 다른 목자들보다도 시니어 목자들에게 초점을 맞추어 훈련을 실시하는 것 같았다.

"오늘은 선교사들에게 편지를 쓰는 시간을 가지겠어요. 각각 어떤 선교사에게 편지를 쓸 것인가 자기 이름 옆에 선교사 이름을 적어서 제출하시오."

스탭들은 오늘은 설교문 작성 훈련이 없는가 보다고 적이 안심을 하며, 자기가 편지를 써서 보내고 싶은 서독과 미국 등지의 선교사(평신도 선교사이지만 그 모임에서는 그냥 선교사라고 불렀다) 이름을 자기 이름과 함께 적어 제출하였다. 민식 목자는 자기 앞으로 제출된 명단을 유심히 살펴보더니 갑자기 벌떡 일어나면서 고함을 질렀다.

"이거 모두들 한 사람 이름밖에 적지 않았잖아. 적어도 두 사람의 선교사들 이름은 적어야지. 이건 그만큼 선교사들에게 관심이 적다는 증거야."

스탭들은 어안이 벙벙해졌다. 제한된 시간에 한 사람에게 편지 쓰기도 그리 쉽지 않은 일인데 어떻게 두 사람까지 생각할 수 있겠는가.

"선교사 한 사람 이름만 적은 사람들은 지금부터 맨발로 대학 정문 앞까지 달려갔다 와요."

아닌 밤중에 홍두깨를 한 대씩 얻어맞은 표정들이 되어 그냥 멍하게 앉아 있는 스탭들에게 다시금 불호령이 떨어졌다.

"지금 당장! 선착순이야!"

스탭들은 누가 먼저랄 것도 없이 양말을 벗어 내던지고 후다닥 튀어 일어나 바깥으로 달려나갔다. 다행히 두 선교사의 이름을 적었던 단 한 사람, 승철 목자를 제외한 30여 명의 스탭들이 맨발인 채로 봉천회관을 빠져 나와 고갯길 인도를 뛰어 올라가는 광경은 그야말로 진풍경이었다. 지나가던 학생들, 일반 통행인들이 웬 맨발부대인가 하고 멈춰 서서 구경들을 하며 고개를 갸우뚱거렸다.

"회사 신입사원들이 담력 키우기 훈련을 받나?"

"아무리 그래도 맨발로 뛰게 할까."

때마침 잔뜩 찌푸린 하늘에서 하얀 색종이 조각 같은 것들이 떨어져 내렸다. 첫눈이었다. 본부 주니어 목자인 이석기 목자가 고개턱 쯤에서 입에 거품을 물고는 픽 쓰러졌다.

서로 눈을 번뜩이며 눈치를 보고 있는 것이 무슨 경매장 분위기 같았다. 눈을 번뜩인다고 했지만 그것도 잠깐뿐, 결과가 알려지는 즉시로 눈들은 또다시 희멀겋게 풀어지곤 하였다. 실내에는 담배 연기가 그곳의 초조와 긴장의 부피만큼 퍼져 있었다. 창구의 직원 두 사람은 서류철을 뒤적이면서 계속 걸려 오는 전화를 받기에 바빴다.

"아, 네, 그러니까 수학 전공하는 학생을 원하신다는 말씀이죠? 보수요? 요즘 시세는 한 시간당 만 원이에요. 아, 네, 거야 뭐 당사자들끼리 조정하면 되겠죠. 전화번호하고 주소를 불러 주십시오. 예, 잠깐만, 용산구 한강로……."

학생들은 창구 앞에 줄을 서서 차례를 기다렸다. 직원이 전화 통화를 끝내고는 다시 창구 쪽으로 몸을 돌렸다.

"신청번호?"

"126번요."

"가만 있자. 자네는 말이야 아직 조건이 맞는 게 안 나타나고 있어. 좀 기다려 보라구."

"네."

"다음, 뭐 210번? 자네도 마찬가지야."

"112번? 신성민? 자네는 내가 지난번에 소개해 주었잖아. 어떻게 된 거야?"

"저, 복학생이라고 꺼려해서……."

"그 사람들, 나이도 좀 들고 듬직한 학생을 원한다고 해놓고는……. 자네는 인상이 듬직하지 못했던 모양이지?"

"네, 저……."

"그럼 말이야, 방금 전화 온 데 소개해 줄게. 수학 전공하는 학생 원한다고 했지만 꼭 수학과일 필요는 없지. 고2 수학 가르칠 수 있겠지?"

"저, 노력……."

"법대까지 들어온 실력이면 할 수 있겠지. 그 사람들 만나면 좀 뻥을 까라구. 고등학교 때 수학은 끝내 주었다고 말이야. 그리고 대학 입시 때 수학은 만점 받고 들어왔다구……."

"아, 네……."

"여기 주소랑 전화번호 있으니까 연락해 보고 찾아가 봐. 자네, 복학생이고 석 달째 아르바이트를 구하지 못하고 있으니까 내가 특별히 봐주는 거야."

"네, 감사……."

"되면 감사 표시 알지?"

"네, 감사……."

성민은 주소와 전화번호가 적힌 메모지를 받아들고 창구에서 물러났다. 학생회관 아래층으로 내려와서 공중전화 박스 속으로 들어갔다.

"네, 저, 직업보도소 통해서 소개받은 학생입니다."

"아, 그러세요. 근데 여긴 집이 아니라 상점이에요. 세운상가 아시죠? 일층에 나보라양장점이라고 있어요. 우선 여길 와서 만나요. 다섯 시쯤."

40대 중반쯤 되어 보이는 여자의 목소리가 축축하게 수화기에서 새어 나왔다.

성민은 오후에 있는 법철학과 친족상속법 강의를 마치고 세운상가로 향했다. 나보라양장점은 쉽게 찾을 수 있었다. 양장점 문을 밀고 들어서자 진한 여자냄새가 성민의 코를 자극했다. 화장품 냄새와 옷감냄새, 살냄새 같은 것들이 섞인 묘한 내였다. 손님의 허리둘레를 재고 있던 부인이 성민을 알아보고,

"아, 학생이죠? 여기 소파에 잠깐만 앉아 있어요."

하였다. 전화기로 듣던 목소리보다는 조금 맑은 음색이었다.

손님이 돌아가고 부인이 성민의 맞은편 소파에 앉았다. 몇 가지 질문을 해보더니 고개를 가만히 끄덕였다.

"수학을 지도하면서 틈틈이 영어도 봐 주겠습니다."

성민은 이렇게 말하는 자신이 주책없게 생각되었다. 왜 불리한 조건을 이쪽에서 먼저 제시하는가 말이다.

부인은 영어도 지도해 주겠다는 말에 솔깃했는지 좀 굳어져 있던 표정을 풀었다.

"그 앤 영어는 꽤 해요. 그래도 지도해 주면 더욱 좋죠."

이제 아르바이트를 허락하는 투로 이야기하기 시작했다. 성민은 가만히 한숨을 내쉬었다.

부인과 함께 따라간 곳은 한강변의 어느 고층 아파트였다.

"그 앤 조금 있다 올 거예요. 이 시간엔 무슨 특활활동으로 자수를 배운다나."

성민은 스팀 기운이 감도는 응접실에 앉아 부인이 내다 준 커피를 마시다가 불쑥 고개를 들어 맞은편의 부인을 쳐다보았다.

"그럼 학생이 여학생입니까?"

"여학생이니까 자수를 배우죠. 하하."

주름살이 황금분할처럼 곱게 그어져 있는 부인의 얼굴에 그 나이와는 어울리지 않게 천진스러운 웃음이 감돌았다.

"난 또……."

"내가 여학생이라고 말하지 않았던가요?"

"그냥 그 애라고만 말씀하셨죠."

"호호 그랬던가요. 난 당연히 내 아이는 딸아이라는 것을 전제로 하고 이야기하니까. 사실 처음에는 딸애니까 여대생이 맞겠구나 싶어 여대생을 부탁해서 데려다 놓았죠. 그런데 이상하게도 딸애가 따르지 않는 거예요. 여대생도 좀 까다로운 성격이라 딸애를 잘 감당하지도 못하고……. 그래서 이번에는 여대생이란 조건을 제시하지 않았죠. 남학생이 오게 되더라도 이전보다 낫겠지 생각하고 말이에요. 성민 학생은 군대까지 갔다 왔다니까 더 잘되었죠. 큰오빠다 생각하고 호되게 꾸지람도 좀 하고……."

성민은 남은 커피를 꿀꺽꿀꺽 마저 다 마셔 버렸다. 다른 식구들은 전혀 눈에 띄지 않는 집안의 분위기가 야릇하게 느껴지기만 했다. 베란다 창문 너머로 강 너머의 야경이 석류 속처럼 펼쳐지기 시작했다.

"학생, 나 담배 좀 피우겠어."

부인이 다탁 위에 놓인 금빛 뚜껑의 케이스를 열더니 담배를 한 대 꺼내어 물고 그 케이스에 딸린 라이터를 작동시켜 불을 붙였다. 성민으로서는 그리 늙어 보이지 않는 중년 부인이 담배를 피우는 모습을 이렇게 가까이서 마주 대해 보기는 처음이었다.

"애 아빠는 일본에서 사업을 한다고 거기에 나가 있는 날이 더 많아. 여기 식구는 그 애랑 나 둘뿐이지."

부인이 담배 연기를 입과 코에서 후, 내뿜으며 어느새 반말로 독백을 하듯이 중얼거렸다. 여자의 두 콧구멍에서 담배 연기가 새어 나오는 모습은 괴망스럽기까지 하였다.

"학생은 담배 안 피우나?"

"아, 네, 저 괜찮습니다."

딩동 딩동.

초인종이 부드럽게 울렸다.

"주희가 왔나 봐."

부인이 마루를 가로질러 현관 철문을 열었다. 하얀 칼라의 겨울 교복을 입은 소녀가 미끄러지듯이 걸어 들어왔다. 저렇게 눈망울이 도깨비처럼 빛나는 아이를 어떻게 가르칠 수 있담. 성민은 순간적으로 당혹감을 느꼈다.

미국의 거지들을 위하여!

미국의 거지들을 위하여!

For the beggars of America!

이러한 제목의 글씨가 씌어진 차트가 회관들의 벽에 붙여지고 그러한 내용을 담은 티켓이 수천 장씩 인쇄되어 각 회관으로 배부되었다.

"이번 크리스마스 구제사업은 국내의 어려운 사람들을 위해 하지 아니하고 외국의 어려운 사람들을 위해 하기로 결정했습니다. 그동안 주로 국내 구제사업을 벌여 왔는데 올해는 국외로 눈을 돌려 우리나라가 그간 도움을 많이 입어 온 미국을 우리 스스로 돕고자 합니다. 미국 할렘 가에 우리의 도움을 필요로 하는 거지들이 얼마나 많이 있는지 모릅니다."

민식 목자의 이 말에는 거지근성에 찌든 한국 민족에 대한 울분과 미국에 대한 도전의식 같은 것이 깔려 있었다. 민식 목자는 종종 가난한 전도사 시절에 미국 선교사들로부터 받은 수모와 서러움들을 피력하였는데 그때 마음에 생긴 응어리들이 좀체 풀리지 않는 것 같았다.

왜 우리는 미국의 도움만 받고 살아야 하느냐. 우리도 여봐란 듯이 미국을 도우며 살 수는 없는가. 민식 목자의 이러한 마음은 스탭들은 말할 것도 없고 일반회원에 이르기까지 뜨겁게 전달되었다. 그리하여 자선공연 준비와 구제헌금을 위해 회원들이 동분서주하기 시작했다. 구제헌금은 구제사업의 취지가 적혀 있고 '빨간 아기'라는 연극 제목이 도안 글씨로 크게 박혀 있는 공연 티켓을 회원 스스로가 각자 작정한 금액으로 살 뿐만 아니라 사회 각계각층에 임의 가격으로 판매함으로써 확보해 나갈 수 있었다.

성민은 한 여대생 자매와 짝이 되어, 찾아갈 대상들을 정하고 각 대상에 맞는 작전을 짠 연후에 티켓을 팔러 나갔다. 먼저 성민의 먼 친척이 되는 대법원 판사를 찾아갔다. 덕수궁 돌담을 마주 대하고 있는 대법원은 다른 법원이나 검찰청의 분위기와는 달리 부드러운 적막에 잠겨 있었다. 판사실 하나하나가 무슨 별장의 조용한 방 같은 분위기였다. 머리가 희끗희끗한 대법관들과 젊디젊은 여비서들이 묘한 앙상블을 이루고 있었다. 로맨스 그레이 파파와 사랑스러운 딸이 휴가를 즐기고 있는 것 같은 아담한 방으로 들어섰을 때, 수위실로부터 방문 문의 전화를 받고 기다리고 있던 친척 아저씨가 짐짓 반가운 표정을 지으며 일단 맞아들였다.

"이거 몇 년 만이야? 집에 한번 놀러오지도 않고…… 난데 없이 여기로 찾아오다니"

"한번 찾아 뵙고 제대 인사를 드리려고 했는데 그만…….."

여비서가 인도하는 대로 응접 소파에 앉으며 성민이 더듬더듬 말했다.

"제대라? 아참, 그렇지. 군대 갔다 올 나이가 됐지. 그래 고시는 어떻게 되었어?"

"학교 복학해서 다니고 있습니다."

"아니 그럼 아직 졸업도 못 했단 말인가?"

"네, 그렇게 됐습니다."

"그래 방문 목적은 무언가?"

성민은 곁에 앉은 여대생을 흘끗 쳐다보았다. 여대생은 알았다는 눈빛을 보내며 푸른 천으로 만든 책가방에서 티켓 몇 장을 끄집어냈다.

"저희는요……."

이렇게 말문을 연 여대생은 그 얇은 입술만큼이나 상큼하게 방문 목적을 일사천리로 설명해 나갔다. 대부분 민식 목자의 말에서 따온 내용들이었는데 여대생의 설명이 이어질수록 친척 아저씨의 표정이 벙벙해졌다.

"뭐, 뭐? 미 미국 거지들을 위하여? 한국에도 얼마나 헐벗고 굶주린 사람들이 많은데 이건 원……."

기가 차다는 어투였다.

"이건 구제사업이라기보다 일종의 정신운동입니다."

성민이도 한마디 거들었다. 그러자 친척 아저씨는 공격 목표를 잡았다는 듯이 성민에게로 말의 화살을 홱 돌렸다.

"자네, 소문 듣던 대로군. 친척들 간에 자네 소문이 어떻게 나 있는지 아나? 그렇게 현실을 무시하고 천지도 모르고 깨춤을 추면 어떡하나? 집안도 어렵다면서. 신앙도 좋고 정신운동도 다 좋아. 정도껏 해야지. 모든 걸 다 팽개치고 그렇게……. 젊은 날의 한때 이상이라구."

친척 아저씨의 얼굴이 푸르락붉으락해졌다. 곧 대법관의 엄숙한 선고가 떨어진 판국이었다.

"어차피 크리스마스가 되면 한국의 어려운 사람들을 위해서는 여러 사회단체에서 구제사업을 벌이잖아요. 우린 좀 더 눈을 돌려서 외국의 어려운 사람들도 도와 보자는 거죠."

여대생이 선고가 떨어지기 전에 지혜롭게 변론을 전개해 주었다. 대법관은 문득 여기가 판결 주문을 낭독하는 법정이 아님을 인식했는지 한숨을 내쉬며 부드러운 어조로 바꾸었다.

"글쎄, 다 좋다니깐요. 대학생들이 의식을 가지고 참 잘하는 일이에요. 다만 성민이가 자기 장래에 대해 무책임하게 행동하니까 염려가 돼서 그래요. 성민이가 법조계로 들어오면 내가 정말 밀어 줄 마음이 있다구요."

그러면서 여비서에게 여대생으로부터 티켓 두 장을 만 원에 사도록 지시했다. 그리고 다른 판사실에는 들르지 말라고 성민에게 부탁하다시피 했다.

"스타트가 좋은데."

대법원 정문을 나서며 성민과 여대생은 흐뭇한 미소를 지었다. 그다음 목표는 중구 세무서였다.

"허 좋은 대학들 다니시는구면. 착한 일도 하고. 항간에는 세무서 다니는 사람을 세리라고 하면서 돈밖에 모르는 인색한 사람으로 알지만 그렇지 않다구. 그런 뜻에서 이 티켓 2천 원에 한 장 사 줄게."

세무서 창구의 직원과 과장들은 미국 거지들을 위한다는 취지에 별다른 이의도 제기하지 않고 자기들이 갈가위가 아님을 입증하기 위하여 한 장씩이나마 선뜻선뜻 사 주었다.

"5만 원이야, 5만 원."

"이건 예상 밖인데. 세무서가 짤 줄 알았는데 말이야."

세무서를 나서며 성민과 여대생은 상기된 표정으로 티켓 판매한 값을 계산하였다.

다음 목표는 각 지역구에 흩어져 있는 국회의원 사무실이었다. 그곳은 대학의 중요한 서클 대표임을 강조해야만이 출입이 가능한 곳이었다. 공화당이든 신민당이든 국회의원을 직접 만난다는 것은 하늘의 별따기였고, 기껏해야 그 비서들 중에서도 서열이 낮은 비서를 만나 볼 수 있을 뿐이었다.

"뭐 뭐라꼬? 미국 거지들을 위한다꼬? 내 참 별 꼬라지 다 보네. 이거 완즈이 반미운동 아이가, 미국이 거지라니."

들창코가 시원하게 뚫린 젊은 비서가 그 콧구멍만큼이나 시원한 경상도 어투로 말을 쏟아 내었다. 그래서 콧구멍에서 말이 나오는지 입구멍에서 말이 나오는지 분간을 할 수 없을 정도였다.

"미국의 거지라고 할 때 그 '의'는 동격을 가리키는 '의'가 아니라 소유격을 가리키는 '의'입니다. 미국이 거지라는 말이 아니라 미국에 있는 거지라는 말입니다."

성민이가 그 비서의 콧구멍을 막는 기분으로 좀 조리있게 대꾸했다.

"하 이보라이, 문법적으로 따지네. 문법적으로……. 아무래도 정치성이 농후하대이. 여기 '빨간 아기'는 또 뭐꼬. 빨간 게 뭐꼬 말이다. 빨갱이 아이가."

"말구유에 갓 태어난 예수가 빨간 아기라는 뜻입니다."

"갓 태어난 아가 빨갛나. 엉디가 푸르딩딩한데."

"엉덩이가 푸른 건 한국 아기들하고 몽고 계통 아기들이잖아
요. 그러지 마시고 여기……."

여대생이 살짝 애교를 부리며 비서를 유혹하였다. 마침내 비
서가 유혹당했다.

"나, 하끈한 경상도 사내 아이가. 거, 수상한 점이 많지만 여학
생 고생하고 다니는 거 보고 사 주는 기라. 연말 되면 이런 거 예
상하고 판공비로 나와 있는 거 있다마."

결국 티켓 두 장이 겨우 팔렸다.

"전에 니한테는 친구 집에 가 있다고 했지만, 사실은 내가 말
이다 양…… 양로…… 원에 있었다."

봉천회관을 물어물어 찾아온 할머니는 울고 있었다. 성민은
난데없는 할머니의 방문을 받고 또 전혀 생각지 못했던 할머니
의 양로원 생활에 대한 이야기를 들으며 눈앞이 아득해져 옴을
느꼈다.

"너무너무 치운기라. 양로원에서 땔감이 모자란다고 군불도
지대루 때 주지 않제, 내사 마 양로원에 더 있다가는 얼어 죽겠는
기라. 이래 죽으나 저래 죽으나 마찬가지다 싶어 니랑 살라꾸 안
올라왔나. 니는 요새 어데서 지내노."

봉천회관 아래층 창 너머에서는 눈보라가 세찬 파도처럼 일렁이고 있었다. 대개 회원들은 위층에서 모임을 가졌으므로 아래층에서 두 사람만이 이야기를 나눌 수 있었다. 홀 복판에 설치되어 있는 중탄난로에서 큰 주전자의 물이 지글거렸다.

"지는 그냥 이 건물에서 지내고 있습니더. 먹는 거야 아르바이트 집에서 먹기도 하고 사 먹기도 하고."

"니도 고생이 많구마. 얼굴이 말이 아니다. 우리 우짜모 좋노. 방이나 하나 전세로 얻을라 캐도 돈이 많이 들 낀대."

"……."

성민은 일주일에 두 번 나가면서 겨우 2만 원밖에 받지 못하는 아르바이트 월급과 방 하나의 전세금을 비교해 보며, 속수무책인 심정으로 입을 다물고 있었다.

"니도 어쩔 수 없제? 안 그러나? 그래 내가 양로원에서 기도를 하는데 말이다, 정말 우습제, 15년 전에 시골 있을 때 빌려 준 빚이 생각나는 기라. 그 사람들 내 돈 떼먹고 달아나 버렸는데 나도 그동안 다 잊어먹었제. 그 사람들도 지금 잊어먹고 있을 끼라. 건데 문득 그게 생각나는 기라. 그래 그 사람들 주소를 알 만한 사람들을 부산에서 찾아보았제. 그러니까 그 친척 되는 한 사람이 그 사람들 서울에 올라와서 개방동인가에 살고 있다 안카나. 여기 전화번호도 적어 주더라."

할머니는 짐보따리에 끼워 두었던 누런 종이쪽지를 불편한 왼

손까지 움직여 가며 펼쳐 보였다.

"개방동이 아니라 개봉동이에요."

"그래 맞다, 개봉동이다. 내 전화 걸고 찾아가 볼란다. 그때 돈 50만 환이면 엄청났제. 내사 마 세월 지난 거 안 따질 끼다. 화폐 개혁된 거 셈해 갖고 지금 돈 5만 원만 달라 할 끼다. 내 형편 사정 들으모 지들도 양심이 있겠지. 그 돈 안 해주겠나. 그라모 그걸로 보증금 하고 월세 얼마 내모 쬐깐한 방 하나는 얻겠제."

할머니는 벌써 5만 원을 손에 쥔 것처럼 스스로의 계획에, 조금 전까지도 눈물 범벅이 되었던 얼굴 가득히 희색을 떠올렸다. 성민의 머리에서는 15년, 50만 환, 5만 원이 잘 연결이 되지 않은 채 제각각 떠돌았다.

"불편한 몸으로 어떻게 찾아갈 수 있겠습니꺼?"

성민은 사실, 할머니가 동행을 하자 하면 어쩌나, 15년 전의 빚을 받아 내는 그 어색한 자리에, 빚을 받아 내는 것이 아니라 오히려 구걸을 하는 것 같은 그 쑥스러운 자리에 끼어 있어야 하나, 생각이 오락가락하였다.

"괘안타 마, 조금 뒤뚱거려도 잘 걸어다닌다. 부산서 서울까지도 이렇게 안 왔나."

청상과부로 살아온 생활력이, 병든 육신 속에서도 여전히 꿈틀거리고 있었다.

"그럼 오늘은 늦었고 하니 근처 여관에서 쉬시고 내일 찾아가 보이소."

"비싼 여관에는 왜 들어가노. 아직 해가 있고 한께 그 집으로 막바로 찾아갈란다."

"눈도 와서 길이 미끄러운데……."

"이 봉천동까지도 안 왔나. 조심조심 가면 된다 마. 여기 전화 있제. 일로 걸어 가지고 내한테 바꿔도."

할머니가 성민에게 전화번호가 적힌 종이쪽지를 건네었다. 성민은 할머니를 데리고 복도께로 나가서 거기 있는 전화기 다이얼을 돌렸다. 신호음이 울리는 것을 듣고는 할머니에게 송수화기를 넘겨주었다.

성민은 차마 할머니가 통화하는 내용을 들을 수가 없어 먼저 홀 안으로 들어왔다. 그래도 복도께로 통화 소리가 간간이 들려왔다.

"……기억 나는교……."

"……자세한 이바구는 만나서 하고……."

"……거길 찾아갈라모……."

할머니가 다시 홀 안으로 들어섰다. 사뭇 들뜬 얼굴이었다.

"여기서 140번 버스를 타고 개봉동 입구에서 내리면 거기 가나안제과라는 빵집이 있단다. 거기서 다시 전화 걸모 자기들이 나온다 안카나. 나 5만 원 마련해 줄 때까지 그 집 안방에 드러누워 있을 텐께, 니도 이 집 전화번호 기억해 두구라. 여기 전화번호도 하나 적어 주고."

할머니는 5만 원을 마지막 희망처럼 붙들고 있음에 틀림없었다. 성민은 문득, 자기가 미국 거지들을 위해서 벌써 15만 원의 돈을 모아 회관 벽에 붙은 차트의 자기 이름 위에 15만 원 선까지의 막대 그래프를 빨갛게, 그것도 자랑스럽게 그려 놓은 것을 상기했다.

"한국에도 얼마나 헐벗고 굶주린 사람들이 많은데 이건 원."

대법관의 준엄한 음성이 들리는 듯도 하였다.

성민은 한 손으로는 할머니의 겨드랑이께를 부축하고 또 한 손으로는 할머니의 작은 짐보따리를 들고 할머니를 버스 정류장으로 조심조심 인도했다. 눈송이들은 여전히 백발처럼 어지러이 흩날리고 있었고, 주위의 풍경들은 하얗게 늙어 가고 있었다. 저기서 바퀴에 체인을 감은 140번 버스가 쇠사슬을 끌고 죄인을 체포하러 오는 무슨 포도대장처럼 철철철 소리를 내며 가까이 다가왔다.

오른팔로 짐보따리를 안은 할머니가 뒤뚱거리며 텅 빈 버스에 올랐다. 버스가 철철철 소리를 내며 다시 멀어져 갔다. 성민은 갑자기 쇠사슬에 목이 감겨 질질 끌려가는 듯한 느낌으로 답답해 옴을 느꼈다. 철철철 철철철…….

"콜록 콜록 코올."

성민은 두 손으로 목을 감싸쥐며 거푸 기침을 토했다.

신부의 웨딩드레스가 갈가리 찢기어졌다. 동숭동 본부회관 1층 사무실의 한 방에서 신부 입장을 기다리고 있던 신부는 의자에 그대로 앉은 채 당하고 말았다. 신부의 오빠들 세 명이 아귀처럼 달려들어 누이의 웨딩드레스를 무참히도 찢어 놓고 말았다.

"니가 가족의 허락도 없는 결혼을 해? 이따위 식으로 하라고 널 공부시킨 줄 알아?"

오빠들은 살기가 등등하여 설쳤다.

"여기 책임자 어딨어? 이렇게 가족을 따돌리고 결혼을 강행할 거야?"

뒤늦게 들어오던 하객들이 우르르 모여들어 난데없는 해프닝에 어리둥절한 표정을 지었다. 신부는 찢기어진 웨딩드레스에 얼굴을 묻고 엎드려 흐느껴 울기만 했다.

2층이 결혼식장으로 준비되어 있었는데 거기서 신랑 입장을 기다리던 신랑과 주례자 민식 목자와 주례자 뒤쪽에 축복 안수자로 앉아 있던 대여섯 명의 목자들이 흰 장갑을 낀 채 소란이 벌어진 1층으로 달려 내려왔다. 신부의 오빠들과 민식 목자 사이에 설전(舌戰)이 벌어졌다. 설전을 벌일 때의 민식 목자는 확실히 대범한 데가 있었다. 좀체로 감정이 격앙되지 않는다는 것이었다. 상대방을 우선 시선으로 제압하면서 어디까지나 착 가라앉은 음성으로 논리정연하게 말을 이어갔다.

"전 신랑과 신부 당사자들 사이에 모든 합의가 이루어진 줄 알았습니다. 물론 가족 사이의 합의도 이루어진 줄 알고 결혼식 주례를 맡은 게 아니겠습니까. 이런 식으로 폭력을 쓰면 어떻게 됩니까?"

"폭력? 진짜 폭력을 쓰는 쪽은 너희들이야. 가족이야 뭐라 그러든 일단 결혼을 강행한다 이거지? 여긴 뭐, 책임자 당신이 결혼명령권을 가지고 있다며, 이건 진짜로 종교 폭력이야."

"결혼명령권이라니요. 그런 말씀이 어디 있습니까. 머리가 다 굵은 사람들이 명령을 한다고 해서 결혼을 하겠습니까. 두 사람이 어디까지나 마음이 맞고 조건이 맞으니까 하는 것 아닙니까. 저는 어디까지나 그들의 결정을 존중하고 도와줄 뿐입니다."

"그래 말은 잘한다. 도대체 가족이 반대하는 이 결혼 치를 거야 안 치를 거야."

"가족이 이렇게까지 반대하는데 어떻게 결혼식을 치를 수 있 겠습니까. 하객들도 다 돌아가도록 할 테니까 마음을 진정하시 고 순리대로 일을 처리합시다."

"순리? 그쪽에서 먼저 순리대로 안 하니까 이렇게 된 거 아 냐?"

민식 목자보다 나이가 훨씬 어린 신부의 오빠들이 계속 반말 로 삿대질을 하고 있었다.

"계속 이런 식으로 나올 겁니까?"

드디어 신랑이 흰 장갑을 벗으며 신부의 오빠들에게 대들 듯 이 나섰다. 그동안 신부의 가족으로부터 허락을 받아 내지 못한 울분이 막 터져 나오려 하고 있었다. 오빠들은 이제 신랑과 실랑 이를 벌였다. 그 사이에 민식 목자는 옆에 서 있는 스탭 목자들에 게 무언가 재빠르게 지시를 내렸다. 곧 학사(대학을 졸업한 회원을 학사라고 불렀다) 자매 한 사람이 울고 있는 신부를 부축해서 회관 건물 바깥으로 데리고 나갔다.

"어디로 데려가는 거야?"

막내 오빠가 고함을 질렀다.

"데리고 가시더라도 화장이나 지우고 옷을 갈아입혀야 될 게 아니에요?"

학사 자매가 분통이 터진다는 듯 오빠들을 째려보며 말송곳 을 찔렀다. 오빠들이 하얀 걸레쪼가리에 휩싸인 처참한 누이의 모습을 보고는 너무했다 싶었는지 좀 주춤해졌다. 신랑도 신부를 따라 바깥으로 나갔다. 2층에 가득 대기하고 있던 하객들도 시무룩한 표정으로 층계를 내려가 쏟아져 나갔다.

"결혼식장에 참석하여 이런 꼴은 처음 보네."

"그러게 말이야. 그 애가 예수에 미쳤다고 하더니만 바로 여기서 미쳤구면."

회원이 아닌 일반 하객들은 한마디씩 중얼거리며 회관건물을 아래위로 훑어보기도 하면서 빠져나갔다. 결혼식장이 완전히 파장(罷場)된 것을 확인한 오빠들도 이제 사명을 완수했다는 듯 씩씩거리며 건물 바깥으로 나가 누이가 돌아오기를 기다렸다. 하늘에서는 그들이 찢어 놓은 웨딩드레스의 조각 같은 눈송이들이 하나둘 내려오기 시작했다.

민식 목자와 몇 명의 스탭이 침통한 표정으로 회관 옆에 주차되어 있는 승용차에 올랐다. 그 승용차는 검은 덩치를 기우뚱거리며 골목을 빠져나갔다. 승용차는 혜화동 로터리를 지나 돈암동을 거쳐 미아리 고개를 올라가더니 수유리 쪽을 향해 미끄러져 내려갔다. 얼마 있다 또 한 대의 택시가 미아리 고개턱으로 올라왔다. 그 택시에는 승용차에 타지 못한 다른 스탭들이 타고 있었다. 곧이어 또 나머지 스탭들을 태운 다른 택시들이 계속 미아리 고개를 넘어갔다. 얼마 후 또 한 대의 택시가 길음동 거리를 질주해 갔다. 거기에는 웨딩스레스를 새것으로 갈아입은 신부와 신랑, 그리고 아까 그 학사 자매가 타고 있었다.

그리하여 신랑과 신부의 결혼식은 수유리 숲 속 크리스천 아카데미하우스 식당 홀에서 전격적으로 치러졌다. 얼마나 스릴 있고 통쾌한 일인가. 민식 목자는 결혼 주례를 마치고 흰 실장갑을 한 손가락 한 손가락 벗겨 내며 쓰디쓴 미소를 떠올렸다.

"현지처라는 거죠, 어머니는. 난 현지자식이고요."

주희는 거침없이 말하는 성격을 가진 아이였다. 공부시간 중에 잠시 쉬는 시간을 이용하여 성민이가 가족사항에 대해서 묻자 주희가 불쑥 그렇게 대답하는 것이었다. 그러고는 성민의 반응을 살피는 듯 흰자위가 유난히 드러나 보이는 눈을 더욱 치뜨며 성민을 빤히 쳐다보았다. 성민은 주희에게 말려들면 오늘도 공부를 진행시키기가 힘들 것이라는 걸 알고 있었으므로 조심스럽게 입을 다물고 있었다. 그러나 한번 날카롭게 터져 나온 주희의 말을 막기는 힘들었다.

"일 년에 두서너 번 아버지가 집에 올 때마다 어머니는 모든 게 달라져요. 전혀 딴 사람이 된 것 같죠. 집안 전체는 뭔가 물컥물컥 살냄새 같은 게 풍겨 나와요. 그러면 난 메스꺼워져서 친구 집에서 자거나 멀리 여행을 다녀오곤 하죠. 아버지는 그렇게 성(性)의 향연을 벌이다가 다시 일본으로 돌아가요. 그 향연의 부산물로 나 같은 게 태어난 거죠."

성민은 얼굴이 달아오르는 것을 느끼며 상 위에 놓인 〈필승 수학〉이라는 참고서를 뒤적였다. 참고서를 뒤적이는 것으로 이제 진도를 나가자는 표시를 한 것이지만, 주희는 오늘 공부는 끝이라는 듯 맞은편 상머리로 바싹 다가앉았다.

"선생님, 성이란 게 뭐예요? 서로 가까이서 몸을 맞부비는 것에 불과한 거 아니에요? 그게 뭐 대단해서 사람들이 애를 태우고 야단이죠?"

정말 당돌한 말투였다. 성민은 불만에 가득 차서 자꾸만 비뚤어지게 나가려고 하는 주희에게 뭔가 도움이 되는 말을 해주어야 할 것 같은 책임감을 느꼈다. 그렇지만 성에 대해서 어떤 말을 해 줄 수 있단 말인가. 문득, 《크리스천의 결혼과 성》이라는 책에서 주워 읽은 구절이 생각났다.

"성이란 그렇게 말초적인 것이 아니라 거룩한 것이야. 거룩하기 때문에 함부로 다룰 수 없는 거지. 성경에 보면, 거룩한 것을 함부로 다루면 반드시 벌을 받게 돼."

"그러니까 나란 존재는 우리 부모에 대한 일종의 벌이군요. 그럴 만도 하죠. 나 때문에 속들을 팍팍 썩으니까."

성민은 자신의 논리가 오히려 이상한 방향으로 나아가는 것에 어떻게 대처해야 할지 몰라 당황스럽기까지 했다.

"그렇게 자신을 자학적으로 생각하면 되나, 하나님이 귀한 뜻을 두어 태어나게 한 생명인데."

"하나님이 타락한 방법으로 나같이 귀한 존재를 내어놓으셨군요."

주희가 말을 맞받아 빈정거렸다. 성민은 말끝마다 주희에게 허점을 잡히는 기분이었다. 고2 계집아이의 논리 하나 감당해 내지 못하고 있는 자신의 유신론적 인생관이 허약하게만 느껴졌다.

"믿음을 가지면 자신에 대해서나 세상에 대해서 다른 눈으로 바라보게 되지."

성민은 또 자신이 엉뚱한 말을 하고 있다는 느낌을 떨쳐 버릴 수 없었다.

"선생님은 정말 성경에 씌어 있는 걸 다 믿어요? 천지창조라든지 동정녀 탄생, 부활 같은 거 말이에요."

"그럼 믿지."

"믿는 게 아니라 믿고 싶을 뿐이겠죠. 이것저것 생각하기 싫으니까."

주희의 단정적인 말에 성민은 순간적으로 흠칫했다. 이 아이가 어떻게 토인비가 한 말을 그대로 하고 있나. 물론 그 말은 누구나 할 수 있는 평범한 말이기도 했지만, 요즈음 《토인비의 자서전》을 훑어보고 있는 성민으로서는 그것이 새삼스럽게 부딪쳐 오는 것이었다. 토인비는 '내가 믿는 것과 믿지 않는 것'이라는 항목에서 그와 같은 말을 하고 있었다.

이렇듯 확증되어 있지 않은, 그리고 확증할 수 없는 주장이 우리의 인정을 얻는 것은 우리가 인정하기를 열망하고 있기 때문이다. 이 열망은 우리 인간의 난처한 상태에 대한 자연적인 반응이다. 그럼에도 불구하고 쉽사리 믿으려 드는 우리의 이 태도는 저항해야 할 결함인 것이다. 알 수 없는 것은 알 수 없다고 솔직히 인정하는 편이 좋다. 인간의 정신이 태어나면서부터 갖추고 있는 지력을 최대한 다 활용하더라도 자기 혼자로는 대답할 수 없는 근본적인 물음에 대해서 자신에 찬 대답을 한다는 것은 독단적인 교리가 주장하는 바를 맹목적으로 받아들인 것으로 그것은 잘못이다. 그것은 지적인 잘못일 뿐만 아니라 윤리적인 잘못도 범하는 것이다…….

성민은 이 구절을 읽으면서 이것은 비단 성경이나 교리를 믿느냐 안 믿느냐 하는 문제와 관련된 것일 뿐만 아니라, 민식 목자의 노선과 방향을 무비판적으로 따르고 있는 회관의 전체적인 분위기에도 적용될 수 있는 내용이라는 것을 어렴풋이 느꼈던 것이었다.

"선생님은 여행 좋아하세요?"

주희는 자기가 너무 단정적으로 말함으로써 성민을 은근히 곤란하게 만들고 있음을 의식해서인지 슬쩍 화제의 방향을 돌렸다. 성민은 아예 〈필승 수학〉을 덮으면서 주희의 질문 배후에 또 어떤 덫이 깔려 있는 게 아닌가 경계하는 눈빛으로 주희를 다시

475

금 쳐다보았다. 주희는 조금 전까지 다소 심각했던 표정을 풀고 어느새 자기 어머니를 닮은 천진스러운 웃음을 조금씩 흘리고 있었다.

"그건 왜 묻지?"

"아니, 그냥요."

주희의 말에는 아양스러운 기운이 섞여 있기까지 했다.

"그동안 일에 바빠 여행을 다녀 볼 여유가 없었어."

"그 전도 일 때문에요? 선생님은 너무 일찍 젊은 날부터 신에게 자유를 빼앗긴 거 아니에요? 난 그 사람이 여행을 얼마큼 하느냐에 따라 그가 지니고 있는 자유의 분량이 측정된다고 생각해요."

이것이 질문의 배후에 깔려 있던 덫이었나 싶었으나, 곧 주희는 소풍을 다녀온 국민학생처럼 자기의 여행담을 늘어놓기 시작했다.

"난 여행을 떠날 때마다 뭔가 지극히 아름다운 걸 만나게 되리라는 기대를 가지게 되죠. 그것이 바다 수평선 너머로 지는 해 같은 자연 풍경이거나, 어떤 고색창연한 건물이거나, 탑 종류이거나, 해변가의 아주 작은 조개껍질이거나 상관이 없죠. 어떤 때는 실망을 하고 돌아오기도 하지만 어떤 때는 정말 아름다운 것들을 만나고 돌아오죠. 지금까지 내가 여행하면서 만난 것들 중에서 가장 아름다웠던 것이 무언 줄 아세요?"

정말 여행에 관해서 까막눈이나 다름없는 성민으로서는 짐작조차 하기 힘들었다.

"그게 뭘까? 힌트라도 줘야지."

"힌트요? 무슨 스무고갠가. 힌트 하나만 주면요, 사람이 손으로 만든 거예요."

"그게 한두 가지 종류인가? 집부터 시작해서 거의 모든 게 사람의 손으로 만든 것들이지."

"여자가 손으로 만드는 거요."

"글쎄 그게 한두 가지……. 가만 있자, 옷인가, 한복 같은……."

"어머 비슷하게 맞췄네요. 힌트 하나만 더 주면요. 내 취미랑 관계가 있어요."

"주희 취미? 주희 취미야 뭐, 톡톡 쏘는 거 아냐?"

"아이 선생님도……. 내가 학교에서 특활로 한다고 말한 거 있잖아요."

"아, 거 수엔가 자순가."

"그래요, 자수예요."

"어떻게 여행하면서 자수를 봤을까."

"그게 어디에 있는 줄 아세요? 아마 선생님은 상상도 못할 거예요."

"어디 자수로 유명한 가게를 가 봤나."

"요즘 자수가 아니에요. 그 자순 합천 해인사에 있었어요."

"해인사엔 팔만대장경이……."

"팔만대장경보다 더 놀라운 걸 난 거기서 발견했어요. 거기 구광루(九光樓) 대적광전(大寂光殿)과 함께 보장전(寶藏殿)이라는 건물이 있었어요. 그 보장전 안에는 각종 진귀한 보물들이 유리벽 안쪽에 진열되어 있더군요. 숙종 임금이 글씨를 쓴 병풍도 있고, 광해군이 입었던 담청색 구름무늬 흰 명주 어복도 있고, 그외 그릇 종류 조각 종류 보석 종류도 제법 많았어요. 그런데 그중에 내 눈길을 확 잡아끄는 게 있었죠. 수복수병(壽福繡屛)이라는 표제가 붙어 있는 작품이었는데 그 설명문을 읽어 보니 왕궁의 궁녀들이 수를 놓은 병풍이더군요. 갖가지 색실로 병풍 가득히 한문으로 된 수(壽) 자와 복(福) 자를 수십 종류의 형태로 변형시켜 수를 놓았더군요. 거기에 얼마나 정성이 깃들어 있던지 그걸 보고 있는 동안 수많은 궁녀들이 눈앞에 어른거리는 것 같았어요. 궁녀들이 왕궁의 구석방에서 임금의 수와 복을 기원하며 오랜 세월 동안 한바늘 한바늘 떠내려 간 것을 생각하니 눈물까지 핑 돌았어요. 그 실 한 오라기 한 오라기 사이에는 궁녀들의 한숨과 눈물이 배어 있는 것 같았어요. 하지만 그런 동정심 때문에 그것이 아름답게 보인 것은 아니었어요. 수십 가지 종류로 변형되어 있으면서도 한결같이 수 자와 복 자의 이미지를 나타내고 있는 그 글자들의 형태와 배열과 조화가 그렇게 아름다울 수가 없었어요. 지금 글자 변형을 전문으로 하는 산업미술가들도 흉내내기 힘들 거예요. 난 그 수복수병을 본 이후부터 자수를 배우기 시작했어요. 어느 대학에는 미술대에 자수과라는 데가 있다는데 그런 과에 가게 될지도 몰라요……. 그러니까 여행은 인생의 방향을 바꿀 만큼 중요한 거지요."

성민의 눈에 주희의 모습이 전혀 다르게 비쳐 오는 느낌이었다. 문제 가정의 문제아가 아니라 무슨 구도자와 같은 성숙한 모습으로 비쳐 왔다.

"자수에도 여러 가지 종류가 있거든요. 색실자수 구한자수 스모크자수 리번자수 비즈자수가 있어요. 그런데 특히 색실자수를 하다 보면 이상한 생각이 들어요. 자수 뒷면을 보면 말이에요, 모든 게 형체도 없고 혼란스럽기만 하죠. 그런데 그걸 돌려놓으면 꽃이 되고 새가 되고 강이 되거든요. 난 거기서 인생도 이와 같은 게 아닌가 생각해 보죠. 어떻게 돌려 놓고 보느냐에 따라 그 모습이 백팔십 도로 다르게 보일 수도 있는 게 인생이 아닌가 하고 말이에요. 근데 난 아직 내 인생을 보는 각도를 못 잡은 것 같아요."

성민은 아, 하고 속으로 탄성을 질렀다. 요즘 아이들은 일반적으로 정신연령이 높은 것인가. 아니면 주희가 특히…….

"아까 내가 한 말이랑 같구먼. 믿음을 가지면 자신과 세상이 다르게 보인다고 한 말 말이야."

아차 또 실수했구나 느끼는 순간, 주희가 정색을 하며 차갑게 내뱉었다.

"자꾸 믿음이랑 결부시키지 마세요. 하나님은 우리 아버지와 같은 존재예요. 왜 하늘에다 거처를 정해 놓고 땅에는 가끔씩 내려오는 거예요? 예수가 다녀간 지 얼마나 되었어요? 인간들은 하나님의 현지처이고 현지자식들이에요. 왜 하나님은 거처를 하늘에서 땅으로 완전히 옮기지 않는 거예요?"

왜 하나님은 거처를 하늘에서 땅으로 완전히 옮기지 않는 거예요……. 주희의 말이 성민의 귓가에 자꾸만 맴돌았다. 정말 하나님이 거처를 하늘에서 땅으로 완전히 옮긴다면 이 땅의 문제들이 다 해결될 텐데.

"이제 일어나야지. 오늘은 웬일로 늦잠이네."

방바닥에 배를 댄 채 이불을 뒤집어쓰고 엎드려 있는 성민의 어깨를 할머니가 살며시 흔들었다. 성민은 부스스 일어나서 방문을 열고 밖으로 나갔다. 찬 기운이 와락 몸으로 파고들었다. 방문 바로 앞 신발을 놓는 자리 곁에 연탄 아궁이가 있고, 그 위에 물이 가득 담겨 김을 뿜어 올리고 있는 솥이 얹혀 있었다. 성민은 솥뚜껑을 열고 세숫대야에 더운물을 퍼내어 찔끔찔끔 세면을 하였다.

"여기 수건 있다."

할머니가 방문 틈으로 내밀어 주는 수건으로 얼굴을 닦은 성민은 허리 운동을 하며, 작은 방들이 ㅁ자 형태로 다닥다닥 연결되어 있는 단층 가옥을 둘러보았다. 원래는 여인숙 같은 것으로 사용되던 집이 전세나 월세를 무더기로 들이는 대규모 임대옥으로 둔갑을 한 것인지, 아니면 집주인이 처음부터 그런 용도로 사용하려고 특수하게 설계를 해서 지어 놓은 것인지 아무튼 묘한 느낌을 주는 가옥이었다. 결혼식도 하지 않고 동거생활부터 시작한 택시기사 부부, 봉제공들로서 야근을 떡먹듯이 하며 남자 둘 여자 둘이서 이상한 혼거생활을 하는 공장 근로자들, 식구 여섯 명이서 무릎까지 잠을 자야 하는 청소부 가정, 아무래도 술집 여자나 콜걸로 추정되는 여자 두 명, 도대체 신분을 파악할 길 없는 40대 중반의 한 남자, 입구 쪽 끝방에서 어렵게 자취 생활을 하는 두 명의 남자 대학생, 가끔 아들네가 들러 살펴보고 가는 노파 한 사람, 넓은 방에 광택이 흐르는 자개농들을 들여 놓고 중산층 정도의 생활을 하고 있는 주인집, 그리고 성민이네……. 이렇게 한 단층 가옥 안에 아홉 가구가 들어와 생활하고 있는 것이었다. 주인집을 제외하고는 그야말로 무슨 이재민들의 집단 수용소 같은 분위기였다.

"빨리 들어와 밥 묵으래이."

할머니가 방에서 나와 찬거리들을 들여 가며 성민을 재촉하였다.

할머니는 성민이와 밥상을 대하고 앉아 있는 것이 감개무량한 모양이었다. 식사기도도, 주여 주여, 해가며 꽤 오래하였다. 빈민굴의 밑바닥으로 떨어진 것 같은 환경인데도 할머니는 양로원 생활에 비교하며 모든 게 감사하다는 듯한 표정이었다. 기어이 개봉동에서 5만 원을 거머쥐고 온 할머니는 5만 원 보증금에 5천원 월세로 봉천동 골짜기에 이 방을 얻고 성민의 아르바이트 월급을 쪼개어 생활하면서 뭔가 저축까지 하는 눈치였다. 그리고가난하게 살아도 깨끗하게 살아야 된다면서 그 3평도 안 되는방안을 늘 쓸고 닦고 정돈하면서 몸가짐도 단정히 하며 하얗게세어 가는 머리에는 틈틈이 검은 염색약을 나무 꼬챙이로 찍어발랐다. 교회는 근처 언덕에 자리잡고 있는 한 예배당에 다니기로 작정하고 수요일 밤이나 일요일에는 성경, 찬송책을 끼고 뒤뚱뒤뚱 언덕배기를 올라가곤 하였다. 정식 인턴이 아니기 때문에 회관건물을 지켜야 할 의무에서는 비교적 자유로운 성민은,할머니와 생활하면서 제때 따뜻한 밥 한 그릇이라도 찾아 먹을수 있고 좁은 방이긴 하지만 눕고 싶을 때 등을 댈 수 있는 공간이 있다는 것이 다행스럽게 느껴지지 않는 바도 아니었다. 어쩌면 가옥 입주자들 전체가 이 가장 기본적인 생존의 필요 때문에삭막한 서울 바닥에서 그나마 이만한 공간을 확보했다는 사실을 불편한 중에도 다행스럽게 생각하고 있는지 몰랐다.

식사기도를 끝낸 할머니가 식사를 시작하는 것을 보고 성민도 숟가락을 들었다. 된장에 무와 두부만 넣고 끓인 것 같은 된장찌개 냄새가 그런대로 식욕을 자극하였다.

"거, 끝방에 있는 학생들 있잖나. 니랑 같은 대학에 다니는 모양이더라. 자취를 한다 카는데 밥 해묵는 꼬라지는 볼 수가 없고 방학이 됐는데도 집에들 내려갈 생각은 않고 말이다. 맨날 밤늦게 술냄새를 폭폭 풍기며 들어오는 기라. 주인 아줌시 말로는 형사가 그 학생들 어떻게 지내나 물어보고 갔다 카는데, 뭐 운동하는 학생들 아닌가 모르것다. 니는 그런 데 휩쓸리지 마래이. 니 아버지 망한 꼴 안 봤나. 니 아버지도 일찌감치 정신차렸어야제. 그 맨날 무신 운동인가 한다고 술이나 퍼마시고 다니고 집안 식구들 못 살게 행패나 부리고…… 집안 식구들을 함부로 대하는 사람이 바깥에서 무신 바른 운동을 할 끼고. 다른 사람들이 옆에서 자꾸 부추기니까 괜히 바람이 들어 가지고 자기가 무신 대단한 인물이나 되는 것처럼……. 니 아버지 본받지 마래이."

성민은 그 학생들과 마주칠 기회가 거의 없어 아직 통성명도 나누지 못하고 있었음을 상기하고, 언제 한번 정식으로 인사를 해야겠다고 생각했다.

"요즈음은 거 긴급 뭔가 하는 것 때문에 쪼금씩만 뭐라 캐도 금세 잡혀 들어간다며."

할머니는 성민이에게 무슨 일이 생김으로써 모처럼 찾은 이 행복이 깨어지지나 않을까, 다시 양로원으로 돌아가는 사태가 벌어지지나 않을까, 무척 염려가 되는 모양이었다.

"할무이, 염려 마이소. 난 세상운동 같은 거 안 하고 천국운동 하는데요, 뭘."

성민은 우선 할머니를 안심시켜 드렸다.

"글쎄, 천국운동도 좋다만 니 고시공부는 안 할 끼고. 우리 목사님 말로는 니가 아무래도 사이비단체에 들어가 있는 게 아닌가 카더라. 니가 잘 알아서 할 끼다만 현실도 생각해야제."

일단 안심이 된 할머니는 한 단계 더 욕심을 부렸다. 대화가 이런 식으로 빗나가면 빨리 마감을 하는 게 상책이었다. 성민은 전혀 대꾸하지 않음으로써 그 침묵의 무게로 할머니의 말꼬리를 눌렀다.

"여보, 연탄불이 그만 꺼져 버렸네."

늦게 일어난 옆방 택시기사 아내의 투덜거리는 소리가 마당에서 들려왔다.

"저 집구석은 어떻게 된 게 맨날 연탄불을 끄터려."

할머니가 밥 한술을 입에 떠 넣고 한쪽으로 좀 처진 입술을 오물거리며 씁쓸하게 웃었다.

"할무이, 연탄가스 조심해야 되겠습니더. 요즘 신문에 계속 연탄가스 사고 소식이 나고 있다는데, 우리도 바로 방문 앞에 연탄 아궁이가 있어 가지고 그냥 새어 들어오기 딱 알맞습니더."

성민이가 총각김치 한 쪽을 집어들며 사뭇 근심스러운 표정을 지었다.

"안 그래도 어제 아침에는 거 봉제공들 아있나. 연탄가스 마셨다고 낮에까지 못 일어나는 기라. 조심들 해야지. 헌데 그게……."

할머니는 잠시 말을 끊었다.

"조심한다고 될 일도 아니제. 결국 가난이 사람 죽이는 거제."

성민은 얼핏 방바닥 구석에 금이 가 있는 것을 보고는 이맛살을 찌푸렸다. 꽤 길게 이어진 그 금이, 서서히 독을 뿜어 내어 생명을 말리는 실독사뱀처럼 여겨졌다.

"아, 그러면 채수 형이랑 같은 동기십니까?"

성민이가 자기소개를 하자 각각 국사학과, 사회학과 3학년이라고 밝힌 두 학생이 대뜸 채수 이름을 들먹였다.

"지금도 같이 다니고 있죠."

"말씀 낮추십시오. 새까만 후배들인데."

"전도를 하다 보니 습관이 돼 놔서."

학생들의 방은 구석에 석유곤로가 놓여 있었고, 앉은뱅이 책상 하나와 작은 책꽂이 이불 보따리가 놓여 있을 뿐 썰렁한 기운이 감돌았다.

"채수 형은 우리에게 있어 일종의 우상인 셈이죠. 학생운동을 60년대에서 70년대로 연결시켜 주는 데 주도적인 역할을 한 형이죠. 우린 선배들을 통해서 채수 형 이야기를 간접적으로 듣긴 했지만요. 대단한 사람이었던 모양이에요."

"나도 채수가 대단한 사람이라는 걸 나중에야 알게 되었지. 어떻게 보면 이 시대가 그를 대단한 사람으로 만든 것이었는지도 모르지."

"그래 우리 서클에서 복학한 채수 형을 서클 지도자로 모시자는 의견들이 대두되었죠. 서클 내에서 최종 합의를 본 뒤 서클 대표들이 채수 형을 만나 부탁을 드렸죠."

사회학과가 말을 잠시 쉬는 틈을 타서 국사학과가 콧등으로 미끄러진 안경을 밀어올리며 끼어들었다.

"건데 말이에요, 대표들이 채수 형이랑 열띤 토론만 벌이다가 돌아왔어요. 대표들 말에 의하면 채수 형 노선에 많은 변화가 있는 것 같더라고 했어요."

"채수 형은 공동체운동에 더 이상 희망을 걸 수가 없다고 했대요. 이제는 의식 있는 개인으로 각각 각개전투를 할 수밖에 없다는 거예요."

"거기에 대해 우리 서클 회원들 간에 논란이 많았죠. 난 어디까지나 채수 형을 이해하는 입장에서 말했죠. 채수 형이 그렇게 말한 것은 공동체운동을 부정하는 뜻에서 그런 것이 아니라 떼를 지어 몰려다니면 금방 정체가 드러나고 피해가 심하기 때문에 우리를 아끼는 뜻에서 그랬을 것이다라고 했죠."

국사학과가 다시 오른손 검지로 안경을 밀어올렸다. 형광등 불빛을 한 줌 반사하고 있는 안경 너머로 영민한 눈동자가 반짝이고 있었다. 사회학과가 입을 열었다.

"난 그렇게 생각하지 않아요. 서클에서도 말했지만 채수 형이 군대생활을 거치고 하면서 현실 타협주의를 의식 있는 개인이니 하는 고상한 말로 대체시켰을 뿐이에요. 집단적인 일탈(逸脫)이 이루어져야 역사가 전환되지 개인적인 일탈로써는 아무런 역사도 이룰 수 없어요. 한 사람의 낭만주의로 머무를 뿐이죠."

"또 다른 의견도 있었어요. 채수 형이 정말 사상적으로 이론적으로 자신의 노선을 확립했는지도 모른다는 의견이었지요. 그러나 우리 서클의 존재의미와 결속을 위해서라도 채수 형의 노선에 사상적인 가치를 부여할 수는 없었죠. 다만 우리는 채수 형을 지켜보기로 했죠."

성민은 채수의 마비 현상과 할머니의 중풍증세를 함께 떠올리며 이 시대가 마치 사지가 늘어진 중풍병자와 같다는 생각을 하였다. 머리로는 어떻게 해야 한다는 것을 거의 신경질적으로 다 알고 있으면서도 손발이 움직여 주지 않는 그런 상태 말이다. 학생들이 아우성을 치며 풍(風)이 든 부분을 깨우려고 하고 심지어 젊은 피를 뽑아 그 마비된 부분에 수혈을 해주고 피가 통하도록 온갖 짓을 다 해도 여전히 풍은 풍으로 남아 있는 것이 아닌가. 그렇다고 그 풍든 부분을 성급히 잘라내 버릴 수도 없는 노릇이었다. 할머니가 풍든 자기 왼팔을 자르지 않고 불편한 대로 달고 다녀야 하듯이 말이다.

이런 풋바심 같은 생각을 학생들에게 내어놓다가는 어떤 공격을 당할지 몰라 성민은 주로 듣기만 하였다. 토인비가 종교에 대해서 말했듯이, 복합적인 사회문제에 있어서도 자신에 찬 대답을 하는 것은 지적인 잘못뿐 아니라 윤리적인 잘못까지를 범할 가능성이 있는 게 아닌가. 그러나 학생들은 대단히 자신에 차 있었다. 성민으로서는 차라리 그것이 부럽기까지 했다. 그러면서 문득 채수가 요즈음 어떻게 지내고 있는지 궁금한 생각이 들었다. 성민과 학생들 간의 대화가 종교와 사회의 문제로 접어들 무렵,

"계십니까?"

하는 남자의 굵은 목소리가 바로 방 밖에서 들려왔다. 순간, 두 학생이 긴장된 낯빛으로 시선을 주고받았다. 그때 성민은 그들이 주고받는 시선에 자신도 어쩔 수 없이 묶여 있음을, 그리하여 그 엉긴 시선에서 자신의 시선만을 따로 떼어낼 수 없음을 직감했다.

성민에게 불리하게 작용한 것은 가택수색 중에 성민의 가방에서 발견된 그 '미국의 거지들을 위하여' 티켓들이었다. 그것들은 성민이 크리스마스가 지나도록 팔지 못한 티켓들이었는데 그냥 그대로 가방 속에 넣고 다녔던 것이었다.

결국 민식 목자까지 정보과에 출두하게 되었다. 민식 목자는

정보과장에게 그 티켓에 관한 내력을 자초지종 설명해 나갔다. 결코 어떤 정치적인 구호가 아니라는 것, 어디까지나 박애정신에 입각한 구제사업이라는 것, 그 자선공연도 정당한 절차에 의해 당국의 허락을 받아 성황리에 마쳤다는 것, 모아진 구제헌금은 곧 마땅한 단체를 찾아서 전달할 계획이라는 것 등을 소상하게 밝혔다. 그리고 성민은 그 학생들의 서클과 전혀 관계가 없으며 선교단체의 핵심 멤버로 일하고 있기 때문에 서클활동에 참여할 기회조차 없다는 점을 강조하고, 정교분리의 원칙에 입각하여 정치적인 문제에는 관여하지 않는 선교단체의 노선을 피력하였다. 정보과장은 사실은 자기도 신자라면서 요즘 정치 사회 문제에까지 관여하는 일부 기독교의 작태를 비난하며 민식 목자와 악수를 나누었다. 그리하여 성민은 유치장에 있은 지 사흘 만에 훈방 형식으로 풀려났다.

성민은 유치장을 나서면서 두 학생을 남겨 두고 혼자만 빠져나오는 자신이 쑥스러워 견딜 수 없었다. 두 학생은 오히려 자기들 때문에 아무 관계도 없는 형님까지 고생을 시켜 드려 미안하다고 사과를 했지만 말이다. 성민은 울적한 마음을 달랠 길 없어 봉천동으로 향하던 발걸음을 여의도로 돌렸다.

마침 여의도 교회에서는 수요일 낮예배로 '성령대망회' 모임을 가지고 있었다. 설교자는 설교를 하다 말고 강대상을 두 손바닥으로 쿵쾅쿵쾅 두드려가며 걸걸한 목청으로 찬송을 인도하고 있었고, 참석자들은 손뼉을 치고 몸을 상하좌우로 흔들며 찬송을 소리소리 내질러 부르고 있었다. 정말 당장에라도 그 수백 명이 모인 강당에 뭔가 폭발적인 것이 떨어질 것만 같은 분위기였다. 얼마 전까지만 해도 성민은 오순절운동에 관심이 있는 동아리들을 이끌고 그 교회로 와서 그런 분위기에 빠져들곤 했던 것이었다. 지금도 답답한 마음을 그런 분위기 속에서 풀어 보려고 찾아온 셈이었다.

그런데 이상한 일이었다. 성민은 전혀 낯선 곳에 와 있는 기분이었다. 설교자는 똑같은 어조로 계속 동일한 말만 되풀이하고 있는 시골 장터의 약장수처럼 보이고, 눈을 질끈 감은 채 손뼉을 치고 몸을 흔들어 대는 신도들은 신장대를 흔들고 있는 무당들처럼 보였다. 찬송가는 조금 느리게라는 메트로놈 표시를 완전히 무시하고 점점 빨라지기만 했다. 그것도 똑같은 곡을 여러 차례 반복하니 그냥 성한 사람도 소나기처럼 쏟아지는 곡조와 기사에 취해 어질어질해질 지경이었다. 그야말로 한차례 푸닥거리 같았다. 이전에 성민이가 그 속에 있었을 때는 그것이 푸닥거리로 느껴지지 않았는데, 이제 그것을 객관적으로 바라보고 있으니 영락없이 푸닥거리로 보이는 것이었다. 저런 몸짓은 기적을 사유화해 보겠다고 몸부림치는 지극히 이기적인 몸짓이 아닌가. 오순절운동이라는 것도 예수의 이름을 차용하고 기독교의 옷을 빌려 입은 일종의 샤머니즘인가. 명증한 예수의 정신이 저런 아편중독의 현상으로 나타날 리는 없지 않은가. 이런 시대일수록 예수의 정신은 유치장의 그 쇠창살처럼 차갑게 이글거리며 나타나야 하지 않는가.

성민은 더 이상 성령을 대망하고 있지 못할 것 같아 그곳을 빠져나왔다. 강바람이 제법 쌀쌀한 한강변을 따라, 성민은 계속 걸어 올라갔다.

쇼, 쇼라니깐요.

어느 날 스탭미팅에서 내뱉던 민식 목자의 말이 떠올랐다. 그러나 민식 목자가 그렇게 말한 의도와 지금 성민이 자신이 느끼고 있는 감정 사이에는 현격한 차이가 있었다. 저쪽 한강 다리 난간의 철책들이 유치장의 철창처럼 비쳐 왔다. 그 난간의 철책 너머로 잉게 숄의 아이들 같은 국사학과, 사회학과, 두 학생의 얼굴이 어른거렸다. 역사와 사회, 사회와 역사, 그리고 법……. 이런 상황 가운데 배를 불리고 있는 종교놀음이나 성경 글자 맞추기 놀음은 어떤 의미가 있는가.

한강물은 꽁꽁 얼어 있었다. 두텁게 보이는 얼음이 강물을 송두리째 가두고 있는 것 같았다. 그러나 강물은 여전히 그 얼음 밑을 유유히 흐르고 있음에 틀림없었다.

봉천동 골짜기로 와서 방문을 여니, 대님 같은 하얀 천을 머리에 두른 할머니가 이불 속에 누워 있다가 깜짝 놀라며 몸을 일으켰다. 그 얼굴 거죽이 말라 비틀어진 오이 껍질을 닮아 있었다.

"천만다행이제. 나도 그동안 밥맛도 없고 해서 금식 안 했나. 혹시 일이 잘못되면 어쩌나 하고 심장이 마구 뛰는 기라. 니도 고생 많았제."

성민의 설명을 들은 할머니가 한숨을 쉬어 가며 성민의 몸을 여기저기 쓰다듬어 보았다. 할머니가 말하는 천만다행은, 할머니의 건강이 대가로 지불됨으로써 찾아온 셈이었다. 건강이라야 이미 무너진 건강이지만 그 마지막 버티고 있는 축대마저 금이 가고 있는 듯하였다.

할머니는 그 이후로 기동이 영 불편하게 되었다. 성민을 위해서 밥을 짓고 빨래를 하는 것이 큰 낙이었던 할머니는 몸져누워 있는 날이 많았다. 주로 성민이가 밥을 짓고 하면서 가사의 일을 돌보아야만 하였다.

그런 생활에 관한 이야기를 과외 지도 시간에 얼핏 비쳤는데, 주희가 기어이 성민에게서 주소를 받아 내어 간혹 봉천동 골짜기로 찾아와 할머니랑 이야기도 나누고 가사일도 돕곤 하였다. 밥이 지어져 있고 빨래가 널려 있고 해서 할머니에게 물으면 주희가 다녀갔다는 것이었다. 어떤 때는 주희가 쌀, 고기, 반찬거리들을 사 가지고 오기도 하였다. 그러지 말라고 책망하다시피 해도 할머니하고만 관계 있는 일이니 선생님은 상관 말라는 식으로 대꾸했다. 성민은 한편으로 고맙기도 하였지만 구제사업 대상이 된 것 같아 은근히 자존심이 상하기도 하였다.

"오늘 밤, 나 여기서 자고 갈래요. 아버지가 또 일본에서 왔거든요."

하루는 주희가 느닷없이 한밤중에 찾아와서 떼를 쓰다시피 하였다. 성민은 그럴 수 없다고 단호하게 거절하였다.

"할머니, 괜찮죠? 손녀같이 절 안고 주무시면 되잖아요."

이번에는 할머니에게 사정을 했다. 이미 통금이 가까운 겨울 밤거리로 주희를 다시 쫓아낸다는 것도 가혹한 일이고 해서 성민은 부득이 주희의 동숙(同宿)을 허락할 수밖에 없었다. 성민은 회관으로 가서 잠을 잘까 했으나, 회관으로 가는 도중 통금에 걸릴 것도 같고 또 회관 문도 닫혀 있을 것이고 해서 빠져나가는 것을 포기했다. 결국 그 좁은 방 안에 할머니를 경계선 삼아 성민이가 이쪽에 눕고 주희가 저쪽에 누워 잠을 잤다. 새벽녘에 할머니가 간신히 몸을 일으켜 화장실로 가는 기척이 났다. 성민은 한방 안에 주희와 함께 누워 있는 사실을 꿈결같이 느끼며 어떤 향수 같은 것에 사로잡혔다. 지금까지 성민이가 그리워해 본 적이 있고, 안아 본 적이 있는 모든 여자들이 주희의 그 작은 몸뚱어리 속에 다 들어 있는 것만 같았다. 그런 감정을 떨쳐 버리기 위해 성민은 저쪽으로 돌아누웠다.

"선생님."

성민은 섬찟 놀라며 숨을 죽였다. 주희도 어렴풋이 깨어 있음에 틀림없었다.

"나 이상한 아이죠? 그쵸?"

어둠 속에서 주희가 낮게 속삭였다. 성민은 짐짓 자는 척하며 아무 말도 하지 않았다. 할머니가 방문을 열고 엉금엉금 기어 들어왔다.

멀리서 서서히 성민을 구심점으로 하여 죄어 오는 느낌, 그것은 이 시대가 보편적으로 당하고 있는 아련한 압박감 또는 가위 눌림과도 통하는 것이었다. 성민은 경찰의 수사에서는 벗어났으나 회관의 새로운 수사 대상이 된 셈이었다. 물론 그 수사본부는 동숭동 회관이고 수사 지휘자는 민식 목자였다. 그러나 민식 목자는 수사에 직접 관여하지 않는 것처럼 교묘하게 위장하였다. 언제나 승철 목자나 다른 스탭들을 통하여 성민에 대한 수사가 진행되도록 하였다. 왜 성민이가 요즈음 힘이 빠져 있고 열성이 식어 있느냐 하는 것이 수사의 주안점이었다. 군대물이 아직 빠지지 않아서 그렇다는 것은 일반적인 원인이고, 그 군대물이 생활 가운데 어떻게 스며들어 있길래 그렇느냐, 즉 구체적인 원인이 어디에 있느냐는 것이었다. 그 수사는 주로 소감 발표를 의도적으로 시킴으로써 이루어졌는데, 회관에서 보통 하는 그런 소감 발표가 아니라 본부에서 지시되어 내려오는 성경 구절에 기초하여 해야 되는 소감 발표였다. 그 성경 구절은 성민의 문제점을 드러내기에 적당하다고 본부에서 추측하는 구절들이었다.

대개 회관에서 소감을 발표하는 발표자의 태도는 크게 세 가지로 나누어 볼 수 있었다. 하나는 자기의 죄를 과장되게 드러냄으로써 극적인 효과를 노리는 태도였다. 그런 자들은 문장력도 좀 있고 연기력도 있는 경우가 많았다. 청중들이 극적인 회개를 통한 감동을 원하고 있다는 것을 잘 알고 있는 발표자는 없는 죄까지도 지어내어 고백하고 바늘 도둑인 자신을 소 도둑으로 부각시키면서, 또 잠깐 동안은 그것이 진실인 줄 스스로 착각하며 정말 진심으로 눈물을 흘리는 것이었다. 그런 고백과 발표에 함께 울지 않을 청중이 어디 있겠는가. 안 그래도 언제나 감동을 받아 울려고 준비하고 있는 청중인데 말이다. 그다음은 어찌해서든지 자기 죄를 축소시키려고 바둥거리는 태도였다. 그런 자들은 아직까지도 똥 닦은 휴지 같은 자존심을 쓰레기통에 버리지 못하고 있는 부류였는데 항상 소를 갈아 바늘로 만드느라고 낑낑거렸다. 그러다가 어느새 자기가 얼마나 신앙이 좋은가를 은근히 과시하는 방향으로 나가면서, 급기야 성경을 호수나 샘물로 삼아 자기 얼굴을 정신없이 들여다보는 나르시스로 변신하였다. 그러면 어떤 청중은 어리석게도 거기에 속아 발표자의 신앙에 감탄하며, 아멘 할렐루야, 혼자서 고함을 치기도 하였다. 세 번째는 그저 덤덤하게 과장도 축소도 없이 발표하는 태도였다. 그런 발표는 극적인 요소나 속임수가 없기 때문에 재미가 없고 지루하기까지 한 경우가 많았지만 간혹 그 꾸밈없는 진실에 감동을 받는 청중도 있었다. 평소에는 감정이 없는 것 같고 좀체 잘 울지도 않던 발표자가 덤덤하게 소감을 발표하면서 자기도 모르게 눈물을 흘리는 것을 목도하게 될 때는 전체 청중이 정말 진한 감동을 받기도 하였다.

그런데 수사를 당하는 입장에서, 미리 제시된 성경 구절에 기초하여 소감을 발표해야 하는 지금의 성민과 같은 경우에는 더욱더 복잡한 요소가 개입되기 마련이었다. 그것은 이미 심증(心證)을 가지고 심문하는 수사관 앞에 앉아 있는 피의자의 심정 같다고나 할까.

성민도 소감 발표를 하면서 수사관과의 줄다리기를 요리조리 해보았지만 결국 수사관의 심증이 이끄는 대로 진술서를 쓰지 않을 수 없었다.

성민의 문제는 두 가지로 요약되었다. 생활의 염려에 시달리며 아르바이트를 하고 있다는 것과 아르바이트를 해서 할머니를 먹여 살리고 있다는 것이었다. 회관에서는 아르바이트를 하는 것을 거의 죄악시하다시피 하는 오랜 전통을 불문율로 가지고 있었다. 전도하기도 바쁜데 아르바이트할 시간이 어디 있느냐는 것이었다. 그러면 스스로 학비나 생활비를 벌어야 하는 가난한 학생은 어떻게 해야 하는가. 믿음으로 전도하는 일을 우선적으로 해보면 나머지 생활 문제는 해결된다는 식이었다. 전도와 극빈 사이에는 아르바이트가 아니라 오직 믿음이 있다는 주장이었다. 그리하여 믿음으로 생활비 없이 사는 학생들이 아예 회관 지하실 같은 곳을 자취방으로 차지하고 여기저기 심방 다니며 얻어먹기에 바쁜 형편이 되어 가는데도 그 불문율은 여전히 위력을 떨쳤다.

성민은 소기도회 회원이 되고 난 후부터 그 불문율을 잘 따랐지만 군대 가기 얼마 전에는 하도 돈이 궁해서 한 달인가 몰래 아르바이트를 한 적이 있었다. 그때는 휴학 기간이었으므로 회관에서는 성민이가 인턴처럼 모든 요회에 참석하면서 전폭적으로 일해 주기를 바라고 있었는데, 잠시 믿음이 출장을 갔는지 성민은 그만 아르바이트를, 그것도 거의 매일 가야 하는 아르바이트를 시작하고 말았다. 아르바이트 가야 할 시간이 다 되어 가는데도 모임이 끝나지 않을 때는 초조하기 그지없었다. 모임이 끝나기가 무섭게 짝기도를 대강 해치우고 허둥지둥 서대문 쪽으로 달려가기가 일쑤였다. 그럴 때마다 믿음이 없어 불문율을 어기고 있는 데 대한 죄의식이 마음속으로 파고들어 왔다. '그렇지만 믿음 할아버지라도 정말 돈이 없는 걸 어떡해.' 성민은 죄의식과 싸워 가며 아르바이트를 감행해 나갔다.

그런데 하루는 모임이 은혜 충만하여(성민으로서는 은혜 충만이고 무엇이고 아르바이트 시간이 문제였지만) 끝날 줄을 모르고 자꾸만 계속되었다. 보통 때보다 훨씬 늦게 끝나 성민은 평상시보다 훨씬 빠른 걸음으로 서대문 쪽으로 달려갔다. 어떻게 해서든지 가는 시간을 단축해야만 했다. 그래서 이전에 두서너 번 사용하기도 했던 지름길을 통해 가려고 가파른 고갯길을 헐떡거리며 올라가 거대한 아파트 숲으로 들어섰다. 보통 때는 좀 늦더라도 그 가파른 경사 때문에 그 길로 가는 것을 꺼려했지만, 지금은 아주 급한 사정이기에 어쩔 수 없는 것이었다.

성민은 두서너 번 지났던 기억을 되살리며 아파트 숲을 헤쳐 나갔다. 그 숲을 빠져 나가 또 한차례 언덕을 넘어야 아르바이트 집에 당도할 수 있었기에 아파트 숲을 될 수 있는 한 빨리 빠져 나가려고 허둥거렸다. 그런데 참으로 이상하고 이상한 일이었다. 기억을 더듬어 아파트 동(棟)을 이리저리 누비고 다녔지만 가도 가도 그 언덕은 보이지 않고 아파트들밖에 보이지 않았다. 빗나가도 한참 빗나간 것 같은 느낌이 들 무렵에야, 간혹 한두 명 지나다닐 뿐인 통행인을 붙잡고 그 언덕의 행방을 물었다. 하지만 한결같이 그렇게 넘어가는 언덕은 잘 모르겠다고 하였다. 그들은 그 언덕과는 방향이 다른 시멘트 포장도로를 이용하고 있음에 틀림없었다.

이제 성민은 그 언덕보다도 그 언덕을 아는 사람을 찾아헤맸으나 허사였다. 시간은 이미 아르바이트 끝날 때가 다 되어 있었다. 이리 돌아도 아파트요 저리 돌아도 아파트인 거대한 아파트 숲, 아니 아파트의 늪에 빠진 꼴이 된 성민은 문득 으스스 몸이 떨렸다. 뺑뺑이 도깨비에 홀려 밤새도록 똑같은 산길을 오르락내리락했다는 어른들의 이야기를 어릴 적에 들은 기억이 났다. 지금 무슨 도깨비에 홀렸나. 등에서는 식은땀까지 흘렀다. 불을 띄엄띄엄 밝히고 있는 수십 수백 동의 고층 아파트들이 모조리 이빨을 드러내며 히히히 웃고 있는 어마어마한 괴물들처럼 보였다. 다행이 한 아파트 꼭대기에 걸려 있는 샛노란 초생달이 성민의 의식을 확 붙잡아 주었다. 성민은 크게 한숨을 쉬며 바삐 움직이려는 몸을 진정시켰다. 그리고 그대로 조용히 시멘트 길바닥에 무릎을 꿇었다. 하나님 아버지, 이제 아르바이트를 하지 않겠습니다. 그리하여 성민의 몰래바이트는 끝이 났던 것이었다.

그런데 이번에 다시 아르바이트를 하게 될 때는 이전처럼 그렇게 죄의식을 느끼지도 않았다. 며칠 굶은 사람이 옆에 빵이 있으면 그냥 집어먹듯이 이것저것 따지지 않고 아르바이트를 붙든 꼴이었다. 이젠 휴학 기간도 아니고 학교생활을 하는 데다가 아르바이트는 일주일에 두 번만 나가고, 또 본부 민식 목자의 감독 밑에 직접 있지 않고 봉천회관에 떨어져 있는 이런 사정들이 죄의식을 완화시켜 주었는지도 몰랐다. 그래서 성민은 아르바이트 다니는 것을 전처럼 그렇게 철저히 숨기지도 않았다. 물론 될 수 있는 한 소리 없이 다녔지만 말이다.

하지만 소감 발표를 통하여 아르바이트 하고 있는 사실에 대해 죄의식을 가지도록 강요당하다시피 하니까 차츰 이전의 그 죄의식이 되살아났다. 그릿 시냇가의 엘리야는 아르바이트도 하지 않고 시냇물에 발만 담그고 있었는데도 까마귀들이 먹을 것을 입에 물어 날라다 주지 않았는가. 왜 나에게는 시냇물에 발만 담그고 있는 믿음이 없는가. 왜 이리 모든 게 불안하고 초조한가. 이런 식으로 죄의식이 꿈틀거리기 시작했다. 그렇다고 죄의식에 굴복당하여 이전의 아파트 숲 속에서처럼 초생달을 보고 무릎을 꿇어 버리면 우선 할머니는 어떻게 되는가. 성민은 자신의 문제보다 할머니 때문에라도 다시 싹트는 죄의식에 굴복당할 수 없다고 결론을 내렸다.

이러한 성민의 생각의 흐름을 간파하고 있는 수사관은 오히려 선수를 쳤다. 할머니를 외손자가 모시려 하지 말고 결단을 내려 부산 집으로 내려보내라는 것이었다. 그러한 지시는 직접적으로 내려오지 않고 은근한 압박으로 내려왔다. 성민은 소감 발표에서 의식적으로 할머니 이야기를 뺐는데 수사관은 의도적으로 할머니 이야기를 소감에서 언급하도록 하였다. 어떻게 언급하라고 구체적으로 지시하지는 않고, 하여튼 할머니에 대해 어떤 생각을 가지고 있나 한번 진술해 보라는 식이었다. 무릇 내게 오는 자가 자기 부모와 처자와 형제와 자매 및 자기 목숨까지 미워하지 아니하면 능히 나의 제자가 되지 못하리라, 하는 이런 성경 구절을 주면서 할머니에 대해 진술해 보라고 하니 수사관이 원하는 바는 사실 명약관화한 셈이었다. 그래도 성민은 할머니의 신앙을 은근히 칭찬하면서 핵심을 피해 나갔다. 어떤 때는 이렇게 외치고 싶은 충동을 느끼기도 하였다.

　내가 할머니를 모시고 있는 게 아니라 할머니가 15년 전에 빌려 준 돈으로 얻은 전세방에 내가 얹혀 살고 있습니다. 내가 할머니에게 주는 생활비는 그 전세금의 이자에 불과합니다. 그리고 할머니를 부산 집으로 보내라는 뜻으로 암시하는데 사실 우리 할머니는 돌아갈 집이 없습니다. 내가 할머니를 돌려보낸다면 양로원으로 돌려보내는 것입니다, 양로원으로. 어떤 목사는 주의 일을 한다고 자기 자식들을 고아원에다 맡겼다고 합니다만, 난 아직 그만한 믿음 없습니다. 할머니를 양로원으로 보낼 믿음 없습니다. 전도를 못할 망정, 우리 집을 위해 모든 걸 다 희생해 버린 우리 외할머니, 내가 먹여 살리겠습니다.

　물론 성민은 이렇게 외치고 싶은 충동을 잘 억눌렀다. 회관생활을 통하여 다지고 다진 극기훈련 덕이었다. 아니, 할머니가 양로원에 있었다는 사실을 밝히는 것만 해도 스스로 한없이 비참하게 느껴질 것이기 때문이었다.

　어떤 때는 그러한 충동과는 전혀 반대되는 방향으로 생각이 전개되기도 했다. 성민은 이렇게 소감을 발표하고 있는 자신을 상상하며 가슴이 뜨거워지는 것이었다.

　예수님은 군중심리로 아무런 생각 없이 따라오는 무리를 향하여 문득 돌아서셨습니다. 그리고 제자로서 치러야 할 뼈아픈 대가에 대하여 냉엄하게 말씀하셨습니다. 부모 형제 처자까지 버릴 각오가 되어 있지 않으면 예수님의 제자가 될 자격이 없다고 말씀하셨습니다. 이 말씀 앞에 저는 깊이 회개하지 아니할 수 없습니다. 저는 그동안 가족들에 대한 연민의 정에 빠져 주의 사명을 게을리했습니다. 특히 할머니를 먹여 살려야 하는 문제에 매여 꼼짝을 할 수 없었습니다. 저는 이제 믿음으로 결단합니다. 아르바이트 하면서 허비하는 시간을 주님께 바쳐 드리겠습니다. 먼저 그의 나라와 의를 구하라 그리하면 이 모든 것을 더하시리라는 말씀을 믿고 아르바이트를 더 이상 하지 않겠습니다. 그리고 마음이 참으로 아프지만 할머니를 다시 양로원으로 보내겠습니다. 할머니의 눈물과 저의 눈물을 주님께서 유리병에 담아 달아 보시고 어떤 모양으로든지 축복해 주실 것입니다. 저는 계속 주의 사명을 위해 모든 것을 버리고 순교 정신으로 십자가를 지겠습니다.

물론 성민은 생각 속에서 이렇게 전개되는 소감 역시 발표하지 않았다. 아, 사실 말이지 아르바이트도 하지 않고 할머니도 모시지 않고 전도만 할 수 있다면 얼마나 홀가분하고 행복하겠는가. 그러나, 그러나……. 성민의 깊은 곳에서 탄식 같은 것이 올라왔다.

결국 성민과 수사관 사이에 타협이 이루어졌다.

"할머니를 집으로 돌려보내는 문제는 우선 할머니 건강이 회복될 때까지 보류하도록 하겠습니다. 건강이 어느 정도 회복되시면 제가 신앙의 결단을 내리고 방향을 정하겠습니다."

"선생님이세요? 저 주희예요."

"아니, 여기 전화번호는 어떻게 알았어?"

"할머니 수첩을 보고요."

"할머니 수첩이라니?"

"할머니가요……, 쓰러지셨어요. 지금 의식이 없어요."

주희의 목소리는 수화기 속에서 물기를 머금고 떨리고 있었다.

"언제?"

"방금요. 저랑 이야기하다가요. 빨리 와 보세요. 무서워요."

성민은 일대일 성경공부를 시키고 있던, 다시 말해 개인적으로 성경을 가르치고 있던 형제에게 사정 이야기를 하고 봉천회관을 서둘러 나섰다. 밤 10시가 넘은 하늘에는 오랜만에 달조각과 별부스러기들이 냉염(冷艷)하게 빛나고 있었다. 어쩌면 대기

의 찬 기운이, 그 별과 달의 차가운 아름다움에서 뿜어져 나오는
지도 몰랐다. 인간에게 어떠한 고통과 고난이 닥쳐도 눈 하나 깜
짝하지 않을 것 같은 하늘의 표정이었다.

집 대문으로 들어서니 성민네 방 앞에 주인 아주머니와 입주
자들이 몰려 있었다. 성민은 방문을 밀치고 안으로 들어갔다. 할
머니는 눈의 초점을 잃고 입에 거품을 문 채 이불 속에 널브러
져 있었다. 할머니의 머리맡에서 주희가 훌쩍거리며 앉아 있다가
몸을 반쯤 일으켰다. 청소부 아내는 어디서 침(針)을 배웠는지 할
머니의 팔 한 부분에 침을 찌르고 있었다. 침이 찔릴 때마다 할머
니는 조금씩 몸을 움찔거렸지만 그 이상의 반응은 없었다.

"학생도 왔으니 빨리 병원으로 옮겨요."

주인 아주머니가 방문을 열어 보며 재촉했다. 자칫하면 자기
집이 초상집으로 변할 판국이라 조마조마한 모양이었다.

"할무이 할무이."

성민이가 할머니의 어깨를 흔들어 보았지만 뭐라 입술을 놀리
기만 할 뿐 성민을 의식하지도 못했다. 성민은 할머니를 담요에
싸서 들쳐업었다.

"학생, 택시비 있나?"

주인 아주머니가 서둘러 만 원짜리 한 장을 성민의 호주머니
에 찔러 넣어 주었다. 하지만 지금 택시비가 문제가 아니라 치료
비가 문제였다.

"아주머니 2만 원 정도 더 빌려 주세요. 곧 갚아 드릴게요."

주인 아주머니는 어색한 표정을 지으며, 스커트 호주머니에서 다시 만 원짜리 두 장을 더 꺼내 주었다.

비탈진 길을 허겁지겁 올라가 아스팔트 길로 나서니 이미 주희가 택시를 잡아 놓고 기다리고 있었다. 할머니를 뒷좌석에 짐짝처럼 밀어 놓고 성민이도 그 옆으로 끼어 들어가 있었다. 주희가 앞좌석에 앉자 운전수가 미터기와 기어를 거의 동시에 꺾었다.

"서울대학병원요."

성민은 가까운 병원으로 가기보다는 영안실이 딸려 있는 병원으로 가야 할 것 같은 예감에 사로잡혀 있었다. 택시 운전사는 앰뷸런스 운전수라도 된 듯한 표정을 지으며 무거운 침묵 속에 차를 몰아 갔다. 어쩌면 주인 아주머니의 심리처럼 운전사도 자기 차가 영구차가 되지 않도록 하기 위하여 차를 빨리 몰아 가는지도 몰랐다.

할머니는 담요 속에 널브러진 채 계속 입술을 달싹거리고 있었다. 일종의 경련인지, 무언가를 말하려고 그러는지 잘 알 수 없었다. 그러다가 성민은 언뜻,

"하⋯⋯ㄴ⋯ㄹ."

하는 단어 비슷한 것이 할머니의 입에서 비어져 나오는 것을 느끼고 할머니의 입 쪽으로 바짝 고개를 숙여 보았다.

"ㄱ⋯시⋯우⋯ㄹ⋯아⋯ㅂ⋯지⋯ㅇ⋯르⋯ㅇㄱ⋯ㄹ⋯히⋯ㅇ⋯

기…ㅇ…바….”

놀랍게도 그것은 주기도문이었다. 할머니의 무의식이 떠올리는 간구였다.

“ㄴ……라…ㅇ…이…ㅎ….”

성민은 큰 감동이 파도처럼 온몸을 덮치는 것을 느꼈다. 여기에 참으로 진실한 신앙적인 모습이 있고 진정한 기도가 있었다. 그토록 의식적으로 기적을 간구하던 할머니가 이제 무의식 속에서 하나님께 조용히 자기를 의탁하고 있었다. 성민이가 할머니로부터 이토록 신앙적인 감동을 받아 보기는 이번이 처음이었다.

뜻이 하늘에서…… 이루어진 것같이…… 땅에서도 이루어지이다…….

성민이도 할머니의 무의식의 흐름을 따라 함께 속으로 기도해 나갔다. 회관에서 흔하게 하는 짝기도를 할머니와는 제대로 한 번 해보지 못한 성민은, 할머니의 의식과 자신의 의식이 기도중에 만날 수 있었던 많은 기회를 놓쳐 버린 것을 아쉬워하며, 이제 할머니의 무의식과 자신의 의식이 기도 중에 만나고 있는 것을 느끼고 있었다.

“주희는 여기서 내려 집으로 가야지.”

택시가 노량진을 지나 용산으로 접어들자 성민은 한강 쪽을 쳐다보며 주희에게 말했다.

“저도 병원까지 가겠어요.”

이제 어느 정도 진정이 된 주희가 야무지게 대꾸했다. 그 야무짐 때문에 성민은 더 이상 말을 할 수 없었다. 그리고 이런 상황에서 주희라도 함께 있어 주는 것이 얼마나 정신적으로 도움이 되는지 몰랐다.

전체적으로 어둠에 잠겨 있는 서울대학병원 구내였지만 응급실은 불을 훤히 밝히고 있었다. 앰뷸런스 한 대가 사이렌을 울리며 할머니를 실은 택시를 앞질러 응급실 앞에 멎었다. 교통사고 환자인 듯 순경들을 포함한 네댓 명의 사람이 환자를 들것에 눕혀 들고 응급실로 뛰어 들어갔다. 성민도 할머니를 들쳐업고 그 뒤를 따라 들어갔다.

응급실 당직 근무를 하던 의사와 간호원들이 두 패로 나뉘어 교통사고 환자와 성민의 할머니에게로 달려들었다. 성민이가 할머니를 의사가 지시하는 빈 침대 위에 눕히자 의사는 대뜸,

"중풍 환자죠?"

하고 물었다.

"네, 5년 전에 중풍으로 쓰러져 죽을 고비를 넘기고 일어나셨는데……"

"또 터진 모양이로군."

의사는 할머니를 간단히 검진해 보더니 간호원에게 급히 지시를 내렸다. 간호원이 산소 호흡기를 할머니의 코에 갖다 대며 인공호흡을 시켰다. 의사는 할머니의 심장 부근을 주먹으로 몇 번

내리쳤다. 그것도 여의치 않으니까 산소호흡기를 떼어 낸 간호원이 자기의 입술을 할머니의 입술에 대고 숨을 불어넣다가 빨아들였다가 하였다. 꺼져 가는 불씨를 후후 불어 살려 내려고 하는 듯이 이것저것 체면 차리지 않고 무진 애를 쓰는 간호원을 보며 성민은 스스로 민망스러워졌다. 어떻게 더러운 환자의 입술을 저렇게 정신없이 빨 수 있을까. 그 순간, 간호원이 무슨 성녀(聖女)처럼 보였다.

"상태가 심각한 것 같습니다."

의사는 간호원이 몸부림치듯 할머니와 입맞춤을 연거푸 하고 있는 것을 내려다보며 얼굴을 찌푸렸다. 그때 성민은 할머니가 다시 살아나지 않기를 간절히 바라는 마음 상태가 되어 있는 자신에 대하여 적이 놀랐다. 할머니가 다시 살아난다면 이제 완전히 식물인간과 같이 되어 고생만 실컷 하다가 죽어 갈 것이었다. 이제 할머니를 쉬게 하고 싶었다.

그러나 무엇보다도 그 시각에 성민의 마음을 흔들리게 하는 것은 돈 문제였다. 할머니가 다시 살아나 치료받게 될 때 들어갈 그 엄청난 입원비는 어디서 어떻게 마련할 것인가. 돈 때문에 할머니가 살아나지 말았으면 하고 바라고 있는 자신이 너무도 비참하게 느껴졌지만 그런 생각의 테두리에서 정말 벗어날 수 없었다. 그리하여 성민은 그 간호원의 희생적인 노력이 무위로 끝나 버리기를 내심 바랐다.

"운명하셨습니다."

성민은, 소원대로 되셨습니다, 하고 의사가 말하는 것 같아 흠 칫했다. 그러면서 정말 다행이라는 생각이 마음을 스치고 지나 갔다.

"네."

성민은 안도의 한숨 같은 것을 쉬었다. 무슨 부담스러운 채무 의 변제가 막 이루어진 것 같은 기분이었다. 전혀 눈물도 나지 않 았다. 가난이란 것이 이렇게 사람의 마음을 모질게 만들어 놓는 것인가.

할머니는 성민의 마음속에 일어나고 있는 생각과 갈등과는 전 혀 상관없이 아까의 고통스럽던 표정을 풀고 편안한 모습으로 누 워 있었다. 할머니가 입고 있는 감색 털 스웨터와 보랏빛 치마 차 림의 옷은 이상스럽게 누가 입혀 놓은 것처럼 말끔하였다. 발에 는 새 버선까지 신겨 있었다. 할머니는 자신의 죽음을 예견하고 옷을 깨끗이 다 갈아입은 것인가.

가난하게 살아도 깨끗하게 살아야제.

할머니는 자신의 좌우명을 죽음에서도 그대로 실천한 셈이었 다. 가난하게 살아도 깨끗하게 살아야제 하는 이 말은, 결국 가난 하게 죽어도 깨끗하게 죽어야지 하는 말과 같은 것이었다.

"할머니, 할머니."

주희가 할머니의 깨끗한 주검 위에 엎드려 울음을 터트렸다.

"영안실에 모셔야죠?"

의사가 이미 긍정의 대답을 예상하고 있다는 듯이 인터폰을 눌렀다. 금방 응급실 문을 밀고 네 명의 인부가 들어왔다. 그들은 이삿짐 센터의 인부들이 능숙하게 이삿짐을 다루듯 할머니의 시신을 슬쩍 들것으로 옮겨 놓고는 하얀 시트를 덮더니 순식간에 한 귀퉁이씩 잡아들고 응급실을 빠져나갔다. 응급실은 그렇게 들어올 때도 응급하게 들어오고 시체가 되어 나갈 때도 응급하게 나가는 모양이었다.

"보호자 따라가세요."

뒤에서 간호원이 말해 주지 않았더라면 성민은 그 광경을 그냥 멍청히 바라보고만 있을 뻔하였다. 주희는 응급실 소파에 앉아 기다리도록 하고 성민이만 급히 따라 나갔다. 인부들은 이미 영안실로 내려가는 계단 근처에 가 있었다. 보호자가 따라오나 한번 확인을 하고 난 그들은 하데스(陰府)의 구릉 같은 계단을 하나하나 내려가기 시작했다. 성민은 할머니의 발치께에 바짝 붙어 따라 내려갔다. 희미한 외등이 켜져 있을 뿐인 그 계단의 희끄무레한 어두움 속에서 할머니를 덮은 시트가 유난히 하얗게 보였다. 왜 시체를 덮을 때는 항상 하얀 천을 사용하는 것일까. 그 사람이 어떠한 인생을 살다가 죽었든지 간에 죽음은 그 사람의 모든 것을 정화시켜 준다는 상징으로 하얀 천을 사용하는 것일까. 그러고 보니 결혼식 때에도 하얀 웨딩드레스로써 신부의 과거를 정화시켜 주는 것이 아닌가. 또 갓 태어났을 때에도 하얀 강보와 하얀 기저귀로 애기를 감쌈으로써 전생(前生)을 정화시키는 것인가. 그렇게 인생은 태어날 때와 결혼할 때(특히 여자의 경우)와 죽을 때에 하얀 천으로 뒤덮이는 것이구나.

할머니와 함께했던 긴 세월이 시간을 초월하여 의식의 블랙홀로 한꺼번에 몰려들어 오는 것을 느끼며 성민은 그때야 비로소 소리 없이 눈물을 흘렸다. 아니 눈물이 흘러내렸다. 조금 전에 할머니의 죽음을 원했던 자신과 지금 할머니를 영원히 잃어버린 상실감에 마음 저리는 자신이 너무도 이율배반적이었다. 그 이율배반의 건너뛸 수 없는 심연으로 자꾸만 눈물이 괴어들었다.

영안실로 들어선 인부들은 사무실을 지나면서 사무실 책상 의자에 앉아 있는 40대 중반의 여자 앞에 성민을 떨어뜨려 놓고는 저 안쪽으로 사라졌다. 영안실 안은 거의 불이 꺼져 있었는데 사무실과 방금 인부들이 들어간 방에만 스탠드 형식의 주황색 불이 켜져 있었다. 그래서 그 불은 전깃불이라는 느낌보다 촛불이나 조등(弔燈) 같은 느낌을 물씬 풍겼다. 그런 불빛에 비치는 여자의 얼굴은 영안실을 지키는 수문귀 같은 형상을 하고 있었다. 자정이 다 되어 가는 시각에 그 넓은 영안실 한 모퉁이 사무실에 혼자 앉아 있는 여자, 조화(弔花)와 침관(寢棺)·병풍·조지(弔紙)·양초 같은 상례용 물건들을 배경으로 표정이 무너진 채 앉아 있는 여자가 어찌 귀신처럼 보이지 않겠는가.

"3호 방을 쓰세요."

여자가 서류철을 열고 죽은 자와 산 자의 인적사항과 관계를 물으며 적어 나갔다.

"오늘 밤 지킬 거예요?"

성민은 혼자 영안실 방을 지키며 밤을 지새울 엄두가 나지 않았다.

"집에 가서 정리할 것도 있고 해서 오늘은…… 내일부터 지킬 예정입니다."

"그래요? 그럼 우리가 대신 지켜 드릴게요. 우선 하루 영안실료 하고 조지, 양초 값들은 미리 내셔야겠어요. 나머지는 발인할 때 다 계산하기로 하고요."

미리 내어야 할 돈은 만 원 안팎이었다. 죽은 자의 숙박료가 산 자의 보통 숙박료보다 비싼 편이었다. 죽은 자는 난방도 필요 없고 이불도 필요 없고 세면 화장도 필요 없는데 말이다. 하지만 죽은 자에게는 산 자에게보다 더 신경써야 할 서비스들도 있는 것이었다.

"이 할머니 복받았네. 이 영안실 전체를 아예 전세 냈구먼."

인부들이 안쪽에서 손을 털며 사무실을 향해 걸어오면서 중얼거렸다.

"예?"

성민이 무슨 뜻인지 몰라 의아한 표정으로 쳐다보았다.

"글쎄, 그저께부터 영안실로 들어오는 시신이 없다구요. 지금 텅텅 비어 있다니깐요. 그건 그렇고, 우리한테 수고비나 좀 주셔야죠. 불경기라서 며칠 공치고 쇠주 마실 용돈도 안 생기고."

"얼마씩……?"

"그냥 알아서 줘요. 뭐 한 사람당 2천 원이면……."

성민은 인부들 몫과 그 여자의 몫까지 해서 아예 만 원짜리 한 장을 내주었다. 그것이 일종의 팁 역할을 했는지,

"우리가 불 밝혀 놓고 잘 지켜 드릴게요."

투숙객을 잘 모시겠다는 투로 말했다. 사무실 벽시계가 댕댕댕…… 열두 번을 쳤다.

"응급실에 가서 야간통행증을 끊어 가요."

이제는 귀신처럼 보이지 않는 여자가 친절하게 일러 주었다.

영업이 잘 되지 않는 죽은 자들의 숙박업소를 빠져 나와 계단을 올라가니 주희가 응급실 바깥 공중전화 박스 옆에서 발을 동동거리며 기다리고 있었다. 야간통행증을 발급받은 성민은 주희를 데리고 병원 구내를 벗어나 원남동 방향으로 나왔다. 삼한사온 중 세 번째 한(寒)쯤 되는 기온의 날씨였으나 한밤의 어둠은 냉기를 더욱더 잘 전달시켜 주는 흑전도체 역할을 하였다. 골목 골목마다 방범대원들의 호루라기 소리가 지나가고 있었다. 성민은 야간통행증이 있었지만 방범대원들과 마주치지 않으려고 창덕궁의 담벼락에 바짝 붙어 걸어갔다.

"어떡한다?"

성민은 혼잣말처럼 중얼거리며 지금 돈이 어느 정도 남아 있나를 계산했다.

"저기 여관으로 가요."

길 건너 골목 입구에 간판 불이 밝혀져 있는 한 여관을 주희가 가리키며 담담하게 말했다. 둘은 여관으로 들어섰다.

여관집 아주머니는 숙박계를 들고 와서 성민을 가만히 불러내더니,

"저 아가씨, 미성년자 아니에요? 임검 나오면 큰일나는데."

하고 조심스럽게 물었다. 성민은 주희가 동생이라고 말하면서 응급환자 때문에 병원에 왔다가 들르게 된 것이라고 둘러댔다.

주희는 따뜻한 아랫목에 깔려 있는 이불 속으로 몸을 들이밀며 추위에 얼었던 신체의 부분을 녹였다. 눈가에는 아직 눈물줄기의 흔적이 남아 있었다. 성민도 엉거주춤 주희의 맞은편 이불께에 다리를 밀어넣었다.

"선생님도 우셨네요. 나 죽음을 이렇게 가까이서 본 것은 오늘이 처음이에요. 내가 지난 저녁에 할머니랑 이야기할 때 할머니는 그 어느 때보다도 상태가 좋은 것 같았어요. 머리도 새로 감고 염색도 다시 하고 옷을 모조리 다 갈아입었다고 자랑까지 했거든요. 지금 생각하니 죽음이 다가오기 전에 돋우어지는 원기 같은 것이었나 봐요. 할머니는 주로 선생님 이야기를 하셨는데, 선

생님이 국민학교 때부터 얼마나 공부를 잘했는가를 말할 때는 얼굴이 그렇게 밝아질 수가 없었어요. 그러다가 요즈음 형사들이 가끔 왔다 간다는 이야기까지 하게 되었는데 그 이야기를 하실 때는 몹시 두려운 표정이 되셨어요. 내가 오기 얼마 전에도, 그러니까 어제 초저녁쯤에도 형사들이 다녀갔다고 했어요. 별다른 것 없고 그냥 잘 지내고들 있느냐고 묻고만 갔다는데, 그래도 할머니에게는 그게 마음에 자꾸 걸리는 거죠. 선생님에게 무슨 큰일이 생겼나 하고 형사들이 올 때마다 심장이 두근거린다고 했어요. 어제 할머니가 쓰러지신 직접적인 원인은 그 형사의 방문 때문일 거예요. 물론 그동안 건강이 약해져 왔지만 말이에요. 할머니 건강이 갑자기 그렇게 된 것도 선생님이 유치장에 가 있을 때부터라면서요? 아무튼 할머니는 그런 이야기를 하시다가 머리가 어지럽다고 누우셨어요. 그리고 곧 뇌의 핏줄이 터진 거죠. 난 할머니가 의식이 있던 순간과 의식이 없어진 순간과의 그 사이를 어떻게 설명할 수가 없어요. 시간은 단 1초도 안 되는 것 같았는데 할머니의 존재는 영원한 시간을 지나간 것처럼 전혀 다른 것으로 변해 버렸거든요."

주희는 추상적으로 알고만 있던 죽음을 구체적으로 만져 본 충격에서 아직 깨어나지 못한 것 같았다.

"그러니까 할머니가 세상에서 마지막으로 본 사람의 모습이 주희의 모습이었겠네. 아마 할머니는 주희의 영상을 곱게 간직하고 저세상으로 가셨을 거야."

성민의 눈시울이 다시금 뜨거워지려고 했다. 가난과 이 시대의 압박감이 할머니를 죽음으로 빨리 몰아넣었다는 분노와 함께.

"선생님, 사람이 죽고 난 다음에는 어떻게 되나요? 죽음 이후에 다른 세계가 있다고 생각하세요?"

주희가 꿈꾸듯이 질문해 왔다. 이 상식적인 물음이 오늘 밤에는 그렇게 절실하게 들릴 수 없었다. 그러나 성민의 입에서 나온 대답은 주희에게는 물론이고 성민 자신에게도 절실하게 와 닿지 않았다.

"죽음으로 인생이 끝난다면 그보다 더 허무한 일이 어디 있어? 예수님이 죽은 지 사흘 만에 부활하심으로 죽음 이후의 세계가 있다는 것을 증명한 셈이지."

나는 부활이요 생명이니 나를 믿는 자는 죽어도 살겠고 무릇 살아서 나를 믿는 자는 영원히 죽지 아니하리라……. 이 구절까지 인용하며 설명하려고 했으나 스스로 대답을 중단하였다. 차라리 나도 모른다고 하는 것이 정직한 대답이 아닌가.

"예수는 왜 자기만 부활했죠? 자기가 부활할 때 모든 사람을 부활시키고 또 앞으로 올 인생들에게 죽음이 없도록 조처를 취해 놓지 않고서. 자기만 죽음을 살짝 빠져 나간 게 아니에요?"

주희가 또 적그리스도로 변하려고 하였다.

"죽음을 살짝 빠져 나간 게 아니라 죽음을 철저하게 맛보았지.

그 죽음을 통해서 부활했으니까 죽음을 맞이해야 할 인생들에게 희망이 있는 것이지."

"희망이라도 있어야 속고 살겠죠."

"그럼 주희는 우린 인생이 죽음으로써 모든 것이 끝나는 허무한 것이라고 생각해?"

"난 허무의 끝이 죽음이라고 생각해요."

"허무의 끝이라니, 허무의 극치라는 말인가 허무가 끝난다는 말인가?"

"좋도록 생각하세요. 둘 다 같은 말일 테니까. 허무가 끝나는 허무인 셈이죠. 난, 오늘 다시 한 번 그걸 확인한 것 같아요. 할머니의 죽음, 너무 허무해요."

주희의 큰 눈망울은 허무의 밤을 보내는 풀잎처럼 맑은 이슬이 맺혔다. 성민은 모든 것이 다 허무하더라도 주희의 눈망울에 맺힌 이슬만은 허무할 수가 없다고 생각했다. 바로 저 눈물 때문에 그래도 인생은 의미가 있는 것이 아닌가.

노란 색등만 켜고 성민과 주희가 좀 떨어져서 나란히 한 이불 속에 누웠다. 봉천동 골짜기의 한 밤이 생각났다. 그때는 성민과 주희 사이에 할머니가 경계선으로 누워 있었던 것이었다. 그러나 이제 그 그리운 경계선은 영원히 소멸되고 만 셈이었다.

"선생님, 무서워요."

어느새 주희가 성민의 가슴으로 파고들어 왔다. 성민도 무서웠다. 그리하여 주희를 안고 있어야만 하였다.

성민은 전보를 받고 간신히 여비와 장례비들을 친구에게서 빌려 가지고 올라온 아버지 어머니와 함께, 할머니가 다니던 교회 사람들의 도움을 받아 가며 장례를 치러 나갔다. 봉천회관, 본부 회관 등에도 할머니의 죽음이 알려졌지만 회관 사람들은 일체 와보지 않았다. 단 한 사람도. 성민의 방에 잠시 놀러와 할머니의 대접을 받기도 했던 회원들까지도 전혀 그 모습을 나타내지 않았다. 성민은 회관의 성격상 능히 그럴 수 있을 것이라고 생각하면서도, 거의 혼자 동분서주하며 장례를 치르고 있는 자신에 대하여 너무 무관심한 것 같아 서운하기 그지없었다. 회관에서 썩었다고 비판하는 교회 사람들이 오히려 인정적인 면에서는 더욱 앞서 있는 것 같았다. 회관에서는 물론 바로 그 인정적인 요소가 비복음적이라고 주장하지만 말이다.

성민이 제대한 직후에 참석한 어느 날의 스탭미팅에서 민식 목자가 본부의 한 학사 자매의 신앙을 이례적으로 칭찬한 적이 있었다. 본부에서 개최하는 로마서 성경대회를 섬기기 위하여 그 자매는 작은아버지의 장례식에도 참석하지 않았다는 것이었다. 처음에 성민은 평소에 소원하게 지내던 작은아버지라면 장례식에 참석하지 않을 수도 있을 텐데 그걸 가지고 저렇게 칭찬하나 싶었다. 그러나 나중에 그 '작은아버지'의 의미를 알고는 잠시 벙벙해졌다. 하나님 아버지가 진정한 아버지이기 때문에 육신의 아버지는 작은아버지로 불러야 한다는 것이었다. 그러니까 그 학사 자매는 자기 아버지의 장례식에 참석하지 않은 것이었다. 마음은 한없이 쓰라렸겠지만 말이다.

"나, 그 신앙에 감복했어요. 죽은 자는 죽은 자로 장사하게 하고 너는 나를 따르라는 예수님의 말씀에 그대로 순종했어요. 여기 스탭 목자들 중에서 그 자매 신앙 따라갈 사람 있어요? 나, 여자들은 스탭으로 채용하지 않는 걸 원칙으로 하고 있지만 그 자매야말로 스탭감이에요."

민식 목자가 그 자매의 신앙을 칭찬할수록 스탭 목자들은 주눅이 드는 기분이었다. 항상 중요한 일이 연속되고 있는 회관이므로 언제 아버지가 돌아가시든 아버지의 장례식은 반드시 회관의 무슨 프로그램과 겹쳐지게 될 것이 틀림없었다. 그때 과연 그 자매처럼 회관 프로그램을 섬기기 위하여 아버지의 장례식에 참석하지 아니할 수 있는가. 과연 그만한 믿음이 있는가. 스탭들은 아무래도 자신이 서지 않았다. 그래서 그들은 그 자매가 민식 목자가 늘 강조하는 그 역사적인 믿음의 예(例)를 정말 고약하게 남겨 놓았다고 속으로 불평하였다. 그 예는 적어도 스탭들에게는 두고두고 일종의 불문율로 작용할 텐데 그 자매는 자기 믿음만 생각하고 그 믿음이 미칠 두려운 영향력은 생각하지 않았던 모양이었다.

성민은 신앙을 가지기 시작한 무렵에도 그와 비슷한 경우를 경험한 적이 있었다. 그때 성민은 승철 목자가 요회 목자로 있는 모임에 한 회원으로 참석하고 있었다. 승철 목자는 요회 역사를 이루어 보려고 애를 쓰면서 나름대로 마음고생을 많이 하고 있던 중, 하루는 요회 모임을 파하면서 이렇게 대표기도를 하였다.

"하나님 아버지, 이번 학기에 우리 요회 회원들 중에서 순교자 한 사람 생기게 해주십시오."

물론 자기가 이미 순교의 제단에 몸을 던질 각오가 되어 있다는 말이겠지만 그 기도가 회원들에게 미치는 두려운 영향력은 지대하였다. 특히 신앙이 어렸던 성민은 그날 밤 어떻게 하숙집으로 돌아왔는지 정신이 하나도 없었다. 아무리 생각해도 이번 학기의 순교자는 자기가 될 것 같은 이상한 강박관념이 성민을 공포에 질리게 했다. 기도 응답을 잘 받기로 유명한 승철 목자인데, 그가 성민을 염두에 두고 그런 기도를 했다면 성민은 영락없이 이번 학기에 세상을 하직하게 될 것이었다. 성민은 몸이 자꾸만 떨려 밤새도록 잠이 오지 않았다. 결국 새벽녘에 거의 자포자기하는 심정으로, 에라 모르것다 죽으라 카면 죽지 뭐 데카당스로 자처할 때는 늘 자살 연습을 하던 내가 아닌가, 하고 몇 번 중얼거리고 나서야 겨우 조금이나마 잘 수 있었다.

이렇게 순교정신을 가지고 아버지의 장례식도 죽은 자들에게 맡겨 버리는(이런 경우는 좀 특수한 것이긴 하지만) 냉엄한 사람들이 성민의 할머니 장례식을 돌아볼 리는 만무하였다. 오히려 할머니 장례식을 아버지와 어머니에게 맡기지 않고 거기에 매여 있는 성민을 비난할지도 몰랐다. 성민도 이 점이 마음에 걸려 3일장 (葬) 기간에도 종종 회관에 들르곤 하였지만, 회관에 들를 때마다 주지도 않는 동정을 구하고 있는 것 같은 생각이 들어 스스로 빨리 빠져나오게 되었다.

무덤을 마련할 돈이 없는 성민의 가족은 할머니를 화장시키는 방향으로 어느새 의견이 모아졌다. 할머니에게 무덤 하나 마련해 줄 수 없는 형편이 무척 가슴 아팠지만, 화장의 유용성 등을 핑계 삼아 스스로 마음을 달랠 수밖에 없었다.

경기도 벽제 화장터는 문전성시를 이루고 있었다. 촛불이 펄럭거리는 간이 제대(祭臺)들 앞에서 찬송 소리 독경 소리가 뒤섞여 울려 퍼지고 있었다. 교회 전도사는 화장터까지 따라온 사람들로 하여금 접수구 앞에서 할머니 관을 중심으로 빙 둘러서도록 하고는 마지막 장례 예배를 드렸다.

또 내가 들으니 하늘에서 음성이 나서 가로되 기록하라 지금 이후로 주 안에서 죽는 자들은 복이 있도다 하시매 성령이 가라사대 그러하다 저희 수고를 그치고 쉬리니 이는 저희의 행한 일이 따름이니라 하시더라. 모든 눈물을 그 눈에서 씻기시매 다시 사망이 없고 애통하는 것이나 곡하는 것이나 아픈 것이 다시 있지 아니하리니 처음 것들이 다 지나갔음이러라…… 이미세상을

떠난자중천국간친구들많도다저와상관된우리들이가서만나볼
맘있겠네며칠후며칠후요단강건너가만나리……

성민은 몸 안의 모든 물이 눈으로 모이는 것을 느꼈다. 어머니
는 두 손으로 얼굴을 감싸며 마구 흐느껴 울었고 그동안 눈물을
전혀 보이지 않던 아버지마저 눈시울이 붉어졌다. 주희의 눈에서
는 실폭포처럼 두 줄기 눈물이 쏟아져 내렸다.

"빨리빨리 넣으시오. 시간이 없다구요."

화장터 인부들이 유족들의 슬픔은 아랑곳없이 관을 빨리 태
우자고 재촉하였다. 할머니의 관은 빵 굽는 커다란 기계 속 같은
긴 구멍으로 한 줄의 식빵처럼 밀어넣어졌다. 인부로부터 번호표
를 받아 든 성민은 할머니의 전 인생이 이 번호표 하나로 댕그라
니 남은 것을 보았다.

성민은 체온인 양 아직 온기가 전해져 오는 할머니의 뼛가루
를 화장터 뒷산에 뿌렸다. 하야스름한 잔설(殘雪)이 떡고물 모양
덮여 있는 뒷산 마루와 골짜기에 역시 한 무더기 잔설처럼 할머
니의 마지막 남은 육체의 부스러기들이 바람에 날리며 흩어졌
다. 성민은 뼛가루를 손에 한 움큼 집으면서 문득 어릴 적에 할머
니가 주일학교에 데리고 가며 들려주던 말을 떠올렸다.

예수님이 구름 타고 다부 오시모 죽은 자들은 마, 무덤이 쩍
갈라지면서 다부 살아나는 기라. 내 무덤도 쩍 갈라지겠제.

그러나 이제 할머니는 예수가 다시 오면 쩍 갈라질 무덤 하나

없이 난분분히 공중으로 산으로 흩어지고 있는 것이었다. 대기
층으로 올라가고 골짜기 시내를 따라 바다로까지 흘러내려 간
할머니의 원소들이 어떻게 다시 모아져서 부활의 몸이 될 수 있
을까. 다른 사람의 몸에까지 들어가 영양분이 되어 있다가 그 사
람마저 죽고, 그렇게 죽은 자의 원소가 다른 죽은 자의 원소가
되고 그 원소는 또 다른 죽은 자의 원소가 되고 하면, 도대체 하
나님은 그 원소를 가지고 누구를 재생시킬 것인가. 거의 무신론
에 가까운 생각들이 성민의 뇌리에 떠올라 와 뼛가루와 함께 흩
어지고 있었다. 그리고 무엇보다 중요한 것은, 회관에 붙들어져
매여 있던 성민의 사고가 그 뼛가루의 자유처럼 풀풀 풀어지기
시작한 것이었다. 성민은 어느새 자기를 풀어놓아 주는 기분으
로 할머니의 뼛가루를 흩날리고 있었다.

회관에서 부산 집으로 돌려보내기를 원했던 할머니는 결국
하늘 집으로 되돌려보내졌다. 그리하여 성민과 수사관의 타협안
의 절반은 저절로 해결된 셈이었다. 하지만, 제가 신앙의 결단을
내리고 방향을 정하겠습니다, 라고 성민이가 수사관에게 한 말
그대로 모종의 결단이 성민의 마음속에서 꿈틀거리고 있었다.
그 결단은 타협안의 방향과는 전혀 다른 것으로서 아예 회관을
떠난다는 것이었다.
그러나 회관을 떠나고 나서 어떻게 할 것인가하는 문제에 대

해서는 성민으로서도 막연하기 그지없었다. 그동안 민식 목자로부터 스탭 후보로 지명받기 위하여 얼마나 조심조심하며 그 믿음의 예라는 것을 남기려고 애써 왔는가. 스탭이 되어도 민식 목자와 같이 남을 꿰뚫어 보는 통찰력과 남을 압도하는 가운데 이끄는 지도력, 난관을 뚫고 나가는 추진력, 정신운동을 일으켜 주도해 가는 사상성들을 소유한 스탭이 되려고 얼마나 민식 목자를 흉내내며 배워 왔는가. 그 사상성의 밑거름이 되도록 하기 위해 전공과목은 제쳐 두고 주로 신학서적, 철학서적들을 골라 읽으며 보냈던 대학 시절이 아니었던가. 이제 다시 고시공부를 새로 시작하거나 취직시험 같은 것을 준비하는 일은 생각도 하기 싫은 것이었다. 어떤 관료체제나 직장으로 편입되어 들어가는 것은 회관을 떠나기로 마음먹은 성민의 정신적인 경향과도 어긋나는 일이었다.

그럼 어떻게 해야 하는가. 정말 새로 무엇을 시작하기에는 너무 탈진되어 있는 상태이다. 이러지도 저러지도 못하는 가운데 어쩔 수 없이 스탭으로 남도록 하는 것이 회관의 작전이었는지도 몰랐다. 그렇다면 이 교묘한 작전에 대항할 또 다른 작전이 있어야 하지 않는가. 하지만 아무래도 이미 늦어 버린 것만 같은 생각이 자꾸 들었다. 그냥 그대로 그동안 준비해 온 스탭의 길을 가는 도리밖에 없는가. 스탭의 길을 가면서 회관의 독단적인 요소들과 싸워 자유의 영역을 넓혀갈 것인가. 그러나 성민으로서는 민식 목자에게 대항할 만한 용기가 있을 리 없었다. 민식 목자 앞에 서면 대항은커녕 그의 사랑과 인정을 좀 더 받아 보려고 이미 아양 같은 것들을 떨고 있는 자신을 발견할 뿐이었다. 민식 목자는 멀리 있으면 대항의 대상이 되다가도 가까이 있으면 아양의 대상이 되는 묘한 인격의 견인력을 지니고 있는 사람이었다. 그러니까 민식 목자를 대항의 대상으로 생각하기 위해서는 그와 멀리 떨어져 있어야 하는데 그 길은 회관을 떠나는 길밖에, 즉 대항을 포기하는 길밖에 없는 셈이었다.

성민은 회관을 떠난다고 생각하니까 회관에서의 갈등보다도 더 복잡한 갈등이 일어나는 것을 느꼈다. 회관의 테두리 내에 갇혀 숨을 죽이고 있던 생각들이 마구 튀어나와 좁은 머릿속의 공간을 휘젓고 다니며 서로 부딪치기도 하고 서로 얼싸안기도 하고 자기들끼리 야단법석을 떨었다. 그래서 성민은 일단 회관은 떠나기로 하되, 그 후의 일은 될 수 있는 한 생각하지 않기로 하였다. 아직 학생이라는 점을 되살려 모순되긴 하지만 우선 학업을 마치는 데만 신경을 쓰기로 마음을 모았다. 다시 말하면, 졸업 후의 방향은 학업을 마칠 때까지 보류해 놓거나 그 기간 동안에 좀 여유(?)를 가지고 생각해 보자는 식이었다. 정말 회관을 떠나는 데는 믿음이 필요했다.

성민의 이러한 은밀한 생각들은 수사본부에 의해 곧 파악되었고, 성민이가 회관에서 도망치려고 하니 예방조치를 취하라는 지령이 본부로부터 다른 스탭들에게로 하달되었다. 성민은 그 소식을 간접적으로 전해 듣고 다시 한 번 민식 목자의 통찰력에 놀라움을 금할 수 없었지만, 오히려 꿈틀거리던 결단이 더욱 빠른 속도로 제자리를 잡아 갈 뿐이었다. 이제 결정적 시기만이 남아 있었다.

그런 중에 겨울이 막바지로 접어들었고 봄학기 역사 준비를 위해 윗물 맑히기 운동이라는 이름으로 서울지구 스탭미팅이 일주일간 봉천회관에서 매일 아침 열렸다. 이번 훈련은 일주일마다 쓰던 강의소감을 날마다 써서 발표하는 것이었다. 하루종일 회관 일을 돌보고 회원들을 가르치고 하다가 거의 녹초가 되어 잠자리에 드는 스탭들로서 매일 바인더지로 스무 페이지 가까운 소감을 쓴다는 것은 어렵다 못해 거의 불가능한 일이었다. 그렇지만 불가능을 가능케 하는 데 맛들인 민식 목자는 눈 하나 깜짝하지 않고 감행해 나갔다.

소감의 텍스트는 창세기였다. 그동안 수십 번 배웠고 수백 번 가르쳤던 그 지겨운 창세기를 전혀 새롭게 받아들이고 처음으로 쓰듯이 소감을 쓰라는 것이었다. 심히 좋아하신 하나님, 하나님의 사랑을 의심케 하는 사탄, 너는 복의 근원이 될지라, 여호와이레의 하나님, 이삭을 축복하신 하나님, 야곱을 키우신 하나님, 요셉의 아름다운 이야기……. 이러한 일곱 강좌에 해당하는 내용을 날마다 써 나가야만 하였다.

창세기 몇 장 몇 절에 어떤 구절이 있는 것까지 훤하게 알고 있는 스탭들이었지만 소감에는 항상 자신이 없어 쩔쩔맬 수밖에 없었다. 영혼의 조명탄 같은 두 눈을 활활 밝히고 떡하니 앉아서 지켜보고 있는 민식 목자 앞에서 그 누가 자신있게 소감을 발표할 수 있으랴.

스탭들은 소감을 써 오긴 했지만 다 완성해서 써 온 사람은 그리 많지 않았다. 소감을 준비한 데까지만 발표하고 민식 목자의 눈치를 슬슬 보며 소감이 미완성 교향곡으로 그친 데 대한 변명을 늘어놓으려고 하면 민식 목자는 가차없이 하단시키면서 찌르는 송곳 같은 책망의 말을 퍼부었다. 간혹 미완성 교향곡이긴 하지만 슈베르트의 그것처럼 뭔가 감동이 있을 때는 민식 목자는 상기된 표정으로 칭찬을 아끼지 않으며 마무리를 잘해 보라고 격려해 주기도 하였다.

그러나 시니어 목자들은 대부분 감동 없는 미완성 교향곡을 연주하고 혹평을 받았다. 스탭미팅의 취지가 어디까지나 윗물 맑히기 운동이었으므로 민식 목자는 시니어 목자들을 의도적으로 폭폭 찔렀다고도 할 수 있었다. 성민은 회관을 떠나려는 마음이 간파된 상황에서 민식 목자의 눈치를 더욱 살피지 아니할 수 없었지만, 이상스럽게도 민식 목자는 성민의 소감에 대해서는 별다른 칭찬이나 책망을 하지 않고 그냥 고개만 끄덕이는 반응을 보였다. 성민은 그러한 반응으로 인하여 한층 초조해지는 자신을 느꼈다. 뭔가 민식 목자가 호되게 책망을 하면 그 책망에 앙심 같은 것을 품으면서 회관을 떠나는 결정적인 시기를 앞당길 수도 있는데, 그런 책망을 유도하는 소감을 발표해도 민식 목자는 좀 체 휘말려들지 않았다.

그런데 하루는 휴식시간에 화장실 근방에서 성민이가 민식 목자와 단둘이 마주치게 되었는데, 그때 민식 목자가 불쑥 말을 던졌다.

"열왕기하 2장 9절을 읽어 보라구."

그리고 그만이었다.

성민은 열왕기하 2장의 내용이 어떤 것인지는 평소에도 잘 알 고 있었지만 9절이 구체적으로 어떤 구절인지는 정확하게 알 수 없었다. 그래서 다른 스탭들이 소감을 발표하는 동안에 성경을 뒤적여 그 부분을 넌지시 펼쳐 보았다.

건너매 엘리야가 엘리사에게 이르되 나를 네게서 취하시기 전 에 내가 네게 어떻게 할 것을 구하라 엘리사가 가로되 당신의 영 감이 갑절이나 내게 있기를 구하나이다……

이 구절을 읽어 보라는 의도가 무엇인가.

"성민 목자는 내 후계자가 될 사람이야. 시니어 목자들에게 희 망을 걸었지만 별 소망이 없어. 아무리 둘러보아도 내 후계자가 될 자질을 갖춘 사람은 성민 목자밖에 없어. 엘리사가 엘리야의 후계자가 되려고 엘리야의 영감의 갑절을 구했듯이 성민 목자도 하나님이 나에게 주신 영감의 갑절을 구하라구."

다음 날 또 단둘이 마주치게 되었을 때 민식 목자는 성민에게 일방적으로 말해 놓고 급히 지나쳐 갔다. 성민은 잠시 얼떨떨했으나 다음 순간 눈물이 울컥 올라올 정도로 감동을 받았다. 아, 내가 후계자로 지목받고 있다니. 아직 인턴 목자로 서열이 밑바닥이고 회관을 떠나려는 궁리까지 하고 있는 나에게 후계자의 영광을 안겨 주려고 하다니. 갑자기 민식 목자로부터 사랑의 파도가 성민에게로 밀물져 오는 것 같았다. 그동안 민식 목자의 철저한 무관심과 그 무관심으로 위장된 철저한 수사와 훈련들이 후계자를 키워 내기 위한 기초 제련 과정이었나.

성민은 회관을 떠나려는 생각과 민식 목자에 대해서 가졌던 반항심 같은 것들이 민식 목자의 한 마디에 스르르 녹고 있는 상황을 어떻게 이해해야 될지 몰라 당황스러운 지경이었다. 결국 회관을 떠나려는 계획도 민식 목자의 관심을 부정적이긴 하지만 강력하게 유도하기 위한 하나의 방법에 불과했단 말인가. 성민이 스스로 생각하기에 너무도 간사하게 변하는 자신의 마음이라고 할 수밖에 없었다. 멀리 날아갔다가 홱 되돌아오는 부메랑처럼 성민의 마음은 회관과 멀어졌던 거리만큼 다시 회관과 가까워지고 있었다.

넷째 날 스탭미팅이 끝나고 오후에 있는 요회 모임 시간에 맞추기 위해 스탭들이 각자 회관으로 바삐 흩어졌다. 성민은 이제는 자취방이 된 봉천동 골짜기의 그 방으로 가서 잠시 몸을 눕혔다가 회관으로 오려고 스탭들과 함께 회관을 나섰다. 민식 목자와 본부의 목자들이 탄 검은 승용차가 스탭 일행들 곁을 지나 저쪽 차도의 차량들 속으로 빨려들어 갔다.

성민은 우연히 시니어 목자들이 패를 지어 가는 데 끼게 되었다. 그들은 인턴 목자 정도는 안중에도 없다는 듯이 자기들끼리만 말을 주고받았다.

"후배들 앞에 이게 무슨 꼴이람."

"훈련 통에 회관 일을 제대로 할 수 있어야지."

"언제까지 이러고 지내야 되지?"

"민식 목자 미국 간다는 말 정말이야?"

성민은 흠칫했다. 민식 목자가 미국으로 간다는 말도 충격적이었거니와 민식 목자를 '민식 목자님'으로 부르지 않고 그냥 민식 목자라고 부르는 시니어들의 말투가 더욱 그러하였다. 회관의 분위기로서는 상상도 할 수 없는 말투였다. 더군다나 민식 목자를 가장 존경해야 할 그들이 동료나 후배를 부르듯이 아무렇게나 민식 목자를 부르다니. 민식 목자에 대해서 반항심을 품기도 했던 성민이었지만 순간 시니어들의 말투가 불쾌해서 견딜 수 없었다. 자기가 존중하는 대상이 다른 사람들에 의해 무시를 당할 때 느끼게 되는 그런 감정이었다. 그리고 성민은 새삼스럽게 발견한 시니어들의 변화에 뭔가 심상치 않은 것을 느꼈다.

신촌지역의 상순 목자가 문득 성민이가 같이 걷고 있는 것을 보고 가까이 다가와 슬며시 물었다.

　"성민 목자, 성민 목자는 회관을 어떻게 생각해요? 요즈음 성민 목자도 갈등이 많다고 들었는데……."

　"회관을 어떻게 생각하다니요?"

　성민은 자신이 품어 왔던 생각들과 며칠 동안의 변화들이 시니어들에게 노출될까 싶어 짐짓 무표정한 얼굴로 반문하였다.

　"뭔가 잘못되어 가고 있다는 생각이 안 들어요?"

　상순 목자가 성민의 표정을 유심히 살폈다.

　"이전하고 별 다를 바 없다고 생각되는데요."

　"바로 그게 문제예요. 역사도 변화 발전되듯이 한 모임도 뭔가 변화가 있고 발전이 있어야지, 이건 원 맨날 똑같잖아요. 10년 전에 받던 훈련을 오늘도 받고 있고……."

　성민은 속으로, 훈련받는 사람이 변화 발전되고 있지 않으니까 똑같은 훈련이 반복되는 게 아니냐고 튕기고 있었다.

　"이제는 정말 변화될 게 한두 가지가 아니에요."

　상순 목자가 독백처럼 중얼거렸다. 그의 눈빛이 정말 심상치 않았다. 조금 전까지 민식 목자 앞에서 쩔쩔매며 훈련받던 모습과는 완전히 대조적인 모습이었다. 오히려 민식 목자를 훈련시켜 바꾸어 놓으려는 듯한 고자세가 역력했다. 거리에는 상순 목자의 표정만큼이나 차가운 꽃샘바람이 휘돌고 있었다.

명지바람이 개나리의 꽃망울들을 말캉말캉 터뜨렸다. 연금술
사들이 이야기한 그 '축복받은 녹색'이 잔디에 깔리고 나뭇가지
에 칠해지고 산등성이에 덮이고 맑은 시내와 호수에 드리워졌다.
정말 자연의 연금술사가 조화를 부리고 있음에 틀림없었다. 땅
과 하늘은 그 조화옹의 거대한 실험실로 화한 듯하였다. 그리고
그 실험의 결과는 얼추 2천 년 전에 이루어졌던 한 위대한 실험
의 성공을 여전히 상징 내지는 축하하고 있었다. 예수라는 존재
를 죽음의 시험관에서 부활시킨 그 실험이야말로 연금술의 극치
가 아니고 무엇인가.

전국의 모든 교회와 마찬가지로 회관도 부활절 행사 준비에
들어갔다. 민식 목자는 다른 교회에서 하는 식으로 형식적인 행
사 중심의 부활절을 보내지 않고 그야말로 부활 신앙이 골수에

박히는 부활절을 보내도록 해야 한다고 강조하면서, 처음으로 부활장(章)인 고린도전서 15장을 암송하라는 과제를 스탭들을 통하여 전 회원에게 부과하였다. 스탭들에게는 부활절 전야에 암송대회를 가질 예정이니 철저히 암송하라고 하였다.

물론 그동안도 성경암송은 회관의 중요 프로그램 중의 하나였다. 그런데 다른 교회나 단체에서처럼 한 구절씩 뽑아서 외는 그런 차원의 암송이 아니었다. 네비게이토나 씨씨씨(C.C.C., 회관에서는 C를 독어식으로 발음해서 째째째라고 부르곤 했다) 같은 단체에서 암송카드를 들고 다니면서 종알종알 외는 것은 미국식 실용주의의 물이 든 암송 방법이라고 달갑지 않게 생각했다. 미국이나 영국 같은 나라에서 시작되어 한국으로 이식(移植)된 그런 단체들이 하는 일들은 그 강대국들의 냄새가 다분히 배어 있어 매사가 낯간지럽고 메스껍다는 것이었다. 한국에서 시작되어 세계 각 지역으로 이식되어 가고 있는 데 대하여 대단한 자부심을 가지고 있는 회관은 성경암송 방법도 한국식으로 해야 된다고 주장했다. 즉, 우리 조상들이 천자문부터 시작하여 사서삼경을 고개를 끄덕끄덕해 가며 줄줄 외어 나갔듯이 혹은 유대인이 모세오경을 비롯한 구약을 줄줄 외었듯이 그렇게 전체적으로 외어야 된다는 견해였다. 그런 견해는 지당하기 그지없는 것이었지만 암송 과제가 부과될 때면, 암송카드를 들고 다니면서 화투장 뽑듯이 한 장씩 뽑아 그윽히 미소 지으며 여유 있게 한 구절 한 구절을 싹싹

외는 그 째째째 사람들이 그렇게 부러워 보일 수가 없었다.

성경암송 과제는 전체 회원에게 부과되기도 하고 필요에 따라 개인에게 부과되기도 하였는데, 성민은 군대 마지막 휴가 기간에 회관에 들렀다가 그만 개인적으로 그 성경암송에 걸려들어 되우 진땀을 뺀 적이 있었다. 휴가 나온 성민이가 군대생활 중에 정욕과 음탕으로 가득 차게 된 것을 재빠르게 간파한 민식 목자는 휴가 기간 동안 부산 집에도 내려가지 말고 한 달 내내 하숙집에 기거하면서 성경을 암송하라는 명령을 내렸다. 아니 처음부터 그런 명령을 단도직입적으로 내린 것이 아니고, 과제를 하나씩 하나씩 연이어 부과함으로써 결국 휴가 한 달이 후딱 지나가 버리도록 하였다.

맨 처음에 부과된 성경암송 과제는 로마서 1장에서 8장까지를 암송하라는 것이었다. 그렇게 많은 분량을 한꺼번에 암송하라는 과제가 부과된 것은 회관 역사상 전무후무한 일이었다. 성민은 무척 부담스럽기도 했지만 그 전무후무한 훈련을 치러 냄으로써 민식 목자로부터 인정을 받게 될 것을 마음에 그리며 사뭇 설레는 마음으로 성경암송에 몰입하였다. 하숙집에서 끼니때마다 주는 쌀밥과 김치(군대에서 이것보다 더 먹고 싶은 게 있으랴)를 먹으며 하루종일 수도암자 같은 하숙방에 칩거하여 성경만 외고 있는 것도 그리 싫은 일은 아니었다. 그러나 그 기간이 길어지면 곤란할 것이었다. 될 수 있는 한 빨리 암송 훈련을 마치고 휴가 기간의 자유를 만끽해야 될 것이 아닌가.

성민은 로마서를 소리 내어 읽으며 또 시험지에 써 가며 암송해 나갔다. 예수 그리스도의 종 바울은 사도로 부르심을 받아 하나님의 복음을 위하여 택정함을 입었으니 이 복음은 하나님이 선지자들로 말미암아 그의 아들에 관하여 성경에 미리 약속하신 것이라 이 아들로 말하면…… 성민은 성경암송의 원칙대로 토씨 하나 틀리지 않도록 세심하게 주의하였다.

무려 225절에 해당하고 200자 원고지로 따지면 무려 60여 장에 달하는 분량을 토씨 하나 틀리지 않고 완벽하게 암송한다는 것은 말이 쉽지 보통 일이 아니었다. 바울 신학의 집대성이라고 하는 로마서, 칼바르트가 그 강해를 씀으로써 신학계와 사상계에 20세기의 폭탄을 떨어뜨렸다는 로마서, 어거스틴을 성자로 만들고 마틴 루터로 하여금 종교개혁을 일으키도록 했으며 존 웨슬리로 하여금 타락한 영국을 정화시키도록 한 로마서, 그걸 깨달으면 굉장한 역사가 일어나나 깨닫기가 무진장 어려운 로마서…… 뜻을 알아도 외기가 힘든데 뜻이 오락가락하는 가운데 외자니 미투리 신고 벼랑 오르기였다. 더군다나 전파됨이로다, 원치 아니하노니, 무엇이뇨, 폐하겠느뇨, 화목 되었은즉 같은 고어체로 이어지고, 문장이 만연체로 한없이 늘어지는 통에 가리산지리산하기가 십상이었다. 차라리 황순원의 〈소나기〉나 김동리의 〈무녀도〉 같은 것을 외었다면 벌써 외고도 숭능 한 대접은 능히 마시고 있을 것이었다.

뜻이야 어떻게 되든 독서백편의자통이라 무조건 외어 보기로 했지만 점점 독서백편의불통일 뿐이었다. 아무튼 글자 하나하나를 외어 나가다가 6장 6절(하필 마귀 숫자 6이 두 번 겹칠 게 뭐람)에 와서 성민은 아, 하고 탄성을 질렀다. 어거스틴이 13장 14절을 발견하고 마틴 루터가 1장 17절을 발견하였을 때의 그 감격 같은 것이 전신에 스며드는 듯하였다. 우리가 알거니와 우리 옛사람이 예수와 함께 십자가에 못박힌 것은 죄의 몸이 멸하여 다시는 우리가 죄에게 종노릇하지 아니하려 함이니……. 성민은 빨간 볼펜, 파란 볼펜을 꺼내어 '다시는'이라는 부사에다가 줄을 번갈아 가며 그어 대었다. 다시는 다시는 다시는 다시는 다시는 다시는 정욕의 노예가 되지 않으리라. 드디어 '다시는'은 빨간 파란 볼펜 줄에 파묻혀 다시는 보이지 않게 되었다.

그걸 아예 지워 버렸기 때문인지, 66이라는 불길한 숫자의 암시 때문인지, 나중에 성민은 다시 정욕의 노예가 되어 있는 자신을 발견하고 그 '다시는'의 허무함을 되씹었지만, 적어도 그 당시는 갑자기 성자가 된 것 같은 기분에 사로잡혔다. 바로 이 구절을 읽으라고 로마서 암송 훈련을 시킨 것이로구나. 그 이후로 성민은 부쩍 힘이 나서, 높음이나 깊음이나 다른 아무 피조물이라도 우리를 우리 주 그리스도 예수(예수 그리스도로 외면 틀린다) 안에 있는 하나님의 사랑에서 끊을 수 없으리라고 하는 8장 마지막 구절까지 내쳐서 외어 나갈 수 있었다.

드디어 나흘 만에 암송 테스트가 치러졌다. 성민은 자기에게 제출된 하얀 백지에다가 단편 소설 한 편에 해당하는 그 분량을 왼 대로 까맣게 적어 내려갔다. 어떻게 기억이 끊어지지 않고 구절 구절 이어져 나갔는지 성민으로서도 기이한 일이었다. 토씨 두서너 군데가 틀렸을 뿐 거의 완벽한 답안이었다. 점수는 98점이었다. 민식 목자는 전무후무한 훈련을 성공적으로 감당해 낸 성민을 대견스럽게 여기며 매우 기뻐하였다. 그리하여 성민은 이제 휴가 기간의 자유를 누리게 될 자신을 꿈꾸며 가슴이 부풀게 되었다.

하지만 민식 목자의 그 흐뭇한 얼굴이 성민에게 자유를 의미하는 것은 아니었다. 연이어 창세기 전체의 대지와 소지들을 나누고 그것이 시작되고 끝나는 장과 절을 파악한 후 아예 그 내용을 다 암송하라는 과제가 부과되었다. 그 훈련을 통과하자, 이번에는 시대적인 문제와 관련이 있는 듯 역대기상하 열왕기상하를 기초로 이스라엘 역대 왕들의 과오와 치적들을 순서대로 낱낱이 암송하라는 과제가 부과되었다. 그다음, 공책에 문단 나누기를 해가며 신구약 전권을 통독하는 과제가 떨어지고 어쩌고 하더니 아뿔싸 휴가 기간이 다 지나가고 말았다.

"하숙비는 내가 지급해 놓았어."

귀대 인사를 하러 갔을 때 민식 목자가 성민에게 한 말이었다.

성민은 그때 하숙비 지급이 문제가 아니라 귀대 차비 및 귀대 선물비가 한 푼도 없는 것이 문제였다. 그런 사정까지 훤히 알고 있는 민식 목자는 성민이 눈앞에서 점퍼 지퍼를 쓰윽 잡아채 내렸다. 너는 지금 이걸 원하고 있지? 열린 점퍼 사이로 보이는 민식 목자의 가슴이 그렇게 말하고 있었다. 잠바 안쪽에서 빳빳한 지폐 한 장이 치욕처럼 비어져 나왔다. 성민은 수치와 안도가 뒤섞인 한숨을 쉬었다.

성민은 이제 부활절을 당면하여 58절이나 되는 제법 긴 부활장을 암송하면서 그때 그 휴가 기간 생각을 자주 하게 되었다. 225절도 외었는데 58절을 못 욀까 보냐, 이렇게 생각하면 자신감이 생기기도 하였다. 회원들은 각자 지혜를 짜서 자기 나름의 방식대로 암송해 나갔다. 회관에 들어서면 책상머리에 각각 떨어져 앉아 부활장을 암송해 대는 회원들로 인하여, 수십 수백 마리의 개구리들을 모아 놓은 것처럼 귀가 멍멍했다. 썩을것으로심고썩지아니할것으로다시살며욕된것으로심고영광스러운것으로다시살며약한것으로심고강한것으로다시살며마지막나팔에순식간에홀연히다변화하리니사망아너의이기는것이어디있느냐사망아너의쏘는것이어디있느냐…… 우렁우렁개굴개굴와글와글왁자지껄…… 내사랑하는형제들아견고하며흔들리지말며항상주의일에더욱힘쓰는자들이되라…… 이 소란을 견디기 위해서는 자기도 책상머리나 의자 하나를 차지하고 앉아서 부활장을 암송하는 길밖에 없었다. 나는날마다죽노라…….

그리고 부활절 행사를 위해 연극과 춤을 준비하였는데, 성민은 5년 전 최루탄 가스 연기 속에서 학점도 날리고 졸업도 날리고 나서 절망의 부활춤을 추던 일이 생각났다. 그런데 캠퍼스에서도 몇몇 무더기를 이룬 학생들이 절망의 부활춤을 추고 있었다. 긴급조치 해제하라……. 그 구호는 죽음을 부정하고 부활을 선포하는 것같이 들리기도 했지만 부연 연기 속의 그 몸짓은 아무래도 안쓰러운 춤이었다.

"저들은 자기들이 민중의 선도자로서 민중을 움직일 수 있다고 착각하고 있지. 그러나 천만의 말씀이야. 천태만상의 민중을 한 겹밖에 되지 않는 얄팍한 엘리트 의식으로 절대 움직일 수 없지. 자기들은 잘 모르지만 오히려 민중들에 의해 움직여지고 이용당하고 있는 셈이지. 민중은 엘리트를 어느 정도 이용하고 나서는 차갑게 거부해 버리지. 그 민중의 거부성은 합리적인 이유에 근거한 것이 아니라 거의 생리적이고 체질적이야. 그런 점에서는 민주주의 사회의 민중이나 공산주의 사회의 민중이나 조금도 차이가 없다. 원래 민중에게는 주의라는 게 통하지 않으니까. 내가 공동체운동에 회의적이 된 것은 공동체 자체의 문제에도 기인하지만, 그보다는 민중을 자기들의 공동체를 중심으로 이끌겠다는 사명 같은 것이 일종의 망상이라는 걸 깨달았기 때문이지. 저런 구호들도 자기 집단의 이익을 대변하는 정도로 인식하고 외치는 것이 아니라 마치 민중을 대변하는 것처럼 착각하면서 외치는 데 문제가 있지. 이건 자기 교회나 교파, 단체를 통하여 민족을 복음화시키고 세계를 복음화시키겠다고 떠드는 교회 집단에도 해당되는 문제지. 겸손해야 돼. 그리고 혼자가 되어야 돼."

채수는 방학 기간을 어떤 독서와 사색 속에서 보내었는지 이전보다 훨씬 자신의 입장을 분명하게 밝히고 있었다. 그는 캠퍼스가 어떤 구호로 넘치고 어떤 냄새로 가득 차든지 간에 아랑곳하지 않고 도서관을 뻔질나게 드나들며 학과 공부와 리포트 준비 등에 열중하였다. 책들이 이상한 원서가 아니라서 그렇지 그 모습은 학창 시절 초기에 도서관에 앉아 있던 채수의 모습 그대로였다. 채수가 졸업 학점에 신경을 쓰며 리포트 같은 것에 매달려 있다니. 사람이 변해도 많이 변했다 싶었다.

그런 채수의 모습에 서클 회원들은 이제 거의 실망을 하고 이전에 채수에 대해 가졌던 이미지를 수정하는 것 같았다. 어쩌면 그는 군대 있을 때 세뇌 교육을 받은 변절자로서 서클의 현황을 모처로 보고해 올리는 첩보원인지도 모른다는 소문까지 나기 시작했다. 그리고 그의 좌반신 마비 현상도 어떤 영웅적인 영광의 흔적이 아니라 단순하고 평범한 것으로 군대 유격 훈련 때 도하 훈련을 하다가 추락하여 다친 것에 불과하다는 이야기들이 오고갔다. 이러한 여러 소문들에도 채수는 묵묵부답으로 일관하며 그 특유의 너털웃음으로 소문의 먼지들을 털어 버리는 것이었다. 그러니까 채수의 너털웃음마저 꼬투리가 잡혀 그 웃음은 가증하기 짝이 없는 위선적인 웃음이요 카멜레온적인 웃음이라고 매도당하기도 했다.

그런데 하루는 밤늦도록 부활절 춤 연습을 하고 있는데 채수가 회관을 어떻게 알았는지 술에 곤드레만드레 취하여 이층 홀로 들어섰다. 그의 우반신까지 중심을 잃고 흔들거리고 있었다. 회원들은 웬 병신 주정뱅이가 들어왔나 하고 경계하는 태세를 취했다. 얼마 전에도 한밤중에 지나가던 주정뱅이가 회관 문이 열린 틈을 타 몰래 들어와서 신성한 예배 장소 한복판에다 똥을 한무더기 경건하게 싸 놓고 돌아간 사건이 있었기 때문에 더욱 채수를 경계하면서 혹시 채수가 그 똥의 주인이 아닌가 의심하는 눈빛을 보냈다. 성민은 곧 채수의 팔을 부축해서 아래층 복도로 데리고 내려갔다.

"채수, 어쩐 일이야?"

"너얼 만나러 온…… 거 아니야. 저리 비이껴."

"누굴 만나러 왔단 말이야?"

"여기 채 책임자…… 최고 책……임자."

"최고 책임자는 동숭동 본부에 있어. 여긴 지부야."

"지부? 집우…… 집주넓을홍거칠황? 우주는 저엉말 씨팔스럽게 넓고 황량하지. 이 조그마한 따앙덩어리마저 이렇게 화앙량하니."

542

"아니 왜 이러는 거야? 어디서 오는 거야?"

"거 씨푸럴 복적새앵인지 복학새앵인지 복어국인지 그노움의 협의흰가 무언가."

"거긴 관계 안 한다고 했잖아."

"그노움 자아씩들, 그냥 하안잔 하자고 불러 내놓고 따안 수작들이야 끄윽."

"그래 뭐라고들 했는데? 또 네 욕을 했어?"

"일없어. 여기 지부 채…… 책임자라도 마안나 봐야…… 겠어."

"만나서 뭐 하려고?"

"고용동체운동하는 노움들, 담판을 지어야……"

"여긴 채수가 생각하는 그런 공동체가 아니잖아?"

"조옷도 무어가 아냐? 조용교라는 위선의 깝대기를 뒤집어 쓰으고 끄윽, 너 성민이, 저엉신 차리라구. 내애가 널 구원해 줘야…… 것다. 소옥지 마알라구."

"속긴 뭘 속아"

"여어기 아무래도 내앰새가 이상해."

채수가 희멀겋게 풀린 눈으로 코를 홍홍거리며 주위를 잠시 둘러보았다. 성민이도 코를 벌름거려 보았지만 채수 몸에서 풍기는 술냄새밖에 나지 않았다.

간신히 채수를 달래어 택시에 태워 보낸 성민은 온몸에 맥이 풀리는 기분이었다. 밤거리에 우두커니 서서 하늘을 올려다보았다. 거기 별들이 예나 다름없이 반짝거리고 있었다. 그러나 그날 따라 성민은 그 별들이 우주의 가스덩어리에 불과하다는 사실을, 즉 우주의 쓰레기덩어리, 심한 말로 하면 우주의 똥덩어리에 불과하다는 사실을 새삼 상기했다. 하늘에 있는 것은 무엇이나 빛을 내게 마련이었다. 그것을 멀리서 보는 인간들은 그 간교한 위장술에 속아, 별을 노래하는 마음으로 모든 죽어 가는 것을 사랑해야지, 라는 식으로 감상벽에 젖는 것이 아닌가. 채수는 너무 가까이 가서 별들을 보고 온 것인가. 우주홍황, 우주홍황······.

그날 성민과 채수는 도서관 4층에 나란히 앉아 6교시에 있는 보험해상법 시간에 제출할 리포트를 준비하고 있었다. 보험의 일반론을 구체적인 케이스에 적용시켜 일종의 판결주문을 작성하는 리포트였다. 보험은 우연한 사고 발생에 의한 경제적 불안에 대비하는 제도이며 그 경제적 불안을 제거하거나 감면하기 위한 비축제도이며 그 방법으로써 대수의 법칙, 즉 사고 발생 확률의 평균화를 위한 법칙을 이용한 계산에 의하여 급여와 반대급여를 하게 되는 특질을 가지고 있다······.

"여기 봐, 보험사고의 종류와 보험계약의 동기에 따라 화재보험, 도난보험, 책임보험, 선박보험, 적하보험, 상해보험, 의료보험들로 나누는데 말이야, 난 국가보험이라는 것도 있어야 되겠다고 생각해."

채수가 도서관 분위기를 깨뜨리지 않으려고 조심하며 나직하게 말을 걸어 왔다.

"국가보험?"

성민은 처음 듣는 용어라 의아해하며 반문하였다.

"국가도 하나의 기업이라고 생각할 때 말이야, 부도가 나고 자체 내의 이권다툼이 일어나고 하여 완전 파산에 이르게 될 경우가 생길 거 아냐? 그때 국가보험이라는 것이 있다면 그 국가 구성원에게 뭔가 살아날 구멍이 있게 되지 않을까. 가령 작년 이맘때에 망한 월남을 예로 들어 보지. 거 육로나 해상으로 탈출한 난민들 있잖아, 그들이 국가보험 가입국의 국민들이라면 말이야 다른 가입국들의 혜택을 떳떳하게 받을 수 있게 된다 이거지, 입국 거부나 난민소 수용이라는 치욕을 당하지 않고 말이야."

"거 아이디어는 좋지만 지나친 이상론 아냐?"

"아냐. 뭔가 가능한 길이 있을 거야."

"글쎄……. 왜 그런 생각을 갑자기 하게 됐지?"

"난 요즘 심각한 위기의식을 느끼고 있어. 이런 식으로 나가다가는……."

채수의 표정이 갑자기 어두워졌다. 천둥 번개가 치기 직전의 먹장구름 낀 하늘처럼 으스스해 보이기까지 했다. 그 순간, 성민은 이상스럽게도 할머니의 관이 밀어넣어지던 그 컴컴한 구멍을 떠올렸다.

성민과 채수는 다시 리포트 작성으로 들어갔다. 국가보험, 국가보험……. 성민의 머리에는 그 신종 보험의 이름이 자꾸만 맴돌았다.

그때였다. 도서관 바깥쪽에서 또 데모가 벌어진 듯 갖가지 함성, 꽹과리, 노랫소리가 뒤범벅이 되어 들려왔다. 긴급조치 해제하라 꽤갱꽤갱 깽개갱 홀라홀라홀라홀라…….

퉁 퉁 퉁.

큰 북소리 같은 소리가 들려오고, 곧이어 창문을 닫은 도서관 안까지 매캐한 냄새가 스며들어 왔다. 성민은 기침이 터져 나오려는 걸 간신히 참아 넘겼다. 채수는 꼼짝도 않고 리포트 작성에만 열중했다. 꽤갱 꽤갱 깽개갱 퉁 퉁 퉁……. 꽹과리소리와 큰 북소리가 합주음을 내고 있었다. 노랫소리가 휘모리 가락으로 접어드는 걸 보니 데모는 절정으로 치닫는 모양이었다. 무대 이 끝에서 저 끝으로 저 끝에서 이 끝으로 마구 내달리는 그 맹렬한 캠퍼스의 춤은 시위대(示威隊)와 시위대(侍衛隊)가 함께 어울려 추는 춤이었다.

그때 성민은 또 다른 놀라운 춤을 보았다. 그것은 병신춤이었다. 정말 채수는 춤추듯이 창문께로 어기뚱어기뚱 달려갔다. 순식간에 화장터 접수구 같은 창문이 열렸다. 그리고 할머니 관이 들어갔던 그 구멍 속으로 채수의 몸이 와락 빨려들어 갔다.

성민은 채수의 허깨비를 보았나 하고 어리친 가운데 눈을 부릅뜨고 옆자리를 다시 바라보았다. 분명히 채수는 거기 없었다. 다음 순간, 갑자기 위대한 정적이 온 캠퍼스를 뒤덮었다. 꽹과리 소리도, 큰 북소리도, 어떤 함성이나 노랫가락도 일체 들려오지 않았다. 그 모든 소리보다도 더 큰 침묵의 소리가 귓가에 쩌엉, 하고 울리고 있을 뿐이었다.

예수부활했으니이하아아아알레엘루우야만민찬송하여라아하아아아알레엘루우야천사들이즐거워하아아아알레엘루우야기쁜찬송부르네에하아아아알레엘루우야……. 부활절 전야에 스탭들은 철야를 할 작정들을 하고 봉천회관으로 하나둘 모여들었다. 밤새도록 예수의 무덤이 빤히 바라다보이는 지점에 앉아서 날이 밝기를 기다리고 있었던 2천 년 전의 그 막달라 마리아와 다른 마리아들처럼 말이다.

　성민은 부활절이니 성탄절이니 하는 기독교 절기를 맞이할 때마다 몽환스러운 기분에 빠져들었다. 그것은 2천 년 전에 일어난 사건의 현장으로 들어서는 듯한 기분이었다. 아니면 2천 년 전의 사람들이 그 당시 모습 그대로 지금 여기를 향해 성큼성큼 걸어오는 듯한 기분이었다. 현재가 과거로 가든, 과거가 현재로 오든 그들과 함께 있다는 데는 아무런 느낌의 차이가 없었다.

이와 비슷한 경험은 어릴 적 이름도 잘 알지 못하는 조상들에게 제사를 드릴 때에도 겪어 보았다. 조상의 혼령이 들어와 제삿밥을 드시라고 대문을 반쯤 열어 놓고서 숟가락 끝으로 밥봉우리를 요렇게 조렇게 꼭꼭 눌러 십자형을 만든 후, 밥을 한 술 떠서 국에 말아 놓고 아버지와 어머니와 함께 마루에 앉아 조상의 혼령을 기다릴 때, 그 마당의 까만 어둠을 넘어 과거가 현재로 오고 현재가 과거로 가는 것을 느꼈던 성민이었다.

그런데 그 조상의 혼령과 함께할 때는 뭔가 으스스했지만, 이제 2천 년 전의 유대인들과 함께할 때는 뭔가 포근하고 밝은 것을 느끼게 되었다. 이런 느낌의 차이는 어디서 오는 것일까. 성민 자신이 지금은 많이 자라 과거와 만나는 데 대한 어릴 적의 두려움들을 극복했기 때문인가. 그렇다면 성민이가 어렸을 때 조상의 혼령과 만났던 그 어른들은 지금 유대인들과 함께 있는 성민의 감정처럼 뭔가 포근하고 밝은 것을 느끼고 있었단 말인가. 성민으로서는 그런 감정들이 연령의 차이에서 비롯되는 것인지 신앙의 차이로 비롯되는 것인지 잘 알 수 없었지만, 아무튼 비슷한 경험이면서도 느낌이 사뭇 다른 그 두 가지 경험이 묘하게 그의 내부에서 만나고 있는 셈이었다.

민식 목자는 손목시계를 종종 들여다보며 사회자로 하여금 계속 부활 찬송을 인도하도록 하였다. 그 찬송들은 분위기를 더욱더 몽환스럽게 만들어 갔다. 열린 무덤 앞에서 막달라 마리아를 만나고 열한 제자가 있는 중에 홀연히 나타난 바 있는 예수가 지금 이 자리에서도 갑자기 그 영광스러운 모습을 드러낼 것만 같았다. 어쩌면 할머니와 채수도 그 허우적거리던 약한 육신을 벗고 강한 육신을 입은 모습으로 함께 나타날 듯도 싶었다.

스탭들이 모이기로 약속된 10시가 지나가는데도 상당수가 아직 오지 않고 있었다. 처음에는 먼저 참석한 스탭들이 아직 오지 않고 있는 스탭들에 대하여, 좀 늦는 모양이지 하는 정도로 별 관심을 기울이지 않았다. 그러다가 차츰 누가 빠져 있나 두리번거리며 따져 보게 되었는데, 그렇게 따져 본 스탭들은 속으로 뭔가 불길한 예감이 스쳐 지나가는 것을 느끼지 아니할 수 없었다. 물론 거기에 대해 내색을 하거나 말을 하지는 않았지만 말이다. 빠져 있는 스탭들은 묘하게도 어떤 공통점을 지니고 있었는데 그 것은 한결같이 시니어 목자들이라는 점이었다. 개인 사정상 늦는다면, 어떻게 약속이나 한 듯이 시니어 목자들이 모두 한꺼번에 늦는단 말인가.

찬송 순서가 끝난 후 미리 예고한 대로 부활장 암송대회가 열렸다. 회관 홀 한복판에 돗자리가 깔리고 그 위에 흰 보자기가 덮인 자개상 하나가 놓여졌다. 자개상 위에 음식 몇 개만 차려 놓는다면 영락없이 제사상처럼 보일 판국이었다. 암송자는 참석자들을 마주 대하는 자세로 자개상 앞에 무릎을 꿇고 앉았다.

주니어 목자와 인턴 목자들은 한 사람 한 사람 지그시 눈을 감은 채 정말 진지하고 떨리는 음성으로 부활장을 암송해 나갔다. 암송이 계속 되풀이될수록 지겹기는커녕 부활장의 묘미가 더욱 우러나오는 듯하였다. 그리고 대개 완벽하게 외지 못하고 중간에 비슷한 단어와 엉뚱한 단어들을 대신 끼워 넣거나 한두 구절을 아예 건너뛰거나 순서를 거꾸로 해서 외거나 실언(失言)을 하기가 일쑤였으므로, 글자 하나 틀릴 때마다 1점씩 감점해 가는 식으로 채점을 하면서 듣고 있던 참석자들은 어떤 감동 같은 것을 받다가도 간헐적으로 쿡쿡 웃음을 터뜨리기도 하였다. '죽은 자가 다시 살지 못할 것이면 내일 죽을 터이니 먹고 마시자 하리라' 하는 구절을 아주 진지한 표정과 스스로 감동된 음성으로, '죽은 자가 다시 살아날 것이면 내일 죽을 터이니 먹고 마시자 하리라'라고 했다고 하면 얼마나 우습느냐 말이다. 가장 우스웠던 경우는, '어떤 이들은 어찌하여 죽은 자 가운데서 부활이 없다 하느냐'고 바울이 고린도교회를 호되게 책망하는 구절을 잘못 왼 경우였는데, 그 암송자는 바울의 심정을 그대로 표출한답시고 자개상을 주먹으로 치기까지 하며 이렇게 고함을 버럭 질렀던 것이다.

"어떤 이들은 어찌하여 죽은 자 가운데서 부활이 있다 하느냐!"

그런 경우는 경건한 분위기고 무엇이고 참석자들은 일단 배

꿉을 쥐어야 했다. 그러면 자기의 암송에 참석자들이 크게 감동을 받을 것으로 기대했던 암송자는 자기가 틀리게 암송한 사실도 눈치채지 못하고 이것들이 왜 웃나 하고 질끈 감았던 눈을 뜨고는 의아한 듯 두리번거렸다. 그 두리번거리는 꼴이 우스워서 또 와르르 웃음보가 터졌다.

드디어 성민의 차례가 되었다. 성민은 좀 설레는 마음으로 자개상 앞으로 가 단정히 무릎을 꿇고 전의 암송자들이 한 것처럼 먼저 참석자들에게 선서를 하였다.

"예수 그리스도의 종, 나, 신성민은 부활장을 암송함으로써 부활 신앙을 골수에 새기고 부활의 소망 가운데 더욱 그리스도의 고난에 참여할 것을 선서합니다."

"아멘!"

참석자들이 우렁차게 화답해 주었다. 성민은 눈을 감고 한 구절 한 구절 암송해 나갔는데 차츰 눈물이 눈꺼풀 안쪽에 괴어드는 것을 느꼈다. 그것은 부활을 읊조리고 있는 성민의 내면 밑바닥에 할머니의 죽음과 채수의 죽음이 깔려 있기 때문이기도 하였다. 채수의 보험법 리포트지 한 면에 또박또박 적혀 있던 구절들이 부활장의 구절들과 겹쳐져서 떠올랐다가 사라지곤 하였다. 나는 의식 있는 개인의 이름으로 나 자신을 던진다. 나의 죽음을 미화시켜 어떤 운동에 이용하지 말기를 간절히 바랄 뿐이다. 나의 죽음을 그냥 나의 죽음으로 머무르게 해달라⋯⋯.

순간, 성민은 기독교라는 것이 예수의 죽음을 부활로까지 미화시켜 그 운동의 원동력으로 이용하고 있는 것은 아닌가, 예수는 사실 자신의 죽음이 이렇게까지 미화되는 것을 원하지 않았던 것이 아닌가 하는 의문이 스치고 지나갔다. 자신의 죽음을 기독교의 배를 불리는 데 이용하고 있는 현상을 예수는 어떻게 생각할까. 채수처럼 예수도, 나의 죽음을 그냥 나의 죽음으로 머무르게 해달라고 호소하고 있지는 않은가.

"형제들아, 내가 이것을 말하노니, 혈과 육은 하나님의 나라를 유업으로 받을 수 없고, 또한 썩은 것은 썩지 아니한 것을 유업으로 받지 못하느니라."

여기서 성민은 토씨 하나가 틀렸다. '하나님의 나라'가 아니라 '하나님 나라'인 것이었다. 성민은 틀린 것이 그것 하나밖에 없었으므로 암송자 중에서 최고의 점수를 획득하였다. 하지만 최고 점수가 어떤 의미가 있는가.

시니어들은 끝내 참석하지 않았다. 민식 목자는 애써 태연을 가장했지만 뭔가 낌새를 눈치챈 듯 간혹 웃는 모습마저 딱딱하게 굳어 있었다. 그런 민식 목자의 분위기가, 암송대회를 마치고 도로 자리를 정돈하고 앉은 스탭들에게로 암암리에 번져 나갔다. 누구 하나 구체적으로 말을 꺼내지는 않았으나, 예수의 무덤을 밤새도록 지키고 앉아 있었던 막달라 마리아의 절망 같은 것이 모임을 짓누르고 있었다. 감격에 벅차야 할 부활의 새벽이 동터 오고 있었지만 또 하나의 죽음이 기다리고 있는 듯한 상황이었다.

민식 목자는 아침놀 빛이 아련하게 미끄러지는 창가로 뚜벅뚜벅 걸어가 창 밖을 물끄러미 내다보았다. 그 모습이 평소의 민식 목자답지 않게 무척 외롭고 쓸쓸하게 보였다. 스탭들은 이제 부활절 전야 모임이 끝나 가나 하고, 등을 돌리고 있는 민식 목자를 흘끗흘끗 쳐다보았다. 지방 목자들은 새벽 차를 타고 내려가야 했으므로 더욱 초조하였다. 그때였다.

난데없이 벽력같은 소리가 쩌렁쩌렁 울려 퍼졌다.

"예수! 부활하셨다!"

민식 목자가 스탭들을 향하여 돌아서면서 두 주먹을 불끈 쥔 채 맹렬히 포효하고 있었다.

부활절 전야에 신촌·행당·혜화·안암·대전·전주·광주지역의 책임 목자들인 상순, 경호, 수명, 기태, 민병주, 전우진, 계장욱 목자들은 속리산 입구의 한 여관에 모여 있었다. 그 시니어 목자들은 담당 회관에 부활절 행사를 일주일 연기한다고 공포하고는 (회관에서는 교회력을 그대로 따르지 않고 필요에 따라 융통성 있게 변경해서 절기를 지킨 예들이 많았으므로) 학사 요회 목자들에게 회관을 맡겨 두고 그렇게 따로 모인 것이었다. 그들이 사전에 연락을 하여 돈을 마련해 가지고 속리산에 도착한 것은 시각으로 따지면 부활절 전야를 기다리는 오후 4시쯤이었다. 그들은 우선 속리산 관광에 나섰다. 그동안 목자생활하느라고 여행 한번 제대로 해보지 못한 그들이었으므로 속리산의 풍경은 그들의 마음을 사로잡기에 충분하였다. 각자 생각이 복잡했기에 더욱 그 풍경에 이끌리려고 의식적으로 노력했는지도 몰랐다.

속리산은 이름 그대로 세속을 떠나도록 충동질하는 어떤 마력 같은 것이 있었다. 지금까지 세속에서 시달리며 살아왔던 자신의 모습들이 그 맑은 자연의 조명(照明) 가운데 그대로 드러나는 것 같았다.

상판리에 있는 천연기념물 제103호인 정이품송(正二品松)은 정말 정이품 벼슬에 걸맞게 귀족적이고 우아한 모습을 갖추고 있었다. 세종대왕의 어가(御駕)가 지나가도록 스스로 가지를 들어 주었다는 소나무, 인간과 교감할 줄 아는 신령한 그 소나무 앞에 섰을 때 뭔가 경건한 분위기마저 느꼈다.

오리숲을 지나 수정교를 건너 금강문을 통과하니 법주사 경내에 들어서게 되었다. 먼저 왼편 쪽에 있는 20여 미터의 당간지주(幢竿支柱)가 눈에 확 들어왔다. 곧게 뻗어 올라간 그 깃대는 꼭대기의 당(幢)을 잃어버린 채 꽃 없는 코스모스 같은 애잔함을 풍기며 꼭대기에 괘불기(掛佛旗)가 펄럭거리던 그 화려한 시절을 동경하고 있는 듯하였다. 시니어 목자들은 깃발을 내려 버린 자신들, 아니 새로운 깃발을 달아 올리려고 하는 자신들을 언뜻 되돌아보았다. 사천왕석등, 쌍사자석등, 석련지, 팔상전 등 국보급 구경거리들이 경내에 가득히 널려 있었다. 대웅보전을 비롯한 법당들 안에는 갖가지 모양과 색깔의 부처상 보살상 나한상이 즐비하게 안치되어 사람들의 예불을 받고 있었다. 여섯 살도 채 안 돼 보이는 계집아이 하나가 아예 법당 바깥에서 넙죽넙죽 엎드리며 절을 해 올리는 모습이 무척 앙증스럽게 보였다. 예불을 받고 있는 부처는 법신불로 우주 실체 그 자체인 비로자나불, 보신불로 정적 세계를 관할하는 노사나불, 화신불로 동적 세계를 관할하는 석가모니불……. 그 종류만 해도 몇 가지가 되는지 알 수 없었다. 불교의 세계관 우주관이 너무도 다양하고 복잡하기 때문에 그것을 상징하는 형상들도 무수한 모양이었다.

시니어 목자들은 드디어 거대한 미륵불 앞에 섰다. 평소에 법주사 하면 그 미륵불을 떠올릴 정도로 유명한 불상이었지만, 아까 본 자그마한 쌍사자석등보다도 전해져 오는 감흥이 떨어졌다. 그 불상은 크기만 컸지 콘크리트로 부어 만든 것에 불과하여 모조품 같은 인상을 짙게 풍겼다. 1964년 6월 14일(음력 5월 5일)에 점안식을 했다는 그 불상은 현대 불교의 내용 없는 부피만을 상징하고 있는 듯하였다. 아니 열매 없이 잎만 무성한 현대 기독교를 비롯한 종교 전반의 허장성세를 그대로 드러내고 있었다.

정작 시니어 목자들의 마음을 끌었던 불상은 경내에서 사뭇 벗어나 있는 한구석의 응달진 바위에서 발견되어진 것이었다. 그

쪽은 사람들도 별로 다니지 않았으므로 처음에는 들러 볼 생각도 안 했는데, 들어올 때와는 다른 길로 해서 돌아 나가려고 그 근방을 지나다가 정말 그것을 '발견'하였다. 바위에 선각(線刻)되어 있는 부처는 그 윤곽이 풍상에 닳아지고 닳아져서 희미하게 보였지만 이상한 생명력으로 볼록 부풀어 있었다. 목의 삼륜, 오른쪽 허리까지 흘러내린 법의자락, 연좌석의 연화 무늬들이 아련히 떠올라 보이는 그 불상은 기묘한 형태로 앉아 있었다. 현대인들이 보기에는 수세식 변기 위에 앉아 있는 형용이었는데 안내판에는 의상(倚像)이라고 하였다. 그 마애여래의상은 통일신라시대부터 지금까지 그 응달진 바위에 그런 자세로 앉아 연꽃에다가 똥을 누고 있었는지도 몰랐다. 아무튼 시니어 목자들은 천오백 년 가까운 세월 동안 삭아져 내려온 그 여래의상의 희미한 선들이 염염하기도 하고 잔약하기도 하여 안쓰럽기 그지없었다. 곧 바위 속으로 사라져 버릴 것 같은 그 선들의 운명이 마치 자기들의 처지와 비슷하기도 하였다.

다시 여관으로 돌아온 그들은 제법 큰 방에 다같이 모였다. 서울에서는 스탭 모임에서 부활장 암송대회가 열리고 있을 시간이었다. 스탭들의 암송 소리가 속리산 바람을 타고 여관 창문으로 넘어 들어오는 것만 같아 시니어들은 마음이 착잡하였다. 민식 목자로부터 부활장 암송 지시가 떨어졌을 때 자기들도 얼떨결에 고린도전서 15장 암송을 시작하지 아니하였던가. 어디까지 암송하다가 성경을 덮어 버렸던가. '우리가 더욱 불쌍한 자리라' 하는 19절까지 암송했던가.

"그동안 간간이 이야기된 바 있었지만 우리가 이렇게 일부러 모인 것은 그간의 이야기들을 종합 정리해서 구체적인 대책을 세워 보자는 것 아냐?"

기태 목자가 먼저 운을 뗐었다.

"그러기에 앞서 우선 우리 사이에 있는 벽부터 헐어야 한다고 생각해."

상순 목자가 다리를 앞쪽으로 뻗어 편안한 자세를 취하면서 성급하게 서두르는 기태 목자를 은근히 제지했다. 그러자 다른 목자들도 편안한 자세를 취해야 서로 간의 벽이 쉽게 헐리어진다는 듯이 몸을 유대인처럼 비스듬히 방바닥에 눕히며 어깨숨을 쉬었다.

"그래 맞어. 우린 그동안 소감 발표를 통해서나 서로의 문제를 조금 느꼈을 뿐 제대로 대화할 시간조차 없이 바쁘기만 했잖아. 이번 기회에 속에 묻어 있었던 이야기들을 다 털어놓았으면 좋겠어. 그래야 서로를 알고 마음을 합해서 뭔가 방향을 찾을 수 있는 거 아냐."

장욱 목자가 좀 차분하게 분위기를 잡아 갔다. 여관 아래층에서인지 근처의 다른 여관에서인지 단체 관광객들이 떠드는 소리, 육자배기 소리들이 틈틈이 들려왔다.

"우리 사인 그동안 후계자 문제를 놓고 신경전을 벌여 온 점이 많아. 민식 목자님은 이 사람 저 사람에게 자기의 후계자가 되라고 부추겨 놓고는 은근히 서로 경쟁을 시켜 왔잖아……."

병주 목자가 말을 더 이으려는데,

"목자님이라 하지 말고 그냥 목자하고 해! 이름만 부르든지"

하고 기태 목자가 고함을 지르다시피 말했다.

"자기는 해외로 튀려고 후계자에 신경을 쓰는 거 아냐? 말 듣자니, 자기는 이제 미국을 중심으로 세계 선교를 1년에 10개월 정도 감당하고 2개월 정도만 한국에서 일하겠다고 했다며. 그러니까 한국의 후계자 문제가 문제가 되기도 하겠지."

우진 목자도 끼어들었다.

"민식 목자는 그동안 나에게 후계자가 될 사람이라고 하면서 호된 훈련을 시켰어. 난 처음엔 후계자가 되기 위한 수련 과정인가보다 생각했지. 하지만 그건 날 붙들어 두기 위한 감언이설에 불과했어. 자기에게 맹종하는 인간으로 만들려고 훈련을 시켜보고도 안 되니까 이번에는 경호 목자에게, 너는 내 후계자다, 했다며."

상순 목자의 얼굴이 상기되고 있었다. 그동안 속에서 울혈되어 있던 응어리가 풀리기 시작하는 모양이었다.

"나한테 그랬지. 하지만 난 그 말을 믿지도 않았어. 한두 번 속았어야지. 다만 난 쥐죽은 듯이 훈련을 받으며 행당회관을 키워 나가는 데만 신경을 쓰기로 했지. 그러니까 날더러 농투성이 처럼 순박한 데가 있다고 칭찬을 하기도 했지. 허나, 천만의 말씀이야. 일단 내 세력을 키워서 민식 목자에게 대항하겠다는 생각밖에 없었지."

언뜻 보면 민식 목자의 말마따나 순박해 보이는 경호 목자의 표정에 독기 같은 것이 서렸다.

"난 사실 작년부터 회관을 떠나기로 암암리에 마음먹고 있었어. 어떻게 하면 회관을 떠나서도 먹고 살 수 있을까 궁리도 많이 했지. 그런데 힘들었던 것은, 내가 돌보고 있는 회관의 양들에게 어떻게 하면 상처를 주지 않고 떠날 수 있느냐 하는 문제였지."

정말 고민을 많이 한 듯 수명 목자의 얼굴에는 초췌한 빛이 역력했다.

"나도 목자생활 10년에 폐인이 된 것 같은 비참한 심정으로 지난 2년간을 보냈어. 회관을 떠나느냐, 아니면 후계자가 되어 최고 리더가 될 때까지 참고 기다렸다가 현재의 체제를 완전히 뜯어 고치느냐 하는 문제들로 고심했지."

회관을 떠나지도 못하고 후계자로서의 전망도 흐려진 상순 목자의 푸념이었다.

이렇게 시니어들은 한결같이 민식 목자에 대한 원망과 자신에 대한 연민, 패배의식을 토로하였다. 그러한 갈등을 통하여 서로 공통점을 발견한 그들은 한껏 공고해진 유대의식 속에서 자기들이 회관을 떠나는 소극적인 방향보다 민식 목자를 중심으로 한 회관 체제에 도전하는 적극적인 방향을 택했다. 부활의 새벽이 동터 오는 그 무렵, 그들의 내부에서도 뭔가 무덤을 열어젖치고 솟구쳐 올라오는 것이 있었다. 이것이야말로 진정한 부활이 아닌가.

그리하여 그들은 그들의 운동을 '부활절 회개운동'이라고 명명하기로 하였다. 그리고 그 운동을 전개하기 위한 세부지침을 작성하고 행동을 개시할 때까지 비밀을 지키기로 서로 엄숙하게 선서하였다. 세부지침에는 7개 항의 행동강령과 5개 항의 행동세칙, 각 경우의 대책, 수습방안, 업무분담 내용이 제법 조직적으로 열거되었다. 행동강령을 살펴보면 절대 비폭력 투쟁, 생명을 건 공동 투쟁, 타협 불허, 회관 체제에 대한 절대 비협조, 체제 아래 눌린 목자들의 자유 회복을 위한 투쟁, 최악의 경우 사직당국과 언론기관에 고발, 목적 관철시까지 가족면회 일체 사절 등 결연한 각오로 차 있는 항목들이었다. 행동세칙 중에서 중요한 것은 주니어 목자들을 비롯한 스탭들에 대한 설득 공작과 민식 목자에게로 보내는 공개서한 작성이었다. 각 경우의 대책은 공개서한을 받은 민식 목자의 반응에 대한 대책이었는데 민식 목자가 협상으로 대응할 경우, 폭력을 통한 반격으로 나올 경우, 강경자세로 버틸 경우 등으로 나뉘어 있었다.

그들은 다음 날 주일예배를 자기들끼리 간단히 드린 후, 가장 중요한 작업인 공개서한 작성으로 들어갔다. 그들은 먼저 가까이서 멀리서 보고 들은 민식 목자의 비리(非理)와 회관의 문제점들에 대한 정보를 함께 모아 보았다. 민식 목자를 가장 가까이 접할 수 있었던 사람에게서 가장 많은 정보가 쏟아져 나왔다. 그들은 그 정보들을 종합 분석한 후 자기들의 운동에 도움이 될 만한 정보들만을 골라 분류해 나갔다. 그런 과정 가운데서 그들은 점점 더 민식 목자에 대한 분노로 차올랐고, 급기야는 입의 분화구를 통해 폭발되고 말았다. 민식 목자를 민식이 민식이, 라고 부르다가 어느 시점에 가서는,

"그 개새끼, 돈만 아는 돈민식이 아냐?"

하는 식으로 급전직하하였다.

그러나 공개서한은 목자님이라는 명칭을 살려 가며 될 수 있는 한 정중한 어투로 써 나갔다. 어디까지나 '공개'서한이기 때문에.

한낮이 기우는 어스름에 발목을 담근 속리산 깊은 곳에서 크악 크악, 큰 통곡과도 같은 이상한 새 소리가 들려오고 있다.

'부활절을 맞아 사망 권세를 파하신 우리 주 예수 그리스도의 은혜가 목자님과 함께 하옵시기를 기도드립니다'라는 정중한 인사말로 시작된 공개서한은, 이렇게까지 무례를 범할 수밖에 없는 자신들의 심정을 이해해 주리라고 믿는다는 내용으로 서두를 삼으며, 사태 발전의 직접적인 계기에 대해 짧게 설명한 후 자

신들의 현재 심정을 토로하였다.

'우리는 작금의 회관 역사에서 몇 가지 문제점을 찾는 데 뜻을 같이했습니다. 첫째는 회관이 기독교 역사에서, 특히 교회와의 관계에서 어떤 존재 의미가 있는가 하는 것입니다. 회관에서는 교회를 비판하고 있는데, 과연 그렇게 비판할 자격이 있느냐는 것입니다. 둘째는 그동안 훈련을 많이 받아 온 목자들이 모두 폐인이 되어 가는 이유가 무엇이냐 하는 것입니다. 셋째는 복음 역사라는 정당한 목적을 위해서는 과연 어떤 범법 행위도 묵과되어야 하는가 하는 것입니다. 우리는 이런 문제점들을 중심에 놓고 여기 이렇게 모여 있습니다. 목자님, 저희들은 왜 우리가 이 모양이 되고 말았는가, 회관이 어쩌다가 이런 꼴이 되고 말았는가, 회관 역사를 통하여 새 생명을 얻고 부르심을 받아 이 역사를 섬기려고 인생의 가장 귀하고 아름다운 기간을 다 바쳐 헌신했는데 10년이 지난 오늘날 왜 이토록 비참한 결과를 초래하고 말았는가……'

글씨체가 좋아 대표 집필자로 뽑힌 장욱 목자는 여기까지 쓰고 나서 만년필을 쥔 손등으로 눈에 괴는 물기를 훔쳤다. 그러자 그다음 구절이 떠올랐다.

'저희들은 아무것도 못 하고 그저 통곡만 계속했습니다. 앉아서도 눈물이요 일어서도 눈물이었습니다.'

장욱 목자는 아예 왼손으로 바지 호주머니의 손수건을 꺼내어 흐르는 눈물을 닦아 내며 써 내려갔다. 먼저 통곡하며 울었기 때문에 그런 구절을 쓴 것이 아니라 그 구절을 쓰고 나니까 나중에 정말 눈물이 나온 셈이었다. 이제 눈물을 거두고 비리와 문제점들을 폭로할 차례였다.

'목자님께서 잘 알다시피 우리의 헌금은 대부분 가난한 학생들과 아직 경제적 기반이 약한 초년 학사들이 희생적으로 바친 것입니다. 그러나 목자님은 이 귀한 헌금을 본래 목적대로 사용하지 않고 다음과 같이 유용한 사실이 있습니다.'

장욱 목자는 다른 시니어들이 메모해 준 내용을 들여다보며 헌금 유용 사실을 몇 가지로 분류하였다. 구제헌금 임의유용, 본부 결산 장부의 비공개, 임의경비 지출 등으로 나누었다.

'목자님께서는 공식적으로 매월 10만 원의 생활비를 받습니다. 그러나 하나님의 종으로서는 분에 넘치게 돈을 많이 쓰십니다. 가까운 예로 금년 설날만 하더라도 세배 오는 수많은 양들 모두에게 천 원씩이나 세뱃돈을 주지 않았습니까? 그 돈이 다 어디서 나온 것입니까?'

장욱 목자는 자기도 학생 시절에 세뱃돈을 비롯한 용돈을 민식 목자에게서 종종 받아 본 기억을 떠올리며 슬그머니 어떤 향수 같은 것에 젖었다. 하지만 다시 마음을 다잡아서 그다음 항목인 인권유린 사례로 넘어갔다.

'목자님은 훈련이라는 명목으로 폭력행위를 서슴지 않았습니다. 3년 전 정초에 서울 시내가 폭설로 인해 교통이 두절되었던 때를 기억하시겠지요? 목자님은 그날 스탭미팅에 지각한 목자들을 따로 불러 세워 놓고 서로 주먹뺨을 열 대씩 때리도록 하여 쓰러지게 하거나 병원에 가서 치료를 받아야 할 정도로 다치게 하셨습니다. 또한 운전수가 꾀를 잘 부린다고 그를 목자님 집 목욕탕에 감금시킨 후 발가벗겨 얼음물 속에 5시간 동안이나 들어가 있게 했다고 들었습니다. 그리고 훈련에 소극적인 한 선교 후보를 제주도로 추방한 후 거기 목자를 시켜 상당 기간 동안 하루 한끼씩 먹이고 매일 몽둥이로 100대씩 때리도록 하였습니다. 결국 그 선교 후보는 영양실조와 공포심 때문에 폐결핵까지 앓게 되었습니다. 이런 일이 어찌 이것들뿐이겠습니까. 목자님은 신성한 하나님의 축복인 결혼까지도 정략적으로 강요하셨습니다. 심지어 약혼자가 있는 자들에게도 약혼을 파기하도록 하고 목자님이 지시하는 방향대로 결혼하게끔 압력을 가했습니다. 결혼은 어디까지나 배우자 간의 순수한 자유의사에 의해 이루어져야 하며 결코 회관에 묶어 두려는 수단으로 이용되어서는 안 됩니다.'

장욱 목자는 자기가 결혼할 때의 그 아찔했던 순간들을 떠올리며 가만히 한숨을 쉬었다. 그리고 자기도 민식 목자를 흉내내어 회관의 형제 자매들을 짝지어 결혼시키려고 하다가 몇 번 실패한 적이 있었음을 씁쓸하게 회상했다. 이제 사기 및 질도 등 범법행위에 관한 항목으로 넘어갔다.

'목자님은 선교 훈련이라는 미명하에 수년간 딴 사람을 시켜 도주 우려가 있고 훈련이 덜 끝났다고 판단되는 선교 후보의 여권을 절도케 함으로써 그 선교 후보의 출국을 막으셨습니다. 또한 목자님은 회관 부동산들을 등기하기 위하여 세무 공무원 및 등기소 직원에게 뇌물을 공여하고 양도소득세 등을 포탈하였습니다. 우리가 이렇게까지 하면서 그런 건물들을 소유해야 할 필요가 있습니까? 그리고 목자님은 자신의 가정은 지나치게 보호하면서도 다른 목자나 학사들의 가정을 파괴하는 일은 예사로 하셨습니다. 목자 훈련이라는 명목으로 걸핏하면 아내를 멀리하라, 이혼할 각오를 하라는 명령을 서슴지 않으셨습니다. 목자들에게 부부생활 절제 훈련을 시킨다고 회관에서 취침하도록 하면서 사실상의 별거를 강요하신 적이 몇 번입니까?'

장욱 목자에게 글을 쓸 조용한 환경을 만들어 주기 위해 자료만 제공하고 바깥으로 바람을 쐬러 갔던 시니어 목자들이 하나둘 다시 돌아와 그 진행상황을 살펴보고는 긴장한 중에서도 마뜩한 표정을 지었다. 그들은 유대의 독립을 위해 로마에 대항했던 '시카리이'당이나 영국에서 인도의 해방을 위해 투쟁했던 '연꽃과 단도' 멤버들 같은 인상을 풍겼다.

"그다음 항목이 제일 중요하다구. 민식이가 가장 강조하는 제자 양성에 대한 부분이니까."

기태 목자가 격려한다는 뜻으로 옻칠상 머리에 앉아 있는 장욱 목자의 어깨를 가볍게 두드려 주었다. 그 바람에 '비'자의 'ㅣ' 부분이 비처럼 아래로 길게 미끄러져 내렸다. 그 비(非)라는 접두 어만큼 무자비한 말이 또 있을까. 어떤 고상한 말이든지 그 앞에 '비'자만 붙여 버리면 돌연히 치욕적인 말로 변해 버렸다. '비'자 를 받는 단어가 고상하면 고상할수록 더욱 치욕적인 단어로 굴 러떨어지는 것이 아닌가. 반(反)이라는 접두어는 분명한 위치를 지정해 주기 때문에 오히려 덜 치욕적이고 어떤 때는 영광스럽기 까지 한데, '비'자는 애매모호한 접미어 '적'자까지 동반하면서 사람을 형편없이 깎아내려 버리지 않는가. 비인격적, 비신사적, 비양심적, 비논리적……

　'비성서적인 교육방법.'

　항목의 제목을 쓰고 난 장욱 목자는 잠시 비성서적이라는 말 이 무슨 뜻인가 스스로도 그 의미가 잘 잡히지 않아 만년필 꼭 지를 입에 물었다. 비성서적이라는 말은 특별한 단어가 아니라 '비'자로 시작되고 '적'자로 끝나는 모든 치욕적인 말들의 의미 가 다 포함되어 있는 단어일 뿐이었다. 그래서 그 치욕적인 말들 중 어떤 것으로 대치해 놓아도 뜻은 마찬가지인 셈이었다. 유독 비성서적이라는 표현을 쓰는 것은 민식 목자가 말끝마다 성서적 이라는 말을 강조해 왔기 때문에 그 자체의 모순을 드러내기 위 해서 그러는 것이었다. 그 사람이 가장 많이 강조하는 단어에다 가 '비'자를 덧붙여 그에게 도로 뒤집어씌우는 것만큼 반격의 효과를 주는 것도 달리 없으니까 말이다. 민중, 민중, 외치는 자에게 '너야말로 가장 비민중적이다'라고 하는 말처럼 충격적인 언어가 또 있겠는가.

'목자님께선 한 선교 후보로 하여금 스스로 눈에 고춧가루를 뿌려 눈물을 흘리도록 하고 이마를 벽돌에 찧게 하여 인위적으로 회개하게끔 압력을 가하셨습니다. 그러나 그는 목자님 앞에서 형식적인 죄는 고백했으나 회개는커녕 오히려 앙심을 품고 미국에 간 후에 편지 한 장도 없습니다. 목자님, 또한 자아비판을 강요하는 소감 발표를 통하여 얼마나 많은 사람들이 자율성을 박탈당하고 있는지 모릅니다. 또 양들이 죄를 고백하면 목자님은 오히려 그것을 약점으로 삼아 괴롭혔습니다. 그리하여 약점이 있는 양들은 어쩔 수 없이 목자님께 순종하고 있다는 사실을 아시는지요? 거기에다가 목자님은 개인적인 사상을 복음인 양 가장하여 주입시켜 왔고, 목자님이 쓰시는 강의안에만 의존하도록 유도해 왔습니다. 그리고 지난 수년간 창세기만을 주로 공부시킴으로써 신구약 전반에 걸친 복음의 전체성을 강조하지 못했습니다. 그 결과 회원들의 신앙은 불구가 되고 말았습니다. 무엇보다 비인격적인 스탭 목자 훈련은 목자들로 하여금 자기 문제를 깨달아 스스로 성장하도록 하기보다 공포감, 죄의식, 수치감, 자책감으로 깊이 절망하도록 만들었습니다. 훈련에는 어떤 기준이 있어야 하는데 그것이 없습니다. 심지어는 목자님이 부부싸움을 하고 난 후에는 반드시 목자들의 볼기를 빳다로 때린다든지, 선교 후보들의 머리를 박박 깎아 버린다든지 한다는 말까지 나돌고 있습니다. 결국 목자님은 목자님을 중심한 왕국을 건설하고 있습니다. 재정권 인사권을 관할한다는 이사회라는 것이 형식적으로 있지만, 목자님은 이사회의 기능을 자신의 손발 정도로 착각하고 이사회에서 결정된 사항까지 임의로 바꾸어 버리는 일을 식은 죽 먹듯이 해왔습니다. 처음 저희들이 기독교가 썩어 가는 이 시대 가운데 목자로 부르심을 받았을 때는 부족하지만 초대 원시 교회 사도들과 같은 자부심이 있었습니다. 그래서 사도 모임인 스탭미팅을 기다렸고, 생명을 바쳐 일하는 동역자들을 만나 보기를 학수고대하였습니다. 거기에 참석하면 목자님의 메시지를 통하여 성령의 위로와 새 힘을 얻을 수 있었기 때문에 만사를 제쳐놓고 먼 지방에서까지 차비 아까운 줄 모르고 올라왔습니다. 그러나 지금은 어떻게 되었습니까? 스탭미팅 날만 다가오면 오늘은 또 무슨 훈련에 걸릴까, 아침부터 가슴이 떨리고 불안한 나머지 점심을 굶고 참석할 때가 한두 번이 아니었습니다. 목자들은 될 수 있는 한 훈련에 걸리지 않으려고 주일예배 보고서를 실제보다 과장해서 허위로 보고해 왔습니다. 이것을 어떻게 초대 교회 사도회의라고 할 수 있겠습니까? 한 독재자를 중심한 어전회의라고밖에 달리 표현할 길이 없는 지경에까지 이른 것이 아닙니까?'

장욱 목자나 그의 어깨 너머로 슬금슬금 공개서한을 들여다
보고 있던 다른 시니어 목자들이나 다시금 점점 흥분되어 가는
자신을 느끼기는 매일반이었다. 반드시 개혁, 아니 혁명이 필요
한 지점에 이르고야 만 것이 너무도 명백하지 않은가. 이 공개서
한을 읽게 될 민식 목자나 그 측근들, 그 외 다른 회원들도 막다
른 골목에 이른 것을 느끼지 아니할 수 없으리라.

땡 땡 땡 땡…….

근방에 교회가 있는지 저녁예배 시간을 알리는 종소리가 울
려왔다.

장욱 목자는 그 교회 종소리의 분위기와 자기가 쓰고 있는 공
개서한의 분위기가 엄청나게 다른 것을 순간적으로 느꼈다. 교
회 종소리는 뭔가 위로 끌어올려 주는 요소를 내포하고 있었는
데, 공개서한은 현실의 썩은 늪의 냄새만이 짙게 풍기고 있을 뿐
이었다.

땡 땡 땡 땡…….

도시 교회의 간드러진 차임벨 소리보다 얼마나 목가적이고 순
박한 시골 교회의 종소리인가. 그 종소리를 타고, 예수와 그 제
자들이 거닐었던 갈릴리 바다의 파도 소리와 다볼 산 헬몬 산 그
리심 산의 바람 소리, 에스들랜론 평야 샤론 평야의 백합화 내음
들이 실려 오는 듯하였다. 드디어 장욱 목자는 종소리의 비밀을
알게 되었다. 그것은 용서였다. 바로 이 용서의 요소가 공개서한

에서는 의도적으로 배제되고 있는 것이었다. 도저히 용서할 수 없다는 결론을 내리기 위한 검사의 논고와도 같은 것이 아니고 무엇인가. 땡 땡 땡 땡 …… 우리가 우리에게 죄지은 자를 사하여 준 것같이 우리 죄를 사하여 주옵시고 …… 땡 땡 땡 땡 …… 너희 원수를 사랑하며 너희를 핍박하는 자를 위하여 기도하라 …… 땡 땡 땡 땡 …… 비판을 받지 아니하려거든 비판하지 말라 너희의 비판하는 그 비판으로 너희가 비판을 받을 것이요 너희의 헤아리는 그 헤아림으로 너희가 헤아림을 받을 것이니라 …… 땡 땡 땡 땡 …… 사랑은 허다한 죄를 덮느니라…….

장욱 목자는 뇌의 혈관이 터진 듯 마구 머릿속으로 쏟아져 들어오는 용서와 사랑에 관한 성경 구절들에 압도당하여 숨이 막히는 기분이었다. 이마에 식은 땀이 배어들었다. 이 용서와 사랑의 물결에 떠밀려 내려가서는 모든 게 수포로 돌아간다, 지도자를 용서하는 문제는 일반 사람들을 용서하는 문제와 다르다, 이 물결을 거슬러 올라가야 한다……. 종소리가 간신히 멎었다. 이건 목가적이고 순박한 종소리가 아니라 사람의 마음을 갈기갈기 찢어 놓는 종소리가 아닌가. 장욱 목자는 한숨을 크게 내쉬고 만년필을 꼬나잡았다.

'목자님, 저희가 어떤 정치적인 목적에서 반역하고 있다고 단정하시거나, 어느 한 목자의 주동으로 유혹을 받아 행하는 사탄들이라고 단정하시기 전에, 하나님의 빛 앞으로 나와 먼저 죄를 회개해야 하리라고 생각합니다. 물론 저희들도 어리석기 짝이 없는 죄악들을 함께 회개하고자 합니다. 이제 우리가 바라는 것은…….'

모든 시니어 목자들이 침을 삼키며 그다음 구절이 어떻게 이어질지 주목하였다.

'목자님이 회개하고 최고 책임자의 자리에서 명예롭게 퇴진해 달라는 것입니다. 이 길만이 하나님께 영광 돌리는 진리의 길이며 회관의 역사를 살리는 길이라고 확신하기 때문입니다.'

"그다음 추신 형식으로 마지막 경고를 때려야지."

시니어들이 웅성거렸다. 장욱 목자는 잊었다는 듯이 머리를 한번 긁적이고 나서 추신란을 메워 나갔다.

'본 공개서한을 읽으시고 목자님의 명예로운 퇴진 문제에 대하여 일주일 내에 서면으로 회답을 주시기 바랍니다. 시한을 넘기면 본 공개서한을 언론기관에 공개하고 사직당국에 고발하겠습니다. 그러나 만약 목자님께서 명예로운 퇴진을 하실 경우, 명예와 신분을 보장하고 생활을 뒷받침해 주며 회관이 정상궤도에 오른 후 합당하다고 인정될 때는 다시 모실 수도 있습니다.'

이렇게 협박에다가 회유를 곁들인 추신마저 마무리하였다. 마지막으로 일곱 투사들의 서명이 진하게 내갈겨졌다. 그 일곱 개의 이름이 포개어진 길쭉한 서명란은 시한폭탄의 뇌관과도 같이 보였다. 그 이름들이 하나하나 뽑혀지면 공개서한은 불발탄으로 무용지물이 될 것이고 그 이름들이 뭉쳐서 뽑혀지지 않는다면 뇌관이 콱 박혀 있는 시한폭탄처럼 대단히 위협적인 물건이 될 것이었다.

이제 시한폭탄을 포장해서 보내는 일만이 남았다.

따르릉…….

여관방 전화기가 울렸다. 시니어들은 순간 긴장하였다. 상순 목자가 송수화기를 들었다.

"거기 손님들, 저녁밥은 어떡할 거유?"

"상을 여기로 좀 차려와 주세요."

"술은유?"

"우리는 주의 종들이오."

"뭐유? 무슨 주요?"

"예수 그리스도의 종들이라니깐요."

"아, 네, 그러니까 포도주를 달라는 말씀인기유?"

"이 사람이……."

"예수주는 포도주 아닌규?"

"알았소, 알았어. 포도주 두 병만 갖다 주시오."

주희가 학교 수예반에서 해인사 보장전의 그 수복수병을 본
따 만들었다면서 수(壽) 자와 복(福) 자의 한문이 여러 가지 형태
로 변형되어 배열된 예쁜 자수 한 점을 성민에게 선물로 주었다.

"내가 뭐 왕인가?"

"그럼요. 난 궁녀예요."

결국 시니어 목자 일곱 명과 민식 목자를 중심으로 한 서울지구 주니어 목자 일곱 명의 대결로 압축되었다. 지방의 다른 목자들은 얼떨떨한 가운데 대결의 방향이 어느 쪽으로 기울어지나 예의 주시하며 관망하는 편이었다. 그런데 희한하게도 시니어 목자들 대부분은 전라도 출신이었고, 서울지구 주니어 목자들은 거의가 경상도 출신이었다. 그래서 민식 목자가 전라도 태생이긴 하나 그 대결의 양상이 전라도와 경상도의 싸움과 같은 미묘한 성격으로 발전되어 간 것이었다. 그러니까 민식 목자를 중심한 회관체제를 옹호하는 측은 경상도파였고 그 체제에 도전 내지 대항하는 측은 전라도파인 셈이었다.

주니어 목자들은 그 야릇한 양상을 피부로 느끼고 있었지만, 주 안에서 거듭났다고 하는 사람들이 전라도니 경상도니 하고 따지는 것은 중생의 교리를 정면으로 부인하는 거나 진배없기 때문에 겉으로는 그런 내색을 일체 비치지 않았다. 또한 자기들이 옹호하는 민식 목자가 엄연히 전라도 출신인데, 전라도 어쩌고 하며 감히 말이나 꺼낼 수 있겠는가. 그러나 민식 목자는 그런 면에 있어서 비교적 자유로웠고 주니어들의 의식 밑바닥에 깔려 있는 감정들을 꿰뚫어 보고 있었으므로 그 건드리기 어려운 부분에 대해서도 종종 언급을 하였다. 성민이도 옆에서 훔쳐 들은 적이 몇 번 있었다.

"나도 전라도 놈이지만 전라도 놈들은 은혜를 몰라. 아흔아홉 번 잘해 주다가 한 번 잘못해 주면 아흔아홉 번 잘해 준 건 다 잊어버리고 한 번 잘못해 준 걸 가지고 씹고 씹는단 말이야."

주니어들은 이러한 단도직입적인 민식 목자의 말에 오히려 자기들이 당황해하며 그럼 중생의 교리는 어떻게 되는가 하고 민식 목자를 다시 한 번 쳐다보곤 하였다.

"예수 믿고 중생을 해도 그 인격의 결함이라는 건 손등의 묵은 때 같아서 쉽게 벗겨지지 않아. 두고두고 쇠죽물에 폭폭 삶으면서 돌멩이로 긁어 내야지. 나, 전라도 사람의 결점을 스스로 고치기 위해 그동안 정말 피나게 노력했다구. 은혜를 배신하는 자가 되지 않으려고 말이야. 그렇지 않았다면 나, 하나님께 쓰임받을 수 없는 폐인이 되었을 거야."

전라도 사람의 결점을 스스로 솔직하게 인정하고 그것을 극복하려고 무진 애써 왔다는 민식 목자의 말에 주니어들은 거의 감격하다시피 하였다. 민식 목자가 한층 위대해 보였다. 그리고 주니어들은 자기들이 전라도 사람이 아님을 은근히 다행으로 생각했다. 하지만 곧 경상도 문둥이들에 대한 질타가 민식 목자의 입으로부터 쏟아져 나왔다.

"경상도 보리 문둥이들, 손이 오그라져 가지고 늘 걸신들린 것처럼 체면도 없이 얻어먹으려고만 한단 말이야."

주니어들은 학생 시절에 혹시 용돈이나 탈까 싶어 민식 목자 주의를 슬슬 배회하고(가까이는 가지 못하고), 또 민식 목자 집에서 밥 얻어먹기를 마파람에 게눈 감추듯 해온 일들을 떠올리며 얼굴을 붉혔다.

"인정해 주지 않으면 조금도 일을 하지 못하는 그런 거지근성 버려야 한다구."

그것은 경상도 일반론이라기보다 주니어들이 통이 좁은 동숭동 캠퍼스 출신들임을 감안해서 하는 말 같았다. 이렇게, 경상도 출신이라고 해서 별 이점이 없구나 하는 생각이 주니어들의 마음에 파고들어 올 무렵,

"그래도 경상도 놈들은 뼈다귀를 던져 주면 졸졸 따라오는 개처럼 은혜는 안단 말이야."

비유가 좀 심하긴 했지만 주니어들을 은근히 부추겨 주는 말을 민식 목자가 하는 것이었다. 그 말은 시니어들처럼 은혜를 배

신하는 자가 되지 말라는 당부이기도 하였다. 주니어들은 무슨 은혜인지는 잘 모르지만 적어도 밥 얻어먹은 은혜만이라도 배신하지는 않아야겠다고 결심을 새롭게 하곤 하였다.

민식 목자는 본부 주니어 목자 세 사람으로 하여금 시니어들의 본부 역할을 하게 될 것으로 예상되는 행당회관을 기습 점령하도록 하였다. 행당회관 회원들의 반발이 다소 있었지만 경호 목자가 돌아올 때까지 도와주러 왔다는 변명과 함께 본부의 권위를 내세워 진압에 성공할 수 있었다. 회원들의 출입은 뜸해졌지만 그 주니어 삼총사는 행당회관을 떠나지 않고 불침번의 역할을 잘 수행해 냈다. 더 나아가 민식 목자는 삼총사 중의 한 사람인 석기 목자로 하여금 경호 목자 집을 인수하도록 하였다. 그리하여 석기 목자는 자기 가족을 이끌고 가서, 그 집에 남아 있던 경호 목자의 아내를 갓난아기에 불과한 아들 딸과 함께 친정집으로 가도록 내쫓다시피 하였다.

"석기 목자, 내 출산 예정일이 이틀밖에 안 남았어요."

경호 목자의 아내가 평소에 안면이 있는 석기 목자에게 만삭의 몸을 앞으로 내밀어 보이며 항의 겸 사정을 하였다.

"나도 어떻게 할 수 없어요. 본부 민식 목자님의 지시니까. 이집도 경호 목자 개인 것이 아니라 본부 소유로 되어 있어서 항의해 본들 소용없죠."

"그런데 도대체 갑자기 왜 이러는 거예요? 무슨 집달리처럼. 경호 목자가 역적모의라도 했어요?"

"소문으로는 역적모의 그 이상이에요. 정확한 상황은 아직 잘 모르지만 일단 근무지 이탈 내지는 탈영을 한 셈이니까 즉결처분을 받는 셈이죠."

"아직 일주일도 채 안 돼요. 목자가 회관을 잠시 떠나서 기도원 같은 데서 기도하고 올 수도 있는 것이고……."

"글쎄, 어떻든 보고를 하고 떠나든지 말든지 해야죠. 군대에서는 보고가 생명이에요."

"회관이 군대예요?"

"군대가 아니면요? 사모님, 정말 비복음적인 말씀 하시네."

석기 목자가, 들고 온 보따리들을 들여놓기 시작했다. 자존심이 세기로 소문나 있는 경호 목자의 아내는 이 치욕을 견딜 수가 없어, 당장 그 불편한 몸에 아이들을 업고 거느리고 하여 친정집이 있는 교문리로 가 버렸다. 그리고 사흘 후에 난산을 하였는데, 그때까지 경호 목자는 코빼기도 나타내지 않았다.

그다음 날, 정말 민식 목자가 예상했던 대로 일곱 명의 시니어 목자들이 행당회관으로 들이닥쳤다. 주니어 삼총사는 우선 그 수에 눌리고 또 평소에 선배로 대하던 시니어들이라 더 이상 어떻게 해볼 수가 없었다. 그래서 그들이 건네 주는 공개서한만을 가지고 본부로 철수할 수밖에 없었다.

"몸으로라도 버티고 있어야지 철수를 해?"

민식 목자는 버럭 화를 냈지만 일단 시니어들의 출현 소식을 접했으므로 방어진지 내지는 공격진지를 새롭게 구축하는 것이 급선무임을 인식하고 냉정을 되찾았다.

　　"여기 시니어들이 공개서한이라고……."

　　삼총사 중의 한 사람인 길명준 목자가 받지 말아야 할 물건이라도 내놓듯이 조심스럽게 봉투를 내밀었다.

　　"이건 뭐야?"

　　"자기들 성명서인 모양이에요."

　　"성명서? 이따위 것을 받아 가지고 와? 건방진 자식들."

　　주니어들은 자기들에게도 욕을 하는가 싶어 흠칫했다. 봉투를 받아든 민식 목자는 봉투째 찢어 버리려고 하다가 하도 두툼해서 잘 되지 않으니까 내용물을 꺼내어 넓게 편 후 북북 찢기 시작했다. 종이가 찢어지는지 민식 목자의 마음이 찢어지는지 도통 분간이 안 될 지경이었다. 왜냐하면 갈기갈기 찢겨진 종이의 잔해가 민식 목자의 심장께에서부터 풀풀풀 떨어져 내렸기 때문이었다.

　　그런데 민식 목자는 이틀 후쯤부터 공개서한이 이사회 멤버들인 리더급 학사들과 다른 목자들 사이에 나돌아다니는 것을 보게 되었다. 주니어들, 인턴들조차도 은근히 호기심을 가지고 공개서한을 읽고 있는 것을 눈치챈 민식 목자는 그 내용이 궁금해서 견딜 수 없었다. 결국 한 목자가 읽고 있는 것을 빼앗아 읽어 보게 되었다. 슬슬 잽을 먹이다가 라이트훅을 한방 먹이는 그런 수법으로 공개서한이 씌어져 있음을 간파할 수 있었다. 결정적인 라이트훅은 회관에서 물러나 달라는 요구였다. 조목조목 열거한 사례들이나 자신들의 심정에 관한 감상적인 피력 같은 것들은 라이트훅을 먹이기 위한 잽에 불과하였다. 대개 그 사례들이라는 것은 시니어들도 일종의 공범으로 참여하여 목격했던 것들이었다. 다만 자기들은 주범이 아니라는 주장이었다. 민식 목자는 이렇게 속이 놀놀한 놈들을 가까이 두고 자신의 약점들을 노출시켜 버린 걸 후회했지만 이미 때가 늦은 것이었다. 한때는 자기들이 먼저 나서서 복음적이니 신앙적이니 하는 말들을 뇌까리며 부추겼던 일까지 사뭇 과장해서 민식 목자 한 사람에게만 뒤집어씌우는 걸 볼 때 괘씸하기 짝이 없었다. 그러나 사태가 사태인 만큼 감정을 억제하고 한껏 지혜롭게 대처해야만 하였다. 무엇보다 시니어들이 사직당국에 고발하는 따위의 일을 저지르지 않도록 막지 않으면 안 되었다.

"시니어 목자들이 여러 소리 많이 하고 있지만 요점은 더 이상 훈련의 십자가를 지기 싫다 이거예요. 이번에도 부활장 암송 훈련이 귀찮고 부담스러우니까 자기들끼리 뺑소니를 친 거죠. 그러다가 다시 서울로 올라올 걸 생각하니 덜컥 겁이 난 거죠. 내가 자기들에게 이번 도피행각에 대하여 어떤 보복적인 훈련을 가할까 두려웠던 거예요. 그래, 일종의 자기방어를 한다는 것이 이런 지경으로까지 발전된 게 빤해요. 한번 비뚤어지게 보기 시작하니까 모든 게 뒤틀려 보이고 자기들도 스스로를 감당할 수 없게 된 거죠. 그리고 이렇게 된 책임이 모두 나에게 있다면서 막다른 골목으로 나를 밀어붙이고 깔아 죽이겠다 이거예요."

시니어들이 불참한 전국 스탭미팅에서 민식 목자는 차분한 음성으로 상황을 조목조목 설명해 나갔다. 침통한 분위기가 좌중을 에워쌌다.

"그러니까 귀대시간이 좀 늦은 휴가병이 부대에서 받게 될 기합이 무서워서 아예 탈영을 한 셈이죠. 탈영을 하고도 잡힐까 두려우니까 이번에는 총을 들고 지휘관을 쏴 죽이겠다고 덤비는 꼴이에요."

스탭들은 민식 목자의 설명이 시니어들의 심리상태를 정곡으로 찌르고 있다고 생각되었다. 자기들이 무슨 회개운동이니 개혁운동이니 하는 것을 한단 말인가. 평소에 시니어들이 민식 목자 앞에서 비참하게 훈련을 받는 것을 보면서 이미 시니어들에 대한 존경심을 잃어버린 지 오래된 후배 목자들은 시니어들이 내걸고 있는 슬로건들이 불쾌하기 그지없었다. 민식 목자가 물러나고 그대신 세력을 잡은 시니어들 밑에서 목자생활할 것을 생각만 해도 구역질이 날 지경이었다. 특히 서울지구 주니어 목자들은 민식 목자의 설명에 연신 고개를 끄덕이며 두 주먹을 불끈 쥐었다. 어떤 일이 있더라도 시니어들의 공작에 넘어가지 않고 민식 목자를 옹위할 것이었다.

"베드로 사도는 사탄이 우는 사자같이 두루 다니며 삼킬 자를 찾는다고 했어요. 불평 불만을 그대로 품고 있는 자는 금방 사탄의 밥이 될 수밖에 없다는 사실을 이번 경험을 통하여 우리는 더욱 잘 알게 되었어요. 지금 회관 역사가 세계적인 단계로 도약해 가려고 하니까 사탄이 시기해서 시니어들의 마음을 사로잡은 거예요. 사탄과 대항하기 위해서는 다 같이 깨어서 합심기도하는 길밖에 없어요."

스탭들의 표정은 점점 전투적인 결의로 차올랐다. 사탄 이놈, 대갈통을 확 부수어 버릴까 보다.

"저도 식음을 전폐하고 기도하면서 많이 생각해 봤어요. 비록 사탄 노릇을 하는 그들이지만 내 영적인 자식들이 아닌가. 다윗도 사랑하는 자식 압살롬이 반역했을 때 당장에 죽일 수도 있었지만 오히려 왕궁을 비워 주고, 슬피 울며 맨발로 피난길을 떠나가지 않았는가."

민식 목자의 눈에 눈물이 괴어들고 목소리는 떨리기 시작했다. 스탭들도 민식 목자의 아픔을 공감하며 함께 울먹였다. 조금 전의 전투적인 분위기와는 사뭇 대조적이었다.

"그래 저는 그들의 요구 조건을 들어주기로 결단했습니다. 나한 사람의 고집으로 분열과 파괴를 자초하기보다 이 수많은 양 떼들의 생명을 보호하고 회관 역사를 살리기 위하여 내가 물러나고자 마음먹었습니다. 그들이 나를 독재자라고 했지만 나는 이 시대의 독재자들의 잘못을 되풀이하고 싶지 않습니다. 떠나야 할 때를 아는 자의 뒷모습은 아름답다는 시구절이 있기도 하지만 구태여 살겠다고 바둥거리지 않겠습니다. 나 한 사람 희생하고 죽어서 화해가 이루어질 수 있고 많은 사람이 살 수 있다면 그 길을 기꺼이 택하겠습니다. 하나님은 이번에 내가 회관 자체를 사랑하고 있는 점을 훈련시키시는 것 같습니다. 회관보다 하나님 자체를 더욱 사랑하도록 이토록 심한 시련을……."

대화식의 어조에서 담화문식의 어조로 바뀐 민식 목자는 끝내 말을 맺지 못하고 어깨를 들먹이기까지 하며 흐느꼈다. 일종의 하야 성명 내지는 재출마 포기 성명인 것을 눈치챈 스탭들은 마음이 찢어지는 것 같았지만 한편으로는 적이 당황스러웠다. 사탄과 싸우자고 해놓고 물러난다면 결국 사탄에게 회관을 넘겨주는 것이 아닌가.

"그들이 일시적으로 사탄에게 잡혀 있지만 근본적으로 마귀의 종들은 아닙니다. 그들도 자기들의 행동을 되돌아보고 정신을 차릴 것입니다. 이번 사건을 계기로 후계자를 세우는 시기가 빨라졌다고 생각하면 되겠습니다."

후계자라는 말이 나오자 성민은 잠시 몸이 굳어지는 것 같았으나 민식 목자가 여러 사람에게 후계자 운운한 사실을 이미 알고 있었기 때문에 심호흡을 한번 하는 것으로 긴장된 몸을 곧 풀

수 있었다.

　이제 대부분의 스탭들은 시니어들 중에서 과연 누가 후계자가
될 것인지 조바심이 날 정도로 궁금해졌다. 이상하게도 조금 전
까지는 민식 목자가 물러난다는 것은 상상도 할 수 없었는데 지
금은 후계자가 어떤 방식으로 회관을 이끌고 갈 것인가 기대 같
은 것을 은밀히 품어 보기까지 하였다. 한 사람을 판단할 때 민
식 목자가 판단하는 대로 판단하는 데 익숙해져 있는 스탭들로
서는 당연한 심리의 변화라고도 할 수 있었다. 민식 목자가 사탄
운운할 때는 시니어들이 정말 사탄처럼 생각되다가도 근본적으
로는 마귀의 종이 아니다 운운할 때는 갑자기 그들이 그렇게 나
쁜 사람들만은 아니라는 식으로 생각되는 것이었다. 그러자 시니
어들이 내세우는 개혁운동도 명분이 없는 것은 아니었다는 느낌
이 들면서 평소에 자신들이 하고 싶었던 이야기들을 그들이 용
기 있게 대변해 주었다는 사실을 인정하기에까지 이르렀다. 무엇
보다도 민식 목자가 물러난다면 적어도 지금까지 받아 오던 종
류의 훈련은 폐지될 것이 확실하므로 스탭들은 미리부터 은근
히 해방감에 젖기도 하였다. 하지만 아무래도 민식 목자 없는 회
관은……. 이렇게 스탭들은 기대와 불안이 뒤섞인 마음으로 과
연 민식 목자의 결단이 어떤 결과를 가져올 것인지 기다리게 되
었다.

　그런 회관 사정과는 완연히 대조적으로 바깥의 봄바람은 느

슨하게 풀릴 대로 풀리어 산과 들에 흐느적거렸다. 이번에는 라
일락이 꽃망울을 열어젖힐 채비를 하고 있었다. 제철을 만난 뻘
때추니들은 꽃내음 속을 벌떼처럼 싸돌아다녔다. 성민은 회관
창 너머로 흩날리는 꽃가루들을 바라보며 5월 초에 주희와 함께
소풍을 가기로 한 약속을 상기했다.

명준 목자는 행당회관에 모여 있는 시니어들 앞에서 조심스럽
게 입을 열었다.
"민식 목자님이 요구를 다 들어주겠다고 전하라 했습니다."
명준 목자에게서 무슨 말이 나올까 바짝 긴장해 있던 시니어
들은 순간 안도의 빛이 감돌았다. 그러나 짐짓 인상을 굳히며 명
준 목자의 신체부위를 살펴보았다.
"서면으로 제출하라 했는데……."
기태 목자가 눈을 부라렸다.
"시한도 이거, 넘었는데 우리 봐준 거라구."
집을 빼앗긴 경호 목자가 아직 분이 안 풀리는지 목소리에 꺼
끄러기들이 잔뜩 묻어 있었다.
"저, 서면 제출은 직접 만나서 하시겠답니다."
"그럼, 우리보고 서면을 받으러 오란 말이야?"
"어차피 만나서 결말을 지어야 되는 거 아닙니까?"
"확실히 우리 요구를 들어준다고 했지? 물러난다 이거지?"

"예, 스탭미팅에서도 그런 말씀을 하셨습니다."

"그래 알았어. 언제 오라 했어?"

"내일 아침 열 시까지 본부 사무실로 오라 했습니다."

"본부 사무실? 우리 모두 감금하려고 그러는 거 아냐?"

"다 오지 말고 대표를 뽑아서 보내라고 했습니다."

"대표?"

"아예 장소를 바꾸도록 하면 어떨까?"

"어차피 이긴 싸움인데 본부에서 항복을 받아내는 것도 의미가 있지."

"대표만 가고 나머지는 대기하고 있다가 대표에게 무슨 일이 생기면 이번엔 정말 고발하는 거야."

명준 목자는 시니어들이 주고받는 말을 뒤로 하고 행당회관을 나섰다. 다시금 시니어들에 대한 분노가 마음에 끓어올랐다. 저런 치들에게 회관을 맡길 순 없어. 그러면 우리가 또 한 번 뒤집어 놓을 테니까.

명준 목자가 가고 난 후 시니어들은 먼저 자축하는 분위기에 젖어들었다.

"일이 이렇게 쉽게 끝날 줄은 몰랐는데."

"쉽게 끝나긴, 십 년 진통 끝에 이루어진 일인데."

"그야말로 무혈 쿠데타야."

"단체도 국가랑 마찬가지 아냐? 한 사람이 15년이나 우두머리

노릇을 하고 있으니 자연히 속으로 썩어 갈 수밖에. 마땅히 일어
나야 될 쿠데타라구."

"근데 누구를 대표로 보내지?"

시니어들은 이 문제에 이르자 자축의 분위기에서 서서히 깨어
나기 시작했다. 회관에 들어온 순서로 따지면 그동안 서열이 제
일 높다고 자타가 인정하고 있던 상순 목자가 대표가 되어야 마
땅한데, 요 근래에 와서 경호 목자가 후계자로 부상하고 있었으
므로 성급히 결정할 수 없는 난점이 있었다. 그리고 나이로 따지
면 최연장자인 병주 목자도 만만치 않은 대표감이었다. 또한 지
금까지 거의 총책을 맡아서 일을 추진해 온 기태 목자도 이번의
공로로 봐서 충분히 대표로 나설 수 있는 사람이요, 누구보다도
재빠른 그의 상황 판단력이 대표 역할을 감당하는 데 결정적으
로 도움이 될 수도 있을 것이었다. 거기에다가 수명, 우진, 장욱
목자도 누구 한 사람 대표 후보에서 무작정 제외될 수만은 없는
사람들이었다.

결국 기태 목자의 제안으로 공동대표를 구성하는 데 가까스
로 합의를 보았다. 몇 년 동안 후계자 지목을 받아 온 상순 목자,
최근에 후계자로 두각을 나타낸 경호 목자, 이번 쿠데타의 산파
역을 감당한 기태 목자, 이렇게 세 사람이 공동대표로 뽑혀 내일
의 항복 조인식을 기다리게 되었다. 일이 이만큼 진척되었으므
로 그동안 초조와 긴장 속에 싸여 있었던 시니어들은 머리도 식

힐 겸해서 변두리 극장으로 영화를 보러 갔다. 2차대전 상황을 배경으로 유럽 각국의 장군들이 전쟁을 수행해 나가는 내용의 영화였다. 연합군측의 장군이든 독일측의 장군이든 멋있어 보이기는 마찬가지였다. 그리고 얼핏 자유분방한 듯 보이는 연합군이, 엄격한 질서와 규율 속에 움직이는 독일군을 마침내 이기는 것을 통하여 뭔가 교훈을 얻게 되는 것도 같았다. 그동안 회관은 나치군처럼 한 지도자를 중심으로 복종만이 강요되는 분위기 속에 머문 것이 아닌가. 사람마다의 개성을 무시하고 규격품과 같은 회원을 만들어 언뜻 보기에는 강한 집단으로 여겨지지만 결국 저 독일군의 운명을 맞게 될 것이 아닌가. 좀 무질서한 듯 보이더라도 개개인의 성품과 재능을 최대한 존경하고 살려 주는 모임을 만들어 진정 전쟁에 강한 단체가 되도록 해야 하리라. 시니어들은 마치 영화 속의 장군이 된 듯한 기분으로 오랜만에 영화에 몰입하였다.

"전쟁은 속전속결로 끝내야 해. 보급선이 길어지면 안 된다구."

기태 목자가 극장의 어둠 속에서 중얼거렸다. 화면에서는 히틀러의 군대가 소련 내부 깊숙이 진격함으로써 보급선이 길어져 곤란을 겪고 있었고, 반면에 소련군은 퇴각함에 따라 보급선이 짧아져 오히려 점점 강해지면서 독일군을 밀어붙이고 있었다. 속전속결, 속전속결······. 기태 목사가 무심결에 중얼거린 말이 시니어들의 귓가에서 자꾸만 맴돌았다.

영화를 보고 나오니 날이 어둑어둑해져 있었다. 시니어들은 전장의 밤길을 걷는 기분으로 거리로 걸어 내려와 야간작전본부로 쓸 만한 여관을 정하여 들어갔다.

공동대표 세 명과 비상대기조 네 사람은 각 팀별로 방 하나씩을 빌려 밤을 보내었다. 비상대기조는 일찍 잠이 들었지만 공동대표들은 좀체 잠을 이룰 수 없었다. 화면이 흐릿한 흑백 텔레비전에서는 시사해설 시간인지 중공 4인방의 득세와 등소평의 숙청 등에 관해서, 정치학자 한 사람이 그 나라 문제는 자기가 훤히 다 안다는 듯이 자신있게 설명하고 있었다. 텔레비전 방송도 자정 시보와 함께 마감되고 여관방에는 밤의 특유한 정적이 찾아들었다.

대표들은 시간이 지날수록 민식 목자를 대면할 일이 은근히 두려워졌다. 자기들이 학창 시절에 신앙 가운데서 자라날 때 전폭적인 관심과 사랑으로 키워 주신 분, 문제를 미리 알아 지적해 주며 방향을 제시해 주신 분, 생활이 어려운 중에도 밥솥째 가난한 자기들을 먹여 주시던 분, 아버지에 대해 실망한 자기들에게 강한 아버지로서의 이미지를 나타내신 분, 시대의 지도자들에 대해 분노하는 자기들에게 진정한 지도자로서의 이미지를 보여 주신 분, 10여 년 청춘 시절에 있어 마음의 우상이요 '큰 바위 얼굴'이었던 분…… 그러기에 내일 그분을 직접 대면하면 늘 그래 왔던 것처럼 말도 제대로 하지 못하고, 그동안 독하게 별러 왔던 마음까지 녹아 버리고 말 것이 아닌가. 민식 목자의 이전 모습은 생각하지 말고 변질되어 있는 지금의 모습만을 생각하자. 그는 돈에 맛들인 탐욕스러운 사업가요, 스스로 세계적인 지도자로 자처하고 있는 과대망상가요, 인간을 수단으로만 사용하는 공산당과 같은 자요, 훈련이라는 명목으로 아랫사람들에게 고통을 가함으로써 쾌감을 얻는 사디스트요, 맹종을 요구하는 독재자일 뿐이다. 그는 반드시 제거되어야 할 악성 종양이다. 대표들은 자기들의 의식에서 민식 목자의 좋은 점들은 철저히 제거하고 그를 하나의 괴물로서만 형상화시키기 위해 어금니를 악물며 애를 썼다. 그런데 민식 목자를 괴물로 생각하면 할수록 이번에는 그가 자기들을 잡아먹으면 어쩌나 하는 또 다른 종류의 두려움이 파고드는 것이었다.

"여호와삼마, 여호와삼마……."

상순 목자는 자기도 모르게, 여호와께서 함께해 주실 것이다라는 내용의 성경 구절을 읊조렸다.

"에벤에셀의 하나님이시여……."

경호 목자는 하나님이 여기까지 도와주셨으니 계속해서 도와주실 것이라는 확신을 가지려고 용을 썼다.

"여호와닛시, 여호와닛시……."

기태 목자는 아까 본 전쟁 영화 장면을 떠올리며, 여호와는 나의 깃발이시다 승리의 깃발이시다, 입술을 달싹거렸다.

"으흥 으응 아이……."

옆방에서는 남녀가 서로 살을 문대는 감탕질 소리가 계속 들려왔다.

민식 목자는 머리까지 단정히 깎고 훤한 얼굴을 하고 있었다. 미소가 은은히 떠오르기도 하는 그의 표정 앞에서 공동대표들은 오히려 위축되는 기분이었다. 민식 목자가 화가 났을 때의 그 특유의 안색을 하고 있을 줄 알았는데 전혀 예상 밖이었다. 마치 이 세상 사람이 아닌 듯한 분위기를 풍기고 있어 그가 아득히 멀어 보이는 느낌이었다. 대표들은 지금 자기들의 초췌한 인상과 민식 목자의 인상이 너무도 대조적임을 직감했다. 안경 너머로 보이는 그의 두 눈은 형형한 빛에 감싸여 어떤 시선도 집어삼킬 듯한 부드러운 권위를 드러내며 대표들을 향하고 있었다.

요 근래에 좀처럼 볼 수 없었던 그의 모습으로 인하여 대표들은 일종의 혼란을 느꼈다. 자기들이 그토록 헐뜯으며 욕했던 민식 목자는 괴물의 모습으로 앉아 있어야 하는데, 이건 원, 중세기 성자의 모습을 하고 앉아 있는 게 아닌가. 십여 일 동안에 이런 변화가 있을 수 있는가. 하긴 하룻밤 철야기도에도 사람이 전혀 딴판으로 바뀔 수 있는 일이긴 하지만. 민식 목자가 이미 변화되었다면 자기들의 비판과 공격과 요구가 의미없는 것이 되고 마는 게 아닌가. 민식 목자의 변화를 간절히 소망하는 내용의 공개서한을 쓴 그들이었지만 지금은 그의 변화를 결코 원하지 않는 마음 상태 가운데 있었다. 민식 목자가 변화하지 않고 완악한 그대로 있어야 자기들의 운동이 존재의의를 가지게 되는데 저렇게 자기들의 아버지요 지도자로 보였던 이전의 모습을 되찾고 있다니.

"공개서한은 잘 읽어 보았어요. 그동안 고생이 많았어요."

지금까지 목자생활하느라 고생했다는 말인지 공개서한을 쥐어짜 쓰느라고 고생했다는 말인지 얼른 분간이 되지 않았다. 대표들은 어떡해서든지 하나의 작전일지도 모를 민식 목자의 분위기에 휘말려 들어서는 안 된다고 몸과 마음을 도사리며 뻣뻣한 자세를 취했다.

"공개서한을 통해서 저희들의 입장은 충분히 전달되었다고 생각합니다. 이제 목자님의 결단만이 남았습니다."

기태 목자가 다른 대표들이 망설이고 있는 것을 보고 먼저 말을 꺼냈다.

"결단은 이미 했어요. 내가 그동안 너무 왕 노릇 해온 걸 회개하고 물러나기로 했어요. 이제 절차만이 남았어요."

대표들은 속으로, 그러면 빨리 물러나겠다는 서약서와 함께 관계 서류 일체를 인계해야죠, 라고 말하고 있었다.

"하지만 한 가지 조건이 있어요."

조건이라니, 무조건 항복 조인식을 하러 온 게 아닌가. 대표들은 사뭇 긴장되었다.

"후계자를 세우고 물러가는 것이 일의 순서라고 생각해요."

"바로 그 후계자 문제 때문에 그동안 많은 문제가 생긴 것 아닙니까. 동지의식으로 뭉쳐 있던 동역자들 사이에 경쟁심과 불신을 심어 주고……. 목자님은 이 사람 저 사람에게 후계자 운운하심으로써 그런 경쟁적인 분위기를 더욱 부채질하셨어요. 그러므로 본부 책임자는 저희들이 협의하여 세울 것이니 목자님은 거기에 신경을 쓰지 않으셨으면 좋겠어요."

후계자 문제로 갈등을 겪은 상순 목자가 단호한 음성으로 소신을 피력했다.

"인간들이 협의를 하고 투표를 해서 대표를 세우는 건 인본주의적인 방법이지 성서적인 방법이 아니에요. 바로 그것 때문에 한국 교단이 썩어 가고 있는 걸 보잖아요. 노회장이니 총회장이니 되려고 온갖 추한 짓을 다 하고……. 하나님의 방법은 인간들의 투표에 의하는 것이 아니라 영적 지도자가 안수하여 후계자를 세우는 거예요. 내가 몇몇 사람에게 후계자가 될 사람이라고 말한 것은 경쟁을 유도하려고 그런 것이 아니라 그만한 가능성들을 가지고 있음을 일깨워 주기 위함이었어요."

민식 목자는 계속해서 성경에 나오는 지도자 계승에 관한 기록들을 열거해 나갔다. 아브라함, 이삭, 야곱으로 이어지는 계승, 모세 여호수아, 엘리야 엘리사, 예수 베드로의 고리 등에 관하여 이야기를 한 민식 목자는,

"그러므로 후계자를 내 손으로 안수하여 세우지 않고는 물러갈 수 없어요. 그래야만이 회관 역사가 하나님의 역사로 계속 이어지고 있음을 증명하는 것이 될 거예요. 나 자신도 하나님과 사람 앞에 체면도 서고……."

대표들은 후계자 안수에 대한 민식 목자의 집착이 대단한 것을 눈치채고 이 점에 있어서는 어쩔 수 없이 타협을 해야만이 일이 제대로 풀릴 것 같은 생각이 들었다.

"지금 목자님이 생각하시는 후계자는 누구인데요?"

기태 목자가 상순, 경호 목자의 표정을 얼핏 살핀 후 물었다. 그러면서 혹시 후계자를 주니어나 인턴 그룹에서 찍어 올리면 어쩌나 하는 일말의 불안이 스치고 지나갔다.

"내가 전에 말한 바도 있지만 경호 목자가 후계자로 세움받기를 원해요."

순간, 상순 목자의 인상이 확 굳어졌다.

"그러기 위해서는 상순 목자나 기태 목자 그리고 다른 시니어 목자들이 양보를 많이 해야 할 거예요. 아니면 경호 목자 외에는 다 자살을 하든지……."

항복 조인식에 나온 민식 목자였지만 여전히 독설의 습관은 버리지 않고 있었다.

"이번에 암송한 부활장 중에 그 22절을 보면, 그리스도 안에서 모든 사람이 삶을 얻으리라고 했어요. 모든 사람이 사는 방향으로 해야죠. 특히 나머지 26명의 스탭 인턴 목자들도 안심하고 일할 수 있는 분위기를 마련해 주도록 하려면 그들이 다 모인 자리에서 후계자를 안수하여 세우는 것이 사리에 맞다고 생각해요."

대표들은 민식 목자의 논리를 깨뜨릴 만한 주장을 내놓을 수 없었다. 그의 논리를 이길 수 있는 한 가지 주장이 있다면 그것은, 당신은 이미 영적 지도자로서의 자격을 상실했으므로 후계자를 안수하여 세울 자격도 없소, 라고 하는 것이었다. 그러나 아직까지도 상당수의 스탭 목자들이 민식 목자의 자격을 철석같이 믿고 있는 상황을 모르는 바 아니었으므로 차마 그런 주장까지 내놓을 수는 없었다.

"그 점에 대해서 시니어 목자들끼리 의논하고 다시 찾아뵙겠습니다."

경호 목자가 회담연기 의사를 표명했다.

"그럼, 그때 서약서도 전달하리다."

공동대표들은 인계받은 서류 한 장 없이 비상대기조가 기다리고 있는 여관으로 되돌아왔다. 시니어들은 의논 끝에 후계자 문제는 민식 목자에게 양보하기로 하고 다음번 대표로 경호 목자를 보내기로 하였다.

"일단 우리가 인계를 받으면 후계자 문제에 대해서는 그렇게 신경쓸 거 없다고 생각해. 애초에 우리가 계획했던 대로 앞으로 회관은 최고 책임자 중심제로 운영되는 것이 아니라 본부 협의체 중심으로 회관별 자치제를 실시하려고 하니까. 그리고 협의체 의장도 돌아가면서 맡음으로써 한 사람을 중심으로 회관 역사가 굳어지는 것을 막아야 한다구."

일주일쯤 뜸을 들이며 사태를 관망한 후, 경호 목자는 민식 목자로부터 잘못을 회개하고 물러나겠다는 취지의 서약서를 받아 가지고 왔다. 그리고 다음 월말 스탭미팅에서 후계자 안수식을 가지기로 하였다.

그렇게 본부에서 회담이 진행되고 연기되고 하는 동안 서울지구의 주니어들은 그들대로 봉천회관 아래층에서 회합을 가졌다. 승철 목자가 주로 연락을 하여 주니어들이 자발적으로 모이는 형식으로 한자리에 집합하게 되었다.

"민식 목자님은 후계자를 세우고 물러나겠다고 하셨는데, 사태 수습을 위해서는 그 방법이 적절할지 몰라도 하나님 편에서 볼 때는 문제점이 한두 가지가 아냐."

"나도 처음엔 후계자를 세우는 방법이 회관이 분열되는 것을 막는 최선의 방법이라고 동감을 했지. 하지만 곰곰이 생각할수록 그건 지도자가 자원해서 후계자를 세우는 것이 아니라 후계자가 지도자로부터 강제로 안수를 받아내는 것에 불과하다고 여겨지는 거야. 비록 목자님이 평소에 마음에 두고 있던 사람을 세운다고는 하지만 세우는 시기도 중요한 거잖아. 후계자를 세우기 위해 훈련을 해왔는데 그 훈련 기간도 다 채우지 않고 세워 달라고만 하는 것은 말도 안 돼. 마치 사관학교 훈련 과정도 마치지 않고 장교 계급장을 달아 달라고 떼쓰는 거랑 똑같지. 그 장교 밑에서 일할 사병이 어디 있어."

"맞아. 이건 찬탈치고 아주 교묘한 수법으로 합법을 가장한 찬탈이야."

"후계자 안수 과정에서부터 영적인 타당성이 결여되어 있는데 그 이후의 회관 역사가 영적인 역사가 될 수 있겠어? 그리고 경호 목자가 후계자로 서는 경우, 그가 정말 회개하고 회관을 바르게 이끌어 가려고 노력한다 하더라도 결국 시니어 그룹의 허수아비 노릇밖에 더 하겠어?"

"부활장 암송도 기피하고 그렇게 훈련 과정에서 결정적으로 미스를 범한 경호 목자를 지도자로 삼고 그 밑에서 일할 순 없어."

"경호 목자, 전에 소감 발표할 때 자기는 어릴 적에 용돈을 타 내려고 잿물까지 마시며 소란을 피웠다고 했잖아. 그 사람 자기 목적을 위해서는 수단 방법을 가리지 않을 사람이라구."

주니어들은 논의 끝에 경호 목자를 후계자로 받아들일 수 없다는 데 의견의 일치를 보았다. 그러나 그것은 한편으로 경호 목자를 후계자로 세우고자 하는 민식 목자에 대한 또 하나의 항명인 셈이었다.

"그리고 말이야, 문제는 외국에 있는 선교사들이야. 특히 막강한 세력을 이루고 있는 서독 선교사들이 문제야. 그들이 일년에 본부로 보내는 헌금만 해도 자그마치 6천만 원이 넘어. 그 헌금을 노리고 시니어들이 서독 선교사 그룹을 자기들 편으로 끌어들이려고 공작을 할 거란 말이야. 우리가 선수를 쳐야 돼."

"어떻게?"

"시니어들이 공개서한 같은 걸 보내기 전에 미리 시니어들의 비신앙적인 요소들을 폭로하는 거야."

"이미 보냈을지도 모르는데……."

"그러면 더 좋지. 공개서한의 내용들을 낱낱이 까부수는 거야."

주니어들은 선교사들에게 보낼 서신문을 작성하기 위해 공개서한을 다시금 분석 검토하기 시작했다.

"구제헌금 임의유용 부분에서 시니어들은 작년 초 봉천회관을 구입할 때 성탄절 구제헌금을 유용했다고 했는데 그건 유용이 아니라 어디까지나 차용이었다는 점을 강조해야 돼. 후에 선교 헌금으로 채워 넣기로 했으니까. 그리고 그 차용 결의를 할 때 분명히 시니어들도 그 회의에 참석하여 가(可) 표를 던졌다는 사실을 지적해야 돼."

"결산장부 비공개 부분도, 누구든지 장부를 보기 원한다면 보여 줄 수 있는 준비가 다 되어 있고 돈 관리에 있어서 전혀 하자가 없다고 강조해야 돼. 확신 있게 말이야. 그리고 목자님이 돈을 개인적으로 풍덩풍덩 쓴다고 했는데 그건 생활비에서 떼어 쓰는 것으로 근거 없는 낭설에 불과하고 어디까지나 양들을 위하여 돈을 썼다는 사실을 잘 설명해야 돼."

"인권유린 행위 부분은 말도 안 돼. 조금 부작용이 있었을진 모르지만 영적인 사관학교에서 그 정도의 훈련은 있어야지. 사관학교에서 훈련 못 받겠다면 자퇴해야지. 우리 모임의 자부심이 어디 있는데? 오합지졸 같은 교회에서 감히 시도해 볼 엄두도 못 내는 그 강도 높은 훈련에 있는 거 아냐? 나도 사실 개인적으로는 훈련이 부담스럽기도 하고 어떤 때는 훈련 없이 신앙생활 목자생활 할 수 없나 하고 헛생각을 하기도 하지만 이 훈련이 없다면 회관을 다니는 의미가 없잖아. 다 일반 교회로 흩어지지 뭐 하러 회관엘 와? 시니어들은 결국 매너리즘에 빠져 훈련 없는 안일한 신앙생활을 하려고 하는 구신자들과 똑같애. 이 점을 폭로해야 돼. 그리고 시니어들이 늘어놓은 인권유린 사례는 터무니없이 과장된 유언비어에 불과하며, 오히려 시니어들이 그보다 더 잔인한 비인격적인 훈련을 양들에게 시켜 온 사실을 주장해야 돼."

"여권절취 행위는 일종의 출국정지 명령 같은 거지. 사실 선교사 훈련 정도 받으려면 여권 같은 거 자기 스스로 본부에 반납해놓고 받아야 되는 거 아냐? 늘 여권을 만지작거리며 떠날 생각만 하니 훈련을 제대로 받을 수 있나?"

"세무서 등기소 뇌물 공여 부분은 지나친 결백주의야. 불의한 세상에서 살려면 빽빽한 기계에 윤활유를 치는 지혜를 활용할 때도 있어야지. 예수님도 이리 떼 같은 세상에서 뱀같이 지혜로 우라고 했잖아. 그리고 양도소득세 줄여 가지고 하나님 사업에 썼는데 그게 뭐가 나빠?"

"부부생활을 못 하게 했다구? 웃기는 친구들이군. 피해망상증 환자들이야."

"비성서적인 교육 방법? 이 사람들은 사람이 저절로 회개하게 되는 줄 아는 모양이지. 행동주의 심리학도 모르나? 마음이 변화돼야 행동이 변화되는 점도 있지만, 행동이 먼저 억지로라도 변화될 때 마음이 거기에 따라서 변화되는 점이 더 많다구. 이런 행동주의적인 방법이 정말 성서적인 방법이지. 이 친구들은 아직도 프로이트의 망상에서 깨어나지 못하고 있군. 가장 비성서적인 걸 성서적이라고 착각하고 있단 말이야. 그러니까 성서적인 방법이 강압적인 회개, 자아비판, 사상주입, 비인격적 훈련 등으로 보이지. 자기 눈깔이 비뚤어져 있는 건 모르고……."

사회사업과에서 사회심리학을 전공한 명준 목자가 심리학 용어까지 들먹거리며 시니어들의 논리를 깨뜨려 나갔다.

"독재자? 이 친구들은 미국식 민주주의에 대한 환상을 가지고 있군. 성경 어느 구석을 보나 그런 민주주의에 대한 언급은 없어. 하나님과 하나님의 종의 권위에 대한 절대복종뿐이지. 하나님의 종이 잘못할 땐 하나님이 치실 거고, 우선 우리는 하나님의 종을 믿고 복종해야지. 그런 영적 질서, 명령체제가 없이 어떻게 영적인 전투를 치러 낼 수 있다는 말이야? 물론 하나님의 종도 아랫사람을 존중해 줘야 되겠지. 그런데 우리 목자님만큼 아랫사람들에게 관심을 가지고 존중해 주는 분도 드물 거야. 언젠가는 어떤 형제가 옷을 더럽게 입고 다니니까 그 형제 팬티까지 벗겨서 손수 빨래를 해줬잖아. 그 이후로 그 형제가 얼마나 깨끗하고 단정해졌어? 한국 교회 지도자들 중에 교인의 더러운 팬티까지 빨아 줄 사람 몇 명이나 되겠어? 대개 교회에서 대접이나 받으려하고 목에 힘 넣고 다니며 왕이나 된 것처럼 으스대는 거 아냐? 나 교회생활 얼마 해봤기 때문에 교회 목사 꼬라지들 잘 안다구. 시니어들 중에는 교회생활을 해본 사람이 없어서 목자님이 교회 목사들보다 그런 점에 있어 훨씬 낫다는 사실을 잘 모르는 모양이지. 교회 목사가 왕 노릇 하고 다닌다면 목자님은 수위 노릇하고 있는 셈이야. 이런 목자님에게 독재자 운운하는 것은 말도 안돼. 지도자에게 그만한 권위나 명령권이 없어서 어떡할 거야? 죽도 밥도 안 되지. 특히 한국 백성들, 강력한 권위가 필요하다구. 목자님의 권위는 독재자의 권위가 아니라 깊은 겸손을 통해 얻은 영적 권위라는 사실을 선교사님들도 잘 알고 있지 않느냐고 간곡히 호소하는 거야. 그럼 선교사들도 시니어들이 사탄의 종이 되어 헛소리를 하고 있는 줄 똑똑히 알게 되겠지. 그리고 제일 강조해야 될 점은 바로 이거야. 뭐고 하니……."

승철 목자가 주의를 환기시키는 바람에 주니어들이 바투 다가 앉으며 일제히 그를 주목해 보았다. 승철 목자는 시니어들의 결정적인 허점을 발견해 내었다는 듯 이미 승리감에 젖어 안 그래도 반짝이는 눈을 자꾸만 깜박거렸다.

"시니어들이 언론기관이나 사직당국에 고발하겠다는 내용이 그것이야. 정말 신앙적인 운동을 벌이는 사람들이고 신앙적인 승리를 확신하고 있는 사람들이라면 이렇게 협박을 할 수 없지 않느냐 하는 점이지. 아니, 그들의 기세로 봐서 협박 정도로 제시한 것이 아니야. 능히 실제로 그렇게 할 사람들이지. 이건 세상 권력을 이용해서 신앙적인 모임을 해체시켜 버려도 좋다는 지극히 파괴적인 발상이야. 안 되면 자폭함으로써 너 죽고 나 죽자 하는 식이지. 여기서 우리는 이들이 뭔가 두려워하고 있다는 걸 알 수 있고, 그 두려움은 빛 가운데서 행하지 않고 있다는 뚜렷한 증거가 되는 셈이지. 큰소리는 치지만 사실은 사탄이 심어 주는 깊은 두려움에 시달리고 있는 거야. 무엇보다 교회의 문제를 세상 법정에 호소해서 해결하려고 하지 말라는 고린도전서 6장 1절에서 11절까지의 말씀에 위배되는 것이지. 세상 법정에 호소해서 형제를 이기겠다고 발버둥을 치느니 차라리 져 주는 것이 낫다고 바울이 말하고 있지 않은가 말이야. 장차 세상을 심판할 교회가 자체 내 문제 하나 판단해서 해결하지 못하고 세상 법정 앞에서 재판을 받다니. 이전에는 불교에서 이런 일이 많았는데 요즈음은 기독교 내에서도 부쩍 많이 생기고 있단 말이야. 그런 망령

된 방법으로 문제를 해결하려고 하는 시니어들, 썩어도 보통 썩은 게 아니지. 이 한 가지만 가지고도 시니어들의 사탄적인 공작을 넉넉히 폭로할 수 있는 거 아냐?"

주니어들은 과연 주니어 대표다운 통찰이라고 속으로 감탄하며 승철 목자를 다시 한 번 눈여겨보았다. 주니어들은 거의 똑같은 구조와 내용의 편지를, 개인적으로 쓴 것처럼 하여 선교사들에게 보내는 서신문을 작성해 나갔다.

봉천회관 위층에서는 평상시와 다름없이 일대일 성경공부와 기타 모임이 이루어지고 있었다. 간혹 찬송 소리와 기도 소리가 들려왔다. 양들은 자기들을 놓고 목자들이 무슨 흥정을 하고 있는지 잘 알지 못했다. 그저 막연히 구름결이 감도는 정도의 분위기만 느끼며 푸른 풀밭에서 뒹굴며 노래하고 있을 뿐이었다. 성민은 위층에서 요즈음 새로 만난 한 형제에게 성경을 가르치느라고 진땀을 빼고 있었다. 그 형제는 버트런드 러셀 신봉자로서 《왜 나는 그리스도인이 아닌가》라는 저서에 감동을 받고 무신론자로서의 확신을 가지게 되었는데, 성경의 모순을 파헤치기 위해 성경을 배워 본다는 식이었다. 성민은 그 형제에게 《왜 나는 그리스도인인가》라는 할레스비의 기독교 고전을 추천해 주었다.

"아무튼 그 책도 읽어 보죠. 성민 목자님, 이상하지 않아요? 이런 관점에서 이야기해도 그럴듯하고, 저런 관점에서 이야기해도 그럴듯하고, 그래서 사람들이 불가지론에 매력을 느끼는 거

같아요. 하지만, 불가지론은 아무래도 비겁한 관점이라는 생각이 들거든요. 그래서 난 무신론의 입장에 철저히 서 보겠다 이거죠. 그러니 날 유신론자로 만들겠다는 생각은 마시고 그냥 성경만 가르쳐 주세요. 객관적으로……."

"객관적으로? 주관으로 가득 차 있는 성경을 어떻게 객관적으로 가르칠 수 있을까?"

"주관의 객관화, 그런 거 가능하잖아요?"

"가능하겠지. 하지만 주관이 객관을 삼켜 버릴 걸. 빠르게 아니면 서서히……."

중국 당(唐)나라에 평양공주(平陽公主)라는 아리따운 처녀가 있었다. 그녀는 온갖 규율에 속박당하는 왕궁생활이 그렇게 지겨울 수가 없었다. 그래서 종종 평민복으로 갈아입고 평민인 양 가장을 하여 하녀와 함께 왕궁을 빠져나와 민가를 돌아다녔다. 들판에서 꽃들을 꺾기도 하고 골짜기 시내에서 목욕을 하기도 하였다. 하루는 제법 깊은 산속의 어느 폭포수 밑에서 알몸으로 목욕을 하고 있었다. 그런데 산에 나무를 하러 왔던 어느 총각 나무꾼이 그 광경을 훔쳐보고 그녀의 아름다움에 매혹되어 버렸다. 그 나무꾼은 나무새가 가득 얹힌 지게도 팽개치고 그녀의 뒤를 몰래 밟아 따라갔다. 그런데 왕궁으로 들어가는 게 아닌가. 그는 그녀의 자태로 보아 공주임에 틀림없다고 단정했다.

　그는 날마다 산속 그 폭포 근처의 나무숲에 숨어 공주를 기다렸다. 공주는 매일 오지는 않았지만 사흘에 한 번 정도는 와서 그 백옥같은 알몸을 나타내 보였다. 나무꾼은 공주의 몸을 멀리서 바라보는 것만으로도 정신을 잃을 지경이 되었다. 그는 신분상 공주 앞에 선뜻 나서지 못하고 그녀의 영상만을 눈과 마음에 간직한 채 집으로 돌아와 사흘낮 사흘밤을 그 영상 속에 묻혀 지냈다. 밤마다 꿈속에서 공주의 알몸을 애무하고 껴안고 하다가 몽정을 하기가 일쑤였다. 나중에는 공주의 자태를 떠올리기만 하여도 몽정의 상태가 되는 이상한 병에 걸렸다. 점점 쇠약해진 그는 어느 날 그 폭포 근처 나무숲에서 쓰러진 후 영영 깨어나지 못했다. 동네 사람들도 그의 시체를 한동안 찾아내지 못했다. 그의 몸은 낙엽과 함께 폭폭 썩어 들어갔다. 공주는 폭포 근처에서 퀴퀴한 냄새가 계속 나기 때문에 그 장소에 가는 것을 중단했다. 그리고 아버지인 황제에게 바깥 나들이가 탄로 나는 바람에 왕궁 구석에 거의 구금당하다시피 갇혀 있었다.

숲에서 썩던 나무꾼의 뱃속에서 구더기들이 한 무더기 쏟아져 나온 후 시커먼 뱀 한 마리가 기어나왔다. 그 뱀은 눈을 번뜩거리며 방향을 가늠하더니 왕궁 쪽을 향하여 쏜살같이 미끄러져 갔다. 왕궁의 담벼락을 슬그머니 타고 넘어간 뱀은 정원 장미 넝쿨 속에서 이리저리 머리를 돌려 살펴보고는 공주의 방이 있는 곳으로 다가갔다. 대청마루 밑으로 해서 섬돌까지 갔다가 아름드리 기둥을 타고 올라 마루를 지난 후, 두 갈래로 갈라진 긴 혀를 나불거려 공주의 방문 창호지에다 구멍을 뚫고는 방 안을 들여다보았다.

초저녁인데도 알몸이 된 공주는 눈물과 시름에 젖은 얼굴로 침상에 누워 잠들어 있었다. 뱀의 눈에도 눈물이 괴어들었다. 뱀은 자기가 흘리는 눈물 위를 기어가 공주의 침상에 올라 몸을 기다랗게 눕혔다. 공주의 몸 냄새가 풍겨 오고 그녀의 슬픔이 아련히 전해져 왔다. 뱀은 공주를 껴안을 두 팔이 없음을 안타까워하듯 몸을 비비틀며 그녀의 향내 나는 가슴을 비스듬히 휘감았다. 그리고 긴 혀로 공주의 젖꼭지를 핥았다. 공주는 신음 소리 같은 걸 내며 몸을 뒤틀었다. 뱀은 너무도 황홀한 듯 그 머리를 공주의 두 젖가슴 사이에 묻었다. 영원히 떨어질 것 같지 않은 자세였다.

다음 날 새벽에야 공주는 깊은 황홀경에서 깨어나 자신의 가슴을 휘감고 있는 뱀을 보았다. 그런데 이상하게도 공주는 비명을 지르거나 방을 뛰쳐나가지 않았다. 새벽의 푸른 어스름 속에서 본 뱀의 두 눈에는 말할 수 없는 사랑이 가득 담겨 있었기 때문이었다. 공주는 그날로부터 얼굴에서 시름이 걷혔다. 공주복의 젖가슴께가 더욱 부풀어올랐고 날이 갈수록 몸매가 늘씬해졌다. 황제와 황후는 공주의 변신을 흐뭇해하며 이제 시집을 보내도 되겠다고 생각했다.

드디어 혼사 이야기가 오고 가고 하다가 한 재상의 아들과 약혼을 하기에 이르렀다. 공주의 얼굴에는 다시 시름이 깃들었다.

자기 가슴을 은밀하게 휘감고 있는 뱀을 떼어 내보내고 싶지가 않았다. 뱀도 영원히 공주를 떠나가지 않을 것이 확실했다. 하지만 공주는 1년 후 혼인식 날이 다가와 첫날밤을 보내게 될 때 자신의 가슴이 드러나게 될 것을 생각하면 아찔하기 그지없었다. 이 문제를 어떻게 해결해야 하나. 아버지 어머니나 다른 사람들에게 뱀이 자기를 휘감고 있는 사실을 말한다면 틀림없이 뱀은 모가지가 잘리고 몸이 동강나서 죽고 말 것이었다. 그 사실을 숨기고 있어도 1년 후 결혼 첫날밤에 뱀은 똑같은 운명을 맞이할 것이 아닌가. 뱀과 함께 어디 가서 죽어 버릴까. 그러기에는 자신의 청춘이 너무 아까웠다. 자기도 살고 뱀도 살리는 길이 없을까.

공주는 결국 뱀을 향한 자신의 사랑과 자기를 향한 뱀의 사랑을 멸함으로써 살 길을 찾으려 했는데 사랑이라는 아집을 멸하기 위해서는 불도(佛道)를 수행하는 도리밖에 없었다. 공주는 결혼을 위한 마음 준비로 불공을 드리고 오겠다면서 중국의 유명한 사찰들을 돌아다녔다. 소림사 근방 낙양의 용문석굴에서 수만 개나 되는 크고 작은 돌부처들을 일일이 참배하기도 하고 여러 노승의 설법을 듣기도 하였지만 별 효험이 없었다. 그러다가 소관 조계산에 있는 보림사에 들러 육조 혜능조사의 설법을 듣던 중 무애무증(無愛無憎), 즉 원래 사랑도 없고 미움도 없다는 진제(眞諦)를 깨닫고 비로소 애(愛)의 사슬에서 벗어날 수 있었다.

그러나 뱀은 그 또아리를 풀지 않았다. 하지만 이제는 뱀이 혀

갈래로 공주의 젖꼭지를 핥아도, 심지어 혀를 늘어뜨릴 대로 늘어뜨려 공주의 그 은밀한 부분까지 핥아도 그녀는 신음 소리 한 번 흘리지 않고 몸 한 번 꿈쩍거리지 않았다. 뱀은 절망의 몸부림을 치듯 꿈틀거리다가 공주의 젖꼭지를 물어뜯기도 하였지만 그녀는 일체 아무런 반응이 없었다. 뱀의 눈빛은 점점 증오로 이글거리기 시작했고 공주의 가슴을 휘감은 또아리를 더욱 죄어 갔다. 혜능조사의 도력(道力)으로도 뱀을 풀 길이 없었다. 혜능조사는 공주에게, 오직 공주 자신의 수행 정진만으로 뱀의 또아리를 풀 수 있다고 하면서 점점 동방으로 해 뜨는 데까지 나아가 보라고 지시하였다.

공주는 불심을 더욱 깊이 있게 다지며 발해를 지나 압록강을 건너 신라라고 하는 나라로 들어왔다. 드디어 수약주, 지금의 강원도 춘성군 청평리에 이르렀다. 거기 불교 전래 때부터 세워졌다는 허름한 절이 하나 있었다. 그 절을 끼고 계곡을 따라 흘러 내려가는 물은 중국 어느 계곡의 물보다도 맑았다. 하도 맑아서 푸른 기운이 감돌았다. 그야말로 청평(淸平)을 맛볼 수 있었다. 절 뒷산은 땅의 끝에 솟아 있는 산처럼 여겨져 그 너머에는 곧바로 저승이 이어져 있는 것만 같았다.

공주는 절 암자에서 목련빛의 법의(法衣)를 정성껏 만들어 가사불사 공덕을 쌓았다. 그러는 동안 가슴의 뱀은 점점 야위어 마른 칡넝쿨처럼 되어 갔다. 공주가 백팔 벌째 가사를 만들고 절 정문 앞으로 바람을 쐬러 갔을 때, 갑자기 뇌성벽력이 치며 소나기가 쏟아졌다. 보살복의 윗동아리가 찢어지면서 뱀이 진흙탕으로 툭 떨어졌다. 그리고 그 뱀은 삽시간에 불어난 물에 휩쓸려 계곡을 따라 곤두박질하며 죽은 듯이 떠내려갔다. 공주는 그 뱀이 애증의 사슬에서 벗어나 청평의 세계로 들어간 것을 알았다. 그것은 놀라운 회전(廻轉)이었다. 공주는 중국으로 돌아가 혼례식을 치른 후 큼직한 금덩어리 세 개를 가지고 청평리로 다시 왔다. 그 허름한 절터에 대법전(大法殿)을 건립하고 법우중신비(法宇重新碑)를 세웠다. 그리고 절 정문을 중건하여 회전문이라고 불렀다.

"상사뱀이 회전문에서 떨어졌다는 이야기, 인상적이죠?"

주희가 늦게야 청평사 입장권 뒷면의 회전문 내력을 읽었는지 불쑥 말을 던졌다. 성민은 아까 청평사 매표구를 지나올 때부터 평양공주의 전설에 마음이 빼앗겨 상상의 나래를 펴고 당나라로 신라로 날아다니고 있었던 것이었다.

"상사뱀은 정말 끈질긴 모양이지?"

"그러게 말이에요. 생각만 해도 끔찍해요."

"근데 상사뱀에는 암컷이 없고 수컷만 있다는 사실 알아?"

"여자에게로 향하는 남자의 사랑이 더 집요하다는 말이죠? 하지만 난 예외일 거예요. 최초의 암컷 상사뱀? 하하하."

주희가 하얀 이를 드러내며 웃었다. 그동안 남녀의 사랑을 육체적인 것으로만 여기고 경멸하다시피 해왔던 주희에게 뭔가 새로운 변화가 일어나고 있는 것 같았다. 성민은 오히려 얼핏 뱀꼬리를 본 듯 섬뜩함을 느꼈다.

"아무튼 청평사는 상사뱀이 몸에 감긴 사람들이 와서 뱀의 또아리로부터 해방을 얻는 곳인 모양이지?"

"상사뱀이 몸에 감긴 상태라는 건, 어떤 애정 문제에만 국한된 그런 것이 아니라 일반적으로 무언가에 꽁꽁 묶여 있는 인간의 실존을 상징하는 게 아닐까요? 불교로 따지면 집(集)의 상태죠."

주희는 그동안 여행을 다니면서 많은 절을 순례했다는데 요즈음은 불교에 관한 서적들을 탐독하며 그 세계에 빠져들고 있었다. 대학도 미술대 대신 인도철학과 같은 데로 갈지도 모른다고 하였다. 이번에도 성민으로서는 망설여지는 일이었는데도 주희가 일방적으로 소풍지를 청평사로 정하고 하루 코스이긴 하지만 꽤 먼 거리의 여행을 감행한 것이었다.

산길은 점점 호젓하게 이어졌다. 근처 길가에는 이끼가 낀 부도(浮屠)들이 띄엄띄엄 흩어져 있었다. 석등 하나는 버려진 듯 기울어진 채 저쪽 구석진 곳에 외따로 세워져 있었는데, 그 컴컴하게 풍화된 모습은 돌부처가 소신(燒身)된 잔해처럼 보였다. 그래서 그런지 그 석등에다 대고 예불을 올리는 몇몇 아주머니들도 있었다. 부도, 석등들이 눈에 띄는 걸 보니 청평사 경내가 멀지 않은 모양이었다. 물소리가 계속 들리는 중에 산새들의 울음이 물소리의 변주인 양 간헐적으로 들렸다. 산은 그야말로 자연의 세계가 아니라 정신의 세계였다. 산을 압도하고 있는 그 정신이 산보다 먼저 존재했고 그다음에 그 정신이 산으로 형상화된 듯싶었다. 그리고 그 정신이 흘러와 괴는 곳에는 항상 절이 있었다.

정면 3칸, 측면 1칸으로 되어 있는 회전문은 보물 제164호로 지정받을 만큼 균형 잡힌 매무새에 헌다하고 구성진 멋이 곁들어져 있었다. 평양공주의 몸을 두른 상사뱀의 또아리가 풀어지도록 한 뇌성벽력과 소나기는 없었지만, 회전문을 지나는 주희와 성민은 뭔가 그윽한 표정을 지었다. 특히 회관 내의 암투로 뒤숭숭한 나날을 보내던 성민은 그 어수선함들이 아득히 멀리 느껴지면서, 뜨거웠다가 차가웠다가 하는 회관의 분위기와는 사뭇 다른 고즈넉한 세계로 들어서는 기분이었다. 그 세계는 모든 마음의 또아리가 풀린 세계였다.

회전문을 막 지나 바라다본 풍경도 모든 것이 풀어져 해체된 모습이었다.

"폐허예요. 청평사 폐허."

주희도 청평사의 헌걸스러운 풍채를 기대했는데 의외라는 듯 거의 외치다시피 음성을 높였다. 그것은 실망한 어조가 아니라 감격이 깃든 탄성에 가까운 어조였다.

"그러니까 청평사가 아니라 청평사 사적지에 온 셈이군요."

주희가 위쪽의 아담한 암자 같은 극락전과 한두 채밖에 안 보이는 저쪽 건너의 가본당과 소승방을 둘러보며 사적지로 다가갔다. 발을 디디면 금방이라도 무너질 것만 같은 흐트러진 돌층계를 조심스럽게 올라가 웅장한 대법전이 자리잡고 있었을 폐허 위에 섰다.

"어떻게 이렇게 초석들만이 가지런히 놓여 있죠?"

대략 다섯 개씩 석 줄로 나란히 깔려 있는 굵직굵직한 주초들을 쪼그리고 앉아 어루만져 보며 주희가 성민을 올려다보았다. 성민도 주초가 이렇게 확연하게 남아 있는 건물의 폐허 위에 서 보기는 처음이었기 때문에 야릇한 기분에 젖어들었다. 마침 다른 사람의 그림자라고는 얼씬도 하지 않는 그곳의 분위기가 음산하기까지 했다.

"왜 이렇게 폐허만 남게 되었을까요? 그냥 오래되어서 삭아 버린 건 아닐 테고, 화재?"

그러면서 주희는 거무스름한 초석에서 화재의 흔적을 발견해 내기라도 할 기세로 유심히 살펴보았다. 성민은 땅 끝에 처진 병풍 같은 주위 산들을 둘러보며 이 으슥한 골짜기에서 은밀하게 치솟아 올랐을 거대한 불기둥을 상상해 보았다. 아, 그 불기둥은 이승의 전란과 고뇌를 알리기 위해 산 너머 저승을 향하여 피워 올린 봉홧불이 아니었겠는가. 그 불길 속에 타고 있었을 불상과 그 그윽한 미소를 떠올리며 스스로 감동 같은 것을 받았다. 그때 거기서 예불을 드리며 가부좌로 참선을 하고 있었던 한 노승도 그 자세 그대로 함께 불타지 않았을까. 불상과 노승과 절 전체가 부처에게 소신공양을 드린 그 폐허의 흔적은 이제 장엄해 보이기까지 했다.

"선생님, 전에 한번은 강화도 전등사에 놀러가 본 적이 있거든요. 나, 그렇게 낡아빠지고 지저분한 절은 처음 보았어요. 유명하다고 해서 가 본 건데, 그 절이 그렇게 삭아져 내린 것으로 유명하다는 걸 그때 비로소 알게 되었죠. 그 절을 볼 당시에는 이런 델 왜 왔나 하고 실망도 했지만요, 두고두고 그 퇴락하고 먼지 쌓인 전등사의 법당, 누각들이 향수 같은 걸 자아내게 하면서 내 영혼의 깊은 밀실처럼 여겨지는 거예요. 그때 이후로 겉으로 웅장하고 화려한 절들보다 퇴색하며 무너져 가는 절들이 더 좋아지는 거예요. 이제 난 완전히 무너진 절을 본 셈이에요. 아마 전등사보다도 더 강렬한 인상으로 내 의식에 남게 될 거예요."

극락전 쪽으로 올라가며 주희가 자꾸만 폐허를 뒤돌아보았다.

"이제는 저 폐허의 모습이 바로 주희 영혼의 밑바닥처럼 여겨지겠군."

성민은 주희의 마음을 헤아리며 말을 받아 보았다.

"선생님, 아무래도 불교가 기독교보다 차원이 높다고 생각되지 않으세요? 솔직하게 말해 보세요."

주희의 공격이 또 시작되나 보다 하고 은근히 앞뒤를 재어 보며 성민은 조심스럽게 입을 열었다.

"그렇지, 차원이 높지. 그런데 차원이 너무 높아 결국 허룩하게 되어 버린단 말이야."

"허룩이라니요?"

"뭔가 잡힐 듯하면서도 잡히는 게 없는 상태 말이야."

"난 불교의 바로 그 점이 마음에 들어요. 기독교는 뭐가 그리 잡히는 게 많은지 이거다 저거다 하는 식으로 단정을 잘 내리잖아요? 자기가 내린 단정과 다른 주장들은 철저하게 배격하고 말이에요. 한마디로 말하면 속이 너무 좁은 거죠. 그래서 교리 싸움, 교파 싸움, 교단 분열들이 계속되고 있는 게 아니에요? 노자도 이것이 도(道)라고 할 때 이미 도가 아니라고 했고, 반야심경에서도 시고공중(是故空中)이라 하여 모든 것을 공(空)의 입장에서 보라고 했죠. 그러니까 아무리 좋은 주의(主義)이고 뛰어난 교리라 하더라도 일단 거기에 집착하면 그때부터 남과의 날카로운 대립이 시작되고 파괴적인 결과를 가져오게 되죠."

주희는 성민이가 간혹 들려준 회관의 사정을 염두에 두고 말하고 있는 것 같기도 했다.

"하긴 그런 면이 많이 있지. 가령, 지금 장로교에서 예수님 그 다음으로 떠받드는 캘빈 있잖아. 그 사람도 단어 하나 때문에 세르베투스라는 젊은 의사를 화형시켜 버렸거든. 세르베투스는 라틴역 성서의 개정판을 발행할 정도로 성경을 사랑하고 존경했던 사람이었지. 이렇게 하나님에 대한 신앙은 뜨거웠지만 그 당시 캘빈이 강조하던 삼위일체 교리에는 반대했지. 그래서 예수를 표현할 때, '영원하신 하나님의 아들'이라고 했어. 그런데 캘빈은 이 표현이 예수의 신성과 영원성을 부인하는 표현이라고 분노하면서 '영원하신 하나님의 영원하신 아들'이라고 하든지 '하나님의 영원하신 아들'이라고 하든지 하라고 했지. 결국 '영원하신'이라는 형용사의 위치를 좀 바꾸라는 거였어. 하지만 세르베투스도 나름대로 확실한 이론적 근거를 가지고 자기 표현을 고집했거든. 마침내 화형선고를 받고는 울부짖으며 기절까지 하지만 그러면서도 그 형용사의 위치를 바꾸지 않겠다고 버티었지. 화형장으로 끌려가면서도 그는 캘빈의 권고를 받아들이지 않았어. 지금도 늦지 않으니 말만 들으면 살려주겠다고 해도 내내 자신의 소신을 꺾지 않은 거지. 젖은 화목더미 위에서 상사뱀처럼 자기 몸에 친친 동여매어진 자신의 저서들과 함께 세르베투스가 불에 타 들어갈 때 캘빈이 보낸 파렐이라는 사람이 외쳤지. 하나님의 영원하신 아들에게 기도하라! 그러자 잘 타들어 가지 않는 불길과 연기에 싸인 세르베투스는 몹시도 괴로워하며 마지막 기도를 드렸지. 예수님, 영원하신 하나님의 아들이여, 나에게 자비를 베푸소서! 세르베투스도 지독하지만 그 당시 제네바 최고 권력자로서 끝내 세르베투스를 화형시켜 버린 캘빈이 더 지독하다고 할 수 있지. 성경에서도 예수를 그냥 '하나님의 아들'이라고만 표현하는 경우가 많은데 '영원하신'이라는 형용사를 아들 앞에 반드시 붙이도록 강요했단 말이야. 물론 세르베투스의 반삼위일체론을 의식하고 그랬겠지만 성경 이상의 표현을 강조한 것은 지나친 월권 행위임에 틀림없지. 사실 삼위라는 말이나 삼위일체라는 말도 성경에는 전혀 나타나 있지 않은 말이지. 이런 글자 한자, 토씨 하나 차이로 사형시키고 사형당하고 한 것이 기독교 교리 싸움의 역사였다고도 할 수 있지. 그런데 재미있는 것은 세르베투스 화형 350주년 기념일에 그가 화형당한 제네바 샹펠 언덕 위에 캘빈의 후손들이 '참회비'를 세운 거야. 캘빈이 살던 시대의 과오를 비난하는 동시에 양심의 자유가 문자적인 교리보다 더 귀중하다는 사실을 상기하면서 이 참회의 비를 세운다는 내용이었지. 하지만 그 비문에도 캘빈의 과오를 인정하고 비난한다고는 하지 않고, 캘빈 시대의 과오라고 표현하여 은근히 그 시대에다 책임을 전가시키고 있지. 결국 애매모호한 '참회비'가 된 셈이야. 아무튼 이렇게 자기 주장에 철저했던 캘빈을 따르는 장로교인들이니 얼마나 독선적이겠어? 그러니까 또 쪼개어지고 쪼개어져 한국에만 해도 장로교파가 몇 수십 개가 되는지 알 수 없는 형편이지. 쪼개어져도 보통으로 쪼개어지는 게 아니라 잘못 구워진 도자기 그릇 박살나듯이 산산조각으로 흩어지는 거지."

극락전의 처마 밑 공포(栱包)는, 주두·교두·소로·첨차·봉두 같은 나무쪽매들이 사개가 딱 들어맞는 가운데 전체적인 통일을 멋드러지게 이루고 있었다.

"교리 교파 싸움이라는 것도 국사에서 배운 당쟁이랑 별다를 바 없네요. 가령 현종 때 왕대비의 복제(服制) 문제 하나로 남인과 서인이 갈라져 피비린내 나는 쟁투를 벌였잖아요. 죽은 효종을 위해 그 계모가 되는 자의왕대비가 3년 복제를 지켜야 하느냐 1년 복제를 지켜야 하느냐 하는 걸로 서로 물어뜯고 싸운 거죠. 그리고 남인은 자기들끼리 또 청남 탁남으로 분열되고 서인은 노론 소론으로 나뉘어 서로 온건파니 강경파니 하며 피투성이가 되었죠. 지금 생각하면 정말 웃기는 문제로 피흘리며 싸운 거죠. 그러니까 지금 우리나라에서, 그리고 세계에서 벌어지고 있는 싸움들도 오랜 세월이 지난 후에 되돌아보면 조선 시대의 그 복제 싸움이나 캘빈과 세르베투스 싸움같이 어리석기 짝이 없는 넌센스로 보일 것이 틀림없어요. 별 중요하지도 않은 단어 하나 잘못 사용했다고 무시무시한 죄목으로 기약 없는 감옥생활을 하고 있는 자들이 이 세계 도처에 얼마나 많이 있겠어요?"

주희가 제법 시대문제로까지 적용시키려 하고 있었다.

"차라리 복제문제니, 단어문제니 하는 그런 차원에만 머물러 싸운다면 그래도 낫지. 그 작은 것에서 출발한 싸움이 엉뚱한 요인들과 뒤엉켜 걷잡을 수 없는 지경으로까지 번져 간단 말이야."

"우리나라는 지금 북인과 남인으로 나누어진데다 남인은 또 동론과 서론으로 갈라져 있는 셈이네요. 북인도 자기들끼리 쪼개어져 있겠지만 말이에요."

"우리 이야기가 어떻게 해서 여기까지 흘러왔지?"

성민은 정말 의아해서 주희를 바라보았다. 주희의 머리카락 한 줌이 이마로 드리워져 매끈한 이맛전을 둘로 갈라 놓고 있었다. 갈라진 이마 밑에는 초롱초롱한 눈이 하나씩 붙어 있었다. 그 눈이 기억을 더듬는 듯 잠시 아련해지더니 다시 초점이 잡혔다.

"참, 불교와 기독교의 차이를 이야기하다 이렇게 되었죠. 불교의 입장에서 보면 기독교는 아직도 집(集)의 상태에 머물러 있다 이거예요. 그래서 모든 어리석은 대립과 반목 분열들이 이 집(集)에서 연유한다는 이야기를 한 셈이죠."

성민은 적어도 회관 내에서의 대립과 반목은 주희의 말을 그대로 적용해서 해석해도 될 것 같은 생각이 들었다. 하지만 그냥 주희의 말을 묵과할 수만은 없었다.

"기독교의 입장에서 보면, 불교는 선악과를 따먹고 스스로 하나님과 같은 부처가 되겠다고 하는 교만의 상태에 있는 것이지."

"불교는 선악과를 따먹는 종교가 아니에요. 성경의 표현대로 이야기하면 선악과를 따먹기 이전의 상태, 그러니까 선도 모르고 악도 모르는 상태, 다시 말하면 선도 아니고 악도 아닌 상태, 선과 악이 분리되지 않고 통합되어 있는 상태로 나아가고자 하는 게 불교의 목표예요. 그러니까 오히려 선악과를 뱉어 내는 종교죠."

"그럼 선의 완성을 목표로 하지 않는단 말인가?"

"그건 선악과를 따먹은 상태에서 악과 치열하게 싸워 도덕적인 완성을 이루겠다는 기독교의 입장이죠. 불교의 목표는 도덕적인 완성이 아니라 도덕이니 선과 악이니 하는 모든 상대성으로부터 이탈하는 거죠. 이렇게 상대성을 떠난 상태가 해탈이잖아요?"

"상태라는 말을 많이 쓰는데, 기독교는 어떤 추상적인 상태에 도달하는 것이 아니라 한 구체적인 인격자를 만나는 것이지."

"아무튼, 전 변덕스러운 인격을 가진 신보다는 이 절 이름처럼 청평의 상태, 그런 절대 적멸의 추상적인 상태가 더 좋고 마음에 끌려요."

극락전 주위로는 그야말로 적멸의 분위기가 감돌고 있었다. 성민은 시편 저자가, 내 극락의 하나님이여라고 외쳤을 때의 그 '극락'과 사뭇 다른 의미의 극락이 자그마한 법당을 감싸고 있는 것을 느꼈다. 종교, 종교라는 것, 다시(re) 결합한다(ligio)는 것, 여호와와 결합하면 유대교가 되고 예수와 결합하면 기독교가 되고 알라와 결합하면 회교가 되고 브라아마나와 결합하면 힌두교가 되고 부처와 결합하면 불교가 되는 것. 이렇게 결합을 속성으로 하는 종교가 자체 내에서 분열되어 싸우는 것보다 더 큰 모순이 어디 있을까.

평양공주의 치맛자락 같고 관음보살의 옷자락 같은 하얀 구름결이 청평사 뒷산 오봉(伍峰) 마루를 쓰다듬으며 은은히 지나갔다.

서독 선교사들은 대부분이 해외개발공사를 통하여 인력 수출된 미혼 간호원들이었다. 그들은 독일에서 언어의 장벽과 인종적인 차별 등으로 고생을 하며 병원에서 독일 할머니들의 똥을 치워 주는 등 온갖 허드렛일을 다 하면서 돈을 벌었다. 그렇게 번 돈 중에서 최소한의 생활비를 제외한 나머지는 거의 다 선교헌금으로 바쳐졌다. 딸이 송금해 줄 날을 손꼽아 기다리던 한국의 부모들은 실망이 이만저만이 아니었다. 그러다가 차츰 송금 기다리는 것도 포기하고 딸도 포기했다.

선교사들은 낮에 근무하면 밤 시간을 이용하여, 밤에 근무하면 낮 시간을 이용하여 선교활동을 하느라 잠잘 시간도 제대로 갖지 못할 지경이었다. 특히 서베를린에 사는 선교사들은 서독 본토로 한번 나오려면 비행기를 타고 동독을 건너뛰어야 하는 등 번거로움이 많았다.

　그렇게 청춘과 물질을 다 바치다시피 하며 이국 땅에서 선교 활동을 하고 있던 선교사들에게 본국 회관의 소식은 그야말로 큰 충격으로 다가오지 않을 수 없었다. 마치 복사를 한 것 같은 주니어들의 일률적인 서신을 받은 선교사들은 사건의 진상을 문의하는 룬드브리프(Rundbrief : 회람서신)를 본국의 스탭 목자들에게 보냈다.

　시니어들은 서독 선교사들의 회람서신을 통하여 주니어들이 먼저 선수를 친 사실을 알았다. 그리고 무엇보다 주니어들이 시니어들을 사탄으로 규정하고 있는 사실을 중시했다.

　"이건 틀림없이 민식 목자의 지시에 의한 것이라구. 겉으로는 협상으로 나오면서 뒤로는 우리를 매장시켜 버리려 하는 거지. 결국 이건 우리더러 자멸하든지 아니면 항복하고 들어오라고 하는 공작이 아니고 뭐야?"

　"우리를 사탄으로 규정하는 이런 상황에서 스탭미팅에 복귀할 수는 없지. 후계자 세우고 물러나겠다고 한 민식 목자 말도 믿을 수 없어. 주니어들이 용납하지 않는다는 걸 핑계 삼아 계속 버티면서 오히려 우리에게 회개하고 복종하라는 식으로 나올지도 몰라."

　이렇게 스탭미팅에 복귀할 수 없다는 공동대표들의 입장이 있는 반면에, 비상대기조에 속했던 시니어들은 거의가 일단 민식 목자의 말을 믿어 보고 월말 스탭미팅에 참석하여 후계자문제와 민식 목자의 거취문제를 서약서대로 처리할 것을 요구하자고 제안하였다.

"스탭미팅에 참석하면 틀림없이 민식 목자는 주니어들 세력을 힘입어서 분위기를 이상한 방향으로 이끌고 갈 거야."

"민식 목자가 일단 서약서대로 후계자를 세우게 되면 주니어들도 어쩔 수 없이 따라올 거 아냐? 주니어들은 민식 목자가 시키는 대로 하는 주구(走狗)들이니까."

"글쎄, 민식 목자가 서약서대로 약속을 지킬지가 의문이라니까. 그리고 물러나겠다는 약속은 서약서로 받아 냈지만 언제 물러나겠다고 하는 것은 구두로만 언질을 받았을 뿐이야. 서약서에서는 언제 물러난다는 내용은 없다고 잡아떼면서 사실상 서약서를 무효화시켜 버리면 문제가 복잡해진단 말이야."

"서약서를 받을 때 그것까지 명기하도록 하지 않고."

"자기 입으로 다음 월말 스탭미팅에서 후계자를 세우고 물러나겠다고 하면서 서약서를 건네 주는데, 그것까지 서약서에 쓰시오, 하고 차마 말할 수는 없었지."

"이렇게 일찌감치 해외 선교사들까지 들쑤셔 놓을지 누가 알았어?"

"그럼 이렇게 대강 정리를 해보지. 우선 스탭미팅에 복귀하는 것을 원칙으로 하고 복귀하기 전에 먼저 공개사과문을 받아 내는 거야. 우리가 하는 일이 사탄의 역사가 아니고 개혁이라는 점을 인정하고 우리를 사탄이라고 규정한 점을 사과하라는 거지. 그런 다음, 스탭미팅을 주도하여 정관 개정을 함으로써 조직적으로 민식 목자를 제거하는 거야. 또한 서독 선교사들에게는 공개서한 대신 새로 개혁 취지를 담은 편지를 써서 주니어들의 독선적이고 감정적인 편지 내용을 다시 까뒤집어 놓는 거야. 그러기 위해서는 공개서한 때와는 달리 차분하고 논리적인 편지를 써야 돼. 서독 선교사들, 유럽의 합리적인 사고에 영향을 받고 있는 사람들이니까 결코 감정적인 어조로 설득시키려 해서는 안 돼. 아마 서독 선교사들, 회관의 문제점들을 해외에서 객관적으로 보고 누구보다 더 잘 알고 있을 테니 우리에게 동조하게 될 거야."

기태 목자가 시니어들의 논란을 결론적으로 정리해 나갔다.

공동대표들은 공개사과문을 받아 내기 위해 민식 목자를 만나러 다니고 비상대기조는 이번에는 병주 목자를 중심으로 서독 선교사들에게 보낼 편지를 준비하였다.

비상대기조는 주로 공개서한을 기초로 하되 그 내용을 압축하고 추상화시켜 철학적이고 신학적인 면에서의 방향을 제시하는 논조로 편지를 써 나갔다. 특히 이번에는, 공개서한에서는 거의 언급이 없었던 기독교와 문화와의 관계라는 측면에서 회관의 문제점을 부각시키는 데도 역점을 두었다. 그동안 사실 시니어 목자들도 여기에 대해서는 이론적으로 접근해 본 적이 별로 없었으므로 새로 공부하는 마음으로 관련된 책들을 읽으며 이론적인 근거를 마련해 나갔다. 리처드 니버의 《그리스도와 문화》, 폴 틸리히의 《종교와 문화》, 그리고 그동안 이단시 내지는 소원시해 왔던 민중신학 해방신학 계통의 책들도 슬그머니 참조하였다.

그중에서도 '문화 개혁자로서의 그리스도'라는 모형을 제시한 리처드 니버의 이론이 눈길을 끌었다. 니버의 분석에 비추어 볼 때, 현재 회관은 '문화 대립자로서의 그리스도'의 유형에 가깝다고 할 수 있었다. 문화 일반을 사탄의 종속하에 있는 것으로 간주하면서 문화에의 참여를 사실상 거부하고 있는 셈이었다. 다른 학문에 대한 탐구는 별 중요하게 생각지 않고 오직 성경지상주의의 입장에서 성경을 배우고 가르치는 일에만 열중할 뿐이었다. 말은 기독교 문화 건설을 비전 중의 하나로 삼는다고 하면서도 문화와는 동떨어져 성경 속에서만 뱅뱅 돌고 있는 형편이었다. 성경을 가르치는 것도 기독교 문화 건설과 관련된 것이라고는 하지만 결국 성경을 가르치는 또 한 사람을 만들어 내기 위한 작업에 불과하였다. 오직 성경을 가르치도록 하기 위해서 성경을 가르치는 끝없는 순환 폐쇄회로 속에서는 문화 개혁의 의지를 꽃피워 나갈 수 없는 것이 분명하였다.

'회관은 학생운동으로서의 본질을 되찾고 이 시점에서 새로운 방향 설정이 필요하다는 것입니다. 기독학생운동은 정치 경제 사회 문화 교육 등 각 분야를 이끌어 가는 크리스천 지도자 양성을 그 목적으로 하고 있습니다. 학사운동은 마땅히 이 학생운동을 후원하고 학사들 스스로가 사회 각 분야에서 신자로서 영향력 있는 지도자가 되어야 그 의의가 있는 것입니다. 그런데 회관의 회원들은 당장 새로운 방향전환이 없는 한, 회관 내에서의 빛과 소금은 될 수 있을지 모르지만 가정과 사회에서 빛과 소금이 되기는 어려운 실정입니다.'

공동대표들은 끝내 공개사과문을 받아 내 오는 데 실패하였다. 민식 목자는 자신이 회개하고 물러난다는 서약서까지 써서 준 마당에 공개사과문을 또 요구한다는 것은 지나친 강요라는 점을 들어 사과문 제출을 단호하게 거절하면서, 먼저 스탭미팅으로 복귀하여 지엽적인 문제들을 함께 해결하자고 촉구한 것이었다. 공동대표들은 자신들을 사탄으로 규정하고 있는 스탭미팅에는 복귀할 수 없으므로 사과문을 먼저 받아 내야만이 참여할 수 있다고 맞섬으로써 회담은 결렬 상태로 들어가고 말았다.

그리고 평소에 보지 않던 책들까지 읽어 가며 서독 선교사들에게 써서 보낸 편지도 별 효과를 얻지 못하였다. 서독 선교사들은 지부장을 중심으로 일사불란하게 뭉쳐 중립을 선포하면서 본국으로 보내는 헌금도 일시 중단하고 본국의 문제가 해결될 때까지 자체적으로 보관하고 있겠다는 통고를 해온 것이었다.

서독 선교사들의 헌금에 크게 의존해 왔던 본부는 선교사 훈련비 지출, 새 본부회관 건립 계획 등 경제적인 문제에 있어 차질을 빚게 됨에 따라 더욱 초조해졌고, 그에 따라 시니어들의 사탄성을 폭로하는 편지는 그 강도가 점점 세어져 갔다. 시니어들 한 사람 한 사람에 대한 인신공격까지 서슴지 않았다.

'선교사님, 기태 목자는 다른 회원들이 열심히 성경공부하고 전도하는 동안 난롯가에서 농담이나 하고 졸기만 하면서 군것질을 일삼던 게으름뱅이요 안일을 지독하게 사랑하는 암적 존재였습니다. 이런 자가 배후에서 조종하고 있는 운동이 어떻게 영적인 운동이 되겠습니까?'

대개 인신공격의 내용은 시니어들이 소감 발표할 때 자신의 잘못을 뉘우치는 뜻에서 고백했던 약점들을 담고 있었다.

주니어들이 인신공격까지 하고 있다는 소식을 접한 시니어들은 이전에 자기들이 보낸 차분하고 논리적인 편지가 별 소용이 없었음을 상기하고는 인신공격에는 인신공격으로 맞서야 한다는 쪽으로 기울어졌다.

"서독 선교사들도 유럽에 있긴 하지만 여전히 한국 여성들이야. 감정에 호소해야만이 먹혀들어 가는 한국인들이라구. 유럽에서 짓눌리는 생활을 하니까 더욱 그렇게 되는지도 모르지."

기태 목자는 유럽 합리주의 운운했던 자신의 이론을 다시 수정했다.

"주니어들과 우리와의 싸움을 살펴보면 우리가 불리한 점이 한두 가지가 아냐. 그중에 하나는 바로 권위의 문제야. 주니어들에게는 구심점을 이룰 권위가 있거든. 그 민식 목자의 권위를 중심으로 똘똘 뭉쳐서 그 권위를 척도로 삼아 모든 것을 순식간에 판단해 버리고 재빠르게 행동으로 옮긴단 말이야. 권위에 도전하는 것은 무엇이든지 사탄으로 단정해 버리고 자신들의 구심점인 권위를 어떡해서든지 세워 자신들의 존재 의미도 확보해 나가는 거지. 어거지 같지만 실제 상황에서는 그게 무지막지한 힘을 발휘한단 말이야. 그런데 우리는 민주적이긴 하지만 뭉쳐서 싸울 구체적인 권위가 없어. 개혁이라고 하는 이념이 구심점 노릇을 하고 있다 해도 눈에 보이는 권위를 중심으로 싸우는 자들을 당해 내기가 힘들지. 저쪽은 아예 그 권위로 인하여 눈이 먼 맹신자들이라고 할 수 있으니까. 지금 와서 우리 가운데서 구심점 노릇을 할 지도자를 세울 수도 없고, 그렇게 하자는 이야기도 아니지만…… 아무튼 그러니까 내 말은 주니어 한 사람 한 사람을 노릴 게 아니라, 주니어의 구심점 노릇을 하는 그 권위를 무자비하게 여지없이 무너뜨려야 한다는 거지. 그동안 우리는 그 점에 있어 너무 미온적이었어. 아직까지도 민식 목자를 자신의 목자로 생각하고 있는 양의식(羊意識)에서 깨어나지 못하고 있기 때문이지. 이제 그런 의식에서 과감히 깨어나야 한다구. 명칭도 이제 민식 목자니 목자님이니 하지 말고 그냥 김민식이라고 생이름을 사용하자구. 그리고 우리 사이에도 목자라는 명칭을 쓰지 말고 회원들에게도 그렇게 지도하자구. 목자, 양이라는 종속관계를 철폐

하고 다같이 형제라고 부름으로써 평등관계를 이루어 가야 한다고 말이야. 개혁은 항상 용어의 개혁으로부터 시작되는 거지."

우진 목자가 이전보다 훨씬 강경한 어조로 민식 목자 한 사람에 대한 집중적인 인신공격의 필요성을 역설했다.

"그냥 김민식이라고 표현하면 서독 선교사들이 당황하지 않을까. 너무 파격적인 표현이니까."

장욱 목자가 이맛살을 찌푸렸다.

"처음에는 당황하겠지. 하지만 두 번 세 번 듣게 되면 자기들 속에 자리잡고 있는 민식 목자의 권위도 서서히 무너질 거야. 무엇보다 중요한 것은 김민식이라고밖에 표현할 수 없는 근거와 사례들을 공개서한 때보다 더 적나라하게 제시하는 것이지. 그러면 김민식이라고 표현해 주는 것도 과분하다는 걸 알게 될 걸."

"하지만 지나치게 파격적인 것은 역효과를 가져올지도 몰라. 수신인이 여성들이라는 걸 염두에 둬야지."

평소에는 자기 주장이 별로 없던 장욱 목자가 이번에는 의외로 가탈을 부렸다.

"장욱 목자는 가만 보면 민식 목자에 대해 향수 같은 유치한 양의식을 떨쳐 버리지 못하고 있어. 그래 가지고는 철저하게 싸울 수가 없다구. 주니어들이 얼마나 세게 나오고 있는가를 생각해 보란 말이야."

우진 목자는 자못 불쾌한 듯 어투가 불퉁스러워졌다.

"우리가 너무 정치적으로만 문제를 해결하려고 급급하고 있는 거 아냐? 본래 목적에서 떠나서 말이야."

장욱 목자의 일침에 공동대표들과 우진 목자의 얼굴이 벌겋게 부풀어올랐다. 나머지 병주 수명 목자들은 가만히 고개를 숙이고 있었다.

"지금 정치적, 영적 따지게 되었어? 그 따위 발상부터가 그동안 회관에서 길들여진 편협한 사고 습관 때문이야. 우선 저쪽의 공격을 쳐부수고 봐야 할 거 아냐? 그리고 이왕 수술을 하려면 인정사정 보지 말고 싹둑 짤라 버려야지."

"우진 목자 말이 맞아. 강하게 나가려면 아주 강하게 나가 버려야 개혁이 되든 개떡이 되든 뭔가 될 거 아냐?"

"나중에 안 되면 사직당국에 고발하고 자폭하는 거야."

"그런 부정적인 말은 아직 할 때가 아니야. 아직 승산이 남아 있잖아. 해보는 데까지 해보는 거지."

"사실대로 말하면 우리가 지금 살아남자고 이러는 거 아냐? 우선 살고 봐야지."

결국 강경론이 득세하게 되었다. 장욱 목자는 얼마 동안 입을 꾹 다물고 있다가,

"난 모든 걸 다시 한 번 처음부터 생각해 봐야겠어."

의미심장한 말을 남기고 여관방을 휙 나가 버렸다. 그의 표정이 소태 씹은 듯 몹시 일그러져 있었으므로 아무도 그를 붙잡을

엄두를 내지 못했다. 장욱 목자가 빠져 나간 공간을 중심으로 침울한 분위기가 괴어들어 왔다.

"우리에게 구심점 노릇을 해줄 권위가 없다고 한 우진 목자 말이 일리가 있어."

기태 목자가 좀 심각해진 얼굴로 시니어들이 둘러앉아 있는 그 중앙의 텅 빈 방바닥을 흘끗 곁눈질해 보았다.

"그러니까 우리들 자체가 권위가 되어야지."

경호 목자가 우지게 생긴 두 주먹을 불끈 쥐었다. 마치 그 주먹을 권위로 삼아 뭉치자는 신호 같기도 했다.

장욱 목자의 변절은 시니어들에게 큰 타격이 되었다. 장욱 목자는 민식 목자 앞에서 회개의 눈물을 흘리며 통곡한 후, 주니어들보다도 더 충성스럽게 민식 목자의 편에 서서 시니어들과 싸웠다. 그는 20여 페이지에 달하는 장문의 편지에 자신이 회개하게 된 경위와 시니어들의 음모 과정을 상세하게 밝혀 서독 선교사들에게 보내었다. 또한 시니어들이 주고받은 비루한 농담들까지 그대로 인용함으로써 시니어들의 몰인격성을 가차없이 폭로하고 말았다.

'제가 옆에서 지켜본 바에 의하면 시니어 목자들은 결코 자신들의 죄에 대해서 생각지 않고 있습니다. 얼마나 많은 양들이 이 사건을 통하여 실족하고 있는가에 대해 무책임하기 그지없습니다. 양들 앞에서 어떻게 명분을 세우고 지금까지 행한 모든 죄를 정당화시킬 수 있는가만을 생각하고 있습니다. 이들은 회개운동을 하자고 했지만 사실은 민식 목자 한 사람을 제거하고 자기들이 왕 노릇 하겠다는 야심에서 음모를 꾸민 것입니다. 그렇기 때문에 이들은 사탄에 붙들려 사탄의 이용물이 되고 있을 뿐입니다. 선교사님들은 사탄과의 싸움에 적극 협력하는 자세로 민식 목자님에 대한 의심과 불신이 추호도 없기를 바랍니다.'

하지만 선교사들은 장욱 목자의 편지를 받고도 민식 목자 편으로 쉽게 돌아서려고 하지 않았다. 장욱 목자의 회개조차도 어떤 정치성이 개입되어 있을지 모른다는 생각으로 경계를 늦추지 않으며 여전히 중립을 고수하였다. 오히려 시니어들이 그렇게밖에는 의사 표시를 할 방도가 달리 없었던 회관 체제의 문제점을 인식하며, 그들에 대해 지지를 보내는 것은 아니지만 동정적인 입장을 취하는 편이었다.

"사탄이 되지 않고는 제대로 의사 표시를 할 수 없는 교회집단도 역시 사탄적인 거 아냐?"

장욱 목자의 편지를 분석해 보고 나서 서독 지부장이 독백처럼 내뱉은 말이었지만, 선교사들은 그 말 속에 여러 가지 중요한 의미들이 함축되어 있음을 눈치챌 수 있었다. 그래서 그 말이 서독 지부의 방향을 암시하는 하나의 표어처럼 선교사들 사이에 널리 퍼지게 되었다. 사탄이 되지 않고는 제대로 의사 표시를 할 수 없는 교회집단도 역시 사탄적이다.

시니어들은 장욱 목자의 편지로 인하여 자기들이 한층 불리한 상황에 처해 있다고 판단을 하고 우진 목자가 제안했던 권위 파괴 계획을 서둘러 추진해 나갔다. 그들은 무엇보다 권위의 신비를 벗겨 내는 데 주력하였다. 권위라는 것은 일종의 신비에 둘러싸여 있는 법인데 그 신비를 벗기고 광배(光背)를 제거하면 권위는 무너지고 말 것이었다. 얼마나 많은 민서(民庶)들이 권위의 광배 효과에 속아넘어 가고 있는가 말이다.

시니어들도 그동안 민식 목자가 창출해 내는 어떤 신비적인 분위기에 끌려 그의 권위에 압도되었던 것이었다. 민식 목자는 우선 자신의 과거와 인적사항 등에 대해서 구체적으로 밝히는 적이 별로 없었다. 다른 스탭이나 회원들에게는 어릴 때 곶감 훔쳐 먹은 이야기까지 소감에 다 쓰도록 유도하면서도 소감 발표 면책 특권을 가진 그는 그런 것들에 관해서 거의 함구하였다. 간혹 계모 밑에서 자란 이야기, 인쇄공으로 밑바닥 생활을 체험했던 이야기, 등록금이 없어 고생했던 대학 시절 이야기 등을 지극히 단편적으로 흘리고 지나갈 뿐이어서 그 단편들을 엮어서 그의 과거를 재구성해 본다는 것은 보나마나 불가능한 일이었다. 그리고 그 단편들끼리 서로 어긋나는 부분들도 없지 않아 혼동스럽기까지 했다. 그런데 이상한 것은 회원들이 민식 목자의 과거는 될 수 있는 한 알지 않으려고 기피하는 현상이었다. 그의 과거를 알면 알수록 자기들 속에 모처럼 세워진 권위가 허물어지고 다시금 방황이 찾아오지 않을까 두려워하고 있음에 틀림없었다. 그래서 회원들은 민식 목자가 어디에서 태어났으며 지금 나이를 몇 살이나 먹었는지, 어떤 가정환경에서 어떤 교육과정을 거쳐 왔는지, 신학교는 그럭저럭 나왔다고 했는데 왜 목사 안수는 받지 않았는지 등등에 대하여 도통 모르고 있으면서도 오히려 그것을 당연하게 생각하였으며, 더 나아가 다행스럽게 생각하기까지 했다. 그러므로 지도자의 신비적인 광배는 지도자 자신이 만들 뿐만 아니라 그를 따르는 추종자들이 더욱 넓혀 나간다고 할 수 있었다.

시니어들은 먼저, 그렇게 일종의 신비 속에 감추어져 있는 민식 목자의 과거를 낱낱이 추적해 들어갔다. 호적등본도 떼어 보고 국민학교 성적도 조사해 보고 촌로(村老)들을 통하여 그의 어릴 적 행실에 대해서도 들어보고 가정환경 인척관계 교육과정들을 세세히 탐문해 보았다.

거기서 그들은 몇 가지 중요한 사항들을 발견하였다. 무엇보다 중요한 것은 민식 목자가 국민학교 시절에 줄곧 꼴찌를 면치 못했다는 사실이었다. 그들은 어떻게 했는지 그 꼴찌 성적표를 복사해 가지고 오는 데 성공하였다. 이것을 근거로 그들은 민식 목자가 국민학교를 졸업하자마자 인쇄공으로 일하게 된 원인을 새롭게 제시하였다. 민식 목자는 말하기를 계모가 자기를 인쇄공으로 보냈다고도 하고, 하도 가난해서 인쇄공으로 일할 수밖에 없었다고도 했는데, 사실은 그런 것이 아니라 저능아였기 때문에 중학교에 진학할 수가 없어 인쇄공장으로 들어가게 되었다는 것이었다. 그리고 인쇄공으로 일했다는 민식 목자의 말도 조사 결과 거짓임이 판명되었는데, 실은 기능공의 일종인 인쇄공 노릇도 할 수 없어 인쇄공장에서 사환처럼 심부름만 했을 뿐이라는 것이었다. 또한 민식 목자가 인쇄공 운운했던 것은 자기도 뭔가 민중의 고난에 참여해 본 적이 있다는 점을 은근히 드러내기 위해서 짐짓 과장되게 이야기한 것에 불과하다고 하였다.

시니어들은 민식 목자가 어릴 때 자전거 체인을 질질 끌고 다니며 그것으로 아이들을 후려갈긴 동네 깡패였다는 사실도 발견하고, 그 사실을 기초로 하여 그의 변태적인 행동들을 설명하려고 시도하였다. 한마디로 깡패 같은 지도자, 깡패성을 카리스마로 위장한 지도자라는 것이었다.

이와 같이 과거에서 꼬투리를 잡아서 현재로 연결시키는 방법으로 민식 목자의 과거를 최대한 활용하면서 권위의 껍데기들을 벗겨 나갔다. 목사 안수를 받지 않은 것도, 따지고 보면 민식 목자 말대로 한국 교회를 개혁하기 위해 일부러 목사 안수를 거부한 것이 아니라 이상야릇한 신학사조에 물들어 헛소리를 하고 다녔기 때문에 노회에서 안수를 해주지 않았다고 하였다. 시니어들은 그렇게 신학의 방향도 애매모호하고 위험스러운 사람을 신앙의 지도자로 모실 수 있겠느냐고 신랄하게 반문하였다.

이런 것들 이외에도 '김민식의 여성관계'라는 항목도 만들어, 계모 밑에서 자라 여성의 사랑에 굶주린 이리 같은 민식이가 어떤 자매와 영화관에 자주 갔다는 둥, 어두운 영화관에서 자매 손을 잡아 보고 키스를 했다는 둥 구체적인 사람 이름과 장소까지 들먹이며 마치 증인이라도 되는 양 진술해 나갔다. 그리고 어느 자매가 결혼할 때는 팬티 브래지어를 비롯한 여자의 속속곳 단속곳 일체를 선물로 사 주었는데 그 자매와의 관계도 의심해 볼 만하지 않느냐고 그와 비슷한 몇 가지 예를 제시하기도 하였다. 거기에다가 공개서한에서 열거한 것들과 비슷하면서도 한층 심각하고 자극적인 사례들을 새로 수집해 놓았다.

시니어들이 민식 목자에 대한 인신공격용 편지를 완성하고 보니 이전의 공개서한보다는 서너 배나 두터운 분량이 되었다. 꼴찌의 성적표 같은 갖가지 통계 자료들까지 복사해서 첨부했기 때문에 더욱 두터워진 것이었다.

이제 민식 목자는 그야말로 발가벗기어졌다. 천의(天衣)도 날아가고 광배도 사라졌다. 양파처럼 둘러싸여 있던 위선의 껍데기는 한 겹 한 겹 다 벗겨졌다. 세계적인 영적 지도자, 성서 르네상스의 주도자, 젊은 지성인들의 목자, 민족과 시대를 섬기는 종, 말씀의 선포자였던 민식 목자는 이제 그저 한갓 살덩어리에 불과한 하나의 인간으로 드러났다.

시니어들은 편지를 다시 한 번 검토해 보면서 회심의 미소를 지었다. 이제 김민식은 낯을 들지 못할 것이다. 민식의 권위를 중심으로 뭉쳤던 집단은 우왕좌왕 허물어질 것이다. 시니어들은 비밀 병기를 운반하듯 긴장되고 설레는 마음으로 각 지역의 책임 목자들과 서독 선교사들에게 보내는 복사 편지들을 우체국으로 들고 갔다. 봉천회관으로도 편지가 송달된 것은 두말할 나위가 없었다.

봉천회관 아래층에 있는 우편 수취함에서 승철 목자가 두툼한 편지 한 통을 꺼내어 읽다가 비명같은 고함을 지르며 와락 찢어 버렸다.

"이노무 자식들을……"

네댓 토막으로 찢겨진 편지는 쓰레기통에 처박혔다. 승철 목자의 행동거지를 저쪽에서 훔쳐보고 있던 성민은 저녁 무렵에 쓰레기통을 비우러 가는 척하면서 편지 조각들을 몰래 끄집어내어 바지 양쪽 호주머니에다 나누어 넣었다.

자취방으로 돌아온 성민은 형광등 불빛 밑에서, 고대 사본 조각들을 맞추어 가며 해독하는 고고학자처럼 편지 조각들을 방바닥에 늘어 놓고 페이지와 문맥들을 연결시켜 보았다. 첫 줄부터 호기심을 자극하는 그 편지를 성민은 단숨에 읽어 내려갔다. 심장이 두근거렸다. 성민의 마음속에 오래된 성벽(城壁)처럼 끈질기게 남아 있던 민식 목자의 권위가 4·19 직후의 이승만 동상과도 같이 형편없이 자빠져 질질 끌려다니고 있었다. 성민의 '큰 바위 얼굴'은 코가 깨어지고 두 눈이 뽑히고 볼이 문드러지고 이빨이 빠졌다.

성민은 그렇게 민식 목자의 권위가 무너져 갈수록 상사뱀의 또아리가 풀리는 것처럼 슬그머니 후련해지는 것을 느꼈다. 성민의 내면 속에 꽁꽁 묶여 있었던 무수한 노예들이 출애굽을 시도하였다. 홍해가 갈라지고 미리암이 소고춤을 추었다. 이제 모순 덩어리의 인간 김민식과 대등한 위치에 서게 되었다. 아니 오히려 그를 경멸하며 내려다보는 지점에 있게 되었다. 그동안 그의 권위에 눌려 두더지처럼 기는 생활을 해왔던 일들이 그렇게 치욕스러울 수 없었다. 인생 전체를 네다바이당한 듯한 기분이었다. 그 수치를 젖히고 존재 밑바닥에서 터져 올라오는 자유의 지하수가 홍건히 성민의 가슴을 적셨다. 성민은 심호흡을 하며 그 지하수를 들이켰다. 할머니의 뼛가루를 벽제 화장터 뒷산에 뿌리면서 느꼈던 그 해방감 같은 것이 다시금 차올라 왔다. 이제야말로 거짓된 권위 밑에서의 수치스러운 생활을 청산하고 진정한 자유의 젖과 해방의 꿀이 흐르는 가나안으로 나아가자. 문득, 도서관 창문 쪽으로 뒤뚱뒤뚱 병신춤을 추며 달려가던 채수의 영상이 어른거렸다.

편지를 다 읽고 났을 때 성민은 또 하나의 야릇한 감정의 변화를 체험했다. 그것은 민식 목자에 대한 경멸감 못지않게 시니어들게 대한 분노가 치밀어 오른다는 점이었다. 성민의 내면에 자유를 가져다 준 그 어려운 작업을 감행한 시니어들이었지만 그들이 그렇게 메스꺼울 수가 없었다. 결국 민식 목자의 인격과 시니어들의 인격이 오십보백보에 불과하다는 사실을 인식하게 되었다. 다른 사람의 위선의 껍데기를 하나하나 벗기고 있는 그 손등의 시커먼 때와 지저분함을 보고 만 것이었다. 그리하여 성민은 민식 목자로부터 빠져 나와 시니어들을 때려부수고 싶은 이중적인 분노와 이중적인 해방을 느꼈다. 자기의 원수를 죽여 준 자를 또 무참히 죽여 버리는 그런 심리 같기도 하였다. 독재자를 쓰러뜨려 죽여 준 자를 또 저주하며 목매달아 죽이는 그 민서(民庶)의 심리 말이다.

궁녀와 무수리들이 각 방에 배치되어 자기들에게 맡겨진 몫의 자수를 뜨고 있었다. 사속지망(嗣續之望)을 핑계삼아 색 쓰는 일에 빠져서 옥체가 시름시름 여위어 가는 임금을 위하여 수(壽)와 복(福)을 기원하는 그 작업은 연일 지밀상궁과 내시들에 의해 독려되었다. 대왕대비, 왕대비, 왕비들이 수시로 작업 현장을 둘러보고 가기도 하였다. 궁녀들은 수를 놓으면서 베폭에 가득한 그 복(福)과는 거리가 먼 자신들의 운명을 생각하며 한숨을 지었다.
그녀들은 대개 네댓 살 때부터 궁중으로 보내어져서 궁녀로서 일생을 지낼 준비를 하게 되었다. 15세나 되어 어느 점쟁이의 점괘에 순복하기 위하여 궁녀로 들어온 처녀도 있었다. 네 살, 다섯 살 된 애기 궁녀들이 집단적으로 교육되고 있는 광경은 생각만 해도 가슴이 아리는 일이었다. 그곳은 궁녀로 키워 내는 일종의 유아원인 셈이었다. 궁녀들은 아침 수라에서 시작하여 하루 종일 갖가지 거행을 감당하느라고 눈코 뜰 새가 없었다. 거기다가 왕자, 내시, 궁액(宮掖, 하인), 승려들의 성적인 희롱의 대상이 되기도 하였다.

중국 황실이 3천 궁녀를 거느리고 있으므로 300명이 넘지 못하도록 제한되어 있는 조선 궁녀들은 한 방에 대략 두 명씩 기거하게 되었다. 그녀들도 꽃다운 청춘의 시절에 사랑도 하고 싶고 결혼을 해서 아기도 낳고 싶었으나 그 모든 것이 차단되어 있었다. 용꿈을 꾸고 상감의 씨를 받아 왕자라도 낳게 되면 하루아침에 팔자를 고치기도 했지만 일생 동안 상감의 손이 한두 번 지나갈까 말까 한 궁녀들로서는 그런 수직적인 계급 상승은 하늘의 별따기일 뿐이었다. 그녀들은 그야말로 한 많은 세월을 보내다가 늙어지면 양로원에 수용되는 그 노파들처럼 죽을 날만을 기다리게 되었다.

그녀들끼리 투호(投壺, 화살을 조그마한 항아리에 던져 넣는 놀이)나 화투 쌍육 마작 같은 놀이들을 하며 시름을 달래기도 했지만, 밤만 되면 불타오르는 욕정을 안으로 삭이며 외로움에 몸부림쳐야만 하였다. 같은 방을 쓰고 있는 두 명의 궁녀들은 서로 끌어안고 함께 우는 적이 많았다. 그런 포옹과 눈물 속에서 남녀간의 사랑보다도 더 진한 애정이 그 둘 사이에 싹트고 드디어는 애욕으로까지 발전하였다. 그 둘은 서로 자기의 소유임을 확인하기 위하여, 돌아가면서 한 사람이 다른 사람의 허연 궁둥이에 붕(朋)자를 한문으로 까맣게 문신해 넣었다. 그리고 둘은 서로의 몸을 붕 자가 새겨진 엉덩이뿐만 아니라 그 은밀한 부분까지 혀로 핥아 먹었다. 긴 혀를 가진 궁녀일수록 상대방에게 더 큰 쾌감을 안겨 주었다. 그 밴대질을 대식(對食)이라고 하였고, 서로 대식하는 궁녀들은 교붕(交朋)이라고 불렀다.

궁녀들은 나라에 불길한 징조가 나타나고 가뭄과 같은 천재지변이 일어나기를 은근히 기대하고 있었다. 그런 일이 벌어지면 궁녀들의 원한이 하늘에 충천하여 그렇게 된 줄 알고 임금은 그녀들을 수십 명씩 풀어 줌으로써 여원(女寃) 풀이를 해주는 것이었다. 그리하여 원한이 곧 해방과 직결된다는 것을 알게 된 궁녀들은 더더욱 속으로 원한을 쌓아 가 그것이 천지에까지 영향을 미치도록 하였다. 상소문을 외치고 아우성쳐 대는 일들은 일체 하지 않고 오직 속으로 원한만 쌓아 갔는데도 건곤을 움직이게 하고 임금을 움직이게 한 것이었다. 그것은 그야말로 보이지 않는 무서운 원한의 데모였다. 민서(民庶)들이 이 궁녀의 지혜를 배운다면 그렇게 야단법석을 떨며 임금을 움직이려고 발버둥치지 않아도 될 터인데. 아, 한(恨)의 데모여.

그렇게 원풀이를 기다리는 궁녀들이었기에, 수복수병을 만드는 작업을 하면서도 임금의 수와 복을 진정으로 빌었을 리는 만무하였다. 그녀들은 오히려 자신들의 원한을 형형색색으로 베폭에 떠 나갔을 뿐이었다. 임금의 수가 줄어들고 복이 달아나는 상서롭지 못한 일들이 생겨 자신들의 해방이 앞당겨지도록 말이다. 그리하여 그녀들은 자수해 나가는 글자들을 '수복 수복'으로 읽지 않고 '복수 복수'로 읽었다.

"복수, 복수, 복수."

성민은 자취방에 누워 한쪽 벽에 걸려 있는 주희의 수복 수예 작품을 올려다보며 거기 글자들을 읽고 있었다. 그것은 궁녀들의 플래카드이기도 하고 성민의 플래카드이기도 하였다. 바깥에는 밤바람이 불었다.

이상한 일이었다. 서독 선교사들은 시니어들의 편지를 받고 오히려 민식 목자 편으로 돌아섰다. 중립노선에서 왜 그렇게 급선회하게 되었는지 복잡한 원인이 얽혀 있겠지만 아무튼 시니어들의 편지가 그 전환점을 이루는 결정적인 계기가 된 것만은 틀림없었다.

선교사들은 무엇보다 시니어들이 편지에 적은 내용이 다 진실한 것이라 하더라도 그 사실을 밝히는 시니어들의 자세, 가령 꼴찌의 성적표를 복사해서 첨부한 것이라든지 하는 등등이 너무도 야비하게 느껴져 그만 시니어들에 대하여 정나미가 떨어지고 말았을 것이었다. 똥의 더러움을 밝히기 위하여 똥을 들고 다니며 설치는 사람이 그 똥보다 더 더럽게 여겨지듯 말이다. 그러니까 시니어들은 좋은 재료들을 가지고 있으면서도 그것들을 잘 포장해서 보내는 기술이 미숙하기 그지없었다고 할 수 있었다.

또한 선교사들은 중립을 고집했던 이유가 본국 회관이 이번 기회를 통하여 뭔가 개혁되고 하면서 다시 하나로 합해지리라고 예측했기 때문이었는데, 이번 시니어들의 편지를 통하여, 합해질 가능성이 희박해진 것을 보고 이제는 어느 한쪽 편에 서야 할 때가 되었음을 감지하였으리라. 언제까지나 중립을 지키는 방향도 고려해 볼 수 있겠지만 그렇게 되면 그것은 또 하나의 분열이 되고, 이국 땅에서 마땅한 지도자도 없이 간호원의 몸으로 모임을 독자적으로 이끌어 나간다는 것은 크나큰 모험일 수밖에 없었다.

이런 상황에서 선교사들은 권위를 무너뜨린 자들보다 무너진 권위 쪽을 택했다. 권위가 반쯤 무너져 있을 때는 경멸의 대상이 되기도 하던 것이 권위가 완전히 무너지게 되니까 일종의 동정의 대상이 된 셈이었다. 거기에는 여성 특유의 감정이 가미되기도 했음에 틀림없었다. 그리고 시니어들은 민식 목자를 말할 수 없는 큰 죄인으로 부각시키려고 애썼는데 그에 대한 선교사들의 생각은 용서에 인색하지 않으신 하나님께서 민식 목자의 죄들도 사해 주셨을지 모른다, 그렇다면 민식 목자는 오히려 깊은 용서의 체험을 가진 자일 수도 있다는 방향으로 기울어지게 되었다. '김민식의 여성관계'라는 항목에서 시니어들이 밝힌 사항들은 충격적이긴 했지만 여호와께서 용서해 준 다윗의 그 간음죄에 비하면 대수롭지 않을 수도 있었다.

거기서 더 나아가 과연 시니어들이 십자가의 복음, 피의 복음, 용서의 복음을 아는 자들인가 하는 의심까지 생기게 되었다. 또한 학력에 있어 조금씩은 열등감을 가지고 있던 선교사들은 민식 목자가 국민학교 때 꼴찌를 했다는 것이 그렇게 그의 수치거리로 여겨지지 않았고, 도리어 꼴찌를 하던 촌아이가 동숭동 캠퍼스의 내로라 하는 수재들까지 휘어잡는 지도자가 된 사실이 통쾌하기조차 했다. 그 꼴찌와 수재 사이에 가로놓여 있는 심연을 뛰어넘기 위해서는 반드시 인간의 힘이 아닌 하나님의 능력이 필요했으리라는 추측과 함께, 그러므로 민식 목자는 그 능력을 덧입은 하나님의 종이 아닌가 하는 생각이 마음에 스며들었다.

아무튼 이러저러한 사정으로 서독 선교사들은 몇몇 이탈자를 제외하고 모두 민식 목자 편으로 돌아서게 되었다. 시니어들은 더욱더 사태가 불리해짐을 느끼고 사직당국에 고발하는 문제까지 거론해 보았으나 수명 병주 목자의 완강한 반대에 부딪혀 고발은 일단 보류하기로 하였다. 그리고 시니어들은 다른 스탭이나 선교사들을 설득하는 문제보다 민식 목자와 주니어들의 공략에 대비하자는 방향으로 기울어져, 긴밀한 연락을 취하는 가운데 각각 회관 운영에 힘쓰기로 하였다.

회관마다 대략 칠팔십 명의 회원을 확보하고 있던 시니어들은 그동안 암시만 해왔던 전체 회관문제를 노골적으로 드러내면서 이른바 의식화 작업에 들어갔다. 시니어들은 회원을 상대로 의식화 작업을 효과적으로 진행하기 위해서는 우선 회관의 취약점과 관련하여 교회론을 들고 나와야 한다고 생각했다. 그래서 그들은 그동안 민식 목자의 노선을 따라 거의 맹목적으로 비방하기에만 급급했던 교회에 대하여 긍정적인 관점을 가지려고 애쓰며 교회론을 연구하기 시작했다. 아직 한국에 번역이 안 되어 있던 루이스 뻴콥의 조직신학 책을 원서로 구입하여 교회론 부분을 탐독해 나갔다. 교회라는 명칭이 히브리어로는 '카할'이며 헬라어로는 '에클레시아'라고 한다는 것부터 배웠다. 두 단어가 모두 일반 대중으로부터 불러 낸다는 의미를 함축하고 있었는데, 영어의 'church'는 이런 단어들에서 유래된 것이 아니라 헬라어로 주의 소유라는 의미의 '퀴리아케'에서 유래된 것이었다. 그러니까 교회는 세상의 일반 대중으로부터 불러 냄을 당하여 주의 소유가 된 공동체라고 할 수 있었다. 다분히 엘리트의식과 선민의식이 그 교회라는 명칭 속에 스며들어 있었다.

시니어들은 계속해서 교회의 성질·정치·권세들을 공부하고 은혜의 방편으로서의 말씀과 세례, 성만찬들을 살펴보았다. 여기서 교회와 회관과의 가장 큰 형식적인 차이점은 세례와 성만찬의 유무에 있음을 알게 되었다. 회관은 공식적으로는 교회라는 명칭을 사용하지 않으면서도 교회 행세를 다하며 회원으로 하여금 교회활동에 참여하지 못하도록 유도하고 있었는데 세례와 성만찬만은 생략하고 있는 것이었다. 왜 세례와 성만찬이 없느냐고 따지면 교회가 아니기 때문이라고 대답하면서 그런 것들은 교회에서 받으라고 했는데, 막상 교회활동에 참여하겠다고 하면 적극적으로 가로막는 회관이었다. 그리하여 회관에서 십여 년 신앙생활해 온 자도 대부분 세례를 받지 않고 성만찬에 참여하지 않고 있었다. 그러면서도 세례와 성만찬의 필요성에 대해 그렇게 심각하게 생각하지 않았다. 내적인 믿음이 중요하지 그런 외적인 형식은 중요하지 않다는 식으로 거의 세례무용론, 성만찬폐지론에 가까운 사고방식을 가지고 있었다. 예수의 말씀이라면 가정도 가차없이 버리는 사람들이 세례를 주고 성만찬을 행하라는 예수의 말씀은 외면해 버린 셈이었다. 가정을 버리는 독한 사람들이었기에 마음에 안 드는 예수의 말씀도 그렇게 외면해 버릴 수 있는 드센 고집이 있는 모양이었다. 순종도 철저히 하고 불순종도 철저히 하는 모순 속에 빠져 있는 것만은 확실했다.

시니어들이 그런 회관의 모순을 그냥 놓칠 리 없었다. 교회론으로 무장한 이론을 근거로 그 모순을 끈질기게 물고 늘어지며 보편적 교회를 강조하였다. 즉 다른 교회들을 통해서도 하나님께서 큰 역사를 이루시고 있는데 회관은 그 사실을 부러 모르는 척하며 더 나아가 왜곡 비방하면서 회관을 통하여 이루어진 역사만이 굉장한 것처럼 떠든다는 것이었다.

"저도 그동안 교회를 무조건 무시해 왔는데 이제 그것이 잘못

되었음을 깨달았습니다. 교회를 통하여 이루어지는 역사를 인정하고 하나님 안에서 교회와 협력관계를 잘 이루어 나가야 한다고 생각합니다. 그러므로 저는 여러분이 교회활동에 참여하여 교회를 돕기를 바랍니다. 세례도 받고 성만찬에도 참여하기를 바랍니다. 마음을 넓혀야 합니다. 편협하고 독선적인 사고방식에서 벗어나야 합니다. 이런 개혁운동을 추진하려 하다가 회관의 중견 같은 목자들로부터 사탄이라는 비난을 받기도 하였습니다. 이제 우리는 회관 본부에서 독립하여 자체적으로 교회와의 관계를 개선해 나가고자 합니다. 저는 하나님께서 인도하시면 회관에서는 금기사항으로 여기고 있는 신학교에도 입학하여 합법적인 절차에 의해 주의 종이 되는 과정을 밟을 생각도 가지고 있습니다. 최고 책임자 자신은 신학교를 나왔으면서도 아랫사람들에게는 신학교에 가지 말라고 가로막는 것은, 아랫사람들의 의식이 깨어나고 성장하는 것을 두려워하기 때문입니다. 그렇게 회원들을 계속적으로 퇴행하도록 만들고 유아화(幼兒化)시켜 자기 한 사람에게 종속시키겠다는 의도로 별별 짓을 다 하고 있는 본부 책임자의 노선을 더 이상 따를 수 없습니다. 우리는 어디까지나 자율적인 선택을 해야 하는 지성인입니다. 여러분과 제가, 그동안 생각없이 회관의 방침대로 따라가면서 습관화될 대로 된 고정관념을 깨뜨리기 위해 애써 노력해야 합니다. 먼저 교회를 보는 눈을 다르게 가져야겠습니다."

이런 시니어들의 설교와 강론에 넘어가지 않을 회원들이 별로 없었다. 시니어들의 개혁의지 내지는 독립의지가 회원들에게 그대로 전달되어, 회원들은 고난을 무릅쓰고 개혁자로 나선 자신들의 지도자를 존경하는 시선으로 우러러보며 그 개혁과 독립에 함께 참여할 것을 결의하였다.

민식 목자는 시니어들이 일단 흩어졌다는 정보를 입수하고 각개 격파 작전을 구상하여 지시하였다. 완강히 대항하는 가운데 전혀 돌아올 기미가 보이지 않는 시니어들의 공동대표 한 사람 한 사람은 주니어들이 집단적으로 맡기로 하고, 공동대표에서 제외되어 약간은 소외감을 느끼고 있을 수명 병주 우진 목자들은 민식 목자 자신이 직접 맡기로 하였다. 공동대표들에게는 위협을 해서 앞으로 감히 딴 짓을 못 하도록 겁을 주기로 하고 나머지 시니어들을 회유하는 방향으로 방침을 정했다.

"하극상은 하극상으로 다스려야 돼."

민식 목자가 일단의 주니어들에게 내린 지침이었다.

승철 목자가 성민을 포함해서 세 명의 봉천회관 인턴들을 데리고 몇몇 다른 회관의 주니어 인턴들과 합세하였다.

"우리가 맡은 자는 행당회관의 경호 목자야. 처음에 우리가 경호 목자를 만나 다시 회관으로 돌아오도록 설득하는 말을 늘어놓는 거야. 그러면 그쪽에서 뭐라 뭐라 떠들 게 아냐? 민식 목자님을 모독하는 말을 해가면서 말이야. 바로 그때를 노리는 거야.

목자님을 민식 목자라고 부르든지 민식이라고 부르든지 다른 모욕적인 명칭으로 부르든지 하면 말이야, 그 자리서 두들겨 패 놓는 거야. 하극상은 하극상으로 다스려야 돼."

회원들이 행당회관을 다 빠져 나갔을 무렵인 밤 9시쯤 해서 승철 목자 그룹이 그곳에 도착했을 때, 마침 경호 목자는 두 명의 회원과 함께 라면을 끓여 먹고 있었다. 집도 빼앗기고 아내도 친정집에 가 있고 해서 숙식이 불편한 모양이었다. 경호 목자는 열 명 가까운 후배 목자들이 갑자기 들이닥치자 처음에는 자못 긴장된 표정을 짓다가 곧 어색한 미소를 떠올리며 짐짓 선배다운 태도로 그들을 맞아들였다. 모두가 의자에 빙 둘러 앉았다.

"이번 사태로 인하여 저희들은 얼마나 마음이 아팠는지 모릅니다. 전혀 예기치 못했던 일이라 당황스럽기 그지없었습니다. 저 자신 개인적으로 무척 방황도 하였습니다. 아무쪼록 선배 목자님들이 후배들을 생각해서라도 빨리 돌아와서 화합하기를 간절히 바랍니다."

승철 목자가 정중하게 입을 열었다.

"그렇게 간단한 문제가 아닙니다."

이렇게 서두를 뗀 경호 목자는 존댓말 반말 섞어 가면서 그동안 무장한 이론들을 풀어놓았다.

"그런 문제점들, 저희도 잘 알고 있습니다. 문제점이 있다고 분열되어 떨어져 나간다 해서 능사가 아니지 않습니까? 들어와서 함께 고쳐 나갈 수 있는 거 아닙니까? 역사의식을 가지셔야죠."

명준 목자가 말추렴을 하였다.

"역사의식? 역사의식이 뭔 줄 알고 함부로 역사의식 역사의식 하는 거야? 회관에서 말하는 역사의식이란 어떤 일이 있어도 회관 역사를 섬기기 위해 붙어 있는 걸 가리키는 말 아냐? 그건 역사의식이 아니라 충견의식이지."

"말이 좀 심하십니다."

"그리고 말이야, 우릴 보고 사탄이라고 규정하고 매도하는 집단에 우리가 어떻게 들어갈 수 있어?"

"누가 사탄이라고 매도했습니까?"

경호 목자의 얼굴에 비웃음의 그림자가 얼핏 스치고 지나갔다.

"너희들 주니어 목자들이 그랬잖아? 민식 목자 사주를 받아 가지고……."

"민식 목자가 뭡니까? 목자님을……."

승철 목자가 의자를 박차고 일어날 기색을 취했다.

"민식이라고 하면 어때? 나, 그 김민식이라는 인간, 목자로 인정할 수 없다구."

"말조심하십시오."

"못 해."

"이 새끼가."

"조져 버려!"

주니어 인턴들이 일제히 고함을 지르며 의자를 박차고 일어났다. 경호 목자의 안면에 암팡진 주먹들이 날아들었다. 행당회관의 회원 두 명이 달려들 기세를 보였다.

"가만! 내버려 둬. 너희들은 증인 노릇만 해주면 돼."

경호 목자는 회원의 지원을 거부하며 터진 입술에서 흘러내리는 피를 손등으로 가만히 닦아 내었다. 폭력을 비폭력으로 이기고, 악을 선으로 다스리고, 오른뺨을 치는 자에게 왼뺨도 돌려 대라는 예수의 말씀에 순종했다는 만족감이, 냉소와 함께 경호 목자의 얼굴에 내비쳤다.

"난 너희들은 미워하지 않아. 김민식의 주구들일 뿐이니까."

그때였다. 성민이가 경호 목자 앞으로 한 발 더 다가서면서 외쳤다.

"나는 김민식의 주구로서 치는 게 아니라 의식 있는 개인으로서 치는 거야!"

성민의 주먹이 경호 목자의 안면에 또 한 차례 내리꽂혔다. 경호 목자가 얼굴을 손으로 감싸며 앞으로 고꾸라졌다. 다른 주니어 인턴들도 그렇게까지는 예상치 못했던 성민의 서슬에 눈을 둥그렇게 뜨고 흠칫 몸을 뒤로 젖혔다. 그것은 마치 성민의 주먹이 자기들에게도 날아오지 않을까 싶어 움츠려 피하는 동작 같았다. 그리고 '의식 있는 개인'이라고 하는 생소한 문구가 무척 의아하다는 듯한 표정들이었다.

행당회관 앞 행길로 앰뷸런스 한 대가 사이렌을 음산하게 울리며 급히 달려갔다. 성민은 문득, 지금 저 앰뷸런스에 실려가는 환자는 이미 죽은 시체로 누워 있다는 것을 희한하게 알아맞혔다. 그것은 확인해 볼 필요조차 없는 명백한 사실이었다. 그러므로 그 차는 구급차가 아니라 장의차였다.

사람들이 죽어 갔다. 서독의 전체적인 노선에서 이탈하여 시니어들의 입장에 동조하며 민식 목자를 비난하는 투의 말을 서슴지 않았던 한 선교사가 맨 먼저 슈투트가르트의 어느 병원 구석방에서 쓸쓸하게 숨을 거두었다. 맹장염 수술이라는 대수롭지 않은 수술을 받다가 끝내 마취에서 깨어나지 못한 채 신의 영광으로 영원히 마취되어 있는 저 세상으로 가 버렸다. 선교사들은 비록 잠시 동안 노선은 달리했지만 서독 선교 개척 초기부터 함께 고생했던 그녀의 죽음을 한마음으로 애석해하였다. 보통 사람이면 벌떡벌떡 깨어나는 맹장염 수술 마취에서조차 그녀가 깨어나지 못한 것은, 그동안 이국땅에서 간호원 노릇하랴 선교사 노릇하랴 제대로 건강 관리도 못 하면서 몸을 혹사해 왔기 때문이었다. 그 사실을 알고 있는 선교사들은 그녀의 죽음을 당연히 순교로 간주하였다. 그러나 한국 본부에서의 해석은 그렇지 않았다.

그다음 우진 목자가 담당하고 있는 전주회관의 골수분자인

한 학사가 역시 민식 목자를 앞장서서 비방하다가 하숙방에서 죽어 나갔다. 일종의 심장마비였다. 그 학사 또한 전주회관의 입장에서 볼 때는 틀림없는 순교였으나 본부의 해석은 결코 그렇지 않았다.

그리고 상순 목자의 다섯 살 난 아들이 때늦은 홍역을 앓다가 갑작스럽게 죽었다. 치료비가 제대로 없어 약방에서 조제약이나 몇 봉지 사서 먹였는데, 그런 치료로는 해일처럼 밀려오는 죽음의 검은 파도를 막아 낼 수가 없었다.

그것뿐만이 아니었다. 기태 목자가 담당하고 있는 회관의 한 형제도 요회 모임이 끝난 후 회관 앞 행길을 건너가다가 달려오는 대형 트럭에 치여 풀어진 라면 같은 뇌수를 아스팔트에 쏟아 놓고 그 자리서 즉사하였다. 수명 목자의 회관에서는 어떤 자매가 캠퍼스 다리 난간에서 미끄러져 연못으로 빠졌는데, 떨어질 때 콘크리트 교각에 머리가 부딪혀 병원으로 옮기는 도중 입에 희멀건 거품을 물고 숨이 꺼져 갔다.

이런 사건이 몇 달 만에 한 번씩 발생했다면 평상적으로 일어날 법한 일로 생각할 수도 있겠으나 거의 일주일 간격으로 연달아 일어났기 때문에 그 소식들은 으스스한 분위기를 자아 내게 하기에 충분하였다.

앞에서 '본부의 해석은 그렇지 않았다' 하는 표현들이 더러 있었지만, 사실은 본부에서 뚜렷하게 해석을 한 적은 한 번도 없었다. 그저 묵묵한 침묵으로 그 소식들을 대하였는데, 그 침묵이라는 것이 묘한 해석을 함축하고 있는 것이었다. 선교사가 죽었다고 하는데도 거기에 관해 공개적인 언급 한마디 없고 전체적인 기도 한 번 없는 것으로 보아, 그 죽음에 대한 해석이 어떠하리라는 건 능히 짐작할 수 있지 않겠는가 말이다.

민식 목자를 중심한 스탭 목자들은 겉으로 그런 말은 하지 않았지만, 속으로는 하나님이 세우신 종을 비방하는 죄에 대한 징벌이 얼마나 엄격하고 무서운가 하는 사실에 대하여 깊은 두려움을 느꼈다. 그러면서 다시 한 번 민식 목자를 엄위한 하나님의 종으로 인정하지 아니할 수 없었다. 다만 한 가지 이상한 것은 왜 그 죽음의 징벌을 주모자인 시니어들이 받지 아니하고 그 주변 사람들이 받느냐 하는 점이었다.

자신의 권위가 흔들리는 기간 동안 열왕기상 18장 36절을 붙들고 엘리야처럼 줄곧 기도해 온 민식 목자는, 이제 하나님께서 좀 잔인한 방법이긴 하지만 자신의 기도를 응답해 주시는 것으로 여기게 되었다. 여호와여, 내가 주의 종이 됨과 내가 주의 말씀대로 이 모든 일을 행하는 것을 오늘날 알게 하옵소서. 이 무지한 자들로 알게 하옵소서. 여호와여 여호와여, 경호 목자 한쪽 눈이라도 멀게 하소서.

민식 목자는 어느 날 새벽, 운전수 집으로 비상전화를 걸었다. 운전수가 헐레벌떡 달려와 승용차의 시동을 걸었다.

"대전으로."

"예?"

"거, 병주 목자 집으로 가자구. 전에 한 번 가 봤잖아."

"아, 네."

초여름의 향긋한 새벽 공기가 고속도로를 질주하는 승용차 문틈으로 새어 들어왔다. 도로변 야산에서는 잠을 깬 새들이 방금 아침놀 속에서 태어난 것처럼 싱싱하게 날아오르고 있었다. 민식 목자는 뒷좌석에 몸을 깊이 묻고 상념에 잠겼다.

운전수가 보문산 골짜기 병주 목자 집 대문의 초인종을 눌렀을 때, 병주 목자는 잠옷 바람으로 눈을 비비며 나와서 문을 열어 주다가 희끄무레한 골목길 어둠 속에 민식 목자가 서 있는 것을 보고는 유령이라도 본 듯 몸이 굳어지고 말았다.

"어 어쩐 일이십니까? 이 이른 아침에……."

병주 목자는 말을 더듬거렸다.

"어쩐 일이긴, 그동안 통 만나지 못해서 보고 싶어 왔지."

"드 들어오시죠."

먼저 안으로 허겁지겁 뛰어들어 간 병주 목자는 아내와 애들을 깨우고 방을 급히 정돈하고는 민식 목자와 운전수를 맞아들였다.

"고생이 많네."

민식 목자는 초라한 단칸 살림을 둘러보면서 그윽한 눈빛을 보냈다. 병주 목자와 아내는 계속 몸둘 바를 몰라했다. 병주 목자는 갑자기 시니어들과 함께 민식 목자 욕을 해대던 시간들이 까마득한 꿈결같이 여겨졌다. 그리고 민식 목자에 대해 품고 있었던 불평과 원한들이 민식 목자의 그윽한 눈빛 앞에서 가물가물스러지는 것을 느꼈다. 한참 미워하고 있던 사람이 불현듯 자기 앞에 나타났을 때 그 미움이 이상한 형태로 변질되어 버리듯 병주 목자 마음 가운데에는 예기치 못했던 변화가 일어나고 있었다. 심지어 이전에 가졌던 민식 목자에 대한 애정 같은 것이 염치도 없이 되살아나려고까지 하였다. 이런 변화들은 다만 민식 목자의 존재가 거기 가까이 있음으로 해서 생긴 것이었다. 병주 목자는 그동안 공동대표들이 민식 목자와의 회담에서 왜 번번이 실패했는지 그 이유를 알 것도 같았다.

"어떻게 대전까지?"

병주 목자는 할 말을 제대로 찾지 못하고 아까 했던 질문을 또 반복하였다.

"자네랑 아침밥 좀 같이 먹으러 왔지. 아침밥 빨리 짓게나."

"아, 예 예."

병주 목자가 허둥대는 사이에 아내가 잽싸게 일어나 방문을 열고 부엌으로 나갔다.

"나, 병주 목자는 시니어들 팀에 어쩔 수 없이 합류했다고 생각되네."

이와 같은 민식 목자의 말에 병주 목자는 정말 어떻게 대꾸해야 할지 막막하기만 했다.

"병주 목자는 의리가 강하니까 의리상 그들에게 동조할 수밖에 없었던 게지."

여기까지 말한 민식 목자는 그 후로는 일체 그 문제에 관하여 언급하지 않았다. 병주 목자의 가정생활에 대해서 몇 가지 묻고 학생 데모가 점점 가열되어 가는 시대 상황에 대한 자신의 견해를 피력하고 할 뿐이었다. 민식 목자가 그렇게 화제의 방향을 돌리자 병주 목자는 차츰 마음이 편해지는 것을 느꼈다.

아내가 조촐한 아침밥상을 들고 들어왔다. 그러고는 자신은 애들을 급히 들쳐업고 밖으로 나갔다. 남자 셋이서 소반을 중심으로 앉아 따뜻하고 정갈한 아침을 먹었다.

"동남아 같은 데서는 말이야, 밥을 같이 먹은 사람들끼리는 서로 원수를 갚을 수 없다는 불문율이 하나의 관습으로 존재한다고 그러데. 가령, 한 사람이 자기 아버지를 죽인 원수를 찾아 복수하려고 길을 떠났는데 어느 주막에서 부지중에 그 원수와 우연히 식사를 같이 하고 헤어졌을 경우, 그는 원수 갚는 것을 포기해야 된다 이거지."

민식 목자가 시래기밖에 들어 있지 않은 거무튀튀한 된장찌개를 숟가락으로 떠먹으면서 지나가는 말처럼 한마디 하였다. 병주 목자는 그 말의 의도가 무엇인지 어렴풋이 짐작할 수 있었다.

밥 한 그릇을 다 비운 민식 목자는 숭늉까지 받아 마신 뒤 자리에서 일어났다.

"아주 맛있게 먹었어요."

반찬이 변변치 못해 민망한 얼굴로 전송을 하는 병주 목자의 아내에게 민식 목자가 정중하게 감사의 표시를 하면서,

"옛다, 할아버지 용돈이다."

아이들에게 푸른 지폐 몇 장을 건네 주었다.

"할아뿌지, 감사해유."

아이들의 웅얼거림을 뒤로 하고 민식 목자와 운전수는 대문을 나서 골목길에 세워 둔 승용차에 올랐다. 승용차는 밝아 오는 아침 거리로 미끄러져 갔다. 아내와 함께 골목길 어귀에 서 있던 병주 목자는 그때야 뭔가 정신이 드는 기분이었다.

"왜 왔다 가는 거유?"

아내가 아이들을 챙기며 물었다.

"글쎄, 뚜렷한 말은 없었어. 아침밥만 먹고 간 거지."

"시상에, 아침밥 먹으려고 서울서 대전까지 새벽 나들이를 했는감."

동편 하늘에서 새어 나온 햇살이 병주 목자의 의식의 파편들인 양 골목길에 곰비임비 내려 쌓이고 있었다.

비교적 오랜만에 본부회관 이층 홀에서 학사 결혼식이 거행되었다. 단상의 축복 안수기도자들이 앉는 네댓 개의 의자에는 시니어들 대신 주니어들이 하얀 장갑을 끼고 앉았다. 민식 목자의 주례에는 항상 유머가 깃들어 있었다.

"신랑은 우수한 성적으로 낙제를 면하고 학교를 졸업한 후......"

이런 식으로 주례사를 엮어 나가면 하객들과 회원들은 까르르 웃음보를 터뜨리기 십상이었다. 주례사가 끝나면 축복 안수자들이 빙 둘러서서 하얀 장갑을 낀 오른손을, 단상 중앙에 고개를 숙이고 앉은 신랑 신부의 머리 위에 얹고 한 사람 한 사람 연이어 기도를 해나갔다. 몇 차례의 아멘이 있은 후 축복 안수가 끝나면, 합창 지휘자가 현악중주단이 자리잡고 있는 부근으로 나가서서 결혼식장 앞쪽을 대거 점령하고 있는 회원들을 향해 지휘봉을 들어 보였다. 여호와는나의목자시니내게부족함이없으리로다나로하여금푸우른풀밭에누웁게하시이며어어어어잔잔한물가로이인도하시도다……. 4부로 어우러지는 합창은, '진실로 선함과 인자하심이'에 이르러 절정에 달했다. 그 부드럽고 우렁찬 합창은 결혼식장 가득히 푸른 풀밭과 잔잔한 물가의 환상이 펼쳐지도록 하였다. 신랑 신부는 그 풀밭과 물가에서 행복에 겨운 표정을 하고 뒹굴고 있었다. 세상 어디를 가도 이렇게 주례자와 신랑 신부와 참석자들이 한데 어우러져 축복과 기쁨이 넘치는 결혼식은 찾아보기 힘든 것이었다. 회원들은 영국 황태자 결혼식도 부럽지 않은 이런 분위기의 결혼식을 간절히 소망하고 있었기 때문에 결혼에 따르는 희생을 기꺼이 감당하는지도 몰랐다.

이번 결혼식도 그런 분위기 속에서 진행되고 신랑 신부 퇴장으로 1부 순서가 끝났다. 사람들 모두 웃음이 가득한 가운데 악수례를 나누고 사진을 찍는 2부 순서가 시작되려고 할 무렵, 갑자기 일단의 참석자들이 의자에서 벌떡 일어나 단상으로 달려나갔다. 마이크를 뺏어 잡은 한 학생이 소리쳤다.

"김민식 폭력집단은 회개하라!"

"김민식 폭력집단은 회개하라!"

홀 여기 저기서 학생들이 전단을 뿌리며 복창을 하였다. '행당

회관 경호 목자 구타사건에 대한 진상 보고서.' 결혼식장에 흩어진 전단 제목은 꽤 길었다.

"행당회관 형제 자매들이야."

명준 목자가 사태를 파악하였다. 결혼식장은 삽시간에 벌집을 쑤셔 놓은 형세가 되었다. 신랑 신부는 가족 친지들과 함께 급히 홀을 빠져나가고 일반 하객들도 어리둥절한 가운데 전단을 집어 보기도 하면서 결혼식장을 슬금슬금 벗어났다. 결국 본부 회관, 그리고 주니어 목자들의 회관 회원들과 행당회관 회원들만이 남았다. 행당 회원들은 언제 결혼식장으로 잠입해 들어왔는지 그 인원이 스무 명 가까이나 되었다. 성민이가 가만히 보니, 전에 경호 목자가 구타당할 때 옆에 있었던 그 두 명의 회원도 섞여 있었다.

주니어, 인턴들이 단상으로 몰려가 단상을 점령하고 있는 행당 회원들을 밀어내었다. 행당 회원들은 계속 마이크를 잡은 채 단상에서 밀려나지 않으려고 버티었다.

"폭력집단 회개하라!"

"마이크 꺼."

민식 목자가 옆에서 우물쭈물하고 있는 운전수에게 재빨리 명령했다. 전기기술도 있어 앰프시설까지 책임 맡고 있던 운전수가 허겁지겁 달려가서 전원을 꺼 버렸다.

"폭력집단 회……."

마이크 소리가 죽자 잠시 정적이 흘렀다. 곧이어 행당 회원들이 뭉쳐서 부르는 노랫소리에 홀이 쩌렁쩌렁 울렸다. 내주는강한성이요방패와병기되시니큰환난에서우리를구하여내시리로다옛원수마귀는이때에힘을써……. 어처구니없게도 그들은 마틴 루터의 종교개혁 찬송가를 부르고 있었다. 분부편 회원들은 영락없이 마귀가 된 기분이었다. 그 기분을 속히 떨쳐 버리기 위해서라도 행당 회원들을 밀어붙여 홀 바깥으로 몰아내야만 하였다.

"어딜 와서 행패를 부려?"

승철 목자가 분을 이기지 못해 붉으락푸르락하는 얼굴로 주먹을 휘두르며 설쳤다.

"진상을 규명해야 할 거 아니에요!"

행당회관의 한 자매가 밀려나지 않으려고 버티며 째지는 소리를 질렀다.

"진상은 무슨 진상."

승철 목자가 그 자매의 잔등머리를 쥐어박다시피 하며 와락 떠다밀었다.

"아——."

자매가 엄살이 섞인 비명을 토했다. 이번에는 행당회관 형제들이 몰려들어 승철 목자를 밀쳐 버렸다. 승철 목자가 의자 등받이에 엉덩방아를 찧으며 기우뚱거렸다.

"이놈들이."

승철 목자가 거의 반사적으로 철제의자를 집어들어 휘두를 기세를 보였다. 행당 회원들이 주춤거리며 뒤로 물러섰다.

"여기 주동자 있으면 나를 개인적으로 만나!"

수라장 속에서 민식 목자가 우뚝 선 채 버럭 소리를 쳤다. 그러나 그 소리는 회원들의 아우성과 구호에 삼켜져서 잘 들리지 않았다.

"어디까지나 비폭력으로 버티어야 돼."

행당 회원들은 그렇게 서로 속삭이며 주의사항을 일깨워 주었다. 본부편 회원들도 위협만 할 뿐 이렇다 할 폭력은 아직 행사하지 않고 있었다. 성민은 단상 근방에서 청바지를 입은 행당회관의 한 자매와 실랑이를 벌였다. 그 자매는 떠다미는 성민의 손길을 치한의 그것인 양 완강하게 뿌리쳤다.

"왜 이리 손을 대고 야단이에요."

"아니, 다른 때도 아니고 신성한 남의 결혼식에 와서 이런 무례한 짓을 할 거야?"

"신성한 남의 회관에 와서 폭력을 휘두른 자들이 누군데요? 우리 경호 목자님 코뼈가 무너져서 지난 주일 설교도 못 했단 말이에요."

"경호 목자는 맞아도 싸."

성민은 울컥 치미는 화를 말머리에 묻혔다. 대학 2학년 정도밖에 되어 보이지 않는 그 자매가 눈을 치뜨며 성민을 노려보았다.

성민은 난데없이 너무도 아름다운 두 눈 앞에 서 있는 자신을 발견하고 잠시 어쩔한 기분을 느꼈다.

"경호 목자님은 내 영혼을 주님께 인도해 주신 목자님이란 말이에요."

"경호 목자는 자기를 주께로 인도한 민식 목자님을 모독했어. 배신자란 말이야."

"뭔가 이유가 있었을 거 아니에요?"

"경호 목자를 때린 데도 뭔가 이유가 있을 거 아냐?"

"이유가 있더라도 왜 폭력을 써요? 주의 종이라는 자들이."

"남의 결혼식을 수라장으로 만드는 건 폭력이 아냐? 때리는 것만 폭력이야?"

성민은 자매의 시선에서 벗어나기 위해서 그녀를 돌려세우며 등을 떠다밀었다.

"놔요!"

자매가 또 몸을 뒤틀며 성민의 손을 뿌리쳤다. 얼마나 세게 뿌리쳤던지 성민이가 휘청거리며 자빠질 뻔했다. 중심을 간신히 잡은 성민은 느닷없이 그 자매의 뺨을 후려갈겼다. 본부편 회원들 중에서 최초로 폭력 행사를 한 셈이었다. 그 다음 성민은 어떻게 손과 발을 휘둘렀는지 알 수 없었다. 자매가 배를 끌어안으며 꼬꾸라졌다. 행당 회원들도 자매가 쓰러지는 것을 보고는 순식간에 비폭력 노선을 수정하였다. 인원에 있어 딸리는 그들은 아까

승철 목자의 행동을 본받아 철제의자를 집어들고 휘둘렀다. 승철 목자처럼 위협을 하기 위해 휘두르는 것이 아니라 아예 때려 부수기 위해서 휘두르고 있었다. 이번에는 본부편 회원들이 주춤거리며 뒤로 물러섰다.

행당회관의 한 형제가 철제의자를 치켜들고 설치다가 민식 목자 바로 앞에까지 와서 서게 되었다. 자칫하면 민식 목자가 박살이 날 판이었다. 그러나 민식 목자는 자세를 조금도 흐트리지 않고 아무 말 없이 그 형제를 쏘아보았다. 그러자 그 형제는 슬그머니 의자를 내려놓았다. 그 순간, 성민의 두 발이 그 형제의 옆구리를 겨냥하여 날았다. 군대에서 태권도 기본 동작을 조금 익혔을 뿐인 실력이었지만 두 발이 정확하게 옆구리에 가 박혔다. 옆구리가 꺾인 형제가 쓰러지고 그 위에 성민의 몸뚱어리도 함께 떨어졌다. 성민은 다시 그 형제를 올라타고 앉아 두 주먹으로 면상을 이리저리 후려갈겼다. 잠시 후, 퍽 하는 소리와 함께 성민이가 그만 옆으로 널브러졌다. 뒤통수 왼쪽 귓바퀴 근방에서 시뻘건 피가 비어져 나왔다. 성민은 뇌 전체가 울리는 소리와 함께,

"피, 피, 피야."

하는 자매들의 아우성과,

"빨리 들쳐업어!"

하는 민식 목자의 지시 소리가 아련히 들려오는 것을 감지했다. 그리고 조금 전까지 난장판을 이루던 홀 안이 갑자기 조용해

진 것을 느꼈다. 그 정적은 채수가 몸을 던졌을 때 캠퍼스 전체를 내리덮던 그 기이한 적막을 닮아 있었다. 성민은 점점 아득한 정적 깊숙한 곳으로 침몰해 들어갔다. 드디어 아무런 소리도, 아니 아무것도 없는 그야말로 공중공(空中空)의 심연 밑바닥에 이르렀다.

수천 년 동안 왕궁 구석에서 살다 죽어 간 무수한 궁녀와 무수리들이 수복수병을 깃발처럼 들고 떼를 지어 남대문 동대문 서대문 자하문을 빠져 나가고 있었다. 지방에서는 '척왜양창의'(斥倭洋倡義) 다섯 자가 뚜렷하게 새겨진 깃발을 휘날리면서 동학군들이 총대장 장령(將領)들을 앞세우고 한양으로 무리져 올라오고 있었다. 서양놈들과 왜놈들을 쳐부수어 내쫓자. 탐관오리들을 진멸하자. 노비 문서를 불태워라. 7종 천인들에 대한 대우를 개선하라. 과부의 재가를 허락하라. 문벌을 타파하여 공정하게 인재를 등용하라. 토지를 공평하게 분배하여 경작케 하라……. 삼례도회소, 10만 호남군, 10만 호서군, 순창에서 서울로 압송되는 전봉준, 전봉준의 잘린 모가지, 녹두알 같은 30만 동학군의 상투머리, 상투머리, 공중에 달린 머리……. 김주열의 눈두덩, 무너진 교문, 무너진 동상. 부정선거 다시 하라. 독재정권 물러가라. 선생님, 정의와 국가와 민족을 위해서는 생명을 바쳐 싸워야 한다고 말하지 않았습니까? 비겁합니다, 선생님…… 4만의 교사들이 머리에 흰 띠를 두르고 전국 방방곡곡에서 단식을 하고 있었다. 교육행정의 부패관리와 학원의 어용학자를 배격한다. 일방적인 부당한 전직과 무단해고를 배격한다. 집회의 자유, 연구의 자유, 토론의 자유 등 3대 원칙을 학원 내에서 관철한다. 민주국가 건설로써 세계 평화에 기여한다. 교육공무원법 해석 논쟁, 헌법 제18조, 노동조합법 제4조와 제6조. 교단에서 창백한 얼굴로 쓰러지는 단식투쟁 교사들, 5·16 군사혁명, 용공분자, 징역 15년 징역 10년 징역 7년, 아 아버지 아버지. 형님, 우리 때문에 괜히 고생시켜 드려서 죄송합니다. 잉게 솔의 아이들, 채수의 병신춤. 행당회관 자매의 매섭게 치뜬 고운 두 눈, 결혼식장에 가득히 뿌려지는 전단, 아우성, 피, 피, 피……, 예수의 피…….

성민은 홀연히 눈을 떴다.

"이제 깨어났습니다."

수명 목자와 병주 목자의 회개 축하 파티가 벌어졌다. 그것은 둘째 아들이 돌아왔을 때 아버지가 벌인 살진 송아지의 잔치였다. 역시 소감 형식으로 수명 병주 목자들이 본인들이 회개하고 돌아온 경위를 스탭들 앞에서 발표하였다.

"목자님이 아침밥을 드시고 돌아가시는 모습을 보면서 저는 문득 요한복음 21장을 떠올렸습니다. 예수님이 십자가에 돌아가시고 부활한 후 제자들에게 두 번인가 나타나셨으나 그때까지도 제자들은 여전히 방향을 찾지 못하고 있었습니다. 부활한 예수를 본 것이 무슨 허깨비를 본 것은 아닌가 의심을 하기도 했을 것입니다. 이런 상황에서 제자들은 사명이고 무엇이고 당장 먹고 살 일이 걱정이었으며, 예루살렘에 있다가는 유대 당국자들에게 체포당하지나 않을까 두려웠습니다. 이때 베드로는 제자의 공동체를 이끌어 갈 책임을 저버리고 자기 살 길만 찾기에 급급하였습니다. '나는 물고기 잡으러 가노라' 하면서 갈릴리로 되돌아갔습니다. 그때 예닐곱 명의 다른 제자들도 같은 심정이 되어 베드로를 따라갔습니다. 그들은 밤새도록 고기를 잡았으나 한 마리도 잡지 못했습니다. 새벽녘 바닷가에 모습을 나타내신 예수님은 배 오른편에 그물을 던지라고 하심으로 일백쉰세 마리의 고기를 잡아 올리게 하셨습니다. 제자들이 고기가 든 그물을 끌고 와서 해변에 이르니 예수께서 이미 거기에 숯불을 피워 놓고 생선과 떡을 굽고 계셨습니다. 제자들에게 잡아 온 고기도 좀 가져오라 하여 몇 마리 더 구우신 예수님은 '와서 조반을 먹으라'고 하셨습니다. 제자들은 예수님을 뵈옵기가 민망하였습니다. 사명을 저버리고 생활 문제에 매여 허둥대는 자신들의 꼴이 부끄럽기 그지없었습니다. 그런데 예수님은 한마디 책망도 없이, 바닷물을 뒤집어쓰고 새벽 냉기 속에서 떨고 있는 지친 제자들을 숯불이 피어 있는 따뜻한 식탁으로 초대하셨습니다. 생선과 떡이 굽히는 구수한 냄새는 허기진 제자들의 입안에 군침이 돌게 하기에 충분하였습니다. 그러나 너무도 황송한 마음에 제자들은 생선과 떡을 감히 집어먹을 수 없었습니다. 머뭇거리고 있는 제자들에게 예수님은 손수 떡을 떼어 주시고 생선도 그렇게 하셨습니다. 예수님과 제자들 사이에는 별다른 말이 없었으나 그렇게 조반을 먹는 동안 이미 서로의 관계가 회복되고 있었습니다. 저와 목자님이 함께 조반을 먹을 때에도 바로 그러한 관계 회복이 이루어짐을 체험한 것이었습니다. 비록 제 아내가 지은 조반이긴 하였지만……."

스탭들이 벙긋이 웃음을 흘렸다. 수명 병주 목자들의 소감발표가 있은 후, 민식 목자가 그간의 심경과 앞으로의 계획들에 대해서 언급함으로써 환영사를 대신하였다.

"저는 그동안 마음이 찢어지는 듯한 고통 가운데 있었습니다. 남북으로 분열된 한국 민족의 죄악과 교파 싸움에 여념이 없는 한국 교회의 죄악을 대신 회개하며 새로운 역사를 이 땅에 이루고자 하였던 우리 모임도 역시 죄악된 분열의 역사를 되풀이하는 것을 보고 저는 하나님 앞에서 할 말을 잊었습니다. 내가 그동안 감당해 온 일이 과연 어떤 의미가 있는가 깊은 회의에 빠지기도 하였습니다. 정말 시니어들이 요구했던 대로 일선에서 물러나 십자가를 벗고 조용히 혼자 있고도 싶었습니다. 그러나 시니어 대표들은 끝내 돌아오지 않았습니다. 저는 이 모든 과정에서 사탄이 저를 밀 까불듯이 까불고 있다는 것을 느꼈습니다. 그래서 사탄의 세력 앞에 무력하게 물러날 수 없다는 결론을 얻고 끝까지 싸우기로 마음을 먹었습니다. 이 싸움에 지고 말면 우리 모임을 통하여서 세계 선교를 이루고자 하시는 하나님의 뜻을 섬길 수 없다고 생각하였습니다. 내가 다시 정신을 차리고 섰을 때, 하나님께서는 장욱 수명 병주 목자들 마음 가운데 친히 회개의 역사를 이루시고 이렇게 돌아오도록 하셨습니다. 이것으로써 하나님께서는 우리 모임을 포기하지 않으셨다는 확실한 표징을 나타내 보이셨습니다. 저는 사실 그동안 여러분도 보았다시피 하나님의 훈련관으로서의 사명을 잠시 저버리고 있었습니다. 이빨 빠진 사자같이 되어 아무런 훈련도 시킬 수 없었습니다. 정말 내가 시키는 훈련이 시니어들이 말한 대로 비인격적인 훈련인가 하고 되돌아보기도 하였습니다. 그러나 다시 성경을 읽어 보았을 때 하나님의 훈련에는 언뜻 보기에 비인격적인 것처럼 보이는 훈련들이 많이 있음을 새삼 알게 되었습니다. 그리고 하나님의 사랑은 자기의 외아들을 십자가에 못박아 죽이는 처절한 사랑, 피흘리는 사랑입니다. 여기서 저는 새롭게 하나님의 훈련관으로서의 확신을 가지게 되었습니다. 이 확신을 무너뜨리려는 사탄의 궤계를 쳐부수고 다시 십자가를 감당하기로 하였습니다. 무엇보다 하나님은 이번 시련을 통하여 한국에 안주하고 있으려는 저를 흔들어 깨워서 세계로 내보내시고자 하십니다. 독수리가 독수리 새끼를 훈련시킬 때 먼저 보금자리를 뜯어내듯이 하나님은 그렇게 저의 보금자리를 뜯어내셔서 당신의 독수리 날개, '세계 선교의 날개 위에 타도록 하셨습니다. 무등산 꼭대기에서 굴러떨어진 그 불덩어리는 이제 세계를 불지르게 될 것입니다. 하나님께서는 제가 한국에서 당한 모든 수치를 세계 선교를 통하여 능히 보상해 주실 것을 믿습니다."

"아멘."

스탭들은 민식 목자의 말에 마음이 뜨거워지는지 자신들도 모르게 아멘을 소리 높여 외쳤다. 머리에 아직도 하얀 붕대를 감고 있는 성민이만은 입을 꾹 다물고 있었다. 다른 사람들이 그런 성민의 모습을 보았다면 머리의 통증을 참느라 인상을 쓰고 있는 것으로 생각했을 것이었다.

"여호수아 5장 9절에 보면 '길갈'이라는 지명이 나옵니다. 이스라엘 백성이 40년 광야 방랑 끝에 요단강을 도하하여 젖과 꿀이 흐르는 가나안 땅으로 들어갔을 때 여호와께서 여호수아에게 선포하셨습니다. '내가 오늘날 애굽의 수치를 너희에게서 굴러가게 하였다.' 그리하여 여호수아는 그곳 지명을 굴러간다는 의미를 지닌 '길갈'이라고 하였습니다. 그리고 광야 40년 동안 안식일은 제외하고 날마다 비처럼 내리던 일용할 양식, 만나도 그쳤습니다. 이제 하나님은 새로운 양식, 젖과 꿀이 흐르는 가나안의 풍성한 열매를 자기 백성이 먹도록 하셨습니다. 하나님은 저의 개인 생애에서뿐만 아니라 이 민족 전체의 역사에 있어서도

'길갈'의 역사를 이루시고자 하십니다. 애굽의 수치, 즉 강대국에 시달리며 사분오열되던 이 한국 민족의 수치를 세계 선교를 통하여 굴러가게 하십니다. 미국 같은 강대국도 복음으로 정복할 수 있습니다. 누차 강조하는 바이지만 이제 한국이 미국 선교사를 필요로 하던 시대는 지나갔습니다. 썩어 가는 미국이 한국 선교사를 간절히 필요로 하고 있습니다. 한국 민족은 이제 광야에서 주워 먹던 만나를 더 이상 먹지 않아도 됩니다. 하나님은 이미 새로운 양식을 주셨습니다. 베드로야 일어나 잡아먹으라. 베드로에게 성령을 통하여 주셨던 환상은 바로 우리의 환상입니다. 이렇게 '길갈'의 역사를 이루기를 원하시는 하나님의 뜻을 따라 저는 빠른 시일 내에 미국 선교를 위해 파송받기를 원합니다. 그 전에 저는 한국 회관 역사를 맡을 후계자를 세우고자 합니다. 그 후계자는……."

스탭들은 숨을 죽이며 다음 말을 기다렸다.

"후계자는, 스탭 목자 중에서 세우려고 했던 애초의 계획을 전부 백지로 돌리고, 그동안 묵묵히 직장생활을 하며 회관 역사를 충성되게 섬겨 온 학사들 중에서 세우기로 하였습니다. 그는 후계자로 세움을 받으면 수백만 원이 보장되어 있는 의사로서의 월급도 포기하고 지도자로서의 고독과 고난에 참여해야 할 것입니다. 그는 능히 세상 것을 아낌없이 버리고 주의 종으로 일할 것을 과감히 결단할 사람입니다. 하나님은 이번 시련을 통하여 인간적인 야심을 가진 자가 후계자로 세움받는 것을 막으시고 합당한 사람을 세우는 역사를 이루시고자 하시는 것입니다."

스탭들은 그가 누구인지 금방 짐작할 수 있었다. 무등산 기슭에서부터 개척의 씨를 뿌리며 회관 역사를 감당해 왔으면서도 좀체 겉으로 드러나지 않는 그 외과 전문의, '동양의 성자'라는 별명으로 통하는 그 의사임에 틀림없었다. 스탭들이 생각하기에 그 의사는 시니어들의 인격뿐만 아니라 자신들의 인격과도 질적으로 다른 성품의 소유자인 것이었다. 어쩌면 그 의사는 민식 목자의 인격보다도 더 고차원의 수준에 올라가 있는지도 몰랐다. 그러나 그가 지도자가 되어 스탭들을 지휘하며 전체 한국 회관 역사를 이끌어 갈 때 어떠한 인격을 드러내게 될지는 전혀 미지수인 셈이었다. 아, 지도자의 아이러니여, 리더십의 모순이여.

끼이익.

그때, 구석진 곳에서 의자 다리가 타일 바닥을 긁으며 뒤로 물러나는 기분 나쁜 소리가 났다. 성민이가 벌떡 일어난 것이었다. 앉아 있는 스탭들이 눈을 휘둥그레 뜨며 성민을 주목하였다. 머리에 붕대를 감고 있는 모양이 꼭 무슨 단식 농성이라도 하고 있는 투사나 동학군 같은 의병처럼 보였다. 성민은 앞쪽의 간이 강대상을 의지하고 서 있는 민식 목자를 향하여 몸을 완전히 돌렸다. 민식 목자도 잠시 말을 중단하고 성민을 건너다보았다.

"민식 목자님은……."

성민은 말을 계속할 수 없을 정도로 숨이 컥 막히는 것을 느꼈다. 그는 침을 한번 꿀꺽 삼키고 나서 다시 입을 열었다.

"목자님은 어쩌면 그렇게도 하나님의 이름으로 모든 것을 척척 합리화시키기를 잘합니까?"

이 짧은 한마디는 스탭미팅 역사상 전무후무한 충격적인 발언이었다. 누가 스탭미팅에서, 그것도 민식 목자 면전에서 이런 말을 감히 내뱉을 수 있단 말인가. 시니어들도 자기들끼리는 반란을 일으켰지만 스탭미팅에는 참여하기를 스스로 꺼렸던 게 아닌가. 성민으로서는 처음이자 마지막으로 민식 목자에 대하여 도전적인 발언을 한 셈이었다. 그리고 그 말은 성민이가 회관을 떠나기 전에 하고 싶었던 모든 말이었다. 성민은 민식 목자와 스탭들이 어리둥절해하며 지켜보는 가운데 성경책을 무슨 붉은 깃발인 양 오른손에 치켜들고 본부회관을 뚜벅뚜벅 걸어나갔다. 그것은 시니어들의 반란보다도 더 엄청난 반란이었다.

'길갈'은 그야말로 성민의 갈 길이었다.

하늘의 마귀들을 쏘려는가. 수십 개의 붉은 화살들이 높다란 두 기둥 사이에 가로 얹힌 사롱(斜籠) 위에서 하늘을 향해 치솟아 있었다. 어떤 악한 세력도 접근하지 못하도록 액막이 노릇을 하고 있는 것 같은 홍살문을 지나니, 문무석들이 죽 도열해 있었다. 말, 양, 낙타, 사자, 해태, 코끼리, 기린, 무신(武臣), 문신(文臣) 석상들이 양편에 조아리고 있는 그 가운데를 걸어 올라가니 돌층계가 나오고, 돌로 다져 올린 널따란 기초 위에 꽤 우람한 침전(寢殿)이 자리 잡고 있었다. 창호지가 해어진 문살 너머로, 위패를 모시는 높은 제단이 용상(龍床)처럼 떡 버티고 있는 게 엿보였다.

성민과 주희는 침전 모퉁이를 돌아갔다. 침전 바로 뒤쪽에 잔디가 매끄럽게 깎인 구릉이 돋우어져 있고, 그 구릉 위에 붕긋이 솟아오른 능침(陵寢)이 그 솟아오른 높이만큼 정적에 감싸여 있었다. 저 위쪽에서부터 진초록 비단을 후루루 내리 깔아 놓은 듯 온통 녹색이었다.

그 능침에는 가련하게 죽어 간 왕과 왕비가 나란히 누워 있었다. 덕수궁에 유폐되어 있다가 일본인의 손에 독살당한 고종황제와 일본 자객의 칼에 살해되어 시체마저 비단 홑이불에 싸인 채 처참하게 불타 버린 명성황후 민비, 그 두 사람이 거기에 합장되어 있었다. 원한에 사무쳐야 할 그들이었지만 그들이 묻힌 자리는 흰 나비 몇 마리 날아다니는 평화 속에 아늑하기 그지없었다.

그 홍릉 바로 옆에는, 한민족의 마지막 임금 순종과 그 왕비 순명효왕후가 묻힌 유릉이 홍릉과 거의 똑같은 형태로 단아하게 솟아 있었다. 태정태세문단세…… 고순. 이씨 조선 왕계의 끝인 '고순', 그 '고순'이 이렇게 두 개의 봉우리로 남아 있는 것이었다. 조선의 마지막을 표시하는 두 개의 구두점처럼, 그리고 한민족의 큰 두 덩어리 수치처럼.

"여기 홍유릉에 우리나라 마지막 임금들이 누워 있으리라고는 생각지 못했어요. 홍유릉, 홍유릉 해서 무슨 홍유라는 시호를 가진 세자의 무덤 정도인 줄 알았는데"

주희가 유릉 입구 쪽에 위치한 어재실을 들여다보면서 제법 큰 소리로 말했다.

"글쎄 나도 뜻밖인 걸. 고종과 순종은 하도 허무하게 죽어 갔기 때문에 무덤조차 제대로 없는 줄 알았어. 그런데 죽어서도 다 끝나 버린 나라를 다스리겠다고 문무석들까지 세워 놓았으니 아 이러니컬한 일이지."

수많은 방이 빙 둘러 가며 연이어 있는 어재실 뜰은 황량하게 비어 있었다.

"나라의 마지막 임금의 마지막을 보니 기분이 이상해요. 마치 허무의 끝에 와 있는 것처럼."

"마지막…… 마지막의 마지막…… 오늘따라 마지막이라는 말이 무척 새롭게 들리네. 이전에는 그 뜻을 몰랐던 말인 것처럼 말이야."

"선생님은 정말 그 회관생활에 마지막을 고했어요? 다시 또 갈등하다가 돌아가는 거 아니에요?"

주희가 어재실을 벗어나며 성민을 올려다보았다. 주희의 이마에는 저승에서 묻혀 가지고 온 이슬처럼 땀방울이 곱게 맺혀 있었다.

"돌아갈 수 없는 자세로 나왔으니까 이제 정말 마지막이고 말고. 이번의 마지막은 그동안의 마지막들이 쌓이고 쌓여 솟아오른, 저 무덤 같은 마지막이야."

간이화장실 앞 화단에는 접시꽃 붓꽃 칸나가 한데 어우러져 진한 빛깔로 피어 있었다.

"회관을 나오면 교회로 갈 건가요?"

성민은 얼마 동안 아무 대답 없이 걸어갔다. 저쪽으로 여러 종류의 나무에 둘러싸인 제법 큰 연못이 보였다. 왕과 왕비의 영혼이 밤마다 경회루를 그리워하며 그 연못가에서 배회할 것만 같았다.

"공동체 생활에 대한 회의에서 벗어나지 않는 한, 교회로 가게 되지는 않을 거야. 그 회의가 점점 더 깊어지면 영영 교회에 가지 않게 될지도 모르지."

"신자들은 흔히 교회를 통하지 않으면 구원이 없다고 그러잖아요? 그럼, 선생님은 기독교적인 구원을 포기하겠다는 말인가요? 그렇진 않죠?"

주희의 두 눈이 후덥지근한 대기 속에서도 맑게 빛났다.

"교회라는 개념이 문제가 되겠지. 제도적인 교회를 부정하는 사람들 중에서 오히려 그 누구보다 예수의 정신에 가깝게 생활하는 자들이 많이 있어. 일본에 우찌무라 간조(內村鑑三)라는 사람이 있었지. 그는 삿뽀로 농학교에 다닐 때 친구들과 함께 예수를 믿고 세례를 받았어. 그리고 '7인 형제의 작은 교회'라고 해서 일곱 명의 학생들이 자치적으로 신앙 모임을 이루어 갔지. 그들은 예수의 사랑에 뜨겁게 심취되어 가면서 또 한편으로 학교 생활에서도 모범을 보인 우등 장학생들이었다. 그런데 그 지역에 미국 감독교회파 선교사 두 사람이 각각 교회를 세우고 농학교를 대상으로 전도를 시작했어. 그러니까 애초에 그 학생들에게 세례를 주었던 감리교 선교사와 그 두 감독교회파 선교사 이렇게 세 사람이서 전도 각축전을 벌이며 '7인 형제의 작은 교회' 학생들을 서로 끌어가려고 악착같이 대들었지. 그런 선교사들의 교파경쟁, 전도경쟁으로 인하여 일곱 명의 형제들은 각각 어디로 가야 할지 몰라 깊은 번민에 빠졌단 말이야. 여기서 그들은 미국식 교파주의적인 경쟁심에 실망하고 결국 모든 교회를 떠나기로 하였지. 그 후 우찌무라는 썩어 가는 제도적인 교회에 대항하여 '무교회'라는 잡지를 발행하며 원시기독교와 같은 새로운 형태의 기독교운동을 전개해 나갔어. 그 잡지 명칭 때문에 무교회주의라는 이름이 생긴 거지. 우찌무라는 자기를 따르는 사람들이 많이 있었지만 일생 동안 제도적인 조직화를 거부했어. 자기 제자들도 자기 밑에 있지 말고 속속 다 독립해서 나가 일하도록 함으로써 끊임없이 무조직이 되게끔 하였지. 죽을 때에도 자신의 성서 잡지를 폐간시키고 자신이 강의하던 강당 집회도 폐쇄하라고 유언했어. 사후에 자기 이름을 빌린 또 하나의 조직이 생기는 걸 두려워한 거지."

"선생님, 저기 벤치에 좀 앉아요."

주희가 성민의 말허리를 끊으며 연못가 벤치를 가리켰다. 수양버들의 그늘이 드리워진 그 벤치는 여름의 오아시스처럼 보였다. 어디선가 매미가 요란하게 울었다.

"그런데요? 그런 운동이 한국에도 있었어요?"

주희가 벤치에 앉으며 다급하게 물었다. 성민은 심호흡을 하며 벤치 등받이에 몸을 한껏 기대었다.

"한국에는 김교신이라는 자가 있었지. 그도 열아홉 살 때 자기가 속해 있던 교회에 내분이 일어나고 목사가 사임을 하고 하는 것들을 보고는 교회생활과 신앙 전반에 대해 깊은 회의에 빠졌지. 그런 중에 우찌무라를 만나 마음에 빛을 얻고 신앙을 회복했을 뿐만 아니라 조국애에 불타게 되었지. 그래 《성서조선》이라는 잡지를 발행하면서 다른 문제들보다 먼저 인간 해방을 역설하였어. 여기서 인간 해방이란 교회제도로부터의 해방도 포함하는 말이지. 그의 무교회주의는 대략 네 가지로 요약될 수 있을 거야. 첫째는 공간을 점유하는, 눈으로 보이는 회당을 진정한 교회로 여기지 않고 신자들의 친밀한 교제 속에 교회가 있다고 본 거지. 둘째는 성직제도나 신자들의 조직을 부인하고 직분을 빙자한 권위들을 인정하지 않았지. 셋째는 교회나 목사의 성서 해석권을 인정치 않고 신자 각자가 성서를 통하여 하나님을 만날 수 있음을 강조했지. 그다음 세속적인 직업에 충실하는 것이 하나님께 봉사하는 길임을 역설하면서 뚜렷한 직업관을 가지고 일하라고 격려했어. 그리고 더 나아가 이 민족이 감당해야 할 세계사적인 사명이 무엇인가 그것을 찾는 것이 인생의 과제요 신앙의 과제임을 일깨워 주었지. 그는 5천 명이 넘는 한국인 노무자들이 흥남 질소비료 공장에서 혹독한 괴로움을 당하며 비인간적인 대우를 받고 있다는 소식을 듣고는 그 공장에 직접 취업해서 들어가 노무자들을 돌보았지. 그러다가 노무자 숙소에 번진 발진티푸스에 걸려 해방을 앞두고 아까운 나이로 애석하게 죽고 말았지. 그는 오해도 많이 받았지만 실제 생활에서 직접 몸으로 애국의 길과 구도의 길을 감으로써 모범을 보인 특별한 인물이었다고 할 수 있지. 그래서 사람들은 그를 가리켜 '시대의 단독자'라고 말하지. 홀로 외롭게 자기 길을 갔다는 말이겠지."

또 매미가, 쓰르락 쓰르락 세차게 울었다. 아마 참매미가 아닌 쓰르라미가 우는 모양이었다.

"무교회주의자들 그 정신은 좋지만, 결국 성직제도나 교회조직을 규정하고 있는 성서에 위반되는 거 아니에요? 지금 교회들도 다 성서에 기초했다고 주장하고 있을 텐데."

"성서에는 교회주의자들이 교회제도를 옹호하기 위해 후대에 삽입해 놓은 구절들이 많다는 거지. 요즈음 와서 나도 느끼는 것인데 똑같은 신자들이 한 사건을 보아도 자기 이해관계에 기초한 관점에서 각기 엄청나게 다르게 본단 말이야. 자기 관점에서 보고는 상대방을 여지없이 사탄이라고 규정하는 경우가 얼마나 많은지 몰라. 일반 역사 해석에도 무수한 관점들이 있어서 혼돈이 일어나는 거잖아. 구약이든 신약이든 성서에도 이런 관점들이 복합적으로 얽혀 있지 않다고 장담할 수 없겠지. 하나님의 영감이라는 것도 그런 관점들이 부딪치는 바로 거기서 빛을 발하는 것이 아닐까 생각되는 거야. 자기 관점에 매여 눈이 먼 자는 그 영감의 빛을 보지 못하겠지만 말이야. 나, 이런 말을 이론적으로만 하고 있는 게 아냐. 이번에 회관이 쪼개어지는 사건을 통하여, 같은 성경을 읽는 사람들인데도 얼마나 보는 눈들이 다른가를 똑똑히 지켜본 셈이지."

"결국 선생님은 무교회주의자가 되겠다는 말이군요."

"김교신은 무교회야말로 전적 교회라고 역설적으로 이야기했지. 철저한 부정을 통하여 진정한 원형을 찾겠다 이거지. 나는 아직 무교회주의가 무언지, 정통 교회론이 무언지 제대로 알지 못하는 상태에 있지만, 아무튼 어떤 신앙 공동체에도 섣불리 들어가서는 안 된다는 입장이지. 공동체 분열로 인한 충격이 너무 심했다고 할까."

성민은 아직도 자신의 머리를 싸매고 있는 붕대를 손으로 매만졌다.

"차라리 불교로 돌아와요. 무절간주의 불교로 말이에요."

주희가 배시시 웃으며 성민을 돌아보았다. 그 웃음은 어떤 결단이나 대답을 강요하지 않는, 그야말로 무애한 웃음이었다.

"아참, 여기 들렀다가 선생님 친구 무덤에 간다고 했잖아요. 어디로 가죠?"

성민은 홍유릉 맞은편 저쪽 산기슭을 가리켰다. 그 산기슭에 시커먼 구름 그림자가 미끄러져 내려오고 있었다.

쿵

쿵

쿵

제법 천둥까지 치면서 구름이 뭉쳐질 대로 뭉쳐지더니, 성민
과 주희가 산길로 접어들었을 때는 빗방울이 수풀 가득히 듣기
시작했다. 둘은 걸음을 좀 더 빨리 재촉했다. 그 걸음 따라서인지
빗방울도 바삐 떨어져 내렸다. 이제 완연히 빗줄기가 되었다. 푸
른색 계통의 투피스 차림인 주희의 엷은 옷이 차츰 물기에 누그
러져 살에 맞붙어 갔다. 단발머리도 촉촉이 젖어 얼굴에 엉겨붙
었다. 성민은 옷이 젖는 것은 문제가 아니었지만 머리의 붕대가
젖는 것이 마음에 걸렸다. 아니나 다를까 붕대 속의 머큐로크롬
이 빗물에 녹아 얼굴로 내려오고 있었다. 그리하여 성민은 마치
가시면류관을 쓰고 골고다를 오르는 예수의 얼굴처럼 이마에서
부터 피를 흘리고 있는 것이었다. 연신 손수건으로 얼굴의 빗물
을 닦아 내며 걸어 올라갔지만, 손수건마저 온통 벌겋게 물이 들
고 말았다. 얼마 올라가니 다시금 빗줄기가 보슬비처럼 가늘어
졌다. 비가 아니라 무슨 부연 안개가 내려오는 것으로 보일 지경
이었다.

성민은 발인식 때 따라와 본 채수의 무덤 자리를 눈대중으로
가늠하며 산길을 몇 번 꺾어 들었다. 드디어 리기다송 나무숲 사
이로 자그마한 정원 같은 공동묘지가 언뜻 비쳤다. 한 번 더 산길

을 꺾어 올라가자 공동묘지 전경이 눈에 확 들어왔다.

"아, 저기 사람이 있어요!"

무덤 사이에서 슬그머니 일어나고 있는 사람을 발견하고 주희가 기겁을 하며 성민에게로 와락 몸을 기울였다. 주희의 머리와 온몸에는 지금까지 걸어온 산길가의 풀 냄새가 달착지근하게 묻어 있었다.

"성묘하러 온 사람이겠지."

성민은 짐짓 차분한 음성으로 말하며 주희의 몸을 바로 세워 주었다. 그런데 성묘하러 온 그 사람이 바로 채수의 묘라고 여겨지는 무덤가에 서 있는 것이었다. 빗방울로 이루어진 희부연 안개 층을 헤집고 무덤 쪽으로 다가가자 그 사람의 윤곽이 더욱 뚜렷해졌다.

"아니, 자네가……."

성민은 유령이라도 본 듯 아까 주희가 놀랄 때보다 한층 더 놀랐다.

"언제 나왔어?"

성민의 물음에, 그는 아무 대답도 없이 잘 모르는 사람 대하는 그런 얼굴 표정으로 서 있었다.

"거기 봉천동 골짜기에서 자취했잖아? 거, 사회학과 친구하고……."

그러자 비로소 그가 표정을 풀며 아는 체를 했다. 그러나 곧 무심한 표정으로 독백을 하듯이 중얼거렸다.

"아, 거, 프롤레타리아들의 여인숙?"

희미한 미소까지 지었다. 그의 양손에는 무덤에서 뜯은 듯한 여름풀이 한 줌씩 쥐어져 있었다. 성민은 문득, 그가 오늘 한 번 성묘를 온 것이 아니라 아예 묘지기처럼 매일 이곳에 와서 채수의 무덤을 관리하며 다른 무덤들까지 돌보고 있는지도 모른다는 생각을 하였다.

주희는 머뭇거리며 서 있고 성민은 채수의 무덤 앞에 무릎을 꿇고 앉았다. 국사학과였던 그 학생도 성민의 곁에 같은 자세로 앉았다. 여름풀에 무성히 덮여 있는 주위의 다른 무덤들에 비해 채수의 무덤은 한결 정돈된 상태에 있었다. 성민은 잠시 눈을 감았다. 교정에서의 채수의 모습과 그가 한 말들이 성민의 뇌리를 스쳐 지나갔다. 성민은 채수의 의식이 자신의 의식에 접목되어 있는 것을 느꼈다. 바로 이것을 확인하기 위하여 여기까지 온 것이었다. 눈을 떴다. 무덤 위에는 뜯겨지긴 했지만 아직도 울뚝불뚝 솟아 있는 풀줄기들이 가득히 덮여 있었다. 위로 치켜 올라간 풀줄기들은 무덤에서도 계속 피어오르고 있는 채수의 싱싱한 의식 줄기들 같았다. 빗방울이 조금씩 굵어지기 시작했다. 성민은 곁에 앉은 국사학과를 돌아보았다. 그는 무언가 혼자서 중얼중얼하고 있었다. 성민은 그와의 대화가 불가능함을 직감했다. 완연히 풀어진 눈동자를 하고 있는 그의 안에는, 이 시대가 무너져 내려앉아 있었고, 캠퍼스가 허물어져 있었고, 교회가 자빠져 있었고, 공동체들이 바수어져 있었다. 그는 부스스 일어나더니 비가 내리는 하늘을 향해 두 손을 치켜들고 기지개를 켜듯 몸을 뒤로 젖혔다. 그러고는 또 무어라 무어라 중얼거렸다. 이번에는 좀 크게 시부렁거렸기 때문에 몇 마디 단어를 가까스로 알아들을 수 있었다.

"칼 만하임의 종합관찰이야 자식아, 자유부동한 인텔리겐치아라니까……."

계속 어려운 단어들을 주워섬기다가 다시 성민의 곁에 주저앉았다. 그러더니 또 갑자기 일어나 무덤의 풀을 몇 움큼 뜯어 내다가 두 손에 풀을 거머쥔 채로 쏜살같이 산길을 달려 내려갔다. 성민은 그를 쫓아가려고 몸을 일으켰으나 그는 이미 저쪽 굽이를 돌고 있었다. 성민의 눈가에 눈물이 핑 돌았다.

"실성한 사람 아니에요?"

지금껏 서 있던 주희가 하얗게 질린 얼굴을 하며 성민의 곁에 무너지듯 앉았다.

"실성하지 않았어"

성민은 목소리에 힘을 넣었다.

"그럼, 지금 한 말 무슨 뜻이에요?"

"하나의 관점에 치우치지 않는 의식 있는 개인이란 뜻이야."

"그 사람 공부를 많이 해서 어떻게 됐나?"

주희는 이제 몸을 일으켜 여름풀에 뒤덮여 산발을 하고 있는 주위 무덤의 풀을 뜯어 나갔다. 성민은 주희의 그 모습이 너무도 아름답게 느껴졌다. 전혀 알지 못하는 사람의 무덤 풀을 뜯어 주는 그 손길에 입맞춤이라도 해주고 싶어졌다. 그리고 종교를 초월해서 주희를 사랑할 수 있을 것 같은 야릇한 감정이 배어들어 왔다. 지금 가슴 깊숙이 파고들어 오는 예리한 통증을 견딜 수 있는 방법은 누군가를 사랑하는 길밖에 없음을 인정하지 아니할 수 없었다.

　무덤을 싸안을 듯이 구푸리고 있는 주희에게로, 살갗과 옷이 젖어 한데 뭉개져 있는 여인의 몸 쪽으로 성민은 발걸음을 옮겨 놓았다. 빗줄기가, 거꾸로 내리꽂히는 홍살들처럼 쏟아지고 있다. 평양공주의 모든 수치를 굴러가게 했던 빗줄기가 이제 성민의 수치를 굴러가게 하기 위하여 노를 드리웠다.

　"길갈, 길갈, 길갈."

　풀숲에, 나무줄기에, 무덤 풀에 부딪치는 빗줄기가 그렇게 소리를 지르고 있었다. 성민은 풀을 한 움큼 쥔 주희의 하얀 손을 들어 올려 그 손등에 가만히 입을 맞추었다.

　"이제 내려가지. 저녁이야."

　성민과 주희가 서서히 몸을 일으켰다. 빗줄기 너머로, 저 건너 아래쪽에 두 덩어리의 수치가 굴러떨어져 있는 것이 희미하게 보였다. 성민은 이마의 붕대를 벗겨 내렸다.

시대의 단독자

김응교(문학평론가)

첫 경험이었다. 하루 만에 소설책 두 권을 읽은 적은 없었다. 밑줄 치면서 책을 읽는 성격이기에 소설 한 권 읽으려면 며칠이 걸리곤 한다. 이상하게도 그날 아침에 첫 페이지를 열었는데 오후 2시경에 한 권을 읽고, 저녁 식사하기 전에 또 한 권을 다 읽었다. 4권으로 출판된 조성기 장편소설 《야훼의 밤》(2002, 홍성사), 특히 제2부 '길갈' 상하권을 나는 하루에 다 읽었다.

실은 이번이 처음은 아니다. 이문열 장편소설 《사람의 아들》(1979, 민음사)을 읽을 때는 그저 새로운 소재와 액자소설 기법에 끝까지 읽었으나, 이후 조성기 장편소설 《라하트 하헤렙》(1985, 민음사)을 읽을 때는 소설의 구성 이전에 인간의 진실을 추구하는 처절한 구도자적 자세에 매료되어 정신없이 탐독했던 기억이 난다. 두 가지 모두 인간 존재의 의미를 찾는 내용이긴 하지만, 관념

적인 도식처럼 느껴진 전자에 비해 후자는 처절한 몸부림으로 체
험되었기 때문일 것이다. 그때 한 구절이 내게 큰 숙제가 되었다.

"(문학) 나부랭이 나부랭이 하지 마십시오. 육법전서보다는
도스토옙스키 소설 한 권이 훨씬 낫습니다."_《라하트 하혜렙》
(2013, 민음사) (31면)

젊은 시절 사법고시에 떨어진 한을 보상받고자 아들에게 사법
고시를 권하던 아버지에게 주인공이 다른 길을 택하며 하는 말
이 오랫동안 잊히지 않는다. 이 한 구절은 조성기 소설을 관통하
는 하나의 고백이기도 하다. 조성기 소설의 저변(低邊)에는 도스
토옙스키의 기법이 흐르고 있다.

도스토옙스키 작품의 주인공들은 끊임없이 자신의 생각을 전
염시키려고 한다. 자기 생각을 밀어붙이려고 혼잣말하고, 사기
치며, 살인하기까지 한다. 《지하생활자의 수기》의 주인공,《죄와
벌》의 라스콜리니코프, 《카라마조프씨네 형제들》의 이반 카라
마조프란 인물이 그렇다. 도스토옙스키는 인간의 무의식을 쓰는
작가였다. 도스토옙스키는 자기의 생각을 해체시켜 등장인물들
에게 나누어 입력시켰다. 도스토옙스키는 자기의 무의식을 등장
인물의 무의식에 나누어 배분했던 것이다.

도스토옙스키의 매력이라면, 한 인간에게서 악마성과 신성이

동시에 드러난다는 점이다. 누구나 악마가 될 수도 있고, 신에 가까운 성품을 가질 수도 있다는 것이다. 그의 작품은 예외 없이 인간 내부의 긍정과 부정적인 요소들, 존재 자체의 내적 모순성을 다룬다. 고통과 번민으로 점철된 자신의 삶을 통해 생생하게 발견한 이 모순성은 그의 작품 안에서 본능과 이성, 때로는 신성과 악마성의 모순 등으로 드러난다. 도스토옙스키를 통해 인간은 다성(多性)을 가진 괴물로, 아니 인간 자체로 재현된다.

조성기 소설에서 나는 이 두 가지를 만난다. 첫째, 무의식에 대한 철저한 기록이다. 단, 도스토옙스키와 다른 점이 있다. 도스토옙스키가 무의식을 쓰려 했다면, 조성기는 무의식과 함께 영으로 깨달은 영각(靈覺)을 서술하기도 했다. 둘째, 악마성과 신성을 동시에 지닌 인물들이 등장하는 점이다. 조성기 소설의 주인공들은 극단적인 선과 극단적인 악 '사이'에서 갈등하며 인간의 길을 찾아간다. 그 갈등이 처절할수록 독자의 공감 폭은 깊고 넓어진다. 그리고 독자가 자신의 무의식을 회감(回感)하며 자신이 갈 길을 찾을 때, 바로 그 지점에서 조성기 소설이 완성되는 것 아닐까.

자아 성찰의 순례기—갈대바다 저편

"야훼의 밤은 애굽에게 있어서는 장자들이 넘어지는 심판의 밤이지만, 히브리 노예들에게는 탈출과 구원의 밤이다. 야훼의 밤은 낮의 밤이요 빛의 어두움이다. 빛의 이름으로 자행되어지는 어두움이다. 그것은 또한 정의라는 이름으로 이루어지는 밤이다."

처음에 고려원에서 출간된 《야훼의 밤》 저자 후기에 있던 글이다. 1990년대에는 《에덴의 불칼》(1992, 민음사)이라는 이름으로 새롭게 재구성되었다. 모두 7부로 이루어진 《에덴의 불칼》 연작에는 기존의 《야훼의 밤》 연작 외에 단행본으로 출간되어 오늘의 작가상을 수상했던 《라하트 하헤렙》이 포함되어 있었다.

1부 《갈대바다 저편》은 어린 시절부터 대학 입학까지의 성장기와 신앙을 얻는 과정을 썼고, 2부 《라하트 하헤렙》은 군대 입대 기간을 담고 있다. 3부 《길갈》은 대학생 선교단체에 속한 이들이 겪는 실증적 고뇌, 4부 《하비루의 노래》는 더 낮은 은총에 대한 이야기, 5부 《회색 신학교》는 신학대학교 이야기, 6부 《베데스다》는 기도원과 광신주의에 대한 이야기, 7부 《가시둥지》는 사형수의 수기를 다루고 있는 거대한 '종교대하소설'이었다.

홍성사에서 나온 《야훼의 밤》은 위의 목록 가운데 1부와 3부를 선택해서 출판한 책이다. 홍성사 출간본의 1, 2부 사이에 군대 시절 이야기인 《라하트 하헤렙》(민음사)를 넣어 읽으면 더욱 입체적으로 다가올 것이다.

1986년에 발표된 《야훼의 밤》은 조성기의 자전적인 이야기를 담고 있다. 그러나 이 소설의 주인공을 곧 조성기와 등치시키면 안 될 것이다. 작가와 별개로 '야훼의 밤'이라는 담론을 괄호 안에 넣고, 별도로 '야훼의 밤' 이야기를 만나야 할 것이다.

제1부 〈갈대바다 저편〉은 주인공 '나'의 초등학교 시절부터 대학 입학에 이르기까지 1인칭 주인공 시점으로 기록된 소설이다. "우리는 국민학교 때부터 입시 공부를 하였다"는 소설의 첫 구절은 억압된 교육 환경 속에서 자란 '나'의 상황과 소설 전체의 구조를 상징하고 있다. (《라하트 하혜렙》의 첫 구절은 "그것은 냄새였다"이다.) 국민에 대한 교육이 지나친 계획과 강압에 의해 만들어졌고, 그 삶이 평생 이어졌다는 것을 암시하는 구절이다. 이러한 강압적인 초자아에서 벗어나 진정한 자신을 만나려 하는 '나'의 몸부림이 이 소설의 주된 이야기다. 그래서 소설의 부제가 〈갈대바다 저편〉이다. '갈대바다'는 이집트 노예살이에서 탈출하려던 히브리 노예들의 길을 막았던 '홍해'(紅海)를 말한다. 그 갈대바다의 '저편', 곧 더 넓은 의식의 지평으로 가려는 주인공의 고투(苦鬪)를 이 소설은 담고 있다.

중학교 입시 준비를 하던 '나'는 양갈보와 미군의 짓을 훔쳐보고 싶어 하는 청소년이다. 국민학교 1학년 때의 여자 담임선생, 교장 선생의 딸, 전학 간 학교에서 만난 소녀, 아버지의 과외학생 영란이, 다른 과외학생 순임, "종종 육체적 접촉"을 가졌던 을희,

대학 이후엔 숙희, 완숙에 대한 이야기들이 이어진다. 모든 남성은 탯줄에 의해 어머니와 한 몸으로 연결되어 있었기에, 그것이 떼어진 이후 어머니와 한 몸이었던 시절을 동경하며 한없이 대체 여성들을 흠모하는 시기를 갖는다. 이 모든 여성과 소녀는 아이의 모성회귀본능(母性回歸本能)을 자극하는 무한한 갈망이며 판타지다. 어머니를 대체하는 여성을 향한 무의식의 갈망, 이것이야말로 유년기의 처절한 진실이다.

괴도 루팡과 아름다운 여인 사이의 그 감미로운 연애에 매혹되곤 하였다. 어느 동굴에 괴도 루팡과 한 여인이 함께 숨게 되었는데, 괴도 루팡이 얼마든지 그 여인을 껴안을 수 있었으면서도 대장부답게 참고 여인을 끝까지 깨끗하게 돕는 것을 보고 가슴 설레기도 하였다. 그러면 어느새 괴도 루팡은 나 자신이 되고 그 여인은 순임이가 되었다. (25면)

나는 어둠 속에서 손을 뻗어 을희의 머리끝부터 발끝까지 그 애 몸을 샅샅이 더듬어 보았다. 그리고 살며시 껴안아 보고 입을 맞추어 보기도 하였다. 그러다가 나도 모르게 잠이 들었다. (33면)

꿈은 가장 맑은 진실일 것이다. 꿈은 의식이라는 필터를 거치지 않고 떠오르는 욕망의 부분이다. 남자아이라면 누구나 겪었을, 그러나 숨기고 싶은 욕망을 '나'는 서슴없이 고백한다. 이러한 솔직성이야말로 이 소설이 독자를 끌어당기는 요인일 것이다.

고등학교 3학년 때 열심히 공부하지 않았건만 '나'는 서울대 법대에 합격한다. 탁월한 두뇌로 가족들에게서 엄청난 기대를 받았지만, 초등학교 교원 노조장으로 활동하다가 수갑 채워지고 온갖 고초를 당했던 아버지는 아들을 통해 자신의 결핍을 채우려 한다. 그렇지만 '나'는 아버지가 바라던 법조인의 길과 점차 멀어진다.

대나무가 자라기 위해서는 마디가 있어야 하듯이, '나'는 성장하면서 마디를 형성하는 만남을 경험한다. 첫 번째 만남은 불교에 심취했던 만현과의 만남이다. 만현과 함께 안국동 조계사 대웅전에 좌선하여 "천억 개의 별들이 모여 있는 은하계" 속의 미물인 '나'를 묵상하기도 한다. 정신적 파탄을 드러냈던 만현은 '나'에게 새로운 성숙의 기회를 준다.

두 번째 만남은 완숙과의 만남이다. 국민학교 동창생인 완숙은 문학 세계에 다시 몰입하도록 자극을 준다. 순수한 정신의 상징처럼 다가왔던 완숙이 고등학교 은사와 육체적 관계를 갖고 있다는 사실을 알고, '나'는 크게 실망한다. 그렇지만 완숙으로 인해 '나'는 기독교라는 세계에 입문하는 계기를 갖는다.

세 번째 만남은 가난한 시골 출신 학생인 영철과의 만남이다. 사회 정의를 중요하게 생각하는 법대 친구 영철은 고뇌하다가 돌

아 버린다. 민주주의와 순수를 상징하는 희디흰 웨딩드레스를
입고 역사적인 인물들의 무덤을 찾아다니다가 죽어 간다.

인간의 욕망, 죽음, 무의식의 무저갱을 순례하고 나서 드디어
'나'는 단 한 번의 일시적 사건을 경험한다.

> 그때 내 존재의 심연에서, 물음표가 또아리를 틀고 있는 그곳
> 보다 더 깊은 심연에서 어떤 소리가 형성되어 떠올라 오는 것을
> 느꼈다. 그 소리는 알 듯 모를 듯 내용이 분명치 않다가 차츰 분
> 명하게 되었다.
> "네가 어디 있느냐. 네 가어 디있 느냐. 네가 어 디 있느 냐. 네
> 가 어디 있느냐."(212면)

절대자의 말은 맞춤법을 무시하고 있다. 지상의 법칙을 넘어 '
저편'에 있는 절대자라는 초자아의 목소리를 저자는 이렇게 표
현할 수밖에 없었을 것이다. 이 순간은 도스토옙스키의 『죄와
벌』에서 주인공 라스콜리니코프가 나자로 이야기를 만나는 장
면이며, 톨스토이의 『부활』에서 네흘류돌프가 요한복음 말씀을
영혼으로 묵상하며 회심(悔心)하는 장면이다.

제1부 〈갈대바다 저편〉은 1960년대를 배경으로 참담한 고행
을 하는 젊은 영혼들의 순례(pilgrimage)를 다루고 있다. 사법고
시·문학·종교, 이 세 가지는 모두 다른 것 같지만 주인공에게

는 모두 열망의 대상들이다. 어릴 때는 어머니의 대응체인 여성에 대한 갈증이 증폭되어 있다. 여성들을 향한 '나'의 모성회귀 본능은 성숙해 가는 과정을 통해 사법고시, 문학, 종교라는 새로운 욕망으로 바뀌어 간다. 그 한쪽에는 남성적 권력인 '팔루스'(phallus)를 지향하는 법조인의 길이 있으며, 그 반대쪽에는 모든 권력을 버리고 고된 늪을 기어가는 '쥬이상스'(jouissance)의 기쁨을 지향하는 종교인의 길이 있다. 그러나 '나'는 아직 종교인이 길이 얼마나 모질고 어려운지 모르고 있는 상태이다. 신앙의 길에는 입학식만 있고, 졸업식이 없는데, '나'는 그 신앙의 길에서 아직 초등학교 입학생 단계에 있다.

종교단체의 내분과 단독자 ― 길갈

제2부 '길갈'은 '나'의 이름이 '성민'으로 등장하면서, 3인칭 시각으로 서술된다. 제1부가 개인이 성숙해 가는 과정을 그렸기에 '나'의 고백이 중요하다면, 제2부에서는 사회적 문제를 객관적인 시각에서 분석하며 드러내고 있기에 3인칭 시각이 잘 어울린다.

제2부 '길갈'에서는 군에서 제대하여 복학한 '성민'이 선교단체의 핵심 멤버가 되어 가는 과정과 그 단체의 내분을 그리고 있다. 제1부에서 보였던 여성에 대한 갈망은 선교단체의 지도자가

되고 싶어 하는 욕망으로 전이(轉移)되어 나타난다. '성민'에게 욕망의 대상이었던 완숙과 을희라는 대상은 '선교회관'으로 대치되어 나타난다. 여성에 대한 갈등을 '성민'은 성경의 진리를 향한 열정으로 대체한다. '성민'은 그 옛날 종교 공동체였던 에세네파, 시카리이(Sicarii)당, 셀롯당에 대해서도 연구한다. 그렇지만 '성민'의 눈에는 선교단체, 리더의 문제점이 자꾸 보이기 시작한다. 그릇된 선교단체의 분열, 개인의 내적 고통이 부딪히면서 소설의 긴장도는 최고도로 이른다.

잘못된 지도자의 그릇된 리더십이 얼마나 많은 영혼에 상처를 줄 수 있는지 '성민'의 고뇌를 통해 드러난다. 강압적으로 로마서 1장에서 8장까지 암기시키고, 조사 하나라도 틀리면 체벌을 가하는 어처구니없는 교육법, 결혼과 이혼을 강요하는 리더들, 자신의 삶을 돌보지 않고 헌금만 바치다가 폐인이 되어 가는 신도들, 선교단체 행사를 위해서 가족의 장례식에도 못 가게 하는 선교단체의 부당한 흐름 속에서 '성민'은 갈등하기 시작한다.

카리스마적 지도자인 '민식 목자'는 처음엔 부드럽고 섬세한 면을 지닌 인물로 등장하지만, 모임이 커지고 선교비가 많이 입금되면서 점점 비민주적이고 폭력적인 방식으로 모임을 이끌어 가고, 시니어 목자들은 이에 반대하기 시작한다.

"사탄이 되지 않고는 제대로 의사 표시를 할 수 없는 교회 집

단도 역시 사탄적인 거 아냐"(633면)

잘못된 종교적 권력에 대한 비판의 백미는 궁녀들이 놓는 자수에 대한 이야기에서 증폭된다.

> 원풀이를 기다리는 궁녀들이었기에, 수복수병을 만드는 작업을 하면서도 임금의 수와 복을 진정으로 빌었을 리는 만무하였다. 그녀들은 오히려 자신들의 원한을 형형색색으로 베폭에 떠나갔을 뿐이었다. 임금의 수가 줄어들고 복이 달아나는 상서롭지 못한 일들이 생겨 자신들의 해방이 앞당겨지도록 말이다. 그리하여 그녀들은 자수해 나가는 글자들을 '수복 수복'으로 읽지 않고 '복수 복수'로 읽었다. (643면)

프로이트의 말을 빌리지 않더라도, 혼잣말이야말로 무의식의 진실이 그대로 표출되는 말투다. 이 혼잣말을 절대자가 들어주신다고 『숨은 신』(1986, 연구사)의 저자 루시앙 골드만(Lucien Goldmann)은 말했었다.

현실을 떠나 거짓 욕망에 휩싸인 선교단체에 대해 '성민'의 법대 친구인 '채수'는 다른 시각에서 힐난한다. 운동권의 상징인 채수는 인간이 만든 공동체에 대한 환멸을 표시한다. 그는 독재정권과 싸우기 위해 지하서클을 조직했지만, 오히려 독재정권과 비슷해져 가는 공동체의 모순을 체험했던 인물이다. 종교인은 아니지만 종교인이 아닌 채수의 입을 통해, 이 시대에 새로운 비전을 보여 줄 수 있는 인물은 '의식 있는 개인'이라고 표현된다.

시니어들의 반항이 잠잠해질 것 같은 상황에서 민식 목자는 '길갈'에 대해 설명한다.

> "여호수아 5장 9절에 보면 '길갈'이라는 지명이 나옵니다. 이스라엘 백성이 40년 광야 방랑 끝에 요단강을 도하하여 젖과 꿀이 흐르는 가나안 땅으로 들어갔을 때 여호와께서 여호수아에게 선포하셨습니다. '내가 오늘날 애굽의 수치를 너희에게서 굴러가게 하였다.' 그리하여 여호수아는 그곳 지명을 굴러간다는 의미를 지닌 '길갈'이라고 하였습니다." (673면)

광야를 거치면 젖과 꿀이 흐르는 땅, 아름답고 광대한 땅, 가나안의 입구인 '길갈'에 이른다. 길갈은 '굴러간다'는 뜻이다. 이 지점은 영적 여정의 새로운 분기점을 의미한다. 그런데 전혀 새로운 후계자를 세우겠다고 민식 목자는 선언한다. 부패와 가식의 온상인 민식 목자를 향해, '성민'은 한 마디로 절규하며 회관을 떠난다.

> "목자님은 어쩌면 그렇게도 하나님의 이름으로 모든 것을 척

척 합리화시키기를 잘합니까?"(676면)

이 한 마디는 비단 민식 목자 개인에게 퍼붓는 절규만은 아니다. 이는 종교 지도자들에게 퍼붓는 고함이며, 또한 그 이전에 작가와 독자가 공감하는 자기 내면의 피할 수 없는 고백이며 울혈(鬱血)일 것이다. 그러나 선교단체에서 탈출했다고 해서 이 소설이 결말에 이른 것은 아니다. 작가는 우치무라 간조나 김교신의 무교회주의를 예로 들며 새로운 단독자의 가능성을 슬쩍 제안한다. 사욕이 숨어 있는 조직이나 거짓 공동체를 필요로 하지 않는 인물들의 예증이다. 소설의 주인공 '성민'은 다시 새로운 가나안의 입구 길갈에 들어선 것이다. '시대의 단독자'로 새로운 입학식을 시작하는 것이다.

단독자의 길

문학 작품에 종교적 아젠다(agenda)를 넣으면 실패하는 경우가 많다. 이미 도출된 성경적 결론으로만 억지로 스토리를 끌고 가려는 교조성(敎條性)은 부자연스럽고 오히려 거부감을 준다. 그런데 조성기의 소설은 그러한 문제들을 뛰어넘고 있다. 1985년에 처음 출간된 이 소설은 1년 후 1986년 10월 27일자 〈경향신문〉

에 7만 부가 판매된 베스트셀러로 보도되었다. 어떻게 그 예기된 문제점을 넘어 폭넓은 대중을 만날 수 있었을까.

첫째, 조성기의 소설은 현실과 내면의 긴장을 여실히 기록하고 있다. 철저하게 현실과 신앙 사이의 불안, 실존의 여정(旅情)을 담고 있어 공감대를 넓히고 있는 것이다. 종교 이야기를 '욕망이라는 무의식—유신시대—가족사'의 자장에서 풀어 가기에 매우 실제적으로 느껴진다. 그것은 한용운의 시집 《님의 침묵》이나, 김성동의 불교소설 《만다라》가 주는 공감대의 법칙과 유사할 것이다.

둘째, 기독교 신앙을 뻔하고 맹목적인 고정관념에 담는 것이 아니라, 본래 성경이 그러하였듯이 인간의 원형 심리에 무르익은 역사, 사상들을 신선한 상상력에 조화시켜 내놓고 있다. 그래서 기독교 이념을 불교나 무속 등 타 종교와 끊임없이 비교한다. 《법구경》을 인용하거나 무속적 꿈을 풀어 가면서 인간의 무의식을 드러냄으로써 열린 종교적 태도에서 종교적 증환(症幻)을 입체화시켜 나간다.

셋째, 기독교적 공동체를 찬양하는 방식이 아니라, 문제점을 통해서 잘못 조직된 공동체보다 '각성(覺醒)한 단독자'가 중요하다는 것을 소설을 통해 보여 주고 있다.

넷째, 이 작품은 단순히 한 선교단체를 고발하는 소설이 아니다. 특정 선교단체만의 문제를 넘어, 무속적이고 절대적인 카리스마적 지도성을 내세우는 한국 교회의 문제이기도 하다. 또한 한국 교회뿐만 아니라, 종교 전반의 허장성세를 비판하는 소설이다. 이러한 시각에서 보면 이 소설은 종교적 시각에서 본 '영혼의 리얼리즘' 소설이라 볼 수 있겠다. 그렇기에 개신교도가 아닌 타 종교인이 읽어도 공감할 수 있는 소설이다.

이 글의 서두에 나는 《야훼의 밤》을 작가와 별도로 '괄호'에 넣고 읽겠다고 썼다. 이 글에서 작가 조성기라는 존재에 대해서 나는 한 자도 쓰지 않았다. 영혼으로 숙독(熟讀)하기 위해서, '존경하는 조성기 선생님'이라는 정보를 다 지우고, 내 영혼의 '괄호' 안에서 푸른 청년 신성민을 만나 대화했다. '괄호' 안에서 몰두하고 읽었을 때, 나는 작가가 아닌 새로운 인물을 만났다. 그것은 '시대적 단독자'였다.

조성기의 소설에는 진실한 가치를 위해 바닥부터 철저히 온몸으로 고뇌하는 인간이 있다. 마치 1960년대에 온몸으로 시를 썼던 김수영을 목도하는 듯하다. 그의 소설 속에는 순간순간 정신에 꽂히는 '희미한 메시아적 순간'(Walter Benjamin)이 기록되어 있다. 영혼에 아프게 지져지는 화인(火印), 그 고통을 처절하게 응시하며 온몸으로 체험하는 통과의례의 제의(祭儀), 이 소설을 읽으며 절대자 앞에 서 있는 단독자를 만난다.

  제1부 '갈대바다 저편'은 대학생활을 중심한 내 젊은 날의 초
상인 셈이다. 젊음 혹은 청춘은 미래에 대한 설레임으로 가득 찬
시기이다. 그리고 아직 닥쳐오지도 않은 문제들을 끌어안고 미
리 고뇌하는 시기이다.

  카뮈가 《시지프스의 신화》의 첫머리에서 말한 대로 '자살이
냐 종교냐' 하는 것이 내 대학생활 초기의 화두였다. 카뮈는 자
살도 종교도 아닌 부조리를 택하였지만 나는 결국 종교를 택하
게 되었다.

  고시와 문학과 종교, 그 가운데서 끝도 없이 방황하던 시절이
있었다. 그런 방황이 깊어질수록 여성에 대한 동경과 갈증은 더
해 갔다. 칼 융의 분석심리학 용어를 빌리면 '아니마'(Anima)의
영향이 나의 인격과 생활을 지배한 셈이다. 그러나 그것은 영원

한 것에 대한 갈증과 통한다는 것을 나중에 알게 되었다.

> 이 물을 먹는 자마다 다시 목마르려니와 내가 주는 물을 먹는
> 자는 영원히 목마르지 아니하리니 나의 주는 물은 그 속에서 영
> 생하도록 솟아나는 샘물이 되리라 (요 4:13-14).

이와 같이 엄청난 말씀을 하시는 분을 나는 마침내 만나게 되었다. 영원히 목마르지 않게 하는 물을 주겠다니. 그리고 그 물이 영생하도록 솟아나는 샘물이 된다니. 이 말을 할 수 있는 사람은 과대망상증 환자이거나 정말로 그런 물을 주실 수 있는 분이거나 둘 중 하나일 수밖에 없다.

그런데 그분은 정말로 그런 물을 나에게 주셨다.

그분을 만나기까지의 과정이 내 대학생활 전체와 맞물려 있다고 할 수 있다. 그런 젊은 날의 정신적인 갈등이 소설의 줄기를 이루고 있으므로 젊음을 공통분모로 하고 있는 대학생들이나 청춘의 추억을 가지고 있는 분들이 지금도 이 소설을 찾고 있는지도 모른다.

제2부 '길갈'은 동일한 주인공의 정신적인 편력을 그린 작품이긴 하지만 제1부와는 사뭇 그 분위기가 다르다. 제1부를 맑은 수채화에 비유한다면 제2부는 어둡고 진한 유화에 비유할 수도 있

겠다. 제1부가 개인적인 갈등에 초점이 맞추어져 있다면 제2부는 사회의 모순에 눈뜨는 아픈 과정이 담겨 있다.

여기서 사회는 주인공이 속해 있는 종교단체를 가리킨다. 아마도 주인공은 자기가 속해 있는 종교단체야말로 가장 이상적인 사회라고 여겼던 것 같다. 그래서 그 종교단체가 분열되어 여러 가지 모순을 드러낼 때 심각한 정체성 위기를 맞지 않을 수 없었다.

하나님 편에서 생각하면 문제될 것이 없다는 말들은 그 당시 주인공에게는 교묘한 합리화로 여겨져 별로 도움이 되지 않았다.

이런 경우는 하나님 편에서 본다는 명목하에 합리화의 함정에 빠지기보다는 리얼리즘의 입장에서 일어난 일들을 그대로 그리는 것이 더 나을지도 모른다. 그래서 제1부의 1인칭 시점이 제2부에서는 3인칭 시점으로 바뀌게 되었다고 할 수 있다.

물론 일어난 일들을 그대로 그린다고 하는 데에도 한계가 있는 법이다. 작가와 주인공의 관점이 개입되지 않을 수 없기 때문이다. 게다가 소설적 변용까지 가해지면 문제는 더욱 복잡해진다.

그러므로 이 소설은 특정 종교단체에서 일어난 일이라기보다 어느 사회, 어느 단체에서나 일어날 수 있는 보편적 현상이라는 점을 염두에 두어야 할 것이다. 그래서 문학평론가 이동하 교수는 이 소설을 종교소설이라기보다 일종의 '정치소설'로 보아야 한다는 견해를 피력한 바 있다. 정치권력이 개입될 때 어느 사회에서나 일어날 수 있는 현상을 다루었기 때문에 보편성을 획득할 수 있다는 것이다.

이 소설의 모델이 된 종교단체는 지금도 장단점을 지닌 채 활발하게 활동하고 있다. 미국의 교육학자 제임스 애셔 박사는 어느 사회 어느 단체나 문제가 없는 곳이 없다는 전제하에, 그 문제가 '녹색지대'에 있을 때는 문제가 발생하지 않았다고 보아야 하고, 그 문제가 '황색지대'를 지나 '적색지대'로 이동했을 때 비로소 문제가 발생하였다고 보아야 한다고 하였다. 그러니까 적색지대로 이동된 문제를 황색지대로 보내고 또 거기서 녹색지대로 보냈을 때 문제가 해결되었다고 말할 수 있다는 것이다.

이렇게 본다면 제2부 '길갈'은 그 종교단체의 문제가 적색지대로 이동되었을 때의 치열했던 상황을 다루고 있다고 할 수 있다. 그러므로 그 단체의 문제가 녹색지대에 머무르고 있었을 때와는 사뭇 다른 관점을 취하지 않을 수 없었다는 점을 양지해 주기 바란다.

나는 개인적으로 그 종교단체에서 성경공부를 통하여 하나님과 예수 그리스도를 만나고 강도 높은 훈련을 받은 것을 늘 감사드리고 있다. 그리고 그 종교단체의 문제가 녹색지대로 옮겨져 거기에 머물러 있기를 바라고 있었다. 그러나 요즈음 다시 그 종교단체의 문제가 적색지대로 옮겨졌다는 소식을 접하고, 소설의 주인공처럼 또다시 방황할 수많은 형제 자매들을 생각하며 마음이 아팠다.

아무쪼록 한국의 여러 교회와 선교단체들이 문제가 적색지대로 옮겨지기 전에 서로 충분히 대화를 나누고 화합하기를 기도할 뿐이다.

지금도 분열의 아픔을 겪고 있는 한국 사회와 교회들에게 이 소설을 쓰디 쓴 해독제로 내어놓는다.

이번에 홍성사에서 다시금 이 소설을 새로운 장정과 판형으로 출간하기로 결정하여 얼마나 감사한지 모른다.

꽤 오래전, 그 당시 홍성사 사장이셨던 이재철 목사님이 처음 이 소설을 읽고 나서 나에게 보내 준 엽서가 지금도 생생하게 기억난다.

"이 소설을 불어로 완벽하게 번역할 수 있다면 프루스트의《잃어버린 시간을 찾아서》에 필적하는 작품이 될 것입니다."

그리고 '한국의 프루스트'라는 별명을 나에게 붙여 주었다.

얼마나 황공스런 칭찬인가. 나를 격려하느라 과장된 표현을 쓰신 줄 알면서도 이 한 마디 격려가 다시 소설을 쓸 수 있는 큰 힘이 되었다.

이제 이렇게 홍성사에서 이 소설이 다시 살아나니, 그동안의 여러 인연들이 생각나면서 감개가 무량하다. 책을 만드느라 수고하신 홍성사 여러분에게 다시금 감사를 드린다.

조성기

야훼의 밤
The Night of Yahweh

2014. 2. 3. 초판 1쇄 인쇄
2014. 2. 13. 초판 1쇄 발행

지은이 조성기
펴낸이 정애주
곽현우 국효숙 김기민 김의연 김준표 김진성
마명진 박상신 박세정 박혜민 송민영 송승호
염보미 오민택 오형탁 윤진숙 윤태웅 임승철
정한나 조주영 차길환 한미영

펴낸곳 주식회사 홍성사
등록번호 제1-449호 1977. 8. 1.
주소 (121-897) 서울시 마포구 토정로 21-1
전화 02) 333-5161
팩스 02) 333-5165
홈페이지 www.hsbooks.com
이메일 hsbooks@hsbooks.com
트위터 twitter.com/hongsungsa
페이스북 facebook.com/honsungsa
양화진책방 02) 333-5163

ISBN 978-89-365-1017-6 (03230)